浙江文獻集成

海塘録

龔延明　張雷雨　點校

浙江大學出版社
ZHEJIANG UNIVERSITY PRESS
·杭州

圖書在版編目(CIP)數據

海塘録 / 龔延明，張雷雨點校. —杭州：浙江大學出版社，2023.9
ISBN 978-7-308-24131-1

Ⅰ. ①海… Ⅱ. ①龔… ②張… Ⅲ. ①海塘—海岸工程—史料—浙江—明代 Ⅳ. ①U656.31—092

中國國家版本館 CIP 數據核字(2023)第 163403 號

海塘録
龔延明　張雷雨　點校

策劃編輯　宋旭華
責任編輯　徐凱凱
責任校對　蔡　帆
封面設計　項夢怡
出版發行　浙江大學出版社
(杭州市天目山路 148 號　郵政編碼 310007)
(網址：http://www.zjupress.com)
排　　版　浙江大千時代文化傳媒有限公司
印　　刷　杭州宏雅印刷有限公司
開　　本　710mm×1000mm　1/16
印　　張　38.25
字　　數　712 千
版 印 次　2023 年 9 月第 1 版　2023 年 9 月第 1 次印刷
書　　號　ISBN 978-7-308-24131-1
定　　價　168.00 圓

浙江大學出版社市場運營中心聯繫方式：(0571) 88925591；http:// zjdxcbs.tmall.com

浙江省文化研究工程指導委員會

浙江文化研究工程成果文庫總序

習近平

有人將文化比作一條來自老祖宗而又流向未來的河，這是説文化的傳統，通過縱向傳承和横向傳遞，生生不息地影響和引領着人們的生存與發展；有人説文化是人類的思想、智慧、信仰、情感和生活的載體、方式和方法，這是將文化作爲人們代代相傳的生活方式的整體。我們説，文化爲群體生活提供規範、方式與環境，文化通過傳承爲社會進步發揮基礎作用，文化會促進或制約經濟乃至整個社會的發展。文化的力量，已經深深熔鑄在民族的生命力、創造力和凝聚力之中。

在人類文化演化的進程中，各種文化都在其内部生成衆多的元素、層次與類型，由此決定了文化的多樣性與複雜性。

中國文化的博大精深，來源於其内部生成的多姿多彩；中國文化的歷久彌新，取決於其變遷過程中各種元素、層次、類型在内容和結構上通過碰撞、解構、融合而産生的革故鼎新的强大動力。

中國土地廣袤、疆域遼闊，不同區域間因自然環境、經濟環境、社會環境等諸多方面的差異，建構了不同的區域文化。區域文化如同百川歸海，共同匯聚成中國文化的大傳統，這種大傳統如同春風化雨，滲透於各種區域文化之中。在這個過程中，區域文化如同清溪山泉潺潺不息，在中國文化的共同價值取向下，以自己的獨特個性支撑着、引領着本地經濟社會的發展。

從區域文化入手，對一地文化的歷史與現狀展開全面、系統、扎實、有序的研究，一方面可以藉此梳理和弘揚當地的歷史傳統和文化資源，繁榮和豐富當代的先進文化建設活動，規劃和指導未來的文化發展藍圖，增强文化軟實力，爲全面建設小康社會、加快推進社會主義現代化提供思想保證、精神動力、智力支持和輿論力量；另一方面，這也是深入瞭解中國文化、研究中國文化、發展中國文化、創新中國文化的重要途徑之一。如今，區域文化研究日益受到各地重視，成爲我國文化研究走向深入的一個重要標誌。我們今天實施浙江文化研究工程，其目的和意義也在於此。

千百年來，浙江人民積澱和傳承了一個底蘊深厚的文化傳統。這種文化傳統的獨特性，正在於它令人驚歎的富於創造力的智慧和力量。

浙江文化中富於創造力的基因，早早地出現在其歷史的源頭。在浙江新石器時代最爲著名的跨湖橋、河姆渡、馬家浜和良渚的考古文化中，浙江先民們都以不同凡響的作爲，在中華民族的文明之源留下了創造和進步的印記。

浙江人民在與時俱進的歷史軌跡上一路走來，秉承富於創造力的文化傳統，這深深地融匯在一代代浙江人民的血液中，體現在浙江人民的行爲上，也在浙江歷史上衆多傑出人物身上得到充分展示。從大禹的因勢利導、敬業治水，到勾踐的卧薪嚐膽、勵精圖治；從錢氏的保境安民、納土歸宋，到胡則的爲官一任、造福一方；從岳飛、于謙的精忠報國、清白一生，到方孝孺、張蒼水的剛正不阿、以身殉國；從沈括的博學多識、精研深究，到竺可楨的科學救國、求是一生；無論是陳亮、葉適的經世致用，還是黄宗羲的工商皆本；無論是王充、王陽明的批判、自覺，還是龔自珍、蔡元培的開明、開放，等等，都展示了浙江深厚的文化底蘊，凝聚了浙江人民求真務實的創造精神。

代代相傳的文化創造的作爲和精神，從觀念、態度、行爲方式和價值取向上，孕育、形成和發展了淵源有自的浙江地域文化傳統和與時俱進的浙江文化精神，她滋育着浙江的生命力、催生着浙江的凝聚力、激發着浙江的創造力、培植着浙江的競争力，激勵着浙江人民永不自滿、永不停息，在各個不同的歷史時期不斷地超越自我、創業奮進。

悠久深厚、意韻豐富的浙江文化傳統，是歷史賜予我們的寶貴財富，也是我們開拓未來的豐富資源和不竭動力。黨的十六大以來推進浙江新發展的實踐，使我們越來越深刻地認識到，與國家實施改革開放大政方針相伴隨的浙江經濟社會持續快速健康發展的深層原因，就在於浙江深厚的文化底蘊和文化傳統與當今時代精神的有機結合，就在於發展先進生産力與發展先進文化的有機結合。今後一個時期浙江能否在全面建設小康社會、加快社會主義現代化建設進程中繼續走在前列，很大程度上取決於我們對文化力量的深刻認識、對發展先進文化的高度自覺和對加快建設文化大省的工作力度。我們應該看到，文化的力量最終可以轉化爲物質的力量，文化的軟實力最終可以轉化爲經濟的硬實力。文化要素是綜合競争力的核心要素，文化資源是經濟社會發展的重要資源，文化素質是領導者和勞動者的首要素質。因此，研究浙江文化的歷史與現狀，增强文化軟實力，爲浙江的現代化建設服務，是浙江人民的共同事業，也是浙江各級黨委、政府的重要使命和責任。

二〇〇五年七月召開的中共浙江省委十一届八次全會，作出《關於加快建設文化大省的决定》，提出要從增强先進文化凝聚力、解放和發展生産力、增强社會公共服務能力入手，大力實施文明素質工程、文化精品工程、文化研究工程、文化保護工程、文化産業促進工程、文化陣地工程、文化傳播工程、文化人才工程等『八項工程』，實施科教興國和人才强國戰略，加快建設教育、科技、衛生、體育等『四個强省』。作爲文化建設『八項工程』之一的文化研究工程，其任務就是系統研究浙江文化的歷史成就和當代發展，深入挖掘浙江文化底蘊、研究浙江現象、總結浙江經驗、指導浙江未來的發展。

浙江文化研究工程將重點研究『今、古、人、文』四個方面，即圍繞浙江當代發展問題研究、浙江歷史文化專題研究、浙江名人研究、浙江歷史文獻整理四大板塊，開展系統研究，出版系列叢書。在研究内容上，深入挖掘浙江文化底蘊，系統梳理和分析浙江歷史文化的内部結構、變化規律和地域特色，堅持和發展浙江精神；研究浙江文化與其他地域文化的異同，釐清浙江文化在中國文化中的地位和相互影響的關係；圍繞浙江生動的當代實踐，深入解讀浙江現象，總結浙江經驗，指導浙江發展。在研究力量上，通過課題組織、出版資助、重點研究基地建設、加强省内外大院名校合作、整合各地各部門力量等途徑，形成上下聯動、學界互動的整體合力。在成果運用上，注重研究成果的學術價值和應用價值，充分發揮其認識世界、傳承文明、創新理論、諮政育人、服務社會的重要作用。

我們希望通過實施浙江文化研究工程，努力用浙江歷史教育浙江人民、用浙江文化薰陶浙江人民、用浙江精神鼓舞浙江人民、用浙江經驗引領浙江人民，進一步激發浙江人民的無窮智慧和偉大創造能力，推動浙江實現又快又好發展。

今天，我們踏着來自歷史的河流，受着一方百姓的期許，理應負起使命，至誠奉獻，讓我們的文化綿延不絶，讓我們的創造生生不息。

二〇〇六年五月三十日於杭州

整理前言

龔延明　張雷雨

《海塘録》爲清代翟均廉所著。翟均廉，字春衹，生卒年不詳，仁和（今浙江杭州）人。乾隆舉人，官至内閣中書。所著除《海塘録》，還有《周易章句證異》傳世。自漢唐以來，海寧至杭州境内海塘歷史悠久，代有修築。清代，康熙、雍正、乾隆三朝對於海塘的修築極爲重視，認爲浙江海塘關係民生，最爲緊要，多次派遣欽差大臣總理海塘事務，下達衆多諭旨，並撥出大量經費，對於浙江海塘的修築工作十分重視。

錢塘江河口呈喇叭形，杭州至海寧附近是錢塘江水和海潮交匯處，潮汐運動十分典型。海寧附近，素稱江海門户，地勢險要。赭山、禪機山、河莊山等聳立江中，將入海水道一分爲三。《海塘録·卷一圖説》云：『江海之門户有三：在龕、赭兩山之間者爲南大亹；在禪機山之北、河莊山之南者，爲中小亹；河莊山之北、海寧海塘之南，爲北大亹。水勢南徙，賴有紹郡龕、常諸山捍衛，其患猶輕；水勢北徙，則直逼仁和、海寧塘身，爲害最劇。』海寧附近海塘關係民生甚爲緊要，因此向爲修築重點所在。《海塘録》是記叙浙江海寧至杭州境内海塘的修築歷史和工程技術的專著。翟均廉深知修築海塘的重要性，便廣征博采，詳加考證，於乾隆年間撰成是書。書中内容取材於歷代正史中的《紀》、《志》，《玉海》，《乾道臨安志》、《咸淳臨安志》，《明實録》以及地方志等。是書晚于方觀承編輯的《敕修兩浙海塘通志》（20 卷，成書於乾隆十六年）。與《敕修兩浙海塘通志》不同的是，

《海塘録》輯録只注重海寧、杭州海塘，未能概及全省。是書著成後，未能付梓刊印，乾隆四十六年（1781）收入《四庫全書》時略有增補。1934年上海商務印書館影印文淵閣《四庫全書》時，才正式面世。

《海塘録》共二十六卷，首二卷。首卷一爲詔諭，首卷二爲聖製，記事至乾隆二十九年（1764）止。次爲圖説一卷，疆域一卷，建築四卷，名勝二卷，古蹟二卷，祠祀二卷，奏議五卷，藝文八卷，雜志一卷。《圖説》包括海塘、江塘、引河、土備塘、柴塘、皇朝魚鱗大石塘、大石塘底樁、大石塘十八層砌式、土戧、條石坦水、草盤頭、切沙、尖山石壩、木櫃、竹絡、明坡陀塘、明五縱五横魚鱗圖等34幅圖，皆附有文字，説明起訖長度、用料、規格、施工要領等有關工程内容。《疆域》記述海塘沿革和乾隆年間查勘海塘的情形。《建築》記述了自漢代以迄清代乾隆年間，歷代修築海塘的歷史。《名勝》、《古蹟》記述沿綫的山、河、湖、塘、浦、石、橋、亭等地景物和詩文。《祠祀》記述沿綫海神廟、祭文和詩詞。《奏議》記録工部諸臣奏章。《藝文》收録南北朝至乾隆間賦、狀、書、文、表、議、考、記、詩、詞數百篇。《雜志》記述歷代關於潮汐成因、潮候等著作。

《海塘録》綜括古今，資料豐富，徵引頗爲該洽。例如唐開元時，所築鹽官海塘長一百二十四里，舊《志》誤引《泊宅編》，作二百二十四里，凡屬此類，皆作訂正。又如所載宋制有鐵符鎮海、海寧之堤築於沈讓諸等，皆以前志乘未備，乃新增史料。再者，《浙江通志》雖載有海塘事宜，然僅至雍正十一年（1733）爲止，《海塘録》則詳叙至乾隆二十九年（1764）。所載清代有關修築海塘的論旨，亦有參考價值。

是書間有脱誤之處，《四庫提要》云：『如建築門，叙述宋制而不及引《咸淳臨安志》所載林大鼐之議。明安然之築石堤，《明實録》載於洪武十年（1378），而書中誤作十一年』，等等。再如卷一《圖説》，標題竟誤爲《疆域》。然這些小誤不足累及全書，其史料價值和地學價值都是毋庸置疑的。

本書以《續修四庫全書》影印本爲底本，並參校方觀承編輯的《敕修兩浙海塘通志》，進行點校。囿於學力，書中必有不當之處，敬祈方家不吝指正。

目録

欽定四庫全書《海塘録》提要

臣等謹案：《海塘録》二十六卷，國朝翟均廉撰。均廉有《周易章句証異》已著録。浙江海塘在海寧州南，[一]唐宋以來遞有修築。[二]至國朝，軫念民依，講求尤備。聖祖仁皇帝暨我皇上，均親臨相度，用建萬年保障之基。是編綜括古今，[三]恭録詔諭聖製，以弁冕於卷首。[四]次爲圖説一卷，疆域一卷，建築四卷，名勝二卷，[五]古蹟二卷，祠祀二卷，奏議五卷，藝文八卷，雜志一卷，徵引各史《紀》、《志》及《玉海》，乾道、咸淳《臨安志》，《四朝聞見録》、明各朝實録諸書，其考訂辨證頗爲該洽。[六]如訂正鹽官海塘長百二十四里，唐開元時所築，舊《志》作二百二十四里者，誤。引《泊宅編》載宋制有鐵符鎮海，皆史傳所未載。他如海寧之堤築於沈讓諸，又志乘所未備。考《浙江通志》雖有《海塘事宜》一門，然僅止雍正十一年而止，是編詳叙至乾隆二十九年。凡聖謨指示、睿慮周詳，以及臣工奏議，皆謹爲詮叙，尤足以昭示後來。其中如《建築門》叙述宋制而不及引《咸淳臨安志》所載林大鼐之議。明安然之作石堤，[七]《明實録》載於洪武十年，而書中誤作十一年，間有脱略，然不足累其全書也。乾隆四十六年九月恭校上。

總纂官臣紀昀、臣陸錫熊、臣孫士毅。

總校官臣陸費墀。

校勘記

［一］據中華書局影印本《四庫全書總目》（以下簡稱《中華本》）改「海寧縣」爲「海寧州」。

［二］據《中華本》改「漢唐」爲「唐宋」。

［三］據《中華本》改「綜括形勢，統叙源流」爲「綜括古今」，並删去「統叙源流」四字。

［四］據《中華本》改「冠於卷首」爲「以弁冕於卷首」。

［五］據《中華本》改「名勝三卷」爲「名勝二卷」。

［六］據《中華本》改「考訂徵引」爲「其考訂辨證」。

［七］據《中華本》改「築石堤」爲「作石堤」。

欽定四庫全書海塘録　卷首一　詔諭

聖祖仁皇帝

康熙四十六年十二月十四日，工部奉上諭：『朕宵旰勤民，視如赤子，無一時一事不思爲閭閻圖經久之計。江南、浙江生齒殷繁，地不加增而仰食者日衆，其風土陰時燥濕，及種植所宜迥與西北有異。朕屢經巡省察之甚悉。大抵民恃田畝爲生，田資灌溉爲急，雖東南名稱水鄉而水溢易泄，旱熯難支，夏秋之間，經旬不雨，則土坼而苗傷矣。濱河低田猶可戽水濟用，高仰之地力無所施，往往三農坐困。朕兹爲民生再三籌畫，非修治水利建立閘座，使蓄水以灌輸田疇，無以爲農事緩急之備。江南省蘇州、松江、常州、鎮江，浙江省杭州、嘉興、湖州各府屬州縣，或近太湖，或通潮汐，宜於所有河渠水口，度地建閘，隨時啓閉，水有餘則宣泄之，水不足則瀦蓄以備用。其有支河、港蕩、淤淺者，宜并加疏濬，使引水四達，仍行建閘。多蓄一二尺之水，即田高一二尺者，資以灌溉矣。多蓄四五尺之水，即田高四五尺者資以灌溉矣。行之永久，可俾高下田畝無憂旱潦，此于運河無涉而于民生實大有裨益。今漕運總督與江浙督撫方料理截漕散賑，爾部速移文該督撫等，令將各州縣河渠應建閘蓄水之處並應建若干座，通行確察，明晰具奏。爾部即遵諭行。特諭。』

世宗憲皇帝

雍正元年九月十七日，王大臣等欽奉上諭：『錢鏐時所築塘堤，中間雖被沖壞，至今尚有存者。數年來，督撫等所修塘堤，俱虚冒錢糧，於不當修築處修築，以致隨修隨壞。又聞得赭山有三處海口，今一處淤沙壅塞，水不通流，若濬治疏通，使潮汐不致留沙壅塞，則海寧一帶塘工方可保固。有言之者，雖未必稔知，不可不留意。抑或地方大臣[二]，恐糜費錢糧，將此等處，雖明知而不顧也。爾等傳諭該督撫知之。欽此！』

雍正二年八月十四〔五〕日[三]，欽奉上諭：『朕思天地之間，惟此五行之理，人得之以生全，物得之以長養。而主宰五行者，不外夫陰陽。陰陽者，即鬼神之謂也。孔子言鬼神之德，體物而不可遺，豈神道設教哉？蓋以鬼神之事，即天地之理，故不可以偶忽也。凡小而邱陵，大而川嶽，莫不有神焉主之。皆當敬信而尊事[三]，况海爲四瀆之歸宿乎？使以爲不足敬，則堯舜之君，何以柴望秩於山川？文武之君，何以懷柔百神及河喬嶽？今愚民昧於此理，往往信淫祀而不信神明，傲慢褻瀆，致干天譴。夫善人多，而不善人少[四]，則天降之福，即稍有不善者，亦蒙其庇；不善人多，而善人少，則天降之罰，雖善者亦被其殃。近者，江南報上海、崇明諸處海水泛溢，浙江又報海寧、海鹽、平湖、會稽等處海水冲决堤防[五]，致傷田禾。朕痛切民隱，憂心孔殷。水患雖關乎天數[六]，或亦由近海居民平日享安瀾之福，絶不念神明庇護之力，傲慢褻瀆者有之。夫敬神，固理所當然，而趨福避禍之道，即在乎此。能敬，則謂之順天；不敬，則謂之褻天。褻天之人，顧可望綏寧之福乎？詩曰：「敬天之怒，無敢戲豫。」又曰：「畏天之威，于時保之。」朕固當朝乾夕惕，不遑寧處，以敬承天意，亦願爾百姓，共凜此言，内盡其心，外盡其禮。敬神如神在，實以至誠昭事，而不徒尚乎虛文。人意即神意，一念之感格，自足以致休祥，豈獨一鄉一家之被其澤哉[七]？爾百姓果能人人心存敬畏，必獲永慶安瀾。著該督撫將此諭旨[八]，令地方官家諭户曉[九]，俾沿海居民一體知悉。特諭。』

雍正二年八月二十四日，户部欽奉上諭：『前因江浙督撫等摺奏[一〇]，七月十八、十九等日，驟雨大風，海潮泛溢，衝決堤岸，沿海州縣、近海村莊、居民、田廬多被漂没。朕即密諭速行具本奏聞、賑恤，但思被災小民，望賑孔迫，若待奏請方行賑恤，恐時日耽延，災民不能即沾實惠。朕心深爲憫惻，著該督撫委遣大員踏勘被災小民[一一]，即動倉庫錢糧，速行賑濟，務使災黎不致失所；其應免錢糧田畝，即詳細察明請蠲。凡海潮未至之村莊，不得混行濫冒〔蠲〕[一二]。至於緊要堤岸衝決之處，務須速行修築[一三]，無使鹹水流入田畝。朕念切痌瘝，務令早沾實惠，該地方官各宜實心奉行，加意撫綏，俾凋瘵得蘇生全速，遂以副朕勤恤民隱至意。爾部即行文[一四]，各該督撫遵奉速行。特諭。』

雍正二年九月二十一日，欽奉上諭：『今歲七月中，颶風海潮泛溢，江南、浙江沿海州縣衛所、堤岸多被衝塌，居民、田廬漂没。朕軫念深切，已降諭旨令江浙地方官亟行賑濟撫綏，毋使災黎失所。今被衝海塘，若不及時修築，恐鹹水灌入内河，有礙耕種。爾督撫等，著即查明各處損壞塘工，料估價值，動正項錢糧作速興工。至沿海失業居民，度日艱難，藉此傭役，俾日得工價以資糊口，是拯救窮民之法即寓其中矣！將此再行飭諭，務期實心，遵旨速行，以副朕憂恤元元至意。倘有不肖地方官扣尅工銀及怠緩不力者，該督撫嚴查，即行題參，從重治罪。特諭。』

雍正二年九月二十二日諭：『湖廣總督楊宗仁、江西巡撫裴徫度，今歲各省秋成大有，惟浙江、江南沿海地方，七月十八、九等日，海潮泛溢，近海田禾不無損壞。朕軫念災黎，惟恐失所，業經嚴飭各省督撫發倉賑濟[一五]，多方撫恤；但蘇、松、杭、嘉等府[一六]，人稠地狹，向來出米無多，雖豐年亦仰給於湖廣、江西等省。今沿海被灾，恐將來米價騰貴，小民艱食。湖廣、江西地居上流[一七]，今歲豐收。爾可速動司庫銀兩，湖廣買米十萬石，江西買米六萬石[一八]，運交浙江巡撫平糶[一九]。所糶之銀，仍移還補庫。其米應於何處交卸，爾即咨會浙江巡撫[二〇]。酌議速行，務於浙民有益，毋得怠緩遲誤。特諭。』

雍正二年十月二十五日，欽奉上諭：『江浙兩省沿海地方，於七月十八、十九兩日，皆被潮水[二一]，漂没居民、廬舍。雖經頒旨加意賑恤[二二]，然朕憫惻之念[二三]，至今尚未能釋。惟有朝夕警惕，以答天意。但海爲衆水所歸，無不容納，今乃狂潮泛溢，水不循軌，或者海洋潛藏匪類，亦未可定。稽諸前事，往往有之。沿海各省督撫、提鎮，務須實心愛養小民，整理營伍，俾閭閻各安其業[二四]，汛防有備無虞。毋令海洋別生事端，庶不負朕委任之意。特諭。』

雍正二年十二月初四日，吏部尚書朱軾面奉上諭：『浙江沿海，塘工最爲緊要。署巡撫石文焯前奏，必須通用石磈修築；後又奏稱[二五]，不必用石。全無定見[二六]，誠恐貽誤塘工。朕已諭令法海[二七]、佟吉圖作速詳議具奏矣，但恐法海等初任，不諳練地方情形。爾曾爲浙江巡撫[二八]，必知海塘緣由。著汝馳驛前往浙江[二九]，將作何修築之處，會同法海、佟吉圖，詳查定議，交與法海等修築[三〇]，爾即回京[三一]。朕思海塘關係民生，必須一勞永逸，務要工程堅固，不得吝惜錢糧。江南海塘，亦爲緊要。爾浙江事竣[三二]，即至蘇州，會同何天培、鄂爾泰，將查勘蘇松塘工如何修築之處，亦定議具奏。欽此。』

雍正三年五月十六日，内閣奉上諭：『江南、浙江海塘，已差尚書朱軾會同江浙巡撫查勘估議具奏，但沿海黎庶全賴堅築海塘，捍禦潮汐，得以保全生聚。事關民瘼，朕時刻在念。若塘工遲誤，則海濱之人未能安居樂業。所派效力人員，雖經赴工，惟恐遷延時日，驟難告竣，亦未可定。著巡撫張楷、法海等，星速遴委幹員，動支司庫錢糧，立限堅築，尅期報完，務使永保安瀾。毋得因循延緩，亦不得草率塞責，貽誤民生。欽此。』

雍正三年十一月，署浙江巡撫傅敏，因紹興府知府特晋德於條石塘内填用亂石，飭令改築，據實題奏。奉旨：『據奏，紹興府海塘工程，原議皆用條石，後以條石不易購致，限期已迫，遂用條石托外，亂石填中，今恐日後坍塌，仍改用條石，請寬限期等語。海塘工程，關係民生最爲緊要[三三]，必須一勞永逸。若因條石一時難以購致，從前便當聲明緣由，奏請展限，何得草率從事？和順係隆科多結納私人，特晋德曾經隆科多在朕前薦舉，此必特晋德受隆科多之囑託[三四]、照看，和順是以聽其苟且塞責。傅敏不早行查奏，亦屬徇情[三五]。著交與新任巡撫李衛[三六]，悉心查勘，指示更改，修理務期永遠堅固。張楷在江南修理塘工，用木樁密釘，似爲有益，可否倣行，並令李衛酌量[三七]。該部知道。欽此。』

雍正七年八月二十四（三）日[三八]，欽奉上諭：『朕惟古聖人之制：祭祀也，凡山川、嶽瀆之神，有功德於生民，能爲之禦灾、捍患者，皆載在祀典。蓋所以薦歆昭格、崇德報功，而并以動斯人敬畏、祇肅之心，使之毋敢慢易而爲非也。雍正二年，浙江海塘潮水冲决，朕特發帑金，命大臣察勘修築；并念居民平日不知敬畏明神，多有褻慢，切諭以虔誠、修省之道，令地方官家喻户曉，警覺衆庶。比年以來，塘工完整，灾沴不作，居民安業，蓋已默叨神祐矣[三九]。今年潮汛盛長，幾至泛溢，官民震恐。幸而水勢漸退，堤防無恙，此皆神明默垂護佑，惠我蒸民者也[四〇]。兹特發内帑十萬兩，於海寧縣地方敕建海神之廟，以崇報享。著該督遴委賢員[四一]，度地鳩工，敬謹修建，務期制度恢宏，規模壯麗，崇奉祀事，用答明神庇民、禦患之休烈。且令遠近人民，奔走瞻仰，興起感動，庶莫不盡消其慢易之私，而益振其恪恭之志，相與服教畏神，遷善改過，永荷休祥[四二]，則於國家事神治人之道均有賴焉[四三]。其應行事宜[四四]，著該督等詳悉定議具奏[四五]。特諭。』

雍正十一年正月，大學士鄂爾泰等遵旨議奏請欽簡大臣前往詳細查勘，再行定議。奉旨：『依議。著内大臣海望[四六]、總督李衛，馳驛前往浙江，會同總督程元章，將海塘工程，通盤相度形勢，籌畫事宜，應作何修築，以垂久遠之處，詳細查勘，悉心定議具奏。其修築工程，著大理寺卿汪漋[四七]、原任内閣學士張坦麟前往承辦。仍照舊令程元章總統料理，張坦麟即於本籍前往直隸。總督印務，著署刑部尚書唐執玉暫行署理[四八]，營田觀察使顧琮協辦。欽此。』

雍正十一年正月，内大臣海望、總督李衛等陛辭，赴浙查勘海塘，面奉諭旨：『爾等到浙，詳細踏勘。如果工程永固，可保民生，即帑金千萬不必惜費。欽此。』

雍正十一年三月，内大臣海望等奏請，於尖、塔兩山之間建立石壩，以堵水勢；又請漸次改建大石塘等，因四月初一日欽奉旨：『此所議俱屬妥協，著交部照所奏行[四九]。朕思尖、塔兩山之間，建立石壩，以堵水勢，似類挑水壩之意，所見固是。若再於中小亹開挖引河一道，分江流入海，以減水勢，似更有益。從前雖經開挖，旋復壅塞者，皆因惜費省工之故。今若倍加工力開挖，兩工並舉[五〇]，更覺妥備。石壩建後即有漲沙，而石塘亦當漸次改建，以爲永久之利。其開挖引河之處，著程元章會同汪漋[五一]、張坦麟等，相度地勢，酌量辦理。該部知道。欽此[五二]。』

雍正十一年十二月二十三日，欽奉上諭：『朕因浙省海塘關係緊要，是以特命大臣前往，會同該督等相度形勢，定議興修。又恐在工人員，或怠緩稽遲，不能即時建築，特令將軍阿里衮、副都統隆昇，會同該督等督催辦理。近聞堵塞尖山，開挑引河，已經該督等查勘數次，尚欲再看、再商，但以行文閩省，調取善水之人試探爲辭，議論紛紜，終無定議，全不思海水潮汐有時，若遲至潮水長盛之時，如何施工？且採辦石料，又互相推諉，舍近求遠，致稽時日。該督等既不努力辦工[五三]，而阿里衮、隆昇亦俱袖手旁觀，不上緊催辦。若各工内實有難以施工，應奏聞請旨之事，亦應及早奏明，何得半年以來，尚無頭緒。著傳諭程元章[五四]、阿里衮、隆昇、張坦麟、汪漋、穆克登額等，速將各項工程及時修築，毋得仍前怠忽。欽此。』

雍正十二年二月，浙江總督程元章奏稱，尖、塔兩山之間難以築壩，中小亹難以開挖，奉旨：『大學士鄂爾泰會同海望閱看。欽此。』隨經大學士鄂等議駁覆奏，奉旨：『依議。浙省海塘，關係重大，固須詳慎，尤戒遲疑。若總理者不肯擔承，將分任者愈多瞻顧，則因循草率，迄無遠圖，其何以謀奠安而垂永久？看程元章毫無確見，今將海塘一應工程，着隆昇總理。令偏武前往協辦，所需文武官員俱聽揀調。其運辦物料、預備人夫及給發錢糧等項，仍著程元章料理應付[五五]。毋得推諉，毋得稽遲。欽此。』

雍正十二年五月，總理海塘副都統隆昇恭報兩河工竣。奉旨：『覽奏深爲嘉悅，但觀圖畫情形，惟恐復淤。向後可將暢流、疏刷、深廣情形，不時訪問，隨便奏聞。欽此。』

雍正十二年十二月二十九日，欽奉上諭：『朕聞浙江海塘工程，現在修理尖山已堵築三分之一，人心甚是踴躍，但尖山夫役每日給工銀三分六釐，稍覺不足。今當初春之月，水淺潮平，正趲築工程之候。著照引河挑夫之例[五六]，每日加銀一分四釐六毫。今運送多資人力，每方增銀六分，俾夫役等工食寬裕，努力修築，早告成功，以慰朕念。欽此。』

雍正十三年七月初八日，欽奉上諭：『朕聞浙省海塘於本年六月初二日，風潮偶作，冲決之處甚多。朕心深爲軫念，已降旨詢問緣由，並令速行搶修，以防秋汛。至於僱幕人夫[五七]，採辦物料，務須公平給價，聽從民便，俾閭閻踴躍從事，不得涉於勉强，或繩以官法，刑驅勢迫，擾累地方，致辜朕愛養民生至意。欽此。』

雍正十三年七月十一日，欽奉上諭：『前聞浙省海塘於本年六月初二日，風潮偶作，衝決之處甚多。朕心甚爲軫念，已降旨詢問情由，並令速行搶修，以防秋汛。今朕訪聞得，今歲風潮不過風大水涌，並非昔年海嘯可比，且爲時不久，未有連日震撼衝汕情形。若平日隨時補苴，防護謹密，自不致潰決如此之多。總因數年來，經理官員將舊日工程視同膜外，並不隨時修補，且將原題准其在於歲修案内報銷之工不許修築，以致根脚空虚，處處危險，不能捍禦風浪。又海防兵備道乃特設專司之員，責任綦重，從前隆昇、程元章等請將同知成貴題補，朕因其平日不曾經歷河工，誠恐未必勝任且陞用太驟，是以姑令署理試看。今聞伊於工程並未諳練，兼之患瘧經年，不能辦事。東塘同知張偉爲人軟弱，安坐海寧。西塘同知李飛鯤，存心狡猾，日在省城奔競，俱非實心任事之員。而隆昇與程元章等意見又不相同，汪漋、張坦麟但知隨聲附和，不顧國家公事，前因虐使民夫、尅減工料，經朕降旨申飭，略知收斂。然每石萬斤尚折減六七折不等，欲符原估六萬兩之數，一任宕匠包賠，逃亡誤工。平時人事廢弛若此，何以抵禦狂瀾？况朕不惜數百萬帑金，冀以保全一方民生，而各官懷挾私意，不知爲國爲民，宜乎上天垂象以示儆也。兵備道係緊要之員，今成貴患病，溺職如此，隆昇、程元章、汪漋、張坦麟總理協辦，所司何事？郝玉麟既在浙江，豈無見聞？何以俱不題參？著伊明白回奏兵備道員缺[五八]，即著伊等在於知府中揀選題委[五九]。目今秋汛，正大搶修保護，最爲急務，一切事宜俱交與隆昇、程元章、汪漋、張坦麟等悉心料理。倘仍蹈前轍，再有疏虞，致傷田廬、民命，必將伊等從重治罪，不稍寛貸。郝玉麟既不據實奏聞，亦不能置身事外。至於僱募人夫、採辦物料，務須公平給值，聽從民便，俾閭閻踴躍從事[六〇]，不得涉於勉强，或繩以官法，刑驅勢迫，擾累地方，致辜朕愛養民生之至意。特諭。』

雍正十三年七月十五日，欽奉上諭：『浙江海塘工程，原在平日隨時補苴，防護謹密，始可禦猝然之風浪。乃近年以來，經理官員將舊日工程以爲非己身經手者，視同膜外，不加修補，以致今年六月初二日風大水涌[六一]，遂潰決塘工如此之多。此朕訪聞最確者。朕爲浙省海塘宵旰焦勞，無時或釋，且不惜多費帑金，登斯民於衽席，年來所降諭旨不下數十百次矣。隆昇、程元章、汪漋、張坦麟，皆朕特簡之大員，委以防川之重任，且訓諭諄諄，望其實力奉行，勉以和衷共濟。豈料伊等私心蔽錮，意見參差，但分彼此之形，全無公忠之念，安有身在地方，目覩堤岸空虚，而不督率屬員，先事預防，急爲修補者？隆昇、程元章、汪漋、張坦麟，俱著交部嚴察議奏[六二]。目今江南塘工告竣，王柔著補授浙江海防兵備道[六三]，速赴新任。欽此。』

雍正十三年七月十九日，内閣欽奉上諭：『浙江海塘工程，關係民生最爲緊要。朕宵旰焦勞，不惜多費帑金，爲億萬生靈謀久遠乂安之計，所以告誡在事臣工者已至再、至三矣。不料經理諸臣各懷私意，彼此參差，以致乖戾之氣上干天和，有今年六月風浪潰堤之事。今雖勉力搶修，尚不知能捍禦秋潮否。至於建築石塘，工程浩大，若諸臣陋習不改，仍似從前，則大工何所倚賴？朕再四思維，大學士朱軾廉慎持躬，昔曾巡撫浙江，諳練塘工，今雖年逾七旬，精神不逮，而董率指示似尚能爲。朕以此詢問之，伊自稱情願效力。著由水路乘船前往[六四]，令該部給與水程勘合，並令沿途撥兵護送。伊子朱必楷，著隨伊父去。朱軾到浙之日，稽查指授總理大綱。至一切工程事務，仍著隆昇[六五]、程元章、汪漋、張坦麟等照前辦理，俱聽朱軾節制。若大臣中有懷私齟齬者，著朱軾據實參奏[六六]，朕必嚴加處分。若文武官員有營私作弊，或怠玩因循者，朱軾即行糾參，從重治罪。朱軾未到之先，所有應辦工程、物料，著隆昇[六七]、程元章等上緊辦理，毋得藉口等候欽差，徘徊觀望，以致稽遲。欽此。』

雍正十三年八月初八日，大學士朱軾面奉上諭：『浙江海塘，關係民生最爲緊要。因隆昇與程元章意見不合，以致遲誤工程，特差爾前往督率之，隆昇等聽爾節制。如何修築之處，爾做過浙江巡撫，自必諳練，但工程浩大，需用錢糧斷斷不可吝惜。舊塘先須修築完固，以資捍禦，切不可因塘身臨水那動尺寸，那移一步即衝塌一步，何時是已？至修建魚鱗大石塘，乃一勞永逸之計，不可因塘外沙漲停止修築。縱使沙漲數十百里，民人居處耕種，亦不可恃，必須大工完竣，方可垂之久遠，於地方有益。其石料、夫工價值，照時給發，若扣尅留難，則利民之事反以病民。如有此等情弊，務嚴參重處，毋得姑容。欽此。』

今上皇帝

雍正十三年十二月初八日，大學士、總理海塘事務嵇曾筠敬籌海塘章程事宜。奉舊旨：『以上數條，可謂措置咸宜。朕實慶海疆得人，從此永永寧謐。安瀾底績，卿功可垂諸竹帛矣。欽此。』

雍正十三年十二月二十一日，總理事務王大臣欽奉上諭：『隆昇剛愎自用，怙過不悛，若仍留浙江，於塘工無益，著解任來京[六八]。其副都統、織造二缺，候朕另降諭旨。程元章身爲巡撫，不能和衷共濟，乃懷挾私心，貽誤公事，亦不應留於浙省，著解任來京[六九]。其巡撫印務，即著大學士嵇曾筠兼管[七〇]，俾地方管轄與海塘工程併歸一手，自無掣肘牽制之患。張坦麟、汪漋，俱照司道例，聽嵇曾筠節制、委用。隆昇所管關税事務，著嵇曾筠委員暫行管理[七一]。嵇曾筠摺内所參驍騎校常禄、巡檢黃國標、蔣文暹、通判葉齊，俱著革職[七二]。黃國標、蔣文暹、葉齊，仍著留工效力[七三]。倘怠忽貽誤，著嵇曾筠即行嚴參治罪[七四]。江南總督趙宏恩駐劄江寧，難以兼管河務。江南總河員缺，著高斌補授[七五]，其管理兩淮鹽政，候朕另降諭旨。欽此。』

乾隆元年三月初五日，工部欽奉上諭：『朕聞浙江紹興府屬山陰、會稽、蕭山、餘姚、上虞五縣，有沿江、沿海堤岸工程，向係附近里民按照田畝派費修築，而地棍、衙役於中包攬分肥，用少報多，甚爲民累。嗣經督臣李衛檄行府縣，定議每畝捐錢二文至五文不等，合計五縣共捐錢二千九百六十餘千，值銀三千餘兩[七六]，民累較前減輕，而胥吏等仍不免有借端苛索之事[七七]。朕以愛養百姓爲心，欲使閭閻毫無科擾，著將按畝派錢之例即行停止[七八]。其堤岸工程，遇有應修段落，著地方大員委員確估[七九]，於存公項内動支銀兩興修，報部核銷，永著爲例。特諭。』

乾隆元年六月二十一日，欽奉上諭：『朕聞濱海之鄉，土地坍漲不常，田無定址，於是豪强得恣侵占，而争端日興，其責在地方有司。熟悉土宜，按制定法，弭釁於未然，而平其争於初發，則可謂良吏矣！夫州縣有司，非盡不知愛民者，特以田土情形，未能稔悉，不得不寄耳目於吏胥。而猾吏奸胥又往往與土豪交通，變亂成法，予奪任意，弱肉强食，爲厲無窮，獄訟繁興，端由於此。至若沿海新漲之沙，鄰邑互争，有司又各袒所屬，益滋紛攘，此皆徇私而未識大體者[八〇]。朕以天下爲一家，而州、縣官各膺子民之責，亦當體朕之心以爲心，又焉忍伸此屈彼，長其奸而導之攘奪哉！前此，海濱要地增設大員彈壓，果其秉公查看，經理得宜，應即令界址劃然，各歸其産，不當遷延歲月，仍假奸民之便，而使窮黎久致失業也。夫奸豪不懲，則無以安良善；經界不正，則無以杜争端。該督撫應飭所屬親民之員，毋以姑息怠緩從事，庶令民業各正，而争訟亦自是少息矣。特諭。』

乾隆元年九月初九日，欽奉上諭：『今年伏秋交會之際，南方雨多，水勢甚大，朕深爲黄運海塘等處工程繫念。昨據江南河道總督高斌摺奏，「時過白露，黄運湖河各處工程，在在保護平穩；且毛城鋪北岸於六月間有天開引河一道，不費人力，自然化險爲平，人民莫不歡忭」等語；又據大學士嵇曾筠摺奏，「今年伏秋，海塘水勢雖大，因先期修整坦水、建築土戧，得以保護平安。且江海形勢，潮向南趨，海寧東西兩塘，日夕漲沙，將來易於施工，比較上年情形，已不啻逕庭之别」等語；又據河東總河白鍾山摺奏，「秋汛已過，河東兩省，南北兩岸，一切堤壩工程均屬穩固」等語。南北河工與浙江海塘，關係國計民生最爲緊要。且當朕即位元年，仰荷神明默佑，數處重大工程俱各循流順軌，共慶安瀾。朕心不勝感慶，理宜虔修祀典，以答神貺。所有應行禮儀，該部察例具奏。此三處總理之大臣督率有方，在事各員殫心防護，俱屬可嘉，著分别議叙具奏[八一]。欽此。』

乾隆五年閏六月二十三日，欽奉上諭：『據浙江巡撫盧焯奏稱，「海寧尖山壩工實係全塘鎖鑰，臣率同兵備道相度指示。自開工以來，未及五閲月，而全工已竣。此係跨海填築，不比内地工程，所有承辦各員弁，俱能實心實力，克著勤勞，謹分别等次，繕摺進呈，可否仰懇天恩，敕部議叙。至悉心贊襄稽覈錢糧、工料之布政使張若震，往來督工之按察使完顔偉，與督催運石之鹽驛道趙侗斆，係大員未敢列入等次，相應聲明」等語。尖山壩工辦事人員，俱著照盧焯所請交部議叙[八二]。至盧焯董率有方，張若震、完顔偉、趙侗斆協辦盡力，著一併議叙具奏[八三]。欽此。』

乾隆十五年十月二十二日，奉上諭：『浙閩總督喀爾吉善、署理浙江巡撫永貴奏請臨幸浙江、閲視海塘一摺，前因江南督撫等奏請南巡，特命大學士、九卿會議，詢謀僉同，業經降旨俞允。江浙隣封接壤，均係聖祖屢經臨幸之地，且海塘亦重務也。今既據該省士民感恩望幸，群情踴躍，督撫合詞代奏，宜允所請。於辛未春南巡，便道前至浙省臨視海塘工，慰黎庶瞻依之意。所至不煩供億，勿興尚華靡，已詳具前旨，其共喻焉。欽此。』

乾隆十五年十二月初八日，奉上諭：『浙江海塘爲捍衛民生要務，朕明春巡幸，浙省意欲親臨閲視。著尚書舒赫德于江南審訊事畢之日，即赴浙江，會同該督撫等查看預備奏聞。欽此。』

乾隆二十五年八月初九日，軍機處抄出，奉上諭：『獻歲恭逢皇太后七旬萬壽，擬于新春敬奉安輿時巡南服，俯慰士民顒祝之忱，並順道閲視徐州石堤及海寧塘工，因降旨令該省地方官修整道路、橋梁，照例預備。今歲大江以南，在在豐收，惟夏間雨水稍多，河湖盛漲，高寶興泉一帶低窪處所，頗有漫溢。前因河臣等先後摺奏，特傳諭尹繼善查明下遊被水之區，預籌撫綏。復恐地方有司承辦南巡差務，轉于賑恤事宜不能盡心經理，是以諭令該督將實在情形確查具奏，候朕降旨，酌改巡幸。今據奏到高寶等處被水較重，該處既現已成災，亟宜以賑，務爲切要，南巡一事，不妨酌量改期。該督身任封疆，自當權其緩急，早爲奏請，何必待朕詢及始行入告耶？所有南巡應辦差務暫行停撤，改于壬午春。恭奉慈輦，以慰輿情，仍可攬民風而昭盛典。大差既經停止，自可專心辦理賑務。該督等務宜仰體朕懷，董率僚屬，確按災地情形實力妥辦，勿使窮黎稍有失所，以副朕痌瘝在抱至意。該部即遵諭行。欽此。』

乾隆二十七年三月初三日，内閣奉上諭：『尖山、塔山之間，舊有石壩。朕今親臨閱視，見其横截海中，直逼大溜，猶河工之挑水大壩，實海塘扼要關鍵，波濤衝激，保護匪易。但就目下形勢而論，或多用竹簍加鑲，或改用木櫃排砌固宜，隨時經理，加意防修。如將來漲沙漸遠，宜即改築條石壩工，俾屹然成砥柱之形勢，庶於北岸海塘永資保障。該督撫等其善體朕意，於可興工時一面奏請，一面動帑儹辦，併勒石塔山以誌永久。欽此。』

乾隆二十七年三月初三日，内閣奉上諭：『朕稽典時巡，念海塘爲越中第一保障。比歲潮勢漸趨北大亹，實關海寧、錢塘諸邑利害。計於老鹽倉一帶柴塘改建石工，即多費帑金爲民間永遠禦災捍患，良所弗惜，而議者率以施工難易，彼此所見紛岐。昨于行在，先命大學士劉統勳、河道總督高晋、巡撫莊有恭前往工所簽試樁木。朕抵浙次日，簡從臨勘，則柴塘沙性澁汕，一樁甫下，始多扞格，卒復動摇石工，斷難措手。若舊塘迤内數十丈許，土即宜樁，而地皆田廬、聚落，將移換石工，毁拆必多。思衛民而先殃民，其病甚於醫瘡剜肉矣！朕心不忍，且併外塘棄之乎？抑兩存而贅疣可乎？以兹蒿目熟籌所可爲吾民善後者，惟有力繕柴塘，得補偏救弊之策耳！地方大吏，其明體朕意，悉心經理，定歲修以固塘根，增坦水、石簍以資擁護，庶幾盡人事而荷神休，是朕所宵旰廑懷不能刻置者。至繕工欲固，購料不得不周。現在採辦柴薪，非河工秫䕸之比。向爲額定，官價所限，未免拮据，應酌量議加，俾民樂運售，而官易集事。其令行在户部，會同該督撫詳加定議以聞。朕爲浙省往後咨度之苦心，其詳具見誌事一詩，督撫等並將此旨于工次勒石一通，永志遵守，毋忽。欽此。』

乾隆二十七年三月十九日，奉上諭：『朕奉皇太后安輿，莅兹南服，所以省方觀民，勤求治理。其各處舊有行宫，清蹕所駐爲期不過數日，但須掃除潔净，以供憩宿足矣，固無取乎靡麗飾觀也。而名山勝蹟，尤以存其舊規爲各得自然之趣。從前屢降諭旨，至爲明晰，乃今自渡淮而南，凡所經過悉多重加修建，意存競勝。即如浙江之龍井，山水自佳，何必更興土木？雖成事不説，而似此踵事增華，伊於何底？轉非朕稽古時巡本意。且河工海塘爲東南民生攸繫，朕廑懷宵旰，時切紆籌，地方大吏果加意修防，永資捍禦，則兹之親臨閲視，其欣慰當何如者？而田疇豐潤，井里熙恬，即所以博朕愜覽不在彼而在此也。嗣後，每届巡幸之年，江浙等處行宫及名勝處所，均無庸再事增葺，徒滋縻費，即圬墁褄飾，不致年久剥落，亦可悉仍其舊，此實不僅爲愛惜物力起見也。該督撫等其各善體朕諭，敬相遵守。欽此。』

乾隆二十七年十月初三日，奉上諭：『浙江海寧一帶塘工，最爲緊要。今春巡幸抵杭之次日，即赴老鹽倉、尖山等處，相度情形，飭令修築柴塘，並建設竹簍、坦水各工，以資保護。今據莊有恭奏，「查勘工程俱已陸續完竣，諸工並皆穩固」等語，該督撫率各員儹辦蕆工，甚屬盡心，深可嘉予。莊有恭著交部議叙，所有在工襄事各員，並著查明，分别咨部議叙，以示獎勵。欽此。』

乾隆二十八年十二月十七日，奉上諭：『兩江總督尹繼善等合詞具奏，請于乾隆乙酉再舉南巡之典，以慰臣民顒望一摺，朕惟江浙地廣民殷，一切吏治農功均關要計，且襟江帶河，濵湖邊海之區，籌護澤國田廬，無一不重縈宵旰。前以壬午歲恭奉安輿時巡周覽，凡淮河水誌節空、插壩啓閉以及杭屬塘工勘建、柴石料段諸事宜，曾與封疆大吏目擊手畫，以期利濟群生。年來，叠經督撫等疏報，下河郡邑汛水恬流，並無漫溢。惟是浙中海潮漲沙，雖有起機，大溜尚未趨赴中亹，是深所廑念。而新修柴石諸塘，亦當親閲其工，以便隨時指示。又近日特遣大臣督修水利，如睢河、荆山橋等處，亦爲數省灌輸吃緊關鍵，所以驗前功，承成效，正惟其時。矧東南歲頻告豐登，恭惟聖母皇太后福履康寧，彌臻純嘏，于是承歡行慶，答士民望幸之忱，稽典實爲允協。著照請准於乙酉之春，諏吉南巡。其河工、海塘應親歷省視者，即行先期預備。至前次燈綵繁文暨扈從人員僱覓巨舟、籤佔公館諸禁，已屢頒諭旨。即朕所過行宮道路，距上届爲日匪遥，祇須洒掃潔蠲，足供頓憩，不得稍事增華勞費，副朕仰承慈諭、俯順輿情之至意。將此通諭各衙門知之，摺併發。欽此。』

謹案：均廉原書，恭載諭旨至乾隆二十八年而止。伏念我皇上眷念海壖，屢勤清蹕，不惜帑工，特命增築石坦，加罩鱗塘，並范公塘亦予一律甃石。訓諭周詳，尤爲海塘經法。謹續載乾隆三十年、四十五年、四十九年節奉諭旨於左，庶於海塘大備之模有所考云。

乾隆三十年閏二月初五日，奉上諭：『海寧石塘工程，民生攸繫，深廑朕懷。連年潮汛安瀾，各工俱屬穩固。兹入疆伊始，即日就近親臨相度，先行閲視。遶城石塘五百三十餘丈，實爲全城保障。而塘下坦水，尤所以捍衛石塘。但向來止建兩層，今潮勢似覺頂衝，外沙漸有汕刷。二層之外，應須預籌保護。該撫等上年所奏加建三層坦水六十餘丈，止就尤險要處而言，於全城形勢尚未通盤籌畫。若一例普築三層石坦，則於護城保塘尤資裨益。著將應建之四百六十餘丈，均即一例添建。其二層舊坦内有椿殘石缺者，亦著查明補換。該督撫等其董率所屬，悉心籌辦，動帑興修，務期工堅料足，無濫無浮，以收實濟，副朕爲民先事預籌之至意。欽此。』

乾隆四十五年三月初三日，内閣奉上諭：『海寧州石塘工程，所以保衛沿海城郭、田廬，民生攸繫。從前四次親臨指授機宜，築塘保護，連年潮汛安瀾，各工俱爲穩固。今朕巡幸浙江，入疆伊始，即親往閲視。石塘工程尚多完好，惟逮海寧城之魚鱗石塘，内有工二十餘丈，外係條石作墻，内填磈石，歷年久遠，爲潮汐冲刷，底樁霉朽，兼有裂縫、蹲矬之處。又城東八里之將字號至陳文港密字號止，有石塘工七段，約共長一百五六十丈，地當險要，塘身單薄，亦微有裂縫。此塘爲全城保障，塘下坦水所以捍護塘工，皆不可不預爲籌辦。著將兩處塘工均改建魚鱗石工，一律堅穩，并添建坦水以垂永久。該督撫即派妥員，確勘估計具奏。又石塘迤上，前經築有柴塘四千二百餘丈，現尚完整，究不如石塘之鞏固。雖老鹽倉有不可下樁爲石塘之處，經朕親見，然不可下樁處，未必四千餘丈皆然。朕於民瘼所繫，從不惜帑省工，俾資保護。著該督撫即將該工内柴塘可以改建石塘之處，一并派委誠妥大員，據實逐段勘估奏聞辦理。如計今歲秋間可以辦竣，即撥帑趕緊興修；若秋間不能完竣，則竟俟秋後辦理。該督撫其董率所屬，悉心經畫，以期工堅料實，無濫無浮，務期濱海群黎永享安恬之福，以副朕先事預籌至意。欽此。』

乾隆四十五年四月初七日，奉上諭：『朕巡幸浙江，由海寧閲視塘工至杭州。老鹽倉一帶有柴塘四千二百餘丈，雖因其處不可下樁爲石塘，然柴塘究不如石塘之堅固，業經降旨將可以建築石塘之處一律改建石塘，以資永久保障。兹忽憶及該地方官及沿塘居民，見該處欲建石塘，或視柴塘爲可廢之工，不但不加防護，甚或任聽居民拆毁竊用，致有損壞，則石塘未蕆工之前，於該處城郭、田廬甚有關係。且改建石塘，原爲保衛地方之計。若留此柴塘以爲重關保障，俾石塘愈資鞏固，豈不更爲有益？况當石工未竣以前，設使潮水大至，而柴塘損壞，無可抵禦，不幾爲開門揖盗乎？著該督撫即嚴飭地方文武官，將現有柴塘仍照前加意保固，勿任居民拆損竊用。將來石工告竣，遲之數年，或親臨閲視，爾時柴工倘有損壞，惟該督撫是問。欽此。』

乾隆四十九年三月十六日，奉上諭：『浙江建築石塘，所以保障民生，關係甚重。前庚子南巡時，朕親臨閱視，指示機宜，於老鹽倉舊有柴塘後一律添建石塘四千二百餘丈，次第興修，於上年七月間告竣。因其砌築堅整，如期蕆工，原欲將該督撫及承辦文武官員交部分别議叙。今抵浙後親臨閲看，乃所辦工程不惟不應邀叙，並多未協之處。蓋朕於老鹽倉添建石塘，固以衛護民生，亦因浙省柴薪日益昂貴，歲修柴塘採辦薪芻，致小民日用維艱，是以建築石工爲一勞永逸之計，庶於閭閻生計有益。然石塘既建，自應砌築坦水保護塘根，乃陳輝祖、王亶望並未籌畫及此，而後之督撫亦皆置之不論，惟云柴塘必不可廢。此乃受工員慫恿，爲日後歲修冒銷地步。况朕添建石塘，原留柴塘爲重門保障，並未令拆去柴塘，前降諭旨甚明也。若如該督撫所言，復加歲修，又安用費此數百萬帑金添築石塘爲耶？又石塘之前、柴塘之後，見有溝槽一道，現有積水，並無去路，將來日積日甚，石塘根脚勢必淹浸滲漏，該督撫亦並未慮及。又石塘上有堆積土牛，甚屬無謂，不過爲適觀起見，無當實際。設果遇異漲，又豈幾尺浮土所能抵禦耶？所有塘上土牛即著填入積水溝漕之内，仍將柴塘後之土順坡斜做，衹需露石塘三四層爲度，並於其上栽種柳樹，俾根株蟠結，塘工益資鞏固，如此則石柴連爲一勢。即以柴塘爲石塘之坦水，且今柴塘亦時見有坦水也。總之，現在柴塘不加歲修，一二三十年可保安然無事。即如范公塘尚歷多年，况此歷年添建，工程更爲堅實耶？至范公塘一帶，亦必需一律接建石工，方於省城足資永遠鞏護。著自新築石塘工止處之現做柴塘及挑水段落起，接築至硃筆圈記處止，再接築至烏龍廟止，亦照老鹽倉一帶做法，於舊有柴塘、土塘後一體添築石塘，將溝漕填實種柳，並著撥給部庫銀五百萬兩，連從前發交各項帑銀，交該督撫據實核算，分限分年，董率承辦工員，實力堅築。仍予限五年，分段從東而西，陸續修築。俟工程全竣後，朕另行簡派親信大臣閲看收工，以期海疆永慶安恬，民生益資樂利。該部即遵諭行。欽此。』

校勘記

[一]《敕修兩浙海塘通志》無『抑』字。

[二]《敕修兩浙海塘通志》『十四日』作『十五日』。

[三]《敕修兩浙海塘通志》『皆』作『故』。

[四]《敕修兩浙海塘通志》『而不善人少』作『而不善之人少』。

[五]《敕修兩浙海塘通志》『冲』作『衝』。

[六]《敕修兩浙海塘通志》無『天』字。

[七]《敕修兩浙海塘通志》『一鄉一家』作『一家一鄉』。

[八]《敕修兩浙海塘通志》『著』作『着』。

[九]《敕修两浙海塘通志》『令地方官家諭户曉』作『令該地方官家諭户曉』。

[一〇]《敕修两浙海塘通志》『江浙』作『浙江』。

[一一]《敕修兩浙海塘通志》『著』作『着』。

[一二]《敕修两浙海塘通志》『濫冒』作『冒蠲』。

[一三]《敕修两浙海塘通志》『須』作『使』。

[一四]《敕修两浙海塘通志》『爾部文』作『該部即行』。

[一五]《敕修两浙海塘通志》『各』作『兩』。

[一六]《敕修两浙海塘通志》『但蘇、松、杭、嘉等府』作『但杭、嘉、蘇、松等府』。

[一七]《敕修两浙海塘通志》『居』作『近』。

[一八]《敕修两浙海塘通志》下有『選委廉幹賢員陸續押送浙江』十二字。

[一九]《敕修两浙海塘通志》無『運』字。

[二〇]《敕修兩浙海塘通志》『咨』作『諮』。

[二一]《敕修兩浙海塘通志》『皆被潮水』作『同時皆被潮患』。

[二二]《敕修兩浙海塘通志》『賑恤』作『賑卹』。

[二三]《敕修兩浙海塘通志》「念」作「心」。

[二四]《敕修兩浙海塘通志》無「俾」字。

[二五]《敕修兩浙海塘通志》無「後」字。

[二六]《敕修兩浙海塘通志》「全無定見」作「如此全無定見」。

[二七]《敕修兩浙海塘通志》「朕已諭令」作「朕已批諭，令」。

[二八]《敕修兩浙海塘通志》「爾曾爲浙江巡撫」作「汝做過浙江巡撫」。

[二九]《敕修兩浙海塘通志》「著」作「着」。

[三〇]《敕修兩浙海塘通志》無「等」字。

[三一]《敕修兩浙海塘通志》「爾」作「汝」。

[三二]《敕修兩浙海塘通志》「爾」作「汝」。

[三三]《敕修兩浙海塘通志》無「係」字。

[三四]《敕修兩浙海塘通志》「託」作「讬」。

[三五]《敕修兩浙海塘通志》「徇」作「狥」。

[三六]《敕修兩浙海塘通志》「著」作「着」。

[三七]《敕修兩浙海塘通志》「並」作「并」。

[三八]《敕修兩浙海塘通志》「二十四日」作「二十三日」。

[三九]《敕修兩浙海塘通志》無「蓋」字，「祐」作「佑」。

[四〇]《敕修兩浙海塘通志》「著」作「着」。

[四一]《敕修兩浙海塘通志》「休」作「休」。

[四二]《敕修兩浙海塘通志》「均」作「庶」。

[四三]《敕修兩浙海塘通志》「其應行事宜」作「其一應事宜」。

[四四]《敕修兩浙海塘通志》「著」作「着」。

[四五]《敕修兩浙海塘通志》「著」作「着」。

〔四六〕《敕修兩浙海塘通志》『著』作『着』。
〔四七〕《敕修兩浙海塘通志》『著』作『着』。
〔四八〕《敕修兩浙海塘通志》『著』作『着』。
〔四九〕《敕修兩浙海塘通志》『並』作『并』。
〔五〇〕《敕修兩浙海塘通志》『著』作『着』。
〔五一〕《敕修兩浙海塘通志》無『欽此』兩字。
〔五二〕《敕修兩浙海塘通志》『工』作『公』。
〔五三〕《敕修兩浙海塘通志》『著』作『着』。
〔五四〕《敕修兩浙海塘通志》『著』作『着』。
〔五五〕《敕修兩浙海塘通志》『著』作『着』。
〔五六〕《敕修兩浙海塘通志》『幕』作『募』。
〔五七〕《敕修兩浙海塘通志》『著』作『着』。
〔五八〕《敕修兩浙海塘通志》『著』作『着』。
〔五九〕《敕修兩浙海塘通志》『踴』作『踊』。
〔六〇〕《敕修兩浙海塘通志》『涌』作『湧』。
〔六一〕《敕修兩浙海塘通志》『著』作『着』。
〔六二〕《敕修兩浙海塘通志》『著』作『着』。
〔六三〕《敕修兩浙海塘通志》『著』作『着』。
〔六四〕《敕修兩浙海塘通志》『著』作『着』。
〔六五〕《敕修兩浙海塘通志》『著』作『着』。
〔六六〕《敕修兩浙海塘通志》『著』作『着』。
〔六七〕《敕修兩浙海塘通志》『著』作『着』。
〔六八〕《敕修兩浙海塘通志》『著』作『着』。

〔六九〕《敕修兩浙海塘通志》「著」作「着」。
〔七〇〕《敕修兩浙海塘通志》「著」作「着」。
〔七一〕《敕修兩浙海塘通志》「著」作「着」。
〔七二〕《敕修兩浙海塘通志》「著」作「着」。
〔七三〕《敕修兩浙海塘通志》「著」作「着」。
〔七四〕《敕修兩浙海塘通志》「著」作「着」。
〔七五〕《敕修兩浙海塘通志》「值銀三千餘兩」作「計值銀三千餘兩」。
〔七六〕《敕修兩浙海塘通志》「借」作「藉」。
〔七七〕《敕修兩浙海塘通志》「著」作「着」。
〔七八〕《敕修兩浙海塘通志》「著」作「着」。
〔七九〕《敕修兩浙海塘通志》「徇」作「狥」。
〔八〇〕《敕修兩浙海塘通志》「著」作「着」。
〔八一〕《敕修兩浙海塘通志》「著」作「着」。
〔八二〕《敕修兩浙海塘通志》「著」作「着」。

欽定四庫全書海塘録　卷首二　聖製

聖祖仁皇帝

詩

渡錢塘江　康熙二十八年

雪後春烟漠漠浮，揚舲擊楫向中流。江通潮汐分吴地，路入溪山隱越州。振武戈矛皆駐馬憶用武時，大兵屯駐江干，省方旍葆此乘舟。風帆沙鳥看何限，遠近雲霞望裏收。

望錢塘江　康熙三十八年

江流幾折勢灣環，指點遥岑是越山。南朔東西無一事，春風浩蕩奉慈顔。

錢塘江潮　康熙四十二年

相傳冰岸雪崖勢，滚滚掀翻涌怒濤。風静不聞千里浪，三臨越地識江臯。

復由江上幸雲栖舟中　康熙四十六年

鳥道沿江問信潮，石尤恬静有歸橈。轉移至險看洄洑，盡得人防莫失調。

世宗憲皇帝

文

海神廟碑文　雍正十年

國家虔修祀典，以承上下神祇。嶽瀆海鎮之神，秩祀惟謹，視前代爲加隆。朕臨御以來，夙夜以敬天勤民爲念，明神之受職于天，而功德被于生民者，昭格薦歆，敬禮尤至。其爲民禦大灾、捍大患，合于祭法所載，則尊崇廟貌，以昭德報功。蓋所以遂斯民瞻仰之願，而動其敬畏祇肅之心，使無敢慢易爲非，以得永荷明神之嘉貺，意至遠也。皇輿東南際大海，而浙江海寧居瀕海之衝，龕山、赭山列峙其南，颶風怒濤，潮汐震蕩，縣治去海不數百步，資石塘以爲捍蔽。雍正二年，潮涌堤潰，有司以聞。朕立遣大臣察視修築，且念小民居恒罔知敬畏，慢神褻天，召灾有自，爰切諭以修省感應之道，令所司家喻户曉[二]，警覺衆庶。比年以來，徼明神休，佑塘工完固，長瀾不驚，民樂其生，閭井蕃息。越七年七月[三]，秋汛盛長，幾至泛溢，吏民震恐。已而，風息波恬，堤防無恙，遠近懽呼[三]，相慶謂惟大海之神昭靈默佑，惠我蒸黎，以克濟此。朕惟滄海，含納百川，際天無極，功用盛大，神實司之，海寧爲海壖劇邑，障衛吴越諸大郡，海潮内溢則昏墊斥鹵，咸有可虞。神之禦患捍灾，莫此爲大。特發内帑白金十萬兩[四]，敕督臣李衛度地鳩工，建立海神之廟，以崇報享。經始於雍正八年春三月，洎雍正九年冬十有一月告成。門廡整秩，殿宇深嚴，丹雘輝煌，宏壯鉅麗，時展明禋，典禮斯稱。爰允督臣之請，勒文穹碑，垂示久遠，俾斯民忻悚瞻誦，共喻朕欽崇天道，祇迓神休[五]，懷保兆民之至意，相與嚮道遷善，服教畏神，則神明之日監在兹，顧答歆饗。其炳靈協順，保護群生，奠安疆宇，與造物相爲終始，有永勿替[六]。朕實嘉賴焉。雍正十年六月初一日。

祭海神廟文

雍正十年

維雍正十一年，歲次癸丑二月朔。越　日，皇帝遣内大臣海望、直隸總督李衛等致祭於寧民顯佑浙海之神曰：『明神受職於天，恩覃澤國，禦灾捍患，利賴宏深。凡兹東南黎庶所得保室家而安耕鑿者，神之賜也。朕恭膺天命，撫馭寰區，夙夜敬共，以承上下神祇之祀，所期海宇蒼生，永□庇佑。惟兹浙西郡邑，實爲瀕海要衝。比年以來，仰荷神靈嘉貺，頻昭安瀾共慶。乃者，風潮鼓盪[七]，衝潰堤防，近逼居民，吏人震恐。朕痌瘝在念，軫惻維殷，端遣重臣[八]，周行相度，涓日鳩工，爲海疆圖久遠奠安之計。用是潔誠致禱，虔命在工大臣，敬展祀事，昭告悃忱。惟明神俯念海壖億萬生靈、城郭田廬於兹托命，堤工木石皆出脂膏，力役所需，民衆勞苦，伏冀洪昭福佑[九]，默相大工，綏静百靈，風恬波息，俾工作得施，長堤孔固，克底厥績，護衛蒸民，保聚生全，安享樂利，則東南列郡，溥被休祥。朕實拜明神之功德於無疆矣。謹告。』

今上皇帝

文

尖山觀音殿碑文　乾隆二年

我皇考世宗憲皇帝，廑念浙江海塘，爲瀕海諸郡保障，先後遣大臣相度形勢，鳩工庀材，動發帑金二百餘萬，繕舊葺新，俾居民有所依恃。尖山者，海隅之一山也。以石爲址，矗立滄濤，朝潮夕汐，必經其麓，因即其上建大士廟，用以棲神靈來景貺。經始於雍正十二年冬十月，越乾隆元年八月告成，所司以勒石記事上請。朕惟海，天地間爲物最鉅，非有神靈默相，人力將無所施工，而佛法不可思議，恒能贊助造化，庇佑蒼黎，有感必通，捷于影響。釋氏所稱觀音大士者，以慈悲爲心，救度爲緣，普濟衆生，隨聲應規，其功用大矣！我皇考爲民祈福之心，無乎不致，神之能爲民禦大灾、捍大患者，敬而禮之。浙中名山若普陀、若天竺，皆大士道場，靈應夙著。尖山之名，雖未顯于古，而與靈鷲、落伽遠近相望，層巖巀嶫，近接潮音，實爲神明之宅。寶坊既建，將見風檣琛舶出入于烟波浩渺之中，雲旗翠旓往來擁護，而馮夷息警，颶風不興。並海之民安居樂業，熙熙然耕田鑿井，以咏歌皇考之聖澤于無疆者，神之休也。爰鐫之貞珉以誌。

塔山壩工告竣碑文 乾隆五年

浙之海寧縣東南濱海之境，有尖、塔二山，相去百有餘丈，臨流聳峙，根基毗連，爲江海門户。海潮之自三亹入者爲最大，二山其首冲也。舊有石壩捍禦洪潮，積久漸毁。我皇考世宗憲皇帝廑念瀕海生靈，特命重加修築。厥後，以湍激暫停，朕仰承先世，勤恤民依，諄諭封疆大吏盡心籌畫。邇年以來，沙之坍者日以漲，潮之北者日以南，度可興工，爰命撫臣及時完整。兹乾隆五年夏，撫臣奏：『自二月間庀徒興役，子來雲集，踴躍爭先，兼以風日晴和，程功倍速，届今閏月之初，工巳告竣。一望崇墉，屹如磐石。向之惴惴恐懼、慮爲波臣者，安耕作而符平成，恭請勒石紀載，垂諸無窮。』夫禦灾捍患，貴先事而爲之防。海波浩瀚際天，潮汐出入高如連山，疾如風霆，瞬息數百千里，非人倉卒所可禦。居民恃石塘以爲安，石塘恃二山以爲障，而聯絡二山之勢，延袤横亘，若户之有閾，關之有鍵，緊壩工。是繫今者，堤岸堅完，沙塗高阜，藩籬既固，石塘可保無虞，廬舍桑麻，綺分繡錯，東南七郡，咸登衽席之安，非特寧邑偏隅而已。是役也，施力于烟濤不測之區，奏功速而民力不勞，良用嘉慰。繼自今守土之臣，其益恪勤奉職，共體此事事有備之意，以保吾蒸黎海疆，其永有賴諸。

登開化寺六和塔記

乾隆十六年

杭州月輪峰六和塔，宋開寶中創建，以鎮江潮。開化寺，其塔院也。自宋以來，屢毁屢復，毁則有驚浪之虞，復則有安瀾之慶。是以雍正十三年，我皇考世宗憲皇帝特發帑金，命有司鳩工庀材，是輪是奐，越二年而告成。又十有四年，而朕以南巡之便，親涉其頂，且爲之記焉。蓋浙之潮，人所共知爲雄鉅；浙之塘，人所共知爲要害。然非目擊，終爲耳食。且沿江以來，亦不辨其曲折之形也。造塔顛而後審其所以稱浙江者，溯流東晞，又悉其亹龕、赭逕溟渤，頓挫渟蓄，迭蕩掀激，斯所以爲廣陵之潮者。我皇考居九重之穆清，運萬寓于几席，留意海塘，福被蒼赤，葺斯穹塔，資厥佑相。予小子景仰前烈，深惟愛民之心既誠，故爲民之慮無所不至而必中其綮。夫必待身患而後圖之，斯不已遲乎！是皇考之聖神，而予小子瞠乎其後者也。故勒貞珉以識之。乾隆十有六年，歲在辛未，三月之吉，御製并書。

浙海神廟碑文

乾隆二十三年

浙西地瀕海，扼其衝者，先海寧，次錢塘。錢塘距海門尚一舍而遠，然天下言觀潮之奇者，獨惟廣陵之胥母。蓋徽歙衆山之水，自新安江下至富陽，而金、衢、嚴、處數郡千巖萬壑，復滙入錢塘出海。必得海潮逆之，坌涌拗怒，札盤盪脅，然後流益急而軌益順，故江之歸壑，非濤不爲功。然其北擊南蕩，生民農桑之命繫焉，斯時塘堰爲保障。《漢書注》始紀郡議曹華信作塘捍潮。《唐書》：捍海堤凡二百二十四里。宋、元二《史》並誌袁花諸塘之修築及石囤木櫃之防禦。如世所傳，斛土千錢之諺，其勤且囏如此。雍正八年，我皇考世宗憲皇帝以海塘告成，維神效靈助順，特敕建廟海寧，褒封秩祀，用申昭報。近海州縣，不知有水患者二十餘年於兹，然其時潮尚循北亹也。乾隆辛未、丁丑，朕兩巡浙水，登觀潮樓，乃悉所爲趨北亹而有軼，則仁、錢迤西害不可言；趨南亹則蕭、會諸邑之戴山者，藩籬略具，猶間有陊嚙之虞。比年來，大溜直趨中亹，兩岸沙灘鱗起如左右，引從民居其間，川原膏沃可耕、可桑，曾不知白馬胥濤足以動心而駴目。夫人之情，久則忘，而逸則淫。今之居樂土、安作息者，非昔之日夜怵惕、懼爲魚之民也耶？則我皇考之深宫宵旰，謀建塘以衛生靈，與明神之肸蠁垂釐，嘉佑是邦，其何可以弗紀？觀潮樓當錢塘都會之地，東瞻中亹爲尤悉，爰視海寧祠宇之例，命守臣鳩工庀材，崇像設而展時事。夫元氣灌輸，端委相成，無感弗假，又何一二之可區分哉！因爲迎神送神歌，俾肄之工祝，以揭虔妥靈。其辭曰：『赭龕閉兮翼户，眡紫瀾兮滄嶼。冰夷導兮江婓扈，兩旌䰐毿兮金支中樹。神之來兮按部，回水犀兮萬弩。虹堤一綫兮安堵，福我民兮於昭揚。詡傳芭兮鼗鼓，紛配藜兮神靈雨。』

右迎神。

攬若木兮留暉槶，雲解駮兮赬霞罨。幃鐏斶滌兮俎腯肥，聆繁會兮叶呼豨。神之去兮載祈波，恬羅刹兮石平磯。潤千里兮涵郊圻，引晦濁兮歸墟。是歸式歆饗兮，庶幾朝潮夕汐兮長無違。

右送神。

乾隆二十三年，歲在戊寅，季春御製并書。

祭海神廟文　乾隆二十三年

維乾隆二十三年，歲次　月　朔。越　日，皇帝遣　致祭于浙江海神曰：『滄海爲百川之長，㴑河受三折之趨，潤注惟功，基防是力。當皇考懷柔之治，妥以馨香，惟明神感格之心，恬兹潮汐。既敕祀鹽官之邑，遂鞏成玉帶之堤。沃壤敷滋，豐年賴慶。朕再臨吴越，兩報牲牢，爰規勢于錢塘，雄開離位，特庀材于將作，敬妥坎靈，永冀嘉休，載崇新構。陽侯率職，森羅衛從之儀；水伯承風，申布指揮之義。門外東瞻，萬里朗雲霱于赭龕；樓前西轉，一江肅濤瀾于子午。翠旗初展，全收鯷壑，清光蘭橑，高騫静擁，鳳山正色，從此惠我稼穡，康予人民。地近鐵幢，簫鼓奏送迎之曲；天臨貝闕，春秋虔香火之司。兹以落成，選辰專告，神其昭貺寔用鑒歆。』

閲海塘記　乾隆二十七年

隆古以來，治水者必應以神禹爲準。神禹乘四載，隨山濬川，其大者導河導江，胥入于海。禹之蹟至于會稽。會稽者，即今浙海之區所謂南北互爲坍漲、遷徙靡常地。神禹親歷其間，何以未治？豈古今異勢，爾時可以不治治之乎？抑海之爲物最巨，不可與江河同，人力有所難施乎？河之患既以堤防，海之患亦以塘壩。然既有之，莫能已之，已之而其患更烈。仁人君子，所弗忍爲也。故每補偏救弊，亦云盡人事而已。施堤防于河已難，而况措塘壩于海乎？海之有塘壩，李唐以前不可考。可考者，蓋自太宗貞觀間始，歷宋元明屢修而屢壞。南岸紹興有山爲之禦，故其患常輕；北岸海寧無山爲之禦，故其患常重。乾隆乙丑以後、丁丑以前，海趨中亹，浙人所謂最吉而最難獲者。辛未、丁丑，兩度臨觀，爲之慶幸，而不敢必其久如是也。無何，而戊寅之秋，雷山北首有漲沙痕。己卯之春，遂全趨北大亹，而北岸護沙以漸次被刷。是柴塘、石塘之保護，于斯時爲刻不可緩者，易柴以石，費雖巨而經久，去害爲民者，所弗惜也。然有云：『柴塘之下，皆活沙不能易石者。』有云：『移内數十丈，則可施工者』，督撫以斯事體大，不敢定議。夫朕之巡方問俗，非爲展義制宜，措斯民于衽席之安乎？數郡民生，休戚之關，孰有大于此者？可以沮洳、海濱地險，辭而不爲之，悉心相度，以期乂安吾赤子乎？故于至杭之翌日，即減從趲程，策馬堤上，一一履視測度，然後深悉。夫柴塘之下不可施工，以其實係活沙，樁橛弗牢訖，不可以擎石也。柴塘之内可施工，而倉卒不可爲，以其拆人廬墓、桑麻填坑塹，未受害而先驚吾民也。即云成大利者不顧小害，然使石塘成而廢柴塘，是棄石塘以外之人矣！如仍保柴塘，則徒費帑項，爲此無益而有害之舉，滋弗當也。于是，定議修柴塘、增坦水、加柴價，一經指示，而海塘大端已具，守土之臣有所遵循，即隨時入告亦已成竹，素具便于進止也。議者或曰：『所損者少而全者衆，柴固不如石堅。何爲是姑息之論？』然吾聞古人云：『井田善政，行于亂之後，是求治；行于治之時，是求亂。』吾將以是爲折中，而不肯冒昧以舉者，此也。踏勘尖山之日，守塘者以漲沙聞。後數日，沙漲又增。命御前大臣誌石簍以驗之，果然。自初三日親臨閲塘後，即命都統努三、額駙福隆安立標于石簍之上，以驗增長。今復遣往視，回奏云十日以來，沙漲至三尺餘。土人以爲神佑。斯誠海神之佑耶！但丁丑以前，已趨中亹者尚不可保，而況今數尺之漲沙乎？然此誠轉旋之機，是吾所以默識靈貺，益勵敬天勤民之心也；是吾所以望神禹而怵然以懼，慚無奠定之良策也。至海寧日，即虔謁海神廟。皇考御製文在焉，因書此記于碑陰以識。吾閲塘咨度者如是，固不敢以已見爲必當也。

詩

開化寺　乾隆十六年

高嶺度南屏，澗谷遵曲折。出峽倏開豁，川雲景復别。蘭若枕石磯，葱蒨扶屼巘。佛宇既莊嚴，精廬亦清潔。結習未能忘，隨喜試禪悦。憑軒俯江濤，以演廣長舌。

開化寺再作　乾隆十六年

春事日以佳，春遊興無斁。蘇堤桃柳芳，所玩近几席。度嶺尋梵宫，略取幽趣適。穹塔鎮吴江，隔岸越山碧。顧步挹清芳，騁懷寄寥寂。境亦安能窮，樂亦胡可極。明當整歸轡，留詩勒蒼壁。

登六和塔作歌　乾隆十六年

我遊西湖率三日，樂矣慮非凜無逸。會稽南望舉精禋，宣命明當發清蹕。穹塔鎮江久所聞，到此不登孤良因。振衣拾級陟其頂，耳飫天籟衣濕雲。海眼龍宫寂寥鎖，江邊雁堵香花妥。之字長流寫向東，月峰朝靄攬于左。壯觀至是真空前，那更息心安四禪。杜甫添憂我添喜，境移所遇理則然。

錢塘江潮歌　乾隆十六年

向聞錢塘潮最奇，江樓憑几今觀之。更聞秋壯春弗壯，弗壯已匪夷所思。兩山夾江龕與赭，亹束長流逼東瀉。海潮應月向西來，恰與江波風牛馬。江波畢竟讓海波，回瀾退舍如求和。洪濤拗怒猶未已，却數百里時無何。于今信識海無敵，苞乾括坤浴淵魄。何處無潮此處雄，雄在奔騰旋盪激。蓂茁三葉及落三，皆最勝日期無淹。我來正值上巳節，晴明遥見尖山尖。須臾黯黮雲容作，似是豐隆助海若。天水遥連色暗昏，倏見空際横練索。旁人道是潮應來，一彈指頃堆銀堆。疾于風檣白于雪，寒勝冰山響勝雷。砰磕礌硠礴磅礚，紞紞啍啍吼噦噦。流離頓挫無不兼，回斡旁噴極滂沛。地維天軸震撼掀，天吴陽侯挾飛廉。蛟龍鼓勢魚鱂遯，長鯨昂首嘘其鬐。榜人弄潮偏得意，金支翠旂簫鼓沸。忽出忽入安其危，但過潮頭寂無事。因悟萬理在人爲，持志不定顛患隨。遲疑避禍反遭禍，多應見笑于舟師。

渡錢塘江　乾隆十六年

斛土千錢詭就塘，風恬日暖綵舟方。一江吴越分疆界，三月烟花正艷陽。航葦誰曾見神異，射潮未免話荒唐。漲沙南徙民居奠，海潮向逼北岸，海寧、仁和二邑塘工頗以爲患。近年來，北岸漲沙，潮汐南徙，遂慶安瀾。永賴神休敬倍常。

自紹興一日渡江至聖因行宫 乾隆十六年

朝辭餘暨暮錢塘，片刻長江穩渡航。未免情殷戀西子，不殊風便送滕王。快晴乍覺烘山翠，弦月遥疑釣水光。十畝行宫遊不足，憩閑命筆玉蘭堂。

開化寺 乾隆二十二年

蕭寺倚江干，江天暢遠觀。慧燈傳浩劫，寶塔鎮洪瀾。庭籟凉生竹，山春香噴蘭。坐欣諸品净，何處覓心安。

登六和塔作 乾隆二十二年

初地詣堅固，信心登窣堵。二諦此俱融，空色本無所。三明真净域，可以泯今古。四天垂寶網，落落聞鈴語。五雲糾扶蓋，擁護龍象旅。六鼇永負戴，萬劫奠江溆。七寶勝莊嚴，如是瓣香炷。層層標寶銓，七層皆辛未年所題扁額。歷歷頻證取。江山識重巡，歡喜生八部。颼以細細風，霏以纖纖雨。造極朱欄扶，曠覽供仰俯。于己可忘憂，于民那忘苦。回首禮釋迦，徒羡曾何補。

閲海塘作乾隆二十二年

騎度錢塘閲海塘，閭閻本計聖謨長。雍正年間，海潮直逼北岸，大爲杭、嘉、湖郡縣之患。皇考特命大臣鳩工築塘以捍之，潮頭遂漸徙南岸。海寧一帶，沙漲數十里。迄今二十餘年，錢塘永固，民安其業。長江已輯風兮浪，萬户都安耕與桑。南北由中賴神佑，生靈永奠爲民慶。漲沙百里誠無事，莫頌惟增敬不遑。

觀江潮作歌

乾隆二十二年

樓名望潮江岸傍，既到弗登有底忙。登矣不俟潮一望，殺風景事誠何當。哉生魄爲潮盛候，因緣恰值聊相徉。是日未刻潮應至，歷申那見濤乘江。駕山張蓋徒想像，詩消醮退真荒唐。江山小船迎潮慣，船名出江山，縣地方吏備迎潮者用之。解嘲略仿羯鼓腔。金支翠旂光錯落，摐金擊革聲鏗鎗。俄頃江面潮亦至，恬風輯浪非礧硠。惟覺兩岸隱增溜，賈舶好趁輕颺揚。陽侯静斂滄波細，一雯依舊天水蒼。昔聞庢沓戰藉藉，欺人慣是文人長。或云乘輿百靈護，伍胥文種心早降。土人謂潮頭奮振者，爲伍胥。潮其後如綿絮而少弱者，爲文種潮云。或云江走中亹後，潮汐非比曩時强。其然豈然付一笑，漲沙惟喜資耕桑。

壬午三月朔，恭依皇祖巡幸杭州詩三疊韻　乾隆二十七年

三度南巡侍大安，江山介祉奉徽觀。風輕日麗臨雄郡，踵接肩摩迓御鑾。蹕館暫居幾有敕，海塘言念志難寬。修防要欲籌全善，那覺西湖景助歡。

題開化寺　乾隆二十七年

六和寶塔矗岧嶤，古寺咸傳開寶朝。隔岸越山拖畫幀，列屏吴嶺入雲標。已教息慮栖禪悦，但未忘言答景撩。頗訝考功誤靈隱，試看門對浙江潮。

壬午暮春瞻禮六和塔作　乾隆二十七年

寶塔岧嶤聳七層，恐妨泥污不須登。鎮江歷劫安瀾慶，凌漢單提向上乘。立久波光如欲徹，望來烟意亦將澄。漫言造極今孤約，興已軒飛絶頂憑。

觀潮樓紀事　乾隆二十七年

跋馬萬松嶺，言尋觀潮樓。樓祀江潮神，繄吾禋典修。前兩度臨兹，江從樓下流。今番乃漲沙，

郡咸頌神休。然吾别有思，無非爲民謀。迤東利沙漲，庶望桑麻稠。迤西本弗藉，石塘鞏金甌。從古樓臨江，濤觀八月秋。觀濤固非要，况昨暢吟眸。利者乃致敗，柴石捍禦籌。弗藉者反然，泥塗艱行舟。試看西來薪，轉運以車牛。合郡供爨薪，弗屬寧免愁。謂此爲昭假，實益吾懷羞。

題土備塘　乾隆二十七年

土備塘云海望修，意存未雨早綢繆。石柴誠賴斯重障，是謂忘脣守齒謀。

觀海潮作歌　乾隆二十七年

辛未觀潮潮已奇，杭人猶稱其力微。丁丑觀潮潮未至，作歌高樓聊記事。似神而非者曰三，逮兹三度潮真酣。卻非江樓觀約略，創得乃在柴塘尖。我閲柴塘籌禦海，詎圖快覽驚濤駭。因緣大汛三月三，洪瀾有若將予待。跋馬指東向鹽官，一條銀線天際看。捲江倒海須臾至，迎來底藉江山船。江山船迎潮，見前詩。色猶未覩先聞聲，礌硠磅礚輷訇訇。徐行按轡攬其狀，大哉觀矣誰與京。胥母弭節倏奔瀉，並驅素車而白馬。淋淋汩汩浩湯湯，踰跚配藜白鷺下。一空前此初遇奇，既欣漸復生愁思。長茭厚石弗預固，秋來轉瞬奚當之。

觀海塘誌事，示總督楊廷璋、巡撫莊有恭

乾隆二十七年

明發出慶春，駕言指海寧。海寧往何爲？要欲觀塘形。浙海沙無常，南北屢變更。北坍危海寧，南坍危紹興。惟趨中小亹，南北兩獲平。然苦中亹窄，其勢難必恒。紹興故有山，爲害猶差輕。海寧陸且低，所恃塘爲屏。先是常趨南，漲沙率可耕。兩度曾未臨，額首謝神靈。庚辰忽轉北，海近石塘行。接石爲柴塘，易石自久經。費帑所弗惜，無非爲民生。或云下活沙，石堤艱致擎。或云量移内，接築庶可能。切忌道旁論，不如目擊凴。活沙説信然，尺寸不可争。塘邊試下木椿，始苦沙澀，用二百餘斤之硪一築，率不及寸許，待椿下既深，又苦沙散不能嚙木，椿摇摇無著也。移内似可爲，閭閻櫛比并。柴塘向内數十丈，其土似宜椿，可以即工，然所在皆田廬。此處爲塘，必致毁棄田廬，患未至而先殃民，心復有所不忍。其無室廬處，又復多池阬。固云舉大事，弗顧小害應。然以衛民心，忍先使民驚。且如内石建，寧聽外柴傾。是將兩堤間，生靈蠲滄瀛。如仍護外當，去聲奚必勞内營。以此吾意决，致力柴塘成。坦水簍石置，可固堤根撑。柴艱酌加價，毋俾司農程。命行在、户部及該督撫詳議加柴價。補苴示大端，推行宜殫誠。

塘上四首

乾隆二十七年

西塘尚有沙塗護，既至東塘沙總無。石不能爲柴欲朽，防秋要計可徐圖。

鹽官從不曉迎鑾，古朴民風致可觀。却勝杭嘉多飾禮，綵棚鼓樂滿河干。

葦廬灶户日煎鹽，辛苦蠅頭覓潤霑。噓燩胼胝耐燥濕，厚資原是富商兼。

堤柳青青畦菜黄，村梅遮塢遠聞香。徐行咨度周防計，懶惰無心問景光。

閲海塘疊舊作韻　乾隆二十七年

今日海塘殊昔塘，丁丑南巡時，海塘大溜尚走中亹。己卯以來，潮勢復趨北亹，現飭大吏相度修繕，以爲民衛。補偏而已策無良。北坍南漲嗟燒草，水占田區竟變桑。父老常談寧可諉，土人以三亹海潮之行，不南即北，此因任之論與河徙天數語同，非治水者所宜出也。明神顯佑詎孤慶。雍正七年，勅建海神廟。近復命錢塘崇飾祠宇，以昭靈貺。尖山跋馬非探勝，萬井安全慮不遑。

登尖山觀海作　乾隆二十七年

輿圖早已識尖山，地設天開障海關。東北岡巒捍猶易，西南柴石禦爲艱。虔心所祝資坍漲，蒿目無方計剔鬟。大吏載咨補偏策，盡吾誠耳敢云閑。

視塔山誌事　乾隆二十七年

尖山實捍海，塔山舒右翼。翟邨當兜灣，賴此雄潮逼。條石未可築，磈石先救急。其下有石簍，射溜圖根立。策馬視簍痕，云沙漲數尺。浙撫臣言竹簍藏石，下護坝基。數日來，沙漲掩簍四尺許。遂命立標以驗增漲尺寸。是爲轉旋機，其然談何易。叶詎當恃天佑，而弗盡予責。丁寧示方伯，吾意知應悉。斯時工難施，沙遠當易石。魚鱗一例接，方爲經久策。

海神廟瞻禮有作 乾隆二十七年

鹽官駐馬先虔謁，廟貌枚枚皇考修。捍患禦灾宜祀典，恬風静浪賴神休。即今南漲方坍北，尚此春逢况值秋。黍稷非馨在明德，是吾所愧敢忘愁。

尖山禮大士 乾隆二十七年

秋水精神滿月相，峰巔妙演海潮音。普陀天竺何遥近，無礙隨緣應感心。

駐陳氏安瀾園即爲雜咏六首

名園陳氏業，題額曰安瀾。至此緣觀海，居停暫解鞍。金堤築籌固，沙渚漲希寬。總廑萬民戚，非尋一己歡。兩世鳳池邊，高樓睿藻懸。樓中恭懸皇考林泉耆碩御書，是編修陳邦直之父，原大學士陳元龍于告時所賜。渥恩賚耆碩，適性愜林泉。是日亭臺景，春遊角徵絃。觀瀾遂反駕，供帳漫求妍。隅園舊有名，以是園爲暫憩之所，因賜今額。隅園其舊名也。巖壑窈而清。城市山林趣，春風花鳥情。溪堂擅東海，古樹識前明。世守猶陳氏，休因擬奉誠。

别業千年古，喬松徑路尋。梅香聞不厭，竹静望偏深。瑞鶴舞清影，時禽歌好音。最嘉泉石處，撫帖玩懸針。

元臣娱老地，内翰肯堂年。睹墅棋聲罷，朩天甎影捐。竹堂致瀟洒，月閣挹清娟。竹堂、月閣，皆園内名勝。信宿當回蹕，池邊坐少延。

天朗惠風柔，臨溪禊可修。是日上巳。趣真如谷口，姓不讓岡頭。意以延清永，步因覓句留。安瀾祝同郡，寧爲暢巡遊。

謹案：均廉原書所載聖製，至乾隆二十七年而止。今依前卷續載諭旨之例，恭録三十年、四十五年、四十九年御製詩章，續載於左。

自石門縣跋馬度城，易輕舟，至陳氏安瀾園，即景雜咏　乾隆三十年

艤舟跋馬度由拳，心喜觀民緩著鞭。更有閲塘予正務，遂循溪路易輕船。

夾溪萬姓喜迎鑾，桑柘盈郊入畫看。廿四槳過風帆去聲，[一〇]片時新壩到長安。即壩名。

壩隔高低换綵舟，綵舟致重櫓聲柔。仍圖迅利策予馬，蓄眼韶光面面酬。

鹽官三載重經臨，兩字安瀾實廑心。駐輦春風棄清暇，果然城市有山林。

駐陳氏安瀾園，疊舊作即事雜咏六首韻　乾隆三十年

如杭第一要，籌奠海塘瀾。水路便方舸，前巡抵杭城，由陸路赴海寧閲塘。今年舟次石門，即從别港水道前進，先駐是園，取便程急先務也。江城此税鞍。汐潮仍似舊，宵旰那能寬。增我因心懼，慚其載道歡。

隅園城角邊，新額與重懸。意在安江海，心非耽石泉。喬柯皆入畫，好鳥自調絃。有暇詩言志，雕蟲不尚妍。

鹽官誰最名，陳氏世傳清。詎以簪纓赫，惟敦孝友情。春朝尋勝重去聲，聖藻賜褒明。原任大學士陳元龍請老時，皇考書賜『林泉耆碩』額以寵其行，今恭奉園樓正中。來日尖山詣，祈休盡我誠。

書堂橋那畔，熟路宛知尋。既曲越延趣，惟幽不礙深。風翻花動影，泉出峽留音。古栝無榮謝，森森青玉針。

園以梅稱絶，盤根數百年。古風度迥别，時世態都捐。春入香惟净，月來影亦娟。閑吟将對寫，消得意爲延。溪泛櫓聲柔，溪涯有竹修。獺時看伏翼，是園水中有獺。魚並育槎頭。似此真佳處，無過信宿留。觀塘吾本意，詎可恣遨遊。

謁海神廟瞻禮疊舊作韻

乾隆三十年

庚辰之歲潮趨北，柴石塘工重去聲事修。亟籲施仁斯益切，不更平聲爲患仰貽休。漲沙雖縱聞增渚，汛水無過幸晏秋。廟貌欽崇緬皇考，中亹未復祇懷愁。

命添建海寧縣城石塘前坦水石，詩以誌事

乾隆三十年

柴石兩塘工，前巡大端定。前巡閲視海塘時，有以老鹽倉一帶柴塘恐難經久，請易柴爲石者。及親臨度試，則塘内沙活不可下樁，再移内數十丈，雖工作可施，勢必毁棄田廬。未弭患而先殃民，又豈保衛之道。因决意修築柴塘，敕

部議增薪值，俾採購裕足，並命添置坦水、簍石，捍護堤根。兹來重相視，事無不用敬。念兹古縣城，萬民所託命。城南即石塘，魚鱗固綿亘。但潮今北趨，已近塘根迎。坦水縱兩層，潮來惟一賸。設使久盪激，塘根将致病。去歲雖添建，六十丈而竟。尚欠久安策，俾增一律稱。去歲撫臣請建坦水六十餘丈，止就險要而言，於全塘形勢尚未籌及。因命增建四百六十餘丈，並視二層舊坦之椿殘石缺者，令補益繕完使護塘根，永資鞏固。殺去聲勢護石工，費帑吾寧聽。何當復中疊，額手斯誠慶。

塘上三首　乾隆三十年

尖山将往閲潮淤，塘上清晨發步輿。一帶堤根皆嚙水，撫斯安得暫心紓。

魚鱗誠賴此重堤，堤裏人家屋脊齊。土備却稱守重障，土備塘，海望所修，欲以爲重關保障。夫石塘外，如果可爲重障尚可，今爲之塘内，且置人家于外，豈有土更堅于石之理。譬之防盗者，舍墻門而扃屋扉，甚無足取也。一行遥見柳烟底。

竈户資生釜海存，刮沙煎滷事牢盆。茆棚葦竇何妨覽，欲悉吾民衣食源。

登尖山觀海　乾隆三十年

岧嶢净土普門憑，觀海因之棧道登。愧我敢云希績底，奠兹惟是賴仁能。臺臨上下空無際，舟織往来波不興。俯視塔山資射浪，漫言沙漲有明徵。

視塔山誌事，疊舊作韻，並示地方督撫及司事者　乾隆三十年

壬午視塘後，沙漲伸如翼。不久復致坍，溜仍塘根逼。自茲月據報，壩基下有護根石簍，前巡臨閱時，沙漲掩簍痕四尺許，因命標誌其處，驗增漲尺寸，浙撫每月奏報。時緩亦時急。即今石簍下，又見漲沙立。較之昔立標，乃更增五尺。沙漲時有贏縮，茲親臨看驗，較舊誌復增五尺。大吏皆謂江海效靈，然坍漲靡常，實不敢即以爲慰也。效靈謾致頌，安保無更易。夫惟君與臣，均有安民責。爲民籌保障，可弗此心悉。何時沙坂堅，魚鱗易條石。惟俟天默佑，斯實乏良策。

閲海塘再疊舊作韻　乾隆三十年

依舊潮頭近逼塘，貽謨昔日計深良。自乾隆戊寅後，潮勢復漸趨北亹，恃魚鱗大石塘及坦水、竹絡壩爲鞏護，益仰皇考定制，實爲萬世永賴。成規敬守修柴石，先是，建議者擬易柴塘爲石工。壬午，親臨相度，塘下活沙既汕澁不受椿，而内徙又妨田廬。因命專修柴塘，且增料值，其條石各工隨宜加甃，俾資捍禦。古語誠符變海桑。南坍北漲，北坍南漲，惟浙省爲然。蓋無百年不易之事。思復中亹亦過平聲望，便由故道敢私慶。盡人事俟神休耳，蒿目一勞念未遑。

觀潮四首　乾隆三十年

鎮海塔傍白石臺，觀潮那可負斯来。塔山濤信須臾至，羅剎江流爲去聲倒回。

橐籥堪輿呼吸隨，混茫太古合如斯。伍胥文種誠司是，之二人前更屬誰。

候來底藉鳴雞伺，朔望六時定不差。斫陣萬軍馳快馬，飛空無轍轉雷車。

當前也覺有奇訝，鬧後本来無事仍。我甫廣陵辨方域，枚乘《七發》觀濤廣陵之曲江，注未詳其所在。後世乃指浙江爲曲江，以浙江濤、廣陵濤溷而爲一，蓋未深考。《漢書・地理志》餘杭屬會稽，而不屬廣陵，相習傳譌耳！且如篇内伍子之山、胥母之埸，並在吴境，于揚于杭皆風馬牛不相及，尤難强爲比附，因作廣陵濤疆域辨以正之。漫重七發述枚乘。

觀潮樓　乾隆三十年

前度沙平漲，樓原陸地陵。壬午登眺時，樓前漲沙頗遠，江船不能近岸，多以牛車挽運。今來則江水近在堤下，舟可泊塘。蓋遠則衝嚙無虞，而艱于估舶，近則帆檣稱便，而潮溜或侵塘根。似兹遷漲靡常，益爲全塘廑念。今來江又近，舟可跨欄乘。變幻有如此，晏清竟底憑。水師呈技藝，總督蘇昌携閩省水師於樓前呈演水操諸技，頗爲嫻熟，因行賞以奬之。行賞命旌能。

謁海神廟瞻禮再疊舊作韻　乾隆四十五年

閱十六年重巡狩，虔瞻廟貌潔禋修。况逢坍北方南漲，益切竭誠仰籲休。遍地耕桑艱讓水，禦潮堤堰願安秋。御碑拱讀增欽慕，一例勤民不解愁。

駐蹕安瀾園再疊前韻六首　乾隆四十五年

觀海較前異，石塘貼近瀾。州臨因繫舫，城入更乘鞍。熟路原相識，名園頗覺寬。就瞻任民便，雷動夾塗歡。

沙坍逮北邊，數歲爲心懸。塘外漲沙，南北坍漲靡常，北漲則塘工鞏固。壬午閲視，簍誌情形，命撫臣每月勘驗，具圖奏報。自壬辰春以來，沙痕漸覺北坍，實爲廑念不置。到此蒿增目，慚其言涌泉。急籌塘與堰，懶聽管和絃。對景惟惕息，摛辭那復妍。

安瀾易舊名，舊名隅園。重駐蹕之清。御苑近傳蹟，圓明園曾仿此爲之，即以安瀾名之，并有記。海疆遥繫情。来觀自親切，指示慚去聲分明。行水緬神禹，惟云盡我誠。

石逕雖詰曲，步来那用尋。無花不具野，有竹與之深。磵户開生面，泉紳振舊音。御書樓好在，垂露護韋鍼。

溪上三間閣，棲遲似昔年。非圖燕寢適，頗覺屖塵捐。老栝詩中畫，古梅静裏娟。別來十六載，可不意爲延。

拂岸柳絲柔，出簷竹个修。重来亦儻耳，昔事憶從頭。南北漲坍屢，自乾隆戊寅後，潮勢漸趨北亹，恃魚鱗大石塘及坦水、竹絡壩爲之鞏護。丁丑南巡，時值南坍北漲，大溜已向南。己卯以後，潮復趨北。壬午、乙酉，兩經親閲，溜勢或南或北，遷改不常，隨時指示大吏添用坦水、竹簍防護，並有詩紀事。愁欣詩句留。北漲則爲之欣，南坍則爲之愁，亦經屢矣。即今值愁際，那得愜情遊。

觀潮四首疊乙酉韻 乾隆四十五年

穹塔依然峙回臺，十餘年别此重来。海潮欲問似神者，幾度東西兹往回。

雷鼓雲車聲應隨，自宜神物式憑斯。設非之二人司是，乙酉詩云：『伍胥文種誠司是，之二人前更屬誰。』見雖高而語似慢。其後，北坍南漲。至今，潮勢乃逼近石塘，意甚悔之，故反前句意。如是雄威更合誰。

石塘上略肩輿駐，報道未時潮不差。是日，潮以未時至。枚客賦成擬閣筆，周郎宿寄唤推車。

流光瞥眼誠云速，潮信兹来試攬仍。審至奇中至静在，一時得句興堪乘。

登尖山觀海 乾隆四十五年

尖山更在塔山北，潮所弗到勢猶遠。以之觀海斯則近，鐵板沙護東成堰。尖山北至乍浦一帶，向無塘堰，因其地係鐵板沙，不畏潮勢冲嚙，無庸防護。山頂舊有大士宫，竭誠瞻禮登雲棧。所祝安瀾佑萬民，寧圖玩景供遊眼。亭臺點綴夫何爲？憫飛機然爲之意不滿。

觀塔山誌事再疊舊韻 乾隆四十五年

塔山塘入江，竹簍以爲翼。壬午視之次，沙漲略弗逼。乙酉詩誌幸，其後勢漸急。兹閲三層簍，一層已露立。壬午閲視塔山壩工，有竹簍藏石，下護壩基。其時，沙漲掩簍四尺許，遂命立標以驗增漲尺寸，諭撫臣按月繪圖奏報。乙酉臨閲，沙漲增至五尺，衆皆欣頌。但坍漲靡常，實不敢即以爲慰，並有詩紀事。兹復親臨相視，不但所增之五尺漲沙盡坍，且三層竹簍之上層已經顯露。因竹蔑年久朽敝，撫藩諸臣另籌换砌，于保護雖屬有益，然切望漲沙之漸增長耳。其何禦三秋？不啻減五尺。前巡所慶幸，兹番頓變易。扼腕民之艱，撫膺吾之責。於無可如何？敢不籌詳悉。欲圖安墊居，遑吝增犖石。補偏救弊耳，愧無永逸策。

閲海塘三疊舊作韻

乾隆四十五年

乙酉潮頭纔逼塘，退潮沙尚護塘良。乙酉臨閲時，潮頭雖漸有趨北之勢，而潮退後，塘外沙漲較壬午所閲標誌頗覺增長，然亦未敢以爲慰也。即今坍盡一江水，切已愁塵萬井桑。何日中亹復故道，爾時合郡祝同慶。神祠咫尺申瞻拜，祈佑不遑慚不遑。

命老鹽倉上下相地，仍建石塘，詩以誌事

乾隆四十五年

壬午視海塘，長言曾誌事。爾時雖北坍，塘外尚沙地。未若此時甚，水竟塘根至。老鹽倉一帶，惟賴柴塘峙。向亦經親臨，下樁目所視。沙散弗噙樁，條石艱鱗砌。海寧恃塘工爲屏蔽，因潮近石塘，復接石爲柴塘，然柴不如石之完固。壬午親臨老鹽倉一帶，擬易以石，試下木樁，苦沙活不能噙木樁，難于砌石。其柴塘向內數十丈，似可下樁，又皆民田，弗忍毁棄，因罷石塘之議。移內又弗可，遂罷石塘議。兹來細周閲，未可前言必叶。柴塘四千丈，豈盡活沙寄。不無受樁處，石塘終可恃。石塘迤上柴塘四千二百餘丈，未必概係活沙，難以受樁，因復飭該督撫派委誠妥大員據實逐段勘估，凡柴塘可以改建石塘之處，悉令易石，毋惜工費，俾濱海群黎永享安恬之福。申命重相去聲勘，莫慮國帑費。庶幾永安瀾，爲民籲天庇。

觀潮樓疊乙酉詩韻　乾隆四十五年

南坍與北漲，幻若谷和陵。江尚岸之近，樓如舫以乘。暢懷忘景問，廑念在欄憑。遥指中亹陸，通流何日能。

謁海神廟瞻禮三疊舊作韻　乾隆四十九年

庚子重来廑宴奠，石工一律命堅修。庚子南巡，親臨閱視海塘，飭該督撫于老鹽倉一帶，将舊有柴塘一律改建魚鱗石塘，毋惜工費，仍留舊有柴塘爲重門保障。嗣據該督撫等于辛丑、壬寅等年，陸續採辦石料，派委誠妥大員勘估建築。至癸卯年八月内，據富勒渾、福崧奏，将原辦、續辦魚鱗石塘共三千九百四十丈，督率司道實力稽查。于七月二十四日，面石均已砌竣，通工一律全完。該督撫前往詳勘，均屬如法，砌築整齊堅實，可以永慶安瀾矣。勤劬雖曰不遺力，護佑仍惟頼賜休。神廟載瞻申九叩，御碑欽仰示千秋。敢云塘固民安枕，未翕中亹未解愁。

駐蹕安瀾園三疊前韻六首　乾隆四十九年

北坍今次永，塘尚近洪瀾。海塘沙北漲南坍，則塘工鞏固。今自壬辰春以來，沙痕漸覺北坍。至庚子前巡親閱，則北岸漲沙盡坍，海潮直逼塘根。今尚如此，實爲廑念。春月来觀海，古稀仍據鞍。每于城邑，或乘馬，便民瞻就也。魚鱗期越固，庚子，命改柴塘爲石工，飭該督撫等于老鹽倉一帶建築魚鱗石塘，凡三千九百四十丈，仍留柴塘爲重門保障。于癸卯七月，全功告竣矣。蠶市較蘇寬。蘇州街市頗窄，茲海寧衢市較寬[十二]。鄉語分疆異，民心一例歡。

塔山近海邊，踏勘慰心懸。竹簍喜增漲，塔山壩工當潮汐頂沖，向藉竹簍藏碎石三層擁護壩根。昨秋據富勒渾等奏，護壩竹簍上中兩層現俱露出。今自二月後，漲沙增長，全掩三層竹簍，爲之稍慰。蟻坯惕漏泉。隅園且停憩，比户有歌絃。自是文章邑，然當戒藻妍。

舊家原有述，熟路不須尋。世業傳來久，國恩受已深。翰林茲挂籍，書囿勉繩音。海寧陳氏向多爲翰林者，今乃寥寥。庚子臨此，陳善慶以家藏蔡襄茶録真蹟呈進。念爲陳氏家傳墨寶，因還之，并爲題句，俾得世守，勉紹前聲也。重展蔡襄蹟，依然懸古鍼。蔡襄《茶録》筆意秀勁，有晉唐懸鍼遺法。其自記云：『草木之微，處之得地，則能盡其材。頗能即小見大，故庚子題詩有『頌不忘規應著眼，處之得地盡其材』之句，即襄自叙意也。

安瀾詎祇名，永祝宴而清。明日觀形勢，一宵廑慮情。前吟巡壁舊，聖藻額檐明。載語世臣者，承家在敬誠。

是園有紫竹，不計歲和年。畫格應爲創，吟情詎可捐。松非自稱直，梅亦捨其娟。三益于斯盍，都因静以延。

一溪春水柔，溪閣向曾修。月鏡懸簷角，古芸披案頭。去来三日駐，新舊五言留。六度南巡止，他年夢寐遊。

登尖山觀海

乾隆四十九年

尖山迤北弗資塘，鐵板沙比石猶固。尖山迤西乃賴塘，閭閻必藉石爲護。天時地利自古然，人事弗和斯致誤。所謂和亦匪云同，盡心籌民保障故。我登茲山亦已屢，不爲觀瀾暢神遇。漲沙靡定不可恃，每因蒿目乏良慮。

視塔山誌事三疊舊作韻

乾隆四十九年

兩山尖山、塔山接石壩，恃竹簍外翼。條石未可築，潮汐日夜逼。乙酉沙護簍，尖山、塔山之間，向有壩工，正當潮汐頂沖，條石難施，惟藉竹簍藏碎石三層護根。壬午閲視時，沙漲掩簍四尺，因命該督撫標記尺寸，案月奏報。至乙酉歲，親莅勘驗，護簍沙漲較舊誌增至五尺，時咸爲壩工稱幸，然坍漲無定，未可恃也。庚子坍漸急。今幸護以全，並無簍露立。庚子前巡，閲視塔山塘工，不惟乙酉所見掩簍之漲沙五尺盡坍，並三層竹簍已露上一層。至癸卯八月，上中兩層俱露。今甲辰二月以來，漲沙增長，上中下竹簍三層復全行掩護。北漲期難望，遑此論寸尺。乙酉即有言，安保無更易。乙酉，塔山沙漲，增長尺寸，大吏皆謂江海效靈。然海沙變易無常，豈可深恃？是以乙酉視塔山詩，即有『效靈漫致頌，安保無更易。』之句。籲佑未蒙休，誠弗假予責。每閲海塘，必詣祠虔籲神佑。今沙漲已漸見增長，而向稱難以施工老鹽倉之活沙，兩年間接築魚鱗石塘，籌辦江蘇及紹興等處所運石料，均能及時應用，亦賴天佑神助，惟有益勉誠敬耳。接築魚鱗塘，工料籌詳悉。茲更有後議，欲擬將范公堤一帶土塘，接至省城者，都易以石，庶乎可恃，費帑非所惜也。欲接築堅石。此次南巡閲視，議自搶塘柴工尾料，向西南接至范公塘，而于柴塘後添築石塘，即留柴塘爲重門保障，更添建挑水壩兩道，以資保護。帑項非所靳，然斯亦下策。

觀潮四首再疊乙酉韻

乾隆四十九年

鎮海寺傍臨海臺，行春觀處正潮來。逮今三度詩十二，不擬石塘重去聲往回。

咏事酉年信筆隨，悔愆子歲亦于斯。乙酉《觀潮詩》有『子胥文種誠司是，之二人前更屬誰』之句。其後，北坍南漲，潮勢漸逼石塘。因悔前詩之見雖高，而語似慢，故庚子詩反其意云：『設非之二人司是，如是雄威更屬誰』。誰當鑒我漲沙矣，仍看北坍更籲誰。

李嵩妙蹟携行笈，相證雄觀信弗差。詩讀張仁近楊基刺南宋，風霜二帝忘行車。《石渠寶笈藏》：李嵩《錢塘觀潮圖真蹟》有張仁近題云：『雕欄玉檻照東海，貪看秋潮忘黍離。』又楊基題句：『潮水信可定，日夕来朝宗。人心獨不如，而不思兩宫。兩宫未雪耻，屢下班師旨。』云云。蓋深譏宋高宗之耽宴安而忘國耻也。

一帶石塘工已就，庚子閲海塘，命于老鹽倉一帶柴塘爲石塘。昨歲癸卯八月，據富勒渾等奏報，石塘三千九百四十丈大工已全行告竣。魚鱗擬築向西仍。老鹽倉一帶石塘雖已全竣，而章家庵以西惟藉范公土塘衛護，形勢單薄，恐不足資捍禦。兹與該督等悉心籌勘，欲一律堅築石塘，使閭郡黔黎永資樂利，費帑所不惜也。亦惟此日盡人力，敢冀他年幾可乘。海沙南北坍漲原無常。自己卯以後，潮勢近塘，沙痕漸覺北坍。今已二十餘年，循環往復，理之自然當有北漲南坍之幾。然朕惟盡人事以待之，其時幾可乘，固不可必耳。

老鹽倉一帶魚鱗石塘成，命修海神廟謝貺，并成是什誌慰，用壬午觀海塘誌事詩韻

乾隆四十九年

壬午觀海塘，無非求民寧。並携督撫臣，時總督楊廷璋、巡撫莊有恭。疇咨閲情形。憶自庚辰年，沙勢已漸更。然尚去塘遠，未致大工興。壬午至庚子，北坍水鋪平。略無漲沙意，日夕縈念恒。長此其奚窮，民生關非輕。戴家橋迤東，猶有魚鱗屏。迤西惟柴塘，安足護桑耕。庚子我重来，崇祠籲佑靈。憑輿歷歷觀，既觀慮且行。其間老鹽倉，下樁我所經。活沙旋吐樁，海塘自戴家橋迤西皆柴塘，不足資保衛，因擬改築石塘。司事者輒稱老鹽倉一帶活沙，難于下樁，若移内接築，又有碍田廬。壬午，親臨試下木樁，始苦沙澁，用二

百餘斤之硪一築，率不及寸許。椿下既深，又苦沙散不能嚙木椿，摇摇無著。是活沙之説信然。彼時，既未能即築石塘，因藉坦水、石簍爲固。迨庚子南巡，沙坍簍露，始決計接建魚鱗石塘云。蒿目乏計生。申命築魚鱗，切念椿難擎。然事在人爲，未可謝不能。老鹽倉一帶活沙，難以訂椿。然事在人爲，未可遽謝不能。庚子南巡，復申命改建魚鱗塘。初開工時，仍有已訂復起之患。旋有老翁指點，云用大竹探試，俟扦定沙窩，再下木椿加以夯築，入土甚易。因依法扦築。又梅花椿以五木攢作一處，同時齊下，方能堅緊，不致已釘復起。試之果有成效。迨後，跟尋老翁，已無踪跡。現據富勒渾、福崧等奏，詢之盛住及在工員弁、兵役等，皆稱老人指點，傳爲神助，請敕修該處潮神廟，以答靈貺。因俞所請，並賦詩以紀其事。月月具圖報，心懸如目憑。大小吏胥勤，民夫盡力爭。老鹽倉一帶，石塘竟築并。外仍護柴塘，内無害溪阬。却聞夯椿時，老翁言信應。竹扦試沙窩，成效免變驚。因下梅花椿，堅緊無欹傾。魚鱗屹如峙，潮汐通江瀛。功成翁不見，詎非神所縈。贊天福萬民，竟得鉅功成。臨塘新祠宇，榱棟焕支撑。肅拜致虔謝，五言得行程。迤西更易爲，仍欲殫吾誠。老鹽倉石塘三千九百四十丈鉅工已竣，而章家庵迤西僅有范公土堤一道，難資衛護，因令該督等悉心籌勘，一律改築石塘，較之老鹽倉一帶更易施工，亦惟殫吾愛民之誠，不惜再費數百萬帑金，俾闔郡黔黎永慶安枕耳！

閲海塘四疊舊作韻

乾隆四十九年

己卯以来潮近塘，廿餘年未漲沙良。丁丑歲南巡閲視海塘，其時海潮大溜尚趨中亹。自己卯以後，潮漸趨北亹。至庚子南巡，親臨相度，則北岸漲沙盡坍，海潮直至塘根矣。雖然救弊柴易石，先是，建議者請易柴塘爲石工。又有謂老鹽倉一帶爲活沙，不可下椿，而内徙更恐有妨田廬。壬午，親視之，果然。彼時，惟命增添料值，專修柴塘，其舊有條石各工，仍令隨宜加甃，以備捍衛。亦一時補偏救敝，不得已之策耳。尚未獲安海變桑。縱看魚鱗一律鞏，慚聽額手萬民慶。庚子，親臨閲視，以柴塘究不若石塘之鞏固，因不惜工費，飭該督撫等于老鹽倉一帶一律改建魚鱗石塘，凡三千九百四十丈。其舊有柴塘，留爲重門保障。昨癸卯秋八月，據該督撫奏報，『石塘工已全竣，浙省永慶安瀾』等語。今來巡視，該處士民歡抃拜舞，出于至誠，然予宵旰憂勤，有加無已之意，尚欿然未足也。范公塘更應籌固，老鹽倉一帶改築石塘，業經告竣。惟章家庵以西，僅藉范公土塘護衛，形勢單薄，曾諭富勒渾等悉心籌勘，一體改建石塘，以資捍衛。據富勒渾等奏，『該處淤沙，土性浮鬆，即添築柴塘，一遇潮汛頂冲，亦不足抵禦』等語，因思柴塘自不及石工之堅固，事在人爲，不可惜費，即多費帑金數百萬，使閭郡黔黎永慶安枕，何樂如之？遂命降諭旨，一律堅築石塘矣。暇食民艱廑弗遑。

命於新建石塘尾柴塘内接築石塘，越范公塘直抵烏龍廟，即以范公塘爲外護之土塘。詩以紀事

乾隆四十九年

江南范公堤，久傳仲淹義。浙省范公塘，乃自承謨置。范公土塘，乃本朝閩浙總督范承謨所建。承謨即仲淹後裔也。一家兩大工，先後勤民事。在浙斯言浙，石堅土易潰。邇年沙北坍，回瀾嗷嗡恣。范塘東北尾，内畀已有事。昨歲癸卯四月，據福崧奏，『范公塘原築埽工，自二月已來，因回溜汕刷，致有間段矬蟄，現用船沈石，以護塘根，尚屬穩固』等語，朕以該處既是潮水頂冲，且回溜汕刷，即用石沈船亦係暫時防護，非一勞永逸之計。因傳諭富勒渾、福崧通盤熟籌，是否應照老鹽倉之例，一例添築石塘，詳悉繪圖貼説具奏。並諭令于所呈圖内，硃筆圈處，添築挑水、石壩，以期挑溜南趨，仍俟今歲南巡時，親臨閱視，指示機宜，再行定奪。沈舟下石簍，幸保目前計。鹽倉石塘建，繼此誠當議。柴塘補范公，率以允大吏。該督撫等請于新築石塘工止處之現做埽工柴塘之尾，接築柴塘八百餘丈，直抵范公塘，以爲外護。即允所請。茲來細斟酌，建石難再遲。發帑五百萬，分年物料備。茲親臨閱，視所建柴塘及范公塘一帶，亦必須一律接建石工，方于省城足資永遠鞏護。因諭令自新建石塘尾起，越范公塘，直抵烏龍廟止，范公塘盡處一體添築石塘，撥給部庫銀五百萬兩，并予限五年，自東而西，分段陸續修築，並諭先行備辦工料，

擇日興工。一如章庵東，外柴内石暨。柴即代坦水，庚子南巡，論令将章家庵以東柴塘内普建築石工。茲来親閲，見石塘之前、柴塘之後，有溝漕一道，現存積水，並無去路，恐致淹滲塘根。又石塘堆積土牛，無俾實際，令将土牛填入積水溝漕之内，仍将柴塘後之土順坡斜做，並于其上栽種柳樹，俾根株蟠結，益資鞏固。且令外柴内石，連爲一勢，即以柴塘爲石塘之坦水，且令柴塘亦時見本有坦水也。柴接土塘比。即范公塘。土内石相倚，烏龍廟齊至。柴塘石塘中間，将土牛填實，種柳互相倚恃，聯絡鞏護，最爲得力。茲范公土塘後接築石塘，直抵烏龍廟范公塘盡處，均令照式修築堅固，俾海疆永慶安恬，民生亦資樂利。永矣保杭城，千年安晏遂。六巡塘事畢，五字始終誌。

恭依皇祖巡幸杭州詩六疊韻　乾隆四十九年

石塘接築俾民安，爲報工成此歷觀。庚子巡視海塘，命于老鹽倉上下接築魚鱗石塘，爲永遠安瀾之計。其舊有柴塘，仍命留爲重門保障。昨歲癸卯八月内，據該督撫奏報，魚鱗石塘三千九百四十丈一律工竣。今来躬親歷視，所砌石工整齊堅實，洵可永資保障云。窮尾溯源暫紆蹕，尖山在塔山之北，自此北至乍浦一帶，向無塘堰，以其地係鐵板沙，不畏潮勢冲嚙。而西自海寧，沿塘觀海，窮尾溯源，一切塘工形勢可以一覽而得，故自壬午、乙酉、庚子及今甲辰，皆紆蹕登尖山頂觀海觀塘，而返杭州。衢歌巷舞此迎鑾。欲尋南宋宫庭泯，究是偏都街道寬。杭州街道較蘇州甚寬，知爲南宋偏安之都會也。敬仰奎章六依韻，悵然思昔侍遊歡。

賦得南坍北漲　得心字八韻　乾隆四十九年

紹興海寧對相峙，江潮自古今。中亹城最美，兩界幻難諶。坍漲事無定，北南勢有斟。興猶山作禦，寧祇岸虞侵。紹興在浙省迤南，諸山聯絡，海潮南注，可資抵禦。若海寧一帶，地本平衍，正當北岸之衝，潮水每虞侵嚙，必沙勢南坍北漲，始保萬全也。壬午溜遷後，甲辰水尚深。丁丑南巡時，見海潮大溜尚趨中亹。己卯以後，漸遷北亹。壬午親臨閲視，漲沙猶擁護堤根竹簍，因命督撫標記尺寸，按月奏報。至庚子南巡，往視塔山塘工，漲沙盡坍。至癸卯八月，三層竹簍俱露。今甲辰閲視，幸沙漲復將三層竹簍上下全行掩護，漸有南坍北漲之機。然水勢尚未改趨中亹，石塘經久之計不容緩耳。築塘圖久計，庚子南巡，閲視塘工，飭督撫等于老鹽倉舊有柴塘後一律添建石塘四千二百餘丈。上年七月間，告竣。兹親臨閲視，范公塘一帶亦必需接建石工，方于省城足兹鞏護。因再降旨，自新築石塘工尾起，于范公塘内至烏龍廟止，一體添建石塘，仍留柴塘爲重門保障，于柴塘後、石塘前溝漕内，填土種柳，俾柴石連爲一勢，即以柴塘爲坦水，撥給部庫銀五百萬兩，予限五年，陸續修築，以期海疆永慶安恬。射弩罷雄心。無往思不復，斯升謂北漲祝彼沈謂南坍。神祠躬致拜，籲佑愧爲欽。

校勘記

〔一〕《敕修两浙海塘通志》「令」作「命」。

〔二〕《敕修两浙海塘通志》無「七月」兩字。

〔三〕《敕修兩浙海塘通志》「懽」作「歡」。

〔四〕《敕修兩浙海塘通志》無「白」字。

〔五〕《敕修兩浙海塘通志》「祇」作「祗」。

〔六〕《敕修兩浙海塘通志》「勿」作「弗」。

〔七〕《敕修兩浙海塘通志》「盪」作「蕩」。

〔八〕《敕修兩浙海塘通志》「耑」作「專」。

〔九〕《敕修兩浙海塘通志》「洪」作「宏」。

〔一〇〕「廿四槳過風帆」缺一字，疑爲「二十四槳過風帆」之誤。

〔一一〕「衢」疑爲「街」之誤。

欽定四庫全書海塘録　卷一　圖説[一]

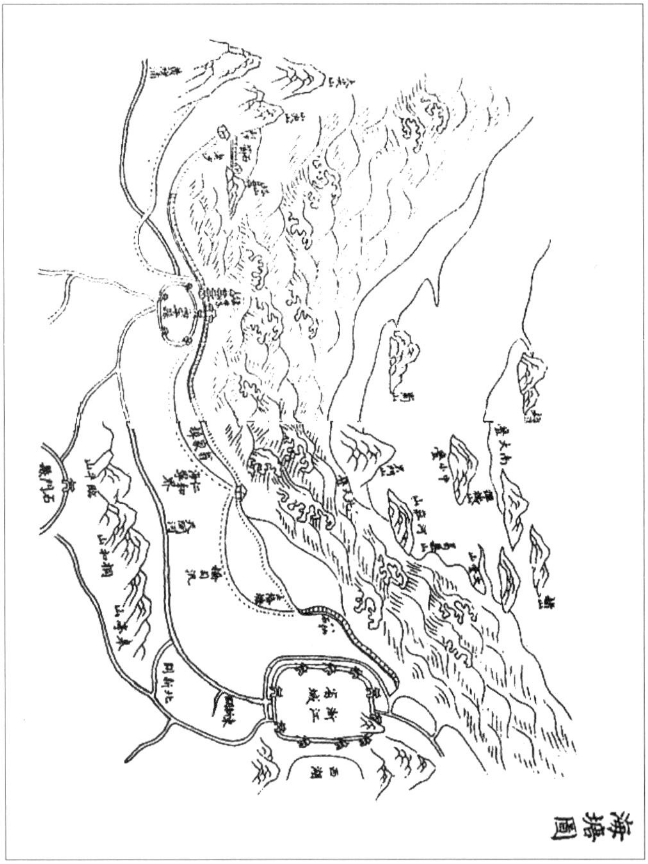

杭州海塘自海寧止，然其海非大洋也。仁和以西稱江，仁和以東稱海。江之廣，不過十餘里，即海寧之海亦不過數十里。苐龕、赭兩山夾峙於江海之處，潮水由廣入隘，奔騰衝擊，上激塘身，下搜塘底，其危險較濱臨大海者加甚焉。省城多山，迤東四十里爲仁和之翁家埠，向以水流沙活，止築草塘抵禦。自翁家埠起，五十里至海寧城，又五十里至尖山，舊皆壘土鑲石，一綫危堤，綿亘一萬數千餘丈，受朝夕兩潮衝擊。此唐宋以來，葺治相仍，所不廢也。國朝列聖訏謨，軫念海塘，勤恤民隱，不惜重帑以成經久之圖。皇上纘承祖武，旰食宵衣，廑念海隅黎庶，特以江流未循故道，時勤玉輅，親歷海壖，咨度指示，定議加築柴塘，增置坦水，聖謨廣遠，至詳至備。行見海若效靈，安瀾底績，數百里海堤鞏若盤石焉！誠萬世無疆之利賴也。

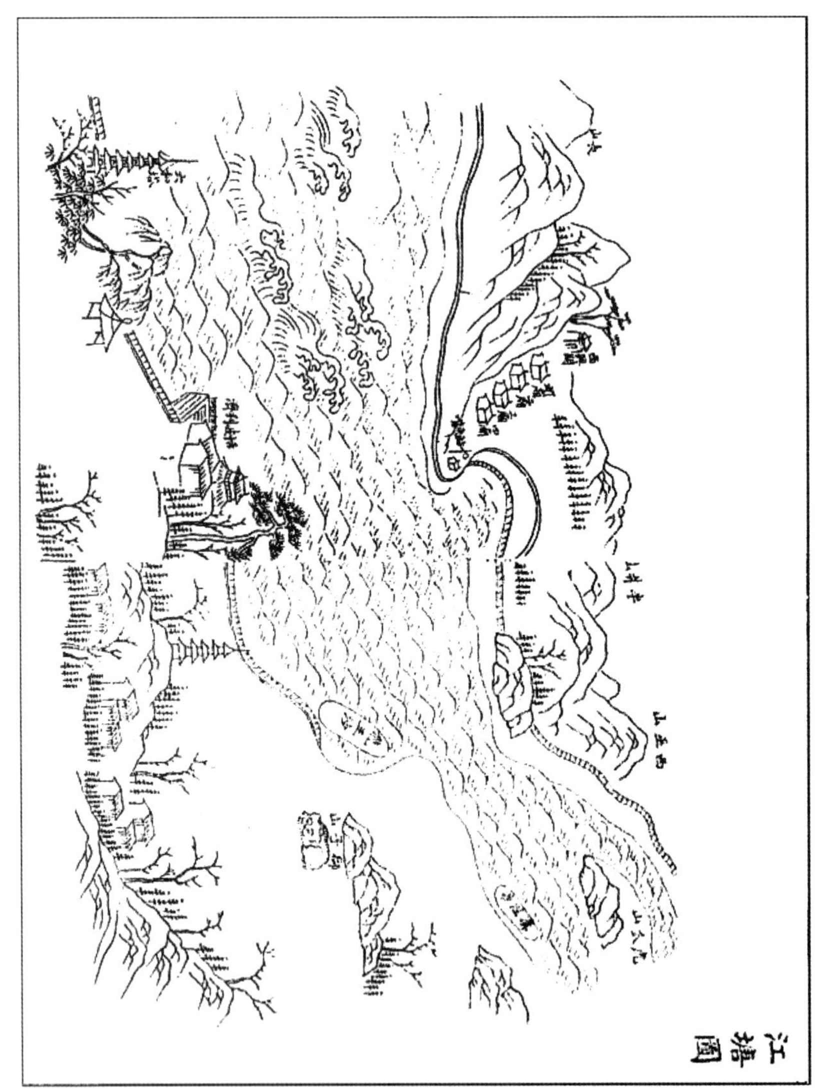
江塘圖

浙江，在杭州東南，源發於歙縣，入嚴州桐江。而衢州水自常山來，與江山之水滙流至蘭溪，又會金華之水，並歸桐江，入杭之富陽，曰富春江，波平而塘易固，故堤防猶緩。至錢塘，則曰錢塘江，水激而駛。蓋江水從西南來，過仁和而入海，海潮從東北至，趨錢塘以滙江，江猶狹而海廣潤，冲激時虞不免。又近在省城西南，稍有潰决，則浸入内地，故江塘之重與海塘等。堤防之設，上稽史志，自漢華信議築防海大塘，而吴越捍江塘繼之，暨乎宋明，代有修築。及我聖朝，屢敕大臣營度建塘修護，不惜帑金。而聖祖仁皇帝臨幸錢塘，親洒御書，照耀江浦。至我皇上，丕承祖武，省方幸浙，遍閲諸塘，諦察江溜形勢，指示精詳。自是，三折恬波，聖澤之長，與江流俱永矣！

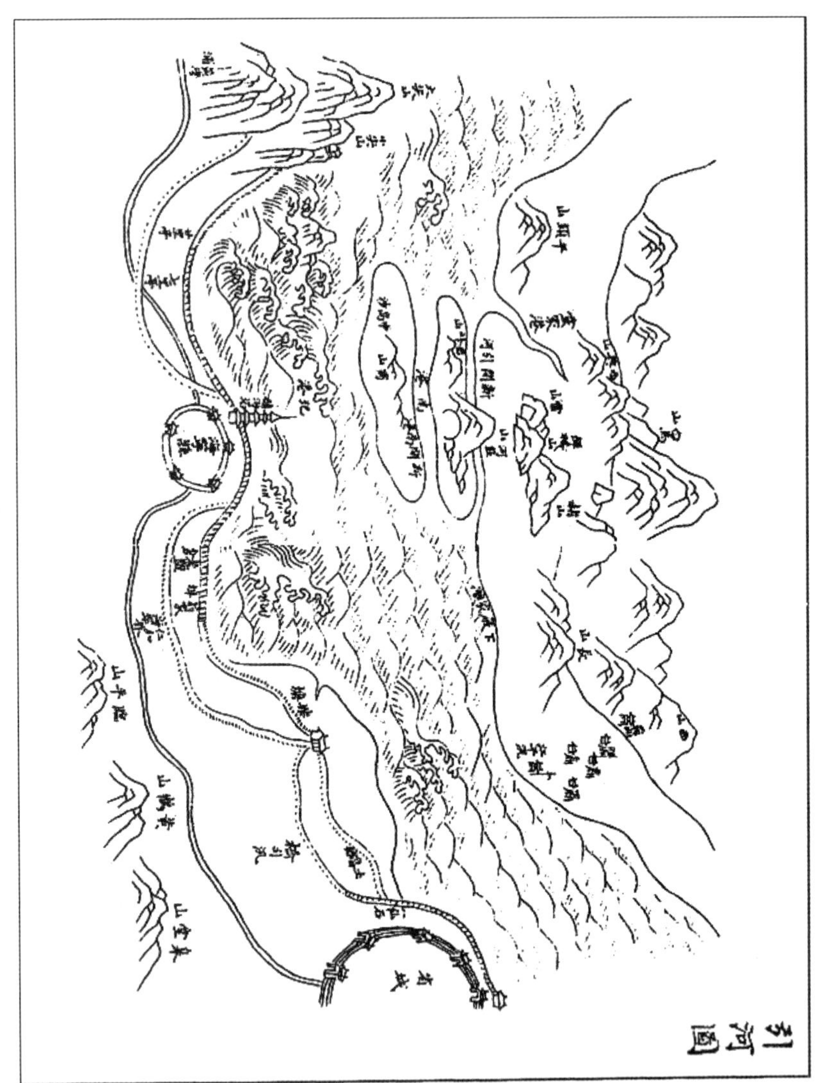
引河圖

引河，即中小亹中間所濬之河也。江海之門户有三：在龕、赭兩山之間者爲南大亹；在禪機山之北、河莊山之南者，爲中小亹；河莊山之北、海寧海塘之南，爲北大亹。水勢南徙，賴有紹郡龕、常諸山捍衛，其患猶輕；水勢北徙，則直逼仁和、海寧塘身，爲害最劇。惟中小亹適當南北兩岸之中，江水海潮若由此出入，兩岸得資鞏固。前總督滿保、巡撫朱軾會勘開濬，潮過即淤，迄無成效。雍正十一年，副都統隆昇等調撥滿漢員弁，分段攢挖，又設立專員隨時疏濬，未幾復塞。大學士稽曾筠因有請停開濬之奏。我皇上旰食宵衣，廑念海隅黎庶，特命大臣詳加閱視，准令隨時斟酌，相機挑挖，并用切沙之法，於蜀山之南開溝引溜，以順水勢，又於北岸安放竹簍，挑溜掛淤。至乾隆十二年十一月朔，江流直趨，大溜全歸，衝刷河身通暢。此皆我皇上睿慮精詳、至誠昭格。從此，江海效靈，南北兩亹漲沙日積，濱海生靈永無驚濤駭浪之虞矣！

土備塘圖

海寧舊無土塘。雍正十一年，内大臣海望、總督李衛以魚鱗石塘難以速成，請於海寧龜山南至仁和李家村築土備塘一道。離外塘或一里、半里，購買民地，按畝豁糧。塘高一丈二尺，每丈需虚土五十五方，水三旱七，按方給工。頂寬二丈四尺，底寬五丈。又恐外有石塘，内有備塘，雨水無從瀉泄，因於最低之處築涵洞十七座，以泄水，石閘四座，兼通舟楫。又於備塘河建木橋二十六座，以通行人。每石閘一座，金門闊八尺、高一丈四尺，兩邊金剛墻并前後雁翅各長四丈，鋪石爲橋，砌墊瀉水石閘，下釘梅花樁一百十一根。背摺砌塊石寬四尺，條石二百三十五丈三尺五寸二分，塊石二十三方七分六釐，計工料銀四百四十兩有奇。每涵洞一座，長五丈、高三尺五寸、寬四尺六寸，條石六十一丈二尺五寸，釘梅花、抱石二樁二百九十九根。前後雁翅、洞身、墻背共砌石七十塊，計工料銀七十一兩有奇。每木橋一座，高一丈二尺、濶四丈八尺，計五空，用長三丈五六尺、徑六七寸大木十株，共計工料銀二十二兩有奇。

柴塘圖

柴塘始康熙六十一年。巡撫屠沂於朱軾請築石塘處，有土活不能施石之地，奏請改用柴塘。其法：先捆埽牛鋪底，上以柴土間層加鑲，頂上加培厚土，高三、四丈，寬三、四、五丈不等，每長寬一丈，釘底樁二根，腰樁二根，面樁二根，於樁頭削尖簽插柴土。若地值頂衝，難免抽掣之虞，復於內地深釘橛樁，用篾纜帶住。凡沙土浮活、難築石塘之處，皆用此法。乾隆壬午，恭逢皇上親歷海塘，周閲形勢，聖謨廣運，指示精詳，誠萬世不易之良法也。

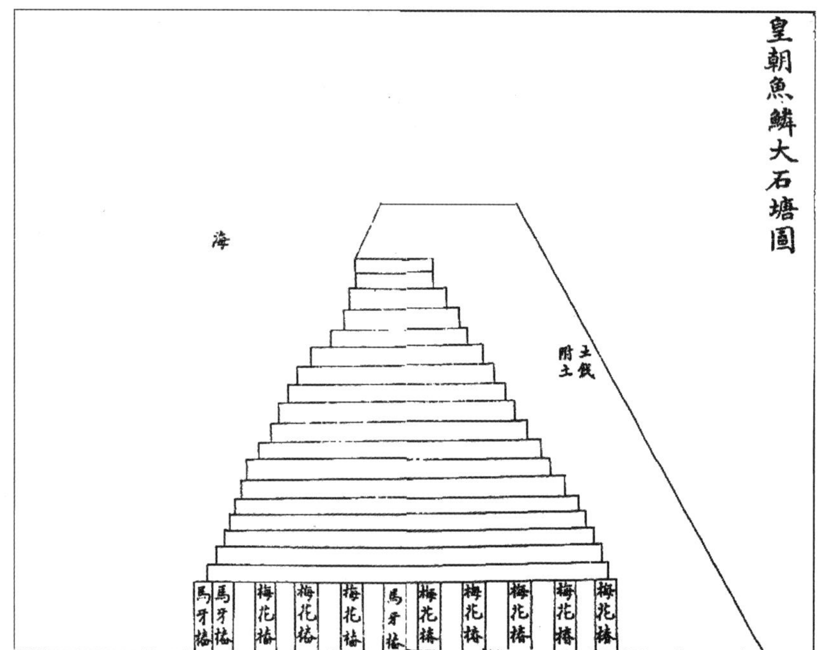
皇朝魚鱗大石塘圖
海
土戧
附土
馬牙樁
馬牙樁
梅花樁
梅花樁
梅花樁
馬牙樁
梅花樁
梅花樁
梅花樁
梅花樁
梅花樁

雍正十年，潮勢汹涌，加以上游江水驟長，老沙洗刷，潮頭直逼内地。世宗憲皇帝特命内大臣、户部侍郎海望、直隸總督李衛赴浙，相度機宜，議於尖山起，至萬家閘，統建大石塘。疉奉恩綸『雖帑金千萬不惜，不可因塘外漲沙停止修築』煌煌天語，務爲海隅生民謀久遠乂安計。我皇上御極，廑懷民隱，屢敕興修，廟算精詳，神功底定，恩至渥也。其築法：塘身高十八層者，每丈用厚一尺、寬一尺二寸條石一百一十八丈三尺三寸三分，石有厚薄不等，以丁順間砌，參差壓縫，計高一丈八尺爲準，頂寬四尺五寸，底寬一丈二尺。内除收頂蓋面石，以及鋪底蓋樁石各一層，不留收分外，自底上第二層至十二層，每層外留收分四寸，内留收分一寸。又自十三層至十七層，每層外留收分三寸，内留收分一寸，共留收分七尺五寸，底寬一丈二尺。外口釘馬牙樁二路，以禦潮刷。樁縫中心，重石之下，擔負全力，釘馬牙樁一路及後一路，共四路。每路用樁二十根，共樁八十根，尚餘底空，釘梅花樁七路，每路用樁一十根，共樁七十根。二共樁一百五十根，俱一木一樁。馬牙樁用圍圓一尺五寸，長一丈九尺之木。梅花樁用圍圓一尺四寸，長一丈八尺之木。塘長九層以下，外砌坦水保護，不扣錠鋦外，自第十層、十二層、十四層、十六層，每層每丈扣砌生鐵錠二個，熟鐵鋦二個。又收頂蓋面石一層，前後扣砌生鐵錠一十六個。每條石一丈，用砌灰五斗，每砌灰一石，用汁米五升。

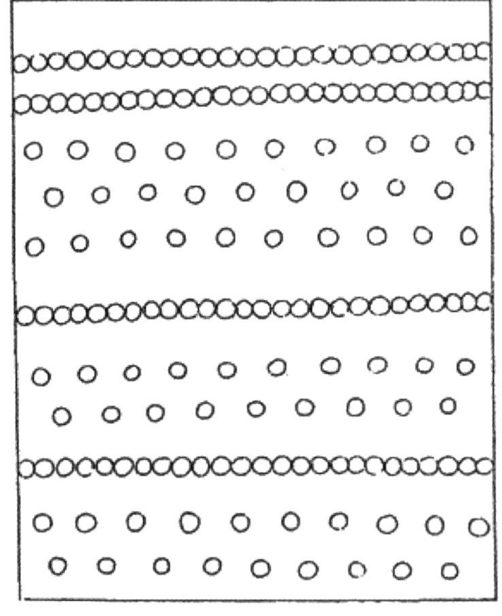

右底樁一十一路，共一百五十根，内馬牙樁四路，計八十根，每根用圍圓一尺五寸，長一丈九尺。梅花樁七路，計七十根，每根用圍圓一尺四寸，長一丈八尺。

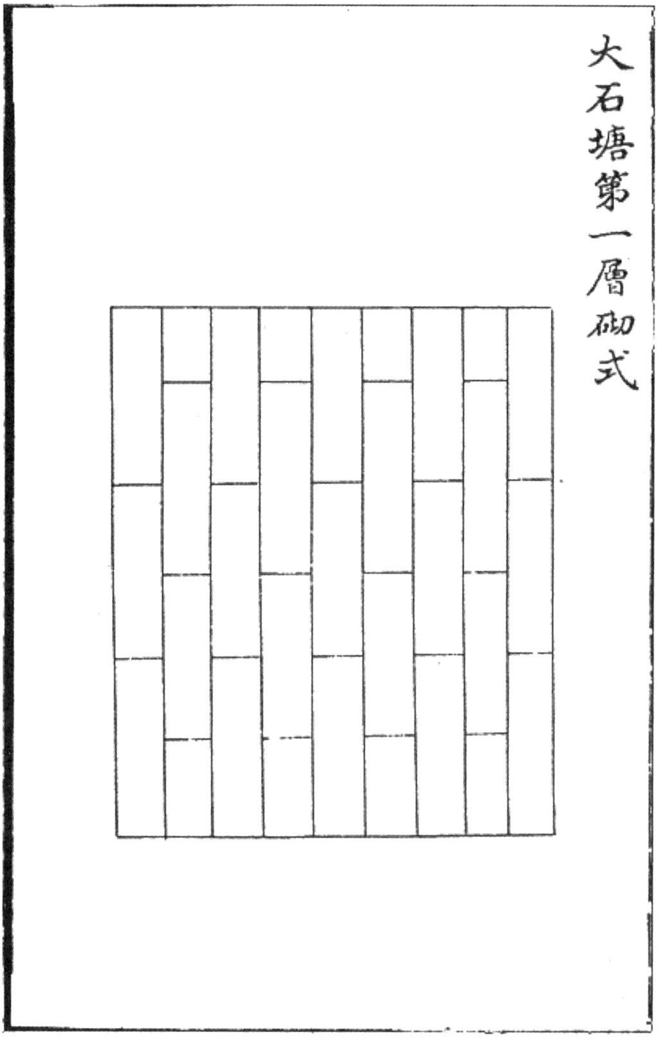

右第一層寛一丈二尺，俱丁砌蓋於底椿之上，計用折正厚一尺、寛一尺二寸條石一十丈，外砌做細丁石二丈五尺，裏砌做粗丁石七丈五尺，砌灰五石，汁米二斗五升。

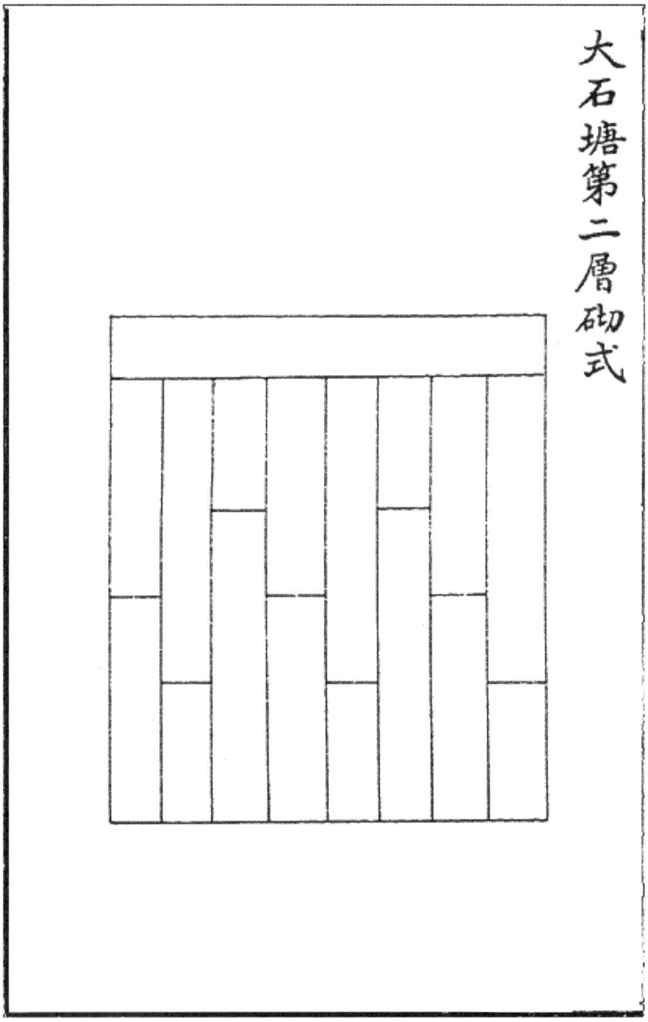

右第二層寬一丈一尺五寸，外順砌，内丁砌，外收分四寸，内收分一寸，計用折正厚一尺、寬一尺二寸條石九丈五尺八寸三分三釐，外砌做細順石一丈，裏砌做粗丁石八丈五尺八寸三分三釐，砌灰四石七斗九升一合六勺，汁米二斗三升九合六勺。

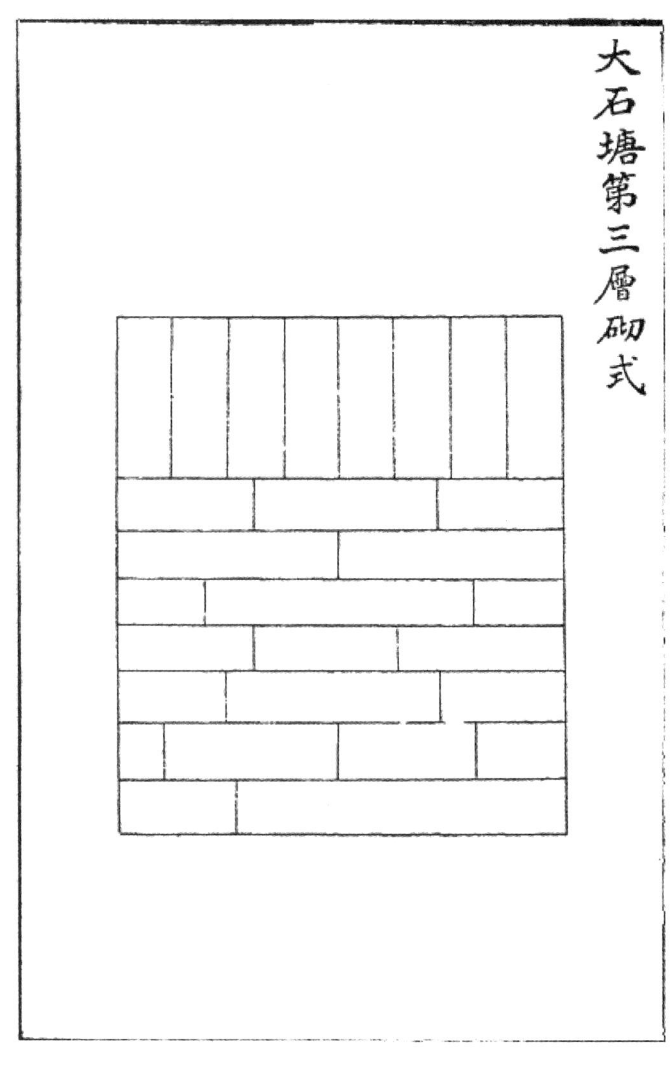

右第三層寬一丈一尺，外丁砌，内順砌，外收分四寸，内收分一寸，計用折正厚一尺、寬一尺二寸條石九丈一尺六寸六分七釐，外砌做細丁石二丈五尺，裹砌做粗順石六丈六尺六寸六分七釐，砌灰四石五斗八升三合三勺，汁米二斗二升九合一勺。

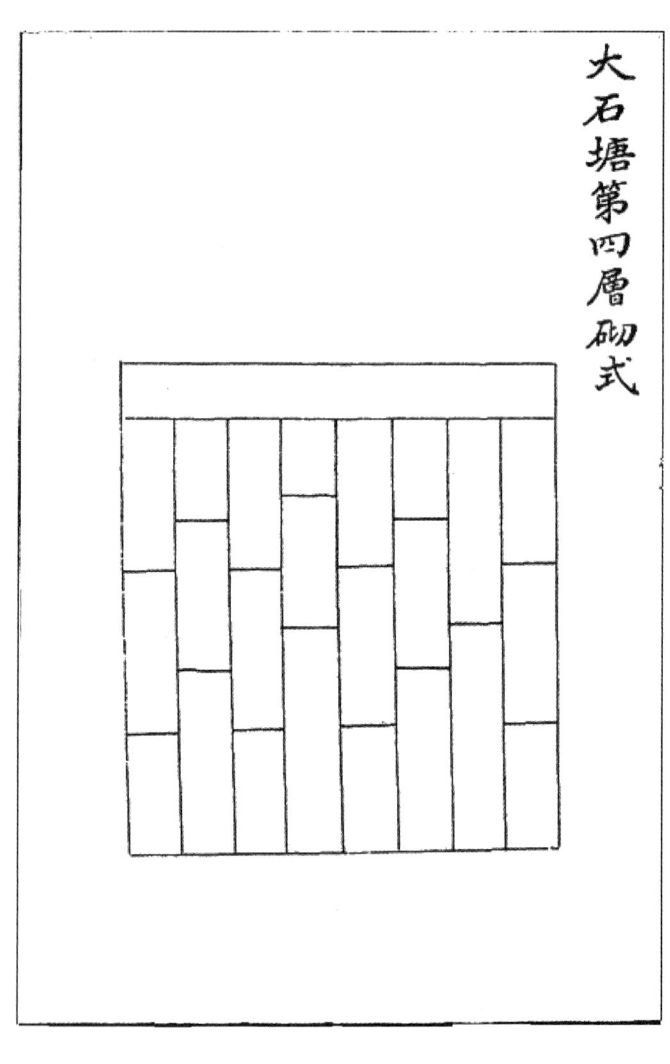

右第四層寬一丈五寸，外順砌，内丁砌，外收分四寸，内收分一寸，計用折正厚一尺、寬一尺二寸條石八丈七尺五寸，外砌做細順石一丈，裏砌做粗丁石七丈七尺五寸，砌灰四石三斗七升五合，汁米二斗一升八合七勺。

大石塘第五層砌式

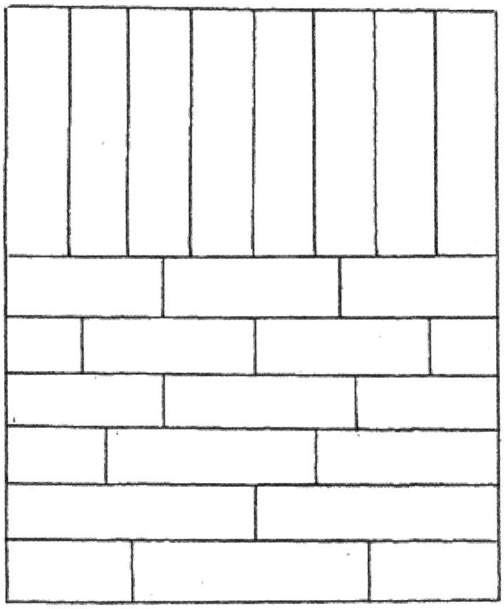

右第五層寬一丈，外丁砌，内順砌，外收分四寸，内收分一寸，計用折正厚一尺、寬一尺二寸條石八丈三尺三寸三分三釐三毫，外砌做細丁石二丈五尺，裏砌做粗順石五丈八尺三寸三釐三毫，砌灰四石一斗六升六合七勺，汁米二斗八合三勺。

大石塘第六層砌式

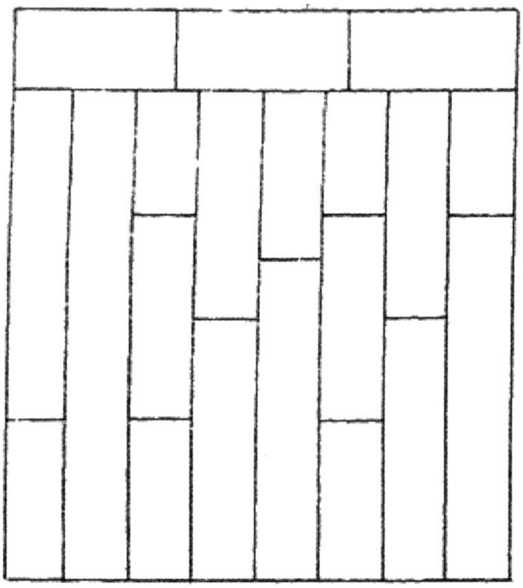

右第六層寬九尺五寸，外順砌，内丁砌，外收分四寸，内收分一寸，計用折正厚一尺、寬一尺二寸條石七丈九尺一寸六分六釐七毫，外砌做細順石一丈，裹砌做粗丁石六丈九尺一寸六分六釐七毫，砌灰三石九斗五升八合三勺，汁米一斗九升七合九勺。

大石塘第七層砌式

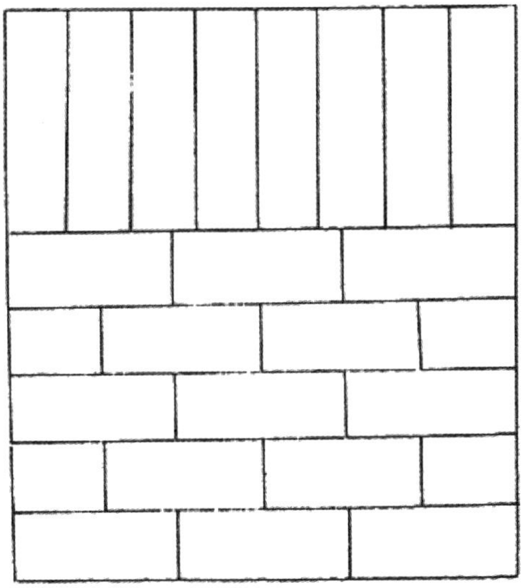

右第七層寬九尺，外丁砌，内順砌，外收分四寸，内收分一寸，計用折正厚一尺、寬一尺二寸條石七丈五尺，外砌做細丁石二丈五尺，裏砌做粗順石五丈，砌灰三石七斗五升，汁米一斗八升七合五勺。

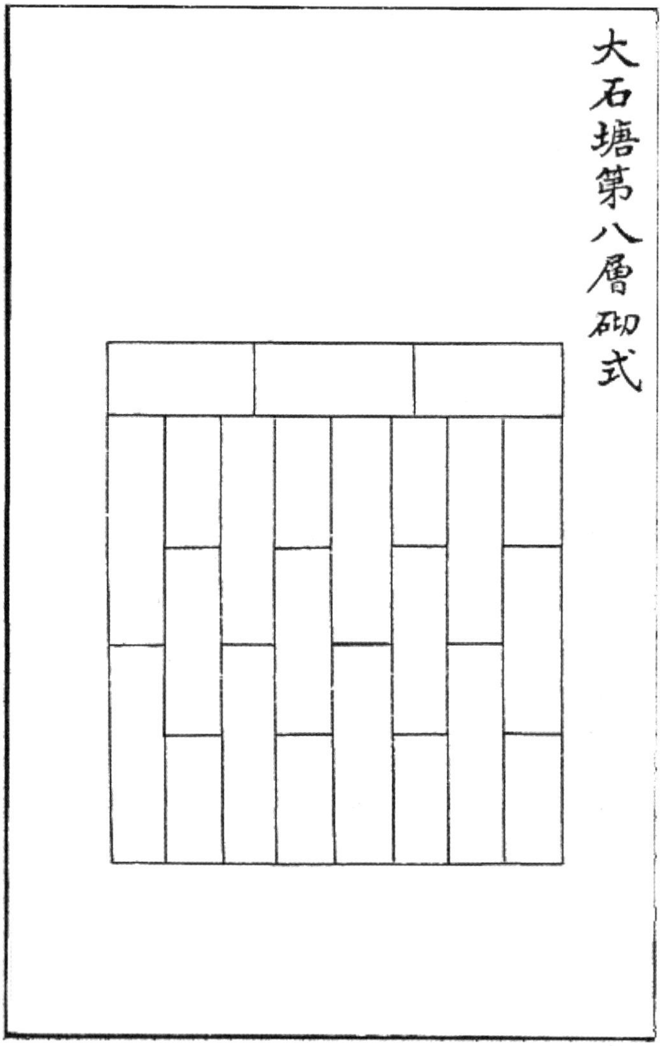

右第八層寬八尺五寸，外順砌，内丁砌，外收分四寸，内收分一寸，計用折正厚一尺、寬一尺二寸條石七丈八寸三分三釐四毫，外砌做細順石一丈，裏砌做粗丁石六丈八寸三分三釐四毫，砌灰三石五斗四升一合七勺，汁米一斗七升七合一勺。

大石塘第九層砌式

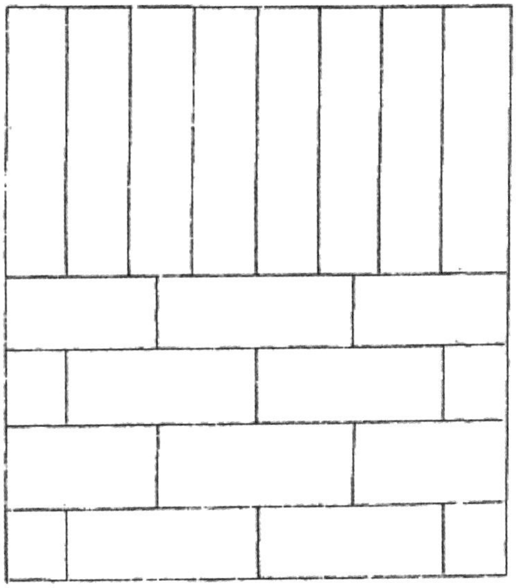

右第九層寬八尺，外丁砌，内順砌，外收分四寸，内收分一寸，計用折正厚一尺、寬一尺二寸條石六丈六尺六寸六分六釐六毫，外砌做細丁石二丈五尺，内砌做粗順石四丈一尺六寸六分六釐六毫，砌灰三石三斗三升三合三勺，汁米一斗六升六合六勺。

大石塘第十層砌式

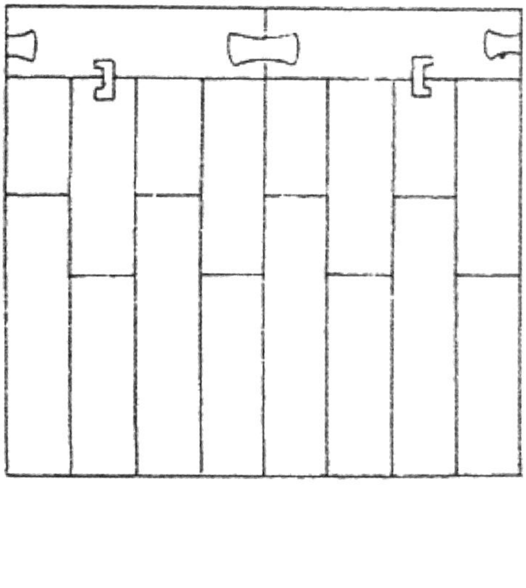

右第十層寬七尺五寸，外順砌，内丁砌，外收分四寸，内收分一寸，計用折正厚一尺、寬一尺二寸條石六丈二尺五寸，外砌做細順石一丈，裏砌做粗丁石五丈二尺五寸，砌灰三石一斗二升五合，汁米一斗五升六合二勺，鑿嵌生鐵錠兩個，熟鐵鋦兩個。

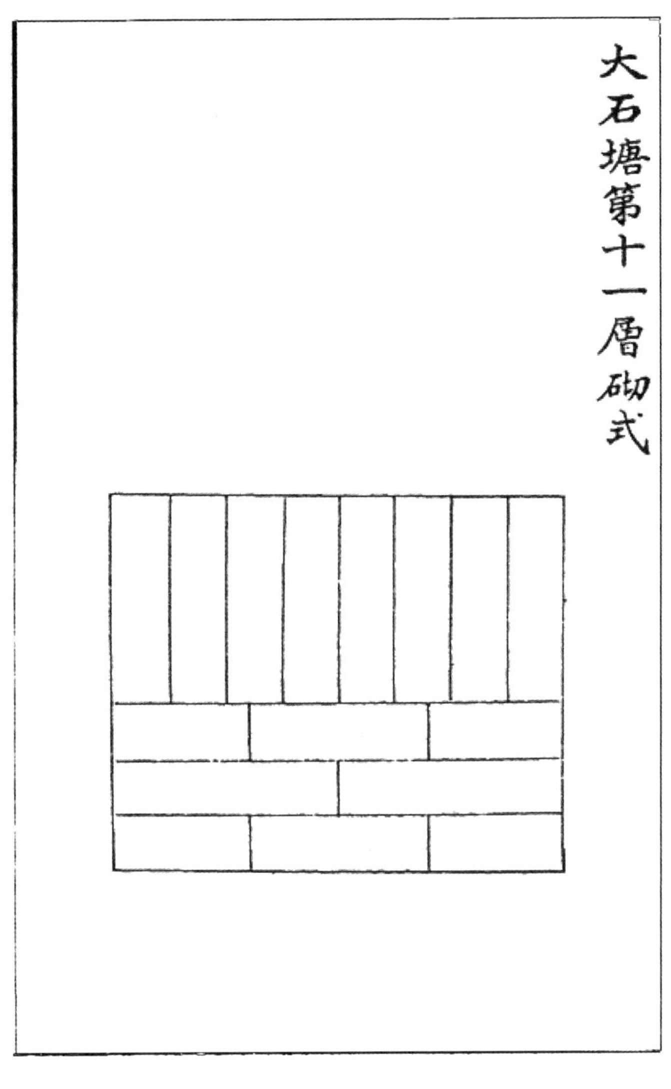

右第十一層寬七尺，外丁砌，内順砌，外收分四寸，内收分一寸，計用折正厚一尺、寬一尺二寸條石五丈八尺三寸三分三釐三毫，外砌做細丁石二丈五尺，裏砌做粗順石三丈三尺三寸三分三釐三毫，砌灰二石九斗一升六合六勺，汁米一斗四升五合八勺。

大石塘第十二層砌式

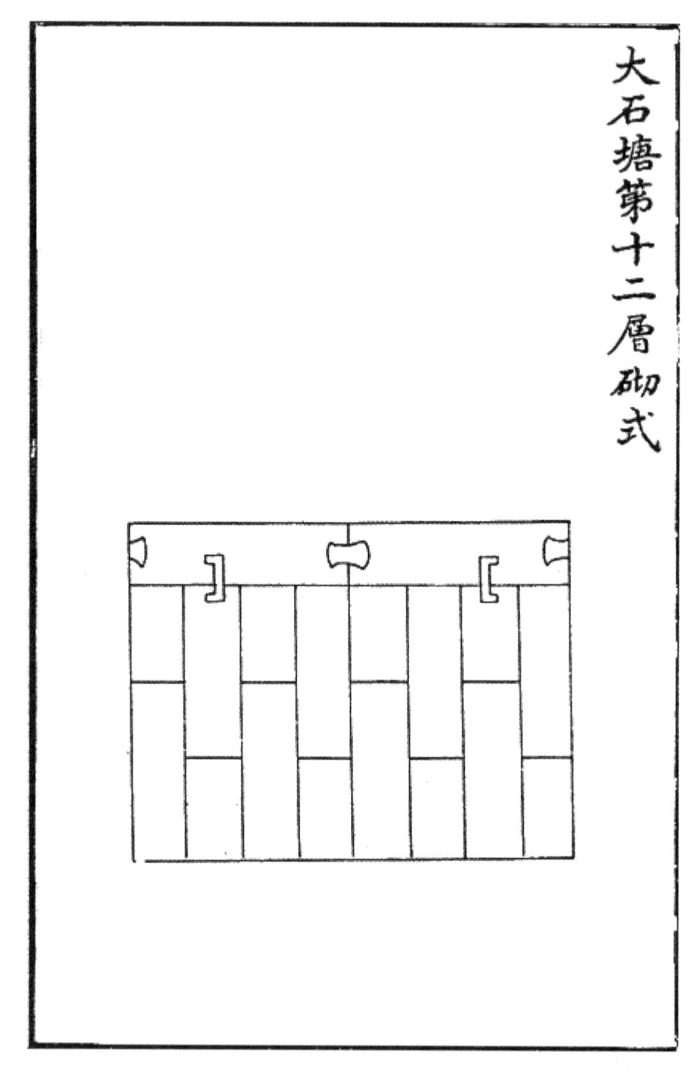

右第十二層寬六尺五寸，外順砌，内丁砌，外收分四寸，内收分一寸，計用折正厚一尺、寬一尺二寸條石五丈四尺一寸六分六釐六毫，外砌做細順石一丈，裏砌做粗丁石四丈四尺一寸六分六釐六毫，砌灰二石七斗八合三勺，汁米一斗三升五合四勺，鑿嵌生鐵錠兩個，熟鐵鋦兩個。

大石塘第十三層砌式

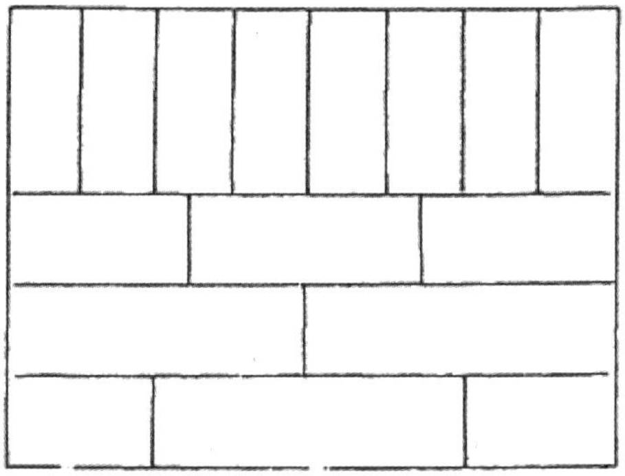

右第十三層寬六尺，外丁砌，内順砌，外收分三寸，内收分一寸，計用折正厚一尺、寬一尺二寸條石五丈八寸三分三釐三毫，外砌做細丁石二丈五尺，裏砌做粗順石二丈五尺八寸三分三釐三毫，砌灰二石五斗四升一合七勺，汁米一斗二升七合一勺。

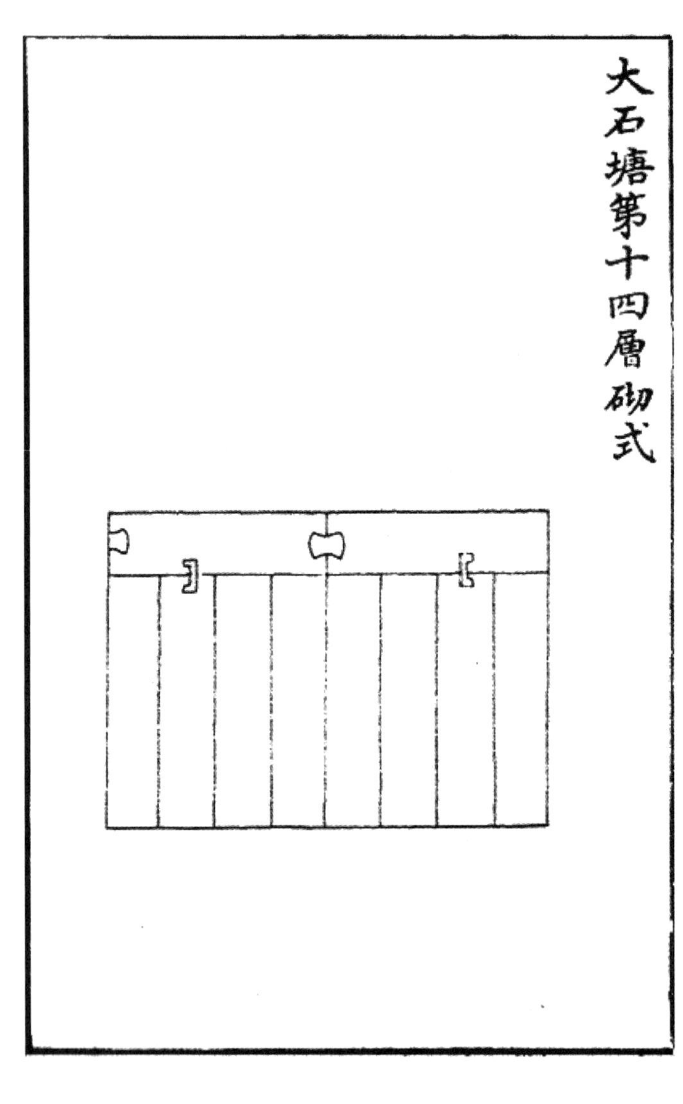

右第十四層寬五尺七寸，外順砌，内丁砌，外收分三寸，内收分一寸，計用折正厚一尺、寬一尺二寸條石四丈七尺五寸，外砌做細順石一丈，裏砌做粗丁石三丈七尺五寸，砌灰二石三斗七升五合，汁米一斗一升八合八勺，鑿嵌生鐵錠兩個，熟鐵鋦兩個。

大石塘第十五層砌式

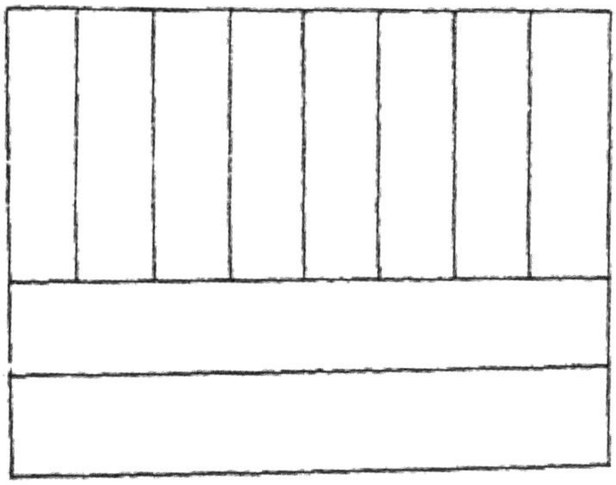

右第十五層寬五尺三寸，外丁砌，内順砌，外收分三寸，内收分一寸，計用折正厚一尺、寬一尺二寸條石四丈四尺一寸六分六釐六毫，外砌做細丁石二丈五尺，裏砌做粗順石一丈九尺一寸六分六釐六毫，砌灰二石二斗八合三勺，汁米一斗一升四勺。

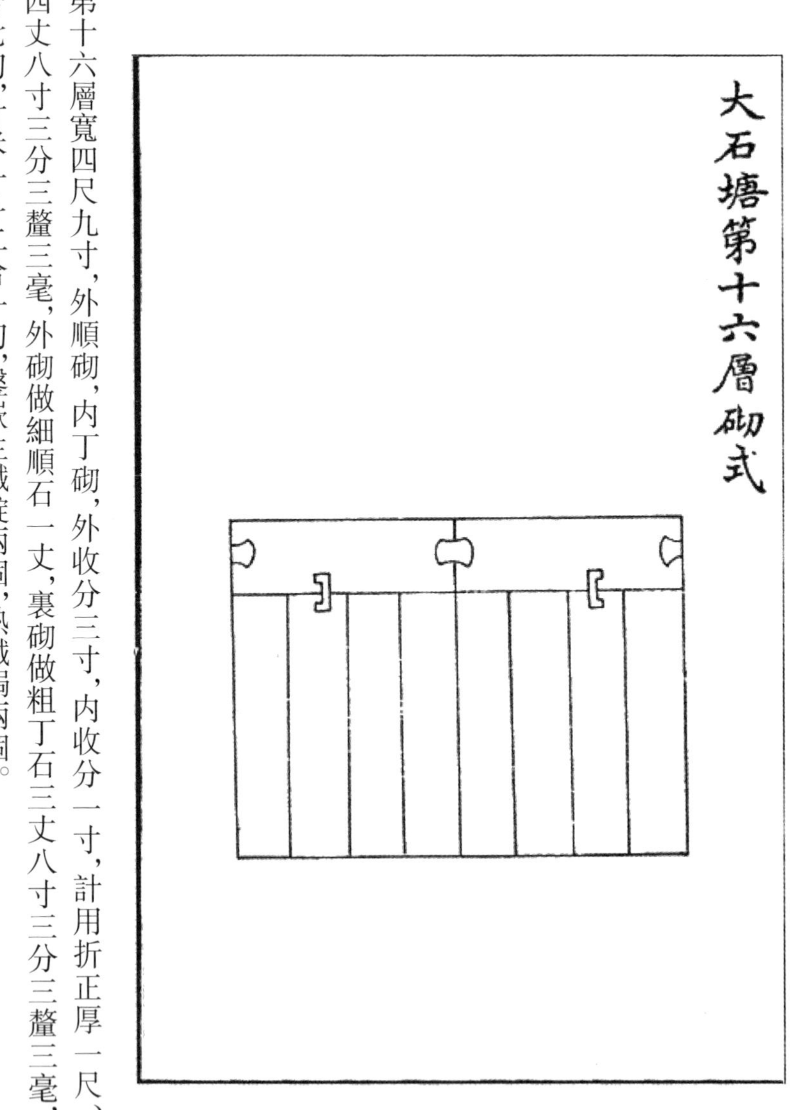

右第十六層寬四尺九寸，外順砌，内丁砌，外收分三寸，内收分一寸，計用折正厚一尺、寬一尺二寸條石四丈八寸三分三釐三毫，外砌做細順石一丈，裏砌做粗丁石三丈八寸三分三釐三毫，砌灰二石四升一合七勺，汁米一斗二合一勺，鑿嵌生鐵錠兩個，熟鐵鋦兩個。

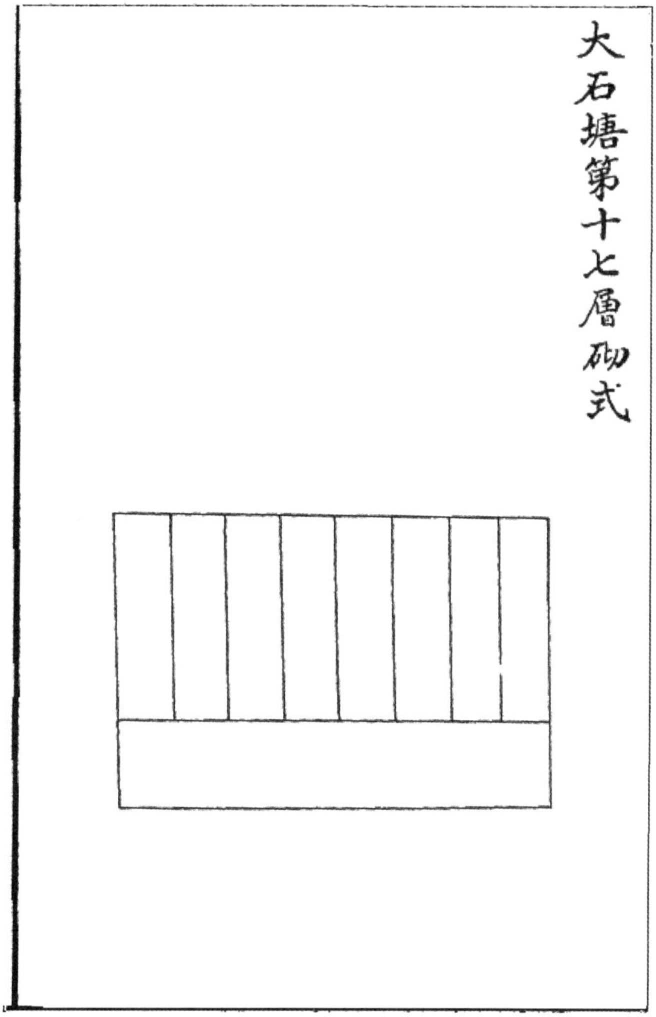

右第十七層寬四尺五寸，外丁砌，内順砌，外收分三寸，内收分一寸，計用折正厚一尺、寬一尺二寸條石三丈七尺五寸，外砌做細丁石二丈五尺，裏砌做粗順石一丈二尺五寸，砌灰一石八斗七升五合，汁米九升三合七勺。

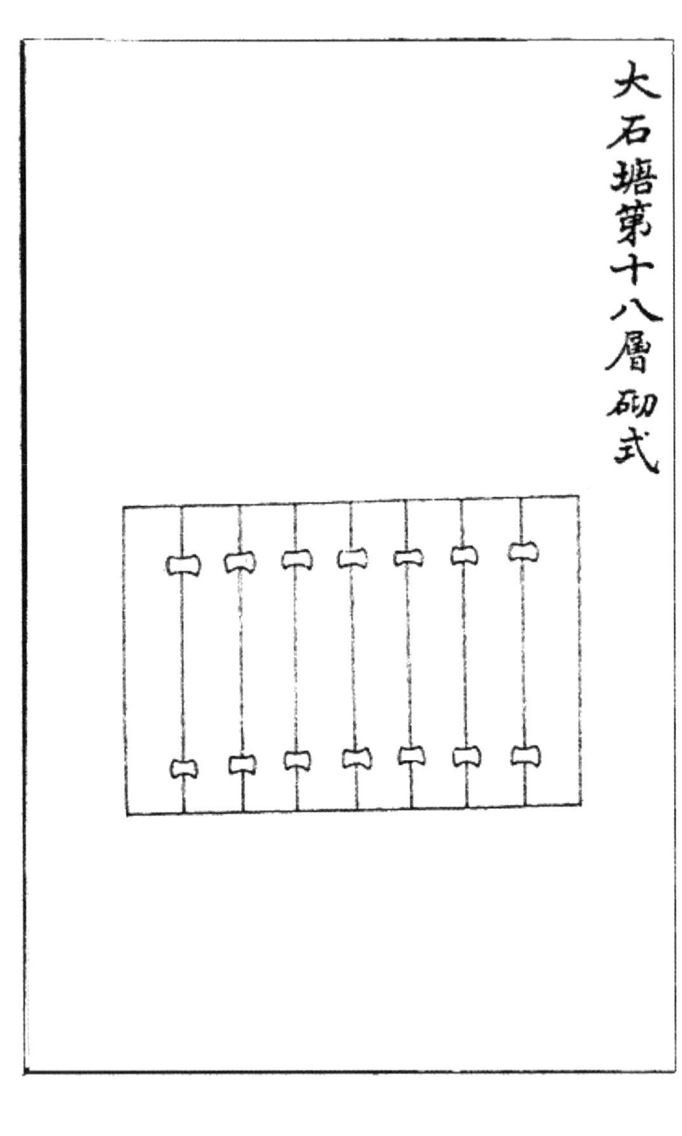

右第十八層寬四尺五寸，此層收頂，蓋面俱用做細丁砌，内外不收分，計用折正厚一尺、寬一尺二寸條石三丈七尺五寸，砌灰一石八斗七升五合，汁米九升三合七勺，石縫前後鑿嵌生鐵錠兩路，計一十六個。

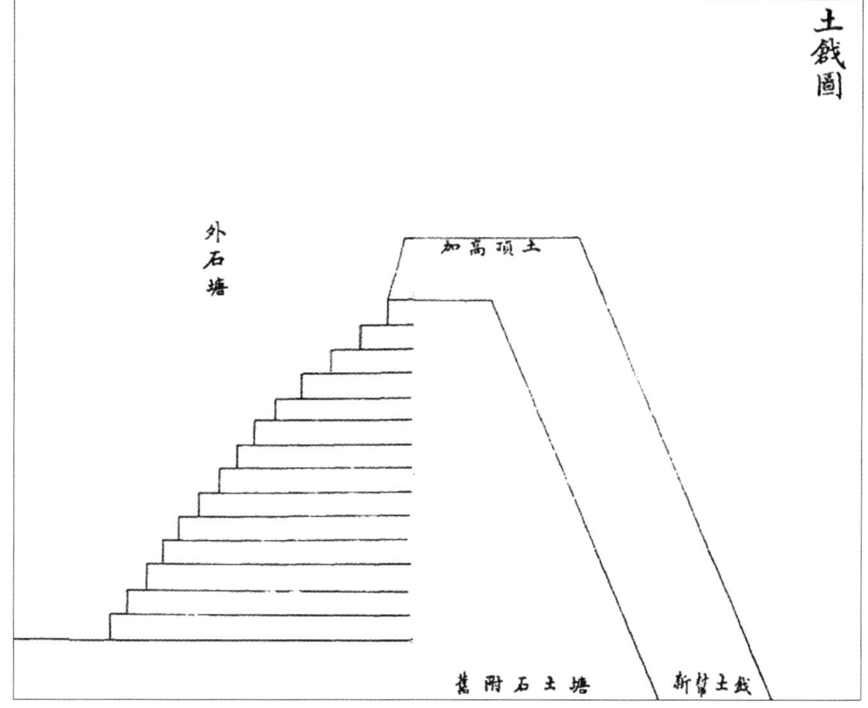
土戧圖
外石塘
加高頂土
舊附石土塘
新幫土戧

海寧石工之後，舊有附石土塘，高低寬窄不一，又經風雨淋漓，漸次塌卸。大學士嵇曾筠題請幫築土戧，增卑培薄，務使一律高寬，所需土方購買備塘迤北民田挑取，按畝給價豁糧，塘内水坑用柴椿幫護，民房佔礙，給價遷移。其土分別遠近乾濘，計方授價，復慮泥土硬燥，夯硪不實，潑水堅築。東自寧邑尖山石塘馬頭起，西至仁邑李家村止，工長一萬三千九百九丈，委東防同知林緒光等九十八員分段承築。塘後幫寬，自一丈以内至三、四丈以外，高自一丈以内至一丈以外。塘頂之上，普例加高三尺，總以新舊頂寬三丈、底寬六丈爲准。後建大石塘，開槽築壩，亦賴土戧衞護，不患海潮内溢。

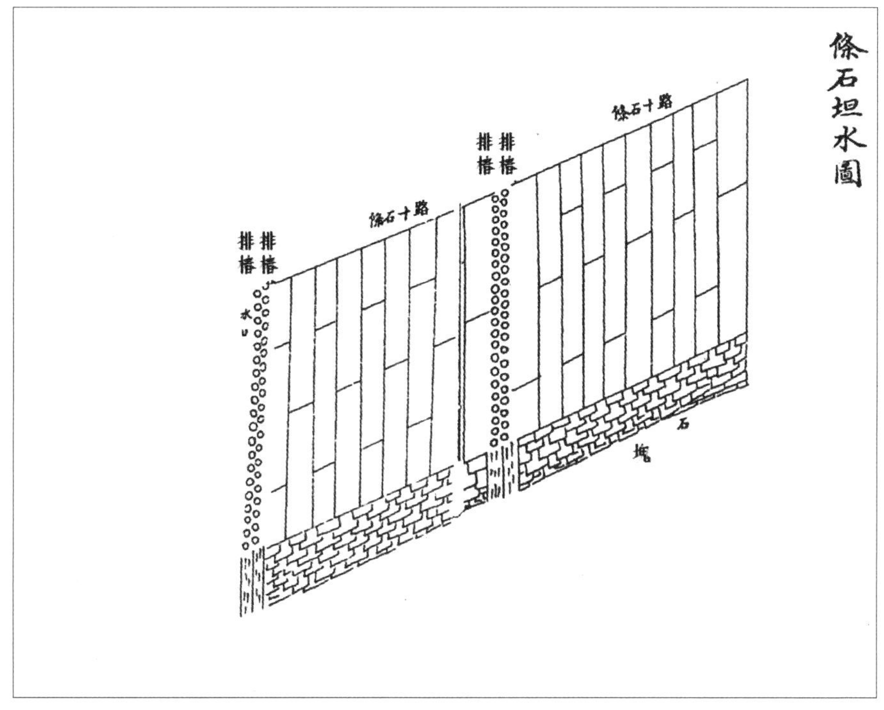

條石坦水圖
條石十路
排樁
排樁
條石十路
排樁
排樁
水口
石塘

海鹽潮水暗長，沿塘一帶，又間有鐵板沙，但令塘身堅固，足資抵禦。惟海寧東自尖山，一束江水，又從上順下，潮與江鬭，激而使高，遂起潮頭，斜搜横齧，勢莫可當。又潮退之時，江水順勢汕刷，苟非根脚堅厚，難保無虞。是以寧塘歷來修築，既重塘身，更重塘脚坦水，但從前用磈石鋪砌，雖多至三、四、五層不等，易於潑卸，以致修補頻仍，終非經久之策。大學士嵇曾筠建築大石塘於繞城五百五丈二尺，塘脚外鋪砌條石坦水二層，裏高外低，斜披而下，每丈每層寬一丈二尺，下用磈石砌高，上用條石蓋面，每層石口各釘排樁二路，每路用樁二十根，以圍圓尺四、五、六之長木間釘，下砌磈石，每層牽高三尺，計石三方六分，每方重一萬四千斤，二層共一十萬八百斤。上蓋條石，每層寬一丈二尺，用厚七寸、寬一尺二寸條石十路，計折正石七丈，二層共十四丈。或有舊存合式樁石，酌量添用。

草盤頭圖

草盤頭，即挑水壩，靠出海中，形如半月，蓋因其處塘堤，原屬平穩，一經對岸沙漲，或海中沙灘陰積，水勢直射，受冲平即成險，故築草盤頭以挑溜。其法：下捆掃牛鋪底，或以竹簍盛石爲脚，周圍密釘排樁，加鑲柴土，并用磈石貼樁填砌，以固根脚，仍如柴塘按丈簽釘底面腰樁，再於頂上用雲梯蜻蜓架釘長樁，深貫其底，計高三四丈，外圍長三四十丈，内直長一二十丈不等，築法亦不一，謹摘大略，以備稽考。

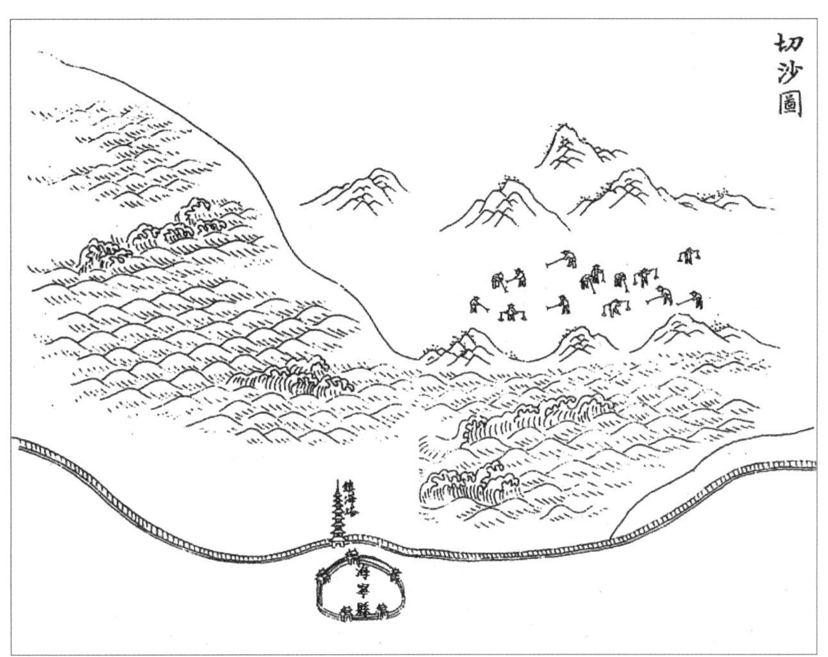
切沙圖
鎮海塔
海寧縣

寧邑塘工之患，雖在北岸，而致患之由則在南岸。緣南岸常有沙灘漲起，挑溜北趨，塘工日加危險。江河湖海形勢雖殊，而東坍西漲，理無二致。大學士稽曾筠創爲借水攻沙之法，於南岸沙洲用鐵器隨勢挑挖，或順溜截根，或迎潮挑溝，使江水海潮晝夜往來，自爲沖刷，江溜日趨南岸，北岸淤沙日漲，大工得以告成。乾隆九年，巡撫常安設法疏濬中小亹引河蜀山一帶，仍用切沙之法，内則疏挖，外則挑切。至乾隆十一年春夏間，潮汐漸向南趨，漲沙日見寬廣。十二年，中小亹大通，未必非切沙法相與有成也。

尖山石壩圖
大尖山
小尖山
石壩
塔山
草盤頭
鎮海塔
海寧縣

雍正十一年，内大臣海望、直隸總督李衛，請於海寧迤東尖、塔兩山之間，築石壩一道分殺水勢，俾潮汐南趨，北岸護沙可望復漲。都統隆昇等於潮平時，測量應築石壩長一百八十二丈，淺處深四、五、六丈，中流深一十二、三丈不等，調撥滿漢員弁採辦石磈，水陸並運，編篾爲絡，裝石沈放。又於尖山之西、文武庵前，築雞嘴壩一座，以挑回溜，而波濤洶涌，難於合龍。十三年，大學士稽曾筠奏請停工。計堵過石壩四段，共長一百二十丈，用銀五萬一千五百兩零有奇。乾隆四年，巡撫盧焯閲視未堵口門，八十丈已經積有浮沙，最深之處不過丈八、九尺，與從前測量迥别，疏請仍用竹絡裝石，乘勢接築，一舉合龍。於五年二月開工，至閏六月告竣，用銀一萬七千三百三十一兩零有奇。

木櫃圖

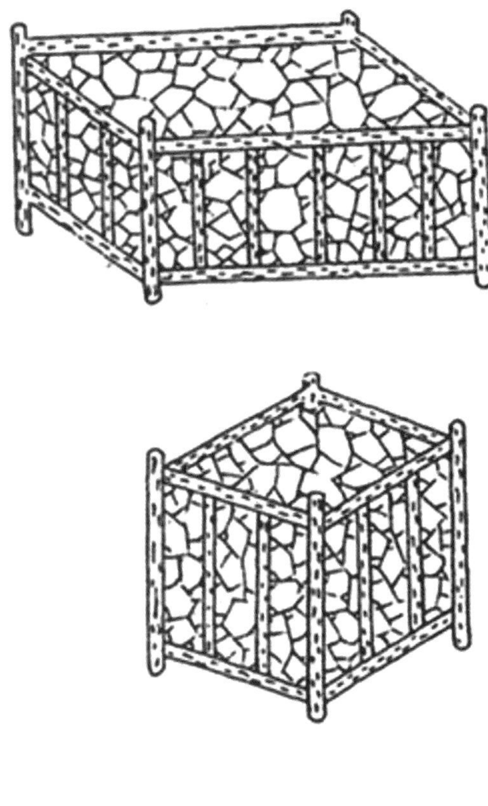

木櫃之法，用徑大五六寸之圓木，製成櫃形，高五六尺、長七八尺、寬四五尺不等，四面爲栅，其柱木上留七八寸，加砌蓋石，下留四五寸，插入沙土中，用磈石填塞緊密，加以整株長木，聯絡如一，遇頂冲險要之處，釘樁甃石不及，或用實塘底，或用爲坦水，隨宜安放，乃聚小石爲大石之法。潮落後，即搶釘闗櫃排樁，加砌蓋櫃條石，其體既重，其坐自穩，潮頭洶涌，可免捲拔之患，回溜汕刷，無外淌之虞矣。

竹絡式

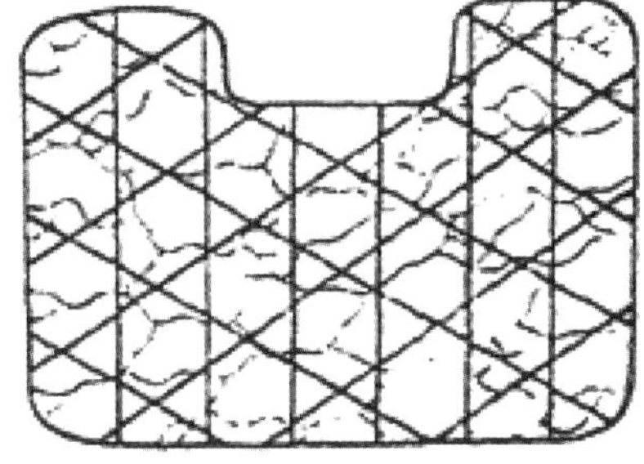

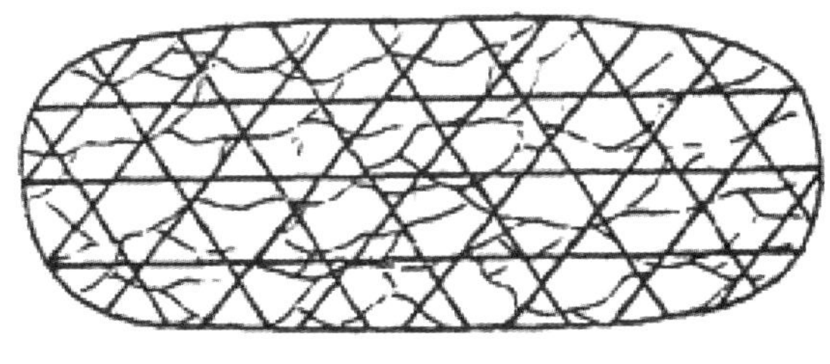

竹絡，又名石簍，以篾編造，内藏磈石，外用竹箍，有方、長二式。如纍高者，用方竹絡；平鋪者，用長竹絡。前代修築，相沿用之。雍正十二年，都統隆昇於海寧尖山西築雞嘴壩，編造方竹絡，纍高兩邊爲墻，每個高三、四、五尺，寬六、七、八尺不等。乾隆八年，浙閩總督那蘇圖以海寧觀音堂諸處草塘衝刷成險，塘外編造長竹絡，丁順鋪放，以作坦水挑溜掛淤，每個高寬各五尺、長一丈四五尺不等，絡外密釘長樁關鍵，并釘東西裹頭樁，迎潮抵溜。

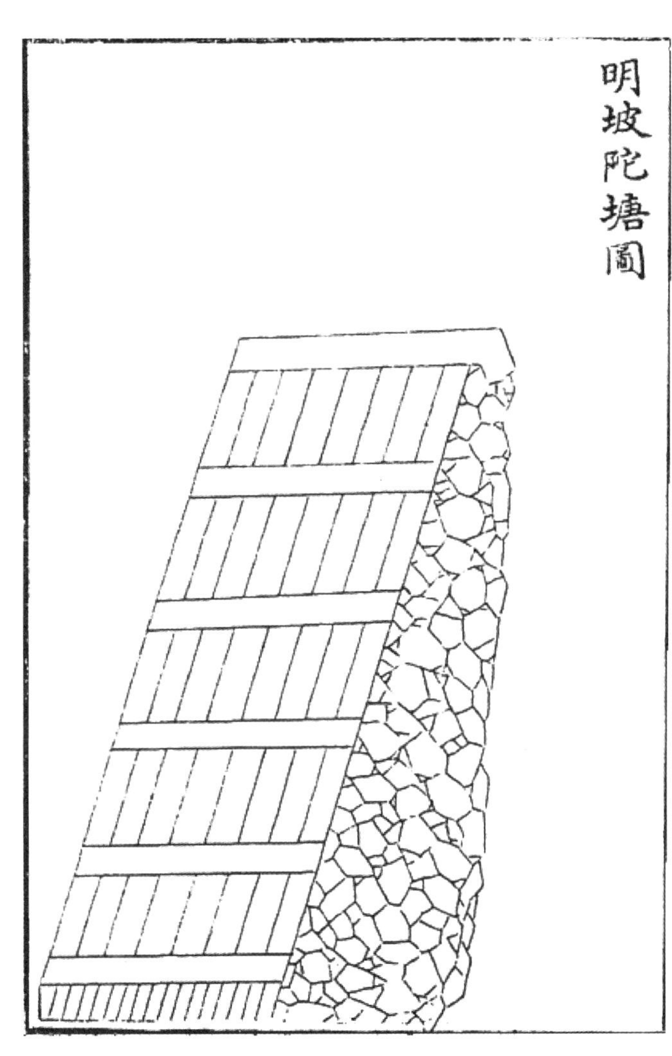

明成化十三年，副使楊瑄修築海鹽縣石塘，以意改爲坡陀形，因名坡陀塘。先是，塘石皆疊砌勢陡孑，瑄以爲潮激之生怒易潰，乃彷宋王安石居鄞修築定海塘式，砌法如斜坡，用殺潮勢，石底之外俱用木樁以固其基，初下石魄用一横石爲枕，循次竪砌，裏用小石填心，外用厚土堅築。今鄞縣砌法不可考，瑄之坡陀塘具載《海鹽圖經》。

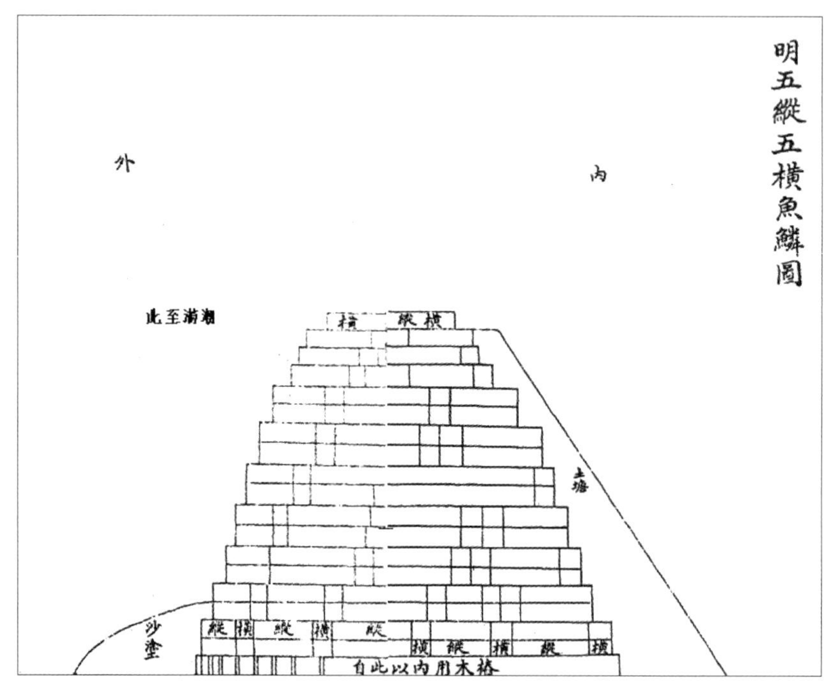

明五縱五橫魚鱗圖

坡陀塘歲久仄壓，弘治中巡撫侍郎彭韶重築，仍疊石如舊法，而略彷坡陀意，内横外縱，以漸減縮令斜。十三年，知縣王璽繼之，備講縱横之法，其法有一縱一横、二縱二横，下闊上縮，内齊而外陂，因名樣塘。至嘉靖二十一年，僉事黄光昇築法尤備，先去沙塗之浮者四尺許，見實土，乃入樁與土平，仍旁築令實，乃置石爲層者二。是二層者，必縱横各五，令廣擁以土，使沙塗出於上。令深層之三若四，則縱五之，横四之；層之五若六，縱四之，横五之；層之七若八，縱横並四之；層九、十，縱三之，横五之；層十一、層十二，縱横又並三之；層十三、層十四，縱三之，横二之；層十五，縱二，横三；層十六，縱横並二；層十七，縱二横一；層十八，是爲塘面，以一縱二横終焉。石之長以六尺，廣厚以二方[三]，琢必方，砥必平，層表裏必互縱横作丁字形，以彌直罅之水。層中横，必稍低昂作幞頭形，以彌横罅之水。層相架，必跨縫而置，作品字形以自相制，使不解散，層必漸縮，而上作階級形，使順潮勢，無壁立之危，又堅築内土培之。塘成一丈，率用銀三百兩。

校勘記

[二] 原書作『疆域』，誤，應爲『圖説』。

[三] 《敕修兩浙海塘通志》『方』作『尺』。

欽定四庫全書海塘録　卷二　疆域

浙江　《夢粱録》：浙江在杭城東南，謂之錢塘江。《後漢書·郡國志》：會稽郡有浙江。郭璞《山海經注·地理志》：浙江出新安黟縣南蠻中，東入海，今錢塘浙江。是水經漸江，北過餘杭，東入於海。酈道元《水經注》：浙江又東流至錢塘，穀水入焉。《唐六典》：浙江水有三源：一出歙州，一出衢州，一出婺州。歷睦、杭、越三州界，入海。《虞喜志林》：今錢塘江口，折山正居江中，潮水投山下，折而曲。一云江有反濤，水勢折節，故云浙江。《山海經廣注》：浙江之名，前此未有，實始於《山海經》。盧肇曰：『浙江，折也。蓋取其潮出海，屈折而倒流也。』郭子章《郡縣釋名》：浙江又名曲江，曲乃折之謂也。《山海經》：禹治水，至於浙河。《莊子·外物篇》：制河以東。《音義》曰：制，諸設反，依字應作浙。《漢書音義》：音逝，河亦江也，北人名水皆曰河。浙江今在餘杭郡，《後漢》以爲吴會分界。《演繁露説文釋》：浙江云江，水東至會稽山陰爲浙江。又漸水出丹陽黟縣，東入海。皆今錢塘浙江也。又《莊子》有浙河，則浙名舊矣！桑欽載『漸水所逕所入』，正今浙江，而不名爲浙。若謂浙、漸字近而相變，如郙、鄒之類，則浙之得名既見先秦，而桑欽更以爲漸何耶？許氏浙水、漸水又復兩出，皆不可曉。黟歙，今徽州也。休寧縣有浙溪，溪上有浙嶺，而婺州亦有浙溪。二州水皆會桐廬，而遂從杭越間入海，則本其發源各名爲浙，未有牴牾。第以古語爲証，則出黟者古也。《避暑録話》：桑欽爲《水經注》載天下水甚詳，而兩浙獨缺。浙江謂之漸江。欽，北人，未嘗至東南，但取《山海經》爲證耳。今錢塘江乃北江之下流，雖自彭澤來，蓋衆江所會，不應獨指一水爲名。予意漸字即浙字，欽誤爲二名。酈道元注引《地理志》：浙江，出丹陽黟南蠻中者是也。即今自分水縣出桐廬號歙港者，與衢婺婺溪合，而過富陽以入大江。大江自西來，此江自東來，皆會於錢塘，然後南趨於海。然浙江不見於《禹貢》。以錢塘江爲浙江，始見於《秦紀》，而衢婺諸水與苕、霅溪等不見於《水經》者甚多。豈以小遺之，抑不及知耶？《輟耕録》：浙江一名錢塘江，一名羅刹江。所謂羅刹者，江心有石，即秦望山脚，横截波濤中，商旅船到此多值風濤所困而傾覆，遂呼云。《杭志三詰三誤辨》：沿江三折，地勢東西相對，上折從富春江來，一入錢塘界，西岸有定山，東岸有漁浦，其在中渡則錢塘。西岸名柳浦，蕭山東岸名西陵。其在下折洄注處，則已在錢塘海寧之界。東西岸蕭山有回浦，西北岸海寧有鹽官渡，皆夾江而峙。此緣江上下數百里，由富春以至海寧，無不兩岸平地，緣江如線者。

海　《咸淳臨安志》：在鹽官縣東南十里。《明一統志》：東連海鹽，西接浙江，潮汐往來，衝激不常。《浙江通志》：今在海寧縣南半里。

漢防海大塘　《水經注》引《錢塘記》曰：在縣東一里許。《玉海》引劉道真《錢塘記》曰：議曹華信家富，議立防海塘。始開募，有致土石一斛與錢一千。塘成，一境蒙利。縣本名泉亭，於是改錢塘。百姓懷德，立碑塘所。《世説》劉孝標注引《錢塘記》曰：縣近海，爲潮漂没。縣諸豪姓斂錢，僱人輦土爲塘，因以爲名也。以上二説，與《漢書注》及《通典》所引稍異，餘見《建築門》。

唐捍海塘　《咸淳臨安志》：在鹽官縣南三里，濶二丈，高一丈。《唐書·地理志》：杭州鹽官有捍海塘，堤長百二十里。開元元年，重築。

臣謹案：《宋史・河渠志》：劉垕稱：『鹽官縣之南，原有捍海古塘二十里。今東西兩段並巳衝毁，止存中間古塘十餘里。』豈宋所謂古塘者，即唐鹽官捍海塘歟？

吴越捍江塘　《咸淳臨安志》：梁開平四年八月，錢武肅王始築捍江塘，在候潮通江門之外。堤既成，久之，乃爲城邑聚落。今之平陸，皆昔時江也。餘見《建築門》。

海晏塘　即唐捍海塘，宋名海晏塘。

太平塘　即唐捍海塘，元名太平塘。

鹹塘　《咸淳臨安志》：在鹽官縣西南一里，與淡塘通。《明一統志》：在海寧縣治西南，與淡塘相對。

淡塘　《咸淳臨安志》：在縣西。嘉定間，南海沙坍，增築堤防，有水自市境西至秧田廟約六七里，其河尚存。由秧田廟而南轉西，泥沙湮塞，舟楫不通，惟舊橋故道略可識辨。

臣謹案：鹹塘、淡塘，今其地未詳何處。《明一統志》云：『唐鹽官捍海塘。』即其遺址也。

宋祥符土塘　郡城外江堤也。《玉海》云：祥符七年，潮直抵郡城。守臣戚綸、漕臣陳堯佐議實薪土以捍之。《實録》云：累木爲岸。或言非便。命發運使李溥按視。十月壬戌，溥請如錢氏舊制立木積石以捍潮波。從之。其後踰年，堤不成，卒用薪土。餘見《建築門》。

景祐石堤　景祐三年，知杭州俞獻卿鑿西山石，作堤數十里。地未詳何處。詳見《建築門》。

張夏石堤　景祐中，工部侍郎張夏築自六和塔至東青門。葉紹翁《四朝聞見録》云：杭州江岸多薪土，潮水衝激，三載輒壞。夏令作石堤一十二里，杭人德之。詳見《建築門》。

龍山堤　在龍山下。慶曆四年，郡守楊偕與轉運使田瑜築，長二千二百丈，崇五仞，廣四丈。自龍山距官浦二千丈，修舊而成，增石五版爲三十級。自御香亭下，創爲二百丈。《宋史・田瑜列傳》

云：瑜與民約，每芻十束，更輸石一尺，率五歲得石百萬。詳見《建築門》。

政和堤　在湯村、巖門、白石等處。政和五年，知杭州李偃乞依六和寺岸用石砌叠。詔命劉既濟修治。詳見《建築門》。

乾道石堤　宋乾道年，帥臣沈夏修石堤成，增石塘九十四丈，地無考。

嘉定土塘　在海寧東，自袁花塘西至淡塘止。宋嘉定十五年，浙西提舉劉垕築。鹽官去海三十里，舊無海患。至是，潮失故道，奔潰北向，至縣南四十餘里盡淪爲海，捍海古堤止存十餘里。劉垕請築土塘以捍鹹潮。從之。

嘉熙土塘　一在宋東青門外十二里殿司右軍教場之側，一在團圍石塘北。宋知臨安府趙與懽築。嘉熙戊戌秋，潮由海門直擣月塘頭。已亥六月，詔與懽修築。與懽奏先於傍近築土塘爲救急之術，然後於内築石塘。因自水陸寺之下、江家橋上近江港口築壩一，南北長一百五十丈。今江家壩橋是也。又自團圍頭石塘近江築捺水塘一，長六百丈。又六和塔以東一帶石堤，添新補廢四百餘丈。

延祐土塘　在鹽官北門元。延祐間，海水壞民田三十餘里。省憲議於州後北門添築土塘東西長四十三里，然後築石塘，尋以沙漲而止。

方家塘　在湯鎮，永樂元年重築。詳見《建築門》。

黄濠塘　孫家圍塘　在仁和，永樂九年修築。詳見《建築門》。

障海塘　在海寧縣城南。明成化十三年二月，海決，僉事錢山採石臨平、安吉諸山。初用漢楗絙法，不就，乃斵木爲大櫃，編竹爲長絡，引石下之乃成。仍作副堤十里，以防泄鹵。凡七越月而工竣。

寶船廠堤　在寶船廠。萬曆三十三年，錢塘令聶心湯築。其地向無堤塘，田土傾陷，心湯戧築石堤，計費六千餘兩金。

老鹽倉東魚鱗石塘　康熙五十九年建。巡撫朱軾題准於浦兒兜至姚家堰等處，築大石塘一千三百四十丈。用長五尺、濶二尺、厚一尺之大石，每塘一丈砌作二十層。於石之縱鋪、側立，兩相交接，上下鑿成槽筍，嵌合聯貫，使其互相牽制。又於每石合縫處用油灰抿灌，鐵鑻嵌口，謂之魚鱗石塘。工未竣，陞任，所築止五百丈。

遶城魚鱗石塘　在海寧南門外，乾隆元年建。大學士嵇曾筠請自西土備塘頭起，至東土備塘止，長五百五丈二尺，於二年六月告竣。後九月，又建條石坦水五百丈二尺。

尖山魚鱗石塘　乾隆二年建。大學士嵇曾筠請自浦兒兜大石工尾起，至尖山段塘頭止，共長五千九百三十丈二尺。

浦兒兜魚鱗石塘　乾隆四年建。初，改築尖山石塘，時小墳前、浦兒兜等處潮水尚激，塘身猶藉草盤頭挑溜，故其地仍是土塘，未行改建。迨後，水勢南遷，沙漲日遠，草盤不必加鑲。至是年四月，巡撫盧焯請于浦兒兜、馬牧港、戴家石橋、秧田廟、賣魚橋、小墳前、鄭九臯户側、白墻門、念里亭等處草盤頭九座後身，一例改建石塘一百六十八丈六尺。五年二月，增築二丈三尺。

東塘續魚鱗石塘　乾隆五年建。九月，巡撫盧焯因緩修工内舊塘坍矬六十九丈五尺，請一例改建石塘。内潘介山屋前舊塘三十九丈五尺，洪文舍西舊塘三十丈。

東塘續魚鱗石塘　東塘李富祥門前等處，舊係柴塘。乾隆五年九月，巡撫盧焯請改建石工，其逢灣取直，節省丈尺，共七十二丈九尺二寸。

陳文港魚鱗石塘　乾隆二十五年九月建。撫臣莊有恭於緩修石塘内，請改築魚鱗石塘十丈。

四里橋魚鱗石塘　乾隆二十七年六月建。撫臣莊有恭請於緩修石塘工内改爲魚鱗石塘五段，長一百四十三丈五尺。

念里亭魚鱗石塘　念里亭汛後、小墳前第六十六段西首緩修石塘三十五丈五尺，東首緩修石塘十三丈二尺，歷年久遠，底樁霉爛。乾隆二十八年九月，撫臣熊學鵬請改爲魚鱗石塘。

戴家石橋魚鱗石塘　汛内第四十七段緩修石塘二十九丈五尺，塘身鼓凸。二十八年九月，撫臣熊學鵬請改爲魚鱗石塘。

老鹽倉西柴塘　亦稱草塘，康熙六十一年建。先是，撫臣朱軾請於老鹽倉東自浦兒兜起，至姚家堰止，宜築石塘一千三百四十丈。築至五百丈，陞任。至是，屠沂因奏土浮不能釘樁砌石之處，請趕築草塘八百四十丈，又自姚家堰西續草塘二百五十丈。

姚家堰柴塘　姚家堰至草庵一帶，計長七里，向爲土堤。雍正五年，巡撫李衛請改建草塘八百二十六丈四尺。

沈家埠柴塘　雍正十年建。時巡撫王國棟請於華家衖草塘止處至仁邑沈家埠迤西之潮神廟，接築草塘二千二百二十餘丈。

石塘東柴塘　自石塘東至大盤頭西。乾隆二十五年，撫臣莊有恭題請折底加鑲二百八十丈。

韓家池柴塘　在寧邑東塘。乾隆二十六年，撫臣莊有恭題修，長二百二十丈。

觀音堂西柴塘　在寧邑觀音堂迤西。乾隆二十八年，撫臣熊學鵬題請接築，長三百丈。

翁汛柴塘　在寧邑西塘觀音堂迤西翁汛内。乾隆二十八年，撫臣熊學鵬題請接築，長一百丈。

曹殿柴塘　在寧邑西塘翁汛内曹殿東。乾隆二八年，撫臣熊學鵬題請接築，長一百丈。

翁家汛柴塘　在寧邑翁家汛迤西。乾隆二十八年，撫臣熊學鵬題請折築，長一百丈。

臣謹案：柴塘之築，自康熙六十一年巡撫屠沂於朱軾所請建築石塘之内，有土浮不能釘樁砌石之處，議築草塘。自後，凡遇土鬆之地，樁石難施，隨請建築，以資捍禦。乾隆二十七年，恭逢皇上親閱，試以木樁，始多扞隔，尋復動摇，難以改建。欽奉諭旨，力繕柴塘，定歲修以固塘根，增坦水、石簍以資擁護，酌加柴價，以裕芻輓，厚儲備。聖謨廣運，至詳至精，誠萬年鞏固之基也！

土備塘　雍正十一年，内大臣海望奏築自寧邑龜山脚下，至仁邑李家村、章家庵止，共長一萬四千四十八丈五尺。塘身底寬五丈，頂寬二丈四尺，内建石閘四座、涵洞十七座、木橋二十六座。詳《建築門》。

土塘　東自李家村，西至接塘頭八仙石止，俗稱老土塘，疑即宋趙與懽所築土塘也。雍正十一年，内大臣海望加工四千九百五十六丈，内修舊閘四座、舊涵洞三座。

萬花塘　即海望所築土備塘，地近潮神廟。乾隆八年，巡撫常安令種桃樹於土備塘，以堅塘身，俗呼爲萬花塘。

樣塘　柴塘後有樣塘四段，計長二十丈，海龍洋、沈家埠、曹殿東、老鹽倉各五丈。乾隆五年，總督德沛議將寧邑老鹽倉西，至仁邑章家庵一帶柴塘，共四千二百餘丈改建石工。恐土性虚浮，難以釘樁甃石，先於海龍洋等處險要之地，試築樣塘二十丈，以覘地勢。工完奏請，下部議准。尋因左都御史劉統勳奏請改建石工不必過急，事乃寢。

臣謹案：海塘向有東西之分。自戴家石橋至尖山爲東塘，計石塘長八千二百七丈。内緩修石塘一千二百七十二丈六尺零，魚鱗石塘五千七百八十七丈八尺零，遶城石塘五百五丈二尺，搶修石塘六百四十一丈三尺零，又韓家池柴塘四百六十一丈一尺，又尖山脚下舊石塘九十五丈，又尖山石壩二百丈。自仁邑八仙石起至戴家石橋止爲西塘，計石塘長一千三百四十五丈七尺。内舊建大石塘四百六十丈，魚鱗大石塘三百九丈八尺，緩修石塘二百五丈九尺，搶修石塘三百七十丈，又土塘四千七百二十七丈五尺，又柴塘四千二百六十九丈五尺。

尖山石壩　在尖、塔兩山間，其地向有石壩堵塞水道，後爲修塘人役誤取其石修補塘工。雍正十二年，海望奏請築壩一百二十丈。九月二十二日開工，至十二年十一月大學士稽曾筠奏請停止。乾隆四年十月，巡撫盧焯以尖山壩未完者止八十丈，奏請續築。

中小亹引河　康熙五十七年，巡撫朱軾委員開濬。五十九年，復會同總督滿保奏請赭山以北、河莊山以南乃江海故道，近因淤塞，以致江水海潮盡歸北岸，回潮冲刷，則土石塘工終難穩固。今已僱用民夫挑濬一千九十丈，大汛潮水亦可出入。其未挑者，兼工開浚，則江海盡歸故道。下部議行，需銀三千一百六十兩零。開挖未幾，又復淤塞。六十一年，巡撫屠沂以北岸塘脚沙漲，塘身穩固，奏令停止開濬。雍正十一年，奉命於中小亹開挖引河，以分水勢。十二年，總督程元章奏稱中小亹難以開挖，奉旨命副都統隆昇總理海塘事，開挖引河。三月始事，五月工竣。西自淡水埠起，東至鹽滷埠止，共長三千七百九十餘丈，面寬十二丈，底寬二丈，深一丈至丈五不等。隆昇又奏引河善後事宜，請造混江龍、鐵篦子等器具，並用夫撈淺，陸續疏刷。八月，又請添設海防通判一員，駐劄河莊山，耑司疏濬事。十三年十二月，大學士稽曾筠以引河在中小亹外灘淡水埠安設中，如黄山廟一帶，界於河莊、禪機兩山之間，北河頭地，視江較高，而河尾又在茅家堰，全無建瓴之勢，潮來流沙漫入河中，潮退沙存，日就湮塞，雖復疏通，山水開挖南港一河，又當北亹之中，反有導之使來之勢，奏請停濬。部議從之。乾隆九年，吏部尚書訥親請開中小亹故道。至十二年二月工竣，挑挖工長一千二百四十七丈五尺，面寬三、四、五、六丈，底寬二、三、四丈，深六、七丈不等。

南港河　在北大亹河莊山東。雍正十二年三月，副都統隆昇奏云：『河莊山東，舊有南港河一道，柴滷船隻不時往來。今西首沙淤者僅一十五里，挑濬甚易。』奉旨允行。西自大坍灣起，東至分金埭止，共長二千七百丈。面寬四丈至十丈不等，底寬六尺，深四五尺至六七尺不等，五月工竣。

備塘河　康熙五十七年，巡撫朱軾請修築海寧石塘，并請開濬備塘河，以防泛溢。奏言：『塘内向有備塘河，潮汐往來，稍稍漫過塘面，猶恃河可稍容，不致驟溢。自明季居民貪利，節節築壩，遂淤爲陸。今河形尚存，應去壩疏河，即以挑河之土培岸。』下部議行。開濬備塘河身長千七百五十六丈四尺，建閘一座。乾隆四年十二月，巡撫盧焯疏稱：『寧邑土備塘内外，從前取土築塘，已挖成河形。自尖山至天開河，計長一萬四千三百七十餘丈，即達仁和之范家木橋。又自范家木橋至殊勝橋，皆有舊河，計長六千五六十丈，即達省城。若循故道，一律開通，誠爲至便。』奉旨允行。

東塘草盤頭壩　雍正七年建，凡五座。時總督李衛以東塘潮頭自尖山直趨而北，勢猛溜急，因於陳文港、小墳前、薛家壩及念里亭等處，分築挑水盤頭大草壩五座。

臣謹案：東塘盤頭五座，内除白墻門、念里亭已先建大者二座，并錢家坂添一小座外，其餘三座俱係八年春續完。并於小墳前之頂大座兩旁，增築雁翅，使潮水得以兩面順勢掃出，不致壅遏。

西塘草盤頭　雍正八年建，凡三座。時總督李衛以西塘一帶塘身太直，以致溜水往來搜刷如故，因請照東塘之例，於老鹽倉、戴家石橋、楊家莊三處，添築草盤頭大壩三座。

草庵前盤頭　雍正十年建。時巡撫王國楨請於草庵前一段建貼以盤頭一座[二]，以迎水勢。

尖山雞嘴浮壩　雍正十二年八月，副都統隆昇因尖山水口尚未堵塞，請於貼接尖山外口由東南而至西北，先暫築雞嘴挑水浮壩一道，以順擋潮水之入。再就尖山西首於文武庵左右，由西北至東南，亦先暫築浮壩一道，以順擋江水之出。使兩道浮壩相對於外，尖山、塔山包羅于中，以便尖山脚下施工堵塞，計築雞嘴壩一座。自雍正十二年九月開工，至十二月工竣，長一百十九丈。

土備塘涵洞　雍正十一年建，凡十七座。時内大臣海望修築土備塘，因内有備塘，外有石塘，民居其間，雨水無從瀉泄，乃於最低積水之處建設涵洞。在東塘者，掇轉廟二座，陳文港、車子路、尖山運河、雙叉港、蘇木港，各一座。在西塘者，楊家莊、天門河各二座，馬牧港、翁家埠、杭宅壩、三角田、曹殿壩、萬家埠，各一座。

土塘涵洞　雍正十一年修建，凡三座。時内大臣海望修築土塘設涵洞，曰陸家跳、曰太平、曰青龍。

土備塘石閘　雍正十一年建，凡四座。東塘聞道庵、念里亭各一座，西塘董石灰橋、荆煦廟各一座。内大臣海望建塘時所置。

土塘石閘　雍正十一年建，凡四座，曰雙潭、曰萬善、曰王家、曰潮安。

鎮海鐵牛　雍正八年置，凡五座，分置老鹽倉前、戴家石橋、山川壇、泥烟墩前、潮神廟五處。

尖山壩鎮海鐵牛　乾隆五年，尖山壩成，鑄鎮海鐵牛四座，分置福寧宫前、大塔山各一座，新築石壩中凡二座。

校勘記

〔一〕『貼以』疑爲『添』之誤。

欽定四庫全書海塘録　卷三　建築一

漢

郡議曹華信立防海塘。

《後漢書·朱儁傳注》：《錢塘記》云：『昔郡議曹華信議立此塘後防水。始開募，有能致土石一斛者，與錢一千。旬日之間，來者雲集，塘未成而譎不復取，皆遂棄土石而去。塘以之成。』

臣謹案：《水經注》及《太平寰宇記》、《元和郡縣志》皆云錢塘因華信築塘得名。《通典》引《郡縣志》，其説亦同。考《史記》，秦始皇二十五年置會稽郡爲縣二十六，斯時已有錢塘，豈待華信而後名哉？又潛説友謂：『唐字本不從土。』舊志引詩『中唐有甓』，釋云唐途也。至唐時，始加土字，則錢塘以華信得名之説未可信，特舊志皆載，存以備考。

唐

開元元年，重築鹽官捍海塘。

《唐書·地理志》：長百二十四里。《咸淳臨安志》：在縣南三里，濶二丈，高一丈。

臣謹案：《唐書·地理志》鹽官之下注云：『武德七年，省入錢塘。貞觀四年，復置，有鹽官，有捍海塘，堤長百二十四里。開元元年，重築。』竊謂『四年，復置』云者，言鹽官縣自省入錢塘後，至此復置也。有鹽官云者，鹽官如鐵官、銅官之類。正與《漢書·地理志》『武原鄉有鹽官』之文相似。有捍海塘云云者始，言及塘也。《浙江通志》引《唐書》云長二百二十四里。詳閱新舊《唐書》，並無此文，實誤百二十四里爲二百二十四里也。《海塘通志》兩引《唐書》以二百二十四里爲開元重築，以一百二十四里爲貞觀復置，而又指舊志以築塘始開元者爲非。繹其致誤之由，乃以貞觀四年復置鹽官縣爲復置捍海塘。其實貞觀未嘗築塘，止開元元年一役耳。至潛説友《臨安志》載開元九年築塘，而不載元年。成化以後《郡縣志》皆從之。此又譌元年爲九年之謬也。今據《唐書》只載開元元年重築一役，而貞觀四年、開元九年删置不録。顧《唐書》既言重築，知不始於開元，第其始建無考耳。

梁

開平四年秋八月，吴越王錢鏐築捍海塘。

《咸淳臨安志》：江挾海潮，爲杭人患，其來已久。白樂天刺郡日，嘗爲文禱於江神，然人力未及施也。至梁開平四年八月，錢武肅王始築捍江塘，在候潮通江門之外。堤岸既成，久之，乃爲城邑聚落。凡今之平陸，皆昔時江也。《吴越備史》：王将築捍海塘，因江濤衝激，命强弩以射濤頭，遂定，復建候潮通江等城門。又親祝胥山祠，爲詩一章，函鑰於海門。既而，濤頭遂趨西陵。王乃命運巨石，盛以竹籠，植巨材捍之，塘基始定。其重濠壘塹，通衢廣陌，亦由是而成焉。《江塘志略》：錢氏時,爲石堤。外又植大材十餘行,名曰滉柱。蓋以折水之勢,不與水争力,故堤得無患也。寶元、康定間,有人獻議取滉柱者,謂可得良材數十萬。杭帥然之。朩出皆不可用,而堤爲濤激浸就摧决矣。

宋

大中祥符五年,轉運副使陳堯佐議修錢塘江堤。

《宋史·河渠志》: 五年,杭州上言:『浙江潮激,西北岸益壞,稍逼州城,民居危之。』即遣使者,同知杭州戚綸、轉運使陳堯佐畫防捍之策。綸等因率兵力,籍梢楗以護其衝。《乾道臨安志》:正月甲戌,綸與轉運使陳堯佐言:『浙江岸壞,漸逼州城,望遣使自京師,部掃匠壕寨,赴州工役。』詔從之,令馳驛而往。命轉運使更互檢校,遂以掃岸易柱石之制。雖免水患,而衆頗非其變法。《咸淳臨安志》: 初,錢塘江堤以竹籠石,而潮齧之,不數歲輒壞。轉運使陳堯佐曰:『堤以捍患,而反病民。』乃與知杭州戚綸議易以薪土。有害其政者,言於朝以爲不便。參知政事丁謂主言者,絀堯佐,争不已。謂既徙綸揚州,癸巳,又徙堯佐京西路發運使。李溥請復籠石爲堤,數歲功不就,民力大困,卒用堯佐議,堤乃成。

七年,發運使李溥修築江塘,用竹籠、椿朩以捍潮勢。《宋史·河渠志》: 綸等既罷去,發運使李溥、内供奉官盧守懃經度,以爲非便,請復用錢氏舊法,實石於竹籠,倚疊爲岸,固以椿朩,環亘可七里。斬材役工凡數萬,踰年乃成。而鈎末壁立,以捍潮勢,雖湍激數丈,不能爲害。

九年,知杭州馬亮修江岸成。

《乾道臨安志》: 九月丁卯,詔杭州葺江岸。卒執役水中,苦足疾。宜令知州馬亮拯療之。十月己卯，加集賢院學士。先是，江濤大溢，調兵築堤而工未就。詔問亮所以捍江之策，亮至禱於伍員祠下。明日，潮爲之却，又出横沙數里，堤遂以成。

臣謹案：《宋史》：『天禧四年六月，浙江潮溢，壞堤千餘丈。事聞於朝，使祭告江神。』而獨不及修築之事。故自九年後，至天聖四年始載。

天聖四年，侍御史方謹請修錢塘江岸。

《玉海》：四年二月辛未，方謹言請修江岸二斗門。

景祐三年四月，知杭州俞獻卿築堤數十里，奉詔褒諭。

《宋史·俞獻卿傳》：獻卿以諫議大夫、集賢殿學士知杭州。一日，暴風江潮溢，决堤。大發卒鑿西山，作堤數十里，民以爲便。《玉海》作長十里。

工部侍郎張夏作石堤一十二里，自六和塔至東青門，衆賴以安。

《宋史·河渠志》：景祐中[一]，以浙江石塘積久不治，人患墊溺，工部侍郎張夏出使[二]。因置捍江兵士五指揮，專採石修塘，隨損隨治，衆賴以安。邦人爲之立祠，朝廷嘉功[三]，封寧江侯。《四朝聞見録》：杭州江岸率多薪土，潮水衝激，不過三歲輒壞。張夏令作石堤一十二里，以防江潮。既成，杭人德之，慶歷中立廟堤上。

臣謹案：《宋史·五行志》：『景祐四年六月乙亥，杭州大風雨，江潮溢岸，高六尺，壞堤千餘丈。』而修築堤防，未見史志。

慶曆四年夏六月，郡守楊偕、轉運使田瑜築堤二千二百丈。

《咸淳臨安志》：潮侵江岸，土石齧去殆半。偕與運使田瑜急督人徒，負土以置斷防，卒免墊溺。遂相與議全築，條上方略，約工四十萬計，及籍吏之可使者。以驛聞，詔以堤事付之，兼命通判等分董其役。發江、淮南、二浙、福建之兵，調十縣丁壯合五千人，輦石畚土，持鍤執杵。之役相屬於數十里之外，方苦盛寒，無告勞者。十二月，新堤成。《宋史・田瑜傳》：瑜徙兩浙轉運按察使。杭州龍山堤，歲決水，冒民居，輒賦芻塞之。瑜與民約，每芻十束，更輸石一尺率。五歲得石百萬，爲石堤，堤固，而歲不調民。

六年，漕臣杜杞築錢塘堤。見《玉海》。

政和二年，兵部尚書張閣請修江塘。從之。

《宋史・河渠志》：政和二年七月，兵部尚書張閣言：『臣昨守杭州，聞錢塘江自元豐六年泛溢之後，潮汛往來，率無寧歲。而比來水勢稍改，自海門過赭山，即回薄巖門、白石一帶北岸，壞民田及鹽亭、監地，東西三十餘里，南北二十餘里。江東距仁和監止及三里，北趨赤岸瓶口二十里。運河正出臨平下塘，西入蘇、秀，若失障禦，恐他日數十里膏腴平陸，皆潰於江，下塘田廬，莫能自保，運河中絶，有害漕運。』詔急修築之。

五年，知杭州李偃請築湯村等岸。詔命劉既濟修治。

《宋史・河渠志》：（政和）六年閏正月，李偃言[四]：『湯村、巖門、白石等處，並錢塘江通大海，日受兩潮，漸至侵嚙，乞依六和寺岸，用石砌疊。』乃命劉既濟修治。

臣謹案：《乾道臨安志》：李偃於政和五年八月甲辰，以徽猷閣待制、知杭州。十二月癸亥，徙爲河南尹。奏請築堤，當在五年，史志云六年者，殆至是始命既濟耳。

宣和四年十月，以鐵符十道鎮鹽官縣海塘。

《泊宅編》：政和丙申歲，杭州湯村海溢，壞居民田廬凡數十里，朝廷降鐵符十道以鎮之。壬寅歲，鹽官縣亦溢。縣南至海四十里，而水之所嚙，去邑聚纔數里，邑人甚恐。十一月，鐵符又至，其數如湯村。每一符重百斤，正面鐵神符及御書咒，藏以青木匣。府遣曹官同都道正管押下縣。縣建道場設醮，投之海中。

紹興十年，招填捍江軍額。

《咸淳臨安志》：十年，以兩浙轉運副使張滙之請，招填捍江軍額。

十四年，臨安府修錢塘江岸。

二十年，修石堤。見《玉海》。

二十二年，置修江司，遂修六和塔。

《玉海》：二十二年十一月二十五日，吏部尚書林大鼐建言：『潮爲吴患，其來已久，捍禦之策見於浙江亭碑。自江流失道，潮與洲鬬，怒號激烈，千霆萬鼓，民以不寧，宜耑置一司，究利病而後興工。』《咸淳臨安志》：大鼐且言：『羅刹江濵，舊傳有三浮圖，唐末神僧創以鎮潮脉，名六和塔，積年不修。又吴山英烈王廟燼於回禄，乞靈無地，乞付有司營葺。』從之。自是，百餘年間屢修屢壞。

紹興末，轉運使及臨安府修錢塘石岸。

《宋史·河渠志》：紹興末，以錢塘石岸毁裂，潮水漂漲，民不安居，令轉運使同臨安府修築。

乾道七年，帥臣沈夏復增修石堤。

《玉海》：十一月十八日，沈夏修石堤成，增石塘九十四丈。

九年，詔臨安府增築江塘。

《宋史·河渠志》：乾道九年，錢塘廟子灣一帶石岸復毁於怒潮。詔令臨安府築填江岸，增砌石塘。

淳熙元年，命有司治江岸。

《宋史·五行志》淳熙元年七月壬寅、癸卯，錢塘大風濤，決臨安府江堤一千六百六十餘丈，漂居民六百三十餘家，仁和縣瀕江二鄉壞田圃。《宋史·河渠志》：淳熙改元，復令有司自江岸衝損以乾道修治爲法。

四年，築鹽官海塘。

《宋史·五行志》五月己亥夜，錢塘江潮大溢，敗臨安府堤八十餘丈。庚子，又敗堤百餘丈。九月丁酉、戊戌，大風雨駕海濤，敗錢塘縣堤三百餘丈。《海寧縣志》：先是，海潮壞堤。至是，命築之。

嘉定十二年，鹽官海漲，浙西諸司條具築捺之策。

《宋史·五行志》：嘉定十二年，鹽官縣海失故道，潮衝平野二十餘里。至是，侵縣治蘆洲港瀆，及上下管、黄灣、黄岡等鹽場皆圮，蜀山淪入海中，聚落、田疇失其半，壞四郡田。後六年，始平。《宋史·河渠志》：臣僚言：『鹽官去海三十餘里，舊無海患，縣以鹽竈頗盛，課利易登。去歲海水泛漲，湍激横衝，沙岸每一潰裂，常數十丈。日復一日，浸入鹵地，蘆洲港瀆，蕩爲一壑。今聞潮勢深入，逼近居民。萬一春水驟漲，怒濤奔涌，海風佐之，則呼吸蕩出，百里之民，寧不俱葬魚腹[五]？况京畿赤縣，密邇都城。内有二十五里塘，直逼長安牐[六]，上徹臨平，下接崇德，漕運往來，客船絡繹，兩岸田畝，無非決壞[七]。若海水徑入於塘，不惟民田有鹹水淹浸之患，而裏河堤岸，亦將有潰裂之憂。乞下浙西諸司，條具築捺之策，務使捍堤堅壯，土脉充實，不爲怒潮所衝。』從之。

十五年，命浙西提舉劉垕築鹽官土塘。

《宋史·河渠志》：都省言：『鹽官縣海塘衝決，命浙西提舉劉垕專任其事。』既而，垕上言[八]：『鹽官東接海鹽[九]，西距仁和，北抵崇德、德清，境連平江、嘉興、湖州，南瀕大海，原與縣治相去四十餘里，數年以來，水失故道，早晚兩潮，奔衝向北，遂致縣南四十餘里盡淪爲海。近縣之南，原有捍海古塘亘二十里，今東西兩段並已衝毀，侵入縣之兩旁又各三四里[一〇]，止存中間古塘十餘里。萬一水勢衝激不已，不惟鹽官一縣不可復存，而向北地勢卑下，所慮鹹流入蘇、秀、湖三州等處田畝，皆不可種，其爲害非獨一邑也[一一]。詳今日之患，大概有二：一曰平地陸沉[一二]，一曰鹹潮泛溢。陸沉者[一三]，固無力可施；其泛溢者[一四]，乃因捍海塘衝損[一五]，每遇大潮必盤越流注北向[一六]，今亟宜築土塘以捍鹹潮[一七]。其所築塘基[一八]，南北各有兩處：在縣東近南則爲六十里鹹塘，近北則爲袁花塘；在縣西近南亦曰鹹塘，近北則爲淡塘。嘗驗兩處土色虛實[一九]，則袁花塘、淡塘差勝鹹塘，且各近裏，未至與海潮爲敵，勢當東就袁花塘，西就淡塘修築，庶可以禦縣東鹹潮泛溢之患[二〇]。其縣西一帶淡塘，連縣治左右共五十餘里，合先修築。兼縣南去海一里餘，幸而古塘尚存，縣治民居，盡在其中，未可棄之度外。今將見管椿石，就古塘加工築疊一里許[二一]，爲防護縣治之計。其縣東民户，日築六十里鹹塘，萬一又爲海潮衝損，則盡棄前工[二二]，當計用木石修築袁花塘以捍之。』上以爲然。

慶元中，浙江塘壞，捍江指揮使任班率兵修築。

嘉熙二年，知臨安府趙與懽築江港口壩一道，近江築捺水塘六百丈。

《咸淳臨安志》：嘉熙戊戌秋，潮由海門搗月塘頭日侵月削，民廬、僧舍坍四十里。已亥六月，詔趙與懽除端明殿學士、知臨安府，任責修築。與懽奏先於傍近築土塘，爲救急之術，然後於内築石塘。又奏日役殿步司官兵五千五百餘人，并募夫工及修江司軍三千餘人，已貼立石倉夾椿笆板木，晝夜運土填築。自水陸寺之下、江家橋之上近江港口築壩一，南北長一百五十丈。自團圍頭石塘近江築捺水塘一，長六百丈。自六和塔以東一帶石堤，添新補廢四百餘丈。閱三月畢工，水復其故。

寶祐二年十二月，監察御史陳大方請修築江塘。

《宋史·河渠志》：監察御史兼崇政殿説書陳大方言：『江潮侵嚙堤岸，乞戒飭殿、步兩司帥臣、本府守臣措置修築，留心任責，或有潰決，咎有攸歸。』

三年十一月，監察御史李衢請稽捍江兵額，令隨時修補江塘。

《宋史・河渠志》：（宝祐三年十一月）監察御史兼崇政殿説書李衢言：『國家駐蹕錢塘，今踰十紀。惟是淛江東接海門，胥濤澎湃，稍越故道，則衝嚙堤岸，蕩析民居，前後不知其幾。慶曆中，置捍江五指揮[三]，兵士每指揮以四百人爲額。今所管纔三百人，乞下臨安府拘收，不許占破。及從本府收買樁石，沿江置場樁管，不得移易他用。仍選武臣一人習於修江者，隨其資格，或以副將，或以路分鈐轄繫銜，專一鈐束修江軍兵，值有摧損，隨即修補。或不勝任，以致江潮衝損堤岸，即與責罰。』

景定二年，浙江堤成。

元

大德三年，禮部郎中遊中順來視虛沙。

《元史・河渠志》：鹽官州，去海岸三十里，舊有捍海塘二，後又添築鹹塘。在宋時，亦常傾陷。大德三年，塘岸壞。都省委禮部郎中遊中順洎本省官相視，虛沙復漲，難於施力。

延祐七年，議築鹽官北門土塘。

《元史・河渠志》：延祐己未、庚申間，海汛失度，累壞民居，陷地三十餘里。時省憲官共議，宜於州後北門添築土塘，然後築石塘，東西長四十三里，後以潮汐沙漲而止。

泰定元年十二月，鹽官州海水溢，有司請築石塘。不許。

《元史・泰定紀》十二月癸亥，鹽官州海水溢，屢壞堤障，侵城郭。遣使祀海神，仍與有司視形勢所便。還，請疊石爲塘。詔曰：『築塘，是重勞吾民也。其增石囤捍禦，庶天其相之。』又《五行志》：有司以石囤木櫃捍之，不能止。

三年八月，海溢鹽官堤，徙居民避之。

《元史·泰定紀》：鹽官州大風海溢，壞堤防三十餘里，遣使祭海神，不止，徙居民千二百五十家。

四年二月，杭州路請修鹽官鹹塘。

《元史·五行志》：正月，海潮大溢，捍海塘壞二千餘步。又《河渠志》：二月間，風潮大作，衝捍海小塘，壞州郭四里。杭州路言：『與都水庸田司議，欲於北地築塘四十餘里，而工費浩大，莫若先修鹹塘，增其高濶，填塞溝港，且濬深近北備塘濠塹，用樁密釘，庶可護禦。』江浙省準下本路修治。都水庸田司又言：『宜速差丁夫，當水入衝，堵閉其不敷工役。於仁和、錢塘及嘉興附近州縣諸邑人户内斟酌差倩。』工部議：『海岸摧壞，宜發文江浙行省，督催庸田使司、鹽運司及有司發丁夫修治，毋致侵犯城郭，貽害民居。』

四月，海溢鹽官州，命都水少監張仲仁塞之。

《元史·泰定紀》：四月癸未，海水溢，侵地十九里，命都水少監張仲仁及行省官發工匠二萬餘人，以竹落、木柵實石塞之，不止。又《地理志》：『仲仁往治，沿海三十餘里下石囤四十四萬三千三百有奇，又木櫃四百七十有奇，工役萬人。

五月，海益溢，命張嗣成禳之。

《元史·河渠志》：五月五日，平章圖們岱爾與察納史參政等奏：『江浙省四月内，潮水衝破鹽官州海岸，令庸田司官徵夫修堵。又臣等集議：世祖時，海岸嘗崩，遣使命天師祈祀，潮即退。今可令直省舍人巴延奉御香，令天師依前例祈祀。』制曰：『可。』又《泰定紀》：癸卯，命天師張嗣成修醮禳之。

六月，發義倉粟賑鹽官州民。見《泰定紀》。

十月，江浙行省左丞托歡達喇罕、平章政事高昉議築石塘。

《元史・泰定紀》：是月癸丑，江浙行省左丞托歡達喇罕、平章政事高昉，以海溢病民，請解職，不允。又《河渠志》：既而，杭州路又言：『八月以來，秋潮洶涌，水勢愈大，見築沙地塘岸，東西八十余步，造木櫃、石囤以塞其要處。本省左丞相脱歡等議，安置石囤四千九百六十，抵禦鏤囓，以救其急，擬比浙江立石塘，可爲久遠。計工物，用鈔七十九萬四千餘錠，糧四萬六千三百餘石，接續興修。』

致和元年三月，命户部尚書李嘉努議修鹽官海岸。

《元史・泰定紀》：甲申，遣户部尚書李嘉努往鹽官祀海神，仍集議修海岸。又《河渠志》：三月，省臣奏：『江浙省并庸田司官修築海塘，作竹籧篨，内實以石，鱗次壘壘，以禦潮勢。今又淪陷入海，見圖修治。今差户部尚書李嘉努、工部尚書李家賓、樞密院屬指揮青山、副使洪灝、宣政僉院納木喀巴勒與行省左丞相托歡及行臺、行宣政院、庸田使司諸臣會議修治之方，合用軍夫除成守州縣關津外，酌量差撥，從便添支口糧，合役丁力。附近有田之民，及僧道、伊囉勒昆與達實密等户内點倩，凡工役之時，諸人毋或阻壞，違者罪之。合行事務，提調官移文稟奏施行。』有旨從之。

復命僧厭海溢。

《元史・泰定紀》：丙戌，記帝師命僧修佛事於鹽官州，仍造浮屠二百一十六以厭海溢。又《五行志》：三月，鹽官堤溢，遣使禱祀，造浮圖，用西僧法壓之。四月，海益溢，發軍民塞之。

四月，户部尚書李嘉努作石囤以捍海。

《元史·泰定紀》：壬寅，李嘉努以作囤捍海議聞。又《河渠志》：二十八日，朝廷所委官，洎行省、臺院及庸田司等官議：『大德、延祐欲建石塘，未就。泰定四年春，潮水異常，增築土塘，不能抵禦。議置板塘，以水涌難施工，遂作籧篨、木櫃，間有漂沉，欲踵前議，疊石塘以圖久遠。爲地脉虛浮，比定海、江浙、海鹽地形水勢不同，由是造石囤於其壞處疊之，以救目前之急。已置石囤二十九里餘，不曾傾陷，略見成效。』庸田司與各路官同議，東西接疊石囤十里，其六十里塘下舊河，就取土築塘，鑿東山之石，以備損壞。

天歷元年，海潮平，詔改鹽官州爲海寧州。

《元史·河渠志》：（文宗）天曆元年十一月，都水庸田司言：『八月十日至十九日，正當大汛，潮勢不高，風平水穩。十四日，祈請天妃入廟，自本州嶽廟東海北護岸鱗鱗相接。十五日至十九日，海岸沙漲，東西長七里餘，南北廣或三十步、或數十百步，潮見南北相接[二四]。西至石囤，已及五都，修築捍海塘與鹹塘相連，直抵巖門，障禦石囤。東至十一都六十里塘，東至東大尖山嘉興、平湖三路所修處海口。自八月一日至二日，探海二丈五尺。至十九日、二十日探之，先二丈者今一丈五尺，先一丈五尺者今一丈。西自六都仁和縣界赭山、雷山爲首，添漲沙塗，已過五都四都，鹽官州廊東西二都，沙土流行，水勢俱淺。二十日，復巡視，自東至西岸脚漲沙，比之八月十七日漸增高闊。二十七日至九月四日大汛，本州嶽廟東西，水勢俱淺，漲沙東過錢家橋海岸，原下石囤木櫃，并無頹圮，水息民安。』於是改鹽官州曰海寧州。

明

洪武十一年秋七月，左布政使安然築石堤。

《成化杭州府志》：洪武十一年秋，海潮嚙江岸，安然躬率民夫，伐石砌築。堤成，民獲安業。

臣謹案：《海塘通志》訛十一年爲十年，今從《成化志》作十一年。

二十五年，左布政使王鈍修築江岸。

《成化杭州府志》：時江岸潮汐爲害，鈍率民伐石捍江，民免墊溺。

永樂元年冬十月，修築江岸。

《明實録》：八月癸亥，浙江風潮，决江塘萬四百餘步，壞田四十餘頃。湯鎮、方家塘江堤爲風浪衝決，淪於江者四百餘步，溺民居及田四千頃。冬十月，修築江岸。

是歲，户部尚書夏原吉奉命來治水。

五年，令右通政趙居任築江岸。

《明實録》：五年夏六月，浙江布政司言：杭州府沿江堤岸復圮於江，遣官督民修築。

六年，發軍民修築仁和、海寧江海塘。

《海寧縣志》：海寧海決，陷没赭山，巡檢司請發軍民修築。從之，仍命户部遣官巡恤被灾之家。

九年秋九月，修仁和、海寧塘岸。十月，塘岸成。

《明實録》：九年，工部言：『浙江潮水衝決仁和縣黄濠塘三百餘丈、孫家圍塘岸二十餘里，請發軍民修築。』從之。冬十一月，修浙江仁和、海寧及海鹽縣土石塘岸萬一千一百八十五丈。

十一年夏五月，遣使監築江塘。

《萬曆杭州府志》：　永樂十一年夏五月，江潮，平地水高尋丈，仁和十九都、二十都居民陷溺，田廬漂没殆盡。守臣申奏，朝命工部侍郎張某監築堤岸，役及杭、嘉、湖、嚴諸府軍民十餘萬，採竹木爲籠櫃，伐臯亭山魄石納其中，疊砌堤岸，以禦江潮。修築三年，費財十萬。

十六年，遣保定侯孟瑛等祭海神。

《明實録》：　朝廷以浙江瀕海，諸縣風潮，衝激堤岸，墊溺居民，連年修治，迄無成功，乃齋戒，遣保定侯孟瑛等以太牢祭東海之神。既祭，水患頓弭。

十八年春三月，命有司修塘岸。

《明實録》：　浙江海寧等縣言：　潮水淪没邊海塘岸二千六百六十餘丈，延及吴家等壩，命有司量起軍民修築之。

秋九月，修築海塘。

《明實録》：　通政司左通政岳福言：『浙江仁和、海寧二縣今年夏秋，霖雨風潮，壞長安等壩，淪於海者千五百餘丈，東岸赭山、巖門山、蜀山故有海道，近皆淤塞，故西岸潮勢愈猛，爲患滋大。乞以軍民修築。』從之。

宣德五年，巡撫成均築捍海堤。

《明從信録》：　宣德五年，浙江巡撫、侍郎成均築捍海堤。

成化七年秋九月，命工部侍郎李顒築江堤。

《明實録》：　成化七年九月二日，風潮決錢塘江岸十餘丈，近江居民房室、田産皆爲淹没。守臣以聞，工部尚書王復等奏：『乞如永樂事例，遣大臣往祭海神，修江岸。』上命李顒。時潮水衝塌江岸計四百九十餘丈，顒議修築工料合用銀七萬三千二百餘兩，今官庫收藏十不及五，如俟續收藏罰解補，恐潮復作，前工盡棄，欲取布政司存留糧銀支給充用，量起杭州府衛人夫修築。』從之。

十年，築海寧縣堤。

陳之暹《築塘議》：大潮衝決堤岸，用崇德沈丞築法，堤始成。

臣謹按：是役止見陳之暹《築塘議》，舊志失載。沈丞向逸其名，而成化十六年有維揚沈讓莅丞任前，此無有也，築法不傳。

十二年，修防海塘。

《明實録》：浙江鎮守、巡按及都、布、按三司奏言：『杭、嘉、紹三府所屬海寧、海鹽、山陰、蕭山、上虞等縣海塘，衝塌數多，修築財用不足，乞照上年例，以杭州城南，抽分竹木，存留七分，賣銀解部者，以備築塞工料，庶寬民力。』工部謂：『内府造供應器皿，并清江、衛河造運船，皆取給抽分，所係亦重。宜令各府，先以在官物料支用，不足，則於附近無灾府分借，倩協濟。』從之。

十三年，僉事錢山築海寧障海塘。

《成化杭州府志》：成化十三年二月，海寧海決堤，逼盪城邑，鎮巡因命採石臨平、安吉諸山。初用漢楗絙法，不就，乃斲木爲大櫃，編竹爲長絡，引石下之，泛溢乃定。仍作副堤十里，以防泄鹵。凡七越月而役竣。

嘉靖十二年，海寧令嚴寬議籌歲儲備修築。

《海寧縣志》：十二年，海寧縣知縣嚴寬建議：『準海鹽例，歲儲均徭役銀，以備海塘修築之用。自後，寧邑設海塘夫一百五十名，歲儲役銀三百兩。』著爲令，自寬始也。

臣謹案：弘治五年，海寧縣海溢，新堤漸圮。嘉靖二年七月三日，大風拔木，天開河等處海水涌溢，衝決塘壩，潮水倒流城中，水爲之鹽。八月三日，大風海溢，衝没太平門外沙場廬舍百餘所。七年，海寧縣新堤大圮，復至城下。九年七月，海決逼城。皆未見修築之役，至是，有司始議修治之。

隆慶六年五月，海決，有司議築江塘。

《杭州府志》：颶風大作，海嘯塘圮，鹹水涌入内沙，壞田地八萬餘畝。時縣官估計應修塘凡二千三百七十八丈，計修築工料銀應五千二百二十有八兩。

萬曆五年，海寧縣令蘇湖修海塘。

《海寧縣志》：萬曆三年夏五月，颶風大作，海嘯，漂溺民居，塘圮，鹽水涌入内河，壞田地八萬餘畝。時縣官估計，應修塘凡二千三百七十八丈，計修築工料銀應五千二百二十八兩。四年九月，會知縣蘇湖莅任，巡撫徐栻察其才可任事，遂以塘付之。湖定議，以五年二月十三日興工，至四月而役竣，計費纔一千九百七十六兩。時通判張繼芳定議，採石一磈長五尺二寸、高闊一尺八寸者，給銀四錢七分，以三錢給工價，一錢給船價，七分充扛抬。又議，以船價六千兩，造船三百隻，行仁、錢二縣五區，綱手每十人領銀二十兩，造船一隻運石，完日即以船給之當其值。又萬曆四年，邑令蘇湖有廉幹，巡撫徐公栻檄令分築海鹽塘。塘成，郡縣官遷、賫有差。載董公份《碑記》。其法倣宋王荆公鄞縣塘，又參酌副使楊公瑄坡陀塘式，堅石料砌，磊碎石於内，支之以殺潮勢，後效僉事黄光昇一縱一横之法。

臣謹案：先是二年，萬曆乙亥六月朔夜，大風震濤衝激，錢塘江岸圮數十餘丈，而郡邑志乘修築莫考。

三十三年，錢塘縣令聶心湯築錢塘寶船廠塘堤。

《萬曆錢塘縣志》：錢塘寶船廠一帶，舊無堤塘，田土傾坍。邑令聶心湯鳩工覈實，樁石堅鉅，爲久遠計，費六千餘金。

崇禎三年春二月，同知劉元瀚修海寧捍海塘。

《寧邑備考》：崇禎元年七月二十三日，午前風日清朗，纔過午，狂颸卒發，雷雨如注。申酉間，忽報海嘯，登城望之，見潮頭直架樹杪，廬舍蕩拆。夜半，風濤稍殺。厥明，縣官出勘，城東西被災者凡四千餘户。事聞於朝，議修築海塘。時縣令謝紹芳、屬衙官張瑞傑董其役，張第以修河塘法從事，未幾，潮齧之，旋築旋圮。於是三臺畢臨，相議工費；撫、按會題預徵糧銀，每畝一分，合計之，得九千餘金。道府捐助，各有差命。郡丞劉元潮董其役，仍用石囤、木樁之法，工稍就緒。

校勘記

[一] 中華書局點校本《宋史・河渠志》七《東南諸水》下「景祐中」作「至景祐中」。

[二] 中華書局點校本《宋史・河渠志》七《東南諸水》下「侍郎」作「郎中」。

[三] 中華書局點校本《宋史・河渠志》七《東南諸水》下「朝廷嘉功」作「朝廷嘉其功」。

[四] 中華書局點校本《宋史・河渠志》六《東南諸水》上「李偃言」前有「知杭州」三字。

[五] 中華書局點校本《宋史・河渠志》七《東南諸水》下「寧不俱葬魚腹」後有「乎」字。

[六] 中華書局點校本《宋史・河渠志》七《東南諸水》下「逼」作「通」。

[七] 中華書局點校本《宋史・河渠志》七《東南諸水》下「決壞」作「沃壤」。

[八] 中華書局點校本《宋史・河渠志》七《東南諸水》下無「上」字。

[九] 中華書局點校本《宋史・河渠志》七《東南諸水》下無「鹽官」二字。

[一〇] 中華書局點校本《宋史・河渠志》七《東南諸水》下無「之」字。

[一一] 中華書局點校本《宋史・河渠志》七《東南諸水》下「所慮鹹流入蘇、秀、湖三州等處田畝，皆不可種，其爲害非獨一邑也」作「所慮鹹流入蘇、秀、湖三州等處，則田畝不可種植，大爲利害」。

[一二] 中華書局點校本《宋史・河渠志》七《東南諸水》下「平地陸沉」作「陸地淪毀」。

[一三] 中華書局點校本《宋史·河渠志》七《東南諸水》下「陸沉者」作「陸地淪毀者」。

[一四] 中華書局點校本《宋史·河渠志》七《東南諸水》下「其泛溢者」作「鹹潮泛溢者」。

[一五] 中華書局點校本《宋史·河渠志》七《東南諸水》下「乃因捍海塘衝損」作「乃因捍海古塘衝損」。

[一六] 中華書局點校本《宋史·河渠志》七《東南諸水》下無「每」字。

[一七] 中華書局點校本《宋史·河渠志》七《東南諸水》下無「今亟」二字。

[一八] 中華書局點校本《宋史·河渠志》七《東南諸水》下「其所築塘基」作「所築塘基址」。

[一九] 中華書局點校本《宋史·河渠志》七《東南諸水》下前有「亦」字。

[二〇] 中華書局點校本《宋史·河渠志》七《東南諸水》下「庶」作「則」,「泛」作「盤」。

[二一] 中華書局點校本《宋史·河渠志》七《東南諸水》下「就古塘加工築叠一里許」作「就古塘稍加工築疊一里許」。

[二二] 中華書局點校本《宋史·河渠志》七《東南諸水》下無「則盡棄前工」五字。

[二三] 中華書局點校本《宋史·河渠志》七《東南諸水》下「置」作「造」。

[二四] 中華書局點校本《元史·河渠志》二《盐官州海塘条》「潮」作「漸」。

欽定四庫全書海塘録　卷四　建築二

國朝

聖祖仁皇帝　康熙三年秋八月戊戌，海决，築海寧縣塘。

八月三日，大風海嘯，至五日未息，衝潰海寧縣塘二千三百八十餘丈。總督趙廷臣、巡撫朱昌祚請發帑修築。令兵巡道熊光裕督之。次年九月，石堤成，并築尖山石堤五千餘丈，用銀二萬七千六百三十七兩零。

三十八年，修錢塘江塘。

巡撫張敏題請修錢塘縣江塘，自望江樓迄雲林下院并古頭埠共三十九丈一尺，自顯應廟迄大郎巷共六十三丈，梵村蜈蜂嶺等處共三百五十三丈，仁和縣江塘自大郎巷迄來家埠、景家埠共七十九丈五尺，銀杏埠等處一百六十二丈五尺。

四十年，修錢塘江岸，築石塘。

巡撫張志棟題請捐修錢塘縣江塘，自三郎廟迄顯應廟中沙井、永福橋至節婦坊李家橋止，又銀杏埠、阮家埠等處共二百七十一丈三尺，又續報坍塘自凉亭起至中沙井一帶及放生庵共修二百八十七丈，又築關帝廟至永福橋等處子塘共五百九十八丈四尺，仁和江塘自下泥橋至盧家橋鎮海庵止共四十一丈三尺。時温州府同知甘國奎議每塘一丈，用石一縱一横，嵌以油灰，鎔以鐵錠，深根堅杵，加築子塘，以爲重障。布政使趙申喬請耑委國奎修築阮家埠、三郎廟、來家埠、景家埠、六和塔、華光樓諸塘，議用堅石嵌砌，後加子塘。經始於康熙四十年初秋，及四十五年春月竣事。築石塘六百六十七丈，子塘八百九十五丈，共費銀五萬二千六百三兩有奇。

四十一年，江塘圮，布政使郎廷極築之。

時塘圮，廷極勸助修築，濟以罰鍰。三郎廟險工成，建湖神祠於上。

五十四年，修海寧縣海塘。

春夏之交，風潮大發，海寧縣塘圮數千丈。巡撫徐元夢請委金、衢、嚴道賈擴基監修，共三千三百九十七丈五尺，需工料銀三萬八千五百九十三兩零。明年三月，厥工未成，遂罷擴基，改令鹽驛道裴徠度董之，廉凡擴基所未完與已完而弗固者，按段加修，共需工料銀三萬七千五百兩零。至五十七年閏八月，報竣。

五十五年，重築江塘。

七月，連雨江漲，自徐、梵二村至轉塘頭石塘衝壞。總督滿保、巡撫朱軾，委杭州知府張恕可修築錢塘縣江塘。自天字一號至三十七號止，共六百八十一丈六尺，潮神廟海月橋、籃兒路等處共八十丈二尺，龍王廟起拆砌總管廟老塘共二百二十七丈，又三郎廟前子塘二十二丈五尺，小橋頭老塘、子塘共八十丈一尺，兵馬司前十七丈，又仁和縣中二下節地方老塘、子塘共二百二十九丈，竣工於五十七年三月初。三郎廟前子塘尤險要，三築弗成，布政使段志熙親勘相度。其法：用石一縱一横，每層鑿石眼，貫以木梢，合五六魄爲一，以重鎮水勢。恐水刷入縫，乃於合縫處各用鐵錠横扣。又慮水入，豎處以鐵錠，一尺一錠，上下牢扣。蓋欲合二十丈石爲一磈石也。其交搭，即以朩石扣笱合縫爲之。成塘二十丈，共用工料銀一千兩。

五十七年春三月，修築海寧石塘，濬備塘河。

時巡撫朱軾題請修築海寧石塘，下用朩櫃，外築坦水。又開濬備塘河，以防泛溢。下部議行。於是年經始，至五十九年正月告竣。修石塘九百五十八丈四尺九寸，坦水三千九十七丈五尺，土塘五千一百六丈，開濬備塘河身七千七百五十六丈四尺，建閘一座。每塘一丈，用兩木櫃，每一櫃内，用磈石五十斤，共工料銀一十五萬一千三百一兩。

五十九年秋七月，老鹽倉築魚鱗石塘。

巡撫朱軾稱：『老鹽倉一帶，正當江海交滙，今土塘隨浪坍頽，冲決徐家塡一口，與内河支港相通，已築石塡堵塞。若不急築石塘堵塞，設令土岸坍盡，决入上下運河，則鹽潮直注嘉、湖、蘇、松，關係甚鉅。請於東自浦兒兜起，西至姚家堰止，共一千三百四十丈，砌築石塘。就於塘岸用長五尺、濶二尺、厚一尺之大石，每一丈砌作二十層，共高二十尺。於石之縱鋪側立、兩相交接處，上下鑿成槽笱，嵌合聯貫。又於每石合縫處，用油灰抿灌，鐵鑻嵌口，以免滲漏散裂。塘身之内，培築土塘高一丈，寬二尺，不使潮汐大時泛溢塘基。』下部議行。

開濬中小亹淤沙。

軾又言：『赭山以北，河莊山以南，乃江海故道。近因淤塞，以致潮水盡歸北岸。土石塘工終難穩固，應請僱民上緊挑濬。』下部議行。

設海防同知專司歲修事。

軾言：『海防非有專責經管，未見實效，請裁金華同知一缺，添設杭州府海防同知一員，耑任責成，小有損壞，即時修砌。』下部議行。

臣謹案：海寧塘工，自康熙五十八年新修告成，後特設海防同知，逐年修補。自五十九年始，每年歲修統計用過銀兩，撫臣題請，實歲修所由來也。

是年，分歲修海寧海塘工計銀一萬六千一百七十九兩。

六十年，分歲修老鹽倉舊石塘銀二萬二千一百七十七兩九分零。

六十一年春二月，改築草塘。

先是，撫臣朱軾稱：『老鹽倉東至浦兒兜、至姚家堰，宜建築石塘一千三百四十丈。』未成。至是年，巡撫屠沂以海潮無定，修築堤岸必須隨時制宜，請於土浮不能置樁砌石之處，築草塘五百四十丈。明年春，又奏准築草塘三百丈。仍於實土處更築石塘，合從前共五百丈。并將姚家堰西續坍處，亦築草塘二百一十五丈。八月，工告竣報銷。石塘五百丈，草塘一千五十五丈，共用過銀九萬一千六百五十兩。

臣謹案：屠沂將朱軾請築石塘一千三百四十丈之内，改築草塘八百四十丈，故軾所築石塘止五百丈，合草塘爲一千三百四十丈也。其姚家堰西續草塘二百十五丈，又爲沂所另築。以是二百十五丈，合前八百四十丈，總爲草塘一千五十五丈。《海塘通志》以沂續姚家堰西草塘爲二百五十丈者誤。

秋八月，停止挑挖中小亹淤沙。

巡撫屠沂言：『向以中小亹沙地，因北岸冲決甚險，題明挑挖，以分水勢。今北岸塘脚現在沙塗塘身穩固，無庸再爲挑濬。』部議從之。

臣謹案：中小亹引河，於康熙五十七年巡撫朱軾委員開濬，用過銀九百兩，尋復淤塞。至五十九年，復會同總督滿保題請開濬，用過銀三千一百六十兩零。未幾，又復淤塞。至是，屠沂奏明停止。

是年，分歲修海寧縣工計銀二萬二千八百九十六兩。

世宗憲皇帝　雍正元年秋九月，命濬赭山海口。

時因督臣滿保之請，王大臣等議行之，故有是命。

二年秋七月，海水溢民居，命賑之。

八月十二日，已命佟吉圖兼署巡撫鹽印，旋得鹽政臣噶爾泰奏稱海水漫溢，沿海田廬大受漂没。十八日，故命石文焯署巡撫印，馳驛速行賑濟，然後奏聞，命築海塘。

時計工料銀六千三百五十兩有奇。

元年、二年，歲修海寧塘工計銀一萬七千四百二十五兩零。

三年春正月，命吏部尚書朱軾來視海塘。

撫臣石文焯初請通用石磈修築，旋稱不必用石。上以石無定見，恐誤塘工，更令法海、佟吉圖代之。又恐法海等初任不諳情形，以軾曾撫浙，故於二年十二月初四日，命軾往浙查議。至是抵浙，因題請修築。經大學士等議准修建，至四年七月工竣。計修過海寧縣陳文港亂石塘三千八百丈，并修補子塘。

又是年，分歲修海寧縣塘工用銀七千六百九十九兩。

四年，歲修海寧縣塘工銀一萬五千七百兩零。

五年春二月，加鑲浦兒兜草塡，并改建姚家堰草塘。

巡撫李衛奏加鑲浦兒兜、老鹽倉各草塘，并将姚家堰至草庵一帶土堤改建草塘。又請歲修海寧塘工銀兩，遇各縣江海塘坍損之處，一體動給。於是，計修海寧縣浦兒兜、老鹽倉草塘一千九十五丈，姚家堰草塘八百九十六丈，又接修草塘六十九丈六尺，修舊石塘一千二十四丈，用銀一萬五千七百兩。錢塘縣午山一帶、葛家墳、六和塔等處坍塘二十五丈四尺。善利院左側、三郎廟老塘衝坍五丈。又轉塘上首汪家池等處坍塘一十四丈。栅外二圖小橋地方坍塘六丈。又轉塘至横江埠應築坍塘三百三十三丈。横江埠至曹家埠應築坍塘七十五丈。仁和縣總管廟前坍矬江塘七丈,應拆卸補築四丈。

十月,修海寧縣錢家坂、馬牧港等處塘工。

巡撫李衛言:『東塘錢家坂迤西一帶樁板,老塘護沙洗去,直射塘脚,板朩年久朽爛欹斜,亂石冲卸頹廢,應行改砌加築。及西塘之馬牧港亂石土塘直至大石塘一帶,外沙漸高於塘身,大汛漫溢過塘,泥土矬陷,應加土石塘築,庶免泛溢之虞。内東塘應行改築一千一百七十丈,西塘應修一千九百八十八丈。』下部議行。

修江塘。

巡撫李衛修錢塘縣江塘、善利院三郎廟旁坍塘及午山一帶、葛家墳、六和塔、轉塘頭等處坍塘,共五十丈四尺。又王伯卿五雲牌坊、蕭靄然各地及定北四圖、雞鶖場等處一百三十九丈。仁和縣江塘總管廟、大郎巷及化智廟、黄童廟等處,共四十三丈九尺。六年,又修錢塘縣江塘自曹家埠起至斷塘頭共一百七十四丈,諸橋起至新工交界加築石塘四百一丈、坍塘五十丈,俞家界牌石前五十三丈一尺,葛家地前十八丈八尺,午山前四丈,張家門首二十三丈五尺,諸橋邊十四丈五尺。自雍正五年先後興工,至六年陸續完竣。於十二月,題銷江海塘工,共用銀三萬九千七百三十一兩零。

是年,分歲修仁和、錢塘、海寧及海鹽、蕭山等縣塘身,統計六千三十九丈八尺,長橋一座,計長四丈,坦水一百七十丈,奏銷銀三萬九千七百三十一兩零。

六年三月,搶修海寧縣老鹽倉海塘。

正月，春汛，潮勢猛悍，老鹽倉迤西三官堂草塘冲圮五丈，裂縫二三十丈。二月十四日至二十有二日，大汛連朝，冲決塘六百六十餘丈。總督李衛奏言：『老鹽倉西塘外沙脚刷盡，屢患衝激，請支海塘歲修銀八千兩，將現坍之六百六十餘丈搶築，塘身上下鋪砌堅實，以保坍陷。』下部議行。

十二月，修海寧南門外海塘及錢塘江塘。

總督李衛言：『南門一帶漲沙，盡行坍卸，潮水逼塘，民、阜等字號根脚年久，外樁坦水冲洗至斜。又華岳廟及平橋西小石塘亦有矬陷，坦水外卸。楊家莊一帶亂石塘，原屬低窪，應請增高。更有馬牧港一帶樁板亂石土塘一千丈，前止加條石一層，應酌量增高。又翁家埠一帶，原無官塘，其臨海月牙灣不能保固，應酌量地勢，接建草塘，與舊有之草塘相續。布政司高斌因計海寧邑南門外沙、安、民、阜等字號，及華岳廟平橋西、楊家莊、馬牧港等處各段工程，計勘應修築塘共四百五十三丈，坦水四千四百六十四丈三尺，估需銀二萬三千一百三十八兩。此外，又有搶修海寧平橋西等處坍壞殘缺塘身一百三十三丈，坦水一百六十三丈，用銀八十六兩七錢七分零。又接續錢塘縣斷塘尾江塘一百六十五丈，估零銀三千六百五兩零。又諸橋一帶江塘，加築塘石一層，計長四百一丈，折砌江塘一百六十九丈，估需銀一千一百八十三兩零。』下部議行。

是年，分歲修錢塘、海寧及海鹽、會稽等塘，共銀一萬八千一百八十五兩零，搶修海寧塘工，銀二萬二十五兩零。

臣謹案：歲修工程，自康熙五十九年撫臣朱軾題准後，每歲加修，逐年將實修丈尺、用過工料銀兩據實報銷。雍正六年八月，潮勢汹涌，沿塘護沙冲洗殆盡。工程緊要，始將丈尺情形先行題報，仍照每年加修之例辦理。至是，督臣李衛題奏：『今歲潮汐較往年更大，搶修甫完，續被冲卸，請將磈石各塘不能抵禦者酌量改砌石工。』奉旨：『依議速行。欽此。』嗣後，將不可緩待之工隨時搶堵，其應行改築條石塘坦之原坍工段，於每年秋後估計詳定，給帑辦料，次年興作，按歲報銷。此搶修、歲修所由分也。

七年秋八月，奉旨恭紀首卷建海神廟。

廟建於海寧縣東門内。詳《祠祀門》。

冬十一月，海寧荆煦廟等處草塘内另築石塘。

總督李衛奏稱：『八九月來，秋潮洶涌，寧邑沿塘，東自尖山，西至翁家埠，綿亘百里，皆臨大海，若欲盡建鉅石大塘，爲費不貲。再四籌畫，西塘除老鹽倉東原有大石塘五百丈外，自此至翁家埠一帶俱係險工，内荆煦廟至草庵，向有先後築草塘一千九百餘丈，此時俱係土塘。今就草塘之内收進二三丈，開深根脚，用大樁排釘深入沙底，儹辦巨料，砌築石工。仗此舊有草塘以護其外，使内之石工、人力可施保至三年之期，即草塘或有損壞，而石工亦已告成。』

臣謹案：次年五月，李衛又稱：『改建石塘之處，目今貼岸雖有漸長微沙，聚散無定，皆係必不可已之工，但一時難以並興，不得不暫爲寬期，陸續取辦。』故是役未果。

築陳文港等處草壩。

衛又言：『東塘潮頭自尖山直趨而北，勢猛溜急，在在危險。請於陳文港、小墳前、薛家壩及念里亭等處，分築挑水盤頭大草壩五座，周圍簽釘排樁，中填磈石，竹簍深入軟泥之下作爲底脚，上加掃料壓蓋，堵禦頂衝，使水勢稍緩，可引漲沙漸聚。』下部議行。

是年，分歲修海寧縣塘工銀八萬七千四十五兩零，搶修海寧石、草塘工，共銀三萬一千三百四十七兩零。

八年夏五月，築海寧西塘大壩及修築東塘，設海防兵弁。

李衛請於西塘、老鹽倉、戴家石橋、楊家莊等處，添築盤頭大壩三座，東塘自普濟庵至尖山等處修築塘身。又請將。杭州捕盗同知、管糧通判二員，分管東西海塘。再設千把總二員，晝夜防禦。下部議行。

鑄鎮海鐵牛。

時鑄鐵牛五座，分置老鹽倉前、戴家石橋、山川壇、泥烟墩、前潮神廟五處。

修仁和塘。

李衛題修仁和臨江鄉周家橋一帶官塘，里民柴世魁、張道濟等捐夫助修。

是年，分歲修海寧石塘工用銀四萬六千一百三十二兩零，搶修海寧石草塘工用銀二萬五千四百四十二兩零。

九年冬十月，續修海寧錢塘塘工。

總督李衛言：『寧邑海塘西草頭、盤頭矬坍塘身一千三十一丈八尺備料儹修外，其餘鎮海塔前等處幫潤培高共一千四十三丈。又念里亭草盤頭等處一百五十五丈，應加築大條石坦水一層，并舊磈石坦水三十五丈；應築大條石坦水二層，東塘七里廟等處五百餘丈。議將中條石築塘身，大條石築坦水，內有最險之處，塘身亦用大條石砌築。又普濟庵迤東梁家地等處塘身二百二十餘丈，并西塘唐子千門前五丈，仍用磈石修築。錢塘縣徐村、梵村等處，修築坍裂江塘三百五十三丈六尺，確核應修應築。』下部議行。

是年，分歲修錢塘、海寧及平湖江海石草塘工，共銀五萬三千三百三十兩。內修徐村、梵村江塘銀三千七百六兩零。搶修海寧及平湖縣石草塘工，銀一萬一千四百四十八兩零。

十年秋七月，仁和、海寧之支接築草塘。

草塘工程，自康熙六十一年，巡撫屠沂請將朱軾題准浦兒兜建築石塘一千三百四十丈，內有土性虛浮，故改築草塘八百四十丈。自後，老鹽倉西歷年加修，殆無虛日。其地皆在寧邑，故仁邑未嘗有修築草塘事。至是，署巡撫王國棟以上遊水發，西塘老沙衝刷，題請於寧邑華家衖草塘止處至仁邑沈家埠迤西之潮神廟，接築草塘二千二百二十餘丈，并建盤頭下埽防護。

仁和、海寧及平湖等縣石草塘坦圮，發帑修築。

署巡撫王國棟言：『寧邑春、夏二汛，燄陷草塘七百二十一丈七尺，又無脚草塘二百六十餘丈，應請修築。并於草庵前建貼心盤頭一座，華岳廟、錢家坂、小墳前盤頭，雁翅，浦兒兜盤頭、東西兩角、張爲三門前坍塘一十九丈，西南八圖孫家亭後坍塘二十丈，暫用草柴搶堵。又東塘、沈月明西塘、月明庵等處坍卸塘身一百九十六丈六尺，請照李衛條石塘坦之式修砌。東塘新庵西舊磈石塘身工段，共二百一十七丈七尺。西塘浦兒兜盤頭東塘身六丈，及修補坦水，并堵築白墻門、秧田廟盤頭。又霉伏二汛，坍燄草塘七百二十六丈五尺，飭員修築。再錢邑江塘、定北四圖、俞士品地前坍塘四十一丈，被潮冲刷，亟應添樁加層。又自徐、梵二村并諸橋起，至獅子塘頭止塘身石磈，尚有衝坍，亦應亟加修築。』下部議行。

是年，分歲修錢塘、海寧及平湖石塘工銀二萬八千九百七兩零，搶修仁、寧二縣石草塘工，銀一十四萬四千六百七十八兩零。

十一年春正月，命大學士鄂爾泰、張廷玉、朱軾來視海塘，議修築。

上年十二月，總督程元章查勘海塘情形，入奏，奉旨：『命大學士鄂爾泰、張廷玉、朱軾會同總督李衛、尹繼善詳議具奏。』

二月，命內大臣海望、總督李衛督海塘工。

正月，大學士鄂爾泰等至杭州集議，奏請欽簡大臣往浙詳細查勘，奉旨：『命内大臣海望、總督李衛赴浙查勘海塘，大理寺卿汪漋、原任内閣學士張坦麟前往承辦。』

三月，尖、塔兩山間建石壩。

内大臣海望奏言：『尖、塔兩山間，向有石壩堵截水道，後被修塘人役誤取其石，修補塘工。北岸之沙，至今有坍無漲。若於兩山之間，照舊堵塞，則北岸護沙可望復漲，水道亦可望其南徙。因自尖山至塔山約一百二十丈，俱用石塊堵砌。其塊石須用木簍裝載，共用物料、工價銀六萬二千四百九十兩零。』

内大臣海望請改草塘爲大石塘，尋罷築。

海望言：『華家衖以東、尖山以西，以及翁家埠萬家閘去年冲塌之處，有已經粘補者、有現在動工修築者，但草塘易於朽爛，塊石舊塘亦易坍塌，非經久奠安之計，似應改建大石塘，庶可垂之永遠。自尖山起，至萬家閘新築大石塘，共長一萬四千三百九丈，内除舊有石塘四千二百八丈六尺不築，净長一萬丈四尺，計需物料、工價銀一百七十萬一千七百四十四兩零。尋以經費甚鉅，非歷數年之久不能告竣，且現議堵塞尖山水口，如既堵後果能沙漲護塘，則石塘可以不必改建。若仍無漲沙，再行改建。』

添築土備塘，開引河以分水勢。

内大臣海望奏言：『翁家埠草塘沙土浮活，恐難施椿砌石，或仍用草工堵禦。第急雨颶風不能預測，若止一層堤岸，未爲萬全，應請於塘後添築土備塘一道，比舊塘再高五六尺。奉特旨允行，并命於中小亹開挖引河，以分水勢。計築土備塘一道，自寧邑龜山麓至仁邑李家村止，共長一萬四千四十八丈五尺，塘身底寬五丈，頂寬二丈四尺，内建石閘四座、涵洞十七座、木橋二十六座。又自李家村至接塘頭老土塘，加土四千九百五十六丈，内修舊閘四座、舊涵洞三座。於雍正十一年十月開工，十二年三月報竣，用銀一十三萬六千七百二十九兩零。

增員弁以備修築。

海望又言：『仁和至乍浦海塘不下三百里，使乏專管人員[二]，不無廢弛致患。前經請令杭嘉湖道一員兼轄工役，非其專責，所設杭嘉海防同知二員、千把總各一員、兵二百名，亦恐照料難周。應請岀設道員一員，添設同知一員、守備二員、千總三員、把總七員、兵八百名，伺查守護，隨時修補，可以保固塘工。』

夏四月，内大臣海望請以本省廢吏及士民願效力者，令督臣選派塘工。

海望言：『浙吏不敷調派，本地有廢員及紳士子弟，有願備資斧自效者，其中不無可用之人。應令總督程元章酌量派委。』部議是之。乃選家有餘貲、才堪任事，酌量派委，工竣之日，督臣分别優劣列最，題請議叙。

秋八月，内大臣海望奏請揀發旗員，協辦塘工。

海望言：『修築塘工，必須管工人員親身坐守，工程始得堅固。前臣帶往浙江監修海塘之内務府御史偏武、員外訥青額，因不服水土，隨臣回京，所留衹員外郎穆克登額一人在浙。第工程甚多，未敷差用，如仍委内務府人員前去，恐道途遥遠，耽延時日。臣見在浙旗員内尚有可用之人，仰懇敕諭將軍阿里衮、副都統隆昇就近選派旗員，與在工人員一同坐守監修。』奉旨允行。

冬十二月，發帑修仁和、錢塘、平湖諸邑塘岸。

總督程元章《疏》：『同知吴宏曾、李飛鯤、通判張偉各員，承辦下坍矬草塘、石塘、盤頭、雁翅及潑壞坦水，應請修築。又仁和縣總管廟前坍江塘十餘丈，錢塘縣梵村、午山等處，坍江塘七十餘丈，俱極緊要，因嚴飭在工各員上緊修築。』

十二年春二月，奉旨：『命副都統隆昇總理海塘事務，御史偏武佐之。』總督程元章奏稱，尖、塔兩山難以築壩堵塞，中小亹難以開挖。奉旨：『大學士鄂爾泰會同海望閲看。』鄂爾泰等奏元章不當存惜費省工之見，致誤興修堵築之期，故有是命。

三月，濬南港河。

副都統隆昇稱：『河莊等山東，舊有南港河一道，柴滷船隻不時往來。今在西沙淤者，僅一十五里，挑濬甚易，應請施工疏濬。』奉旨：『允行。』五月，南港及中小亹引河工竣，隆昇奏請造混江龍、鐵篦子等器具，並用夫撈淺，陸續疏刷。八月，請添設海防通判一員，駐劄河莊山，專司疏濬。并請撥外委千總一員、馬步兵二十四名，輪流防守疏濬。議覆准行。至次年三月，浙閩總督郝玉麟復題：撥海塘兵四百名駐劄，引河常川挑濬，計開挖中小亹引河一道，共銀五萬五百五十兩三錢。

秋八月，尖山西築浮壩，以禦水勢。

副都統隆昇等言：『西塘工竣之後，沙漲五十餘里，惟尖山水口尚未堵塞。請於貼接尖山外口，用樹木扎筏，横斜先暫築雞嘴挑水浮壩一道，以順擋潮水之入。再就尖山西首文武庵左右，亦先築雞嘴挑水浮壩一道，以順擋江水之出。』奉旨：『允行。』計雞嘴壩一座，自雍正十二年九月起工，至十二月工竣，長一百十九丈，用工料銀四千三百四十九兩零。

冬十月，築尖山石壩，增計工料。

副都統隆昇言：『原估自尖山脚下至塔山約長一百二十丈，内三十丈均深四丈，九十丈均深九丈，底寬俱十丈，頂寬俱三丈。上年測量係潮塞之時，今相度水勢情形，當以滿潮尺寸爲準，再共丈量一百八十二丈。其頂應加寬一丈，均深應加高二丈，其底應加寬四五丈不等。』奉旨允行。所築石壩於雍正十二年九月二十三日起工，至十二年十一月大學士稽曾筠奏請停止，共堵一百二十丈，用工料銀五萬一千五兩五錢零。

兩年分築仁、海及鹽、平四縣江海石草塘坦，奏銷銀八萬三百六十二兩零。

十三年春三月，議修仁和諸縣塘。

總督程元章言：『石草塘工，潮汐晝夜冲刷，塘脚多係活土浮沙，最易傾圮。據東海防同知張偉、知杭州府秦炌報，仁和、海寧共坍塘工六千二百八十餘丈，應請修築。』下部議行。

夏五月，重定海塘事宜。

總督程元章以海塘關係重大，與布政司張若震條議：『一曰海塘錢糧，宜分案具領。二曰海塘保固，宜分別定限。三曰估計册籍，宜令承修官會同估造，以免推諉。四曰海塘緊要處所，宜酌量預備物料，以資接濟。』下部議行。

秋七月，上命大學士朱軾總理海塘事。六月初二、三等日，風潮大作，海寧、海鹽等縣石草各塘所在報坍，總督程元章奏聞。七月十九日，上有是命。

校勘記

〔二〕『使』疑爲衍字。

欽定四庫全書海塘録　卷五　建築三

國朝

雍正十三年秋八月，命大學士、江南河道總督稽曾筠總理海塘事。九月，修仁和、海寧及海鹽等縣海塘。

巡撫程元章疏言：『六月初二日夜，颶風大作，仁和、海寧二縣共坍草塘三千九百五十一丈零，盤頭一百二十四丈，東西石塘五千六百五十六丈零。冲卸大石塘面并裏外攔水石二百四十八魄，土備塘坍卸涵洞一個，小坍二十五丈。仁、錢二縣江塘間有坍卸，多寡不同，旋飭辦料搶修。又仁、海二縣海塘自雍正十三年正月起，至六月初二日陸續坍矬草塘并盤頭、雁翅共二千三百八十八丈零，石塘五百六十七丈零，潮溝作壩三丈三尺，今俱搶築完工。第方秋汛，宜緊爲防護。』下部議行。

冬十一月，增築魚鱗石塘。

大學士稽曾筠疏稱：『六月内，風大水涌，舊塘坍卸，雖分頭搶築，不過堵禦一時。現今塘身卑矮單薄，背後盡係淒沉，内外空虚，實屬可虞。杭、嘉各府，所恃以禦水患者，惟一綫殘塘。若不速爲修治，春潮踵至，關係匪輕。原議將舊塘坍卸處，逐段改建石塘，今海潮直逼塘根衝刷，萬難折去舊工改築[二]，惟有照歲修例，速將舊塘上緊修築，以固外面。另於舊塘背後，建築魚鱗石塘作重門外障，更屬有備無患。』下部議行。

葺舊塘。

大學士稽曾筠奏：『海寧浦兒兜至念里亭塘工，悉係頂衝，必須寬厚，方可捍禦。十一年，奏請加高，歷今兩載，漸次塌卸，宜於塘身裏面帮築土戧，增卑培薄，一律高寬。又查海寧塘工，多屬活土浮沙，前於塘身外面，每歲補釘排樁，修砌石磈三五層不等，名曰坦水，賴以擋浪護塘。其如年久樁霉，石磈潑卸，近今又乏歲修，殘圮殆盡。當購辦大石，將全塘坦水逐段修補。而塘身石工，更宜擇險修砌，但不可用零星碎石堆垛，須購運條磈大石，將坍卸塘工分段改砌整齊，方保無虞。又查石工坍裂後，多用柴鑲築補墊，是以容易漏縱，須仍用大石磈鋪砌方固。至於柴草工程，宜加鑲高厚。查海寧西翁家埠一帶塘根，甚難釘樁砌石，請購運柴料加鑲，與附土塘身一律高平。』下部議行。

南門外築魚鱗石塘。

大學士稽曾筠奏：『海寧縣南門外塘工五百餘丈，貼近城垣，當首險之地，工程殘缺，難資保障，宜及時建築。令於貼近舊塘，須先築魚鱗石塘五百餘丈，遴委幹員，分段承辦，預爲指示，庶可保固城池也。』下部議行。

十二月，南岸製攻沙法。

大學士稽曾筠疏稱：『寧邑塘工之患，雖北岸，而致患實由南岸。長有沙灘綿亘百餘里，又有沙嘴挑溜，遂至江海水勢全向北趨。請用借水攻沙之法，在南岸沙洲用鐵器具梳挖陡岸，俾沙岸根脚空虛，乘冬季西北風多，海潮往來，使之自爲衝刷，隨勢坍卸。』奉旨：『允行。』

立木石柴土章程。

大學士稽曾筠言：『塘工需用條石甚多，非一山所能採辦，山陰、武康二縣，距海寧就近，蘇州、洞庭等處，路程較遠，分别給山價水脚，自七錢三厘至七錢七分三厘不等。其修理坦水所需魂石，募工匠於就近尖山開採。又坦水需用樁木，自一尺二寸起至一尺六寸，循照舊例給發價值，自上遊之嚴、衢及下遊之蘇、常、江寧，廣爲購辦，可得樁木二十餘萬，可以足用。草塘需用鑲柴束於富陽、分水、建德、桐廬四縣購辦，向例責成沿塘殷户經管收支，既非經制人役，又無額給工食。守法者，包賠；頑詐者，舞弊。今將管柴殷户盡行革除，遴員查收。沿塘造板房三十餘間，以爲柴廠。又塘身帮築裹戧，需土浩繁，近塘不便開挖，惟土塘塘河以北可以取土，每方給價銀自一錢三分五厘至一錢八分不等。又裝運石料，撥商、竈、船户，令於海潮大汛聽其載滷燒鹽，小汛俱赴各山運石。』

大學士稽曾筠奏停疏挖引河。

曾筠疏言：『所開引河，于中小亹外灘淡水埠安設河頭，並非頂衝，不能吸引江溜，中段黄山廟一帶，界於河莊、禪機兩山之間，北河頭地面較高，江水豈能自下而上挽流注海，而河尾又在茅草堰地方，一派沮洳，全無建瓴之勢。潮來流沙漫入河中，潮退沙存，日漸湮塞，雖復疏通山水，開挖南港一河，又當北大亹之中挑溜，仍歸海寧對面，是不能引之使去，而乃導之使來。開挖以來，計用過銀五萬五百五十兩，隨濬隨淤，迄無成效，應請停止。』部議從之。

暫停緩工，以備修築。

大學士稽曾筠言：『堵塞尖山水口之工，自上年九月迄今逾載，雖經築定一百餘丈，而未堵之處尚寬七十餘丈，潮汐往來，溜勢日加湍激，合龍甚是艱難。零星抛擲魂石，隨波漂淌，日久無功。現在修築舊塘坦水須用魂石，而尖山採辦石料不能兩工兼顧。請暫停堵塞石料，耑修坦水，使乘此冬季潮平及時修築，而尖山水口一時不堵，猶可留爲後圖。』下部議行。

是年，分修補仁、寧二邑草塘，共用銀八千五百兩零，搶修仁、寧等縣風潮案内石草塘工，共用銀九萬七百九十餘兩，歲修仁、錢二縣江塘，共用銀二千一百九十兩零。

今上皇帝乾隆元年春正月，春汛平穩。

二月，南北岸護沙日漲。

大學士嵇曾筠以海寧一帶塘身，坐當險要，惟将新舊塘工次第修築，一律高堅，並於沿江沿海加詳修防，疏通港汊，而於南岸沙洲竭力挑砌，将大溜日向南趨，北岸自臻平穩。現在東西兩塘漲沙寛厚，雖春潮浩瀚，而塘堤鞏固，永有安瀾之慶矣。

秋八月，帮築沿塘土戧。

大學士嵇曾筠言：『仁、寧二邑沿塘土戧，自寧邑念里亭迤西至浦兒兜止，又自浦兒兜迤西至仁邑李家村止，又自念里亭迤東至尖山石塘馬頭下坡往南止，共長萬三千九百九丈，工料銀八萬七千三百六十兩零。修砌坦水，自九里橋分工界牌起至浦兒兜大草盤頭止，共長八千四百四十四丈二尺。内除三十四丈四尺改建盤頭毋庸修砌外，餘長八千四百九丈八尺，工料銀七萬五百三十三兩零。擇險修砌石塘，共長一千十二丈三尺五寸，工料銀五萬八千二百四十六兩零。雍正十三年十月開工，乾隆元年五六月一律報竣。』

建築魚鱗石塘。

大學士嵇曾筠言：『前議舊塘之背，另度基趾，改建石塘，但需帑浩繁，曠日持久。如果水勢仍前危險，必須擇基另建。今海寧東西兩塘，水勢條順，所議魚鱗大石塘應即於舊塘基址，清槽釘樁，如式甃砌。仁、寧二邑，暨海寧南門外逵城險工，共應改建魚鱗大石塘有六千餘丈。』下部議行。

九月，築海寧南門魚鱗石塘。

大學士嵇曾筠奏：『寧邑南門外遶城魚鱗石塘五百五丈二尺，約估工料銀八萬一千四十四兩五錢零。』下部議行。

冬十二月，造運石海船。

大學士嵇曾筠以築塘所用之條魂石料，必由海洋轉運，但僱調商民船隻，貽誤鹽務，因請建造海船，將原定水脚銀兩扣存，除舵水工食等費外，餘銀儘數存公。塘工告竣，仍可變價。乃檄行五十隻，每隻需工料銀二百六十八兩九錢二分零，動支銀一萬三千四百四十六兩三錢零。

是年，分歲修仁、寧二邑石草塘，并加鑲盤頭、雁翅，共銀四萬七千六百五十三兩零。修築錢唐邑徐村橋等處江塘，及加帮獨山等處土塘，共銀九千九百二十二兩零。

二年春三月，編石草各塘字號。

石草各塘坍矬，向以某家東西起止開報，然居民疏密不齊，每多弊混。雍正間，監督汪漋、張坦麟等議將各塘編立字號。至是，大學士嵇曾筠咨部：將各塘照千文編立號次，以二十丈爲一號，建豎碑碣。計仁和塘工長一千四百二十三丈五尺，編七十二號；海寧塘工長一萬二千七百九十四丈，編六百四十號；其餘海鹽等，一應照例編立。』部覆准行。

夏六月，稽魚鱗石塘工費。

大學士嵇曾筠疏稱：『浙省海塘，自浦兒兜大石工尾起，至尖山段塘頭止，共應建築魚鱗大石塘五千九百三十丈二尺。內自寧邑遶城石塘迤西，地勢稍爲卑下，應用條石一十七層，計高一丈七尺。內首險工一千四百二十丈一尺，需工料銀二十五萬三千二百五十三兩九錢七分五厘零。次險工九百八十三丈九尺，需工料銀一十七萬五千七百六十兩六厘零。自寧邑遶城石塘迤東，地勢更爲卑下，應用條石一十八層，計高一丈八尺。內首險工二百九十一丈五尺，需工料銀五萬二千九百六十二兩一錢九分四厘零。次險工三千二百三十四丈七尺，需工料銀五十八萬七千七百七兩七錢一分七厘零。今合先行分修大石塘二千九百七十四丈一尺，其餘應修大石塘二千九百五十六丈一尺，容次第興舉，以垂久遠。』部覆准行。

秋九月，續帮李家村諸土戧。

大學士稽曾筠言：『續帮李家村、沈家盤頭、五里橋等處土戧，共長四千六百一十丈五尺，工料銀三萬四千二百一十七兩零。

閏九月改建海寧遶城坦水。

大學士稽曾筠疏言：『海寧縣南門外一帶塘堤，所關綦重。前請建築遶城魚鱗大石塘，自西土備塘頭起，至東土備塘頭止，共長五百五丈二尺，于本年五六月内陸續告竣。但石塘又全賴坦水相爲保護。查雍正十二年冬底歲修磈石坦水，潮汛往來，易於潑卸，今特外加護塘大條石坦水五百五丈二尺。其先承築石塘，共工料銀八萬二千七百二十四兩七錢三分零。今坦水，共工料銀一萬五千五百九十二兩八錢三分零。又帮築鎮海塔根圍墻，並馬頭踏步一座，工料銀五百二十九兩一錢零。』

是年，搶修仁、海二邑及鹽、平等處土石草塘土戧，銀三萬九千七百五十三兩零，歲修仁、錢二邑江塘，共銀三千八百四兩零。

三年，歲修寧邑圖字等號石塘千四百二十五丈二尺，改字號石塘並戴家石橋盤頭共三百七丈七尺五寸，仁、寧二邑藏字等號柴塘千五百六十二丈一寸，又修築仁、錢二邑江塘及建築海鹽邑堂字等號，共銀三萬四千七百二兩零。

四年春正月，停止草塘歲修。

撫臣盧焯以水勢日南，漲沙綿亘數十里，刮滷煎鹽，已成原野，每年猶事歲修，頗屬糜費，似應將草塘歲修暫行停止。

夏四月，浦兒兜等處改建石工。

撫臣盧焯言：『海寧濵臨大海，向係土塘，於潮汐衝頂處，建築柴草盤頭，計非經久。迨乾隆二年，改建石塘，以資保障。小墳前、浦兒兜等處，其時潮水尚激，塘身猶藉草盤頭挑溜。今水勢南遷，沙漲日遠，塘根之外皆成平陸，則草盤已不必加鑲，而於其後身，一例改建石塘，統計一百六十八丈六尺。』下部議行。

臣謹案：草盤頭原設十座，除陳文港一座已於查勘江海等事案内搶築石塘外，尚有浦兒兜、馬牧港、戴家石橋、秧田廟、賣魚橋、小墳前、鄭九臯門前、白墻門、念里亭等九座。至是，盡改爲石塘。

冬十月，接築尖山未堵工程。

撫臣盧焯以『尖山壩口爲江海出入之處，有未竣工程數十丈，原因險不能堵塞，故前大學士嵇曽筠奏請停止。但前議暫停者，以溜勢日加湍激，合龍甚艱，所用磈石兩工不能兼顧，故請俟坦水工竣，另行設法堵截。原未嘗以尖山壩工可以竟置不議。今水勢已平，合龍似在此時。查尖、塔兩山，相去二百丈，已築壩工一百二十丈，未竣者僅有八十丈。從前原深九丈至一十二、三丈不等，今現在中泓深一丈九尺，近壩頭深一丈六尺，近塔山深一丈三尺，則寬處僅有三分之一，深處僅有十分之一。但以磈石裝入竹簍，由淺至深，可免飄流之患，築高五丈，即足以資捍禦矣！』下部議行。

十二月，濬備塘河。

撫臣盧焯疏稱：『築塘全資石料，向由海運直達工所。今因沙漲，石船不能攏塘，艱於抬運，不得不熟籌挽運之法。查尖山迤東海鹽縣境内三澗塞高壥石塘之外，海船可以抵塘。塘内舊有河形，計長一千五百三十六丈，可達海寧縣。而寧邑之東西土備塘内外，從前取土築塘，已挖成河形。自尖山以至天開河，計長一萬四千三百七十餘丈，即達仁和縣之范家木橋。又自范家木橋至殊勝橋，皆有舊河，計長六千五百六十丈，即達省城。若循故道，一律深通，舟楫往來，風濤無阻，不特石料可免沙地扛抬，一應柴草木植皆可由内河轉運，并利於他務者不少。乘今農隙，分股開濬，將見大工物料挽運便益，商竈兵民永資利賴矣！』部議從之。銷費九千二百一十二兩有奇。

興築仁、錢等邑江海塘埭。

撫臣盧焯以『仁、錢等縣江海塘埭，均爲民生捍衛，惟在先事圖維，以期有備無患，因請次第興修。仁和縣自總管廟起，至化支廟等處江塘七段，共長七十六丈。錢塘縣自流芳嶺起，至獅子口張介凡等門首江塘二十一段，共長九百二十丈。合兩縣需銀五萬九千七百六十六兩零。』下部議行。

是年，分歲搶修海寧及平湖等縣石塘共銀六千二百四十兩零，内海寧韓家池等處柴塘三百三十二丈一尺，尖山大盤頭四十八丈，又濬塘河用銀九千二百一十二兩零。

五年春二月，續改東塘石工。

撫臣盧焯稱：『海寧小墳前盤頭改建石工，内讓出錢氏祖墓，應添修石塘二丈三尺，工料銀四百二十九兩零。』部覆准行。

夏閏六月，續堵尖山功成。

撫臣盧焯言：『續堵尖山水口，於乾隆五年二月開工，至閏六月工竣。共堵工程八十丈，需銀萬六千一十三兩零。』

秋九月，預存歲修之備。

撫臣盧焯奏言：『江海大溜，往來叵測。尖山墳壩，雖有漲沙環護，善後之計，當先事預圖。請將此項修築節省銀兩，留存縣庫，爲久遠歲修計。』部覆准行。

改建緩修舊塘爲魚鱗石塘。

撫臣盧焯疏稱：『海寧縣塘内，有潘介山屋前舊塘三十九丈五尺，洪文舍西舊塘三十丈，共六十九丈五尺，現在樁朽石卸，塘身矬墊，亟須建築魚鱗石塘，以資捍禦。』下部議行。

續魚鱗塘取直開槽，以便建砌。

撫臣盧焯言：『寧邑東塘李富祥門前等處，應建魚鱗石工一百一十二丈，乃當日坍塘之所接修柴塘。原坐灣曲，必須取直開槽，先帮土戧，以便釘樁建砌，應加帮築新土五千三百方八分，增工料銀七百九十五兩零。原估越壩，毋庸建砌，節省工料銀二百四十四兩。』部覆准行。

冬十一月，總督、宗室德沛請柴塘改建石工。

德沛疏稱：『仁、寧二縣東西兩塘，既已改建魚鱗大石塘，而寧邑之老鹽倉以西至仁邑之章家庵止一帶，仍係柴塘，未經改。議乃於海龍洋等處最險要之地，試築樣工二十丈，以覘地勢，請照所試之式，改築石塘。計長四千二百餘丈，約工料銀九十餘萬兩。』部議准行。尋以左都御史劉統勳奏，改建不必過急，乃緩興築。

尖山壩工告成，鑄鎮海鐵牛四座。

鐵牛四座，分置福寧宫前、大塔山各一座，新築石壩中二座。

是年，分搶、歲修仁、寧二邑露、結等號草塘四百八十丈。又寧邑擇險搶修之石塘，及緩修舊塘，高止一丈四尺至一丈二尺不等。北新建魚鱗石塘，形勢卑矮。巡撫盧焯題請一律改建。復於歲修案内，題請外用條石加高，内加頂土，共長一千三十五丈八尺。又於舊石塘加築子堰，長一千三百五十二丈一尺。又修海鹽等土塘，共銷銀四千七百三十一兩零。

六年春三月，總督、宗室德沛復請老鹽倉柴塘改建石工。

德沛奏稱：『寧邑之老鹽倉迤西，至仁邑之章家庵一帶塘堤，攸關七郡生民。東西兩塘，俱經改建石工，不因漲沙停止。獨草塘仍循其舊，萬一風潮，衝去護沙，水勢由此直趨，浸灌内地，不但臨時搶堵不及，爲患匪淺，即使費盡周章，恐所費更無算矣！』部議從之。

冬十二月，命左都御史劉統勳查勘浙江海塘。

統勳奏稱：『改建石工，不必過急。』故有是命。

是年，搶修仁、寧二邑柴石塘一千一百九十五丈一尺，及海鹽、平湖二邑，共銀五百七十三兩零。

七年春正月，觀音堂等處建築竹簍石壩。

總督那蘇圖奏言：『仁和縣章家庵起，至海寧縣之華家衖止，約二千四百餘丈，舊築柴塘，外沙俱漲，綿亘數里，並無海潮衝頂，無煩改建石塘。華家衖迤東，至浦兒兜石塘交界一千八百餘丈，已加鑲完固。惟老鹽倉汛至東石塘界四五百丈，地居頂衝，修防宜加嚴密。今擇其最險之觀音堂汛坐字號、老鹽倉汛伏字號又及字等號、蓋字等號，通計建築竹簍石壩四段。又伏字等號一段，用鳳尾順簍毗連接筍，斜釘關攔順簍樁木。』部覆准行。工竣，報銷工料銀三千六十八兩零。

三月，定海塘效力員額。

督臣德沛言：『海塘效力人員，應照河工例，按員缺多寡、工程酌量需用人數，著爲定額。』下部議行。

夏四月，改建議成。

左都御史劉統勳言：『親履南北兩岸，勘知柴塘改建石塘，誠經久之圖，但須寬以時日，請將料物預期備辦，俟水緩沙停可以施工，乘機興築，每年先以三百丈爲率。』

定購辦搶塘柴薪實價。

統勳奏稱：『搶修柴工，需柴正殷。柴價時值九分，部定例止准六分。今次購辦柴薪，商民觀望不前。若不照時價給發，誠恐貽誤要工。請准照實價九分報銷，庶緊要工需辦運，不致遲誤。』部議從之。

六月，製石簍以護塘基。

督臣那蘇圖以『老鹽倉汛至東石塘界最險處，先間段排築石簍，外捍潮汛，内護塘基，俟石簍根脚堅實，再照原議建築石塘。後於乾隆九年，吏部尚書公訥親來浙勘視海塘，言仁、寧二邑柴塘，外護沙寬廣，實屬安穩護沙，不必改建。若慮護沙坍漲，第将中小亹故道開濬，俾潮水循規出入，上下塘俱可安堵。』經部議覆，改建石塘，事遂寢。

是年，分修築海寧邑金家木橋緩修工内舊石塘二十一丈，銀一百八十二兩零。又搶修觀音堂老鹽倉一帶柴塘，共長七百二丈一尺，并塞毛洞五十個，共銀五千二百六十六兩零。

九年春二月，魚鱗大石塘工成。

撫臣常安言：『海寧縣魚鱗大石塘，於乾隆二年四月初七日起工，至八年六月初九日一律告竣。共建築大石塘計長六千九十七丈六尺八寸，加帮土戧計長一百一十二丈，共銀一百一十二萬七千一百一十兩有零。』

臣謹案：海寧大石塘，自康熙五十年從大學士朱軾請[二]，於浦兒兜至姚家堰等處建築一千三百四十丈，工未竣[三]，巡撫屠沂奏稱：『老鹽倉迤西，不能釘樁砌石。』改築草塘，故惟老鹽倉所築五百丈係石工。雍正十一年，内大臣海望、總督李衛勘查塘工，請将全塘一律改建大石塘。逮十三年，朱軾面奉世宗憲皇帝上諭修建。我皇上御極，特命大學士稽曾筠總理海塘事務。乃請於寧邑南門外，先築遶城大石塘五百五丈二尺。乾隆元年八月，奏建大石塘五千九百三十丈二尺。四年九月，巡撫盧焯請將小墳前、浦兒兜等處草盤頭九座，一律改作石塘，共增一百六十八丈六尺。五年二月，改建處讓出民塚，添築石塘二丈三尺。九月，因緩修工内舊塘矬蟄六十九丈五尺，以柴塘改石工，其逢灣取直節省處共七十二丈九尺二寸。歷年題咨事件、塘身丈尺、工料價值，各有增減。原計應築石塘五千九百三十丈二尺，實建六千九十七丈六尺八寸。原估工料銀一百六萬九千六百八十三兩零，實銷一百一十二萬七千一百一十兩零。

是年，分加高海寧邑念里亭汛舊石塘一百五丈五尺，尖山壩西舊石塘九十五丈，鑲築浦兒兜舊石塘一丈五尺。又加修西塘眉土三百三十九丈一尺，加築大小山圩土堤七百七十四丈六尺，及搶修海鹽平湖等處塘，銀共三千七百六十九兩零。

十年，分搶築海寧邑浦兒兜、秧田廟柴盤頭二座。又搶築將軍殿前柴塘一道，長九丈，殿東搶築柴盤頭一座。搶築浦兒兜東魂石塘二丈五尺，池家墳前魂石塘五丈五尺，萬家街前石塘鋪釘排樁一十丈。復建將軍殿前石塘九丈三尺。合海鹽、平湖等邑，共銀五千五百三十六兩零。又搶修海寧邑觀音堂、老鹽倉二汛柴塘，共長八百五丈，用銀八千九百八十七兩零。

十二年春二月，開中小亹（引河故道）工成。

護巡撫臣唐綏祖言：『乾隆九年，吏部尚書公訥親奏請將中小亹故道開濬深通，時巡撫常安於蜀山一帶用切沙法相機疏刷。至十一年春夏間，蜀山已經落水，潮汐漸向南趨，北岸漲沙日廣。但偃鳳山水未落，河莊、嚴峰等山積沙尚厚，而蜀山之南原有舊時引水河道。本年挑挖工長一千二百四十七丈五尺，面寬三、四、五、六丈，底寬二、三、四丈，深六、七尺不等。實用銀一千一百七十七兩零。』

十三年春正月，加護塘土堰。

大學士高斌言：塘身雖固，猶需善後之策。倘潮頭風涌，濺水上塘，不可不慮。但得塘後土堰擋護周匝，則坡土不傷，即無妨碍。除八仙石起至章家庵老土塘四千七百餘丈，另有外護土堰，無須加築，今應自章家庵起至尖山脚下凡石、柴草塘頂上後邊，一律加築土堰，底寬一丈二尺，頂寬八尺，高四尺，共長一萬四千數百餘丈。將舊有存塘土牛抵用外，約銀六千六百餘兩，係善後緩工。限以二年爲期，於農隙之時，陸續築成。再自仁和邑江塘迤東至章家庵，民築土堰量長六千二百餘丈，原爲八仙石迤東老土塘之外護，惟是堰身高下〔厚薄〕不齊，不足禦異常潮患，必須統體加倍高厚，與東西兩頭塘身平接，包裹老塘在内，庶爲〔有恃〕無恐，約需土方銀一萬二千八百餘兩。連前項通塘加堰，需銀一萬九千四百餘兩。毋容動銷正帑，並請於留備海塘工用項下支銷可也。部議准行，後以大學士訥親奏展限緩築。

三月，恤冲坍民户。

撫臣顧琮稱：中小亹引河故道，於十二年十一月朔後，江流直趨大溜，南北兩岸水遠沙長，塘堤鞏固，實可慶幸。惟是沙地居民，田被衝决，雖已給遷徙之費，而拆屋搬移不無拮据。今擬查無力之户，給與口糧，以資卒歲。將銀照時價折給，約需銀五百兩。

夏四月，議增滚壩及塘汛弁兵。

大學士公訥親以江溜初向南行，當防其仍復故道，應設竹簍碎石滚壩，以禦冲刷，使江水仍復由壩漫流。其蜀山至尖山一帶，中有堰溝數道，應酌看形勢，或於水口、或於中段、溝尾，稍加堵禦，以防直抵塘根。至南岸一帶海塘，因安瀾已久，並未設有專司塘汛之員弁、兵丁。今江水既向南趨，當派官兵駐宿，不時查勘全岸塘工。應移駐官弁相度沙之坍漲，有無裨益，並潮水長落情形，一一熟知，隨時調劑，可免興修大工。至前大學士高斌奏准將仁和縣江塘迤東至章家庵民築土堰，動支舊存塘工銀兩，加倍高厚，此原係防禦異常潮患。今營造官兵房屋應需工料，即移此項先爲動用。其修築民堰銀兩，再展年限，陸續修理。

秋九月，北塘等處堵禦潮溝。

撫臣方觀承以大學士公訥親之奏，奉命查辦海塘。因查河莊山後有沙，南北横亘如脊，若設竹簍碎石滚壩，以殺汛勢，更屬有益。又查三里橋塘外潮溝一道，長二千二百丈，口門寬一百八十丈，應於口門進内〔扼要處所〕設立竹簍碎石滚壩一道[四]，長四十丈需銀五百五十一兩零。又掇轉廟塘外潮溝一道，長二千一百丈，口門寬衍，遠出大尖山外，溝尾仍寬十五六丈、深二三尺不等。今於口門進内〔七百丈之小尖山潮神廟前〕建築竹簍碎石滚壩一道[五]，以截内灌之水，並可爲尖山石壩外護，其壩長二百三十丈，内一百三十丈應築土壩。其横截溝身之一百丈，先用柴墊高，再排竹簍碎石滚壩，共約銀一千一百四十餘兩。又小尖山至大尖山、石巖山二處[六]，逼近海濵，宜建石塘。且潮水回溜趨東，則大小山圩正當其衝，應請於二處各建碎石塘一道，與滚壩工程同時並舉。約需工料銀二千八百二十餘兩。隨經大學士會議准行。

增撥防護海塘兵弁。

撫臣方觀承以左營之念里亭、右營之八仙石、章家庵、觀音堂、靖海等處五汛弁兵，按汛撤撥南塘，其北塘除調撥外，分守各汛，操防力作。若八仙石、章家庵二汛工程，應歸於翁家埠汛經管。觀音堂汛工程，應歸老鹽倉汛經管。靖海汛工程，應歸于鎮海汛經管。念里亭工程[七]，應歸於尖山汛經管。均令汛弁按工巡防。其抽撥南塘者，自應就地建造衙署、營堡，以便棲止。而一應統轄，宜悉照北塘之例，以昭畫一。經大學士會議准行。

是歲，修築海寧竹簍石壩銷銀五百四十八兩零。

校勘記

[一]『折』疑爲『拆』之誤。

[二] 校以本書第一四〇頁，此處落一『九』字，應爲『自康熙五十九年從大學士朱軾請』。

[三]『工未竣』後落『陞任』二字。

[四] 據《敕修兩浙海塘通志》卷七《本朝建築》四補入『扼要處所』四字。

[五] 據《敕修兩浙海塘通志》卷七《本朝建築》四補入『七百丈之小尖山潮神廟前』十一字。

[六] 據《敕修兩浙海塘通志》卷七《本朝建築》四，『巖』字誤，應爲『宕』字。

[七]『念里亭工程』疑爲『念里亭汛工程』，落一『汛』字。

欽定四庫全書海塘録　卷六　建築四

國朝

十五年秋，海潮平。

海水自乙丑歲以來，大溜直趨中亹。至是秋，海波不揚，臣民慶幸。冬十二月，撫臣永貴以秋汛海水安瀾，塘工穩固上聞。

是歲，修築仁、錢二縣江塘，銷銀一千四十八兩零。

十六年春，上纘承祖武，南巡江浙，莅錢塘江，祭大禹陵，幸六和塔，敬念世宗憲皇帝奠安之德，勒石紀事。向海潮直逼北岸，仁和、海寧二邑塘工，頗以爲患。近年，北岸漲沙，潮汐南徙，遂慶安瀾。上幸浙，渡錢塘江，是日風恬景明，皇情怡悦，親灑宸翰，幸六和塔，諦察形勢，敬念世宗憲皇帝軫念海塘，澤及萬世，御製鴻文，勒石六和塔上，永示無極。

是歲，修築錢塘葛家地江塘八丈九尺九寸，銷銀三百四十八兩零。仁和坍卸石塘一十二丈，銷銀九百四十九兩。錢塘坍卸江塘二十一丈四尺六寸，銷銀九百一十六兩零。海寧縣拆鑲南門外曹将軍殿前盤頭一座，銷銀三百十四兩零。錢邑三郎廟、六和塔、蜈蜂嶺等處坍卸石土塘三丈四尺，銷銀一百三十四兩零。

十七年，歲修錢塘屠家墳江塘六丈三尺八寸，銷銀二百五十七兩零。又五雲山下江塘二十丈六尺四寸，銷銀八百十九兩零。搶、緩修西塘戴家石橋石塘六段，共長一百六十五丈七尺。秧田廟柴盤頭一座，外長十三丈九尺，裏長九丈，牽長十一丈四尺五寸，共銷銀一千三百六十五兩零。

十八年秋，海潮平。

自辛未春駕幸浙江，周察形勢，嗣是，海溜直趨中亹，颶風不作，居民遂慶安瀾。十二月，撫臣雅爾哈善以秋汛平穩，塘工鞏固上聞。

十九年夏四月，督臣喀爾吉善請裁改海塘營官弁。江海塘工，向設兵備道統率，守備二員、千總四員、把總八員、外委十六員、馬步守兵一千名，分守防護塘工。至是，喀爾吉善以尖山石壩告成，中小亹引河暢流，塘工平穩，奏請裁汰道員，塘工歸杭嘉湖道專管。其原設員弁，除改撥杭、乍二營外，尚餘千總二員、把總四員、外委八名，均行裁汰。原改設馬步兵二千名，亦改撥杭、乍二營。三百名又改爲堡夫，四百名内，以三百名守北岸，一百名守南岸。尚餘馬兵四十名、步戰兵七十名、守兵一百九十名，均行裁汰。

是歲，分修錢邑横港埠等處塘工十丈，銷銀七百三十四兩零。

二十年，歲修錢塘仇以介户側莱、重字號江塘六丈二尺四寸，銷銀四百四十八兩零。折修海寧城西曹殿東柴盤頭，銷銀二百八十七兩零。二十一年，歲修錢塘孫家墳前遐字號江塘八丈二尺八寸，銷銀六百五十兩零。拆修駒字號石塘六丈七尺二寸，銷銀四百九十八兩零。又陶字等號坍矬十三丈、五丈，銷銀三百九兩零。

二十二年春二月，上南巡閲海塘，幸觀潮樓，視江水趨溜，命建海神廟。上以海塘爲浙重務，特允臣民之請，親臨閱視。二月，幸八仙石諸塘，至觀潮樓，察江水趨南北之勢，知大溜直趨中亹，兩岸沙灘自資捍禦，降旨建海神廟於城南觀潮樓。明年，廟成，御製碑文勒石。

二十三年，歲修錢塘流芳嶺至横港埠石塘一百三丈九尺，銷銀四十七兩零。海寧曹殿前柴盤頭一座，銷銀七百十三兩零。

二十四年夏四月，督臣楊應琚請酌復海塘營兵弁。應琚疏稱：『中小亹之下，因雷、蜀二山漲沙連接水勢，仍致北趨。海寧爲全塘緊要之區，搶修防護，在在需人。應請酌復千總一員、把總二員、外委三名、馬兵二十名、步戰六十名、守兵一百零三名，共一百八十三名。海寧分設二汛，每汛派撥把總一員、外委一名，尚餘千總一員、外委一名，駐扎寧城，稽查調度。所有舊設堡夫一百八十三名，應請裁汰，以抵酌復兵丁之數。』下部議行。

閏六月，備老鹽倉柴塘物料。

撫臣莊有恭《疏》：『老鹽倉西、華家衖、翁家埠等處，現在江溜、海潮均由北大亹，水勢寬七八百餘丈不等，雖塘外老沙尚未摧圮，然水勢靡常。請先發銀給富、建、桐、永四縣，速運至工所，以備應用。』下部議行。

加築附塘土堰。

撫臣莊有恭言：『海寧石塘近城一帶，護沙日見冲卸，石塘之内，田廬鱗次，倘遇風汛漫溢堪虞。查該處起止共長二千三百十六丈九尺，請於現存娷塾土堰之上，加高三尺，寬二尺，約估需銀九千四百七十兩零。繞城土堰五百二十四丈一尺，取土甚遠，每方給銀一錢八分。東西各堰取土稍近，每方給銀一錢五分，約需夫工銀一千四百八十三兩零。』下部議行。

增築層石坦水。

撫臣莊有恭奏言：『層石坦水，原爲保護塘根。今水勢北趨，有需添建坦水處所，亦應俟大汛過後，籌議添建。如舊有坦水，或因年久樁根石欹，亦應勘實補修。』下部議行。

冬十月，修海寧條石坦水。

撫臣莊有恭疏：『江流海潮，近由北大亹出入。閏六月，望汛潮水浩瀚，由南折北，以至海寧城東。自九里橋西，至曹殿盤頭，漲沙盡刷，水逼塘根。七月大汛，潑卸愈甚。因於情形最險處，委靳樹德等先築條石坦水四十丈。其餘應修應建條石坦水一千四百四十餘丈，擇其地當險要、不可緩待處工長四百三十五丈三丈[二]，委同知林文德等八員儹築。又遶城坦水冲潑殘缺，亦應同時並修，委李納璧等領辦。以上共估零工料銀一萬八千二百二十兩零。』下部議行。

二十五年夏五月，修東、西塘坦水及韓家池柴塘。

撫臣莊有恭疏：『海寧南門外東西兩塘護沙被刷，應於東塘吴宏曾經築緩修石塘起，至西塘倪琯經築魚鱗石塘止，築最要坦水七百七十七丈九尺三寸，估需銀二萬三千六百六十二兩零。又韓家池柴塘洄溜冲逼，應自石塘頭東至大盤頭西，拆底加鑲二百八十丈，計銀七百二十九兩零，令同知劉純煒等十員分段承修。』下部議行。

六月海漲，命祀海神。

時撫臣莊有恭以東西兩塘坦水工程，分别緩急辦理，及現在沙漲情形奏聞。上念切民依，命祭祀觀潮樓及海寧海神廟、天后諸神。

秋七月，修築海寧南門外諸坦水。

五月，望汛潮損海寧南門外及石門遶城塘外二層坦水，共二十七丈。撫臣以年久樁朽，請及時修理。是歲分修海寧秧田廟大石塘外修整盤頭一座，銷銀七十四兩零。折修韓家池柴塘二百八十丈，銷銀一千七百九十一兩零。海寧尖山疊砌竹簍五十丈，又續砌竹簍三百六十丈，銷銀三千二百十兩零。

二十六年春二月，修胡家兜坦水。

撫臣莊有恭疏：『胡家兜迤東一帶塘身，向因彼處尚有護沙，是以列入次要工内。今正月潮水逼塘，護沙被刷，塘底呈露，地當頂冲，勢難緩誤。内除兵力可修者計一百二十二丈三尺，其餘一百二十三丈八尺急須委員改建條石坦水，估工料銀四千五百九十二兩零。』下部議行。

三月，修建魚鱗石塘及坦水。

撫臣莊有恭疏：『東塘小墳前等處條石塘三段，前以塘身鞏固，未議一律改建。第該工自雍正八年建後，已歷年久，今外無護沙，塘根淺狹，應改建魚鱗石塘十丈，塘身拆出舊石修建條石坦水十丈。又白墻門東應修築條䃮石塘四丈，增坦水十丈。又念里亭盤頭西側條䃮石塘二十五丈，應行加高并增坦水二十五丈，估需工銀三千八十九兩零。』下部議行。

夏五月，修馬牧港塘工坦水。

撫臣莊有恭奏：『西塘馬牧港迤西一帶，自三月望汛將護沙刷洗，舊坦椿石多有殘缺。除馬牧港地方兩段石塘之中，舊有柴盤頭一座，就此修築盤頭，以分水勢，無須建築坦水，其餘應修坦水自六十四段緩修石塘起，間段至八十六段魚鱗石塘止，共十一段，計一百五十一丈七尺，估需銀七千五百十兩零，委梁世際等五員承築。』下部議行。

冬十二月，築秧田廟坦水。

撫臣莊有恭奏：『西塘秧田廟迤西，自春徂夏，護沙刷盡，應築次要坦水二百二十三丈八尺，及另應修建坦水一百五十一丈七尺。又戴家石橋一帶，大汛潮水仍復到塘，底椿呈露，内有舊無坦水之處，應請建條石坦水四十六丈七尺，委令同知高象震等僨築。』下部議行。

修築韓家池柴塘。

撫臣莊有恭疏：『韓家池柴塘二百二十丈，因秋汛潮水頂冲，外沙坍卸，應請拆底加鑲，估工料銀四千三百二十一兩零，委平湖令劉純煒監辦。』下部議行。

是歲，分修海寧城西馬牧港柴盤頭一座，銷銀五百十兩零；曹将軍殿盤頭一座，銷銀七百二十兩零；拆鑲老鹽倉塘一百丈，銷銀一千八百三十三兩零；續鑲柴塘七十丈，銷銀一千二百八十三兩零；又老鹽倉柴塘一百丈，普兒兜盤頭一座，銷銀二千二百二十七兩零；又海寧修築尖山竹簍四百二十三个，銷銀三千九百二十八兩零；又薛家壩修建魚鱗石塘坦水，銷銀二百八十兩零。

二十七年春三月，上幸江浙，躬閱塘工，睿謀指示，定築柴塘。

柴塘下多活沙，不能易石。或云：『移内數十丈，則可施工。』皇上特允臣民之請，復舉省方之典。三月初三日，鑾輿親歷海堧，咨度經久之計。因於城邊試下木樁，始苦沙澁，旋築以鉅硪，所入不及寸許。待樁下既深，又苦沙散不嚙木。若柴塘向内數十丈，其土似宜下樁，可以即工，然所在皆田廬塍澮。上心慮傷民力，乃命築柴塘，定歲修增坦水。又命行在户部及督撫詳擬加增柴價，親灑天章，宣示臣庶，諭旨勒諸貞珉，以垂不朽。恭紀首卷上親幸海神廟祀之。時駕幸尖山，守塘者以漲沙聞，上以海波不揚，塘工鞏固，皆恃神佑，乃親祀海神廟。廟有世宗御製碑文在焉。上因御製《閱海塘記》，以誌閱塘資度之事，勒之碑陰。又幸觀音、潮神二廟及安國寺，並賜聯額及御製詩。恭紀首卷。是夜，駐蹕前予告大學士臣陳元龍園，賜名曰『安瀾』。命御前大臣誌石簍以驗沙漲。撫臣言：『竹簍藏石，下護壩基，數日來沙漲，掩簍四尺許。』上命都統努三、額駙福隆安立標於石簍之上，以驗增長。努三等回奏云：『十日以來，沙漲至三尺餘。』土人以爲神佑。

秋九月，改建坦水。

撫臣莊有恭奏：『東西兩塘，應修應建坦水工程一千六百六十餘丈，先已分别緩急奏請，次第興修。内除最要坦工七百七十七丈，次要坦工一百七十丈五尺，均於乾隆二十五、六等年先後趕辦完固，其餘七百十餘丈内有一百三十丈，或底沙增刷，塘身露高十五六層，或舊有樁石殘缺。又迤西另有搶修石塘二十一丈五尺，塘身亦露高十五、六層，舊存磈石無幾，急應一併估辦。又念里亭、白墻門兩處，舊有盤頭二座，積被汕刷，應行改建石坦三十一丈。共計應築坦水一百八十三丈二尺，估需銀八千三百四十五兩，委同知劉純煒等督辦。』下部議行。

冬十月，改築四里橋魚鱗石塘并華岳廟等處石塘盤頭坦水。

撫臣莊有恭疏：『海寧縣東西兩塘，於七月初七日猝被風潮，將緩修石塘間段坍卸，并各盤頭亦遭潑損，應行改建。四里橋等處魚鱗石塘，五段一百四十三丈七尺。又華岳廟東須拆築條磈石塘五丈。又陳文港東、西盤頭，并秧田廟盤頭三座，改建坦水共長六十丈一尺。又陳文港東，緩修與搶修石塘兩不相接之處，添築裹頭一道，原議築長三丈五尺，緣搶修石塘在内，緩修石塘在外，中間相去三丈五尺。若就空處平築，則突出之緩修石塘未免倍受潮冲，應添築一丈三尺以順潮溜，共長四丈八尺。以上各工，共估需銀二萬七千二百三十九兩零，委杭州府知府張鎮等監辦。』下部議行。

是歲，接築海寧觀音堂迤西簍坦四百丈，需銀九千四百三十九兩零。又置横簍一百六十七箇，需銀五百九十六兩零。搶修老鹽倉柴塘一百四十八丈零，銀一千四百七兩零。東塘曹殿東盤頭一座，需銀二百四十二兩零。

二十八年春正月，議定搶修塘工。

撫臣熊學鵬疏：『乾隆二十七年七月初七日，風潮潑損東西兩塘，東塘潘重庚承築遶城石塘起至吴宏曾承修緩工止，内潑卸一千四十七丈一尺。又曹将軍殿東柴盤頭一座，西塘自老鹽倉石塘頭起迤西，至鐵牛西止，内潑卸一百四十八丈四尺。又普兒兜、馬牧港柴盤頭各一座，共估銀二千三百三十五兩零。』

夏六月，建念里亭坦水。

撫臣熊學鵬奏言：『海寧城東念里亭地方魚鱗石塘十六丈，其塘外原係舊廢盤頭，未建坦水，現在潮溜冲刷，以致塘身見露十六、七層不等，應請修建坦水以護塘身，估銀九百五十一兩零。』下部議行。

秋九月，念里亭諸處改建魚鱗石塘。撫臣熊學鵬疏稱：『海寧東塘念里亭汛内小墳前第六十六段西首緩修條磈石塘三十五丈五尺，東首緩修石塘十三丈二尺，歷年久遠，底樁霉爛，難資捍禦。又西塘戴家石橋汛内第四十七段緩修磈石塘二十九丈五尺，塘身臌凸，應請於小墳前改建魚鱗石塘四十八丈七尺，戴家汛内改建魚鱗石塘二十九丈五尺，并修補坦水估銀一萬三千九百八十五兩零。』下部議行。

冬十二月，上允臣民籲請，降旨於乙酉歲再巡江浙，閲視海塘。

督臣楊廷璋、撫臣莊有恭以臣民望幸之忱，請上四巡江浙，閲視塘工。上以海塘漲沙，雖有起機，大溜尚未趨赴中亹，新修柴石塘亦當親閲其工，以便隨時指示，頒詔俯允所請。於乙酉之春，恭奉聖母皇太后慈輿重幸江浙。

修築老鹽倉等柴塘。

撫臣熊學鵬疏稱：『老鹽倉至觀音堂拆築柴塘六百七十五丈，用銀一萬八千二百四十二兩零，令杭州府知府劉純煒承辦。』下部議行。

接築翁家汛曹殿東柴塘。

撫臣熊學鵬題稱：『海寧縣老鹽倉迤西至翁汛境内，鑲築柴塘一千三百四十五丈並已完竣。惟翁汛迤西塘外護沙被潮冲激，舊樁霉朽，應於新工之西曹殿東拆築柴塘一百丈，估需工料銀二千七百二十七兩。』下部議行。

是歲，接築觀音堂迤西柴塘三百丈，估銀八千一百八十三兩零，接築翁汛柴塘一百丈，估銀二千七百二十七兩零。曹殿東接築柴塘一百丈，估銀二千七百二十七兩零。分修錢塘江塘人、始等五號，長十四丈。又大朱橋踏步一座，長一丈六尺，銷銀三百四十三兩零。

二十九年春二月，定歲修銀數。

撫臣熊學鵬疏：『西塘老鹽倉石塘頭起至觀音堂止柴塘，長九百四十五丈，前因水逼塘根，於二十六年先行鑲修，已竣工長二百七十丈，其餘六百七十五丈亦於二十七年九月初七日止一律完竣。第工竣以來，二十八年已歷春霉伏秋大汛，潮溜往來，柴土蹲矬，應行加鑲平整。今循例於霜降後舉行歲修，估需銀五千五百八兩零。』

置老鹽倉護塘竹簍。

撫臣熊學鵬疏：『老鹽倉一帶塘外安設護塘竹簍工，長九百四十五丈，隨時添設，用過銀二萬二千六百四十七兩零，石門令夏廣文等督辦。』

修築普兒兜坦水。

撫臣熊學鵬疏稱：『西塘普兒兜大石塘外，建築坦水四百六十丈，又大隆號舍前工長一十丈，用過銀二萬五千八百九十兩零。』

夏四月，築念里亭諸處坦水。

撫臣熊學鵬疏：『海寧東西兩塘、念里亭、戴家石橋二汛内，前同知林緒光監築魚鱗石塘共工長一百七十七丈七尺，塘外從前原有護沙未建坦水，近因護沙漸刷，地當冲要，塘身已露高十五六層不等，亟應建築坦水，以護塘根，估應需工料銀五千九百六十七兩零，委令赫名額等六員分段監辦。』

校勘記

〔一〕『三丈』疑爲『三尺』之誤。

欽定四庫全書海塘録　卷七　名勝一

廟山　《咸淳臨安志》：在錢塘縣去城五十里，突出江心，潮勢至此方殺。

詩

王同祖《廟山道中》：蕭蕭疏雨點孤篷，舟子招呼語順風。小麥青青春怯半，一犁江上看田翁。

楊萬里《曉泊舟廟山》：平水長先曉，無風也自濤。烟昏山易遠，岸濶樹難高。去雁鳴相報，游魚冷總逃。輕寒客可忍，清眺得辭勞。

大湖山　《萬曆錢塘縣志》：茱萸尖之支，東南行爲大湖山，山頂平廣，五十六畝可耕。有洞曰『錢王洞』，洞門二，皆丈許，中廣二三畝不見日。泉乳所結，有長一二丈者，紆回二十餘。洞底有小窟，窟下大潭，深不可測，取石投之，聲如洪鐘。山下有風洞，立夏風生，立秋風止。有水洞，水極清澈。《咸淳臨安志》：楊村慈嚴院，舊名恩德，有洞極大，流水不竭。頂上又一洞名風洞，中多石子，紅點如丹，持出即隱，置於内如故。《江月松風集》：洞在定山南，葛洪常煉丹於此。東坡與李節推唱和見集中，方里英、許郢州、林和靖皆有詩。

詩

白居易《余以長慶二年冬十月到杭州，明年秋九月，始與范陽盧賈、汝南周元範、蘭陵蕭悦、清河崔求、東萊劉方興同遊恩德寺[一]，泉洞竹石[二]，藉甚久矣！ 兹目擊果愜心期[三]，因自嗟云： 到郡周歲方來，入寺半日復去，俯視朱綬，仰睇白雲，有愧於心，遂留絶句：『雲水埋藏恩德洞，簪裾束縛使君身。 暫來不宿歸州去，應被山呼作俗人！』

林逋《風水洞》： 平昔嘗聞風水洞，重山複水去無窮。 因緣偶入雲泉路，林下先聞接客鐘。

趙抃《風水洞》： 風穴有聲連水洞，聽風觀水暫閑身。 杭州未入從容甚，且與南山作主人。

蘇軾《往富陽新城，李節推先行三日，留風水洞見待》： 春山磔磔鳴春禽，此間不可無我吟。 路長漫漫傍江浦，此間不可無君語。 金鯽池邊不見君，追君直過定山村。 路人皆言君未遠，騎馬少年清且婉。 風巖水穴舊聞名，只隔山溪夜不行。 溪橋曉溜浮梅蕚，知君繫馬巖花落。 出城三日尚逶遲，妻孥怪罵歸何時。 世上小兒誇疾走，如君相待今安有。

蘇軾《和李節推二首[四]》： 山前乳水洗塵凡[五]，山下清風舞檜杉[六]。 細細龍鱗鋪亂石，團團羊角轉空岩。 馮夷窟宅非樑棟，禦寇車輿謝轡銜[七]。 世事漸艱吾欲去，永隨二子脱譏讒。

風轉鳴空穴，泉幽瀉石門。 虚心聞地籟，妄意覓桃源。 過客詩難好，居僧語不繁。 歸瓶得冰雪，清泠慰文園。

蘇轍《和子瞻風水洞》： 風送江湖滿洞天，洞門可聽入無緣。 土囊鬱怒聲初散，石齒聱牙勢未前。 樂奏洞庭真跌宕，歌傳帝所亦清便。 何人隱幾觀遺韻，重使顔成問嗒然。

張無盡《風水洞》：巔頭松竹自生寒，雨穴茫茫徹鬼關。風竊虎威時弄草，泉欺龍睡故離山。不嫌淅瀝驚塵耳，聊挹清冷洗病顔。窗外月高湘簟冷，更無閑夢到人間。

司馬才仲《風水洞》：藤梢幕荒寒，薜花蔭空清。窈窕石竇中，兩耳風雨并。初聞聲蕭騷，活火急銅瓶。再聽逗餘響，習習起寒汀。我疑此山空，石脚連滄溟。中有蛟龍蟄，皐息隱雷霆。又疑仙翁却，丹竈留岩扃。至今爐鼎中，水火不曾停。山前老比邱，霜眉眼如螢。能傳古者語，濯我耳聽醒。便欲謝塵凡，脱韉隨爽靈。

元居中《風水洞》：二洞標奇古，連岩葺宇新。凉生清桂曉，暖漲碧桃春。閑擁東方騎，來尋北隴人。破雲拖蠟屐，琢句掃霜皴。譚劇頻飛屑，歌長自落塵。爲探瓊巘勝，不記玉觴巡。下客慚毛穎，高筵飲德醇。追峰到峰頂，疑化九霄身。

元居中《風水洞上祖無擇》：洞蔽深雲遠俗塵，山中曾未識朱輪。自從白傅來遊後，五百年間又二人。

張先和韻：水色風光近使君，浥塵輕雨逐車輪。暫來不宿宜無恨，多少行春不到人。

許遵《風水洞》：水洞連風洞，精藍兩洞前。山高易藏日，樹老不知年。板有華宗刻，名留少傅篇。烟波門外境，寂寞變桑田。

范仲淹《風水洞》：神仙一去幾千年，自遣秦人不得還。春盡桃花無處覓，空餘流水到人間。

許元祐《風水洞》：野寺依山立，松橋避石斜。壞梁飛白蟻，枯木掛元蛇。道路悲蓬轉，功名惜鬓華。聊將洞中水，試洗眼前花。

錢惟善《風水二洞》：空穴風來自吸噓，垂岩出水广渠渠。天門此際通閶闔，海眼何年泄尾閭。隱者難招應化鶴，飛仙可挾更乘魚。留題太守懷蘇白，好事今無五馬車。

㙞山　《咸淳臨安志》：在錢塘縣，去城五十里。近廟山，在楊村有慈嚴院。《萬曆錢塘縣志》：石龍之支，東南行爲㙞山，四圍皆石，玲瓏秀巧，有仙人洞。洞門石闕一石，從空駕其上。洞内空明，有石鼓，傍有小窟奇石空洞。

浮山　《神州古史考》：在府城西南四十里，高二十丈，峙於江中，與漁浦諸山相望，潮水回伏激射，若神馮焉。《咸淳臨安志》：在錢塘縣。東坡守杭日，開河奏云：『潮水自海門來，勢若雷霆，而浮山峙於江中，與漁浦諸山相望，犬牙錯入，以亂潮水，洄洑激射，其怒百倍，沙磧轉移，狀若神鬼。雖舟師漁人，不能前知其淺深。坐視舟船覆溺，無如之何。今號浮山最險處。《江月松風集》：浮嶼山在定山側，浮江磐石，有潭聚魚，玲瓏可觀。潮出海門中，分爲兩派，東派沿城岸向富春，西派直抵慈山而回，諺謂之回頭浪。』

詩

錢惟善《浮峙藏魚》：潭色空澄島影孤，潛鱗時出迓天吴。浪呑泗磬秋浮玉，月照驪龍夜吐珠。萬騎西來疑灩澦，扁舟東去想陶朱。没淵每笑窮魚者，何處烟波覓釣徒。

定山　《咸淳臨安志》：在錢塘江上，高七十五丈，周回七里一百二步。《太平寰宇記》：定山突出浙江數百丈。《西湖遊覽志》：一名獅子山。《文選注・吴郡緣海四縣記》：錢塘西南五十里有定山，去富春又七十里，横出江中，波濤迅邁，以避山難。《水經注》：錢塘縣東有定巳疑作包諸山，皆西臨浙江，水流於兩山之間。江水急迅，兼濤水晝夜再來，至二月八月，最高峨峨二丈餘。《吴越春秋》以爲子胥、文種之神也。上有可避濤處，行者賴之，云是海神婦家。《郡國志》：江濤至是輒抑聲，過此則雷吼霆怒。《江月松風集》：謝靈運《富春渚詩》有曰『定山杳雲霧』，即此也。《神州古史考》：在府城西南四十里。江回漁浦之潭，山枕赤亭之野。謝康樂之所曾賦，沈隱侯之所嘗遊。蓋波濤衝激之地，行旅棲遲之所也。

詩

沈休文《早發定山》：夙齡愛遠壑，晚莅見奇山。標峰綵虹外，置嶺白雲間。傾壁忽斜豎，絶頂復孤圓。歸海流漫漫，出浦水濺濺。野棠開未落，山櫻發欲然。忘歸屬蘭杜，懷禄寄芳荃。眷言採三秀，徘徊望九仙。

錢惟善《定山曉行》：前峰月吐五更初，空翠沾衣積雨餘。溪火夜明經略彴，澗雲秋重負籧篨。篠林虎與人爭鬬，茅屋鷄催客趁虛。不似關山行役者，勞勞服賈遠牽車。

臣謹案：錢惟善有《定山十咏》曰定山曉行，曰朱梁夜泊，曰六和觀月，曰五雲賞雪，曰龍門曉雨，曰漁浦春潮，曰風水一洞，曰鳳凰雙髻，曰浮峙藏魚，曰浙江耀武。

殷雲霄《夜登定山》：朝泛桐江水，夜躡定山石。延蘿踞虎豹，嘘波動潮汐。俯闞馮夷宫，疑入羽人宅。林静江有聲，雲昏岸無迹。懷哉坐哀聽，戚矣闕遠覿。風勢依峰峻，月色連江白。飛鴻鳴遠浦，潛蛟舞深澤。飄飄千里身，脉脉獨遊客。乘桴嗟有志，棲岩悲失策。薄宦竟何有，幽期誰與適。覺迷道有獲，含欲情無逆。眷言咏白駒，聊以慰今夕。

排山 《咸淳臨安志》：排山在錢塘縣定山之北鄉，排山嶺在定山南，而鄉屬仁和縣。

徐村嶺 《夢粱録》：俗名薑擦子嶺，在錢塘定山北鄉。

龍門山　《咸淳臨安志》：在錢塘縣西溪之欽賢鄉，地高峻，上有龍池寺。《江月松風集》：龍門在定山西，兩峰壁立，有龍潭，能興雲雨。旱，禱之輒應。

詩

錢惟善《龍門曉雨》：神劖峭壁聳雙扉，雨挾腥風下翠微。黑入太陰迷爽氣，白翻叢薄散朝霏。螺横雜樹應藏景，蛟吐癡雲未霽威。回首他山新似沐，登樓時攬女蘿衣。

五雲山　《咸淳臨安志》：在錢塘縣，約高百丈，周回二十五里。陳善志作高千丈，周四十五里。《神州古史考》：在府治西南二十里。宏袾《雲棲寺記》：山有五色雲，故名。已而，五雲飛集山塢中，因號雲棲塢。《西湖遊覽志》：五峰森列，盤曲而上，凡七十二灣，俯視南北峰若雙髻。《萬曆錢塘縣志》：江上之山爲天門山支，南行者曰五雲，高百丈，俯瞰大江之三浙當其前。其西北溯上爲雲棲塢，溪水經朱橋入江干。《萬曆杭州府志》：山半有伏虎亭，梯以石城，以便往來。《江月松風集》：五雲山在定山北。梁善《覺禪師道場》：宋故事，每歲臘前，土僧必奉雪表進。黎明，城中霰猶未集。蓋其地特高寒云。

詩

錢惟善《五雲賞雪》：獻瑞名山自昔聞，化人臺殿雜金銀。樹靈尚吐三花秀，雲凍全消五色文。鳥絶空江知棹泊，鹿迷深逕待樵分。興來更上高寒處，此境應無蕭使君。

錢惟善《登五雲山》：善覺遺衣久不傳，五雲故色尚蒼然。斷崖蘿薜三千丈，喬木風霜四百年。龍井雨深泉獨響，漁村潮上月初圓。寶坊金碧紅塵聚，何似玆山更絶緣。

余知閣《五雲山三首》：幾年魂繞浙城西，十里荷花漾錦陂。踏遍兩峰三竺路，又隨青嶂入雲棲。

千里旗旗擁六飛[八]，投簪欲上釣魚磯。無端忽被閑雲引，回耀峰前掩竹扉。

洛邑名園歌舞沈，亂鴉啼破幾黄昏。何人學得香山老，千載精廬有梵音。

林景初《金日新會宿五雲山》：山氣清如沐，林扉夜不扃。月明苔徑白，林暗水螢青。幽蕙臨風辨，孤泉過石聽。何當淩絶頂，萬里極滄溟。

許穀《登五雲山》：名山高擁五雲層，危磴重重躡屐登。西望諸天應咫尺，東來疊嶂總邱陵。海門遥指三山樹，梵殿常懸七寶燈。便掃蒼苔題短句，乾坤高覽記吾曾。

沈嘉則《五雲山》：偶凌吴岫恍蓬壺，直駕長風上帝都。石割鴻濛秋色重，路盤霄漢鳥飛無。白雲東盡天連海，青嶂西來日滿湖。信有胡麻堪飯客，荷鋤於此作潛夫。

秦望山 《咸淳臨安志》：『《兩朝國史志》：「在錢塘縣舊治之南一十二里一百步[九]，高一百六十丈，周回一百步。」晏元獻公《輿地志》：「秦始皇東遊，登此山，欲渡會稽。《史記》：始皇至錢塘，臨浙江，見水波之惡不能渡，乃西北從狹中渡。後唐同光中，錢氏於秦望山建上清宫。有巨石二十餘株，自然成行，名曰金洞門。近東南有羅刹石。」』《吴越史》：『唐咸亨中，望氣者言錢塘有王氣，命侍御史許渾等賫璧瘞此。』

詩

薛據《登秦望山》：南登秦望山，目極大海空。朝陽半蕩漾，晃朗天水紅。溪壑争噴薄，江湖遞交通。而多漁商客，不悟歲月窮。振緡迎早潮，弭櫂候遠風。余本萍泛者，乘流任西東。茫茫天際帆，棲泊何時同。將尋會稽迹，從此訪任公。

馬湘《登杭州秦望山》：太乙初分何處尋，空留歷數變人心。九天日月移朝暮，萬里山川换古今。風動水光吞遠嶠，雨添嵐氣泣高林。秦皇誤作驅山計，滄海茫茫轉更深。

月輪山《咸淳臨安志》：在龍山，左右形圓如月，故名。《萬曆錢塘縣志》：山峙江右。《江月松風集》：在定山北，其山名月輪，有寺臨江，遇月尤佳。舊傳張君房曾宿寺中，月中桂子下塔上，咀之無味，中有金魚池。

詩

余弼《月輪山慧悟禪師上方》：孤峰牢落幾何年，臺殿於今半插天。已是精藍誇絶徼，更將寶塔在危巔。烟霞色任陰晴變，鐘磬聲隨上下傳。珍重老僧無别境，一生幽趣只山川。

白塔嶺《萬曆錢塘縣志》：嶺峙江上。仲秋十八日，邑令酹江於此。

詩

范仲淹《白塔駐軒亭》：登臨江上寺，遷客特依依。遠水欲無際，孤舟曾未歸。前峰藏好處，幽鷺得閑飛。多少天真趣，遥心結翠微。

錢惟善《晚雨過白塔》：宋宫傳是唐朝寺，白塔崔嵬寢殿前。夏雨染成千樹緑，暮嵐散作一江烟。蒼苔門外金鋪暗，細柳營中畫角傳。寂寞葫蘆宫井畔，野人拾得舊金鈿。

龍山　《咸淳臨安志》：在嘉會門外，去城十里，一名卧龍山。《萬曆錢塘縣志》：育王山，俗稱鍋子山，去城十里而近，壁立尖聳，特異諸山，有臺曰登雲。錢王建郊天地之所也，又名拜郊臺。有洞曰靈化，在臺側，武肅王勒壁存焉。洞深百步，濶十餘丈。曰陽明。有池曰洗馬，曰鴻雁。有天龍寺，唐天龍和尚開山。有勳賢祠，舊名天真精舍。薛侃等建，以祀王守仁。玉津園、宋建，講宴射禮之所。梅花巖。宋時易安齋，有梅巖。前有龜疇田，宋郊壇也。明邑令聶心湯建太極亭，即其處。《錢塘縣志》：育王山，即龍山，舊志作龍華山誤。《神州古史考》：龍山，一名卧龍山，又名龍華山。與上下石龍相接，天目分支，沿江而東，結撰於此。蜿蜒若遊龍，然郭璞所謂龍飛鳳舞者，即此。山腰爲天真寺，亦稱天真山。山巔有玉皇廟，俗稱玉皇山，亦云育王山。蓋龍山者，錢氏郊天處。釋老之談，或云阿育王，或云玉皇，皆祀天帝遺意也。

詩

蘇軾《曾元恕遊龍山[一〇]，吕穆仲不至》：青春不覺老朱顔，强半消磨簿領間。愁客倦吟花似酒，佳人休唱日銜山。共知寒食明朝過，且赴僧窗半日閑。命駕吕安邀不至，浴沂曾點暮方還。

王銍《九月二十七日與客遊龍山》：野服芒鞵步步同，天寒酒薄客情濃。身如萍水同千里，路入烟蘿更幾重。滄海清江共今古，黄花紅葉雜秋冬。暝雲自與千峰合，送我歸鞍寺寺鐘。

余士吉《題天龍寺》：龍飛鳳舞兩峰回，旺氣纔銷梵宇開。卓錫地侵迎輦地，雨花臺近拜郊臺。草分緑色緣城去，風送江聲入寺來。三百年來如昨日，老禪猶説舊蓬萊。

朱德潤《拜郊臺晚渡》：風颾松花落澗濵，荻芽洲渚水鱗鱗。莫教行到崇臺上，忘却山前唤渡人。

周密《郊丘紀事二首》：黄道官羅瑞腦香，衮龍升降佩鏘鏘。大安輦奏乾安曲，萬點明星簇紫皇。

高騎雲從簇錦圍，内官排立馬如飛。九重閶闔開清曉，太母登樓望駕歸。

徐清叟《梅巖二首》：千年奎畫照蒼霞，酬唱官梅竹外斜。恭想皇靈天闕上，歸時猶惜洛陽花。

偶因紀事訪丹霞，寺古山深石徑斜。衝冷細尋梅信息，枝頭喜見狀元花。

洪邁《車駕幸玉津園命下，大雨，已而天宇豁然，進詩歌咏其實》：五雲猶自雨如麻，無限都人仰翠華。翻手作雲方悵望，舉頭見日共驚嗟。天公的有施生妙，帝力堪同造物誇。上苑春光無盡藏，可須羯鼓更催花。

曹勛《從駕玉津園二首》： 天子行春御六龍，五雲回暖泛晴風。和鸞寶苑梅花路，賸有香傳玉座中。

花梢糝糝動朱欄，萱草侵苔雪已乾。行闕風光隨處樂，春臺人物不知寒。

王守仁《西安雨中寄德洪汝，中并示書院諸生》： 幾度西安道，江聲暮雨時。機關鷗鳥破，踪跡水雲疑。仗鉞非吾事，傳經愧爾師。天真泉石秀，新有鹿門期。

王世貞《謁勳賢祠》： 杖策尋幽巘，叩祠薦清蘋。木落群姿盡，爛然見天真。輕風飄鬚眉，蕭蕭若有神。三字抉靈機，萬古意忽新。六籍遂糟粕，千聖歸經綸。媚川在懷中，舍楫問鮫人。咲彼愚公山，老昧襄成津。重恐魚目多，冥然驕自珍。所以老氏嘆，聖作大道湮。下學而上達，吾意書諸紳。

許應亨《别業在江干鴻雁池，西湖山庄在林逌宅畔，浮玉潭、寶蓮山又鳳凰山，分派三處，皆杭勝地。暇日漫賦》： 名山處處有微緣，暫向明時一避喧。鴻雁引江流别圃，鳳凰分麓到家園。越王臺畔寒潮急，和靖祠前古木繁。桑柘在田書在篋，聊同擊壤答皇恩。

包家山 《咸淳臨安志》： 在城南近郊壇冷水峪，多桃花，爲春日遊覽之勝，名桃花關。關上舊有蒸霞二字。《成化杭州府志》： 今上置山川風雲雷雨壇，據江山之勝。

詩

樓鑰《包山》： 訪客包家山，相與登層巔。嶙峋巨石中，屈曲扶闌干。夜來雨初過，石潭時涓涓。輕輿列岡頭，大江横吾前。亭午潮方盛，千艘散平川。道人第三間，花木羅後先。揭來舊京塵，曠望爲洗煎。山斷塔層層，西陵渺蒼烟。此道走邯鄲，歸心更翩翩。

董嗣杲《包家山》：綺霞蒸日透林梢，一簇南山尚姓包。冷水峪邊苔色老，冲雲樓下樹陰高。園鄰古道傳耕籍，臺倚青城想拜郊。欲趁桃花尋隱者，關門無鑰不須敲。

胡仲參《包山觀桃花》：因訪桃花到嶺根，御林春色此平分。千株未數栽唐觀，一幅猶堪畫晋源。仙在雲間無處覓，人行風外有香聞。笙簫隱隱宫城隔，立盡黄昏更斷魂。

張翥《清明遊包家山二首》：遠近紅千樹，繁開奪艷霞。月明寒食雨，春老上陽花。輦路迷游躅，宫詞入夢華。東風葵麥浪，回首野人家。

太液曾來鵠，高臺舊影娥。美人黄土盡，故國白雲多。野草荒神籍，宫蓮怨櫂歌。羌兒洗馬處，斜日滿寒波。

錢惟善《六日遊包山福泉》：平生鹿門趣，有意此誅茅。地控江分越，山因人姓包。海鷗飛落日，野馬牧荒郊。流水花千樹，重期載酒肴。

鳳凰山 《咸淳臨安志》：《祥符圖經》云：『錢塘舊治正南一十里，下瞰大江，直望海門。山下有鳳凰門，有雁池。山巔石筍林立，最爲怪奇。舊傳錢武肅王鑿山，見怪石排列兩行，如從衛拱立趣向，因名排衙石及刻詩石上。第二峰有白塔，塔西有小徑，青石崔嵬，夾道皆峭壁，中穿一洞，人可往來，名曰石衕。好事者多題名其間。熙寧中，郡守祖無擇對排衙石作介亭，天風泠然，有縹緲憑虚之意。山上有聖果院，側有梵天院。《江月松風集》：山頂有兩峰，儼如髻形，目曰鳳凰雙髻。《西湖遊覽志》：左薄湖滸，右掠江濱，形若飛鳳，山下爲吴越國治内。附後爲州治，天峰在左，月巖在右，中有石衕。南宋建都兹山，東麓環入禁苑。張閎華麗，委比蓬崐；佳氣扶輿，萃於一脉。《萬曆錢塘縣志》：山有嶺曰萬松，越城三里而遥，雙峰圓秀如鳳翼軒翥，十許小峯貫珠下回，西南向而成尊形。西爲御教場四顧坪，排衙石、奇石十許箇，林立相對以名。

文

陳隨應《行宮記[一一]》：杭州治，舊錢王宮也，紹興因以爲行宮。皇城九里，入和寧門，左，進奏院、玉堂；右，中堂、外庫。至北宮門，循廊左序，巨璫幕次，列如魚貫。祥曦殿、朵殿，接修廊爲後殿。對以御酒庫，御藥院，慈元殿，外庫，内侍省，内東門司、大内都巡檢司、御厨，天章等閣。廊回路轉，衆班排列。又轉内藏庫，對軍器庫。又轉便門，垂拱殿五門[一二]，十二架，修六丈，廣八丈四尺；簷屋三間，修廣各丈五。朵殿四，兩廊各二十間，殿門三間，内龍墀折檻。殿後擁舍七間，爲延和殿。右便門通後殿。左一殿[一三]，隨時易名：明堂郊祀曰端誠，策士唱名曰集英，宴對奉使曰崇德，武舉及軍班授官曰講武。東宮在麗正門内、南宮門外，本宮會議所之側。入門，垂楊夾道，間以芙蓉，環朱欄。二里至外宮門。節堂後爲財帛、生料二庫，環以宮屬直舍。轉外窑子，入内宮門。廊右爲贊道春坊直舍，左講堂七楹，扁新益。外爲講官直舍。正殿向明，左聖堂，右祠堂。後凝華殿，瞻箓堂，環以竹，左寢室，右齊[一四]。安位内人直舍百二十楹。左彝齋，太子賜號也。接綉香堂，便門通繹己堂，重簷複屋，昔楊太后垂簾於此，曰慈明殿。前射圃，竟百步，環修廊。右博雅樓，十二門。左轉數十步，雕闌花甃，萬卉中出鞦韆，對陽春亭、清霽亭，前芙蓉，後木樨。玉質亭，梅繞之。由繹己堂過錦臙廊，百八十楹，直通御前，廊外即後苑。梅花千樹，曰梅岡亭，曰冰花亭。枕小西湖，曰水月境界，曰澄碧。牡丹曰伊洛傳芳，芍藥曰冠芳，山茶曰鶴，丹桂曰天闕，清香堂曰本支百世，佑聖祠曰慶和，泗州曰慈濟，鍾呂曰得真，橘曰洞庭佳味，茅齋曰昭儉，木香曰架雪，竹曰賞静，松亭曰天陵偃蓋。以日本國松木爲翠寒堂，不施丹雘，白如象齒，環以古松。碧琳堂近之一山崔嵬，作觀堂，爲上焚香祝天之所。理宗時，吴知古掌焚修，每三茅觀鐘鳴，觀堂之鐘應之，則駕興。山背芙蓉閣，風帆沙鳥，出履舄下[一五]。山下一溪縈帶，通小西湖，亭曰清漣。怪石夾列，獻瑰逞秀，三山五湖，洞穴深杳，豁然平朗，翬飛翼拱。凌虚樓對瑞慶殿、損齋、緝熙，宗政殿之東，爲欽先、孝思、復古、紫宸等殿。木圍即福寧殿。射殿曰選德。坤寧殿，貴妃、昭儀、婕妤等位宫人直舍蟺聚焉。又東過閤子庫，睿思殿，儀鸞、修内、八作、翰林諸司，是謂東華門。

徐一夔《吴越國治考》：吴越國在杭州鳳凰山下，其子城南爲通越門，北曰雙門。錢氏納土後，二門猶存。《臨安志》載吴越錢氏造，而不言在鳳凰山下。宋政和二年，孫沔守杭，蔡襄爲沔撰《雙門記》内云：『吴越王依山阜以爲治，而雙門置木石錮金鐵，用爲敵備。』沔以爲非禮制，改作之，則錢氏宫室在鳳凰山下無疑。高宗駐驆杭州，徙州治於清波門内，今州治是也。但宋南渡即其地爲行都，故後人但知有宋故都，而不知有錢氏耳！初錢氏以强弩射潮，築堤捍國，而以鐵幢識其射處，以今驗之，去鳳凰山僅二百許步，此足爲證。錢氏當五季，據有兩浙八十餘年，亦頗有功德於民。詢之，故老已不知建國之處，弔古者無從質焉。吴越舊有備史，今亦不存，因修志補其闕略云爾。

詩

姚合《杭州官舍即事》：臨江府署清，閑卧復閑行。苔蘚疏塵色，梧桐出雨聲。漸除身外事，暗作道家名。更喜仙山近，庭前藥自生。

白居易《郡亭》：平旦起視事，亭午卧掩關。除親簿領外，多在琴書前。况有虚白堂，坐見海門山。潮來一憑檻，賓至一開筵。終朝對雲水，有時聽管弦。持此聊過日，非忙亦非閑。山林太寂寞，朝闕空喧煩。惟兹郡閣内，囂静得中閑。

虞舜卿《吴越國治懷古》：巾子山前大士來，虛疑强弩射潮回。素車忍犯鴟夷怒，錦樹還依仙姥栽。寶刹滿城懸日月，大江截地走風雷。由來霸氣憑天險，漫倚金幢鎮劫灰。

孫覺《介亭》：真人昔未起，奔應駭四方。連延天目山，兩乳百里長。有地跨江海，無種生侯王。中宵燎穹旻，列石表壇場。朱旗大梁野，英氣通八荒。寥寥百年後，故物亦已亡。所餘彼巉巗，峰巒屹相望。主人承明老，星斗主文章。築亭紫霄上，坐客蒼林旁。攀雲弄明月，曉星出扶桑。禹山隔波濤，簡書永埋藏。願逢希夷使，水土還故鄉。

沈遘《排衙石》：盤崖絶巘與天通，汗漫烟霞謝世籠。聳起浮圖山突兀，自然衙石玉青葱。古人興廢千年上，遊客登臨一嘯中。誰爲燕然愧班竇，孤城霸據亦銘功。

趙抃《中和堂》：老來重守鳳凰城，千里人心豈易平。樂職古賢形嘆頌，中和終不爲虛名。

趙抃《介亭》：介亭群石似飛來，深插雲根兩兩排。占得群峰最高地，翠姿何處有塵霾。

蘇軾《予前後守、倅杭[一六]，凡五年。夏秋之間，蒸熱不可過，獨中和堂東南頰，下瞰海門，洞視萬里，三伏常蕭然也。紹聖五年六月[一七]，舟行赴嶺外，熱甚，忽憶此處，而作是詩》：忠孝王家千柱宫，東坡作吏五年中。中和堂上東南頰，獨有人間萬里風。

蘇軾《登介亭次劉景文韻[一八]》：澤國梅雨餘，衰年困蒸溽。高堂磨新磚，頗覺利腰足。松根百尺井，兩綆飛净渌。流觴聚兒童，一笑爲捧腹。清風信可馭，剛氣在巖麓。始知共此世，物外無三伏。長歌入雲去，不待弦管逐。西湖真西子，烟樹點眉目。濤江少醖藉，高浪翻飛屋[一九]。俯仰拊四海，百世飛鳥速。遠追錢氏餘，近弔祖侯躅。吾生如寄耳，寸晷輕尺玉。誰似劉将軍，逸韻謝邊幅。千言一揮手，五車不再讀。春巖彩鷄舞，月峽哀猿哭。朝先鶗鴂起，[二〇]暮與寒螿續。我老廢吟哦，賴君時擊觸。從今事遠覽，發軔此幽谷。清游得三昧，至樂謝五欲。莫作狂道士，氣壓劉師服。

蘇軾《登介亭餞楊傑次公[二]》：藍輿西出登山門[三]，嘉與我友尋仙村。丹青明滅風篁嶺，環珮空響桃花源。前朝欲上已蠟屐，黑雲白雨如傾盆。今晨積霧卷千里，豈畏觸熱生病根。在家頭陀無爲子，久與青山作弟昆[三]。孤峰盡處亦何有，西湖鏡天江抹坤。臨高揮手謝好住，清風萬壑傳其言。風回響答君聽取，我亦到處隨君軒。

錢惟善《鳳凰雙髻》：鳳來天目憩東南，瓊樹巢空百鳥慚。千仞翺翔秋綰髻，兩髦鬟鬢暮棲嵐。誰嘲風落烏紗帽，自惜山爲碧玉篸。仙女洗頭休望嶽，相期岸幘對虛談。

王逢《鳳凰山登宋故宮遺址》：金爵觚稜月向低，泠泠清磬萬松西。五門曙色閑龍尾，十日春寒健馬蹄。紅霧不收花氣合，渌波初漲柳條齊。遺民暗憶名都会，尚繞湖濱唱大堤。

貫雲石《休暑鳳凰山》：路隔蒼苔卒未通，泉花如髮玉濛濛。蛟浮海近雲窗濕，蛟怯山寒葛帳空。高枕不知秋水上，開門忽見暮帆東。物華萬態俱忘我，北望惟心一寸紅。

王守仁《御教場》：絶頂秋深荒草平，昔人曾此駐傾城。干戈消盡名空在，日夜無窮潮自生。谷口巖雲揚殺氣，路邊疏樹列殘兵。山僧似與人同興，相趁攀蘿認舊營。

鍾淵映《過宋御教場址，是累朝觀潮處作》：尚憶宸游處，嚴城列會同。觀濤臨曲水，馳道擬回中。翠蓋朝承露，芝旗晚引風。言驅七萃士，齊試六軍雄。將帥咸思奮，君王自即戎。馮夷朝幕府，羅刹蔽艨艟。松下秦王輦，雲間夏后宫。瑞烟浮五色，仙樂聽三終。白馬來何疾，吴兒技最工。拔河傳往事，超距倏乘空。噴薄凌春雪，氤氳接彩虹。蜃樓從地涌，鮫市與天通。雜奏魚龍戲，仍論校獵功。湖山方晏會，襄漢已交攻。苑走胥臺鹿，人悲朔塞鴻。驚沙屯鐵騎，高柳掛雕弓。潮汐還從北，江流不向東。御堤塵颯颯，蹕路草芃芃。漁父留金鏃，征人走玉驄。平生懷古意，悽惻感飄蓬。

毛先舒《南宋宮詞二首》： 花接凝華路逶迤，東宮官屬美丰儀。春遊博望行聯騎，月出西園坐賦詩。

石筍排衙御教營，山頭北眺汴梁城。君王無日忘神武，月朔登操女子兵。

月巖 《咸淳臨安志》： 鳳凰山之上爲月巖，有亭曰『延桂』。《武林梵志》： 聖果寺有通明洞、放光石、飛龍石、飛雲洞、上天梯、觀潡石、許僧泉、卧醉石、歸雲洞、躍雲石、竹塢、檀欒齋、乘鷖閣諸勝。循級而上，爲月巖。《七修類藁》： 江干鳳凰山有石如片雲，拔地數丈，有一竅尺餘，名曰『月巖』，惟中秋之月穿竅而出，餘月則斜。《聖果寺志》： 群玉瓣瓣攢立，宛然如削，壁鈐鐫題咏，湮滅過半，如『高大光明光影，中天本來面目』，皆蔡襄題。『石門月巖無影相』，楊孔思題。『夕照通明』，方九思題。

詩

趙師恕《月巖》： 睠此巖壑勝，領客共登臨。危棧臨石側，巇途歷崎嶔。俯仰極高低，上下窮幽深。來登空明山，千崖正沉沉。下瞰青羅江，古木鬱蕭森。清風萬里來，層雲盪孤襟。有客可共賦，有酒可自斟。此景豈易得，此樂豈易尋。吾生今老矣，遁迹歸窮岑。一櫂下瀟湘，此別意難任。別後無相忘，詩成寄郵音。

陳天瑞《題月巖》： 怪石堆雲矗太空，女媧煉出廣寒宮。一輪常滿陰晴見，萬古無虧晝夜同。搗藥聲繁驅白兔，漏天孔正透清風。光明自照如來境，肯學嫦娥西復東。

沈捷《月岩》： 月巖有月竇，疑是鬼神鐫。高擎石之杪，空洞徑尺圓。日月出没時，光彩皆斜穿。

獨是中秋夜，奇景不可箋。以月嵌月竇，分毫不爽焉。老僧指示予，予初疑浪傳。幞被約友人，候月勝果巔。童僕性狂躁，數往驚否然。直至夜將半，明月當中天。月循竇中入，地下玉鏡旋。人谿竇中視，天上合璧懸。携月就心印，快覩舊物還。太息山下宿，勿復疑山川。

吴農祥《月岩》：月色雲巖好，遲回每夜闌。光從牛斗發，影落兔輪寒。萬里清輝滿，三秋早露溥。更依危逕立，遥入亂峰看。蟋蟀吟逾苦，蒹葭色未乾。空汀浮島嶼，宿火照江干。古殿摧金谷，殘碑陷石壇。吾生從夙願，同爾問漁竿。

臣謹案：聶心湯《邑志》載江上之山，以上數山而外，支派甚多，粟山西爲焦山、觀山、白巖山、石龍山、茱萸尖、石灰嶺。黄山之支爲柏子尖山、牛方嶺、百丈山。焦山之支爲馬鞍山、黄山。阪白巖之支爲九里暗山、眠牛山、青山。石龍之支爲解頭山、鯉魚山、旋井山、長山。茱萸尖之支爲瓜藤山、神仙石、和尚山、羅帶山，皆屬沿江，今俱不録，略存梗概於此。

吴山 《咸淳臨安志》：在城中，吴人祠子胥江上，因名曰胥山。《名勝志》：春秋時，爲吴南界，以别於越，故名吴山。《西湖遊覽志》：天目山翔舞而東，結局於鳳凰山。其支山左折，遂爲吴山，……奇崿危峰，澄湖靚壑，江介海門回環拱固，扶輿淑麗之氣鍾焉。《萬曆錢塘縣志》：南山巉峙，女墻亘其上，入城蜿蜒二里許，曰吴山。拾級上百武，亭亭闤闠中，前俯大江，回望浩淼。麓有寒泉，諸山東南面江，蔓衍相屬，欲峙欲伏，若續若斷，届城而上，總曰吴山。《演繁露》：潘同《浙江論》云：『胥山西北，舊皆鑿石以爲棧道。唐景龍四年，沙岸北漲，地漸平坦，桑麻植焉。州司馬李珣始開沙河。』胥山者，今吴山也，而俗訛爲青山。其《圖經》云：『沙河塘，在城南五里。』此時河流去胥山未甚遠，故李紳詩曰：『猶瞻伍相青山廟』。又曰：『伍相廟前多白浪。』景龍沙漲之後，至於錢氏，隨沙移岸，漸至鐵幢。今新岸去胥山已逾三里，皆爲通衢，居民甚衆。此皆圖經之言。至宋紹興間，紅亭沙漲，其沙又遠在胥山西南矣！《神州古史考》： 吴山古臨江，至今俗稱浪綢山。山下有瀼沙坑、洋壩頭，今則去江十里。《西湖志》： 吴山大觀臺，每當秋濤初壯，東望海門，汪洋澎湃，直趋富春，然後潮平岸濶，風正帆懸，一舉目間江山如畫。《西湖志纂》： 大觀臺爲吴山最高處。康熙二十八年，聖祖仁皇帝南巡，御製《登吴山絶頂詩》：『左控長江右控湖，萬家烟火接康衢。偶來絶頂憑虚望，似向雲霄展畫圖。』三十八年，聖祖再幸，御製《登吴山詩》：『重經層巘暫停鑾，天日晴和覽眺寬。城市萬家烟火近，念兹莫遺有饑寒。』並恭摹勒石建亭於大觀臺上。乾隆十六年三月初二日，皇上省方至浙，臨幸吴山，御製《恭依皇祖吴山詩韻詩》：『崇巘襟江復帶湖，俯臨萬井樂亨衢。百年休養三朝澤，繼述予懷凛永圖。』又御製《吴山大觀歌》：『我遊名山亦已多，吴山大觀今作歌。興安大嶺及長白，嵩泰臺麓田盤窩。諸山未兼江海勝，此間曠覽俱遮羅。南北高峰走龍脉，蜿蜒入郡成嵯峨。琳宫梵宇許居下，不許墻宇盤尖螺。平列坎石鎮火患，風從其俗無煩訶。第一峰頭縱遐矚，壯哉所見真無加。左江右湖互環抱，海氣蓊匌含羲娥。維水有四三已具，故富魚族蛟黿鼉。天吴陽侯時出没，列缺豐隆相盪摩。吴顛越躓閲興廢，宋遷元代紛譎訛。只賸吴山青不磨，吴山大觀今作歌。』二十二年，翠華重幸，御製《乾隆丁丑仲春南巡，再依皇祖吴山詩韻詩》：『罕畢重臨明聖湖，吴山先此陟雲衢。萬家烟火滋繁庶，足食足衣慎後圖。』二十七年，皇上三幸江浙，御製《壬午暮春之初三，依皇祖吴山詩韻詩》：『南眺長江西盻湖，城中陟巘歷香衢。寧因玩景賡前韻，曰在觀民有本圖。』又御製《三月朔日登吴山作歌詩》：『一峰婉娫走郡城，衆峭攢簇羅大屏。若有若無尋棧升，造極廣厦原平陵。何須勒馬誇豪情，惟願衆庶恒安寧。西湖下視如急待，吾方未暇将觀海。』

詩

陳允平《登吴山》： 登山一展眺，宫樹鬱嵯峨。樓閣春風滿，東南王氣多。青天行日月，大地布山河。柳色沙堤路，時聞響玉珂。

施樞《至日謁廟吴山見日初出》： 曦龍浴海出扶桑，雲表輝芒燭萬方。史館繽紛書瑞色，禁城奕曜锁祥光。從知繡線添紅影，獨喜丹心向太陽。節裏官閑無一事，諦觀易道静焚香。

方岳《修胥山路》： 兩山壁立東微行，石齒參差半已傾。莫等危時扶使穩，但逢險處放教平。一毫以上諸人力，半月之間樂事成。安得坦夷三萬里，家家門外是鵬程。

方回《次韻夾谷子栝吴山晚眺三首》： 詩眼書胸碧宙寬，暮天摇落縱遐觀。霜明楓葉紅於染，春點梅梢玉不寒。北望遥迎書雁至，南烹屢饜鱠魚殘。一規明月懸江海，幾許人家夜枕安。

鶻飛欲没海天寬，萬動盈虚静處觀。一畫微陽迎日至，九疇休範驗時寒。世間劫火灰何恨，物外仙棋局未殘。好與蒼生司性命，五風十雨報平安。

落木蕭蕭澤國寬，偶舒巖嘯縱川觀。六鰲海濶征帆遠，萬象天低步屧寒。旅泊餘生簞食菲，宦遊舊味甕虀殘。達人不墮牛山淚，何待將心與汝安。

趙孟頫《吴山》： 城上高樓接太霞，令嚴鐘鼓寂無譁。提疆内向三千里，比屋同封百萬家。心在江湖存魏闕，身隨牛斗泛仙槎。舉頭便覺長安近，時倚干望日華。

薩都拉〔天锡〕《錢塘驛樓望吴山》： 仙居時復與僧鄰，簾幙人家紫翠分。後嶺樓臺前嶺接，上方鐘鼓下方聞。市聲到海迷紅霧，花氣漲天成綵雲。一代繁華如昨日，御街燈火月紛紛。

貢性之《咏吴山景》：　鸞翔鳳翥枕江流，秀奪江南第一州。　螺髻巧盤雲外影，娥眉深鎖雨中愁。舞衣春賜鴛鴦錦，歌扇晴翻翡翠樓。　寶馬香車遊冶子，賞心誰不爲遲留。

楊載《吴山晚眺》：　山椒翬搆四垂寬，上相旌旗曾覽觀[二四]。　傍近江湖天廣大，上連星斗地清寒[二五]。　龍宫永鎖函書閟，鳳嶺重嗟苑樹殘。　此際獨無雲蔽日，正宜翹首望長安。

張輿《晚遊吴山次韻》：　羅綺連雲幾萬家，黄昏樓店尚紛譁。　珠簾十里卷明月，銀燭萬條生紫霞。　塵帶花香隨去馬，街連樹色引歸鴉。　閉門不作華胥夢，卧聽江聲走白沙。

沈謙《吴山曉望歌》：　吴山突兀氣旁礴，下瞰錢塘水波惡。　第一峰頭鷄始號，群星未落金盤高。須臾赤熖射江水，南北千山忽青紫。　海門堆雪蛟龍吼，小兒看潮今白首。　嗚呼雪浪空崔嵬，吴越興亡誰是非。

嚴我斯《登吴山絶頂放歌》：　鳳凰嶺畔吴山高，鳳凰嶺下飛江濤。　江雲片片白如練，江風八月聲怒號。　有客攀蘿踞峰頂，手弄青霞白石冷。　嵯峨崇觀連天高，俯瞰鱗鱗千萬井。　中有道士華陽巾，琉璃之盞松花醇。　拂拭南窗青玉簟，殷勤邀我傾千巡。　回首西湖西子面，翠黛明粧光瀲灧。　木蘭雙槳嬌晴波，桃花玉勒如飛電。　須臾黑雲起雷峰，吹笙雨脚掛晴空。　疑是秦王渡海時，驅山鞭石形離奇。又如萬弩射江潮，轟車蹴浪黿鼉驕。　當筵四顧駭心目，淋漓急酒杯中緑。　尊前狂客呼李謩，横吹玉笛撼山木。　笛聲遥遥動江濱，吹入江天萬里雲。　忽然雲端起好月，銀樓玉闕何氤氲。　不見蘇公已往風流歇，處士亭邊芳草没。　湖山變幻須臾間，何必滄桑人代別。　我今不飲胡爲乎，城頭落月空啼烏。

臣謹案：　吴山隆峙城中，去江稍遠，然子胥没爲濤神，胥山之名實由此肇。　且其山自鳳凰左折，前臨大江，江介海門回環拱固，實一郡勝概也。　故録之。

艮山　《西湖勝蹟記》：　自龍山沿江而東，環沙河，而包括露骨於茅山、艮山，皆其護沙也。

詩

厲鶚《五月二十五日艮山門外晚眺》：　吴天入時凉似水，裌衣出城三四里。城角遠山青半環，分得濃嵐落漁市。荒陂繚繞行何求，雲影水中凝不收。蓬科誰與作都祭，陰森大樹堪蔽牛。幾家叢薄徑微窄，稚髦闖籬窺過客。棕櫚散葉覆深井，薜茘牽絲護攲壁。喜聞田水夜初滿，不道瓠花朝更坼。半虹忽墮横一橋，恰當高處風刁騷。四天萬緑染未銷，峰尖黄鶴如可招。畫本仿佛臨山樵，深林絶磵藏過雨。山中茅屋愁漂摇，道旁日暮紛惆悵。白荷欲語嬌相向，斜倚珠盤踏寒浪。菰蒲低處見船行，弭櫂無人能一訪。我時小極因廢書，消憂起病兩有餘。但思臨平考古蹟，安得湯鎮謀村居。朝廷蠲租詔寬大，官府勸農意樂胥。携孥亦可號蠶室，息影頗愛開蝸廬。試歌元豐歲連稔，姓氏何必聞鄉閭。

校勘記

[一] 白居易《白氏長慶集》『興』作『輿』。
[二] 白居易《白氏長慶集》『泉洞竹石』前有『之』字。
[三] 白居易《白氏長慶集》『兹』前有『及』字。
[四] 中華書局本《蘇軾詩集》卷九『和李節推二首』作『風水洞二首和李節推』。
[五] 中華書局本《蘇軾詩集》卷九『洗』作『隔』。
[六] 中華書局本《蘇軾詩集》卷九『下清』作『上仙』。
[七] 中華書局本《蘇軾詩集》卷九『禦』作『御』。
[八] 《全宋诗》『旗旗』作『旃旗』。

［九］原書『治』作『志』，誤，從《咸淳臨安志》改。
［一〇］中華書局1982年版《蘇軾詩集》卷九『曾元恕遊龍山』前有『同』字。
［一一］中華書局本《南村輟耕録》卷十八《記宋宫殿》『行宫記』作『南度行宫記』。
［一二］中華書局本《南村輟耕録》卷十八《記宋宫殿》『門』作『間』。
［一三］中華書局本《南村輟耕録》卷十八《記宋宫殿》『左一殿』前有『殿』字。
［一四］中華書局本《南村輟耕録》卷十八《記宋宫殿》『齊』作『齋』。
［一五］中華書局本《南村輟耕録》卷十八《記宋宫殿》無『出』字。
［一六］中華書局本《蘇軾詩集》卷三十七『杭』作『餘杭』。
［一七］中華書局本《蘇軾詩集》卷三十七『五年』作『元年』。
［一八］中華書局本《蘇軾詩集》卷三十二『登介亭次劉景文韻』作『次韻劉景文登介亭』。
［一九］中華書局本《蘇軾詩集》卷三十二『飛』作『雪』。
［二〇］中華書局本《蘇軾詩集》卷三十二『鷉』作『啼』。
［二一］中華書局本《蘇軾詩集》卷三十二無『登』字。
［二二］中華書局本《蘇軾詩集》卷三十二『藍』作『籃』。
［二三］中華書局本《蘇軾詩集》卷三十二『作』作『爲』。
［二四］《西湖游覽志》卷十二《南山城内勝蹟·吴山》『曾』作『會』。
［二五］《西湖游覽志》卷十二《南山城内勝蹟·吴山》『地』作『界』。

欽定四庫全書海塘録　卷八　名勝二

赭山　《咸淳臨安志》：舊圖志云：『在仁和舊治東北六十五里，濱海産鹽，有鹽場。』《成化杭州府志》：去海寧西南四十五里，高七十五丈，周三里二百步同，西南界仁和，與紹興龕山南北對峙，是爲海門。《海寧縣志》：海潮至此，與江流相值，東不得溢，益澍怒作勢。曹漢炎《赭山詩》『江流曲似陽冰篆，山色丹如葛令砂。』是也。康熙十一年時，有牧馬之役，奉憲令，紹興寺暨戎府閲視形便。知府稽宗孟曰：『赭山瀕海，外窪内湫，其民摻牢盆者、輸鹽租、治桑麻者，任土貢。非有水草地，以張周阹，牧馬未便，力持之，議遂寢。《杭志三詁》：浙江當尾閭盤沍，東注入海之際，乃又忽作一回折，其在錢塘西岸則有折山，後名赭山，赭、折字音之誤。《虞喜志林注》：錢塘江口，折山正居江中，潮水投山下，折而曲，一至江口，有反濤水勢所歸，故云浙江。

詩

錢肇修《和張中丞赭山望海四首》：賦海雄才並子虚，英髦執簡侍襜輿。風生瀛島環宸極，氣作胥濤衛比閭。南服鯨鯢從此静，北門鎖鑰自端居。文章功業誰能匹，赭岸重鎸《越絶書》。

微茫顥氣涵清虚，輶軒俯覽窮皇輿。天綱西被星宿海，地軸北注醫巫閭。一線才通島夷貢，千尋已奠支神居。請磨蒼崖紀新咏，他日價重岣嶁書。

一泓水鑑本來虚，薄海安瀾慶得輿。潮信未曾過富渚，谷王亦似式商閭。春風百貨連雲集，夜月千艘比屋居。明信如公真不忝，試看域外盡同書。

百谷風生衆竅虚，海門添設塹神輿。鐖烏廢壘棲勾踐，玉虎金函鎮闔閭。槖鑰陽波縈勝地，回旋斗曜拱宸居。稽山古自陳王會，願上南巡封禪書。

王錫《奉和大中丞張運青先生赭山望海》：雄才作賦駕元虚，政暇憑高望岱輿。吴越蒼茫迷國邑，赭龕突兀闢門閭。潮生蚌蛤皆山立，日出鯨鯢盡穴居。應見測波重譯至，東西南朔一車書。

一望滄溟混紫虚，東南淑氣萃扶輿。門開鰲子通潮汐，市雜鮫人集比閭。絶島風清漸聖澤，洪波日静奠民居。懷襄幸覩安瀾慶，玉字何妨探禹書。

謾道滄桑變態虚，偶因登眺一停輿。横空怪石標羅刹，捲地洪濤泄尾閭。行覩南交來白雉，久嗤東魯祀爰居。巨川欲濟憑舟楫，遥憶當年説命書。

秦漢求仙屬子虚，汪洋萬頃載方輿。浪翻西浙掀浮嶼，潮薄東甌撼大閭。到眼乾坤都是水，回頭民物盡安居。始知聖主龍飛日，清晏千秋炳史書。

嵇宗孟《閲地即次》：江城一夜雨，款馬曉衝泥。蚕女繅晴雪，龐農立夏畦。山横雲嶺斷，野曠夕陽低。最喜鯨鯢靖，海天望不迷。

秦皇驅不盡，虎踞大江濱。萬樹桃花雨，半竿漁父津。方壺看月出，勾漏與天鄰。寄語杖藜者，艅航聖澤新。

公輩從龍彦，予慚求牧人。風塵虚畫戟，阡陌有勞臣。聖澤銷兵久，良農買犢新。車書吴越盛，未許賦雲屯。

臣謹案：赭山直北，其遥峙者，曰皋亭山。上有游龍潭，唐白居易禱雨處。其下桃花塢，沿塢數里，桃花最盛，曰黄鶴山。上有渥洼池，以蘇軾賦詩得名。山半爲黄鶴仙洞。二山在南宋時，皆稱極盛。其平衍者，曰桐扣山，即晋張華刻桐木爲魚扣石鼓處。曰臨平山，唐邱丹隱居處。凡此諸山，雖去海稍遠，而掩映塘北，蜿蜒相望，今謹附録梗概於此。

文堂山 《成化杭州府志》：去海寧縣西南四十五里，高三丈一尺，周半里。《海寧縣志》：明永樂初，以沿海扼要，徙赭山巡檢司於上，在赭山東半里。

禪機山 《成化杭州府志》：去海寧縣西南四十五里，高五丈，周五里一百步。《海寧縣志》：巔有禪師井，赭山西一里。

雷山 《成化杭州府志》：高七丈，周圍一里，奔潮盪激，漸徙入海。《杭州府志》：在縣治西南四十三里。

葛岙山 《成化杭州府志》：高六丈，周三里，去海寧縣四十三里。《海寧縣志》：山有獐獾雉雀之屬。《杭州府志》：南八里爲赭山。

盤山 《成化杭州府志》：去海寧縣西南四十三里，高七丈，周八里。《海寧縣志》：去葛岙東一里。

河莊山 《成化杭州府志》：在海寧縣西南四十里，高七丈，周八里。《杭州府志》：岩門山西一里則河莊山，河莊東不一里爲胡家山。

岩門山 《成化杭州府志》：高九十九丈，周五里，上有塔，去海寧縣西南四十里。《兩浙鹽法志》：巍峨峭拔，岩岫蟠回，號爲主山。宋時，設鹽場於此。談鑰《催煎廳題名記》：蜀山西南十餘里有岩門山，亭𡼏相接，總曰岩門蜀山鹽場。《海寧縣志》：山無佳植，獸有獐獾狐兔，鳥則文雉鴉雀。

越山 《成化杭州府志》：胡家山，舊名黄山，又稱越山，在海寧縣西南四十里，高十丈，周六里二百步。《海寧縣志》：《圖經》云：『黄山本名越城山，其土色黄，下有百尺浦。』

詩

范驤《越城山》：江籬蘼半緑越王浦，夜月初生伍員潮。借得鄰翁半畝地，學驅黄犢種春苗。

蜀山 《咸淳臨安志》：去鹽官西南二十七里。《成化杭州府志》：高五丈，周圍二里。《隋書・地理志》：餘杭郡鹽官縣有蜀山。《宋史・河渠志》：嘉定十二年，鹽官海失故道，潮衝平野二十餘里，蜀山淪入海中。《神州古史考》：以蜀國之桐材扣臨平之石鼓，此山得名。上有蜀山洞，潮決淪入海。

石墩山 《成化杭州府志》：高一十丈，周二里，在海寧縣東南五十里邑志作去縣東十四里。《臨安志》作石堆山，《杭志》在西南，今改正。《海寧縣志》：海上要地，立巡檢司，土城周四十丈，營舍俱備。舊戍百人，今止巡卒五人，虚而不守。《萬曆杭州府志》：石墩司城，在石墩。洪武二年，設巡檢，在硤石鎮。十二年，徙石墩。二十年，信國公湯和提督沿海巡司築城，周百四十丈，爲門二，環城有池。

小尖山 《成化杭州府志》：在海寧縣東南六十二里，高五十五丈，周十里。《海寧縣志》：在石墩東一里，望之若邱阜，然上有烽堠。

大尖山　《成化杭州府志》：去海寧縣東南六十二里，《邑志》：去縣東六十四里。瀕海，高九十九丈，周一十里。《海寧縣志》：北距智河嶺，山有白鷳、文雉，山萃嵂崛，起亞如金牛，南臨大海，上有高峰，周一里，最爲險要，建烽堠墩臺於上。嘉靖總制胡宗憲閲兵龕、赭，徐文長渭從之，共閲龕山戰地，遂賦觀潮詩。《西湖志纂》：乾隆二十七年春，皇上閲視海塘，御製《登尖山觀海作》七言律詩一首。恭紀首卷。

詩

徐渭《登尖山》：萬松滴千山，妙翠不可染。割取武陵源，固是天所遺。秦人迹無有，雲中叫鷄犬。夜泊魚舟來，下山尋不見。

塔山　《海塘通志》：尖山之西有一小山，俗名塔山，與尖山鎮鎖海口，相去二百餘丈。從前，山脉聯接，後因水勢衝開，海潮江溜出入其中，附近一帶海塘，當冲受險。乾隆三年九月，興工堵築石壩。至五年閏六月，工竣，鑄鐵牛四座，分置福寧宫前一座、大塔山一座、新築石壩中二座以鎮之。乾隆二十七年三月，聖駕親臨，閲視塘工，御製《視塔山誌事詩》一首。恭紀首卷。

黄灣山　《成化杭州府志》：去海寧縣東南六十二里，舊名盈山，高八十九丈，周九里。《海寧縣志》：在青陽西一里，形勢峭拔，林木蓊翳，山上立寨，下有黄灣浦。

廟山　《成化杭州府志》：在海寧縣東南六十八里，高九十七丈，周九里。《海寧縣志》：在金牛山北，東抵海鹽縣界，西爲鳳凰山，下有烽堠，上有蘇皋將軍廟。宋敕賜曰寧祐。

望夫山　《成化杭州府志》：去海寧縣東南六十二里，高七十五丈，東抵海鹽海界，周四里。其山即廟山脚，在海門。《海寧縣志》：在崧山東一里，山形峭拔，立烽堠其上。山嶺有石盤，盤側立石。常棠《澉水志》：昔日，海商失期不返，其妻登盤望夫，泣隕化而爲石，因名。

詩

胡奎《望夫山》：山頭日日望郎來，山下長江萬里開。郎去不如潮有信，朝朝暮暮兩番回。

談家山 《成化杭州府志》：在海寧縣東南七十里，高二十丈，周圍三里。《海寧縣志》：五代譚峭煉藥得道處，所著有《化書傳》。《澉水志》：在永安湖西，紫雲山之南，有高嶺入海寧縣界，乃南塘。仙人譚峭得道處，《觀仙鑑》所載詩亦奇迹海嶠之證。峭，字景昇，有《海上詩》：『線作長江扇作天，鞁鞋拋向海東邊。蓬萊元是無多路，只在談生拄杖前。』

詩

徐元槩《經譚仙嶺》：策杖躡危磴，木落天氣清。雲過少人迹，虛聞松柏聲。東眺澗水落，了了重湖明。憩足荒祠下，衣冷心魂驚。我欲招仙子，一豁膈中情。仙子去已久，樵牧徒然名。回視所來逕，紛紛紫翠横。

海門 《咸淳臨安志》：去仁和縣東北六十里，有山曰赭山，與龕山對峙，潮水由是門入於浙江，郭璞《地記》所謂『海門一點巽山小』，又曰『海門筆架峰巒起』皆指此。《海塘通志》：江海之門户有三：省城東南龕赭兩山之間，名曰南大亹；禪機、河莊之間，名曰中小亹；河莊之北、海塘之南，名曰北大亹。此三門形勢，横江截海，實爲浙省之觀瀾也。《鹽官圖經》：錢塘江有海門，潮所起處，望之有三山，隱隱可見。《神州古史考》：赭山與龕山相對，是爲海門，俗稱鼈子門。二山者，江形以折水而三回，山勢列海門而對峙，差非鯤穴，海水砰訇而上朝亦似龍門，澌河奔騰而下注。木生、張融之思，出入是門者歟！

詩

王炎《題童壽卿潮出海門圖》：潮來濺雪欲浮天，潮去奔雷又寂然。海上兩山元不動，更添此意畫圖傳。

陳造《題潮出海門圖二首》：絶島平岡捲欲空，兩崖相對屹穹崇。即今畫手兼詩筆，更與江山角長雄。

卷裹波濤快一拔，蒼山擁起雪山馳。浮天沃日無窮意，到我春窗病酒時。

朱純《登龕山》：長江限吴越，形勝一何雄。島嶼蒼茫外，乾坤浩蕩中。江連埋日霧，汀暗走沙風。忽起乘桴嘆，滄洲不可窮。

觀潮樓　在江干，亦稱大觀樓。《西湖志》：康熙四十二年恭逢。聖祖仁皇帝巡幸江浙，御製《錢塘江潮詩》一首。恭紀首卷四十六年，聖駕再巡至浙，由江上幸雲棲舟中，御製詩一首。恭紀首卷皆恭勒穹碑，建亭於臨江高岸。復搆層樓，奉懸御題『恬波利濟』四字扁額。《西湖志纂》：其地正對海門，當潮汐往來之衝，爲浙右之大觀。乾隆十六年春，翠華臨幸，登樓觀潮，御製《錢塘觀潮歌》。恭紀首卷乾隆二十二年，皇上再舉省方之典，閲視海塘，復登斯樓。是日春潮暗長，波濤不驚，御製《觀江潮作歌詩》一首。恭紀首卷三月二十八日，禮部奉上諭恭紀首卷以邇年以來，海波不揚，塘工鞏固，瀕海諸邑，得慶安瀾，利及生民，實資神祐，敕建海神廟於省城之觀潮樓。詳《祠祀門》。

六和塔 《杭州圖經》：在龍山月輪峰。開寶三年，智果禪師始建塔[一]，因即其地造寺。《咸淳臨安志》：即舊壽寧院，智覺禪師延壽於錢氏南果園開山建塔，以鎮江潮。塔高九級，長五十餘丈，内藏舍利。或時光明焕發大江中，舟人瞻見之，後廢。已而，江潮洶涌，石岸沉壞。至紹興十二年，奉旨重造。二十六年，僧智曇因故基成之，七層而止，自後潮爲之却，人利賴焉。《武林梵志》：梁開平五年，吴越王於仁王廢院掘地得大錢，以爲瑞應，因建大錢寺，設寶幢二座於寺門。入宋寺廢，智覺乃即南果園建塔。《七修類藁》：舊高九級，潤数十圍，後爲方臘焚毁。紹興時，重造七層，高大雖減於前，亦兩浙之塔無出其右者。至元，復遭兵火。故今光磚巍然四圍損，取中木，灼痕尚存。惟内可盤旋而上也。然在下望者，精神亦爲之恍惚。塔内四壁，俱鑿佛像，有石刻吴道子觀音佑聖之像。《金剛經》三十二分，乃北宋富弼、賈昌朝等各書一分。《四十二章經》乃南宋湯思退、虞允文等各書一章。宋名卿筆跡可半矣，亦奇物也。《西湖志》：《佛説四十二章經》在六和塔。第一段，沈該正書；第二段，湯思退正書；第三段，陳誠之正書；第四段，陳康伯正書；第五段，王綸正書；第六段，賀允中正書；第七段，葉義問正書；第八段，楊椿正書；第九段，周麟之正書；第十段，洪遵正書；第十一段，楊偰正書；第十二段，沈介正書；第十三段，趙令詪正書；第十四段，孫道夫行書；第十五段，王希亮正書；第十六段，黄祖舜正書；第十七段，張孝祥正書；第十八段，宋棐正書；第十九段，金安節正書；第二十段，李洪正書；第二十一段，董苹正書；第二十二段，錢端禮行書；第二十三段，張宗元正書；第二十四段，張運行書；第二十五段，楊樸行書；第二十六段，莫濛正書；第二十七段，路彬行書；第二十八段，張廷實正書；第二十九段，周操行書；第三十段，葉謙亨行書；第三十一段，胡汸行書；第三十二段，陳俊卿正書；第三十三段，鮑彪正書；第三十四段，陳棠正書；第三十五段，楊邦弼正書；第三十六段，張洙正書；第三十七段，黄子淳行書；第三十八段，楊倓正書；第三十九段，沈樞正書；第四十段，韓彦直行書；第四十一段，虞允文正書；第四十二段，洪邁正書。末題云：『聖宋紹興乙卯冬十一月，西蜀布衣武翊跋，都勸緣住持、傳慈恩教僧智曇立石，右大小諸經揭，俱極一時書人之選，且字畫完好可玩也。』《萬曆杭州府志》：明嘉靖十二年，開化寺與塔俱毁。萬曆間，僧袾宏重修。《西湖志纂》：國朝雍正十三年，奉敕鼎建。乾隆十六年三月初五日，聖駕巡幸，御製《開化寺詩》恭紀首卷，御題寺額曰『净宇江天』，御書聯句云：『潮聲自演大乘法，塔影常懸無住身。』三月十二日，聖駕又幸御製開化寺，再作詩，恭紀首卷御製《登開化寺六和塔記》恭紀首卷復於塔上，欽賜御書扁額第一層曰『初地堅固』，第二層曰『二諦俱融』，第三層曰『三明净域』，第四層曰『四天寶網』，第五層曰『五雲扶蓋』，第六層曰『六鼇負戴』，第七層曰『七寶莊嚴』，御製《登六和塔作歌詩》。恭紀首卷二十二年，御製《開化寺》五律一首，恭紀首卷《登六和塔》五古一首。恭紀首卷二十七年，御製《暮春瞻禮六和塔詩》，恭紀首卷又御題《開化寺詩》。恭紀首卷。

文

曹勛《臨安府重建月輪山壽寧院塔記》：嘗謂天下之事，利害相若，惟能因利以除害，則利斯得而害乃去。錢塘，昔號都會，既天子建翠鳳之旗爲駐蹕之地，可謂據東南天設之險。而浙江介於吴越，一晝一夜，濤頭自海而上者，再掠堤突岸，摧陷莫測，甚至捲民廬舍，衝壞田畝，爲臨安之患久矣！

雖智者遠謀，巧者述之，莫能禦也。錢氏時，有僧智覺禪師延壽同僧統贊寧創建斯塔，用以爲鎮。相傳自爾潮習故道，邊江石岸無沖墊之失，緣堤居民無驚溺之虞，聞者德之。迨宣和，三祀塔與寺爲寇盜所爇，潮復爲患，巨浸怒沫，頃刻間擣堤壞屋，侵附江之陸數十百丈，民雖寔苦其害，然迄無以措手。紹興歲在壬申，天子憂之，思所以制其害者。在廷之臣，首以復興斯塔爲請，詔賜可，下有司計度，意將官給金幣，庀工治材。而都下守臣擇可主持斯事，得僧智曇，戒行精潔，道業堅固，可任以幹。緣乃縷陳磚石土木、方隅廣袤、所以復塔之意。曇口諾心然，願以身任其勞，仍不以絲毫出於官，請得募民衆，畢兹勝事。都守即日命往住持是院。曇自被命，和義郡王楊存中率先衆力，出俸資助。居士董仲永以家之器用、衣物，捨以供費。先造僧寮庫司水陸，堂藏殿安存新衆，俾來者有歸，以致中堂、蓮社聞風樂施，雲臻霧集。雖遠在他路，亦荷擔而來。自癸酉仲春鳩工，至癸未之春，五層告成。是年晚歲，則七級就緒，巍然揭立，成數十尋，跨陸俯川，闌楯層橑，面面開敞，寶網鳴鐸，光動山海，撑空突兀，已立於風烟之上。外則規制壯麗，氣象雄傑，日以萬衆觀喜瞻仰，得未曾有；内則磴道以登，環壁刊《金剛經》列於上下，及塑五十三善知識，備盡莊嚴。至於佛、菩薩衆，各以次位置，凡所以鎮静山川、護持法界者，莫不閡而存焉。塔興之初，土石未及百簣而潮勢雖仍汹涌，已不復向來之害，以故衣冠緇黄、耆艾士民，德曇甚深，拱手贊嘆。是塔也，不特鎮伏潮不爲害，又航於海者寅夕昏晦，星月沉象，舟人未知攸濟，則必向塔之方，視塔中之燈光以爲指南，則海航無迷津之憂矣。致富商大舶，尤所歸向而喜捨無難色，此又塔之利也。塔將圓滿，寺衆以事之始末，求予文，以記其實。曇，東人也，體識深敏，早受律儀，持教臨壇，已踰三紀，信心之士，往往聯芳咀妙，割縛導迷，作大方便護於群生，顧予知曇之戮力，乃申利害之所出，陳上聖之憂勞，紀廷臣之建言。道曇之率衆與夫工徒用度之數，皆摭其實，庶知不假聲勢，成兹利益，備諸難事，而盡未來。際千百載下，僧俗當共謹護，以爲此邦植福，豈不美哉？約用工費百萬緡，錢二十萬云。

詩

孔平仲《遊六和寺》：同尋六和寺，去旁蒼崖行。峥嶸石林氣，虢虢流水鳴。見此俗慮減，入門心更清。盤空到窈窕，小憩山前亭。天晴修竹外，颯有風雨聲。僧云金魚池，近日秋雨足。餘波落清壁，散作雪色瀑。徐興視其流，登高穿屈曲。忽逢白練飛，碎點濺珠玉。清泠振毛髮，瀟灑盪心腹。金魚在何處，演漾戲平淥。鱗鬣老愈黄，點漆作雙目。憶爲兒童時，嘗劇此池旁。聞人説金魚，已謂百歲强。今踰二十年，僧死草木荒。此魚尚無著，纖質不改常。謂魚非靈物，安得擅久長。四海波浪高，三江網羅密。長鯨失明珠，幽暗每向日。我疑龍變化，就此溪中逸。紛綸乾坤争，浩蕩風霆出。何如守一泓，無得亦無失。

趙抃《次韻趙少師題六和寺壁》：上方樓殿已幽深，更向諸峰勝處尋。金擺池魚驚俗眼，琴調山溜寫清音。紅芝九本初無種，翠柏千株自有心。衆羡宫師康且壽，始知功德積來陰。

蘇軾《六和寺冲師閘山溪爲水軒》：欲放清溪自在流，忍教冰雪落砂洲[二]。出山定被江潮涴，能爲山僧更少留。

蘇軾《六和寺送張職方吉甫赴閩漕[三]》：羡君超然鸞鶴姿，江湖欲下還飛去。空使吴兒怨不留，青山漫漫七閩路。門前江水去掀天，寺後青池碧玉環。君如大江日千里，我如此水千山底。

朱繼芳《六和塔》：三百有餘年，潮頭不敢顛。孤尖標白浪，層級上青天。鈴隔山僧唄，燈通海客船。老來登眺眼，不道步難前。

尹廷高《登六和塔絶頂》：江分吴越緑漫漫，閑向浮圖絶頂看。目覽錢塘殊覺小，身遊玉宇不知寒。海連芳草春潮急，山擁頽峰古木蟠。游子舉頭應怪問，何人天半拍闌干。

張翥《登六和塔》：江上浮屠快一登，望中烟岸是西興。日生滄海横流外，人立青冥最上層。潮落遠沙群下雁，樹欹高壁獨巢鷹。百年等是豪華盡，怕聽興亡懶問僧。

錢惟善《六和觀月》：招提高占月輪峰，樓閣清虚十二重。秋意天香飄古桂，冷凝岩雪落長松。池光照夜明金鯽，塔影横江卧玉龍。聞道廣寒從此往，竹房開處約飛笻。

鎮海塔 《杭州府志》：舊名占鼇，明海寧縣知縣郭一輪經始築基，知縣陳揚明繼之。萬曆四十年壬子正月鳩工，告成於九月，高百五十丈，廣周九十有六尺，回廊翼欄，達七級頂。董斯役者，典史王時朝也。《海寧縣志》：塔在邑治巽隅。郭一輪以寧邑面大海，故起巽峰鎮之。築基一級有奇，去任。陳揚明續莅兹土，議竟舊令之緒。會鹺直指張惟任司理，孫縠廉得施金所贏，畀揚明，襄成厥事。崇正時，邑紳陳之遴、之暹重修，後復傾圮。康熙十五年八月，縣令許三禮又修，易名曰『鎮海』。都御史陳敱永撰記。

文

陳揚明《登占鼇塔記略》：載登浩劫，實創熙時。聳玉柱以擎天，奠金鼇而駕海。延望北極，呼吸可達層霄；俯眺南溟，扶摇直乘萬里。挹西山之爽氣，迓東氾之曙暉。雲近蓬萊，鬱鬱霞蒸龍變；春深崗阜，藹藹梧棲鳳鳴。故宜海若效靈，地脉永奠，卜金甌於皇圖，觀玉燭之聖化云。時同眺者，廣文常君來、王季君培、姜君尚賓也。爰勒貞珉，以紀盛事。

陳敳永《重建鎮海塔記》：寧邑居浙江之表，朝潮夕汐，由大洋而來。南有上虞、餘姚，逼處於前；東有大尖、鳳凰諸山，角張於左。而江流又逆遏於上，其回溜湍澓彌甚，陽侯不戒，往往有淪胥之懼。自昔形象家言：『惟建塔鎮鎖，則狂瀾可障，地脉可固。不寧惟是，抑文教所由蔚興，民生所由殷阜。』明萬曆中，邑侯郭公採用形家之法，遂於壬子歲，肇建是塔於海堧，實爲邑治及學宫之巽峰。次年工未訖，伯祖昆吾公獲簡庶常，嗣此，而蕋榜群登杏園偕宴者，未易更僕數。戊辰秋，颶風大作，毁塔相輪。是歲，簪紳之士遷謫云亡者十有八人。癸酉，祝融肆灾，塔上下欄楣俱毁。秋闈，遂無一人得售者。至丙子，家君請於邑侯謝公，復捐貲拮据，躬率匠石以修葺之。明年丁丑，先伯素庵公幸掄鼎甲，而家君亦於丙子秋獲售焉。顧自丙子迄今，時逾三紀，中更兵燹，塔摧頹殆盡。賢侯許公無日不爲茲土興利，而深知形家之説非虚也。謂民之生聚、士之教育，皆爲地靈所鍾繫，惟茲塔是賴。且以甲辰之秋，洪濤泛濫，郭外之廛如泛宅也，民至今惴惴焉。爲之遐稽史籍，嘗見元大定以後，頻有海患。至和元年，遣使禱祀，且造浮圖二百一十有六，實以七寶珠玉，半置海畔，半置水中，以鎮海灾。而今更以巍巍貝塔鎮焉，其功不更鉅乎？因與邑之縉紳庶士，協力鳩工，以興復之，而名之曰鎮海，將貽海甸永利也。工初竣，歲大稔，四野三農，有滿篝滿車之慶；髦士横經講學，亦兆連茹彙征之象。是文教之昌隆，實由民生之康樂也。誰曰非德舉哉！余承乏蘭臺，遥計梓鄉事宜，謂莫尚於此。詎意公有同心，不費公帑，而捐清俸以經治，不數月而落成。今塗謡巷謳，傳公嘉德達於京輦，余乃琢樂石勒之，以識勿諼，且以昭示來祀云。

詩

祝以豳《登占鼇塔》： 亭亭玉搆接崔嵬，躡級憑虛亦快哉。 天柱近從杯底出，滄溟遥向鏡中開。百年召杜留恩澤，一代文章叶上台。 員嶠方壺應咫尺，何人先掣巨鼇來。

葛徵磻《春日登占鼇塔》： 百尺鼇峰矗上游，憑虛野眺午烟收。 放窮兩目潮初退，拭浄千山翠欲浮。 響出雲中聞畫角，霞開木末起朱樓。 閑心便逐輕鷗去，幾度遥呼一葉舟。

李因《九日登塔和許邑侯原韻》： 約伴登高遊騎停，海天雲浄數峰青。 十尋古塔驅羅刹，幾劫滄桑伏地靈。 白社相邀多後起，詞壇有主繼先型。 胥濤日夜蛟龍吼，縹緲蜃樓出北溟。

安瀾園 在海寧縣拱辰門内前。 予告大學士陳元龍之别業也。 初名隅園，明太常與郊建地，遠闤闠，池周二十餘畝，舊有竹堂、流香亭、月閣、紫芝樓、金波橋諸勝，迨元龍易名遂初園。 世宗憲皇帝賜陳元龍『林泉耆碩』四字，恭奉園中，賜安堂樓。 乾隆二十七年上巳，皇上閱視海塘，駐蹕於此，賜名安瀾園，題安瀾園水竹、延清二額并對聯一副，御製《駐陳氏安瀾園，即事雜咏》五言律詩六首。 恭紀首卷。

文

王穉登《紫芝樓記》： 贈諫議陳公風山之祀於鄉賢也，蓋其長子太常君歸田之日久矣！ 初，太常與弟憲副君相繼成進士，起家博士弟子、鄉人父老以贈公祀鄉賢請，太常兄弟謝不敢。 逮太常兄弟仕於朝，又請，又謝不敢。迄今，去之幾三十年，太常君中吏議免，而請如前，當道報可，始從祀矣。明日，而芝生於祠之左楹。又明日，又生。三日，又生。其數七至九，其廣六七寸至三四寸，其色紫，其狀若牡丹，其香絪緼若都梁鷄舌。然邑人觀者，無不嘆爲奇瑞。當之者，不在太常君兄弟，必在其後人。太常君兄弟復謝不敢，曰：『微先諫議之德，不迨此。』乃署其樓曰『紫芝』，以永孝思，授余記其實。余習於太常君，而悉贈公爲賢豪長者也，贈公以文雄於諸生間。五試有司不售，遂罷去，雖老於青衿乎，而負意氣、重然諾，家貧屢空，任俠自喜，其予人若棄人，予之若污。韓太史應龍未第日，嘗貸百金，既第，未及償而卒。韓夫人償之以帶，曰：『太史遺命也。』公拒不受。里人鬬而蔑其處子，處子將雉經，公憤然白於惠文使者。而兩家之獄解，争持牛酒爲壽公，笑曰：『吾哀髫者而居間，豈望報耶？』屬歲旱，出粟三百斛賑饑者，帥一鄉之人禱雨，雨亦獨偏一鄉。鄉人語曰：『天道不偶，視陳叟其爲德類若此。』没而祀於鄉，蓋出鄉人父老意、博士弟子意，非以太常兄弟不者，太常君歸第里，羅雀其門矣，誰爲私之，而復請之？卒令俎豆、烝嘗、廟食，世之非輿、人之公論，疇克致然？昔稱芝草非一，『若九莖三秀，皆王者之瑞。其次，則家室子孫正祥，故謝太傅以『芝蘭玉樹』比佳子弟。而虞翻又云：『芝草無根，芝或産於土、産於石、産於澗谷、産於階庭，産於階庭者奇矣！乃若産祠宇、産楝楹者，奇甚！産而連三日，其數九，其大幾尺，其色殷然，其氣芬芬，然奇又甚！』贈公當之、德之，休明黍稷，維馨嗇於其身，啓佑後人，太常君兄弟當之。伯兮叔兮，鳳凰於飛，其翼差池，王之羽儀，陳氏後人當之。佩玉冠裳，濟濟鏘鏘，勿替引之，奕世其昌乎！陳之先代，自太邱而元方、而長文，位愈顯而德愈微，不若贈公之後。公無慚鄉，鄉無慚長也。芝之爲瑞，豈偶然哉？遂歌曰：『紫芝英英，産於廟楹。匪芝也者英，維德之馨。紫芝叢叢，産於廟宫。匪芝也者叢，維德之隆。芝絪緼也，子孫振振。靡勿有聞也，而駟而車，大而門也。』記成，請書於樓之壁，歌而祀之，以代祝史。

陳元龍《遂初園詩序》： 寧邑城西北隅多陂池，昔從曾祖明太常公因池爲園，名隅園。歲久荒廢，余就故址爲補植竹木，重葺館舍，冀退休歸老焉。而出入中外，任鉅責重，雖年逾大耋，不敢自有其身。林壑之思，徒托諸夢寐間耳！ 癸丑春，衰病且篤，疏請致政，蒙聖主俯俞，重以恩禮，賜賚稠疊，御書堂額，以光里第曰『林泉耆碩』。則家中所有，一池之水，千竿之竹，不異鑑湖之賜。竊幸初心之獲遂也，因名之曰『遂初園』。令家僮掃徑，策杖而遊，園本近市，經曲巷，忽見茂林修竹，即園門也。入門，屋三楹曰城隅花墅，有長廊曰引勝。旁倚修陂，皆種梅花。循廊而西，有一大池，望見堂宇在水中央。平橋横亘曰小石梁，過橋有古藤，水榭臨水，回廊繞之。中峙一堂曰環碧堂，廣庭面沼，水色林巒，回環左右。堂之右曰清映軒，階前文石，有流觴曲水之致。東曰溪槎，跨水如舟，臨岸多薔薇屏、葡萄架。西曰瀲灩館，西池寬廣，水光澄澈。池中有一亭曰烟波風月之亭，凌空憑眺，晴雨皆宜。中間有樓五間曰逍遥樓，前俯平岡，種牡丹數十本。北檻倚清流，對面梅花滿山麓間。樓之西偏，渡小橋，穿山逕，别有院曰静明書屋，南榮北牖軒爽，可悦心目。自此而西，池流益廣，景象空明，有堂翼然，八窗洞達。斯堂也，實爲一園之主，敬奉天章，以垂不朽，而名斯堂曰賜安堂。安老於斯，永永不忘君賜也。堂之右，矗以崇岡，環以幽麓，循級登其巔，有亭曰翠微亭，以供憑眺。下有碕石磯，可坐而垂綸。岡之南，有環橋，東西二池，交會於此。橋之南有山，皆種桃杏，花開時，仿佛武陵溪畔。桃山之南，桂樹數百株，高下茂密，中有亭曰天香塢，極小山叢桂之勝。旁有小閣曰群芳閣，登閣則梅杏、桃李、桂花皆在目前。從山根折而東，曲橋宛轉如長虹，可通於環碧堂。再折而南，有曲澗夾岸，石壁松柏交蔭。由環碧堂以通於南池，中隔高阜，林木鬱葱，儼如峻嶺。南池之西，有軒曰瀁月軒；初月澄潭，天水一色。池南修竹之中，有亭曰南澗亭，北望林烟山翠，如列屏幛。迤東有樓，四面曲折曰十二樓，與城隅花墅相接。園之西，尚有隙地，爲魚池，爲菜圃，可供朝夕之需。此遂初園之大概也。園無雕繢，無粉飾，無名花奇石，而池水竹木，幽雅古樸，悠然塵外。老人隨意所之，遊覽既畢，良晨佳夕，可以觴咏，可以寤歌，因各系以詩焉。

盧軒《北園修禊詩序》：康熙三十一年三月三日，東海侍御君修禊北園，集者二十一人。峨冠長鋏，並同臨水之嬉；艾髮垂髫，齊赴采蘭之會。玉峰當户，石指鳳凰；金谷開尊，杯傳鸚鵡。分曹角戲，隔窗聞落子之聲；却坐偷閑，憑檻試垂綸之手。或蹣跚於籬落，或俯仰於橋梁，禮數無拘，興居盡適。於時，薄雲露日，暖靄烘春，繡弱草之如茵；花霏紅雨，映澄潭之似鏡。柳結翠烟，宛宛流鶯，歌同秦女，翾翾舞蝶，夢返莊生，惟人事之多歡，覺物華之耐賞。侍御君乃酒酣耳熱，四望超然，心曠神怡，片言莞爾，出苔箋以細擘，拂玳管以徐傳工部。《麗人行》分爲韻脚，右軍《蘭亭序》即是詩題。群公既叉手而前，此客遂撚鬚於後，吟成古體，句綴五言，難希鸞嘯之清，若爲藏拙，欲避蝟毛之罸，聊用解嘲。

詩

王穉登《隅園》：小圃臨湍結薜蘿，主人日涉趣如何。幽花時灌寒猶好，小鳥春來雨亦歌。雅稱琴尊清晝賞，不妨樵牧夕陽過。政成京國歸閑樂，只讓温公五畝多。

葛徵奇《赴陶社晚眺隅園》：三月晴不足，雨暗花濛濛。大澗小澗鳴，百道相回通。潭魚躍新水，竹罅飛流紅。林景閟深翳，叢樹密生風。禽鳥忽變聲，乃知天氣融。登高一何極，澄覽衆慮空。日夕園宇静，歷歷山巃嵸。眷懷幽人貞，欣賞與世同。我行違性命，巽患干其躬。曠莽天地間，局促如微蟲。元理群所貴，耳目悦且充。道上坐垂釣，悠然滄浪中。

盧軒《北園修禊》：上巳古今節，肇置洛邑卜。一從山陰會，良宴難更僕。大都詩酒并，一洗塵垢宿。比來漸寂寥，此意誰能復。寒食到清明，傾城事徵逐。棕鞋踏岸草，羅裙拂山麓。怪來三月三，足音絶空谷。歸休繡衣郎，灑落決邊幅。家有陳遵井，體空周顗腹。城隅得佳地，茂林蔭修竹。紫蓴出千里，名酒置百斛。折簡召賓友，膝席迎伯叔。笑指平階下，方池清可掬。何妨同祓除，臨流解春服。今年春事早，冷節過百六。緑戰並紅酣，爛熳罄花木。便恐柳綿催，韶光肯留目。所幸天意美，兩日分寒燠。風來和以暢，氣至清且淑。及此不尋芳，悔殺唐杜牧。把盞盡日飲，醉茵眠漸熟。聽報山坳月，半規照墻屋。

盧軒《賦五絶用遠字二首》：暮春快觴咏，勝事聞近遠。雖復後永和，不嘆予生晚。鶯啼選樹深，花落隨流遠。安得繫日繩，一留春畹晚。

仲宏道《秋日同杜其芳文學遊陳氏隅園》：畫閣凌波出，幽亭望竹開。啓簾鴛自穩，闔户蝶還來。秋老雲彌浄，林高風欲摧。登臨雙屐倦，笑語席莓苔。

陳元龍《城隅花墅》：莫嫌近市少清娱，林木依然有一隅。種樹十年陰已茂，爲山萬仞意成圖。還家敢擬鄉名鄭，歸卧真堪谷號愚。童子候門迎我笑，田園猶喜未全蕪。

陳元龍《小石梁》：隔塵便是白雲鄉，笑指溪橋擬石梁。行過東西殊縹緲，水分南北自汪洋。高梧影直閑垂釣，雙柳陰濃坐納凉。最愛月明風静處，淵魚極樂鳥回翔。

陳元龍《古藤水榭》：池回岸斗見泱泱，水榭空明繞曲廊。蘭薄當階清影動，古藤垂架緑陰凉。風來嶺畔飄林翠，月到波心射屋梁。簾幙不施貪騁目，畫圖一幅似瀟湘。

陳元龍《環碧堂》：疏簾曲檻水中央，風月烟霞萃一堂。日暖波光摇素壁，晚晴山翠入回廊。畫圖凝緑多生趣，几硯浮雲自有香。隔斷紅塵依碧落，蕭閑無事對滄浪。

陳元龍《清映軒》： 碧檻回廊抱此軒，高低文石水沄沄。激湍時向階前涌，過雨微聞澗底喧。林樹風多清影動，烟波晴漾白雲屯。置身畫裏消長晝，又見山頭月一痕。

陳元龍《瀓瀾館》： 塍埒盤紆又一池，步櫚曲屋俯漣漪。幽篁風度鳴千管，高柳晴空織萬絲。山愛斜陽回照處，水留新月未沉時。西來顥氣秋先至，一望空明有所思。

陳元龍《溪槎》： 買得吴舲倚岸東，高柯深處百花叢。芙渠檻畔迎初日，楊柳磯頭漾晚風。天上坐時疑縹緲，洞房小處更玲瓏。人間自有仙源好，漫道銀河路可通。

陳元龍《逍遥樓》： 梅杏重重繞一洲，背山臨水有高樓。花香縹緲穿雲近，樹色參差入幕收。夜静潮聲來枕上，風清月影滿床頭。海天空曠閑憑眺，便擬逍遥物外遊。

陳元龍《烟波風月之亭》： 最愛虚明景象殊，凌空小榭儼冰壺。天邊風月爲吾有，江上烟波得似無。横笛飛聲千樹動，高吟寡和一亭孤。此身已在塵氛外，寧必扁舟下五湖。

陳元龍《静明書屋》： 林幽境杳似深山，静掩書堂水一灣。北牖南榮風日好，花香鳥語性情閑。堆床卷帙空摩眼，滿地莓苔欲閉關。只有樵青來竹外，茶烟一縷聽潺湲。

陳元龍《賜安堂》： 主恩安老賜林泉，近水堂開别有天。竹樹陰濃飛濕翠，山巒環擁漾晴烟。八窗風月疑塵外，四面芬芳列眼前。誰信此中安一叟，太平無事獨翛然。

陳元龍《翠微亭》： 山頭亭子白雲間，修竹蒼松列翠環。野鶴飛從巖下過，天香近向月中攀。路穿石磴藏三逕，橋鎖清池剩半環。策杖登臨朝復暮，散人今擬號高閑。

陳元龍《碕石磯》： 山阿水瀠正涼初，坐愛磯頭望太虚。便欲遨遊窮碧落，可知俯仰在方諸。波光摇蕩曾何定，雲影浮沉任所如。回首乍看新月上，手中垂釣已忘魚。

陳元龍《天香隖》： 四照亭虚倚曲闌，山阿叢桂出林端。玲瓏碧玉千枝繞，燦爛黄金萬蕊攢。馥郁不隨風乍散，氤氲如與露俱溥。秋光留取天香久，月皎霜清仔細看。

陳元龍《群芳閣》：山頭小閣挹芳華，一望山頭總是花。千樹寒梅香似雪，百層紅杏氣蒸霞。平鋪不覺溪流隔，俯視無愁月影遮。更愛秋香金粟滿，西風颯颯見霜葩。

陳元龍《瀁月軒》：晚來閑步恣幽探，待月東軒倚碧潭。明鏡未曾天上掛，冰輪先向水中涵。摇光直欲通銀漢，散彩渾疑浣蔚藍。坐賞空明人不寐，城頭乍聽鼓聲三。

陳元龍《南澗亭》：北沼南池一澗通，兩崖翠壁亦蘢葱。半篙清淺藤蘿裏，小艇夷猶水石中。山徑雲遮迷牧豎，溪頭雨歇卧漁翁。尋幽欲到林深處，堤斷橋回未可窮。

陳元龍《十二樓》：池邊結屋愛清幽，窈窕湘簾最上頭。曲院鶯花人欲醉，層軒風月座中收。笑無紅袖憑雕檻，剩有霜顛倚畫樓。浪得嘉名誇十二，任他遊客慕風流。

安國寺　《鹽官圖經》：在縣西北六百五十步，寺中有悟空塔，塔前有古檜存焉。《咸淳臨安志》：唐開元元年建，名鎮國海昌院。五年，廢。大中四年復置，名齊豐。祥符元年，改今額。熙寧七年，僧居則建大悲閣，蘇文忠公題梁，明年爲之記。藏殿後有唐會昌石經幢一，寺門東有咸通石經幢一，又在殿下者二，無歲月，字畫類唐人，有古檜。宣和中，朱勔移以去。《成化杭州府志》：元至正二年，重建。明洪武二十四年，立成叢林，有放生池在寺前。《安國寺志》：唐咸亨間，寺基陸地生蓮，有異僧至此，因海患招徒衆法昌、法昕等祈禱，海不揚波，始創庵居，後因賜額爲寺。寺外有橋曰大來、曰安化、曰泊輓。説者謂『三橋兩寺半千僧，秀奪南湖萬頃陰』，皆實景也。明朱澹庵、蘇雪溪嘗爲《安國寺八咏》，曰高閣晴雲、長廊夕照、檜林月色、輪藏金聲、方廣靈跡、悟空遺跡、華鯨夜吼、蓮沼秋紅。《海寧縣志》：永樂三年建，三解脱門後甃石爲九蓮池，爲藏經閣，凡雨暘祈禱、祝聖有儀皆在於此，稱海上名山之冠。《西湖志纂》：乾隆二十七年三月，聖駕臨幸，御題佛殿之額曰『法海安禪』，賜題佛殿柱聯云：『香水護須彌，功德常澄一鏡；妙華現優鉢，莊嚴合證三輪。』

文

釋元昭《法界相記略》：餘杭郡鹽官邑安國寺，有唐開元首歲創建。元和末歷，齊安禪師闡化於此，一時盛集，備見前記。屬會昌梗塞，例爲焚除。大中祥符初，復易今額。歷年茲多，獨結界之法未聞於前。逮天聖中，慧雲法師諱子倫者，以德業内充，力扶遺教，首謀締搆，未遂而終。於今，一闕之衆猶居自然，宿往高流常所嘆息，乃相與籌謀，併力經營，命毗尼師主法行事，凡百軌度，率循舊章。實元豊三年十二月二十四夜，秉燭告就，即勒略相，垂諸不朽。

蘇軾《〔鹽官〕大悲閣記[四]》：羊豕以爲羞，五味以和之[五]，秫稻以爲酒，麴蘖以作之，天下之所同也。其材同，其水火之齊均，其寒暑、燥濕之候一也，而二人爲之，則美惡不齊。豈其所以美者，不可以數取歟？然古之爲方者，未嘗遺數也。能者即數以得其妙，不能者循數以得其略。其出一也，有能有不能，而精粗見焉。人見其二也，則求其精於數外，而弃迹以逐妙，曰：我知酒食之所美也[六]。而略其分劑，捨其度數，以爲不在是也，而一以意造，則其不爲人之所嘔弃寡矣。

今吾學者之病亦然。天文、地理、音樂、律曆、宫廟、服器、冠婚[七]、喪紀之法[八]，《春秋》之所去取，禮之所可，刑之所禁，歷代所之所廢興，在其人之賢不肖，此學者之所宜盡力也。曰：是皆不足學，學其不可傳於書而載於口者。子夏曰：『日知其所亡，月無忘其所能，可謂好學也已。』古之學者，其所亡與其所能，皆可以一二數而日月見也。如今世之學者，所亡者果何物，而所能者果何事耶？孔子曰：『吾嘗終日不食，終夜不寢，以思，無益，不如學也。』由是觀之，廢學而徒思者，孔子之所禁，而今世之所尚也。

豈惟吾學者，至於爲佛者亦然。齋戒持律，講誦其書，而崇餙塔廟，此佛之所以日夜教人者也。而其徒或者以爲齋戒持律不如無心，講誦其書不如無言，崇餙塔廟不如無爲。其中無心，其口無言，其身無爲，則飽食遊嬉而已矣[九]，是爲大言以欺佛者也。

杭州鹽官安國寺僧居則，自九歲出家，十年而得惡疾垂死[一〇]，自誓於佛，願持律終身，且造千手眼觀世音像，而誦其名千萬聲。病已而力不給，則縮衣節口三十餘年，銖積寸累，以迄於成。其高九仞，爲大屋四重以居之。而求文以爲記。

余嘗以斯語告東南之士矣[一一]，蓋僅有從者。獨喜則之勤苦從事於有爲，篤志守節，老而不衰，異夫爲大言以欺佛者，故爲之記，且以風吾黨之士云。

詩

蘇軾《鹽官北寺悟空塔[一二]》：　已將世界等微塵，空裏浮花夢裏身。豈爲龍顔更分別，只應天眼識天人。

蘇軾《塔前古檜》：　當年雙檜是雙童，相對無言老更恭。庭雪到腰埋不死，如今化作兩蒼龍。

釋賛寧《悟空塔》：　浮圖蕭瑟入虚空，一聚全身罔象中。傳馬祖心開佛印，識龍潛主示神通。毫光委墜江樓月，道氣馨香海岸風。此地化緣纔始盡，更於何處動魔宫。

釋智潤《登安國寺南樓》：　半生雲水恣遨遊，覽勝重登百尺樓。叠嶂遠排晴漢出，寒潮猶帶夕陽流。鐘聲隱約聞吴越，簾影依稀拂斗牛。唤起悲秋懷古恨，斷鴻嘹嚦滿滄洲。

張昱《安國問牛軒爲訥無言賦》： 犀牛不逐扇俱破，奈有人來問此軒。資福無端添注脚，石霜何事未忘言。大千無迹身俱化，一點通明角尚存。拈起家風隨手應，莫言無可付兒孫。

胡奎《大悲閣》： 寶閣凌空十丈高，倚欄東望際鯨濤。天花散處皆金地，海月生時見白毫。夜氣澄清龍在窟，秋聲蕭爽鶴鳴皋。丹梯咫尺諸天近，香霧霏霏濕苧袍。

尹士良《大悲閣》： 巍巍高閣壯華彝，妙智名存八尺碑。金刹龍飛滄海近，碧梧鳳宿彩雲垂。蘇家文字傳三代，釋氏圓明了二儀。萬法一歸何處是，本來面目未生時。

朱禋《檜林月色》： 雙檜亭亭立化城，夜深相對不勝清。半窗偃蹇疑龍化，滿地槎牙亂月明。凉沁金波分黛色，暝和風鐸振秋聲。一從艮岳移根去，野鶴山猿夢亦驚。

蘇平《蓮沼秋紅》： 一鏡方塘玉井通，露華無數倚秋風。日臨滄海雲霞爛，月落寒潭色相空。亂影欲迷匡阜路，清香疑在若耶中。風流不減陶元亮，結社於今有遠公。

校勘記

[一]《西湖游覽志》卷二四《浙江勝跡》及下條《咸淳臨安志》「智果」作「智覺」。

[二] 中華書局本《蘇軾詩集》卷八《六和寺沖師閘山溪爲水軒》「砂」作「沙」。

[三] 中華書局本《蘇軾詩集》卷七詩題爲《送張職方吉甫赴閩漕六和寺中作》。

[四] 據中華書局本《蘇軾文集》卷十二《鹽官大悲閣記》「大悲閣記」前補入「鹽官」二字。

[五] 中華書局本《蘇軾文集》卷十二《鹽官大悲閣記》「五味以和之」作「五味以爲和」。

[六] 中華書局本《蘇軾文集》卷十二《鹽官大悲閣記》「所」作「所以」。

[七] 中華書局本《蘇軾文集》卷十二《鹽官大悲閣記》「婚」作「昏」。

[八] 中華書局本《蘇軾文集》卷十二《鹽官大悲閣記》「纪」作「祭」。

[九] 中華書局本《蘇軾文集》卷十二《鹽官大悲閣記》「則飽食遊嬉而已矣」作「則飽食而嬉而已」。

〔一〇〕中華書局本《蘇軾文集》卷十二《鹽官大悲閣記》「垂」作「且」。

〔一一〕中華書局本《蘇軾文集》卷十二《鹽官大悲閣記》「語」作「言」。

〔一二〕中華書局本《蘇軾詩集》卷八《鹽官北寺悟空禪師塔》「悟空」後有「禪師」二字。

欽定四庫全書海塘録　卷九　古蹟一

羅刹石

《咸淳臨安志》：晏公《輿地志》云：『近秦望山，有羅刹石，大石崔嵬，横截江濤，商船海舶，往此多爲風浪所傾，因呼爲羅刹。每歲仲秋、既望，迎潮設祭，樂工鼓舞其上。』李建勳詩曰：『何年遺禹鑿，半里大江中。』白居易詩曰：『嵌空石面標羅刹，壓捺潮頭敵子胥。』後改名鎮江石。五代開平中，爲潮沙漲没。《成化杭州府志》：羅隐詩『羅刹江邊地欲浮』，正此石也。《北夢瑣言》：杭州連歲潮頭直打羅刹石，吴越錢尚父俾張弓弩，候潮至，逆而射之，由是漸退。羅刹石化而爲陸地，遂列廩庾焉。《神州古史考》：羅刹石似岑石之類，錢唐之沙磧也。若云江沙没漲，沙既或坍或漲，石亦時見時隐。今自唐以後，不復再出，疑錢王築塘羅刹之地，遂經湮塞，今者不復知其所在矣。

詩

白居易《微之重誇州居，其落句有西州羅刹之謔，因嘲兹石，聊以寄懷》：君問西州城下事，醉中疊紙爲君書。嵌空石面標羅刹，壓捺潮頭敵子胥。神鬼曾鞭猶不動，波濤雖打欲何如。誰知太守心相似，底滯堅頑兩有餘。

岑石　《咸淳臨安志》：元在浙江，長一丈四尺，南北六尺，東西廣六寸。《越絶書》：始皇以正月甲戌到大越，留舍都亭，取錢唐浙江岑石，刻文於越東山上。又天漢五年四月，浙江岑石不見，到七年岑石復見。

靈石　《南齊書·祥瑞志》：永明七年，主書朱靈遜于浙江得靈石，十人舉乃起，在水深三尺而浮。世祖親投于天淵池試之，刻爲佛像。

浮石　《成化杭州府志》：葉杲卿，名曙，錢塘人，生而穎拔，師事林逋。天禧末，錢塘有巨石浮于江，太守問逋，逋以問杲卿，杲卿乃按《樵子五行志》以應。於是人服杲卿多聞，而始知《樵子》爲奇書。

八仙石　《西湖志纂》：在太平門外二里，舊傳宋時石上有仙人聚飲，故名。

望夫石　《海寧縣志》：在廟山。《海鹽縣圖經》：望夫石，在永安湖仰天塢之右，山巔有石盤其傍，有石立如人形，相傳有海商失期不返，其妻登石盤泣望，因化爲石云。

詩

鄭允端《望夫石》：良人有行役，遠在天一方。自期三年歸，一去凡幾霜。登山淩絶巘，引領望歸航。歸航望不及，躑躅空傍徨。化作山頭石，兀立倚穹蒼。至今心不轉，日夜遥相望。石堅有時爛，海枯成田桑。石爛與海枯，行人歸故鄉。

漁浦　《吴郡志》：富春東三十里有漁浦。《咸淳臨安志》：漁浦潭，晏公《輿地志》云：『在郡西南。』《江月松風集》：漁浦與定山相對。《太平廣記》：海門山潮頭汹，高數百尺，越錢唐漁浦，方漸低小。《神州古史考》：錢唐有漁浦、黄山浦、柳浦、同浦。《説文》：浦，水瀕也。凡浙江至錢唐，有一山沿江而出，則有一浦循山而入。《錢唐縣志》：定山浦江濵，有浮嶼爲漁浦，又稱鮎魚口。

詩

丘遲《旦發漁浦潭》：漁潭霧未開，赤亭風已颸。櫂歌發中流，鳴鞞響沓障。村童忽相聚，野老時一望。詭怪石異象，嶄絶峰殊狀。森森荒樹齊，析析寒沙漲。藤垂島易陟，岸傾嶼難傍。信是永幽棲，豈徒暫清曠。坐嘯昔有委，卧治今可尚。

常建《漁浦》：春至百草緑，陂澤聞鶬鶊。别家投釣翁，今世滄浪情。漚紵爲緼袍，折麻爲長纓。榮譽失本真，怪人浮此生。碧水月自闊，安流浄而平。扁舟與天際，獨往誰能名。

錢起《漁潭值雨》：日入林島異，鶴鳴風草間。孤帆泊枉渚，飛雨來前山。客意念留滯，川途忽阻艱。赤亭仍數里，夜待安流還。

孟浩然《早發漁浦潭》：東旭早光芒，渚禽已驚聒。卧聞漁浦口，橈聲暗相撥。日出氣象分，始知江潮闊。美人常晏起，照影弄流沫。飲水畏驚猿，祭魚時見獺。舟行自無悶，况值晴景豁。

林希逸《泊舟漁浦望吴山作》：客子孤舟傍曉沙，隔江人説是京華。缘山一帶烟籠樹，中有王侯百萬家。

王逢《復如乾封，晚經漁浦》：窮曛經漁浦，寒水白于練。緫緫星東出，獵獵風北轉。眼中獸突過，笛裏魚狀變。稍聞刁斗應，漸喜烟火見。誰家長林根，繫艇沙渚面。天含瀟湘思，山錯吴越甸。承平謝憂患，少壯忘羈賤。瓜橋往未遑，雲源訪殊便。明涉子陵灘，桂酒同一奠。

柳貫《旦發漁浦，夕宿大浪灘上》：張帆得順風，飛鴻與争疾。後浪蹙亦舒，前山過如失。桐江轉數灣，上瀬未入日。篙工享安便，坐穩頭屢櫛。人生倚造物，理微難究詰。處順安可常，離憂詎能必。白鷗知此情，故向波間没。

金涓《舟次漁浦》：雙溪東入浙，終日坐危舟。流水遠明目，小篷低壓頭。烟村鴉入莫，江國雁賓秋。一片淒凉景，安排獨客愁。

錢惟善《漁浦春潮》：江漲夜來高幾尋，輕濤拍岸失蹄涔。遲明帆發星灘遠，盡日舟横雨渡深。杜若風回頳鯉上，桃花浪起白鷗沉。越人艇子來何許，款乃時聞空外音。

柳浦 《咸淳臨安志》：在鳳凰山下，隋置郡處，晋吴喜嘗進軍此地，今無可考。《宋書》：吴喜等至錢唐[二]，進軍柳浦[三]，遣鎮北將軍沈思仁[三]、强弩將軍任農夫[四]、南臺御史陸佃等，率軍向黄山浦[五]。東軍據岸結砦，農夫等攻破之，乘風舉帆，去趣定山[六]，破其大帥孫會之，于陳斬首。自定山進向漁浦，戍主孔叡率千人據壘拒戰[七]，佃夫、思仁進兵攻之[八]，吴喜使劉亮由鹽官海渡[九]，直指同浦，壽寂之濟自漁浦，邪趨永嘉[一〇]，喜自柳浦渡，趨西陵[一一]。《南齊書》：唐寓之陷富陽，至錢唐，進柳浦，登岸焚郭邑。《神州古史考》：柳浦乃昔臨江登岸之地，今龍鳳二山之根。古時，悉皆柳浦，南連大江，宋齊以爲舟楫可通。至隋唐時築塘，加以都城百雉。唐建爲州，治及吴越。後築宫湮塞，多不可考。今者溝塍原隰，或稱當日之藉田，禾黍高低，即是前朝之宫闕。其近龍山者，水勢汪濊，雖復民户薦居，葑茭雜集，其中素氣雲浮，波襄轉泛，猶想見晋宋時柳浦登岸之陳跡焉。余少居江塘，慈雲嶺南有水如幅練，俗稱長池，大人謂璠曰：『此古御河也。』時有别業在龍山，河下小艇往來，余戲爲蕩槳。

北度小溝間，不容檝，有石梁一道，俗稱楊婆橋。傴僂而進，過此而北，勢盡汪洋，若今裏湖風景。東行二三里許，盡于長池，蓋龍山之水所出，達于龍山河者也。今以史傳考之，即昔時柳浦之上游矣。

鐵幢浦　《咸淳臨安志》：在便門側，土人相傳云：『吴越王射潮箭所止處，嘗立鐵幢，因以名浦。』又聞諸錢氏子孫云：『錢王築塘時，高下置鐵幢凡三，以爲水則，此其一也。』淳祐戊申，趙安撫與𥳐買民地，置亭其上。《錢唐遺事》：五代錢王射潮箭，在臨安府候潮門左手數百步。昔江潮每衝激城下，錢氏以壯士數百人候潮之至，以强弩射之，由此潮頭退避，後遂以鐵鑄成箭樣，其大如杵，作亭泥路之上，埋箭亭中，出土外猶七尺許，以示鎮壓之義。麗則遺音，今在杭城外南星橋北，大若杵，然鏃首出土面，人撼之可動，而不可拔也。父老云：『掘土深，則箭隨土陷，培以土，則隨土以高。』此言神異也。

文

徐一夔《錢塘鐵箭辨》：舊《臨安志》云：『郡人相傳，吴越王鏐用强弩射潮，箭止處，立鐵幢識之。』又云：『錢氏子孫言，築時高下置鐵幢三，以爲水則，在今利津橋北者，其一也，舊名其地爲鐵幢浦。』幢制首圓如杵，徑七八寸許，出土約三尺餘，其址入土不知幾許。』故老又云：『初制幢時，塘猶未成，慮潮盪幢，用鐵輪護幢趾，而以鐵絙貫幢幹，且引絙維于塘上下之石鍵，然後實土築塘，故幢首出土云。』此説是也。宋淳祐間，趙安撫與𥳐買民地，作亭覆幢。今亭廢爲民居，獨存窪地，而鐵幢之首嶄然出窪地可驗。幢本有三，故老云：『一在舊便門街東南小巷，今其巷尚名鐵箭；一在舊薦橋門外，皆湮塞于民居；僅存其在利津橋者，又爲民居所蔽，若不表識，久亦湮塞。』此實幢鏃首，不思方射潮時，箭已逐潮去矣。箭惡能存？且鏐雖英雄，其發箭亦不過致一時之精誠，未必異于常箭，不知妄作如此。又謂其首出土面，可撼而不可拔，以爲神異，此尤不察，其下有鍵故也。至感于邪説，謂此箭拔則龜目紅，其言尤謬。今恐滋訛，故力辨之。

詩

王安石《鐵幢浦》：憶昨初爲海上行，日斜來往看潮生。如今身是西歸客，回首山川覺有情。

楊維楨《鐵箭歌》：絶折水之横江兮，睇天目之游龍。挾訪古之碩生兮，憩予以龍陽之新宫。忽臨睨夫夷塹兮，鉅鏃砌乎其若舂。故老招以告予兮，錢王之銕箭也。若鼎水之號弓兮，羌至今猶睠睠也。方開平之四祀兮，新沙築以成堤。陽侯不受吾職兮，將沼國而鯨鯢。王馮之以赫怒兮，閲群彀于水犀。憤一矢以加遺兮，敵海若使不西。奠西民于袵席兮，實神姒之功。齊觀周棠以存召兮，過漢渠而想白。矧兹矢之未亡兮，留全吴之遺澤。吾想矢之經弓兮，實取乎赤堇之銅。奮神鎚乎豐隆兮，鼓神鞲于祝融。聿是矢之躍冶兮，豁月星之矇。資要離以釁血兮，誓干莫其争鋒。于是服以百寶之室兮，發以千鈞之弩。乘風雲以奮旅兮，摇白月之大羽。射長矢于天狼兮，誅宏昌若鼷鼠。裹山林以錦綈兮，迎父老以毬馬。霸吴越而奄有兮，見一時之雄武也。吾嘗觀勁濤于江上兮，愁鬼憤之依憑。譟旗鼓以北下兮，陳昆陽之千兵。波躍櫓如慶忌兮，浪擘山如巨靈。紛望景而辟易兮，羌孰得而與京。兹持滿而一激兮，心金石以貫之。海若爲予退舍兮，豈人力之能回叶爲字。乃知卓山而泉涌，援戈而轉日。一沉勇之激兮，羌不速而疾也。彼漢皇之武略兮，决瓠子以興歌。楗淇園之竹落兮，終慮殫而爲河。彼秦王之雄發兮，傳虜箭以肆夷。脱突厥之虎穴兮，危長矢其幾何。故知吴越之鐵箭兮，可與貫隼之肅。楛東房之垂竹，歷百世不磨也。客有貰酒江上，而和之以歌曰：『三箭兮天山，壯士歸兮漢關。一箭兮海帖，左江右湖兮按以萬堞。占斗氣兮江之干，泣鬼毋兮雷霆拔山。逐飛劍兮劍上天，夢故國兮三千年。』

劉基《錢王箭頭歌》：鴟夷遺魄拗餘怒，欲取吴山入江去。雷霆劈地水群飛，海門扶胥没氛霧。英雄一怒天可回，肯使赤子隨鮫鮐。指揮五丁發神弩，鬼物辟易腥風開。三百年來人事改，濤落沙平箭空在。石梁飲羽未足誇，蜀國三犀謾欺紿。近聞黄河水亂流，青徐一半悲魚頭。安得壯士斡地軸，爲拯斯民塗炭憂。

同浦　《神州古史考》：黄山浦東北爲柳浦，又東北爲同浦，鹽官海渡直指者也。《宋書・孔覬傳》『吴喜使劉亮由鹽官海渡』，直指同浦是也。

黄山浦　《神州古史考》：自富春而下，則爲漁浦，又東北近錢唐古縣，則爲黄山浦，當在黄山下，亦名范浦。《宋書・孔顗傳》『沈思仁等率軍向黄山浦』，即此也。

詩

崔國輔《宿范浦》：日暗潮又落，西陵渡暫停。村烟和海霧，舟火亂江星。路轉寒山遠，塘連范浦横。鴟夷近何去，空山臨滄溟。

靈隱浦　《咸淳臨安志》：顧夷吾《山川記》云：『靈隐山自南徂東，臨浙江一派，謂之靈隱浦。今資國院前是也。亦曰靈隱步頭。』

詩

郭祥正《靈隱浦》：云何有靈隱，深浦老蒹葭。漁父一舟泊，却疑秋漢槎。

進龍浦　《神州古史考》：黄山浦又東北，俗稱進龍浦，今沿江依龍山而入者也。

明珠浦　《寰宇記》：錢塘有明珠浦通浙江，生明珠。

白石浦　《咸淳臨安志》：在仁和縣臨江鄉。《宋史·禮志》：乾道二年十一月，幸候潮門外教場，次幸白石教場。二十四日，幸候潮門外大教場，進早膳，次幸白石教場閲兵，三衙導駕詣白石，皇帝登臺，諸軍皆三呼萬歲。

臣謹案：南宋教場之在城東者，曰選鋒步軍教場。在東青門外，曰右軍馬步軍教場，在茶槽巡檢司北。以上二教場，皆與臨江鄉相近。所謂白石教場者，未知孰是。

鮮船渡浦　**湯村浦**　《咸淳臨安志》：並在仁和縣臨江鄉。《成化杭州府志》：今陷于海，沙漲而浦無蹟矣。

百尺浦　《咸淳臨安志》：在鹽官縣西四十里。《輿地志》云：『越王起百尺樓于浦上望海，因以爲名。今廢。』《神州古史考》：吴越舊有百尺瀆。《越絶書》『柴辟亭到語兒就李，吴侵以爲戰地。百尺瀆，奏江，吴以達糧。』，即越王百尺樓是也。

黄灣浦　《成化杭州府志》：海寧縣東六十里。《海寧縣志》：《圖經》有黄灣閘。

詩

楊濬《寓黄灣》：望望人烟市，行商日滿塗。四邊山勢合，渾似蜀川圖。

楊璿《題浦上》：舊日寒潮浦，如今但有名。人烟一帶盡，古岸酒旗横。市浦樓船滿，南商上落頻。晨昏二潮水，衣食一方人。

石浦 《南齊書·祥瑞志》：永明九年，鹽官縣石浦有海魚乘潮來，水退不得去，長三十餘丈，黑色無鱗，有聲如牛，人呼爲海燕，取肉食之。

臣謹案：《神州古史考》云：『今硤石，疑即舊石浦。』此言未有確據。

浣沙潭 《咸淳臨安志》：在仁和縣臨江鄉。《成化杭州府志》：在慶春門外。

洋缺潭 《咸淳臨安志》：在仁和縣艮山門外臨江鄉。《成化杭州府志》：在城外十里。

浙江渡 《杭州圖經》：在候潮門外，對西興。

龍山渡 《咸淳臨安志》：在六和塔，對漁浦。

渡船頭 《咸淳臨安志》：在通江橋北。

魚山渡 《咸淳臨安志》：在大朱橋鹽場，兩岸相望不遠，潮勢至此已殺，浙東士夫憚于渡漁浦者多由此。

宋外海塘界 《咸淳臨安志》：在仁和縣東，去縣一十四里。

菜市塘 《成化杭州府志》：在菜市門外三里。《咸淳臨安志》：菜市塘有省倉中界。

謝家塘 《咸淳臨安志》：在菜市門外，去城三里。《成化杭州府志》：菜市門外一里。

月塘　《咸淳臨安志》：在艮山門外。嘉定間，潮水衝决不存，今復漲沙，就築爲塘。地宜瓜，有周姓者擅其利，土人呼爲月塘周家筭筒瓜。《仁和縣志》：其塘圓旋如月，故名。

沙河塘　《咸淳臨安志》：《唐書・地理志》：『在錢塘縣舊治之南五里，潮水衝擊，錢塘江岸奔逸入城，勢莫能禦。咸通三年，刺史崔彦曾開三沙河以决之，曰外沙、中沙、裏沙。』政和元年，郡守張閣標識其處，近南有壩頭。《成化杭州府志》：今遺跡俱無存者。《蘇詩自注》：錢唐吉祥寺牡丹花爲第一，壬子清明，賞會最盛，夜歸沙河塘上，觀者如山。

徽州塘　《神州古史考》：今江干居民甚衆，臨江有蜿蜒大道，謂之江塘。其地多歙州大姓，所居俗稱徽州塘，高可一二丈，袤十餘丈，前爲錢塘江，後爲龍山河，中間石砌昂起，南北深坎，自前達後，登樓設板，平步而入。

走馬塘　《咸淳臨安志》：在艮山門外，地平坦可走馬，故名。舊多栽花柳，號城東新路。

觀音井　《咸淳臨安志》：在菜市門外湯鎮，路上有亭。《成化杭州府志》：在城東慶春門外。

禪師井　《成化杭州府志》：在海寧縣西南四十五里禪機山。

雪峰泉　《咸淳臨安志》：在鹽官縣東南五里壽聖院。《海寧縣志》：唐雪峰義存祥禪師，參鹽官，結廬於此，手鑿一井，大旱不竭，井中時聞風濤之聲。元延祐間，盪入海。

詩

張至龍《送鏡山僧遊雪峰》：海風迎杖錫，半是水爲程。故國往來熟，空門宿食清。舊房雲借住，早路月同行。象骨最高處，師今履似平。

鐵井欄　《咸淳臨安志》：砂井在六和塔寺之南，上有鐵井欄。《明一統志》：昔有蛟龍自井而出，攻損江岸，錢氏鑄鐵井欄以鎮之，刻八卦於上，以象八方。

宋運河一名貼沙河　《咸淳臨安志》：南自跨浦橋，北自渾水閘、蕭公橋、清水閘、衆惠橋、欏木橋、朱家橋，轉西，由保安水門入城，土人呼城外河曰貼沙河，一名裏沙河。《成化杭州府志》：一名裏河。自候潮水門至跨浦閘，舊有河道計七里，長七百三十一丈，由候潮門之南，過欏木橋、普濟、嘉會等橋，置清水閘。又南過蕭公橋置渾水閘。又南至跨浦橋，下置閘頗狹。元延祐三年，丞相托克托嘗浚治之。明洪武五年，行省參政徐本、李質同都指揮使徐司馬以軍艦難于達江，始議開河增閘，河横闊一丈，閘亦高廣於舊。不詳何時閘改爲壩，今惟壩〔閘〕，無官止小船經行，大船不由矣。父老云：『候潮門内諸家橋轉西，又有保安閘，至保安水門入城。保安水門舊通候潮水門，此閘久廢。』

文

顧璘《復修貼沙河記》：惟杭古有貼沙河，久堙淤不治。嘉靖庚寅，工部新安汪君來莅榷事，政若水流，人心孚洽，請興河之役。汪君曰：『河利商且以利民，固便道也。然政在水利憲伯蔡君，我不敢專。』民乃請之蔡君，議相協合。乃命仁和、錢唐二縣丞薄岳溥、曹官董其役，刻日鳩工，疏其湮淤，歸其侵軼，水由故道，堤岸梁壩，悉復舊跡。不三月告成，筏行無留，人乃大悦，乃礱石記工，請記於東橋子。東橋子曰：『予添司民事於兹土，弗獲興利而愛成，二君又敢泯其嘉績，不以告諸後。』按《咸淳志》，杭有二河，一名裏沙，一名外沙。裏沙，即貼沙河也。故都會孔道，方二河並通行者，猶以阻患。自貼沙河塞，舟筏集於一河，櫛比鱗次，至壅閡莫進，跬步千里，浹旬弗達，商民交病。獻議者或欲中分水道，以限舟筏，使不相阻，竟干礙莫行。竊稽《周官》，凡川梁陂池，咸有命吏，因時程功，莫有廢圮，故適國者見道路弗治，覘其政亂，其所由重遠矣。乃後世急簿書征斂，而民務是緩，抑獨何哉？今二君于是役也，虛己以順民，因奮以成績，同公以濟事，揆物以協情。且工費取之商，民不知擾，經區總之吏，商不告勞，一舉而衆美集焉。廣之人人，垂之世世，斯政之良也，烏可以不紀？君名大受，婺源縣人，蔡君名時，新昌縣人，皆以進士起家，在浙多善政，因系之石後，俾來者知其世焉。

汪大受《重開貼沙河記》：惟杭之關南有河焉，爲城諸河咽喉，延十餘里而隘甚，舟筏鱗櫛以集，惟筏行最遲，爲舟礙舟，奮勇争先，毒手相搏，持愬榷司無寧日。時或商筏競逐時利，塞河而進，隻舟弗容，咫尺在望，若踰千里，竟浹旬弗達。民苦之，商亦病焉。歲庚寅之四月既望，予銜命莅杭榷事。至旬餘日，悉其弊，思以疏之，弗得計。一日，問道濱江之地，見有黯黯汙渠若可溯而尋者。問諸故老，曰：『茲古貼沙河也。孰闢而堙，世遠弗聞，民且爲業，梵宇侵之，其終迷失。』予曰：『嘻！弗容啓争若不足也，棄而荒渠若有餘也。孰若通其餘，以補不足，使商民異趨，以永無争哉！』明日，集商于庭，告之曰：『爾儕挾筏以趨利，舟人亦惟利之趨筏。顧阸舟爲患，固弗利于人，致搆訟擾于官、滯于榷，又奚有利於己？惟茲貼河故也。吾欲濬之，以通爾筏，使舟人以寧，茲兩利計也。顧財力無從出，民困弗欲有所干，惟集商鳩金爲資，我爲之主，擇人以司之，與共成此功。將何如？』僉應曰：『諾。』余遂與水利憲伯南石蔡公時議之。既克協，復謀諸總、鎮、憲、巡暨藩、臬諸公，皆樂贊成。乃復令商曰：『濬河之役，興不踰時，而商所出金數，其各視木數多寡傭值，是資宜備于預。』越旬日，二百餘金以具，就命商程本詳、王恭、曹文修、胡文祐籍掌之。又募徒告之曰：『若受直以上丈尺計勤怠，吾弗稽也。』其各度爲力，分土以授，皆如約。乃諏吉舉工，命錢塘縣丞岳溥、仁和縣簿曹官董之。予則間日以視，相度其宜，闢土爲渠，疏淺爲深，引曲爲直，削廉角，壯堤岸，平流趾，慮罔有遺。舊跡爲傍民侵軼，予相地量畫淺深，偶與相值，人咸訝謂神啓之。自九月八日始事，至十二月望日訖工。暘雨時若，人免塗泥，事不廢弛，天實與助焉。首江陽寺，終絡家跳，計七百八十有四丈而遥，兩岸相去計三丈至五丈有奇而廣。爲工人以日計者，凡一萬五千有奇。爲費金以兩計者，凡四百有奇。爲橋四以利民涉，易榷關，移公若以便從事，規制以備。筏可大行，視前河益利，商盡悦之。舟人樂其無壅，予乃卜日報成事焉。引睇河上，見其流之吞地中、接天末，蜿蜒而北，以西與大江並遊，遂輾然曰：『美哉！百年湮塞，倏開一旦。兹商民幸哉！』榷司之設，迨今六十餘年。先予而莅司事者，與歲俱易。其目擊心疚，夙懷兹議，而竟莫行，無他，阻于忌，懷于私故也。今予一舉而南石議協，諸公贊成，丞、簿樂趨，無他，其利我商民之心猶一人也，實萬世所當共知也。倡議之初，商人曹文修、葉叔霖、吴正之贊之允力。而杭民以館商聽役于榷，若徐良、徐江、王鼇、何璽輩咸來見事，而璽之度置有方，爲勞實多，皆不可以遂泯，因併及之。且列商姓名與所出之金於碑陰，以告之世世，俾咸知所自云。

宋湯村運鹽河　蘇軾嘗于雨中督役，開湯村運鹽河。《咸淳臨安志》：《雨中督役詩》，因是時盧秉提舉鹽事，擘劃開運河，差夫千餘人，軾於大雨中部役其河，只爲般鹽，既非農事而役農民，秋田未了，有妨農事。又其河中間有涌沙數里，意言開得不便，自嘆泥雨勞苦，羡司馬長卿居官而不任事，又愧陶淵明不早棄官歸去也。農事未休，而役千餘人，故云：『鹽事星火急，誰能恤農耕。』又言百姓已勞苦，不意天雨又助官政勞民，轉致百姓疲弊，役人在泥水中，辛苦無異鴨與猪。又言某亦在泥中，與牛羊争路而行，若歸田，豈至于此哉？故云寄語故山友，斷不可厭藜羹而思仕宦，以譏開運鹽河不當，又妨農事也。

詩

蘇軾《湯村開運鹽河雨中督役》：　居官不任事，蕭散羨長卿。胡不歸去來，滯留愧淵明。鹽事星火急，誰能恤農耕。鼕鼕曉鼓動，萬指羅溝坑。天雨助官政，泫然淋衣纓。人如鴨與猪，投泥相濺驚。下馬荒堤上，四顧但湖泓。線路不容足，又與牛羊爭。歸田雖賤辱，豈失泥中行。寄語故山友，慎毋厭藜羹。

蘇軾《鹽官部役戲呈同事兼寄述古》：　新月照水水欲冰，夜霜穿屋衣生稜。野廬半與牛羊共，曉鼓却隨鴉鵲興。夜來履破裘穿縫，紅頰曲眉應入夢。千夫在野口如林，豈不懷歸畏嘲弄。我州賢將知人勞，已釀白酒買豚羔。耐寒努力歸不遠，兩脚凍硬須公軟。

蘇轍《和子瞻開湯村運鹽河雨中督役》：　興事常苦易，成事常苦難。不督雨中役，安知民力殫。年來上功勳，智者争雕鑽。山河不自保，疏鑿非一端。譏訶西門豹，仁智未得完。方以勇自許，未恤衆口嘆。天心憫劬勞，雨涕爲汍瀾。不知泥滓中，更益手足寒。誰謂邑中黔，鞭箠亦不寬。王事未可回，后土何由乾。

宋石門河　《蘇詩施注》：　浙江潮自海門東來，勢如雷霆，而浮山峙于江中，與漁浦諸山犬牙相錯，洄洑激射，歲敗公私船不可勝計。前知信州侯臨葬親杭之南蕩，往來相視地形，反復講求，建議自浙江上流地名石門並山而東，鑿爲運河，引浙江及溪谷諸水二十二里，以達于江。又並江爲岸凡八里，以達于龍山之大慈浦。自浦北折，抵小嶺，鑿嶺六十五丈以達于古河，浚古河四里，以達于龍山，運河以避浮山之嶮，人皆以爲便。時公與前轉運使葉温叟、轉運判官張璹同往按視，如臨言，遂奏疏以聞，乞令三省看詳，支賜錢物，委臨監督。而公以是月召還，役竟不成。

詩

蘇軾《與葉淳老、侯敦夫、張秉道同相視新河，秉道有詩，次韻二首》：君不見元帥府前羅萬戟，濤頭未順千弩射。至今鳳凰山下路，長借一箭開兩翼。我鑿西湖還舊觀，一眼已盡西南碧。又將回奪浮山險，千艘夜下無南北。坐陳三策本人謀，惟留一諾待我畫。老病思歸真暫寓，功名如幻終何得。從來自笑畫蛇足，此事何殊食雞肋。憐君嗜好更迂闊，得我新詩喜折屐。江湖轟了我竟歸[二]，餘事後來當潤色。一庵閑卧洞霄宫，井有丹沙水長赤[三]。

荆溪父老愁三害，下斬長蛟本無賴。平生倔强韓退之，文字猶爲鰐魚戒。石門之役萬金耳，首鼠不爲吾已隘。江湖開塞古有數，兩鵠飛來告成壞。勸農使者非常人，一言已破黎民駭。上饒使君更超軼，坐睨浮山如累磈。鬅張乃我結襪生，詩酒淋漓出狂怪。我作水衡君作丞，他日歸朝同此拜。

外沙河《咸淳臨安志》：南自竹車門北去，繞城東，過紅亭税務前螺螄橋，與殿前司前軍寨内河相合轉西，至游奕寨前軍寨橋，至無星橋與壩子橋河相合，入艮山河，沿城泛洋，湖水轉北，至德勝橋與運河相合。舊志作外河，城外既有裏沙河，則此河爲外沙河明矣。今有外沙巡檢司。《成化杭州府志》：南自永昌門北，遶城東，過永昌壩螺螄橋，東至菜湖橋，北達慶春門外河相合，沿城轉西，至無星橋會安壩下艮山河，西入泛洋湖，轉北至德勝壩橋東，與上塘運河水合。

詩

厲鶚《十二月十七日雪後沙河寫望》：野橋俯川光，微曛隱疏朩。餘雪連半陰，遥山自相屬。逶迤入城隅，寒色翳空玉。離離被沙草，歷歷明村屋。應有林棲子，殘編時映竹。烟水抱一灣，皓然行徑獨。明初，馬仲正卜築於此，名一灣烟水。止庵祥公詩：『占得沙河水一灣，此身能與狎鷗閑。』罛閑魚不上，槽鳴酒初熟。毋憂世士知，清境非所逐。

厲鶚《二月二十九日，同耕民閑步東郊，晚眺沙河二首》：雨多常禁足，及此出郊看。風力暄猶勁，天容霽始寬。波神青櫟廟，田祖白茅壇。詎學懷甎俗，班春話好官。村舍留人眼，魚梁枕水低。林長共澄映，雲細得端倪。山影鳴榔遠，蘆根下柃齊。閑心分物色，坐待日平西。

前沙河　《咸淳臨安志》：在菜市門外太平橋外沙河河北，水陸寺前入港，可通湯鎮、赭山、仁和鹽場，東南接外沙，北達後沙河。蘇文忠公嘗于此開湯村運鹽河，有《雨中督役》詩。

臣謹案：郡邑志乘皆以前沙河爲即東坡所開之運鹽河，不知舊志既曰：『東南接外沙河，北達後沙河』矣。又曰：『嘗于此開運鹽河』，則新開運鹽河，當在湯村，非即前沙河明甚。或者即通湯鎮、赭山之港，更爲疏濬耳。

後沙河　《咸淳臨安志》：在艮山門外壩子橋北。《成化杭州府志》：其南接城内運河，北達蔡官人塘河。

龍山河　《成化杭州府志》：自鳳山水門直至龍山閘，舊有河計十二里，長一千一百五十一丈，置閘以限潮水。宋以逼内，雖有河道，不通歲久湮塞。元至大元年，江浙令史裴堅言其修改之便。延祐三年，行省丞相托克托命民浚河，長九里三百六十二步，造石橋八，立上下二閘，僅四十日畢工。至正六年，其子達識帖睦邇來爲平章，復疏之，舟楫雖通而未達江也。明洪武七年，參政徐本、李質、都指揮使徐司馬以河道窄隘，軍艦高大難于出江，拓廣一十丈，浚深二尺，仍置閘以限潮水。至是，舟楫出江始便，今以河高江低改閘爲壩。

范蠡塘河　《成化杭州府志》：在縣西二十五里邑志作三十五里。《海寧縣志》：故老云：『昔越王進西施于吴，嘗取道于此。』見舊《圖經》，後海坍不存。

棗林河　《海寧縣志》：城西南七十里，赭、蜀二山之傍河曰棗林，産鹽官棗處也。商舫輻輳，貨財坌集，故市名象光。有湯鎮税課局，今俱没于海。

赭山港　《成化杭州府志》：海寧縣西四十五里，天門港、褚家壩港、馬牧港、渾水港、赭山港，皆上塘運河之支水，南抵海塘岸。

淡塘河　《海寧縣志》：在縣西北二百步，東抵縣城壕，北通運塘河。《咸淳臨安志》：嘉定間，邑南海沙坍，築堤以障潮水。自市西至秧田廟約長六七里，其河尚存。由秧田廟而南轉西，泥沙湮塞，舟楫不通，惟舊橋故通略可識。章瑋《童兒塔記》：直縣之西有水曰淡塘，其派自錢源來，惜乎來脉雖遠而源流不深，往魏伯恂宰邑，邑人張少良謀浚不果。若果浚之，與市河相通，爲合縣無疆之福。

六十里塘河　《成化杭州府志》：在海寧縣，東至黄灣，長六十里。《海寧縣志》：地勢東高西下，其支港則北流。自薛家壩而東，積漸淤塞，邑令秦嘉系疏導之，楊副使奏議云：『西湖之水，直抵縣治，達黄灣，下減水門，是通鹽艘資灌溉，開通加濬，百世利之。』

臣謹案：六十里塘河，今現存自鎮海塔之東，北至福寧宫之西北，土石塘之間有河一道，土人呼爲六十里塘河。

校勘記

[一] 中華書局本《宋書》卷八十四《鄧琬傳》無『吴』字，另下有『錢唐令顧昱及孔璪、王曇生等奔渡江東』十六字。

[二] 中華書局本《宋書》卷八十四《鄧琬傳》『進軍柳浦』作『喜仍進軍柳浦，諸暨令傅琰將家歸順』。

[三] 中華書局本《宋書》卷八十四《鄧琬傳》『遣』前有『喜』字。

[四] 中華書局本《宋書》卷八十四《鄧琬傳》下有『龍驤將軍高志之』七字。

[五] 中華書局本《宋書》卷八十四《鄧琬傳》『南臺御史陸佃等，率軍向黄山浦』作『南台御史陸佃夫、揚武將軍盧僧澤等率軍向黄山浦』。

[六] 中華書局本《宋書》卷八十四《鄧琬傳》『去』作『直』。

[七] 中華書局本《宋書》卷八十四《鄧琬傳》『叡』作『睿』，『千人』作『千餘人』。

[八] 中華書局本《宋書》卷八十四《鄧琬傳》『佃夫、思仁進兵攻之』作『佃夫使隊主闕法炬射殺樓上弩手，睿衆驚駭，思仁縱兵攻之，斬其軍主孔奴，於是敗散』。

[九] 中華書局本《宋書》卷八十四《鄧琬傳》『吴喜』前有『其月十九日』五字。

[一〇] 中華書局本《宋書》卷八十四《鄧琬傳》『邪趨永嘉』作『邪趣永興』。

[一一] 中華書局本《宋書》卷八十四《鄧琬傳》『趨』作『趣』。

[一二] 中華書局本《蘇軾詩集》卷三十三《與葉淳老、侯敦夫、張秉道同相視新河，秉道有詩，次韻二首》『竟』作『徑』。

[一三] 中華書局本《蘇軾詩集》卷三十三《與葉淳老、侯敦夫、張秉道同相視新河，秉道有詩，次韻二首》『沙』作『砂』。

欽定四庫全書海塘録　卷十　古蹟二

石湖　《咸淳臨安志》：在仁和縣定山南鄉。

臨平湖　《咸淳臨安志》：《輿地廣記》云：『臨平湖在仁和縣。』《祥符志》云：『在縣東長樂鄉，周回十里，湖中有白龍潭。』《吴志》：『赤烏二年，寶鼎見，因呼爲鼎湖。』《水經注》：浙江又東，合臨平湖，是湖開，天下平。孫皓天璽元年，吴郡上言：『臨平湖自漢末穢塞，今更開通，又于湖邊得石函，函中有小石青白色，長四寸，廣二寸，刻作皇帝字。』于是改天册爲天璽元年。孫盛以爲元皇中興之符，徵五湖之石瑞也。湖水上通浦陽，下注浙江，名曰東江，行旅所從以出浙江也。《隋書・地理志》：餘杭郡錢唐縣有臨平湖。《晋書・五行志》：安帝元興二年，臨平湖水赤。《仁和縣志》：臨平湖一名鼎湖，又名石函湖，以在郡城東北與西湖對，亦名東湖，又名東江，介于仁和、海寧之間，湖廣三十畝，唐白居易嘗議蓄泄以溉田。蓋唐宋以來，湖水直至山下，南宋遂爲運道。今久塞，人家多占爲桑田魚池，而湖亦不通運道矣。《海寧縣志》：在縣西五十里，去臨平鎮西南八里，湖東西計八里一百步，南北九里二百步，深七尺，遠映皋亭、黄鶴諸峰，與大海相界，一名東湖。梁龍德二年，錢氏析錢塘鹽官，置錢江。宋太平興國四年，改錢江爲仁和，此湖半屬仁和矣。後因潮決，巘門汪埠，浮沙壅塞，小旱輒涸。《神州古史考》：鹽官海渡，由臨平湖上通錢塘浙江，直指同浦，趨永興西陵。秦漢以來，江水故通，自臨平湖塞，遂不可考。《宋書·孔覬傳》云：『吴喜使劉亮由鹽官海渡，直指同浦，趨永興西陵，諸軍潰散，斬庾業等』。詳見柳浦。按吴喜諸軍悉皆舟師，漁浦、黄山浦、柳浦、同浦，並在錢唐。此『鹽官海渡直指同浦，趨永興西陵』，即《水經注》臨平湖水上通浦陽是也。

詩

權德輿《臨平湖夜泛》：素彩皓通津，孤舟入清曠。已愛隔簾看，還宜捲簾望。隔簾當此時，惆悵思君君不知。

張祐《過臨平湖》：三月平湖草欲齊，緑楊分映入長堤。田家起處烏犍吠，酒客醒時謝豹啼。山檻正當蓮葉渚，水塍新築稻秧畦。人間謾説多岐路，咫尺神仙路欲迷。

皇甫冉《臨平道贈同舟人》：遠山誰辨江南北，長路空隨樹淺深。流蕩飄飖此何極，唯應行客共知心。

顧况《臨平湖》：采藕平湖上，藕泥封藕節。船影入荷香，莫嫌蓮柄折。

楊萬里《泊舟臨平》：前窗向市下却簾，後窗臨水開却門。岸頭楊柳報春動，溪底雲天隨浪翻。隔溪數間黄草屋，繞屋千竿翠瓊竹。三老鳴鉦艤柂樓，今宵又向臨平宿。

楊萬里《過臨平蓮蕩四首》：蓮蕩層層鏡樣方，春來嫩玉斬新黄。角頭一一張蘆箔，不遣魚蝦過别塘。

蓮蕩中央劣露沙，上頭更着野人家。籬邊隨處插垂柳，簷下小船縈釣車。

朝來採蓮夕來漁，水種菱荷岸種蘆。寒浪落時分作蕩，新流漲後合成湖。

人家星散水中央，十里芹羹菰飯香。想得薰風端午後，荷花世界柳絲鄉。

蘇軾《雪後至臨平，與柳子玉同至僧舍，見陳尉列[一]》：落帆古戍下，積雪高如丘。强邀詩老出，疏髯散颼飀。僧房有宿火，手足漸和柔。静士素寡言，相對自忘憂。銅爐擢烟穟[二]，石鼎浮霜漚。〔征夫念前路，急鼓催行舟[三]。〕我行雖有程，坐穩且復留。大哉天地間，此生得浮遊。

蘇軾《舟過臨平次韻》：餘杭門外葉飛秋，尚記居人挽去舟。一别臨平山下路，五年雲夢澤南州。凄涼楚地緣吾發，邂逅秦淮爲子留。寄謝西湖舊風月，故應詩許夢中遊。

釋道潛《經臨平作》：風蒲獵獵弄輕柔，欲立蜻蜓不自由。五月臨平山下路，藕花無數滿汀洲。

薩都拉《過臨平》：昔人五月臨平路，汀洲藕花滿無數。比來三月過臨平，雪白楊花捲波去。楊花捲盡藕花開，今人古人俱到來。欲向山陰尋賀老，酒船到處且徘徊。

高翥《過臨平》：征帆一似白鷗輕，起揭船篷看曉晴。梅子著花雪壓岸，自披風帽過臨平。

張昱《臨平湖》：船過臨平欲住難，藕花紅白水雲間。只應一霎溟濛雨，不得分明看好山。

龍溪　在橋司東土備塘北，俗名天開河，即古臨平湖也。

月湖　《成化杭州府志》：在海寧縣西南四十五里赭山西側，周一百八十丈，深五丈。《海寧縣志》：其形如月，故名，今爲海沙壅塞。

宋長安堰　《咸淳臨安志》：在鹽官縣西北二十五里，即舊義亭埭。《海寧縣志》：一名長安，見陸放翁《入蜀記》，今在長安鎮。

詩

葉紹翁《發長安堰》：　秋老蟲聲切，晨興草氣香。買派依緑樹，出水得青秧。船聚知村近，牛閑覺晝長。雙鳧蓮葉蕩，無雨故生凉。

長安新堰即長安壩　《成化杭州府志》：　在長安鎮，乃南北要衝之地，舊有堰，車上下船，官使不便而商舟多留者。元至正七年，松江韓日升、李克復捐己財買地置堰，而於舊堰之西爲壩，車船州判官吕呼都喇爾董役有成，堰旁居民周姓者亦以附近田三畝拓之，由是堰益增廣。至今，兩爲民便。陳善《海塘考》：　寧邑地形最高，俗因指吴江塔巔與長安壩址相並，有如海寧一决，注之列郡如建瓴然。

詩

謝肅《過長安壩》：　海寧縣西來往頻，長安壩上獨尋春。東風桃李非無主，歸燕樓臺不見人。天末去帆隨望遠，雨餘芳草唤愁新。故鄉門巷雲山外，越客相逢話是真。

長安三閘　《海寧縣志》：　在長安鎮，自杭而東，水勢走下，稍旱則涸，故置閘以節宣焉。宋紹聖間，提刑鮑累杪攤朩築之，重設陡門二。後毁于兵，運使吴請易以石。紹熙二年，提舉張重修。自下閘九十步，至中閘又八十步，至上閘舊有兩澳，環築以堤，上澳九十三畝，下澳一百三十二畝。水多則蓄于兩澳，旱則瀉注于閘。元閘廢，兩澳爲民所侵。至正十年，知州張光祖修三閘，以柏朩爲之，上置鋭環，旱則閉，潦則開。

朱橋　《咸淳臨安志》：在范村。《萬曆錢塘縣志》：上諸橋一曰大朱橋，萬曆二十四年釋祩宏修造。《江月松風集》：在定山北，江船抵暮，或避風，俱泊橋下。

詩

錢惟善《朱梁夜泊》：長虹下飲逆流渾，雪色沙寒石鬬喧。晚飯鐘催隣驛寺，宵漁燈映並山邨。月明欲解江雲語，風急難招賈客魂。忽憶楓橋曾繫纜，一篷烟雨夢吴門。

高橋　《海寧縣志》：在黄灣市。

詩

楊璿《高橋》：突兀横前浦，排風野墅舠。夕陽虹影動，蹢落海門潮。

望海樓　《杭州圖經》：東樓一名望海樓，在舊治中和堂北。《太平寰宇記》：樓高十八丈，唐武德七年置。《乾道臨安志》：今廢。《咸淳臨安志》：東樓一名望潮樓。

詩

白居易《重題別東樓》：東樓勝事我偏知，氣象多隨昏旦移。湖卷衣裳白重叠，山張屏障緑參差。海仙樓塔晴方出，江女笙簫夜始吹。春雨星攢尋蟹火，秋風霞颭弄濤旗。餘杭每歲八月迎濤，弄水者悉樹旗幟焉。宴宜雲髻新梳後，曲愛霓裳未拍時。太守三年嘲不盡，郡齋空作百篇詩。

元稹《和樂天重題别東樓》：山容水態使君知，樓上從容萬狀移。日映文章霞細麗，風吹鱗甲浪參差。鼓催潮户凌晨擊，笛賽婆官徹夜吹。唤客潛揮遠紅袖，賣爐高挂小青旗。賸鋪床席春眠處，乍捲簾幃月上時。光景無因将得去，爲郎抄在和郎詩。

蘇軾《望海樓五絶[四]》：海上濤頭一線來，樓前指顧雪成堆。從今潮上君須上，更看銀山二十回。

横風吹雨入樓斜，壯觀應須好句誇。雨過潮平江海碧，電光時掣紫金蛇。

青山斷處塔層層，隔岸人家唤欲應。江上秋風晚來急，爲傳鐘鼓到西興。

樓下誰家燒夜香，玉笙哀怨弄初凉。臨風有客吟秋扇，拜月無人見晚妝。

沙河燈火照山紅，歌鼓喧呼笑語中。爲問少年心在否，角巾欹側鬢如蓬[五]。

蘇軾《八月十七，復登望海樓，自和前篇。是日，牓出[六]，與試官兩一作五人復留[七]，五首》：

樓上烟雲怪不來，樓前飛紙落成堆。非關文字須重看，却被江山未放回。

眼昏燭暗細行斜，考閲精强外已誇。明日失杯君莫笑[八]，早知安足不成蛇。

亂山遮曉擁千層，睡美初凉撼不應。昨夜酒行君屢嘆，定知歸夢到吴興。

天台桂子爲誰香，倦聽空階夜點凉。賴有明朝看潮在，萬人空巷鬭新妝。

秋花不見眼花紅，身在孤舟兀兀中。細雨作寒知有意，未教金菊出蒿蓬。

蘇轍《次韻子瞻登望海樓五絶》：山色潮聲四面來，城中金碧盡成堆。不嫌門外嚴扃鎖，終日憑欄未擬回。

湖色蒼蒼日向斜，烟波萬狀不容誇。畫船人去浮紅葉，石徑僧歸躡白蛇。

樓觀争高不計層，嵔嵔過雁自相應。錢王舊業依稀在，歲久無人話廢興。荷葉初乾稻穗香，驚雷急雨送微凉。晚晴稍放秋山色，洗却濃妝作淡妝。白酒傾漿膾斫紅，晝遊未厭月明中。樓高只辨聽歌吹，不見遊人轉似蓬。

楊維楨《與客登望海樓作，録寄玉山主人》：蜒子雨開江上臺，江頭野老不勝哀。蜃將樓閣空中落，鰌引旌旗月下來。保障許誰爲尹鐸，事諧無復問天開。可憐歌舞舊城闕，又是昆明幾劫灰。

嫋嫋秋風起洞庭，銀州宫闕渺空青。客星石落江龍動，神馬潮來海雨腥。弱水無時通漢使，赭峰何事受秦刑。遠人新到三韓國，中土文明聚五星。

疊雪樓 《成化杭州府志》：武肅王於疊雪樓，架强弩數百以射潮。《蘇詩自註》：吴越王嘗以弓弩射潮頭，與海神戰，自爾水不近城。

映江樓 《西湖遊覽志》：宋時有亭扁曰烟雲魚鳥。元至正庚寅，重建扁曰瞰江。正德元年，改建層樓，扁曰映江，尚書屠滽爲記。

詩

趙與滂《登浙江樓》：兩岸共明月，闌干霄漢間。風波浙江水，砥柱海門山。晝夜潮消長，利名人往還。不知沙上鷺，玉立一身閑。

李贇《登映江樓》：形勝東南屬此樓，薇垣公暇喜重遊。座中山色浮江表，午後潮聲自海頭。滕閣雅宜王勃記，岳陽誰並仲淹憂。清時未許耽行樂，兩浙蒼生望澤流。

吴國倫《八月十八日映江樓望潮》：映江樓望浙江潮，八月長風海若驕。萬馬蹴蹄驚地軸，千鯨噴沫撼星杓。天連巨浸疑相盪，雷捲重山忽自消。却怪賈帆空際落，翩如六翮下扶摇。

吴一鵬《映江樓》：大江相映有層樓，秋爽登樓是勝遊。烟水直應通海口，雪山那復見潮頭。六橋自覓蘇公迹，兩地誰忘范老憂。留得玉堂揮翰手，品題聊藉舊風流。

百尺樓 《咸淳臨安志》：越王起百尺樓以望海，因名其浦曰百尺浦，今廢。

詩

趙抃《次韻即事見懷》：鑑水寬閑稱越國，河塘繁劇是杭州。蓬山君繼元丞相，竹馬予慚郭細侯。郡邑豐穰真可喜，人家飽暖更何憂。西陵隔岸無多遠，數上臨江百尺樓。

葛惠保《過百尺樓遺址》：百尺浦遥樓百尺，當年霸業何赫赫。海色空濛望不窮，晴輝一片烟濤白。吴山越水自春秋，無限風光日夜浮。高樓遺跡空荒草，惟有沙禽送急流。

沈廣焞《百尺樓懷古二首》：縹緲層樓涌碧空，欄杆小倚暮烟中。霸圖曾記千秋永，藩鎮空傳一代雄。海近銀濤衝繡户，山低璧月上雕櫳。即今雨露春來好，濃艷林花分外紅。

朱闌碧檻昔登遊，萬頃鯨波一望收。鮫室霧昏吞嶼没，海門潮激蹴天浮。孤軍誰枕金戈卧，古戍猶吹畫角愁。回首雄圖成往事，夕陽鴉陣下危樓。

范驤《百尺樓》：江籬半緑越王浦，夜月初生伍相潮。借得鄰翁半畝地，好驅黄犢種春苗。

海山一覽樓 《硤川志》：在審山觀海峰絶頂。《海寧縣志》：宋安化郡王王沆建，今廢，沆號慕京邑，人呼其樓曰慕京，嘗延辛次膺、劉光祖訓子于此。

詩

朱尚《海山一覽樓》：風翻巨浪千尋碧，雨沐群峰萬仞秋。凍氣逼人來枕簟，晴雲飛影傍簷鈎。

看山樓《海寧縣志》：在黄灣。徐一夔《看山樓記》：黄灣地瀕海，外障波濤，而内固聚落者，皆山也。馬氏曰：『絅者以績學爲事，有樓曰看山，日藏修其中。』

望海亭《西湖遊覽志》：中峰畔有望海亭，今廢。

詩

元稹《酬鄭從事四年九月宴望海亭次用舊韻》：海亭樹木何蘢葱，寒光透坼秋玲瓏。湖山四面争氣色，曠望不與人間同。一拳墺伏東武小，兩山鬬構秦望雄。嵌空古墓失文種，突兀怪石疑防風。舟船駢比有伴侣，水雲滃泱無始終。雪花布遍稻隴白，日脚插入秋波紅。興餘望劇酒四坐，歌聲舞艷烟霞中。酒酣從事歌送我，歌云：『此樂難再逢。良時年少猶健羡，使君况是頭白翁。』我聞此曲深嘆息，唧唧不異秋草蟲。憶年十五學構厦，有意蓋覆天下窮。安知四十虚富貴，朱紫束縛心志空。梳妝伎女上樓榭[九]，止欲歡樂微茫躬。雖無趣尚慕賢聖，幸有心目知西東。欲將滑甘柔藏府，已被鬱噎銜喉嚨。君今勸我酒太醉，醉語不復能冲融。勸君莫學虚富貴，不是賢人難變通。

元稹《酬周從事望海亭見寄》：年老無流輩，行稀足薜蘿。熱時憐水近，高處見山多。衣袖長堪舞，喉嚨轉解歌。不辭狂復醉，人世有風波。

王炎《二月中休日，黄帥領客登望海亭次韻》：　暈飛棟宇壓危峰，面面風光入座中。潮汐近迎天闕下，蓬瀛疑在海門東。巡行誰説秦皇事，疏鑿今餘夏后功。空闊無邊惟此地，君侯心與境相同。

安濟亭　《乾道臨安志》：《祥符舊經》云：『在錢塘舊治南，到縣二十里。』《烏臺詩話》：『軾任杭通判，因八月十五日觀潮作詩五首，寫在安濟亭上，第四首言：「弄潮之人，貪官中利物，致其間有溺而死者，故朝旨禁斷。」』

詩

蘇舜欽《宿錢唐安濟亭觀濤》：　支肘聽潮聲，喧豗久未停。隨風過漁浦，伴月出滄溟。鰌穴復時滿，胥神果有靈。連天卷雲霧，徹曉下雷霆。捨楫游心倦，憑欄醉魄醒。語窮造化意，擬訪酈元經。

秀江亭　《武林梵志》：　在月輪峰傍。《咸淳臨安志》：　開化寺有秀江亭。

詩

樓鑰《次韻六和塔秀江亭間壁留題》：　江外參差列萬山，我家深在萬山間。好山正不用錢買，但要未老身先閑。長江比愁終似少，江水能回愁不了。扁舟何日過西陵，鄮山佳處吾歸老。

李宗勉《題秀江亭》：　經行塔下幾清秋，每嘆無緣到上頭。今日登臨方覺險，不如歸去卧林邱。

毛萬齡《登秀江亭望海》：　層樓落日海門開，千里濤聲一瞬來。我欲憑欄看起處，晴江白雪滿瑶臺。

御香亭　宋在龍山下，田瑜築龍山堤，自御香亭下創爲二百丈，見丁寶臣《石堤記》。

聽潮軒　《海寧縣志》：不詳其處。

詩

張寧《聽潮軒》：海門蕩蕩天風來，狂瀾倒海如山摧。空雷隐地雨将作，萬鼓齊伐車喧豗。初疑群蠅争振翼，忽著洪爐沃湯液。風回籟轉覺漸遠，兵馬蕭蕭走勍敵。年去年來自有期，春秋長落幾人思。天涯共道初來懼，夢裏空驚夜語時。海瀕老禪得幽趣，禪居正近潮來處。山荒落朩境無人，地迥天高歲月暮。諸塵斷絶雙耳清，天機自動非人聲。上方鐘梵随風散，下界樓臺孤月明。

納雲軒　《海寧縣志》：在西郭接待寺後。《成化杭州府志》：接待朱何庵，在縣西一里。元延祐間，中峰和尚開山，内有納雲軒。大理丞朱逢吉監修海塘，有《題納雲軒》詩。

詩

朱逢吉《題納雲軒》：怕著纖塵點翠坳，獨留雲住結神交。飛騰不逐蒼龍化，伴宿清于老鶴巢。曉和篆烟生象藏，夜籠窗月掛梅梢。年年藏得春如海，還望爲霖澤四郊。

樟亭驛　《乾道臨安志》：樟亭驛，晏殊《輿地志》云在錢塘縣舊治之南五里浙江亭，《祥符舊經》云在錢塘舊治南，到縣一十五里。《咸淳臨安志》：樟亭驛，今爲浙江亭。《夢粱録》：樟亭驛，即浙江亭也，在跨浦橋南江岸，凡宰執辭免名出，居此驛待報。《神州古史考》：古樟林桁也，唐曰樟亭驛。《異苑》曰：『晋時錢塘浙江有樟林桁大船，每有來者，輒漂盪揺揚，而不可禁。嘗鳴鼓錢塘江頭，淩浪如故，惟船吏章粤能相制伏。及粤死，遂廢去。』按：樟林桁者，若江南朱雀航，古時未嘗築塘，所謂錢塘者，别在西竟龍山。而下江名柳浦，舶航以渡，航桁通稱，以樟木得名矣。晋稱樟林之桁造舟爲梁，唐號樟亭之驛。長堤築土，自隋郡建于柳浦。唐城築自江塘，郊海門而池浙江，下鐵幢以射潮水，美子烈之旨迹，嘆彭城之神功。乃知豫章比郡，豈曰常材，松陽之門，並傳千載。故至今以樟亭名驛。

詩

孟浩然《與錢塘令登樟亭驛》：百里鳴雷震，聞絃暫輟彈。府中聯騎出，江上待潮觀。照日秋空迥，浮天渤海寬。驚濤來似雪，一座凛生寒。

孟浩然《與杭州薛司户登樟亭作》：水樓一登眺，半出青林高。帟幕英僚散，芳筵下客叨。山藏伯禹穴，城壓伍胥濤。今日觀溟漲，垂綸欲釣鼇。

白居易《樟亭雙櫻樹》：南館西軒兩樹櫻，春條長足夏成陰[一〇]。素花朱實今雖盡，碧業風來别有情。

白居易《宿樟亭驛》：夜半樟亭驛，愁人起望鄉。月明何處見，潮水自茫茫。

張祐《題樟亭驛》：曉霽憑虚檻，雲山四望通。地盤江岸絶，天映海門空。樹色連秋靄，潮聲入夜風。年年此光景，催盡白頭翁。

李郢《秦處士移家富春發樟亭驛寄懷》：潮落空江洲渚生，知君已上富春亭。嘗聞郭邑山多秀，更説官僚眼盡青。離别幾宵魂耿耿，相思一夜髮星星。仙翁白石高歌調，無復松齋半夜聽。

鄭谷《題樟亭驛樓》：故國江山外，登臨返照間。潮來無别浦，木落見他山。沙鳥晴飛遠，漁人夜唱閑。歲窮歸未得，心逐片帆還。

許渾《九日登樟亭驛樓》：鱸鱠與蒓羹，西風片席輕。潮回孤島晚，雲斂衆山晴。丹羽下高閣，黄花垂古城。因秋倍多感，鄉樹接咸京。

項斯《杭州江亭留題》：處處日馳銷，憑軒夕似朝。漁翁閑鼓櫂，沙鳥戲迎潮。樹間津亭密，城連塢寺遥。因誰報隱者，向此得耕樵。

章孝標《題杭州樟亭驛》：樟亭驛上題詩客，一半尋爲山下塵。世事日隨流水去，紅花還似白頭人。

喻坦之《題樟亭驛樓》：危檻倚山城，風帆檻外行。日生滄海赤，潮落浙江清。秋晚遥峰出，沙乾細草平。西陵烟樹色，長見伍員情。

曹既明《夜宿浙江亭》：夜半潮聲撼客艘，卧聽柔櫓鬧空江。驚回倦枕鄉關夢，海日烘山上曉窗。

汪元量《浙江亭别客》：諸公來此欲憑欄，禿樹沾雲濕不乾。小燕正嫌三月雨，老鶯又受一春寒。樓頭呼酒盡情飲，江上遇花隨意看。莫怨人生有離别，人生到此别離難。

樊時中《觀潮題樟亭》：烟波閃閃海門開，平地潛生萬壑雷。大信不虧天不老，浙江亭上看潮來。

邵思文《題浙江亭》：極目錢塘上，千山列畫屏。雨晴紅樹碧，潮落海門青。對景悲王導，移家憶管寧。臨風一惆悵，沽酒慰飄零。

馬三才《同林對山宿浙江亭》：　江亭細雨夜窗幽，一榻青燈話未休。撫枕不勝千里思，感懷又遇萬山秋。乾坤異地憐青眼，湖海同心愧白頭。莫惜相逢今日醉，他年吾輩是南樓。

范村市　《成化杭州府志》：　濱浙江，多停木植。近年，客商物貨往西溪者多于此居停，漸成巨鎮。《神州古史考》：　在府城西南三十里范村市，濱江，往西溪者由此。唐時，稱爲范浦，崔國輔《宿范浦詩》『路轉定山繞，塘横范浦連。』是也。地近泉亭，總會稽之西部；　塘横范浦，歷漁潭之東津。徘徊定已諸山，咫尺柳同二浦。猶之錢唐轅絡，《古漢史》述其封侯；　又如錢唐杜子恭，《齊書》稱其拜墓。全琮之族，著績東安；　褚淵之門，徙居陽翟。此則御龍之家、世禄于范氏者也。按：　錢唐郡三姓全、范、褚。《晉書》范平子安，《南史》范叔孫又范之琰，字伯珪，《梁書》范述曾，字子云，皆錢唐人。

詩

樓鑰《訪留服文於范村山間不得見》：　黄扉處士掩松關，小立松風去住難。可嘆山中真宰相，未容神武掛衣冠。

張丹《由范村出江口》：　嶺窮緣谷轉，涯斷傍江開。亂石都成陣，歸潮不作雷。履沙聲似雨，見烏色如梅。已訝無人境，還看有路隈。

湯村鎮　《乾道臨安志》：　本仁和鎮。端拱元年，改隸仁和縣。《杭州圖經》：　仁和縣湯村鎮市，在安仁東鄉，去縣四十一里而都，鹽倉在天宗門裏。《咸淳臨安志》：　有湯鎮庫。

詩

陳起《適安招遊湯鎮不果赴》： 湯鎮古祠宫，招邀及倦翁。輕裘乘曉月，駿馬逐東風。野色觀無分，春光病見攻。行将迎誕日，一瓣總遥通。

臣謹按： 宋仁和縣界水路東南沿湯村塘，至赭中石橋，抵鹽官縣七十里。據此可知，宋湯村係沿海塘者。

隋唐城基 《神州古史考》： 自龍山閘至柳浦之東，修廣七八里，所稱江塘者，皆隋唐時城基也。蓋此地沿江而城，昔時臨江登陴，故李華云：『雲濤噴激于城下』，是其實録。城東南隅爲南亭子，即杜牧之所記。自錢氏立鐵幢之浦，築捍海之塘，乃達候潮、通江二門。而杭州之城，日以斥大，于是沿江而東，皆爲江塘，其上金城萬堞。今墻已壞，堞雉僅存雖圮爲民居，而龍鳳爲城，江河爲池，山川城郭，瞭若指掌矣。

宋修江司 《咸淳臨安志》： 護聖步軍七寨，一在修江司側。《乾道臨安志》： 捍江五指揮，每額營四百人，修江指揮管一百二十人，横江水軍指揮額管二十四人。《錢唐遺事》： 錢王射潮作亭路上，鑄鐵箭埋之，以示鎮壓之意，然潮汐之來，常失故道，臨安府置一司名修江司馬。

宋将臺 《江月松風集》： 在定山北，每歲春秋萬夫分兩翼，帥士卒習水戰于此。

詩

錢惟善《浙江耀武》：年年江上習舟師，故事相傳劫火池。春日樓船觀晋将，秋風弓弩學吴兒。素車白馬迎旗隼，紫鳳天吴畏虎貔。日暮元戎歸細柳，散花洲畔凱歌時。

海神壇　《咸淳臨安志》：在東青門外太平橋之東。淳祐十二年，有旨：中興以來，依海建都，宜以海神爲大祀，下太常議禮。詔守臣馬光祖建祭殿望祭。自寶祐之元歲，以春秋二仲遣官行事[三]。

月塘寺　《成化杭州府志》：舊在月塘之北，宋淳熙五年建，賜真如院額。嘉熙三年，潮壞。淳祐五年，重建於何衢店。元至正初，潮水復壞，遷建高原。元末，毁。明洪武間，復建。

水陸寺　《咸淳臨安志》：在太平橋北前沙河前。淳熙九年，重建。東坡督開湯鎮運河宿此，有詩寄北山清順。《成化杭州府志》：舊在城東湯鎮路上，宋建隆二年建。元祐間，賜今額。紹興十二年，毁。乾道二年，重建。嘉熙三年，潮壞，遷建鹽官縣昌亭鄉許村陸蓮庵基。寶祐二年，又移于華家池北。元末，毁。明洪武年間，復建。

詩

蘇軾《是日宿水陸寺寄北山清順僧二首》：草没河堤雨暗村，寺藏修竹不知門。拾薪煮藥憐僧病，掃地焚香净客魂。農事未休侵小雪，佛燈初上報黄昏。年來漸識幽居味，思與高人對榻論。

長嫌鐘鼓聒湖山，此境蕭條却自然。乞食遶村真爲飽，無言對客本非禪。披榛覓路衝泥入，洗足關門聽雨眠。遥想後身窮賈島，夜寒應聳作詩肩。

蘇轍《次韻子瞻雨中督役，夜宿水陸寺二首》：雲氣連山雨瀉盆，暮投僧舍欲關門。暫時灑掃寬行役，終夕崎嶇入夢魂。煩熱暗消秋簟冷，蒸濡未解夜燈昏。二年遊宦多勞苦，何日相從得細論。

野寺蕭條厭客喧，兩坡修竹亂紛然。已因無食聊從仕，深悟勞生不問禪。未至莫憂明日事，偷閑且就此宵眠。天明歸去芒鞋滑，雖有藤輿懶上肩。

雪峰廣福院《成化杭州府志》：在縣東北七里。唐大中間，雪峰存禪師來參鹽官齊安禪師，因結廬於東南五里。人見夜光亘天，居民争施，建光明禪院。宋熙寧元年，賜名壽聖。紹興三十三年，改賜東庵廣福禪院。雪峰手鑿一井，大旱不竭，井中時聞風濤之聲。泰定二年，潮壞，今處改名雪峰廣福院。元末，兵毁，重建，併真相寺，元張光弼撰記。《海寧縣志》：郡太守邑令延慶善惟尚禪師主席，殿宇堂廡一新。泰定間，潮冲，徙今處，改額雪峰廣福院，後併真相寺。明末，安國寺僧會紹宗重葺。

詩

施德操《廣福禪院》：何處登臨眼最明，雪峰佳處一川平。潮從海月生時上，峰在雲天盡處横。幢蓋神扶喬木影，風雷井閉古泉聲。雲蹤鑿盡翻惆悵，何日名山報道成。

許應龍《游雪峰》：十年不到雪峰山，寂寂春風晝掩關。千載祖師無盡意，門前流水緑回環。

慶善寺《咸淳臨安志》：在縣西南二百步。天監七年，士人宏靈度因井中有光，三日不止，舍宅爲寺，地濱海，遂以觀海爲名。會昌五年，廢。《成化杭州府志》：宏靈度井中淘獲銅僧伽像。唐大中間，門外建石經幢塔，以鎮海濤。宋大中祥符元年，賜今額。外有潮神廣福廟。元末，回禄今併延恩寺。

詩

王兢《題圓照堂》：佛心開晦暝，覺性極融明。實相自然見，客塵何處生。銅瓶秋水浄，草坐月華清。不必曹溪去，穿雲振錫行。

校勘記

[一] 中華書局本《蘇軾詩集》卷十一《雪後至臨平，與柳子玉同至僧舍，見陳尉烈》『列』作『烈』。
[二] 中華書局本《蘇軾詩集》卷十一《雪後至臨平，與柳子玉同至僧舍，見陳尉烈》『穟』作『穗』。
[三] 據中華書局本《蘇軾詩集》卷十一《雪後至臨平，與柳子玉同至僧舍，見陳尉烈》補入『征夫念前路，急鼓催行舟』十字。
[四] 中華書局本《蘇軾詩集》卷八《望海樓晚景五絶》『望海樓』後有『晚景』二字。
[五] 中華書局本《蘇軾詩集》卷八《望海樓晚景五絶》『欹』作『攲』，『髩』作『鬢』。
[六] 中華書局本《蘇軾詩集》卷八《八月十七，復登望海樓，自和前篇。是日榜出，余與試官兩人復留五首》『牓』作『榜』。
[七] 中華書局本《蘇軾詩集》卷八《八月十七，復登望海樓，自和前篇。是日榜出，余與試官兩人復留五首》『與』前有『余』字。
[八] 中華書局本《蘇軾詩集》卷八《八月十七，復登望海樓，自和前篇。是日榜出，余與試官兩人復留五首》『笑』作『怪』。
[九] 中华書局本《元稹集》卷二十六《酬鄭從事四年九月宴望海亭次用舊韻》『梳妝』作『妝梳』。
[一〇] 中华書局本《白居易集》卷二十『成陰』作『陰成』。
[一一] 《咸淳臨安志》『遣官行事』作『遣從官行事』。

欽定四庫全書海塘録　卷十一　祠祀一

敕建潮神廟　在海寧小尖山之麓。《浙江通志》：康熙五十九年，巡撫朱軾題請於海寧縣小尖山建立潮神廟。《海塘通志》：六十一年，敕封運德海潮之神，春秋祭祀，欽頒『協順靈川』御扁恭懸廟中。其旁爲舊時石墩司基地。《西湖志纂》：乾隆二十七年春，皇上閲視海塘，至廟中，御書殿額曰『恬波孚信』，御題殿柱曰『池通潮汐安江裔，川障東南護海門。』

詩

查慎行《海寧海堤告成，制府滿目山疏請立海神廟，度地于小尖山麓，皇上御書『協順靈川』四字賜之扁額，用示褒崇。壬寅仲冬，藩臬二長祇承臺檄，莅止廟中，虔恭将事。慎行老病里居，獲逢盛典，敬賦俚言，以志不朽云》：路轉山回水接天，高甍巨桷鎮山前。神封不以公侯重，睿藻長如日月懸。雲散蜃樓呈象出，波平龍窟抱珠眠。堯民同此安耕鑿，來與君王祝萬年。

查慎行《乙巳重九日同人於小尖山潮神廟登高二首》：海闊天低處，登臨不在高。一年秋尚晚，二老興仍豪。練練沙紋細，層層石脚牢。西風吹帽落，絶勝上金鼇。

積雨當新霽，亭空望不迷。雲烟無睽迹，天地露端倪。水勢方趨下，潮頭急轉西。近帆看漸遠，一一點凫鷖。

查嗣瑮《九日同兄初白登高尖山潮神廟分賦三首》：不信經秋雨，能開九日晴。杖藜隨漫興，詩思入秋聲。落檻諸峰小，鋪窗鏡面平。蜃樓吾不見，身已踏蓬瀛。

康熙後辛丑，鑿石始開亭。地自元臣闢，山因睿藻靈。功應同砥柱，名可列圖經。勝處供遊賞，誰摛路上銘。

地僻當衝奥，荒凉海一灣。豈知奇絶處，即在渺茫間。從此添名勝，衰年亟往還。尚留餘興在，落帽更龍山。

敕建海神廟 在海寧春熙門内。《海塘通志》：雍正七年九月，奉上諭恭紀首卷敕建，總督李衛奏請，委原任布政使張适、知府蔣杲、王坦監修，擇海寧縣治之東，購買民地四十畝，啓建正殿五楹。崇奉敕封寧民顯祐浙海之神，以唐誠應武肅王錢鏐、吴英衛公伍員配享左右。配殿各三楹，以越上大夫文種、漢忠烈公霍光、晋横山公周凱、唐潮王石瑰、昇平将軍胡暹、宋宣靈王周雄、平浪侯捲簾使大将軍曹春、護國宏佑公朱彝、廣陵侯陸圭、静安公張夏、轉運判官黄恕元、平浪侯晏戍仔、護國佑民永固土地彭文驥、烏守忠、明寧江伯湯紹恩、茶槽土地陳旭從祀。周回夾道修廊中，爲甬道，前爲儀門三楹，大門三楹，左鐘樓，右鼓樓，門臨河，承以石梁，曰慶成橋。橋南歌舞樓三楹，繚以粉垣，闢左右爲廣衢，表以二石坊。後殿爲重門，進内正中，恭建御碑亭，敬勒聖製海神廟碑文。後爲寢殿，上構岑樓。東西配殿，由正殿之東，啓門而入爲天后宫。前爲齋宿廳，後爲道院。正殿之西，爲風神殿，後有池、有亭。池上爲平橋，三折而度，内爲高軒，爲重門，後爲水仙閣。規度崇宏，氣象軒翥。始於雍正八年三月，明年十有一月訖工。十一年正月，欽頒御書『福寧昭泰』四字一幅製額，恭懸正殿。二月，遣内大臣海望、直隸總督李衛告祭。乾隆四年六月，欽頒御書『清晏昭靈』四字匾額，恭懸正殿。《西湖志纂》：乾隆二十七年三月初二日，皇上閲視海塘，御製《海神廟瞻禮有作》七言律詩一首，恭紀首卷御題正殿之額曰『澄瀾保障』，御書殿柱一聯曰『百谷歸墟，澤滙江湖資利濟；三亹循軌，潮平龕赭慶安恬。』，御製《閲海塘記》恭紀首卷恭勒廟中。

敕建觀音廟　在小尖山之巔。

世宗憲皇帝廑念浙江海塘爲瀕海諸郡保障，以大士慈悲爲心，救度爲緣，普濟衆生，禦灾捍患，因即尖山之麓建大士廟，以棲神靈，答景貺。經始於雍正十二年冬十月，乾隆元年八月告成。二年，皇上御製碑文恭紀首卷，恭勒貞珉，以昭禮敬。二十七年三月初二日，皇上閲視海塘，駕幸尖山之廟中，御製《尖山禮大士作》七言截句一首，御題殿額曰『補陀應現』，殿柱對一聯曰：『耳觀海潮音，非彼非此，心源甘露，品大慈大悲』。

敕建海神廟　在省城南江干地，本名觀潮樓，亦稱大觀樓。奉懸聖祖仁皇帝御題『恬波利濟』四字額，其地直對海門，當潮汐往來之衝，爲浙右之大觀。乾隆二十二年，皇上再舉省方之典，閲視海塘。三月二十八日禮部奉上諭，恭紀首卷以浙海之神自雍正八年海塘告成時，特加褒敕，於海寧地方建廟崇祀。邇年，海波不揚，安瀾叠慶，實咨神佑，敕于杭州省城之觀潮樓敬建海神廟，以昭答祐。經部臣議准，以浙江海神恬安城社保衛田廬。比年以來，順軌安瀾，民物殷阜，謹遵諭旨，咨令浙江督撫即於觀潮樓度地繪圖，請帑興建。於二十二年六月二十七日開工，至八月初八日告成。皇上御賜海神封號曰平潮利涉浙海之神，賜祭文一道，并令春秋二祭，御題正殿之額曰『保障東南』，御書聯句云：『神佑安瀾，曲折三江潮有信；人沾利澤，澄清萬里海無波。』二十三年三月，御製浙海神廟碑文，恭紀首卷恭勒貞珉，以昭崇祀。二十五年六月，巡撫莊有恭以江海沙漲奏聞，皇上以佳兆命虔往觀潮樓海神祠致祭。撫臣于七月初一日遵旨，詣廟虔祀。

敕建英衛公廟 在吴山，宋名忠清廟，亦稱中興觀，俗稱伍廟，祀吴行人伍員。《史記》：吴王夫差入越，勾踐棲會稽之上，請和。子胥諫不聽，賜屬鏤之劍，取子胥尸浮之江中。吴人憐之，爲立祠江上，命曰胥山。《咸淳臨安志》：唐元和十年，刺史盧元輔修，並作《胥山銘》。景福二年，封廣惠侯。宋雍熙二年四月，詔重建廟。大中祥符五年，海潮大溢，衝激杭城，詔每歲春秋醮祭，賜忠清廟額，封英烈。九年，馬亮知杭州，禱於祠下。明日，潮殺，又出横沙數里，堤岸乃成。康定九年，守蔣堂重建。嘉祐七年，太守沈遘修。政和六年，加封威顯。紹興三十年，加封忠壯。乾道五年，周安撫淙重修。嘉定十七年，累封爲忠武英烈威德顯聖王。紹定四年，賜緡錢重建。嘉熙三年，趙安撫與𥲅又易而新之。廟舊有星宿閣，至是，閣成，摭英衛二字以名，理宗親灑宸翰以賜焉。寶祐間，顔安撫頤仲移英衛閣于正殿後。咸淳五年，安撫潛説友修治。其封爵，自嘉熙至咸淳累改爲忠武英烈顯聖安福王。《成化杭州府志》：元封爲順佑忠孝威惠顯聖王。洪武四年，奉旨封定神，祇稱吴行人伍公之神，祭日每歲用九月二十日，祭以豕一，府長官主之。《西湖遊覽志》：正統十四年重修，萬曆二年巡撫萬安蕭公重修前殿，沈友爲記。《錢塘縣志》：崇正十六年重修。《西湖志》雍正三年，以神爲浙省保障之神，敕封英衛公，奉旨重修。祠宇兩廡，附祀掌潮神祇，每歲春秋二祭。《西湖志纂》：乾隆十六年，御題匾額云靈依素練。

文

宋真宗《吴山廟春秋建道場詔》：杭州吴山廟神，實主洪濤，聿書往册。頃者，湍流暴作，閭井爲憂。致禱之初，厥應如響。禦灾捍患，神實能之。用竭精衷，有如常祀。庶憑誠感，永庇吾民。宜令本州每歲春秋建道場三晝夜，罷日設醮。其青詞，學士院前一月降付。

盧元輔《胥山祠銘》：元和十年冬十月，朝散大夫、使持節杭州諸軍事、杭州刺史、上柱國盧元輔，視事三歲，塵天子書，上畏群靈，下慚蒸人，乃啓忠祠，叙而銘曰[一]：『維唐敷視[二]，典於天下，廢淫置明，資父事君，罔有不舉。寢廟既設，我命厥新，有周行人伍公字子胥，陪吴之職，得死直言，國人求忠者之尸，禱水星之舍，將瞰鴟革，遂臨浙江。千五百年，廟貌不改。』漢史遷曰：『胥山，今曰青山者。』謬也。吁！善父爲《孝記》，曰：『父讎不與共戴天[三]。』諫君爲忠，經曰：『諸侯有諍臣，不失國。』當阨於宋鄭，絶楚出疆，在平爲未宦臣，在奢爲既壯子，坎壈仗節，乞師於吴，軍鼓丁寧，五戰至郢，鞭墓走昭，非逆施也。夫差既王，宰嚭受賂，二十年内，越祀又顛，泰伯廟血將乾，闔閭劍光先失。公朝焉宴焉，入則諫焉。孰謂矢毒，孰謂刀寒[四]。雖言屢出口，而車甲已困於齊矣，蟹稻已奪於歲矣。屬鏤之賜，竟及其身，鴟夷盛屍，投于水濵，憤悱鼓怒，配濤作神，迄今一日再至。來也，海鴟群飛，陽侯夾從，聲遠而近，聲近而遠，奮於吴，怫於越，夕於楚乃退[五]。於是仲秋闞望，杭人以旗鼓迓之，笳簫和之，百城聚觀，大耀威靈，卷沙墨裂地灰[六]，截若岸坼城坑，迎潮氏格之如吕梁丈人，爲靈戈威矛，潋浪百重[七]，堵塞不先[八]，跳檣揭舷。再飯之間，絶其音聲，蕩漭千里，洪波砥平，有滑有腯，有鹽有腥，遥實乎下庭，山海梯航，雞林扶桑，交臂於茆階。金狄在户，雷鼓在堂，魏樽漢豆，六代笙簧，可謂奉天爵之馨香，獲神人之盛禮。佐皇震怒，驅叱大邪，萬里永清，人觀斗氣。銘曰：『武王鉞紂，子胥鞭平。爲人爲父，十死一生。矯矯伍員，執弓挾矢，仗其寶劍，以謁吴子。稽首楚罪，皆中紂理，蒸報子妻，殲鉏直士。赫赫王閭，實聽奇謨，錫之金鼓，以號以誅。黄旗大舉，右廣皆朱。戳墓非赭，瞻昭乃烏。後王嗣立，執書不泣。顛越言潤，宰嚭讒輯。步光欲飛，姑蘇待執。吾則切諫，抉眼不入。投於河上，自統波濤。晝夜兩至，懷沙類騷。洗滌南北，簸蕩東西。蠻夷卉服，罔敢不來。雖非命祀，不讓瀆濟。帝帝王王，代代明明，表我忠哉[九]。』

王安石《重建忠清廟記》：觀子胥出死亡逋竄之中，以客寄之身，卒以説吴折不測之楚，仇報耻雪，名震天下，豈不壯哉！及其危疑之際，自能慷慨不顧[一〇]，萬死畢諫於所事。此其事，與夫自恕以偷一時之利者，異也。孔子論古之士大夫，若管夷吾、臧武仲之屬，苟志於善，而有補於當世者，咸不廢也。然則子胥之義，又曷可少耶？康定二年，予過所謂胥山者，周行廟庭，嘆吴亡千有餘年，事之興壞廢革者不可勝數，獨子胥之祠不徙不絶，何其盛也！豈獨神之事，吴之所以興[一一]！蓋亦子胥之節，有以動後世，而遺愛尤在吴也。後九年，樂安蔣君爲杭使[一二]，其州人力而新之，臨川王安石與之銘。曰：『烈烈子胥，發節窮逋。遂爲策臣，奮不圖軀。諫合謀行，隆隆之吴。厥發不遂，邑都俄墟。以智死昏，忠則有餘。胥山之巔，殿屋渠渠。千載之祠，如祠之初。孰作新之？民歡而趨。維忠肆懷，維孝肆乎。我銘祠庭，示後不誣。』

王安國《忠清廟記》：胥山廟者，吴人奉祀已千百餘年[一三]。至於今，天子命祀，而使之歲時祈祝，未嘗懈也。嘉熙七年[一四]，長興沈公作藩於杭，政以大成，下畏以愛。既而雨暘，或愆躬禱於廟，歲仍大熟，於是邦人以爲神之賜也[一五]。乃相與告於公曰：『願治廟堂，以妥神靈。』公既樂詔教之施能媚于民，而又嘉民之不忘神惠而思爲報也，故聽之。八年六月，廟成。公遂祭享，耆稚嗟嘆，咸願刻石以詩題之，而使人來請詞於臨川王安國，乃作詞曰：『維此勾吴，太伯肇居[一六]。其後綿綿，享有邑都。闔閭夫差，力欲圖伯[一七]。有臣子胥，才實剛者。報楚入郢，遂棲越君。使國爲雄，我志獲伸。彼何宰嚭，冒貨奸宄。我憤於忠，國亦旋毁。武林之墟，胥山之崗。立廟以祀，民思不忘。既歷歷年久，報事不懈[一八]。以迄于今，帝遣祈拜[一九]。公作邦伯，實治廟民。每祝必誠，獲應於神。卒是逾歲，風雨順節。

謂非神休，有或菑蘖[三〇]。人乃告公，廟堂將傾。願易而新，不戒遽成。嚴嚴之堂，有翼其廡。憑依之威，觀者俯僂。衆曰迄事，公即大祭。賔贊肅虔，簫鼓喧沸。豕羊具肥，桂酒香醇。神顧享之，醉飽欣欣。衆願具石，刻載厥美。繫之銘詩，庸告無止。』

趙與懽《英衛閣記》：英衛者，始建吴山忠清廟。閣名，今上親灑宸翰以賜者也。初山有星宿閣，直廟之前，堪輿家指爲龍首。紹定辛卯年，毁。其後，廟雖新，而閣不復。嘉熙乙亥六月，與權被命再尹京。時失水故道，湍激波蕩無虚日，沙若坍而陷，岸若墜而頽。曩時，潮所不及，地遇大汛，彌望七八十里間，潰爲洪流，月塘真如古刹亦宛在水中沚。僉謂：『此天災，難以人力勝。』因就付以築堤事，固辭弗俞，用欽承休命，程土石，計徒傭，具畚鍤，興工役，凡人力所至，不敢不勉。且乞靈於神以相之。有請于朝，得旨新作臺門，仍建傑閣，棟梁岧嶢，丹青輝焕，爰肖神像，巍然中居，侍衛旁立，冠佩陸離，群山四環，大江前繞，川祇波后，罔不帖妥聽命。閣甫就，而水陸寺前之壖亦不日而成。脱蛟龍垂涎之淵，爲軍民奠枕之地。匪人之謀，皆神賜也。既有摭英衛二字以名之，又奏乞奎畫以賁之，於是新閣偉然，冠山椒而特立，鎮江濤而不驚，顧前之爲閣者大有逕庭矣。私竊自念神之威靈在天，其行事在史，其愛在民，其功在後世，奚以記爲？然有司職在推廣皇仁，答揚神貺之意，其可以無述？乃爲之言曰：『天地正大剛烈之氣，鍾而爲神。其生也，家則爲孝子，國則爲忠臣；其殁也，上則爲星辰，下則職江海。所謂越宇宙而挺生，亘古今而長存者，神蓋其人也。神不忍宰嚭信越之浮詞，誘於伐齊之利，而忘其玩吴於股掌之上也，遂以懇懇之忠，極諫於王而不諱。屬鏤之賜，甘心如飴。其爲言曰：『自我死後，世必以我爲忠，上配夏商之臣，與龍逢、比干爲友。』遂伏劍而死。每讀《吴越春秋》至此，未嘗不感憤而涕泗也。嗚呼！士大夫出身事主，患不明國之安危與主之榮辱，爾知之明，則竭力而爲盡忠以告，視死生禍福與鴻毛等。逮其以言觸咎，身膏鈇鉞，而其眷眷念國，猶不忍替，亦以忠義之心，知國重於身，爾充此志也。雖云千百世之下，其英靈衛國，凛凛猶生，若神者所謂鍾天地正大剛烈之氣者非耶？按《史記》『吴人憐之，爲立祠江上。』，則神之祀於吴，蓋有年於兹。其英風義氣，與江濤俱壯。其全名巨節，與吴山俱高。至其加愛吴人，則千載猶一日。越漢歷唐，以至我朝，廟祀之典，有崇罔墜。自六飛駐蹕錢塘，以江爲重，江之神，以忠清廟爲重，故祀猶加嚴，而缺典尚多。先是，神之父國號以楚，兄以鄭，故老口相傳，莫之經見，而母嫂妃猶未賜嘉號，遂具疏以聞。下奉常褒封追爵，父奢烈侯，以母嘉應夫人配，兄尚昭順侯，以嫂淑惠夫人配，悉像於廟之東房，總曰王府之殿，尊尊也。妃曰協清夫人，新命也。大中祥符間，著爲令，每歲春由翰林院撰詞，命羽流祈福，率即殿蕆醮事，殊不稱典。爰即故門址改創醮殿，表曰延真，且俾天明宫道士葉揆宸領廟之管鑰而灑掃之。國家崇奉廟祀之典，至是告備。閣經始於是年之七月，落成於十有一月。殿及延真相繼竣役，則歲庚子四月也，皆廟鉅事，宜牽連特書。凡役工三萬五千有奇，爲屋六十有七楹。

蘇軾《祭英烈王文》：欽誦舊史，仰瞻高風。報楚爲孝，徇吴爲忠。忠孝之至，實與天通。開塞陰陽，斡旋濤江。保障斯民，以食此邦。嗟我蠢愚，所向奇窮。豈以其誠，有請輒從。庚子之濤，海若伏降。完我岸閘，千夫奏功。牲酒薄陋，報微施豐。敬陳頌詩，侑此一鍾。

虞集《奉旨撰祭伍子胥文》：爾以忠隕，主潮於吴。潮今爲灾，吴其沼乎。爾其揚靈，具訓海若。俾安其常，毋作民虐。既止既安，民遂有生。爾作神明，永有令名。

徐一夔《歲祀伍公廟祝文》：惟神昔在於吴，以忠而隕。廟食兹山，用昭素憤。神氣不磨，護潮出没。白馬素車，尚見仿佛。唯聖御宇，有嘉其忠。申敕守吏，歲祀是崇。潔兹牲醪，薦於神所。庶其來歆，永奠江滸。

傅敏《重修英衛公廟碑記》：英衛公廟，祠春秋吴行人伍公也。公殁，吴人祠諸江上，號胥山廟。

唐封廣衛侯，錢武肅王奏改惠應，旋晋吴安王。宋賜祠額忠清，改封忠壯侯，又建英衛閣以祀。元季，疊晋八字王封，釐明祀典，詔郡長吏歲以九月二十日祀，而祠額不改。國家祗膺寶命，百神率職，薄海際天，颷紓濤謐。雍正紀元之元年，敕封英衛公，詔發帑銀以新公祠。於是，知杭州府事臣魏定國、知仁和縣事胡作柄、知錢塘縣事臣楊夢琰祗承祠部牒檄，選材鳩工，肇工於八月之十有六日，蕆事於十一月十有七日。堂寢門廡，形碧絢耀，而役不逮坊里，杭人士聚觀親額，謂宜有以宣上德，述神貺。臣傅敏時署巡撫事，爰紀其源流暨歲月，鑱諸麗牲之碑。謹案，公懋勲偉績，《春秋左氏傳》、《史記》，蓋綦詳矣！獨歿而歸神大海，依潮來往其説，始見於《越絶書》、《吴越春秋》。而《越絶》謂於大江中，或疑當屬揚子，又《越絶》『北至秀』之語兒，吴山地本隸越，而不知章沅、番禺胥號大江，而是時吴適棲越，今棠邑、姑蘇諸地，雖雅多公蹟，胥山要以杭爲準。至其神之揚靈潮汐也，如武肅王禱於祠而沙漲十餘里，宋馬亮禱而潮却且出横沙數里，趙與懽肅禱而江干七十八里之決以塞，英威燀赫，綽有可紀。天子軫念浙東西耆庶，敬舉秩祀，崇號上公，而祠部檄守臣新歀腐剥泐之楝墉，以安公靈，視前代禮有加焉。宜矣！昔漢有防海大塘，《唐史》載鹽官塘，浙江惟富陽塘、錢塘長堤差可考，然白居易任刺史，業慮濤激西北，而大曆八年，宋祥符、景祐、慶曆、元豐、淳熙、紹熙，元至和，暨明洪武後，五大潰決，毁陷漂敗不可勝紀。唯國家修舉水政，警惰覈冒，其於捍江捍海實克。舉端木氏、趙氏暨范陽酈氏之所録，王克、虞喜、盧肇、燕肅、余靖、張載、蘇軾、史伯璿、金履祥之所覃思而極論，華信、李濬、李蟠後諸賢之所昕塗夕燎而僅獲集事者，胥薈萃其經畫，以見諸石囮、木櫃、絡竹、排樁，間而祗荐，罔獲矯誣，水害迄用是息。然則山陽之材、鴻鷺之羽、百鍊之族，有所不能，抑鐵輪鐵絙以貫鐵幢有所不能鎮，而稽望秩於虞書繹懷，柔於周頌，此其克符祭法禦灾捍患之旨，而神職以共民生以乂者也。且杭郡東南形勝，遥控海江，當桐江入境，東觀定浮，錯對裹山，漁浦諸峰，峙青點黛，及其出龕赭，歷沙潭，會錢清、上虞兩江而東也，近則石墩白塔，遠則花鳥陳錢，以迄於葉壁疊島、斜鳥盤臺之外且不啻億萬里，而鯨颸鰐霧，訖偕鹽官潮胥帖粹，然則於越之西陵衝波可以無庸擊，航之西津恬流可以無庸渡，而靈戈威矛恒偃戢於浪山濤屋之中，俾杭郡百萬户廬舍塍壠無虞震騰者，惟公衛於斯滋固，而聖天子之德，海涵天復而莫之有涯也。臣敏等備位列嶽，爰敢附唐宋守土臣後，肅撰廟銘焉。其辭曰：『艾陵退息，城山進攻，凡爲臣者，孰如公忠？昭關東奔，紀南西趠，凡爲子者，孰如公孝？維忠維孝，千人之英。歿而歸海，海若震驚。一日再來，素車白馬。火霆錯擊，銀潢倒瀉。揚波重水，異壤同神。忠孝協軌，以衛斯民。帝德覃敷，爰被二浙。濤清噴玉，堤堅屹鐵。乃報公功，崇封肇開。葊參星斗，楹餘雷雲。釃酒封牲，雅歌節舞。潮平山碧，樂此終古。』

詩

梁簡文《伍子胥廟》：去國資孝本，循忠全令名。舟裏多奇計，蘆中復吐誠。偃月交吴艦，魚麗入楚營。元功惟妙算，千載藉餘聲。濤洪猶鼓怒，靈廟尚淒清。行潦承椒奠，按歌雜鳳笙。無勞晋人璧，詎用楚臣纓。密樹臨寒水，疏林望遠城。窗寮野霧入，衣帳積苔生。惟有三清鳥，斂翅時逢迎。

羅隱《青山廟》：市簫聲咽跡崎嶇，雪耻酬恩此丈夫。霸主兩忘時亦異，不知魂魄更歸無。

釋常雅《伍相廟》：蒼蒼古廟映林巒，漠漠烟霞覆古壇。精魄不知何處在，威風猶入浙江寒。

徐凝《題伍胥廟》：千載空祠雲海頭，夫差王國已千秋。浙波只有靈濤在，拜奠青山人不休。

王禹偁《胥山忠清廟》：朝驅下越阪，夕飯當吴門。停車訪古跡，靄靄林烟昏。青山海上來，勢若游龍奔。星臨斗牛域，氣與東南吞。九折排怒濤，壯哉天地根。落日見海色，長風捲浮雲。山椒載遺祠，興廢今猶存。殘春弔木客，倒樹哀清猿。我來久沈抱，重此英烈魂。吁嗟屬鏤鋒，宜爾國士冤。峨峨姑蘇臺，榛荊曉露繁。深居麋鹿游，此事誰能論。因此毛髮竪，落葉秋紛紛。

曹既明《胥山廟》：閶闔欲雪父兄讎，底用平生錫蓋侯。冤骨未沉吴越曉，征魂初返楚雲秋。西施正倚承恩貌，范蠡将移去國舟。尚向松陵親却敵，藁砧依舊在層樓。

方行《子胥廟觀潮》：吴越中分兩岸開，怒濤千古響奔雷。子胥不作忠臣死，勾踐終非伯主才。歲月消磨人已老，江山壯麗我重來。鴟夷鐵箭今安在，目極洪波萬里回。

高啓《伍公廟》：地老天荒伯業空，曾於青史見遺公。鞭屍楚墓生前孝，抉眼吴門死後忠。魂壓怒濤翻白浪，劍埋冤氣血腥風。我來無限傷心事，盡在胥山烟雨中。

徐渭《伍公祠》：吴山東畔伍公祠，野史評多無定時。舉族何時同刈草，後人却苦論鞭屍。退耕始覺投吴早，雪恨終嫌入郢遲。事到此公真不幸，屬鏤依舊語夫差。

沈九如《伍公廟》：伍相祠堂春晝長，屬鏤拜賜念先王。風清鬼馬吹沙磧，日落神龍鬬石梁。江上陰雲浮劍履，夜歸星斗撲衣裳。夫差水殿還歌舞，十二鳴筝下鳳凰。

敕封静安公廟 舊名昭貺廟，在候潮門外渾水閘東江塘上。《咸淳臨安志》：故司封郎官張夏祠也。夏雍邱人，景祐中爲兩浙漕使，江潮爲患，故堤率用薪土，潮水衝擊，每繕修不過三載輒壞，重勞民力。夏始作石堤延袤十餘里。《四朝聞見録》作石堤一十二里。人感其功，慶曆二年立祠堤上。嘉祐六年，《四朝聞見録》作十年。褒賜太常少卿。政和二年，封寧江侯，後改安濟公，賜昭貺廟額。紹興十二年後，累封靈濟顯佑威烈安順王。淳佑八年，重建廟。《夢粱録》：左右奉十潮神。《嘉靖浙江通志》：成化間，工部侍郎李顒來治潮患，禱神而應，即舊址重建。《浙江通志》：國朝雍正三年，敕封静安公，春秋致祭。

詩

王安石《張工部廟》：使節紛紛下禁中，幾人曾到此城東。獨君遺像今如在，廟食真須德與功。

臣謹案：張司封祠自昭貺廟外，又有東安濟廟在馬婆巷，俗名祖廟，又名太平院。

敕封天后廟 宋順濟聖妃廟也，在艮山門外。《咸淳臨安志》：神本莆田林氏女，數著靈異，祠於莆田之聖堆。宣和中，賜順濟額。艮山有祠，自商份感夢始，開禧、寶慶一再創建。《夢粱録》：海洋之中，佑護船舶，其功甚大，民之疾苦，悉賴帲幪。《大清一統志》：神世居莆田湄洲嶼，宋都巡檢林愿第六女。雍熙四年，昇化。是後，嘗衣朱衣飛翻海上，里人祠之。宋元明時，累著靈蹟，加封號。本朝康熙十九年，封護國庇民妙靈昭應宏仁普濟天妃，遣官致祭。二十二年，克澎湖，恍有神兵引導。及屯兵天妃澳，靖海侯施琅謁廟，見神衣半濕，始悟，實邀神助。時澳駐師萬餘，忽涌甘泉，琅上其異，敕建神祠於湄洲，勒文以紀功德。隨又加封天后。五十九年，奉旨春秋致祭，編入祀典。雍正四年，御賜神昭海表之額。十一年，賜錫福安瀾額，令有江海各省一體葺祠致祭。

文

宋寧宗《加封助順敕》：古以女神列祀典者，若湘水之二妃、北阪之陳寶、西宫之少女、南嶽之夫人，以至丁婦、滕姑，亦皆廟食。夫生不出於閨門，而死乃祠于百世，此其義烈有過人者矣！靈惠妃宅於西湖，福此閩粤，雨暘稍愆，靡所不應。朕惟望舒耀魄，其名月妃；川祇静波，其名江妃。爾之封爵，既曰妃矣，增錫嘉號，被之渝涣，崇大褒顯，凡以爲民，尚休異恩，以永厥祀。

《艮山順濟聖妃廟記》：神，莆陽湄洲林氏女，少能言人禍福，殁，廟祠之，號通賢神女，或曰龍女也。莆臨海有堆，元佑丙寅夜[二一]，現光氣。環堆之人，一夕同夢曰：『我湄洲神女也，宜館我。』於是，有祠曰聖堆。宣和壬寅，給事路公允迪載書使高麗，中流震風，入舟沉溺，獨公所乘，神降於檣，遂獲安濟。明年，奏於朝，賜廟額曰順濟。紹興丙子，以郊典封靈惠夫人。逾年，江口又有祠。祠立二年，海寇憑陵，效靈空中，風掩而去。州上其事，加封昭應。其年，白湖童邵一夕夢神指爲祠處，丞相陳公俊卿乃以地券奉神立祠。於是，白湖又有祠。時疫，神降曰：『去湖丈許，脉有甘泉。我爲郡民續命於天，飲斯泉者立痊。』掘泥坎，甘泉涌出，至者絡繹[二二]，朝飲夕愈，甃爲井，號聖泉。即以聞[二三]，加封崇福。越十有九載，福興都巡檢使姜特立捕寇，遥禱響應，上其事，加封善利。淳熙甲辰，民菑，葛侯郛禱之。丁未，旱，朱侯端學禱之。紹熙庚戌夏[二四]，旱，趙侯彦勵禱之。隨禱隨答，具狀聞於兩朝，易爵以妃，號惠靈。慶元四年，加助順之號。嘉定元年，加顯衛。十年，加英烈。神之祠，不獨盛於莆，閩、慶[二五]、江、浙、淮甸，皆祠也。艮山之祠，舊傳監丞商公份尉崇德，日感夢而建。

詩

劉克莊《三月二十一日泛舟》：雖沉璧馬計安施，倏忽桑田變渺瀰。説與神通君看取，潮頭不到艮山祠。

臣謹案：天后顯靈江湖，閩省尤著，而廟之在杭州者惟艮山祠爲最古，其外武林門城東北隅亦有天后宫。國朝雍正九年，總督李衛毁西洋天主堂改建，廟貌隆焕，獨冠郡城。

校勘記

〔一〕《敕修两浙海塘通志》「叙而銘曰」作「銘而叙曰」。

〔二〕《敕修两浙海塘通志》「視」作「祀」。

〔三〕《敕修两浙海塘通志》「讎」作「仇」。

〔四〕《敕修两浙海塘通志》「公朝焉宴焉，入則諫焉。孰謂矢毒，孰謂刀寒。」作「公入則諫焉」。

〔五〕《敕修两浙海塘通志》「夕」作「汐」。

〔六〕《敕修两浙海塘通志》「卷」作「捲」。

〔七〕《敕修两浙海塘通志》「重」作「里」。

〔八〕《敕修两浙海塘通志》「堵」作「渚」。

〔九〕《敕修两浙海塘通志》「表我忠哉」作「表我忠誠哉」。

〔一〇〕《敕修两浙海塘通志》「自能」作「能自」。

〔一一〕《敕修两浙海塘通志》無「豈獨神之事，吴之所以興」。

〔一二〕《敕修兩浙海塘通志》「君」作「公」。

〔一三〕《敕修兩浙海塘通志》「祀」作「事」。

〔一四〕《敕修兩浙海塘通志》「嘉熙」作「嘉祐」。

〔一五〕《敕修兩浙海塘通志》「於是邦人以爲神之賜也」作「於是邦人皆以爲神之賜也」。

〔一六〕《敕修兩浙海塘通志》「太」作「大」。

〔一七〕《敕修兩浙海塘通志》「伯」作「霸」。

〔一八〕《敕修兩浙海塘通志》「事」作「祀」。

〔一九〕《敕修兩浙海塘通志》「帝」作「常」。

〔二〇〕《敕修兩浙海塘通志》「蘖」作「孽」。

〔二一〕《敕修兩浙海塘通志》「佑」作「祐」。

〔二二〕《敕修兩浙海塘通志》「至」作「請」。

〔二三〕《敕修兩浙海塘通志》「即」作「郡」。
〔二四〕《敕修兩浙海塘通志》「绍熙庚戌夏」作「庚戌夏」。
〔二五〕《敕修兩浙海塘通志》「慶」作「廣」。

欽定四庫全書海塘録　卷十二　祠祀二

潮神廟　在江干。《江塘志略》：　康熙四十三年，江塘工成，督修同知甘國奎建潮神廟於江干之善利院，設主祀諸有功於江塘者，又建觀潮樓於其旁。詳《名勝門》。

臣謹案：　乾隆二十三年，奉旨敕建海神廟即在其旁。

廣靈廟　在石塘壩。《咸淳臨安志》：　景定四年九月，潮壞江塘，里中耆老因立東嶽温太尉廟，請於朝，賜廣靈爲額。咸淳五年，有旨封正佑侯，餘自李将軍以下九人，皆錫侯爵：　李孚佑、錢靈佑、劉顯佑、楊順佑、康安佑、張廣佑、岳協佑、韋威佑。

協順廟　在江干。《西湖遊覽志》：　在石塚。其神陸圭，昭慶軍人。宋熙寧間，以祖澤補右爵，調真州兵馬都監。宣和中，引兵進攻方臘，敗之，死而爲神。紹興間，海濤衝激江岸，神檄陰兵却潮，潮勢遂平。淳祐間，江潮衝激尤甚，隨築隨圮。神與三女揚旗空中，浮石江面，以顯其靈，岸賴以成。浙西帥臣徐桌以其事聞於朝，賜廟額曰協順，封神爲廣陵侯，三女爲顯濟、通濟、永濟夫人，一主護岸，一主起水，一主交澤。傍有小廟，祀十二潮神，各主一時。《錢塘遺事》：　陸相公有三位小娘子，皆緑袍方巾，列坐兩傍。凡海船至廟下，必先詣三位小娘子前炷香，上真彩及花朵粉蓋，拜保安牲酒心願。或其欲乘早晚潮汛之至而發舟，必須得卜而動，則前去免風濤之險，不得卜則不敢輕發也。廟傍有一所，耑祀十二位潮神，各武粧持杖，各位各主一時，然不及三小娘子之盛。

詩

朱彝尊《廣陵侯廟詩并序》錢塘江干有廣陵侯廟，其來古矣。乙未三月，將之越中，問渡，展謁廟下。按枚乘《七發》觀濤於廣陵之曲，江世疑廣陵國爲今揚州府治，然元季錢思復《試羅刹江賦》證曲江即浙江，楊廉夫韙之時號『曲江處士』。而曾子固撰《越郡趙公救灾記》中，有廣陵斗門，合之伍子之山、胥母之場，疑義可析，因賦絶句紀之： 昔聞江月松風客，賦證錢塘自曲江。不見郊關廣陵廟，靈風長拂舊旛幢。

臣謹案：《咸淳志》、《夢粱録》及載司江濤之神甚詳，如平濟等十廟，備見于後。其外，尚載有石塘壩之廣靈廟，而不及廣陵。至劉一清《錢塘遺事》，始載侯事，不詳祠廟之所在。《游覽志》及《萬曆郡志》始詳言侯事，以爲廟在石塚。今考湖州德清縣地，亦有名石塚塘者，有協順廟祀侯及三女廟，中猶懸淳祐賜額，其地多陸氏，皆爲神裔。土俗以爲三女掌生嗣，弗無子者争往焉，稱爲太均，求禱輒應。而主潮一事則無，有知者二廟同名，地名亦同，録以待考。

順濟廟 在渾水閘。《咸淳臨安志》：《國朝會要》：『里民馮氏祠。紹興三十年，賜順濟廟額。慶元庚申，封靈佑公。紹定間，重建廟，封英烈王。嘉定十七年，封次子爲助寧侯。紹定六年，加助寧佑順侯。』《西湖志纂》： 在江干大觀樓右，又名善利院，祀善利龍王，自宋至今尚存。

文

陳傅良《内制浙江潮神順濟廟善利侯特加忠靖二字敕》： 敕某神，朕固不爲祕祠，專享其福也。

至四方長吏，有爲吾民請曰：『某山川之神，能惠其境中。』則褒崇之典，朕靡愛焉。以庶幾古蜡百神之義，矧惟江濤近在寰内，而有司以報禮未稱，將侈大之用，錫美名以從民欲。神尚終惠，使世世享。

臣謹案：《止齋文集》止載敕文，年月無考，第其封號證之潛説友《臨安志》及轉運使李長民所撰廟記頗不相符，豈所謂順濟廟善利侯者廟名相同，而神實異耶？抑前志失載歟？謹備録之，以待博考。

李長民《順濟廟記》：浙江之潮，蓋天地間壯偉絶特之觀。其江自南之蕩灣，距海門百餘里，水浩渺無際，殆天造是險，以示東南形勢。自乘輿駐蹕，城郭宫闕日以壯麗，爲四方之極。山川之神，莫不奔走以佑我王室。其浙江有若順濟廟馮公，揭靈茲土，功效尤炳炳著見，享有寵命也固宜。乃者慶元庚申，崇陵復土，朝廷致禱於神，又命兩浙轉運副使沈公作賔，更新祠宇，有詔册神自侯爵爲靈祐公。而漕司實命其屬梁大亮、李長民相與，即故祠規度之，增治庭壇。經始以是年十月晦，越二十有二日，計材植工役，縻錢三百萬有奇，方告成。長民周眡祠宇，慨然獨念疇昔曾不有記述，而公之孫子崇之、進之，亦以爲言，於是私願，因今命磨片石以登載神之威德，乃即崇之、進之所録行實，以都人所傳聞而次第之。謹按，公姓馮諱俊，字德明，世錢塘人，生於熙寧甲寅六月十四日，娶郭氏生二子，天資剛直，幼孤事母孝。年十有八，夢帝遣神易其肺腑，云將有徽命。旦寤，胸懷豁然開明，生不習文藝，至是於《書》、《傳》大義驟皆通曉。有叩以禍福，莫不前知，足未嘗履閾，人或遇之江海之上。元祐中一日，有舟渡江值大風濤，分必死，公即現形其間，自言名氏，叱咤之頃，駭浪恬息。又嘗就寢竟日乃寤，其嘔吐皆海錯異物，怪而問之，則云：『適宴龍宫。』大觀三年十一月己未，忽語人：『上帝命司江濤事，不得辭。』越三日，不疾而終，年三十有六。先期旬日，於清水閘所居西偏自營兆域，既没，靈異猶有，夥人即所居祠之。而次子松年亦以濟人及物著靈遠近，今二孫則幼子椿年所生，於是子孫世奉廟祀。不惟商賈舟船之所依帖，而環王畿千里之内，亟丕答。浙江之中流有沙蹟，能爲舟害，有司致禱，其沙即平，用足洊膺褒典。至今，又從官給費，易故而新之，以安神靈。其蹟彰灼，賜爵受封，則具有紹興以來朝廷錫命在。惟昔蘇文忠公軾於潁上張龍公祠碑叙述爲詳，銘詩首言至人變化，不私其躬也。行爲人飛天，爲龍長民，竊誦其語，載考行實，愧無斯筆爲神容，姑識其概，庶來者有考，豈特慰其子孫之志云爾。

茶槽廟 在慶春門外。《仁和縣志》：在會城東，當錢塘盡界，沿江七十里北至臯亭山，屢受潮患。永樂間，新城茶商陳旭出槖中金築新塘。後乙未，臯亭山洪水與江潮相接，沿江俱没塘壞，旭思資蓄已盡，功不成，遂躍身入潮，屍隨潮浮至臯亭山，沙隨屍而漲，塘乃成，屍隨葬焉。巡撫入告，敕封茶槽土地興福明王。迄今二百餘年，無潮患，士民戴德，奉其神，各方建祀，有上新、中新、下新等祠。

文

張朝綱《重建下新土穀祠記》：距慶春門十里，臨道而祠者，爲茶槽、土穀以祀興福明王，所從來久矣。而又名下新廟者，以神所庇之土廣，里人争欲迎奉，各建祠祀之。而上者爲上新，中者爲中新，茲處其下者，故名下新云。實惟一人，以神號之同，神誕皆爲九月九日可據也。意三祠同時而建，故當時皆謂之新乎？巫家之頌神者云：『此地故有茶槽神，爲杭之新城人，姓陳諱旭，以販茶至。永樂乙未三月，臯亭山水與江水並時大發，沿江七十餘里悉潰，而嚴家衖上下一帶因是益迫江，早晚潮衝田種盡没，累歲不得收，粟價騰貴，人民彷徨，神不勝悵，計惟築堰以阻潮，則田可完、可收、可望也。乃盡出茶資爲木石費，募工以築之，堰成而潮息。自是田收十倍於常，民賴以寧。今堰子口，其故跡也。無何，神卒，里民環而籲司臺爲請於朝，獲封以祀茲土焉。夫爲民興利除害，有司者之責，神以羈旅之夫，視由己溺，不難罄槖而活夫數里之命，垂爲百世之利，其仁心偉度參偶天地，厚德豐功掩映今古矣。《祀典》『有勞於民，能禦灾捍患，則祀之』，則神之祀，豈弗彰彰其宜哉？至於今，英靈益赫，有禱輒應，往往邀神之幸，時和年豐，家給人足，康善無恙也。蓋不惟造德於前，又能錫福於後，興福之號，豈虚也哉！里人張守信、張應亨暨守祠性曉以舊祠卑隘，不足以綏神，倡義更新，衆咸踴躍，各捐其資有差。集材鳩工，壞者撤之，卑者崇之，隘者拓之，不踰年而落成。赫奕重光，遠近瞻仰，謂不可無祀也。當勒其石，而諸捐資者其得列名於下方云。

臣謹案：茶槽廟，相傳祀明茶商陳旭。考《咸淳臨安志》『其地爲茶槽隅，而圖内所列有土地廟』，與此處相近，但未指所祀何神。至下新廟舊額，本作夏新，亦與夏新鋪相近。竊疑茶槽與茶商，下新與夏新，二者土音易混，《廟記》則以神蹟托之巫家者言，不及躍身入潮事。邑志遂舉沙隨屍漲，以神其説，且所稱興福明王，頗不似朝廷錫命。蓋杭人土穀祠，大抵皆稱明王，如貞固明王、通聖明王、崇福明王之類，皆係俗稱，則興福之號亦必出之井里傳聞，而前明請命敕封，茫無可據，謹標識之，以俟稽考。

潮王廟　宋名石姥祠，在得勝橋西。晏公《輿地志》：『臣芳林鄉有石姥祠。』《咸淳臨安志》：昭化院有石姥、潮王廟。《杭州府志》：祀唐石瑰。瑰生而靈異，嘗築堤以捍海潮，功未就，竟死於海。咸通中，官爲立廟，封潮王。宋宣和間，睦寇犯順，韓世忠帥兵禦敵，見空中旗幟書石姥潮王之號，因奮勇大破之。嘉熙間，潮水潰堤，漂没民居，人力莫能禦。京尹趙與𥲅躬禱祠下，潮復故道，事聞於朝，加封顯德忠惠王。《仁和縣志》：後爲釋氏所有，建昭化寺，而廟附焉。

文

僧誠道原《潮王廟記》：按晏殊《輿地志》，古有石姥祠，舊碣載石姓瑰名，生於唐長慶三年。錢塘古稱濤江，民苦潮害，王奮力築堤以捍水勢，祁寒劇暑不輟，功未就，竟死於潮，後爲神。咸通中，官爲立廟，封潮王。宋宣和間，睦寇犯順，時朝廷以韓世忠禦敵，陰雲四合，聞空中叱咤聲，仰見旗幟書石姥潮王之號，軍士奮勇，大破寇兵。嘉熙間，潮水復作，潰堤觸岸[二]，漂蕩民居，人力不能禦。京尹趙公與𥲅躬禱祠下，潮復故道。有司上其事，加封顯德忠惠王[三]。皇慶二年，主僧宗禮率其徒，即寺創毗盧閣。廟之北，河路當衝要，民以爲艱，乃竭己帑，合衆助梁以巨石，修廣砥平，今咸以爲便。禮嘗謂余曰：『聞耆宿言：「昔遷寺建倉時，舊碣仆於基，五六年未及舁置。而吏曹之後至者，見所述，疑故遺以菑，乃陰碎其石。迄於今，未有記神之勛業。雖見於志書，又略慮久而泯焉。幸銘之，以補其闕文。」』余謂：『古者禦災捍患，有功生民則祀之。神勇於義，捐軀救民，功可謂烈矣！去之五六百年，聰明精爽，凛然如生，水旱疾疫，禱之輒應，廟食以享，其報宜矣！』謹摭其事書於石，復係之詩云。

晏公廟 在武林門北夾城巷。《萬曆杭州府志》：祀元晏戌仔。戌仔，江西清江鎮人。元初，輸文錦於上都，因而屍解，人以爲神，立祠祀之，後爲崇果寺伽藍。元末，兵毁[三]。後顯靈江湖間。明洪武初[四]，封平浪侯。二十三年，浙江都指揮儲傑以督漕獲庇，捐俸建今祠。

潮神廟 在土備塘沈家埠迤西。《海塘通志》：祀静安公張夏、寧江王宋恭、護國隨糧王運德、海神金文秀[五]、平浪侯捲簾使大將軍曹春。廟創自明季。順治中，僉事楊樹聲修築石篰塘，屢築屢坍，禱於神，始告成[六]，遂重新廟貌。雍正十年，總督程元章委州同李宗典督修，益拓而大之。乾隆三年，大學士稽曾筠委通判楊盛芳重修。

朝宗王廟 《咸淳臨安志》：在縣西南七十里。

文

宋高宗《祝文》：諸侯之朝王，孰敢不欽。子孫之宗祖，罔有不尊。江漢之朝宗於海，無以異此。廟號以是，神之德大矣！乃緣初郊舉此祀典，尊酒俎肉，以祈來格。

曹将軍行祠 《海寧縣志》：祀宋封潮神邑人曹春，在縣西南四十五里巖門山。元潘萬選撰記，明初顯聖於五都二圖，羽流募建。崇楨間[七]，沈如初重修。

鎮海廟 《海寧縣志》：距南城百步，負郭面塘，内祀捍海諸神。明崇禎戊辰，海決，潮水高丈餘，廟内獨不入，人咸異之。

伍公廟 《海寧縣志》：元成宗大德三年，以海患加封吴大夫伍員曰忠孝威惠顯聖王。先是，祠廟廢，後重建背南城，在捍海塘之陽。

古彭烏廟 在海寧教場。《海塘通志》：祀元敕封護國佑民永固土地彭文驥、烏守忠。康熙五十九年，從祀尖山潮神廟。雍正九年，從祀海神廟。

彭烏廟 在海塘上。《海塘通志》：在春熙門外七里海塘上，亦祀彭烏二神。

文

衢州府知府白豐《碑記》：雍正三年，余奉委修築海塘，往來塘工。去寧邑東七里，有廟曰彭烏。詢祀何神，土人爲余言：『一姓彭，諱文驥，字德公；一姓烏，諱守忠，字子樸。世同里閈家，素封。』元泰定三年，海溢，朝命築塘。費不給，二神罄家貲助之。坍陷不已，時有遷民内地之議。神曰：『生不助其成，死必捍其患。何内徙爲？』未幾，陷於海，大顯靈異，海患頓息，塘成而民卒不徙。聞於朝，立廟以祀。明嘉靖三十年，塘大圮，神又顯靈，敕封護國佑民永固土地明王。至國朝康熙三年，憲副黄岡熊公督理塘務，感異夢，遂捐俸修葺。三十七年，邑宰王任以海患躋廟齋祝，不逾時，海即漲沙。督撫具題，奉敕同諸海神建廟尖山之陽。其七里海塘及教場二廟，仍聽土神奉祀[八]。

英濟廟 《海寧縣志》：俗稱捍沙王廟，在縣東三十里，相傳蕭山布衣張某溺海爲神。或爲宋張夏築堤，捍江人賴以安，爲之立祠。大觀二年，封安濟公。

臣謹案：蕭山縣長山有英濟侯廟，舊稱護堤侯廟，宋建以祀漕運張行六五者，俗呼張老相公。考王多吉集《張氏先塋碑記》云：『吴越王時，刑部尚書張亮，厥後一傳護堤侯十一税院，襲爲長山海神。』則所謂六五者，即指十一言也。《郡志》以爲六五即張夏，然夏封寧江侯，改安濟公，而六五於明天啓時封靈應英濟侯，廟號不符。今海寧之廟，亦稱英濟，與長山神同號，其謂捍沙王爲蕭山布衣者，與蕭山護堤侯事亦相類，姑標識之，以待稽考。

朱将軍廟 《成化杭州府志》：在縣東三十六里，地名黄岡。《海寧縣志》：朱彝力能拔牛尾倒行。宋治平初，溺海爲神，著靈感應。寶佑三年十月，敕封佑靈将軍。元大德二年，神能禦海患，因立廟以祀，有司臣上其事於朝，封靈感宏祐公，又加封護國二字。其廟在袁化東北者，後羽流增飾仙真，俗因呼爲天仙府。

文

元成宗《加封護國靈感宏祐公敕》：爵有德禄，有功夙著。禮經之訓，禦大灾、捍大患，載遵祀典之文，爰示褒崇，庸彰顯應。鹽官州海神，闡靈浙右，安宅海隅。江漢朝宗，無遠勿届。雨暘時若，有感必通。比聞高岸之傾摧，能免下民之墊溺。導水波而潛復，益固堤防；足財計以阜通，仍輸斥鹵。嘗閲省臣之奏，具知神力之雄。肇錫嘉名，丕昭令聞。聿嚴廟貌，特俾恩封，可賜號靈感宏祐公。

詩

朱瑞《登朱將軍廟》：龍山山北寺，傳是古仙宫。薜瓦連青嶂，蒼圖映碧空。醉歌堯壤日，手拂舜絃風。近市重飛翠，烟雲處處同。

胡令公廟 《杭州府志》：在長安鎮，祀唐胡暹。《海寧縣志》：至正二十年，被毁。明嘉靖十四年，重立。宋《圖經》云：『令公，未詳其始。』《臨安志》智果院彌勒閣註云：『晋天福四年，錢王遣令公胡進思往婺州。』《五代史》：『胡進思以舊將廢吴越王倧而立俶。』考《郡志總圖》：『赭山北，有令公塘。』豈吴越王時，令公曾築運塘，故有祠廟歟？

文

元杭州路鹽官州儒學教授徐圓《胡令公廟記》： 令公，姓胡，名暹，字進思，婺州東陽義烏人。唐憲宗朝，佐中丞裴度平淮西，以功陞武任將軍。宣宗時，奉命至海昌召禪門齊安國師。師演法謝恩，就坐而化。將軍回至長河，過海神祠，亦立化於庭。有司申聞，宣宗遣桑稱二御帶，追封齊安爲悟空禪師，進思爲申平將軍[九]，與海神共祀。至宋康王南渡，乘駿過長河，無船可渡。入廟叩之，出門忽有大舟迎王。王問其名，居曰桑、稱二姓，本里胡進思家人也。建炎元年，王遣官召胡進思，併桑、稱二人，里中並無。因廟中有胡將軍碑，載將軍往海昌召齊安國師事蹟，州官申復，降詔敕封令公海神，與桑、稱皆進王號，並祀土穀廟，號威烈赫靈之殿。泰定間，復有方太守入廟禱祀，蝗不入境之異。其父方虛谷，任婺州路侯，備知令公事蹟。婺州見有永康縣胡公祖廟，太守命里人重立碑石云。

周宣靈王廟 《海寧縣志》： 在硤石鎮審山，祀淥渚人周雄。宋嘉定四年，爲母疾走婺源，殁爲江神。端平二年，陰捍常山土寇，封翼應將軍。嘉熙元年，封威助忠翊大將軍。淳佑四年，改封翊應侯。寶祐五年，加封助順。咸淳七年，加封正烈。十年，加封廣靈。

文

嘉靖間邑人沈友儒《碑記略》： 侯名雄，字仲偉，新城淥渚人，母汪氏，生淳熙三月四日。嘉定辛未，爲母疾，走婺源，祈佑五顯。回至三衢而卒，附童言曰：『五顯靈威，需我輔翊[一〇]。生不封侯，死當廟食。』衢於是立廟新城，繼之旱潦禱之輒應，疾疫祈之遂痊。初稱四七太尉。端平二年，德興祁門，陰捍常山土寇。饒州表請，封翊應將軍[二]。嘉熙元年，神威揚邊，强敵遠遁，兩淮表請，加封威助忠翊大将軍[三]。淳祐四年，改封翊應侯。寶祐五年，加封助順。咸淳七年，加封正烈。十年，加封廣靈。舊制神祠封錫，自二字至八字止，侯兼之，蓋渥恩也。侯今廟食於硤，遠近嚴祀之，殆與三衢新城並。故摭記侯之生平，俾刻於石焉。

臣謹案：《浙江通志》：周宣靈王，杭之新城縣太平鄉渌渚人。浙省是處立廟，其在杭城者，錢養廉《序》稱：『生於宋季，鋭志恢復，抑鬱以殁。』其在新城者，方回《廟記》止載殁後靈爽，不言神生前事。徐士晋《碑記》稱神賈於衢，聞母病，破浪而行，爲水所没，顯神於衢，敕爲江神。其在衢州者，志稱肉身[三]，斂布加漆，現今植立廟中，餘與徐記同。至錢廣居《建德縣神廟記》則云：『初名雄，後改名繆宣，少授仙指，失足墮水，溯波而上，香聞數十里，因而建廟塑像於衢城之西。』詳觀諸記，或稱孝、或稱忠、或稱仙，顯不相侔。又方回《記》、錢廣居《記》，封爵年代亦各不符。然現祀爲江神，其肉身現在衢府廟中，則爲孝子無疑，應以徐記及衢志爲正。

平濟廟　宋在浙江廟子灣。《咸淳臨安志》：乾道初，周安撫淙以上命修築江岸，遂建廟，詔賜額曰平濟。慶元四年，封助順侯，累封至咸淳三年爲顯烈廣順王。廟常頹圮，端平三年，俞存義、孫應辰捐金倡率，撤而新之，視前增壯。

臣謹案：自平濟廟以後，或廟宇荒湮，或近志闕載，然神靈彰灼，陰庇海疆，前代居民實昭靈佑。謹録前志，以備稽考。

英顯通應公廟　宋在廟子頭。《咸淳臨安志》：寶祐元年，江潮衝嚙，神顯靈跡，塘岸堵安。二年十二月，加封英顯通應公。

善順廟　宋在白塔嶺。《咸淳臨安志》：舊傳水間建小祠，保舟楫往來，號平波神祠。嘉定十七年，易祠爲廟。咸淳元年，詔賜善順爲額。

昭應廟　宋在白塔嶺。《咸淳臨安志》：紹興間，舊傳錢塘順濟龍王。咸淳元年，詔賜昭應爲額。

孚應廟　宋在磨刀坑龍山渡。《咸淳臨安志》：乾道三年九月建，舊傳水府龍王。咸淳元年，詔賜孚應廟。

廣順廟　宋在龍山。《咸淳臨安志》：舊傳鎮江龍王小祠。咸淳元年，詔賜廣順廟爲額。

惠順廟　在江塘上。《咸淳臨安志》：嘉定五年二月，江濤衝嚙石塘，師漕建廟以禱。咸淳二年，旨賜惠順廟爲額。四年七月，壽和聖福皇太后降錢重建。《仁和縣志》：廟址陷於海，遂廢。

順濟龍王廟　宋在湯村鎮。《咸淳臨安志》：政和五年，郡守李偃以湯村、巖門、白石等處江潮浸嚙，奏請同兩浙運使劉既濟措置，用石版砌岸、建廟。紹興十四年，重修。《成化杭州府志》：順濟宫在城外東里隅，舊在湯鎮、赭山之間，曰三龍王廟。紹熙元年，移請雲濤觀額。四年，旱，禱而雨，改賜今額。嘉泰二年九月，錫三神侯爵曰廣澤、順澤、敷澤。嘉定九年，增封曰廣澤靈應、順澤昭應、敷澤嘉應。明永樂間，江坍，徙建今處。天順七年，拓地重葺。成化七年，江水衝嚙塘岸，都布按三司大臣祭以牲幣，神著靈苏，潮不怒作，居民奠寧，載新宫宇，以答神休。《仁和縣志》：三王廟址陷於海，遂廢。

湯村龍王堂　宋在湯村。《咸淳臨安志》：政和二年，湯村沙岸爲潮水所衝，州縣立龍王廟以禱之。六年，奏請增廟祠。《仁和縣志》廟址後陷於海，遂廢。

臣謹案：《夢粱録》：宋時司江濤之神有十廟，曰平濟、曰順濟、曰英顯通應、曰善順、曰昭應、曰孚應、曰廣順、曰惠順、曰順濟龍王、曰湯村龍王，今大半廢陷。邑志所載，止順濟、惠順及順濟龍王、湯村龍王四廟而已。今録之，以待考。

昭濟廟　宋在候潮門外渾水閘西，今無考。《咸淳臨安志》：舊傳爲吴王夫差廟。淳化五年，太守王化基建。乾道三年，周安撫淙修。慶元六年，賜廟額，累封爲善應安濟孚佑顯衛侯。淳佑九年，安撫趙與𥲅重建。

靈休廟　宋在城南鑲界江岸，名七郎堂。《咸淳臨安志》：神係嚴州分水縣弓兵，因方寇擾攘，陰衛有功，州縣保請於朝，立廟。紹興戊午，江潮大作，府城醫士葉永年捨屋建祠。雨暘，禱輒應。咸淳初，賜額。

會靈護國祠　宋在艮山門外端平橋東土塘。《咸淳臨安志》：其祠高僧秀真也。秀真，華亭人，號無隐。

靈順廟　在錢塘縣徐村石塘。《咸淳臨安志》：即婺源五顯神，祠於近郊者凡七，徐村舊有小祠。淳佑九年，江潮衝激，里人乞靈其下，遂相與治新之。

臣謹案：自昭濟廟以下，近時郡縣志不載，今已無考。

昭烈王祠　《海寧縣志》：神以捍海封。宋慶元三年，主簿趙希楢建，附葆真庵後，在縣東二百五十步。嘉定元年，宜興丞趙彦摺又立祠於安國寺東，見《圖經》。後祠廢，列其像於雙仁祠。明嘉靖二十八年，縣令高尚志移祀鎮海門外。今廢。

校勘記

[二]《敕修兩浙海塘通志》「觸」作「衝」。

[三]《敕修兩浙海塘通志》「顯德忠惠王」作「忠惠顯德王」。

［三］《敕修兩浙海塘通志》無「後爲崇果寺伽藍。元末，兵毁。」十一字。

［四］《敕修兩浙海塘通志》無「明」字。

［五］《敕修兩浙海塘通志》「海神」作「海潮神」。

［六］《敕修兩浙海塘通志》「始告成」作「始得告成」。

［七］《敕修兩浙海塘通志》「崇楨」作「崇禎」。

［八］《敕修兩浙海塘通志》「土神」作「土俗」。

［九］《敕修兩浙海塘通志》「申」作「昇」。

［一〇］《敕修兩浙海塘通志》「翊」作「翼」。

［一一］《敕修兩浙海塘通志》「翊」作「翼」。

［一二］《敕修兩浙海塘通志》「翊」作「翌」。

［一三］《敕修兩浙海塘通志》「稱」作「在」。

撫臣朱軾請修海寧石塘開濬備塘河疏康熙五十七年

寧邑海塘，自康熙五十四年前撫臣徐元夢題請修築，委鹽驛道裴徑度督修。該道於五十六年正月内赴工，至六月間，連日風潮洶涌，新工未竣，舊工復坍。經臣咨明工部，督率搶修，迄今未完工程二百餘丈，現在上緊催修，剋期報竣。查沿塘俱屬浮沙，潮水往來盪激[三]，日侵月削，塘脚空虚，雖有長樁、巨石，終難一勞永逸。歷考誌乘，自元明以來，屢經修築，或一二年，或五六年，以至十餘年，俱係隨坍隨築，直待塘外沙漲，然後停工。臣屢至工所相度情形，博採輿論，再四商確，惟有用前人木櫃之法，以松杉宜水之木爲櫃，長丈餘，高寬四尺，横貼塘底，實以碎石，以固塘根。乃用大石高築塘身，附塘另築坦水，高及塘身之半，斜豎四丈，亦用木櫃藏碎石爲幹，外砌巨石二三層，縱横合縫，以護塘脚。如此，雖不能永遠保固，亦不遽至坍塌。再查塘内向有河道名備塘河，潮汐往來，稍稍漫過塘面，猶恃河可稍容，不致驟溢。自明季，居民貪利，節節築壩，遂淤爲陸。今河形尚存，應去壩疏河，即以挑河之土培岸，則濬河以備塘，培岸以防河，是亦有備無患之一法也。日前已成之工，無容改築，但添修坦水以護塘根，未完之工，應如法修築，嗣後隨坍隨修，直至沙漲乃已。但查原題鹽驛道裴徑度承修塘工止二千餘丈，今石塘三十餘里均須防守，不時修築。又有東西土塘現在坍塌，更宜及時堵禦，工程浩大，非可計日告竣。裴𠍑度一人實難料理，應令布政司叚志熙督率杭州府知府張爲政等協同修築，互相查察。其採買木石、交發錢糧，令糧儲道劉廷琛承辦。

工部覆督臣覺羅滿保、撫臣朱軾題請建築海寧石塘開濬中小亹淤沙議康熙五十九年

浙江海塘，先經福浙總督覺羅滿保、巡撫朱軾以海寧、上虞二縣修築工程上請，行令勘議確估。今稱會勘得上虞縣夏蓋山起，西至雀子村止，一帶沿海土塘，多被海潮冲坍無存，地與海平，且冲開缺口數處。其南大亹，久已淤成平陸，江海不循故道，直冲北大亹而東，并海寧之老鹽倉亦皆坍没入海。所有海寧、上虞二縣建築、開濬需用錢糧數目，調委鹽工、修築官員各事宜，臚列備陳。一議築海寧縣老鹽倉北岸石塘，以防海水内灌。查老鹽倉一帶，正當江海交會[三]，今土塘隨浪坍頽，現在冲開徐家壩一口，與内河支港相通，已築石壩堵塞。且老鹽倉北岸，皆係民田、廬舍，支河汊港甚多，俱與上河通聯，東即長安鎮，與下河官塘僅隔一壩。若不於此急築石塘堵禦，萬一土岸坍盡，决入上下運河，則鹽潮直注嘉、湖、蘇、松列郡，關係甚鉅。今擬於老鹽倉北岸，東自浦兒兜起，西至姚家堰止，共一千三百四十丈，砌築石塘，方可保護杭、嘉、湖三府民田水利。除現在採買蘆葦、乾柯等料，于患口先築草壩，又就近開採武康縣大石，購買巨木，乘此春夏，運至工所，急築石塘，以防潮水泛溢。查該督撫既經勘明，關係甚鉅，應如所題購買木石，乘時建築，務期堅固。一議築石塘之式，以防潮水連根搜刷。查海寧沿海地方，俱係沙土，且潮汐往來，變遷無定，今沿海一帶漲有微沙，乘此新漲時急將石塘砌

築，將來沙能漸聚，便可擁護塘根。臣與撫臣再四相度商確，因地制宜，就於塘岸用長五尺、濶二尺、厚一尺之大石，每塘一丈，砌作二十層，共高二十尺，于石之縱鋪側立、兩相交接處，上下鑿成槽筍，嵌合聯貫，使其互相牽制，難於動揺。又于每石合縫處，用油灰抿灌，鐵鐷嵌口，以免滲漏散裂。塘身之内，培築土塘，計高一丈、寛二丈，使潮汐大時不致泛溢。塘基根脚，密排梅花樁三路，用三和土堅築，使之穩固。總期一木一石皆得實用，不敢浮費錢糧，亦不敢草率修築，致貽後患。應如所題，如式建砌，以垂永久。一議開中小亹淤沙，以復江海故道。查赭山以北、河莊山以南，乃江海故道。近因淤塞，以致江水海潮盡歸北岸。今雖砌築石塘，然中小亹淤沙不開，則回潮冲刷，一日兩次，土石塘工終難穩固。今多僱民夫，將中小亹一帶淤沙，上緊挑濬，計挑過一千九十丈，大汛時，潮水亦可出入。現在將已挑者開濬深濶，未挑者兼工開浚，使江海盡歸故道，則土塘、石塘可免潮勢北冲之患。查中小亹挑濬既有成效，應行該督撫將已挑者再加深寛，未挑者速行開濬。一議築上虞縣夏蓋山石塘，以防南岸潮患。查上虞縣原有土塘五千四百一十七丈，以障蔽民田。夏蓋山之南，有夏蓋湖，周圍一百五里，蓄水注蔭上虞、餘姚二縣之田，並藉土塘捍禦。近年夏蓋山對海中流，漲有圓沙數十里，潮逼南岸。今先將患口填塞，其潮水稍緩之處，上虞之民願捐助築土塘。惟夏蓋山西邊，實爲最險要衝，非建石塘，斷難遮護。隨親勘丈量，共長一千七百九十丈。今用長五尺、寛二尺、厚一尺大石，於羊山及夏蓋山開採運用，隨地勢高下，每丈十三層以至三十四層不等，縱横疊砌，庶南岸之潮患可禦。查夏蓋山潮勢稍緩之處，土民既願捐築土塘，應令其速行建築。其西邊最險之處，既經勘明應建石塘，應如所題如式建砌。一議實需銀數，以濟巨工。查沿海塘堤，實爲各郡保障。若不及時修築，貽患無窮，即或苟簡因循，亦恐隨成隨毁。今海寧縣老鹽倉北岸新築石塘一千三百四十丈，所需工料等項約共銀九萬二千兩，可以預爲估計。惟樁木、人工難以預定，應俟工完之日，查驗另銷。上虞縣夏蓋山新築石塘一千七百九十丈，共估需用銀五萬八百兩。兩處石塘工料，共估銀一十四萬二千八百兩，除將五十七年海塘捐納案内餘剩銀六萬三千二百九十九兩現在撥用外，其不敷銀兩，一時難於措處，請將浙省各府屬現行常平倉捐監之例暫停，統於海塘案内收捐補用，俟工竣足額，即行停止，仍歸常平倉收捐。其現在不敷工料銀兩，請於藩庫先行動支，俟收捐補項可也。一議調委經理各官，以專責成。查藩司爲錢糧總匯，兩處塘工凡收藏銀兩支領出入之數，俱令布政司傅澤淵總理稽核。其海寧縣老鹽倉北岸石塘，遴委温處道蔣敷錫親身督修，統司稽察。再委處州府知府蘇稷督修沿塘草壩。其上虞縣夏蓋山石塘，專委紹興府同知閻紹船政同知陳良策、紹協都司孟飛熊等挑濬中小亹淤沙。其上虞縣夏蓋山石塘，專委紹興府同知閻紹等各員分任督修。其雇募夫匠、儹運石料等項，仍令海寧、上虞二縣知縣專管策應。查調委官員，應如所題，怠玩侵冒，自行嚴參。至修築工程，係地方官專責，無容議叙。一議專員歲修，以保永固。查沿海潮汐，惟浙江爲最。非有專員經管，未見實效。請將南岸紹興府之上、餘、山、會、蕭五縣石塘、土塘，專交紹興府同知閻紹管理。北岸杭州府之海寧、仁和、錢塘三縣之石、土塘，專交原任金華府同知劉汝梅管理。嘉興府之海鹽、平湖二縣石、土塘，專交嘉興府同知王沛聞管理。各員銜内添入『海防』字樣，專任責成，小有損壞，即時修砌。其屬轄之巡檢場員，聽其調委分任，惟杭郡别無閑員可以經理塘務。查金華原非劇郡，向設同知一缺，請裁去，添設杭州府海防同知一員，專司其事，即將開復候補同知劉汝梅補授，任滿之後，此三缺即於通省同知、通判、知縣揀選調補，庶人地相宜，於塘工有益。至歲修錢糧，現在無項可動。查寧邑海塘捐監餘剩銀兩，原留藩庫爲歲修之用，今動支修築石塘，應仍於新工案内，照從前餘剩之數捐足還項，留藏藩庫，爲逐年歲修之用，亦如所題可也。

工部覆督臣滿保、撫臣朱軾築草塘議

浙江海塘，先經督臣滿保與前撫臣朱軾題稱，東自浦兒兜起，西至姚家堰止，建築石塘。今據該撫以海潮遷徙無定，修築堤岸，必須隨時制宜，題請於土浮不能釘樁砌石之處，趕築草塘。臣部恐草塘不能永久，仍令砌築石塘。今該撫疏稱海寧縣海塘因潮頭冲激[三]，將上年勘定實土處所，縱横實砌石塘，其土鬆之處樁石難施者，趕築草塘五百四十丈。今春，因潮勢洶涌，急宜搶築，隨即築草塘三百丈，仍於實土處，又築石塘，連前共五百丈。并將姚家堰西續坍處所，亦築草塘二百一十五丈，次第完工。查老鹽倉等處修築草塘，原議石工，今於寔土處所砌石塘，其土浮樁木難施之處改築草塘，工程雖經報竣，但草塘究非石塘可比，其中恐係督率、承修各官希圖草率完結，亦未可定，應令督修各官保固三年，限内如有冲塌，責令賠修。

吏部尚書朱軾請修杭嘉紹等府塘工疏雍正三年

臣馳驛至浙，會同巡撫法海、布政使佟吉圖至餘姚，東自滸山鎮，西至臨山衛，六十里舊等土塘三道[四]，最内一道爲老塘，即昔年海岸也，今離海三四十里、或十餘里不等。緣歷年沙塗淤漲，百姓陸續開墾報陞，自築土塘二道，是爲外塘。詢據土人，俱云潮水從不到塘，若加高三四尺，加厚五六尺，即遇風潮亦不致衝決漫溢。查歷年内塘係民户修築，外塘係竈户修築。今被灾之後，民竈無力，應令地方官動用公費興修。又自臨山衛起，至上虞縣交界烏盆村十五里，自烏盆村至會稽瀝海所四十五里，内石塘二千二百餘丈，係康熙五十八年題建，至今穩固。其石塘東西兩頭，共土塘七千丈，坍塌甚多，沿塘雖有沙塗數里，但海潮往來無定，不得不預爲防護。擬於塘底開深二尺，填築亂石，上鋪大石，寬六尺，高六尺，以固塘基，貼石築土，寬二丈，高一丈三四尺。塘内令居民栽種榆柳，近塘窪下坑陷，一概築平，庶可永固。又歷勘杭嘉二府，西自仁和縣翁家埠起，東至海寧縣城東陳文港七十餘里，歷年洪濤衝陷，屢經修建石塘，題報在案，今賴聖主洪福，塘外淤沙三、四十里不等，高處平塘，低處露出塘身三、四尺不等，毋容議修。自陳文港起，至尖山二十餘里，草塘七十四丈，亂石砌邊土塘三千七百二十六丈，塘外淤積沙塗尚薄，潮水猶注塘下，應將土塘加寬一丈五尺，高三尺，頂鋪條石厚一尺，以防泛溢。其草塘七十四丈，並照式改修。再塘外原有亂石子塘，寬三四尺不等，外加排樁，因年久欹斜，子塘大半零落，應修砌完固。堤前原無子塘之處，亦照式興修。如此，則海寧塘工可無衝决之患矣。又海鹽縣東自秦駐山三澗寨起，西至演武場止，石塘二千八百丈，係明時修建，塘身高闊，琢石見方，縱横合縫，通塘合爲一魄，最爲堅固，因年久水氹塘根，樁本朽壞，南頭陸續坍塌八十餘丈，今應移就寔地修築[五]。又去秋風潮，衝潰八處共七十丈，其附石土塘通身洗刷成坑，應照式重修補築。自演武場至平湖縣雅山炮臺一帶土塘，現在地方官加修，月内可以完工。以上杭、嘉、紹等府海塘，臣等逐一勘議查估。餘姚、上虞、會稽三縣應修塘工，共七千丈，每丈用長六尺、寬二尺、厚一尺五寸條石二十四魄，并亂石、價銀、夫匠、土方、雜費，共用銀十四兩，通塘共用銀九萬八千兩。海寧加修亂石塘，每丈蓋頂小條石，連價用銀一兩，共用銀三千七百二十六兩，加寬、加高土方并補修子塘約用銀四千兩，共用銀七千七百二十六兩[六]。再海鹽縣坍塘，據地方官估計，用銀七千六百餘兩，但應否增添石料，難於懸度，將來或可節省，亦未可定。統俟工完，核實造册題銷。

撫臣李衛兩浙海塘緣由疏雍正四年

臣查勘現在興工之塘堤，酌量修理紹興府屬之會稽、餘姚、上虞等縣一路塘工。從前陞任吏部尚書朱軾會同前撫臣法海勘議題明修築石塘共七十丈[七]，原議塘底開深二尺，填築亂石，每丈上鋪條石高六尺、寬六尺，貼石築土，寬二丈、高一丈三四尺，庶可永固。部覆允准。後經紹興府知府特晋德因會稽縣瀝海所西滙嘴應筑塘二千七百丈，地勢卑下，恐亂石起底，難以抵禦，請改用條石起底，將原議之墊底亂石填肚，方能堅固。當經布政使佟吉圖轉詳，前撫法海批准，于署撫臣傅敏未到任之先，已築完工石塘一百五十二丈九尺。又起底并鋪砌層數不等，共一千五百七十七丈八尺，雖係變通，似屬有理，然未經題咨，而管工各官因購取條石路遠難運且並無一尺五寸厚者，又兼原估錢糧稍有未敷，定限過急，即於就近之臨山衛、夏蓋湖等處本地所産亂石採買、搭砌，其工已完五六分，頗屬草率，後經署撫傅敏親往查勘，恐不堅固，是以一面具奏，一面勒令拆毁，仍令遵照原題改正，用亂石填底二尺，上面俱用條石到頂，催促完工。及臣到時，復又改做過半，其餘尚有已完未拆，并未曾修齊者，然比從前草率完工，果屬整齊不同。但思江海工程，皆當以根脚堅固爲主，歷來多用木樁釘底[八]，可保永遠。若止圖上面整齊，恐遇風大潮急，根脚不穩。臣細加查勘，幸此處一帶工程，底下俱係生成鐵板沙，土性堅固，毫無軟硬不同之處，即亂石在下，不用木樁，亦屬穩固，况塘外漲出沙灘離海邊二、三十里，以至十餘里不等。若非秋汛大潮，海水不致到塘，即從前土功，尚能抵當，今用石包砌在外，自必更堅。臣愚昧之見，將署撫傅敏已拆改正之工，並前撫法海任内報完石塘，擇其堅固者，似毋庸再動[九]，其已估未修，並攙搭搭亂石已修未拆之工，揭去浮面蓋板，將碎小爛石檢出，下存墊底石板，每層用大條石釘鈐，以原議墊底亂石檢有稜角成磈者，牽配搭搭砌，隔一層再用整條石鈐制，務須横豎勾搭，壓縫連成一片，可保永久。其檢出之碎石，雖微，然棄之可惜，應令特晋德等賠修未估在内工程，倘不洗心改正，修成一勞永逸，即據實題參治罪，但限期不便過急，務令於秋汛之前趕築告竣。此紹興府屬會稽、餘姚、上虞三縣浙東海塘之情形也。臣又隨往杭、嘉二府屬之海鹽等縣海塘查勘，原題現在修築塘工，其水勢與東路迥異，而海寧、海鹽兩縣城郭，皆逼海邊，塘下亦無漲沙爲之遮護，緣數十年來，海潮不由中小亹涌入，但從北大亹往來，故此兩縣最稱潮大工險。其縣治之外，離數里許，皆有漲沙不等。查舊日所修石塘，久經告成，雖石磈碎雜，根脚俱有木樁，尚屬堅固，獨縣西有老鹽倉一處塘工五百丈，石大而堅，可保永久，緣原修價值比各工不同之故。其近今題明加幫陳文港至尖山一帶土塘，并補修子塘，俱經築完，而海鹽之秦駐山至演武場石工，亦已告竣，下用木樁釘底，石磈亦屬整大，臣查驗似可無虞。惟近城有老工三四段，各長十餘丈不等，目今稍覺歪斜，因年久根底樁木朽爛，現令拆换修整，餘工無恙。此浙西海塘一路之情形也。總之，每年秋汛甚大，必須時加防範，年年歲修，自然無害。若將石土各工，再加築高，更爲有益，但錢糧過多，無項可支。容臣續加調劑，因時奏請，不敢稍懈，以祈仰副皇上軫念海塘、有關民生至意。

撫臣李衛請築浦兒兜草壩老鹽倉草塘疏雍正五年

海寧縣海塘上年自夏及秋，雨水過多，有康熙五十九年所建之浦兒兜草壩一座，老鹽倉、姚家堰草塘一千五十五丈，年久草爛塘矬，亟宜加鑲填補，以禦春潮。又姚家堰西至草庵止，計長七里，從前原係土塘，近緣沙洗日削，僅存土埂一條，必須一律改築草塘，方資捍禦。浦兒兜草壩四十丈及老鹽倉草塘一千五十五丈，需費銀六千五百八十三兩三錢。又姚家堰至草庵一帶，改建草塘八百二十六丈四尺，需費銀九千三百五兩三錢六分四釐，通共銀一萬五千八百八十七兩六錢六分零。查海寧歲修塘工，例應捐監項下動支，但此番工程需費既繁，且土堤改築草塘，事同創建，應先題明。又海鹽縣閏字號石塘一十三丈，計一十六層，底石欹仄，拆底全修，現先給銀三百兩辦料興修。臣查海塘捐監項下，自康熙五十八、九等年大工告竣，經前陞任撫臣朱軾等會題，請將餘剩銀兩，隨捐隨修，但浙省各縣襟江瀕海，自北而南則有平湖、海鹽、海寧、會稽、上虞、餘姚等縣沿海一帶塘堤，又海潮由尖山入江，自東迤西則有仁和、錢塘并紹屬之蕭山、山陰等縣沿江、近海一帶塘堤，其間潮汐冲徙不常，若每年隨坍隨補，則用費少而保固可久。倘因循不修，則圮壞漸多，工費即鉅。臣上年到任後，屢次親往各塘查勘，如海鹽縣拆築收、冬、藏、餘、歲五字號石塘共二十八丈五尺，需用工費銀七百兩，又木字號石塘以南，除先經接築一百丈外，今又接築矮塘一百八十丈，俱用石砌築，方正大石結面，估工費銀二千五百六十餘兩。又蕭山縣西江塘内堰陡孫槐樹下安乂塘[一〇]、孔家埠、談家浦等處土塘，加椿加土，增高添濶，並鎮潮庵、王家池、聞家堰一帶石塘，應拆造添築數處，共估工費銀一千五百二十四兩零。又錢塘縣午山一帶葛家墳、六和塔等處坍塘二十五丈四尺，估工費銀一百一十九兩零。善利院左側三郎廟老塘冲坍五丈，估工費銀八十九兩零。轉塘上首汪家池等處坍塘一十四丈，栅外二圖小橋地方坍塘六丈，估工費銀一百二兩零。又仁和縣總管廟前矬坍江塘七丈，又應拆卸補築四丈，估工費銀六十五兩零。以上海鹽等各縣塘工，拆卸補等[一一]，共應需銀五千一百餘兩，皆係緊要工程，必須及時搶修。又錢塘縣轉至橫江埠，應築坍塘三百三十三丈零，橫江埠至曹家埠等處，應築坍塘七十五丈。以上共估銀六千三百餘兩。自康熙五十七年，即據地方勘詳請築，因各處塘工浩繁，此地秋汛已過，尚可緩圖，是以尚未修築。然貼近省城，民田、廬舍所關，將來亦不能再緩。似此江海各塘，延衺千有餘里，此修彼圮，歷年皆有接續之工。查捐監銀兩，從前諸臣因係海寧築塘所餘，故止題爲寧邑歲修之用，未將通省塘工聲説在内。此外，各縣之塘每年若有坍損，又另於俸工公項等内動支，遇有缺乏，即多因循苟且之弊，今俸工已經停捐，公項亦俱歸出，而江海各塘俱關緊要，且海鹽石塘更係對面頂衝，尤屬危險，此時若不陳明，將來各縣之塘，無項歲修必致日漸圮損，釀成鉅工。請嗣後凡有江海塘工應行歲修者，照例一體於此項内動給。

撫臣李衛請修錢家坂塘工疏雍正五年

海寧縣沿海塘堤，東西綿長，潮汐晝夜侵嚙。前因浦兒兜、姚家堰、老鹽倉等處塘工歲修告竣之時，臣親往勘驗，查有東塘之錢家坂迤西一帶樁板，老塘護沙洗去，直射塘脚，板片年久朽爛攲斜，亂石冲卸頹廢，應行改砌加築。及西塘之馬牧港亂石土塘直至大石塘一帶，外沙漸高於塘身，大汛漫溢過塘，泥土矬陷，應加土石培築，庶免泛溢之虞。今勘得錢家坂最險工二十四丈，又亂石塘内亦有險工六丈，應改築堅厚。又錢家坂東西各段，共樁板塘身一千六十五丈，亦應改築亂石塘，以固根底。又亂石塘西七十五丈，應面加條石一層，共計應行改築東塘一千一百七十丈，再於堤身之下外加坦水一層，其西首大石塘五百丈，應加培築。馬牧港地方有五百丈，應上加條石一層，并增添亂石培土，高濶有五百丈，應止加條石培土闊厚，其餘四百八十八丈止須加土，足可捍禦。共計應修西塘一千九百八十八丈，通計東西二塘應築應修塘身三千一百五十八丈，共需工料銀二萬九千九百五十五兩九錢三分，現在行司將應修各塘動項辦料督工，趁此冬季水小潮落之際，催攢修築完工。再海塘歲修，每年於歲終報部察核，此番改築工程，非尋常歲修整補可比，理合題明。

督臣李衛請修海寧老鹽倉海塘疏雍正六年

浙省江海塘堤，歴來北岸俱極險要，惟海寧縣東西各塘爲尤甚。今年正月間，春汛潮勢甚猛，將老鹽倉迤西三官堂地方草塘沖坍五丈，裂縫二三十丈。臣隨飭各員晝夜搶修堵禦，已將坍者培築加高，裂縫者鑲釘牢固，彼時塘外護沙尚有留至二三丈及十餘丈者，塘身猶可藉以捍蔽。不意二月十四日至二十二日，連朝大汛，又兼東南巨颶震撼蕩刷，護沙卸陷无存，塘身根脚搜空不能存站，先後坍裂歪斜，共計六百六十餘丈。臣以塘工關係重大，再三籌畫，擬先築迎水壩以分潮勢，或於貼塘加築石工，爲一勞永逸之計。隨於三月初四日，往海寧地方履勘，見該縣塘工從前惟南門外最爲險要，自築亂石大塘之後，俱有護沙包裏，雖不甚老，而漸次堅寔，可以捍禦潮汐。惟老鹽倉西首一帶塘外沙脚刷盡，潮頭之來，直射堤身，隨後即有軟浪蕩滌，及退潮時，又因回溜將底沙嚙洗，一日之間，早晚兩次，非如黄河水性，徑直可以建壩分勢。又此地數里俱係活土浮沙，若承載鉅石，即致底陷，雖用木樁加釘，而俄頃之間，仍復抛起，不能施工，從前督撫諸臣幾經籌酌，不得不於緊要患口築草壩、草塘以爲堵禦之計。今臣相度形勢，猶幸裏塘民田地土，尚屬高阜，不致即有内灌之虞。現在動支海塘歲修銀八千兩，委員將現坍之六百六十餘丈搶築，塘身上下鋪砌堅實，以保坍陷；一面多備物料，以預防梅雨、伏秋二汛，搶修工程之用。惟是沿塘數里，沙脚日見衝洗，此外再有坍裂，難以預定，止有上緊保護，隨坍隨修。或於塘内再築一層，以固民田，或於小汛時，將裏塘挖深數尺。幫砌護塘之處，容臣因其地勢、潮汛情形，悉心籌畫，另行具題。

督臣李衛請修海寧海塘及錢塘等縣江塘疏 雍正六年

海寧縣海塘，緣歷年潮汐冲決，護沙坍徙靡常，必須每歲續漸補修，方能保護。臣屢經履勘，見南門一帶向有漲沙，盡行坍卸，潮水照舊直逼塘脚。民字、阜字二號石塘，根脚年久，外樁、坦水冲洗歪斜，塘身傾矬，并有倒卸之處。又華岳廟前及平橋西小石塘，亦有塘身矬陷，坦水外卸，已飭員搶修。此段工程，除現修外，若冬月護沙不能復漲，則來歲俱成險工，應即隨坍隨修，俟秋汛過後，潮落之時，再看有無沙起，另行酌議。又楊家莊一帶亂石塘，前經議令加土培闊，但塘身原屬低窪，本年雖則保固無恙，將來再遇夏秋大汛，必致漫溢，關係非輕，應加築高。更有馬牧港一帶樁板亂石土塘一千丈，前止加條石一層，今潮水平塘，大汛皆有漫過之處，幸而搶救，未滋大害，亦應酌量再加築高。又翁家埠一帶原無官塘，其臨海月牙灣不能保固，亦應酌量地勢，接建草塘，與舊有之草塘相續。當即行司確估，去後，據布政司高斌詳稱寧邑南門外河、安、民、阜等字號及華岳廟平橋西楊家莊、馬牧港等處各段工程，計勘應修築塘共四百五十三丈，坦水四千四百六十四丈三尺，估需銀二萬三千一百三十八兩。此外又有搶修海寧平橋西等處坍壞、殘缺塘身一百二十三丈，坦水一百六十三丈，用銀八十六兩七錢七分五釐零。又海鹽縣請修白馬廟等處加高土塘一千七百三十餘丈，估需銀四百九兩九錢零。又南岸會稽縣請修十三都一、四兩圖矬坍石塘四十八丈六尺，又拆修三十八丈，估需銀二百七十六兩二錢五分零。又接築錢塘縣斷塘尾江塘一百六十五丈，估需銀三千六百五兩五錢零。又諸橋一帶江塘，加築塘石一層，計長四百一丈，拆砌江塘一百六十九丈，估需銀一千一百八十三兩一錢二分零。查江海塘工，原以保護民生，而潮汐冲決[三]，月異歲遷，若不逐年預爲搶修培築，瞬息即成大險之工，費多勞倍。臣以有關緊要，隨於捐修海塘銀内動支八十兩給發辦料[一三]，乘此冬令潮小之候，興工儹築，委杭嘉湖道王溯維稽察錢糧、工料，總理其事。臣與布政使高斌不時親督稽察，務期堅固，以保安瀾。所有工料銀兩，完竣之日確查報銷。

督臣李衛請另築石塘并築盤頭草壩疏 雍正七年

本年九月，臣由嘉興府前往海寧查勘海塘情形。緣今歲潮汐夏秋之間，較往年更大，故先於閏七月初旬，預發銀一萬兩，着杭嘉湖道等加意搶修，設法堵禦。臣回籍之後，復經性桂、蔡仙舢親往查勘，又續發銀三萬兩趕辦物料備築。凡有冲缺、矬裂之處，多用柴草樁木，隨時搶護，晝夜堤防。其潮溜頂冲地面，竭力購備土石，幫闊培高，以禦漫溢。自閏七月以及八月，猶可支持，惟九月初二日，潮勢更大，幾至過塘，甚屬危險，幸遵聖訓先事預防。舊塘土石雖大半冲削，而新經幫培之所，猶能抵禦狂瀾，不致潰決。今各處工程，有已經題報搶修甫完而續被冲卸者，有原估應須拆砌而題後即值秋潮洶涌，不敢開底砌築，暫用柴草搶堵者，有於秋汛續坍未經題報而現已修竣者，逐段間雜，參錯不齊。臣隨與性桂、蔡仙舢等傳集工員，公同確議。寧邑沿塘，東自尖山，西至翁家埠，綿亘百里，皆臨大海，非同從前工段僅止數百餘丈險塘可比[一四]。若欲盡建鉅石大塘，爲費實屬不貲，是以向來督撫諸臣俱於不用石工之次險處所，議築草塘抵禦。彼時塘外尚有護沙攔擋，潮水略有到岸，不致侵嚙根底，每年歲修加鑲，猶可恃以保護。今則南岸中間突有漲沙，阻阨潮頭直射，北岸護沙無存，岸邊深至二三十丈不等，朝冲暮擊，一線草塘，豈能捍禦全海潮勢？若非裏面添砌石工，難以保固，惟是合式鉅石採辦需時，且現在於江塘料半向浙山開採[一五]，出産一時不敷，又兼海河閘壩轉運艱難，勢必曠日持久，豈有聽其冲卸，坐待辦料齊全而后動工之理？况此時正當冬汛，若不急於設法整備，轉瞬春潮，坍卸堪虞。臣等再四籌畫，西塘除老鹽倉東原有大石塘五百丈外，自此至翁家埠一帶，俱係險工。内荆煦廟起至草庵止，向有先後修築草塘一千九百餘丈，此時俱係土塘。今就草塘之内收進二三丈，開深根脚，用大樁排釘深入沙底，儹辦巨料，砌築石工。一面多備柴草樁木，將舊日草塘根脚虚浮加樁簽釘，鑲砌高厚，其原無草塘者，酌量增添，仗此舊有草塘以護其外，使内之石工、人力可施保至三年之期，即草塘或有損壞，而石工亦已告成，沿海民生永保安瀾之慶矣！至東塘，潮頭自尖山直趨而來，勢猛溜急，在在危險。今於陳文港、小墳前、薛家壩及念里亭等處，分築挑水盤頭大草壩五座，周圍簽釘排樁，中填魂石，竹簍深入軟泥之下作爲底脚，上加埽料壓蓋，堵禦頂衝，使水勢稍緩，可引漲沙漸聚，一面將東西兩塘夏秋坍損等處竭力修補。其遠年魂石各塘有不能抵禦者，酌量改砌加高培厚。其一切號段工程，現在勘估確寔，造册另報。

督臣李衛請添築盤頭大壩增設兵弁疏 雍正八年

臣於雍正六年，查勘海寧城外東西一帶，漲沙盡卸，潮汐改流，誠恐次年更加危險，隨將應修石土谷塘[一六]，共估銀二萬三千餘兩題請修築。彼時不過先事預防，豈意果於七年春間，南首海中漸亘巨沙，潮逼北岸，夏月冲擊更甚，坦水坍卸，塘身震撼，日有矬陷。及臣聞訃丁憂，在浙候旨之時，正值秋潮更大，塘工危於呼吸。署撫臣蔡仙舳雖經發銀備料搶修，而東西兩塘，道里遼闊，實有不敷。臣尚在地方，何敢坐視，將鹽務公項銀一萬兩發藏縣庫，交杭嘉湖道王斂福等支領辦料，先將各處塘身積土加培高厚，暫禦漫溢，一面施工，隨時搶修，以爲急則治標之計。迨臣回任，先經順途親往查勘於九月初旬，潮勢猛急，前題之外，又多續坍，當飭各工員隨坍隨築，上緊搶修，會同司道商酌，先將草塘加厚增築，以護其外，再於草塘之内砌築石工，以備後患。又相形勢潮流湍急，於近塘往來汕刷，潮退露出低窪之處，儼若河形，非築排水大草壩以分其勢，則晝夜搜根，塘脚空虚，難以存立，不敢膠執前見，因於陳文港等處議建草盤頭五座，堵禦頂衝，一面將磈石各塘，酌量改砌條石塘坦，以期堅固。亦於十一月十五日，彙疏具題。本年四月初一等日，臣親往寧邑沿塘履勘，查東塘盤頭五座，内除白墻門、念里亭已先建大者二座，并钱家坂添一小座外，其餘三座今春築完，并於小墳前之頂大一座盤頭兩旁增築雁翅，使潮水得以兩面順勢掃出，不致壅遏冲激。前之近塘低窪河形亦得漸平，現在頗見成效。而西塘一帶塘身太直，以致溜水往來搜刷如故，春汛又多坍損，亦應照東塘之例，於老於鹽倉、戴家石橋、楊家莊三處，添築草盤頭大壩三座，抵禦霉夏秋汛。所有前題草塘内請建大工石塘之處，目今貼岸雖有漸漲微沙，聚散無定，皆係必不可已之工，但一時難以並興，不得不暫爲寬期，陸續帶辦。其東塘自普濟庵至尖山，塘身共二千二百餘丈，原係遠年碎石疊砌，塘外坦水僅止一層，從前尚有漲沙擁護得以無恙，今歲春初潮汛所至，直掃塘身，報坍數段。目今東南二處會合，倒捲潮頭雖息，中沙漸徙，惟有東潮往來，誠恐將來伏秋大汛又有衝激，頓成險工，通塘逼近海邊，一時難以搶救。現在裏塘酌量簽釘樁木，幫闊塘面五六尺，窄處幫闊一丈，塘外坦水逐段修砌完備，其塘身石磈有鬆浮、殘缺并現在坍卸者，亦加拆築堅固，以防秋汛。此外有本年春汛東西兩塘陸續坍卸、矬裂各塘身及潑動坦水、樁石，刻不容緩，現在一面飭修，一面催造估册，及西塘添築盤頭大草壩，普濟庵以東修築塘身，西新倉加築土堤、草壩，并上年秋汛續坍、議改條石塘坦。又前題草塘内石工各項，工程確切估册，另咨送部。其去歲秋汛搶修，并東塘先後建築大盤頭草壩，又上年秋汛、本年春汛兩次趕築續坍無脚草塘，及西草塘等工，俱已完竣，當同本年正月内咨送原估、續估以及秋汛增添各工料，另於題修、歲修、搶護各案内，分别報銷。又海塘所設專官，止海防同知一員，即使往來奔走，而百里之遥，東坍西卸，晝夜靡寧，難以兼顧。且做工之際，人夫俱從鄉民僱覓，來則一時烏合，去則四散歸農，或值民間蠶農兩忙，或值昏暮風潮猝至，僱募不前，耽延時日，均足貽誤緊工。若多設别員，勢必另籌經費，即外屬遥制，亦恐呼應不靈。請將杭州捕盗同知、管糧通判二員派令分管東西兩塘，平時輪流赴工稽查，夏秋之時，親駐工所督率，仍帶辦本等事務。再設千把總二員，兵二百名，分於東西兩塘常川做工，則寒暑晝夜，可以不致暫離於海塘，寔有裨益，或亦善後之一策也。

督臣李衛續修海寧等四縣塘工疏 雍正九年

浙省濵海各邑，海寧潮水横過，患在搜刷沙土，根脚空虚；海鹽潮來對衝，患在因風助勢，撼擊難禦；所以兩縣塘堤時有東修西塌之虞。而錢塘大江，直接海寧潮頭，阻遏江水，逆回衝突，堤岸亦與别處不同，若非逐年隨時相度，修補保護，稍有因循，即成鉅工。今詳細履勘，見海寧縣鎮海塔前等處塘身低狹，俱應幫闊增高，又念里亭等處潮勢甚猛，往回汕刷，塘脚必须加築坦水以護塘身，又普濟庵等處有應修塘坦，其海鹽縣南首三澗寨一帶爲石塘盡頭，當海中韭黄門，潮汐對衝，最稱險汛。雍正四年，捐築矮石塘一百丈，稍爲抵禦。今大塘脚下沙土，被潮洗刷一空，樁木露出，竟成玲瓏之象，危險異常。惟有仍照原基接建四十丈，方可保此一方民田、廬舍，又捐築之矮石塘及附石土塘[一七]，底而窄狹[一八]，必須因地加闊。其北首天字號塘盡頭處，海潮直逼土塘，每遇東北風高，波浪汹涌，土塘潰決可慮，急應酌量頂次衝險加築石工。此外閏、餘二號夏汛裂縫石塘，并劉王廟起朱公寨止[一九]，及珠、稱等號低狹坍壞土塘，俱應搶修培護。又平湖縣獨山東西石土各塘，上年毛竹寨等處，已經衝坍三百五千餘丈[二〇]，隨飭搶修，幸不蔓延，今各塘低陷窄狹之處，若不早爲培修，必致又費大工。勘明情形，不敢因循貽誤，隨查寧邑海塘、寧西草塘盤頭，矬坍塘身一千三十一丈八尺備料儹修外，其餘鎮海塔前等處，幫闊培高塘身共一千四十三丈。又念里亭、草盤頭等處一百五十五丈，應加築大條石坦水一層，并舊䃁石坦水三十五丈，應築大條石坦水二層。東塘七里廟等處五百餘丈，議將中條石築塘身，大條石築坦水，内有頂險之處，塘身亦用大條石砌築。又普濟庵迤東梁家地等處塘身二百二十餘丈，并西塘唐子千門前五丈，仍用䃁石修築。海鹽縣南首三澗寨改築舊石塘八十丈，矮石塘一百丈，接建新石塘四十丈，北首天字號塘盡頭一帶，建築石塘共一千三百六十五丈，并小陡門一座，搶修閏、餘二號舊石塘一十一丈。又三澗寨塘盡頭，各附石土塘共四百五十丈[二]。搶修珠、稱、珍、李等號附石土塘四百一十八丈，加高幫闊劉王廟等處老塘一千三十丈。平湖縣獨山東西折修石塘九十丈一尺[三]，加高幫闊培厚土塘共一千二百九十一丈八尺，并乍浦、城西、石街等處，加高土塘一千一百四十丈，及錢塘縣徐村、梵村等處，修築坍裂江塘三百五十三丈六尺，均屬勘明確核應修應築工程。除飭取工料細册送部，一面動項給發工員速行辦料，乘此冬令潮小之候，預爲興工儹辦，統於完竣日同上年歲修已完鹽邑之洪、荒等字號報坍附石土塘九百一十五丈、平邑之茅竹寨、黄姑坊冲坍土塘三百五十餘丈等各工，一併分别造册請銷。

校勘記

[一]《敕修兩浙海塘通志》『盪』作『蕩』。

[二]《敕修兩浙海塘通志》『會』作『彙』。

[三]《敕修兩浙海塘通志》『冲』作『衝』。

[四]《敕修兩浙海塘通志》『等』作『築』。

[五]《敕修兩浙海塘通志》「寔」作「實」。

[六]《敕修兩浙海塘通志》下有「二處塘工，通共用銀十萬五千七百二十六兩」十八字。

[七]《敕修兩浙海塘通志》「十」作「千」。

[八]《敕修兩浙海塘通志》「木」作「本」。

[九]《敕修兩浙海塘通志》「母」作「毋」，《海塘録》誤。

[一〇]《敕修兩浙海塘通志》「安乂」作「丫叉」。

[一一]《敕修兩浙海塘通志》「等」作「築」。

[一二]《敕修兩浙海塘通志》「决」作「擊」。

[一三]《敕修兩浙海塘通志》「十」作「千」，疑《海塘録》誤。

[一四]《敕修兩浙海塘通志》「僅」作「廑」。

[一五]《敕修兩浙海塘通志》「於」作「松」。

[一六]《敕修兩浙海塘通志》「谷」作「各」，疑《海塘録》误。

[一七]《敕修兩浙海塘通志》「矯」作「矮」，疑《海塘録》誤。

[一八]《敕修兩浙海塘通志》「而」作「面」。

[一九]《敕修兩浙海塘通志》「井」作「并」，《海塘録》誤。

[二〇]《敕修兩浙海塘通志》「千」作「十」，《海塘録》誤。

[二一]《敕修兩浙海塘通志》「五十」作「五」。

[二二]《敕修兩浙海塘通志》「折」作「拆」。

欽定四庫全書海塘録　卷十四　奏議二

撫臣王國棟請增築草塘及報塘工疏 雍正十年

寧邑沿海塘工，外係活土浮沙，本年春夏，霪雨連綿，山水驟發，加之潮勢猛烈，護沙衝卸，以致東西草、石各塘，均多矬損。 經臣嚴飭工員上緊搶築堵禦，惟華家衖以西之翁家埠，接連仁邑之沈家埠迤西，至萬家閘一帶地方，歷來原無草、石等塘。 本年閏五月十三、四等日，上游山水驟發，滙注錢江，搏擊頂衝，此段舊沙日被坍進，以致危險異常。 應先將舊土塘加培高闊，并接築草塘防護。 宁邑自華家衖以西，至翁家埠接連仁邑之沈家埠等處，先將舊土塘加培高闊，又於華家衖、西新倉、周家壩、翁家埠等處，酌量外築土堤，圈入以護廬舍，但土堤鬆浮單薄，恐未能抵禦潮汐，且海塘形勢，遷徙靡常，原應隨時相度防護。 今此地歷年因離海尚遠，外有沙地，未足爲虞，不期自今夏水發以後，晝夜衝刷，遂至逼臨内地，若不及早捍衛[二]，關係兩邑生靈匪淺。 應再於華家衖草塘止處，接築柴草塘一帶，至仁邑沈家埠迤西之潮神廟東首止，計長二千二百二十餘丈，相度緩急，陸續開底建築，并建盘頭下埽防護。 再寧邑春夏二汛矬陷草塘七百二十一丈七尺，當飭分別修築。 再無脚草塘二百六十餘丈，亦并開底拆築，并於危險之草庵前一段，建貼心盤頭一座，以迎水勢，及華岳廟、錢家阪、小墳前盤頭、雁翅、浦兒兜盤頭，東西兩角，張爲三門前坍塘一十九丈，西南八圖孫家亭後坍塘二十丈，暫用草柴搶堵。又東塘、沈月明西塘、月明庵等處，坍卸塘身一百九十六丈六尺，請照前督臣李衛題定條石塘坦之式修砌，并築一二三四層條石坦水，已飭先行興工。又陸續坍卸之東塘、新庵西等處舊魄石塘身工叚，共計二百一十七丈七尺，西塘、浦兒兜、盤頭、東塘身六丈，及修補坦水并堵築白墻門、秧田廟盤頭、又霉伏二汛坍矬各叚草塘，共計七百二十六丈五尺，飭員相度修築，務期工有寔效，保護無虞。再平湖縣獨山字號舊石塘一十四丈，現在矬裂，亦應一例拆築。再錢邑江塘定北四圖俞士品地前坍塘四十一丈，被潮冲刷，亟應添椿加層。又自徐、梵二村并諸橋起，至獅子塘頭止，塘身上下間有翻倒蓋石，拔去石魄，將來恐有衝坍，亦應亟加修築。

大學士鄂爾泰看海塘疏雍正十一年

臣等會議，得浙江總督程元章奏，稱『海寧縣東西各塘，近日潮勢危險，寔有倍于往昔[三]。查各處海潮，俱係暗長，獨浙江之海寧縣，因江海相交之處，尖山入口束隘，激起潮頭，江水東來，海潮西去，席卷奔騰，逆流而上，故與他處情形迥異。歷來東西兩塘各處工程，因潮汐遷徙靡常，故修築堵禦不一。今據稱今年夏秋潮勢自東而西，竟侵入仁和縣界二十里。臣等查核檔案，寧邑東塘向有修築石草、條石、魄石各塘，西首現衝之仁和縣界内原係土塘，歷年未有石草各工，此離杭城後身僅二三十里，且與長安壩下河向北一帶低窪之處相去不遠，設有疏虞，建瓴而下，有關杭、嘉、湖、蘇、松、常六郡利害。是今日之險，以西爲急，自應速爲修築，以備春伏大汛。但各處塘工，止有土石之分，獨寧邑又有草工者，蓋緣潮勢沙性，俱與北首之海鹽、平湖，南首之蕭山、會稽、山陰、餘姚等縣不同。其地沙活土浮，根脚既不堅實，潮頭又從根脚之下，横逼深刷，來去蕩摇，晝夜兩次，快水回溜，專搜塘脚，即使大石鋪砌，塘身堅厚，而脚根一鬆，上重下虚，最易傾側。故土性堅實之處，尚可修築石塘，遇沙土浮鬆，只得修築草塘，暫爲堵禦。此三項工程，在石塘則苦於辦石艱難，河海轉運，曠日遲久；土塘又苦於取土之處遠，則工費浩繁，近則塘身單薄，且多民間農桑、廬舍，無曠土可採；草塘則止堪堵禦一時，每年必須加鑲，而潮汐、鹹水、夏秋霉黰，數年之後，易至墊朽。是三者，各有難處，而因時設法，分别緩急，隨地制宜，又皆必不可少之事。應逐一詳加查勘，趁春間潮小之時，將應行補葺修築工段，即於藩庫内酌動正項錢糧，相機儹築，多備物料，以禦潮汐。其通盤相度形勢，籌晝機宜，應作何修築，以垂久遠之處，應俟欽簡大臣前往詳細查勘，再行定議。』又據奏，稱『今歲增修添築塘工，用帑十五六萬，晝夜搶修，始保無虞。庫存捐項用完，動支歷年用存恩賞備公，現在添築草塘及補修各工，動用浩繁，莫如照從前海塘事例仍開捐納，以資經費。』查浙江海塘，從前原有捐納貢監一途，但恐捐納者少，於事無濟，應酌量許浙江、福建二省之人，就近赴捐，並於貢監之外，增添封典、加級紀録，及雜職吏員，即用等項。令該督酌定條款具題，到日再議。再查各項工程，俱應及時修築，所需經費，甚屬緊要，若俟開捐交收動用，誠恐緩不濟事，應於藩庫先動正項錢糧，一面奏聞，一面即行辦理。所動藩庫錢糧，即以捐納之項抵補。又據奏，稱『塘工尤須熟練强幹之員，現任杭捕同知李飛鯤，塘工尚屬諳練，令專管海塘，以專責成。』查西塘工程甚急，李飛鯤應令專管西塘，庶爲相宜。又據奏，稱『分撥之佐雜、千把總等員，若臨時委調者，非係熟諳，於事無益，今在工數員再加揀選，發工效力，俟有功績，另請議叙委用。』查海塘關係重大，該督身任責成，一應在工道廳、佐雜、千把等官，俱聽該督選擇、改换、委任，將來不致推卸，庶於工程有益矣。

内大臣海望題明增修土備塘疏雍正十年

臣海望、臣李衛於二月初八日抵浙江省，會同總督程元章，由杭州南門外至海寧縣沿塘履勘，其翁家埠、尤家鬧緊要塘工，已委專員搶修保護。春汛至，通盤工程應如何設法料理之處，俟將對岸形勢查勘明悉，另行確議具奏外，又查海鹽一帶塘工，自澉浦起至乍浦止，内有海鹽近城一段舊築之塘，全用大石縱横疊砌，最爲堅固，惟塘脚下間有微露樁頭之處，似應添補坦石保護塘址[三]。其上下兩頭新築石塘，石魄雖小，尚屬整齊，惟附塘之土稍覺卑薄，應行加高培闊，以護塘身。其塘内相去數十丈，有土備塘一道。臣等逐段查閱，有塘面雖闊而塘身尚低者，有塘身雖高而塘面甚窄者，俱應分别增修，其有未築土備塘之處，亦應一例補築。此項工程較之海寧、仁和，似可稍緩，而體察民情比他處爲獨急[四]。查上年海鹽、平湖等縣，偶被蟲灾，秋收歉薄，乏食窮黎，雖賑恤而米糧未能充裕，小民謀食尚屬艱難，幸而今年春苗暢茂，麥熟可期，二三月間，正值青黄不接之候，藉此工程，庶可接濟民食。臣等仰體聖懷，業經派出專員興工修築，俾窮民得以傭工糊口，不特於塘工有益，且於民食有資，所需工價銀兩，約計二萬有奇，可以敷用。又查海寧米價，每石一兩六七錢不等，今夫役畢集工所，恐致市價益昂，現將永濟倉存藏米穀二十餘萬石内，酌量撥運海塘，給工價銀兩，扣除藩庫，俟秋收後買補還倉，庶米價可以漸平，而小民更沾寔惠矣。

内大臣海望請尖塔兩山建立石壩增設官弁疏雍正十一年

臣等渡江，由紹興府所屬之蕭山縣并河莊山等處，將浙省江海情形詳加查閲。看得江海之門户不同，水性各異，水道之遷徙靡常，其中有人力所能爲者，有人力所不能爲者。凡人力所能爲者，自宜分别緩急，次第興修。今將臣等管見，敬爲我皇上陳之。伏查江海之門户有三：省城東南龕、赭兩山之間，名曰南大亹；禪機、河莊兩山之間，名曰中小亹；河莊之北，寧邑海塘之南，名曰北大亹。此三亹形勢，横江截海，實爲浙省之關鬮也。再查江海水性，凡海皆有潮，潮皆暗長，惟浙省之潮與他處不同。蓋緣海潮自東而西，江水自西而東。每遇春秋[五]、朔望，潮汐盈滿、江流陡發之時，互相搏擊突起，潮頭勢甚雄悍[六]，若再遇颶風，勢必洶涌。故歷來爲患者，雖在於潮，而所以助潮爲患者，又在於江與風也。再查江海水道，惟中小亹適當南北兩岸之中，江水海潮若由此出入，則兩岸無虞，但中小亹地面不及南北兩大亹之半，且山根餘氣，似若綿聯，潮過沙淤，偶通旋塞，所以不徙而南即徙而北。然徙南則南岸尚有龕、常等山連絡捍衛蕭山一帶，或有冲刷之處，爲患猶輕。若徙北，則北岸僅有塘堤爲之備禦，倘有潰溢，關係甚鉅。今查南大亹，早已淤爲平陸，數十年前，尚有中、小亹出入，嗣後，逐漸徙至北大亹，故年來北大亹之桑田、廬舍已成滄海。若欲遏抑江海之狂瀾，使其仍歸中道，恐非人力所能爲者。臣等出京時，曾面奉諭旨『爾等到浙，詳細踏勘，如果工程永固，可保民生，即帑金千萬，不必惜費。欽此。』臣等凛遵聖訓，細加詳勘，凡於海塘有益而人力可施者，靡不悉心籌畫，以仰副聖懷。今公同看得海寧之東南，有尖山聳峙，鎮鎖海口，其西有一小山，俗名塔山，相處百有餘丈[七]，水底根脚相連。尖、塔兩山之間，相傳向有石壩堵截水道，有此壩石，北岸護沙時坍時漲，後被修塘人役誤取其石修補塘工，北岸之沙至今有坍無漲。臣等相度情形，現在江水大溜緊貼北塘，直趨尖山、塔山之間而出，引入海潮衝激塘身，護沙日卸。伏思水來沙去，水去沙來，理固有之。若於尖、塔兩山之間，照舊堵塞，使江水海潮仍向外行，則北岸護沙可望復漲。果能北漲，自必南坍，水道亦可望其南徙。但春夏之交，潮汛正大，難以興工，俟冬初水落，擬用石磈設法填塞，似猶人力所能爲者。至於仁、寧二邑海塘所有應修、應築工程甚多，一時難於並舉，自應分別先後，逐漸興修。其自華家衖以東、尖山以西一帶塘工，有草塘并條石、磈石塘不等，内有大學士朱軾於巡撫任内修築之石塘五百丈，完固無損。又新建之條石塘，石磈雖小，尚屬整齊，均無庸修補。其餘磈石、柴草各塘，以及翁家埠、萬家閘，去年冲塌之處，有已經粘補者，有現在動工修築，加謹保護者，但草塘易於朽爛，磈石舊塘亦易坍塌，若使僅僅粘補，年年搶修，歲需錢糧盈千累萬，積至數年不可勝算，而塘工之單薄危險如故，非經久奠安之計，似應改建大石塘，庶可垂之永遠。所需工料，約銀一百八十餘萬兩，所用夫役、木石及運送船隻等項甚多，即使用力趲修，非歷數年之久不能告竣。伏查總督臣程元章業經奏准開捐以資經費，若儘其所收銀兩，按年動支修築塘工，漸次可以告竣，而國帑亦不致糜費。且臣等現議堵塞尖山水口，若既堵之後，果能沙漲護塘，則石塘可以不必改建，倘尖山既堵，仍無漲沙，再行改建，似亦未遲。惟是翁家埠一叚草塘，其地脚係活土浮沙，恐難釘樁砌石，或仍用草工堵禦，雖須時加粘補，而地面不過十餘里，每年所需無多，至塘内地勢低窪及塘背附土單薄之處，現今即應培補。所需培補之工沿塘或無官地挖取，應照河工之例，交與地方官逐叚確查，酌量購買民田，應仍將所買民田額徵錢糧查明題豁[八]。又查雍正二年，風潮偶大，海水漫溢塘面，損傷民田、廬舍。臣等切思驟雨狂風，不能預測，若僅此一層堤岸，未爲萬全，且現在石、草舊塘，一時未能改築，應請於海塘之後添築土備塘一道，此舊塘再高五六尺[九]，務令於今年秋汛以前上緊趲築完工，萬一風潮泛溢，有此備塘抵禦，可以護衛。再查仁和至乍浦一帶海塘不下三百里，若無專管人員，將來不無廢弛之患。前經題委杭嘉湖道一員帶管工員，非其專責，所設杭嘉海防同知二員、千把總各一員、兵二百名，亦恐照料難周，應請專設道員一員，添設同知一員、守備二員、千總三員、把總七員、兵八百名巡查照看，隨時修補，可以保固。塘工除現在搶修工程，并粘補石、草舊塘，以及萬家閘外，修築衝卸水口所用錢糧，仍令於本年歲修案内核銷外，所有堵塞尖山水口約需工料銀六萬三千五百餘兩，新築土補塘一道約需工料銀十三萬五千四十餘兩[一〇]，培補舊塘土身約需工料銀二萬一百九十餘兩，三項共約需銀二十一萬七千七百三十五兩。又添設官弁，每年約需俸餉銀一萬三千七百九十八兩餘，米二千八百八十石。以上議修工程及請設官弁之處，如蒙皇上俞允，臣等另行逐細核估具奏。

工部覆海望塘工修築事宜議 雍正十一年

内大臣海望等奏稱：『臣等前將浙省仁、寧二邑海塘應修工程，繕摺具奏，奉旨准行。今臣等伏思浙省海塘，工鉅費繁，關係重大，必須經理得宜，始於塘工有益。謹將修築事宜，酌議數條，恭呈睿覽。一分管工程人員，宜揀選酌派也。查浙省現任佐雜等官，各有別項差遣，即發往委用人員，亦恐不敷調派。臣等在浙時，有本地廢員及紳衿子弟，情願自備資斧請效力者，其中不無可用之人，應令總督程元章酌量派委。』

應如所奏，令程元章揀選家道殷實、才堪辦事之人，酌量派委，果能實心辦事，於工竣之日，該督分別等第，出具考語，具題請旨議叙。

『一給發工價銀兩，宜採買米石兼放也。上年浙省仁、寧等縣秋收歉薄，現在米價未平，今興修大工，夫匠雲集，恐致市價益昂，應令總督程元章即於臣等估計修塘工價銀内，酌量動支銀數萬兩，遴員於米賤地方採買糧食，運送工所搭放，人夫既得均霑實惠，而本地米價不致昂貴。』

應如所奏，令該督作速給銀，委員採買撥放，仍將搭放銀米數目，於題銷册内分晰造報。

『一添設官兵，宜專責成也。臣等現議設立道員一員，應加以海防兵備副使道職銜。凡海塘文武官兵，俱聽調用。其沿海州縣等官，亦令兼轄兵役。新設守備二員，應分左右二營，將原設、添設之千總四員、把總八員、外委十六員、兵一千名，分隸二營管轄。』

應准其將新設道員一員，加以海防兵備道銜，將海塘文武官兵聽其調用，並兼轄沿海州縣等官，其官弁兵丁分管事宜，仍令造册送部查覈。

『一官兵駐劄，所宜分派也。查海寧爲沿海州縣適中之地，應令道員駐劄寧城，以便查閲工程。至同知三員，除管理海鹽乍浦塘工，同知一員仍照舊駐劄乍浦外，應將原設同知一員駐劄寧邑，添設同知一員駐劄仁邑，各就近經管，不時查看。左營守備一員，駐劄海寧之東；右營守備一員，駐劄海寧之西，酌量分界管理。千把總等官，各照要緊地方分段汛防。至兵丁，俱於附近海塘處所均派居住。』

應准其將新設道員駐劄海寧，其餘官弁駐劄地方，兵丁派防汛界趾，仍令逐一分晰造册，咨部查核。

『一官員衙署營房，宜建設也。道員、同知、守備等官衙署，應令總督程元章查明官房撥給，如無官房之處，另行估計建造。千把總、外委、兵丁營房，共應建一千六百二十八間，再於仁寧一帶建造堡房四十間，海鹽乍浦建造堡房二十間，共需銀一萬三千三百八十四兩。着該督酌量動支蓋造，至所需器械、軍裝，應召募齊全，令該督照例料理。』

應如所奏，道員、同知、守備等官衙署，令該督查明撥給，或另行估建，器械軍裝，俟召募齊全，照例製造，工完之日，一并造册題銷。

『一宜揀選諳練人員，以收實效也。浙省海塘現在興工，必得熟練之員，方能辦理妥協。查杭嘉湖道王斂福題委兼管塘工已經五年，請調補海防兵備道，俾得駕輕就熟，似於工程有益。其杭州海防同知吴弘曾、乍浦海防同知盧承綸，令照舊供職。所有新設海防同知一員，查杭州捕盗同知李飛鯤，在工年久，熟諳情形，請即調補。再新設左營守備一缺，查千總尹世忠，歷練勤勞，請以陞授。所遺千總員缺，即以現在塘工之把總張明拔補。尚有右營守備一員、千總三员、把總八員并外委弁員，令该督於通省武弁内揀選。』

應准其將杭嘉湖道王斂福調補。新設海防兵備道杭州總捕同知李飛鯤，准其調補。新設海防同知尹世忠、張明，並准其補授。其右營守備、千把、外委等官，俱令該督於通省内揀選。

『一所用錢糧，宜核實報銷也。臣等現議修築石土塘壩所需工料、銀兩，俱係約略估計，如所估工料等費或有不敷，令該督程元章題明加增，如有餘剩，俟工程告竣，據實報銷。其應用錢糧款項，亦令該督題明動用，仍將估計工料銀兩數目另繕清單恭呈御覽[二]。查工料單内，自尖山起至萬家閘新築大石塘，共長一萬四千二百九丈，内除舊有石塘四千二百八丈六尺不築，净長一萬丈四尺，共用物料工價銀一百七十萬一千七百四十四兩九錢零。又自龜山起，至李家村，新築土備塘共長一萬四千二十七丈六尺。又李家村至斷塘頭舊有老塘四千九百五十六丈，今酌量地勢，增高加濶，新建閘四座，新建涵洞六座，新建木橋六座，以上五項共用銀十三萬五千三十九兩零。又堵塞尖山水口，自尖山至塔山約一百二十丈，俱用石磈堵砌，其磈石須用木筏裝載，共用物料工價銀六萬二千四百九十一兩零。又尖山起至萬家閘石草塘共長七千九百丈八尺，背後附土加寬增高計二百二十八段，共長一萬四千六百四十七丈五尺。其附塘各段，低薄不等，酌議加寬增高，取土買民地，共用地工價銀二萬一百七十四兩五錢九分零，通共約估銀一百九十二萬九千四百四十九兩四錢二分零[三]。』

應如所請，行令該督將浙省應修應築石土塘閘、橋座、涵洞等工，遵照所奏事理，酌量工程緩急，分別先後，照依所估銀數，一面動支給發，承修各員上緊辦料、募夫、修築，務期如式堅固，以垂永久；一面將動支錢糧款項聲明具題，如所估工料等費不敷應用，亦令將不敷銀數題明加增，倘有餘剩，於工程告竣之日，據實照例造具清册，於題銷疏内聲明具題，查核可也。

内大臣海望請揀發旗員協辦塘工疏

臣等往浙查勘海塘情形，相機修築，前經定議，覆奏：『昨接浙江督臣程元章寄臣字，内稱本年六月二十一日，潮水撲上塘面，以致草石舊塘間段坍卸，現於塘身後面，加高培厚，未致冲淹。看此情形，總因從前工未堅固，監修人員每多草率所致。凡修築堤工，必須夯硪如式，樁釘長密，培石堅固，管工人員時刻不離工所，親身坐守，工程始得堅固。前臣帶往浙江監修海塘之内務府御史偏武、員外郎訥青額，因不服水土，隨臣回京，只留員外郎穆克登額一人在浙。臣思工程甚多，雖有前派官員，恐未敷用，若仍委内務府人員前去，又恐道途遥遠，耽延時日。臣前在浙時，見旗員内尚有可用之員，仰懇敕諭浙江將軍阿里衮、副都統隆昇就近選派旗員數人，與在工人員一同坐守監修，仍令將軍副都統協同總督等不時稽查，則做工人役不致怠玩，而工程亦得永固矣。』

督臣程元章請築仁錢海平江海塘疏雍正十一年

浙省仁和、海寧等縣石草塘工，濱臨大海，潮汐江溜，晝夜冲刷，兼係浮沙活土，根脚鬆虚，最易矬陷。且海中漲有南沙一道，横亘東西，以致潮溜日迫塘身，大汛屢有矬蟄，工程甚關緊要。經臣屢次會同大理寺卿汪漋、内閣學士張坦麟詳加察看，行令趕築土堤，加築柴塘、草壩，以資捍禦。查海防同知吴弘曾具下，自本年春季起，至夏季六月十八日，共報坍矬草塘七十餘段，共長三千一百九十餘丈。又盤頭、雁翅七段，共長二百餘丈，其塊石塘自本年春季起，至七月二十一日，共計坍矬一百八十餘段，共長一千二百餘丈。又潑壞坦水共長七百七十餘丈，盤頭五座，共長八十餘丈。又杭州府通判張偉具下萬家閘，冲卸水口，接築柴塘至俞爾英竹園，計長一百三十餘丈。又吴宏曾具下自六月十八日起，至秋汛九月底，續報坍矬草塘三十餘段，共長一千四百九十餘丈。又盤頭、雁翅六叚，共長一百七十餘丈。又自七月二十一日起，至九月底，坍矬東塘塊石塘十叚，共長五十餘丈。又殳家廟東至邢家門前，加築防風堤一帶，共長三百七十餘丈，又築土堤一道，共長二百四十餘丈。又平陷許鳳其門前等處中條石塘六段，改築草壩，共長二百二十餘丈。又西塘海防同知李飛鯤具下，自六月二十一日起至九月底，坍矬草塘四十叚，共長七千一百餘丈。又盤頭、雁翅四叚，共長五十餘丈。又接築俞爾英竹園起至李家村草塘，共長二百五十餘丈，又坍石塘四十餘段，共長三百五十餘丈。報坍段落，俱遵照營造尺量算，將來估計工料，亦照營造尺估算。再平湖縣報修服字號石塘一十五丈零，又自益山脚起至獨山司城加培土塘十四段，計長七百八十餘丈。又六月二十等日，風潮冲損獨山文、乃、位、讓等各號土塘二十餘段，共長三百餘丈，俱不在欽差内大臣海估計加培土塘案内之工，應在歲修案内報銷。又仁和縣總管廟前坍矬江塘一十餘丈，錢塘縣梵村、午山地前等處，各有坍矬江塘共七十餘丈。以上各處工程俱屬緊要，嚴飭在工各員上緊修築保固[三]，并飭取勘估確册，另行咨部。

大學士鄂爾泰查看海塘議 雍正十二年

浙省海塘，偶被潮患，仰蒙睿慮，念切海疆，特命臣海望、李衛前往浙江，會同程元章踏勘情形，相機修築。隨看得海寧之尖山水口，爲海塘致患之由，請於冬初水落，擬用石磈設法堵塞，既堵之後，如果沙漲護塘，則石塘可以不必改建。奉諭旨『石壩建後，即有漲沙，石塘仍應改建』，此誠我皇上加惠浙民，務期永遠奠安之至意。是堵塞尖山水口與改建石塘，理應詳悉籌畫，分別緩急，次第興修者也。乃該督程元章於上年水落之時，既不遵照辦理，又不預行奏明，今稱石塘現在辦運物料，擇吉開工，其尖山水口勢難堵截。查尖山水口，既不能堵截，則江溜海潮勢必緊貼塘身，奔騰冲激，即欲改建石塘，亦難釘樁疊砌，縱使塘身建就，而塘脚之下，洪濤巨浪晝夜刷洗，又何以保固？此不塞水口，而遽議建塘，實屬先後失宜，緩急倒置，事之斷不可行者。若該督以前原估石磈六萬餘方不敷堵築之用，查原估工料本係約計之數，已於前奏聲明，該督何難再行確估，題請加增。若以磈石散抛，恐其隨波漂蕩，查原奏内原有設法堵截之語，或製造木籠竹簍，或購買舊船中藏石磈外，用鐵鍊聯成一片[一四]，是纍小石而成大石，亦難輕易撼摇。至該督稱堵塞之後，江海回溜，兩邊遏抑尖山之後，必有泛溢。臣海望等赴浙時查勘，尖山至塔山延長不過一百餘丈，外面即係大洋。如果堵塞此口，不獨大溜將歸中道，必不至有泛溢，而水去沙留，石壩即轉資以爲固。修建石壩原創自前人，繼毁於官役，今欲復舊制，具有成規，似較之謀始者難易猶有間也。其開挖引河之處，係奉諭旨，相度地勢，酌量辦理。今該督程元章等既稱引河難於開挖，尖山難於堵塞，則如何捍禦潮勢，保護塘工之處，是應及早商辦，以備不虞，乃漫無成見，並不置一辭，是意本畏難，遂束手無策，恐事再遲延，成功愈不易矣。臣等公同酌議，應仍令程元章等再於中、小亹詳加踏勘，如何施工疏濬，即令妥確定議具奏。至尖山水口，寔係海塘受患之由，不獨臣海望、御史偏武、翁藻等親勘形勢，以爲應行堵塞，即訪之紳士并土着居民亦衆論僉同。若不亟爲舉行，則歷年徒費錢糧，於塘工無補，亦應交與程元章等，於今年九月以前，將應用物料購辦齊全，仍俟冬初水落，遵照原議設法堵塞。其應需工料銀兩，如原估數目不敷，即詳細確估奏明加添，毋存惜費省工之見，致誤興修堵築之期。

大學士鄂爾泰覆副都統隆昇開挖河港議雍正十二年

近據浙督程元章等奏報：『尖山水口，勢難堵截，中小亹引河，亦難開挖。』經臣等議，令程元章等再於中小亹詳加踏勘如何施工疏濬，即妥確定議具奏。至尖山水口，亦令程元章等於今年冬初水落，遵照原議設法堵塞。奉旨：『依議。程元章毫無確見，今將海塘一應工程，着隆昇總理，欽遵在案。』今副都統隆昇等稱：『河莊等山，東首舊有南港河一道，柴滷船隻不時往來。今西首沙淤者，僅一十五里，挑濬甚易，所費甚小。當同總督商酌，游移未定，隨傳齊固山、章京等商酌，不獨各旗員情願效力，即兵丁等俱踴躍争先。如開挖成港，自應開報錢糧，倘無成效，昇等情願捐資。』查海塘工程，向係交與程元章總統料理，而程元章遲疑瞻顧，不肯擔承，是以隆昇等有議令滿兵開挖之請，今一應培工。業奉諭旨：『着隆昇總理。其南港河，如果可施工疏濬，毋庸資藉駐防兵力[一五]，應令隆昇酌量僱募夫役，相機挑挖。仍令將軍阿里衮派撥弁兵督查，其所費工價錢糧，事竣核實報銷。』至所稱海塘各工，惟尖塔兩山爲最險，自宜并力堵塞，與臣等原議吻合，應令仍照前議行。

副都統隆昇請築雞嘴挑水浮壩疏雍正十二年

查勘兩河工竣之後，西塘自萬家閘、翁家埠、老鹽倉至楊家莊一帶險工，貼塘沙漲五十餘里，現今霉汛大雨以來，西塘平穩，尖山水口尚未堵塞。查原奏内有設法堵塞之語，臣等預爲設法，在於貼接尖山外口，由東南而至西北，用樹木扎筏横斜，先暫築雞嘴挑水浮壩一道，以順擋潮水之入。再就尖山西首于文武庵左右，由西北而至東南，用樹木扎筏横斜，亦先暫築雞嘴挑水浮壩一道，以順擋江水之出，應用大樹掛錨，用柴捲埽，内帶石土釘砌，使兩道浮壩相對於外，尖山、塔山包羅于中，以便在尖山脚下用竹簍盛石，挨砌層層，施工堵塞。但臨期或有因時變通修用物料之處，容臣等設法料理可也。

副都統隆昇請增尖山石壩石料疏雍正十二年

尖山之工，謹擇於九月二十二日，祀神開工，第原估自尖山脚下至塔山約長一百二十丈，内三十丈均深四丈，九十丈均深九丈，底寛俱十丈，頂寛俱三丈，上年測量係潮塞之時，從水面核算。今臣等相度水勢情形，當以滿潮尺寸爲準，再共丈量，實長一百八十二丈。其頂應加寛一丈，均深應加高二丈，其底應加寛四五丈不等，較原估石料、夫工須得增添，今儘現運石料先行堵塞。在内山水口，竪插標竿於水中，用船下石於尖山脚下，或用磈石，或用竹簍盛石，挨磡推墊。若遇急溜處，用鐵錨、鐵鏈角掛纜，酌量安放[一六]，一似難按方定準，容俟催辦齊全，堵塞工完，力行奏報可也[一七]。

督臣程元章請定海塘事宜疏雍正十三年

浙省海塘，關係重大，全藉塘工堅固，以資捍禦。茲據布政司張若震條議具詳，臣詳細籌酌，逐一確議，敬爲皇上陳之。一海塘錢糧，宜分案具領也。查塘工錢糧，關係國帑，而修築工程亦各有段落丈尺，若將數案銀兩任由承辦之一總領回[一八]，通融辦料，則工程遠近不一，藏料地方不同，那東掩西，易滋弊竇。應請嗣後凡承修工程，務須專案赴司具領，不得將數案銀兩彙成一處，亦不許借通融辦料名色，任意那動。領回之後，已辦何等物料存藏通報上司，以便不時委官盤查。倘有虧空那掩情弊，立即嚴參治罪。一海塘保固，宜分別定限也[一九]。查築塘捍禦潮汐，自應明立保固限期，以專責成。但近日仁和、海寧地方江海，直逼塘脚，潮汐晝夜兩次往回冲刷，又加以土鬆沙浮，坍卸靡常，實屬險要。且塘堤有土石、鑲草之不同工程，有平險、最險之各異，若不逐一分晰，止以平穩險工，定一年、二年之限，尚有疏漏。查新築之土備塘，係在石塘之内，既不擋抵潮汐，亦無江水搜刷，應照不險工程例保固三年。其新築條石、磈石各塘，皆因海潮江溜，日夜衝激，塘身坍矬，始行改築，均係險要處所，應仍照原議各保固一年。再拆底草塘，緣下係活土浮沙，不能建築石塘，而柴草非木石可比，日浸海水，易於朽爛，勢難經久。又附石土塘，緊靠塘身，每遇夏秋潮涌，加以東南風勢猛力，潮頭直潑塘面，塘身稍有矬卸，土塘亦因以坍塌，均屬險要工程，應各保固半年。至搶修之加鑲草塘，係江海急流頂衝之地，坍矬處所不及拆築，應即隨時搶堵補救，一時實爲最險工程，應保固三月，統於收工之日扣起，如限内坍塌，即着承修之員賠修，如遇異常潮汐、非人力可施者，查明工程原係堅固，錢糧俱歸實用，取具保題免其賠補，庶工程緩急攸分，工員知所遵守。一估計册籍，宜令承修官會同估造，以免推諉也。查海塘物料册籍，向來先由地方官估計，後經海防同知領銀辦料承修，原因承修之員恐有浮冒，是以責令正印官據實估計。乃不肖之員，或修築不能合式，或報竣已逾定限，一經上司駁查，非稱原估舛錯，即稱地方官造册遲延，輾轉推卸，未免遲誤。嗣後，一切塘工册籍，均令承修之員會同該地方官估計查造，由兵備道確核轉詳，既可杜浮冒之弊，而工程亦不致推卸矣。一海塘卸要處所[一〇]，宜酌量預備物料，以資接濟也。查海塘數百里内，凡危險處所，若不預先購備物料、分藏待用，一遇坍矬則風濤緊急，臨期猝辦，未免措手不及。應先發銀備料，以應急需，但同知二員既有工程專責，若再委辦物料，勢難兼顧，應照例酌動銀兩，分發産柴各縣上緊購買，預期解交塘工，委員驗收，加謹分藏，遇有緊要工程，一面詳報，一面撥用，將所用物料造入搶修案内報銷，仍照依原藏之數發銀預備，俱責令兵備道不時稽查。又海寧塘工，每遇大汛，潮汐汹涌異常，所以石塘之下，復築坦水數層，以資保護。若任其坍卸，不歲爲修整，則潮溜直逼塘脚，晝夜冲刷，脚根既虚，塘身豈能堅固？是坦水，寔爲保護塘身之根本。請嗣後，遇有坦水、石磈衝卸，樁木欹斜，承修官即詳報兵備道確勘估計，轉請興修，尅期完固，以護塘身。

校勘記

[一]《敕修兩浙海塘通志》「早」作「旱」，誤。

[二]《敕修兩浙海塘通志》「于」作「於」。

[三]《敕修兩浙海塘通志》無「補」字。

[四]《敕修兩浙海塘通志》無「急」字。

[五]《敕修兩浙海塘通志》「每」作「海」。

〔六〕《敕修兩浙海塘通志》『悍』作『捍』。
〔七〕《敕修兩浙海塘通志》『處』作『去』。
〔八〕《敕修兩浙海塘通志》『應』作『應用』。
〔九〕《敕修兩浙海塘通志》『此』作『比』，《海塘録》誤。
〔一〇〕《敕修兩浙海塘通志》『補』作『備』，《海塘録》誤。
〔一一〕《敕修兩浙海塘通志》無『清』字。
〔一二〕《敕修兩浙海塘通志》『通共約估銀一百九十二萬九千四百四十九兩四錢二分零』作『通共約估銀一百九十一萬九千四百四十九兩四錢二分零』。
〔一三〕《敕修兩浙海塘通志》下有『毋許疏虞浮冒』六字。
〔一四〕《敕修兩浙海塘通志》『鍊』作『練』。
〔一五〕《敕修兩浙海塘通志》『母』作『毋』，《海塘録》誤。
〔一六〕《敕修兩浙海塘通志》下有『但勢處海口，潮汐往來，江溜湍急，水口下石，淺深不』二十字。
〔一七〕《敕修兩浙海塘通志》『力』作『另』。
〔一八〕《敕修兩浙海塘通志》『若將數案銀兩任由承辦之一總領回』作『若將數案銀兩任由承辦之員一總領回』。
〔一九〕《敕修兩浙海塘通志》無『定』字。
〔二〇〕《敕修兩浙海塘通志》『卸』作『緊』。

欽定四庫全書海塘録　卷十五　奏議三

工部覆撫臣程元章請修石草塘議 雍正十三年

浙江巡撫程元章疏稱：『浙省仁和、海寧等縣石草各塘，於本年六月初二日夜，陡遇颶風大作，雨驟潮涌，冲潑塘堤，石草塘身并附石土塘坍卸甚多，兼之冲有缺口。臣據報即會同督臣郝玉麟等星夜前赴塘工，逐一詳加察勘，一面繕摺奏聞，一面動支銀兩，飛飭在工各員，多集人夫，撈取舊石，上緊搶修堵禦，又飛調道府、知縣、標員及佐雜各員會同旗員分段趕辦柴樁料物，上緊搶修，晝夜趕辦。查仁和、海寧二縣共坍草塘三千九百五十一丈零，盤頭一百二十四丈，東西石塘五千六百五十六丈零。又海鹽縣共坍附石土塘二千五百六十丈零，冲卸大石塘面並裹外攔水石二百四十八磈，土備塘坍卸涵洞一個，小坍二十五丈。仁、錢二縣江塘間有坍卸，多寡不等，亦隨飭辦料搶修。又仁和、海寧二縣海塘，自雍正十三年正月起，至六月初二日，陸續坍矬草塘并盤頭、雁翅共二千三百八十八丈零，石塘五百六十七丈零，潮溝作壩三丈三尺，今俱搶築完工。但目下正當秋汛[二]，防護不容稍懈，除現在復又派委佐雜等二十餘員相度形勢，幫築高濶，加謹保護，并多備物料，分藏緊要處所，以資濟用外，所有仁和、海寧、海鹽等縣石草各塘坍卸段落丈尺情形，理合具題。查仁和、海寧等縣風潮坍卸石草各塘，共一萬二千二百九十七丈，并雍正十三年正月起至六月初二日以前陸續坍矬草塘等工，共二千九百五十八丈五尺。』

該撫既稱『搶築完工。但目下正當秋汛，防護不容稍懈』，應如所題，行令該撫將前項工程飭令在工派委各員上緊幫築，并多備物料，運藏濟用，工完之日，造册具題，查核可也。

大學士嵇曾筠請建魚鱗石塘及搶修坦水疏 雍正十三年

臣欽遵恩命，總理浙江海塘事務，周歷上下各工，詳加查勘，間於本年九月二十八日接到大學士朱軾寄字，内開雍正十三年八月初八日面奉諭旨：『浙江海塘，關係民生最爲緊要。因隆昇與程元章意見不合，以致遲誤工程，特差爾前往督率之，隆昇等聽爾節制。如何修築之處，爾做過浙江巡撫，自必諳練，但工程浩大，需用錢糧斷斷不可吝惜。舊塘先須修築完固，以資捍禦。切不可因塘身臨水那動尺寸，那移一步，即衝塌一步，何時是已？至修魚鱗大石塘，乃一勞永逸之計，不可因塘外沙漲停止修築。縱使沙漲數十、百里，民人居處耕種，亦不可恃，必需大工完竣[二]，方可垂之久遠，於地方有益。其石料、夫工價值，照時給發，若扣尅留難，則利民之事，反以病民。如有此等情弊，務嚴參重處，毋得姑容。欽此。』仰見聖謨廣運，洞悉機宜。伏查海寧東西兩塘，延袤一百餘里，多係海潮江溜，瀠洄衝激，搜刷塘根，在在險要。雍正十一年間，仰蒙欽差内大臣海望等赴浙會勘，奏請改建大石塘坦，永垂利賴，而經始維艱，尚未舉行。本年六月内，風大水涌，舊塘坍卸，雖撫臣、督臣等分頭搶築堵禦，一時但纍石鑲柴，暫爲粘補。現今塘外坦水工程，潑卸歪斜，比比皆然，塘身卑矮單薄，背後盡係淒沆[三]，内外空虚，實屬可虞。杭嘉各府，襟海帶江，所恃以禦水患者，惟一線殘塘，若不速爲修治，恐轉瞬春潮踵至，關係匪輕。查從前估築魚鱗石塘，原議將舊塘坍卸之處，逐段改建，今海潮直逼塘根，往來衝刷，萬難拆去舊工，開槽改築，且臨水做工，一日兩潮，油灰漿汁[四]，無所施用，斷不能如式堅固。臣再四思維，惟有照歲修之例，速將舊塘工程上緊勘估修築，以固外面籓籬，另於舊塘背後，相度基址，建築魚鱗石塘，方可垂之久遠。其新塘未竣以前，數年之内，全資舊塘抵禦海潮，以便施工砌石，即新塘既成之後，留作重門外障，更屬有備無患。除建築魚鱗石塘工程，容臣詳勘塘基，確估工料，酌定章程，另行條晰奏陳，請旨訓示遵行，謹將修築舊塘事宜，敬爲皇上陳之。一塘身卑薄，宜帮築裹戧也。查海寧縣迤西浦兒兜至迤東念里亭一帶塘工，悉係海潮頂衝，必須塘身寬厚，方可藉資捍禦。雍正十一年，奏請加高附土，歷今兩載，風雨淋漓，漸次塌卸。今年，又被風潮冲漫，現在通單薄，内外受險，倘再遇風浪衝擊，難免潰决之虞。臣請通盤查丈，於塘身裏面，帮築土戧，增卑培薄，一律高寬。所需帮戧土方，沿塘現無官地，且多係坑漊，不能取用，應照河工例交與地方官按段確查，離塘數十丈外酌量可以取土之處，購買民地應用，即將所買民地額徵錢糧題請豁免。一坦水工程，宜修補完整也。查海寧塘工，多屬活土浮沙，潮水搜嚙脚根，易致空虚。從前於塘身外面，每歲補釘排樁，修砌石磈二三四五層不等，名曰坦水，賴以擋浪護塘，立法甚善，其如年久樁木損折，石磈潑卸，近今又乏歲修，猝遇風浪撞擊，殘圮殆盡，憑何保護塘根？臣請購辦粗大樁石，將東西兩塘坦水，逐段修補完整，以資護衛。至需用木石等料，移催撫臣，多募夫匠船隻，公平給價，星赴各山産地上緊採運，以便儧修。一灌砌[五]，又無錠鋦鈎聯，率用零星碎石逐層堆垛，一經雨水淋漓，處處滲漏脹裂。設遇風潮抽擊，必致通身矬塌，殊屬危險。臣請多方購運條磈大石，將現在頂衝首險地方所有坍卸塘工，分別段落，陸續改砌整齊，方保無虞。又查石工坍裂之後，多於塘身上面用柴鑲築，雖層土層柴加鑲鋪墊，而鹽箾枝幹粗浮，難於壓實，容易漏縫。且因下有石土，未便簽樁，全不聯絡結實，勢難經久，亟須擇險拆修，仍用大石塊逐層鋪砌，庶爲穩固。一柴草工程，宜加鑲高厚也。查海寧迤西翁家埠一帶塘根，沙土虛浮，雖以釘樁砌石，從前修做埽工，用柴堵禦，綿亘二十餘里，隨修隨蟄，危險異常。現今潮平之時，埽工出水僅有一二尺不等，設遇伏秋大汛，勢必漫埽潰塘，甚爲可慮。臣請購運柴料，普例加鑲，務與附土塘身一律高平，外用長樁簽釘堅實，再於險要處所，多藏柴束土方，豫備搶修，以資保護。

一南門石工，應早爲建築也。查海寧縣南門外塘工五百餘丈，俯臨江海，貼近城垣，當首險之地，受全海之衝，工程殘缺，難資保障，設有疏虞，水勢建瓴而下，關係甚大。現在三冬水減，亟宜及時建築。臣請上緊購辦料物，即貼近舊塘先築魚鱗石塘五百餘丈，遴委幹員，分段承辦，預爲指示做法，俾令如式甃砌，儧築完竣，庶可保固城池。以上舊塘工程，必須乘此水落潮平、頂底畢露之時，逐段查勘，通盤修築，以禦來春潮汛，勢難再爲遲緩，致滋貽誤。臣相度情形，會同在工諸臣詳悉商酌，指示機宜，現在逐一飭估辦料鳩工，次第興修，務期帑不虛糜，工收實效。臣欽承恩命，竭力督催，倘有木石、柴草、船隻不齊，并給發夫價虛冒、扣剋等弊，臣不時查察嚴參，斷不敢稍有容隱。至動用錢糧，容臣會同撫臣等核實確估，造册題銷。

大學士嵇曾筠陳海塘事宜疏 雍正十三年

浙省海塘，辦料鳩工，從前漫無章程紀律，以致因循貽誤，上廑天心，不但工程辦理不善，而習氣錮蔽亦復難除，誠如上諭，至聖至明。臣到工以來，仰遵聖訓，剔弊釐奸，不敢纖毫瞻顧，審海潮、江溜之勢，酌緩急、先後之宜，核定章程，申明紀律，務期洗除習氣，有裨鉅工。謹將現在辦理工務，敬爲皇上陳之。一寧邑塘工之患，雖在北岸，而致患之源，則在於南岸，長有沙灘綿亘百餘里，又有沙嘴挑溜，遂至江海水勢全向北趨，塘工日加危險。是欲治北岸之水患，必先治南岸致患之源，無如所開引河與地勢不合，兩年以來，並無裨益。臣再三相度，惟有借水攻沙之法，在於南岸沙洲用鐵器具梳挖陡崖，俾沙岸根脚空虚，乘冬季西北風多，海潮往來，使之自爲冲刷，隨勢坍卸，已有數十里之遠。查江湖河海，形勢雖殊，而東坍西漲，理無二致，且海灘沙性虚鬆，因勢利導，費少功多。現今自仁和至海寧翁家埠、老鹽倉一帶，日夕漲沙亦有數十里。仰賴皇上福德隆盛，水勢已向南趨，北岸漸臻平穩，新舊塘堤可以次第施工。一塘工需用條石甚多，非一山一宕所能採辦足用，必須於江浙兩省産石地方廣爲開採，方能有濟工程，而道里遠近不一，運費多寡不同，從前所定價銀不能斟酌合宜，宕户苦於賠累，以致年來並無一人承應採辦者。臣悉心察訪，山陰、武康二縣，距海寧就近，蘇州、洞庭等處路程較遠，所有應給山價、水脚，分別道里，量爲增減，自七錢三釐至七錢七分三釐不等，俱用部頒銅尺一律量收，檄飭布政司發帑委員前往各産地方，將所需條石上緊辦運。其修理坦水所需大䃶石，多募工匠於就近尖山各宕開採儹運。又督令塘兵，并僱募人夫，將沿塘外灘冲潑石䃶儘數揀撈凑用，現在一面釘樁，一面鋪砌，可無遲誤。一浙省從前辦理樁木，雖經分别等次定價，而圍圓不循則例，任意高下，易於作弊，且奸商蠹胥中飽居奇，每至辦運稽遲，不能應手濟用。臣酌量修理塘身坦水需用樁木自一尺二寸起至一尺六寸止，循照舊例給發價值，其查量之處，核定於二尺以下圍圓，不得高下其手，多委幹員秉公量收。臣仍不時查察，毋許侵漁滋弊，咨會撫臣動支帑銀，就近發交。仁、錢二縣，於江口内河一帶，計照圍圓，星速運工。又委員賫銀，分頭前往産木之上游嚴州、衢州以及下游蘇州、常州、江寧等處，廣爲購辦，可得樁木二十餘萬株，源源接濟，現在修理塘坦工程所需料木，可以足用無虞。一翁家埠一帶草塘，需用加鑲柴束於富陽、分水、建德、桐廬等四縣地方購辦交工，向例責成沿塘殷户經管收支，既非經制人役，又無額給工食。守法者，包賠；頑詐者，舞弊。販柴縣胥串同殷户[六]，朋比作奸，或任意短少斤兩，侵蝕價銀，或攙雜嫩幹青枝，不適工用，種種弊竇不一而足。臣抵工之始，查閱各塘所藏柴束，零星數堆，全無儲備，隨咨會撫臣，動支帑銀飭發各該縣實力辦運，所有舊設管柴殷户，盡行革除，遴委旗漢幹員，分住東西兩塘，秉公查收。又於沿塘建造板房三十餘間，派撥塘兵看管柴廠，責令廳營文武員弁典守稽查。現今運柴船隻銜尾到塘[七]，酌量工程平險，分別堆垛，鱗次櫛比，一望崇墉，足以有備無患。一塘身帮築裹戧一萬三千餘丈，需土浩繁，舊塘之外，偏係坑淒，不便就近開挖。惟土塘塘河以北壤地平衍，但取土較遠，小民畚鍤維難。臣酌量每方價銀，自一錢三分五釐至一錢八分不等，定爲規則，檄調仁和、蕭山、諸暨、海寧等縣印官，分段承修，業經發帑鳩工，上緊儹築，務期增卑培薄，一律高堅，以資捍禦。一尖山採辦磈石，應給工價銀兩，向緣扣除雜費，夫匠人等所領工食，不能糊口，相繼逃亡[八]，各處匠役聞風遠避，裹足不前，又派撥商竈船户裝運石料，所給脚價不敷舵工、水手日用之資，兩年以來，沿海船户拖累難支[九]。臣查訪既確[一〇]，嚴飭該管員弁將應給夫匠工價，照依庫平紋銀實數支發，毋許仍前扣尅絲毫，所撥商竈船隻，公同酌議，量添僱值，并飭令於海潮大汛，聽其載滷燒鹽，小汛俱赴各山運石，公私兩便，小民樂於從事，可濟要工。一海防經制官兵，原爲修守塘工而設，自應勤加訓飭，分派兩塘巡查照管，遇有應修工程，督令常川力作[一一]，隨時粘補，方爲有益。乃從前該管道員不能實力整頓，積久罷玩，相習成風，以致備弁不諳修防，兵丁不事畚鍤，且廳營歧視，呼應不靈，廢弛已極。臣飭令兵備道將兩營塘兵詳加甄別，汰其老弱，募補壯丁，責令該營守備會同海防同知嚴行督率，照管料物，巡防險工。其揀撈石磈滿一百方者，賞給銀十兩，以示鼓勵。其行走懈怠，辦事不前者，遞行降革，以昭懲戒，庶不致虚糜俸餉，有名無實。一修築舊塘身並坦水工程，甚爲喫緊，必須遴委幹員，分工搶築，庶幾衆擎易舉。臣會同撫臣選調本省同知、通判、知縣等官，並移咨江南督撫揀調松江海塘練習工員，及浙江本地殷實紳士在工效力者，將舊塘身應擇險拆砌之處，分委領帑承修，更於江南河工内挑選熟諳工務之河官三十員，咨調來浙，委令監工，如式修理。至兵備道經管料物、錢糧，事務殷繁，隨調嘉湖道、金衢道協同辦理催工，又南河學習部郎完顏偉，臣看其行走勤力，實心學習，因隨帶到寧，一并委令赴塘催儹工程，復咨會撫臣程元章、都統隆昇，分管東西兩塘，不時赴工督催，臣每日往來指示機宜，董率查辦，務期協力共濟，早竣要工，以仰副聖主軫念海塘、奠安億兆至意。所有應行事宜，酌定章程并江海水勢情形，條晰具奏。

大學士嵇曾筠請停開挖引河疏 雍正十三年

開挖引河，必須看河頭有吸川之形，河尾有建瓴之勢，因高就下，一氣貫注，方能掣溜成功。今浙省所開引河，於中小亹外灘淡水埠安設河頭，並非頂冲，不能吸引江溜，中段黄山廟一帶，界於河莊、禪機兩山之間，北河頭地面較高，江水豈能自下而上挽流注海，而河尾又在茅草堰地方，一派沮洳，全無建瓴之勢。每日海潮夾帶流沙漫入河頭、河尾，中高溜緩，潮退沙存，日漸湮塞，雖復疏通山水，開挖南港一河，又當北大亹之中挑溜，仍歸海寧對面，是不能引之使去，而乃導之使來，有損無益。查開挖引河，兼陸續疏濬，計用過銀五萬五百五十兩，隨濬隨淤，迄無成效。臣由錢塘渡江，周歷河道，詳細查勘，現在三千餘丈間段淤淺，江溜不通，即使再動帑銀，大加挑濬，而潮汐往來，恐流沙仍復漲滿[三]，實係無裨塘工，相應請旨將引河工程停止疏濬，庶有用之金錢，不致糜費於無用之地矣。再引河地方，原設通判一員，經管疏濬事宜。今引河既無裨益，通判應宜裁汰。查仁、寧二邑海塘，延袤一百餘里，向設東西海防同知二員，分段管轄，工多汛險，不無鞭長莫及之虞。現今修舊建新，二工並舉，正在需員辦理，請將引河通判調駐海寧，查明華家衖以東、浦兒兜以西所有柴、草塘工，分交該通判管理修防，以專責成，實爲有益。其調撥引河塘兵四百名，應請一并撤回仍歸塘工，以供力作。

大學士嵇曾筠請停堵塞尖山水口疏 雍正十三年

海寧東南尖、塔兩山，鎮鎖海口，相去二百餘丈，從前原係接聯，嗣後水勢冲開，海潮江溜出入其中。附近尖山一帶海塘，未免當冲受險。河工建築挑水大壩[三]，每長一丈，挑溜十丈。今尖山壩工，若能照舊堵塞，約長二百餘丈，計算挑水二千餘丈，則依山一二十里之内可望沙漲，於就近工程尚爲有益。或言堵築尖山，通工沙漲，不用修塘者，固屬虚張之語。或言因尖山既堵，致令海塘受累者，亦非持平之論。惟是口門溜緊，必須多備料物堆藏現成。誠如世宗憲皇帝諭旨，一舉而就，方能合龍收效。查該工自上年九月迄今，一載有餘，雖經築完一百餘丈，而未堵之處尚寬七十餘丈，潮汐往來，溜勢日加湍激，合龍甚是艱難。零星抛擲塊石，隨波漂淌，所積者少，所坍者多，曠日持久，告竣無期。現在修築舊塘坦水所用塊石，又須於尖山各宕内就近分撥運用，以濟急需。採辦石料不能兩工兼顧，緣坦水工程必當乘此冬季水落潮平、底灘畢露之時，上緊修築，稍有遲延，春潮一長，底灘俱在水中，難以措手施工，則百里危塘，無所捍衛，關係甚大。况尖山水口，一時不堵，猶可留爲後圖。臣悉心相度情形，酌量緩急，請將尖山採辦堵壩之塊石，擇其大者，儘數運赴東西兩塘，儹修坦水。俟坦水工竣之後，再爲廣藏石料，預備齊全，另行設法堵截尖山，務期一舉合龍，庶塘壩工程先後得宜，兩無貽誤。臣因坦水工程緊要，除移行在工諸臣撥運尖山大塊石上緊修砌外，謹將尖山壩工暫緩緣由，繕摺奏明。

大學士稽曾筠題報塘工疏乾隆元年

臣欽奉恩命，總理浙江海塘，相度機宜，前築坦水，後帮土戧，並將塘身擇險興修，當令庀材鳩工，趁此水落潮平，并日儹築，以便抵禦春汛。業經恭疏奏明，惟是時届嚴冬，誠恐海濱風雪易致水凍，則物料、夫匠濡滯不前。荷蒙皇上德敷宇宙，仁政流行海澨山陬，陽和廣被，自興工迄今，經歷隆冬，天氣晴和，今萬餘丈之坦水已築七分，計於二月初告竣。其通塘土戧，以及擇險重修之塘身，晝夜催趲，期於三月内一律完工，庶伏秋大汛，得資保護。其應需歲修保固之處，亦預爲籌畫、儲備。總之，舊塘工程如營室之第一層門户，必得高其閈閎，厚其垣墻，以爲外禦，斷不可畏難苟簡。臣惟有恪遵聖諭，督率工員，愈加勉勵，勤事修防，務期補偏救弊，先將塘工首險工程趕築完竣，然後將次險各工逐漸修整。舊塘固，而新塘方可戧建[一四]，統容次第辦理，所有現在江海水勢工程、平穩情形，理合具題。

工部覆大學士稽曾筠奏明修築土戧坦水議乾隆元年

大學士稽曾筠疏稱：『仁和、海寧二縣東西兩塘，捍禦海潮江溜，保護七郡民生，攸關緊要。臣抵浙後，目擊塘身坦水傾矬潑卸、卑矮殘缺，在在受險。查舊塘工程，逼臨江海，風浪易於衝擊，必得高寬堅厚以爲外禦。臣即董率文武員弁，鳩工購料，分段搶築，指示做法，上緊儹辦。本年五六月間，霉雨連綿，上游山水驟漲，海潮汹涌，舊塘一律高厚，足資捍衛。除應築魚鱗大石塘，容臣保固，秋汛後詳審水勢，通盤酌估，次第興舉外，所有修築舊塘土石各工，應用工料、銀兩，帮築沿塘土戧，共長一萬三千九百九丈，計用土方埽料銀八萬七千三百六十兩三錢七分三釐零，修補坦水共長八千四百四十四丈二尺，計用工料銀七萬一千五百二兩一錢七分六釐零，擇險搶築石塘共長一千一十二丈三尺五寸，計用工料銀五萬七千八百四十六兩五錢九釐零，通共工料銀二十一萬六千七百九兩六分零。內塘坦各工魂石一項，需用繁多，採自各山，路途遠近不等，運脚多寡不一，統俟報銷時查明數目，分別報造。至於加帮土戧，需用土方，酌量宜於取土之處購買民田應用，仍將所買民田額徵錢糧照例查明題豁。再查沿塘民舍緊貼塘身，其有估碍加帮土戧之處，照例給銀移建，所用錢糧與購買民田價值，一并確核題銷。除寧邑南門外，貼近城垣之石塘五百餘丈，并翁家埠一帶加鑲柴草工程需用物料銀兩，現在另行確估詳報外，再查東西石塘内擇險搶築外，凡尚可支撑之處，一時不能全行甃砌，伏秋大汛届臨，督飭東西兩塘同知、暨在工文武人員，分段防護，遇有樁朽石矬處所，查勘明白，彙入歲搶案内，相機修守，隨時粘補，以禦汛水。』

應如所奏，行令該督將前項應修、應築各工，照數動支銀兩，發給承修各員，上緊辦料修築，務期如式堅固，工完將用過銀兩照例造册題銷。至所需魂石，應於題銷册内將路途遠近、運脚多寡詳晰聲註，以憑查核。其加帮土戧需用土方，應令該督酌量於取土之處購買民田應用，其所買民田應徵錢糧，照例題請豁免。至於沿塘民舍，有碍加帮土戧處所，照例給與銀兩，令其遷移，其給過銀兩數目及購買民田價值，一併入於題銷册内據實核銷。其東西石塘内，凡可支撑之處，該督飭令東西兩塘同知并在工文武人員速行分段防護，遇有樁朽石矬之處，立即查勘明確，相機修守，隨時粘補，以禦汛水，仍將修過工程[一五]，彙入該年歲搶册内聲明具題。所有寧邑南門外石塘并翁家埠一帶加鑲柴草工程，需用物料銀兩，應俟該督造册題估，到日再議可也。

大學士嵇曾筠請築魚鱗石塘疏 乾隆元年

舊塘坦水及塘身傾圮、卑薄之處，臣業經勘修堅固，又全塘建築土戧，以爲倚靠，以資捍禦，亦於本年四月間儹築完竣，現在伏秋大汛，藉以護衛。至大魚鱗石塘，乃經久保固之工，自應於霜降後次第興工，以垂永遠。臣於上年九月間抵工之始，目擊江海形勢，奔趨北岸，日夜冲刷，危險異常，實難臨水施工。再四思維，議於舊塘背後，另度基址，建築魚鱗石塘，業經奏明，但查舊塘之後，越築大塘，需帑浩繁，曠日持久。如果水勢仍前危險，萬不得已必須擇基另建，自不敢惜費因循。今春夏以來，仰賴我皇上德福隆盛、精誠昭格，江海形勢漸向南趨，海寧東西兩塘，日夕漲沙，較上年情形，已不啻逕庭之别。辦理工程，貴在審度形勢，因地制宜，庶幾帑不虛糜，工收實效。今水勢既已條順，塘根又漲護沙，則所議魚鱗大石塘，應即在於舊塘基址，清槽釘樁，如式甃砌，不必於舊塘之後擇基另建，更覺費省功倍。謹遵世宗憲皇帝『不可那移寸步』之諭旨，以成一勞永逸之鉅工，實爲萬全無弊。臣往來仁、寧二邑塘工，悉心相度，衝要之地暨海寧南門外遶城險工，共應改建魚鱗大石塘六千餘丈。查蘇州、紹興各山宕一年内所採條石，可供塘工二千餘丈之需。每年於伏秋潮大之時，購備木石料物，鳩工鏨鑿合式，乘冬春水落之際開工儹築，通計二千餘丈塘工[二六]，三年之内可以全竣，從此長塘堅厚，永資保衛沿海民生，永慶平成於億萬斯年矣。

大學士嵇曾筠請造運石海船疏乾隆元年

修築塘坦工程所用條磈石料甚多，必由海洋轉運，需船緊要。從前，俱係僱調商民船隻撥發應用，無如沿海漁船板片卑薄，難以撑禦風潮，每有漂失之虞。各場滷船，長年在工運石，不能回場載滷，多致煎辦稽遲，既苦累民間，又貽誤鹽務，究於大工石料仍不能應手接濟，實無裨益。將來修建魚鱗大石塘，約用條石五六十萬丈，需船更殷。與其僱調維艱，滋弊誤工，不如建造船隻，便宜適用。且採辦石料原定有水脚銀兩，如用官船載運，則前項水脚即可按數扣存，除支給舵水工食并更換篷索、修艌船隻等費外，餘剩銀兩儘數存公，將來塘工告竣，仍可撥發各場變價運滷，庶帑不虛縻，工收實效。臣因海塘運石急需船隻，檄行五十隻，每隻估需工料銀二百六十八兩九錢二分零，業經先後報竣，動支銀一萬三千四百四十六兩三錢零，陸續給發，合行題明。

工部覆大學士嵇曾筠請續魚鱗石塘議乾隆二年

大學士嵇曾筠疏稱：『浙省海塘，自浦兒兜大石工尾起，至尖山段塘頭止，共應建築魚鱗大石塘五千九百三十丈二尺。內自寧邑遶城石塘迤西，地勢稍爲卑下，應估用條石一十七層，計砌高一丈七尺。內首險工一千四百二十丈一尺，估需工料銀二十五萬三千二百五十三兩九錢七分五釐零，次險工九百八十三丈九尺，估需工料銀一十七萬五千七百六十兩六釐零。自寧邑遶城石塘迤東，地勢更爲卑下，應估用條石一十八層，計砌高一丈八尺。內首險工二百九十一丈五尺，估需工料銀五萬二千九百六十二兩一錢九分四釐零，次險工三千二百三十四丈七尺，估需工料銀五十八萬七千七百七兩七錢一分七釐零。通核料物夫工，總共估用銀一百六萬九千六百八十三兩八錢九分三釐零。查估建工程，雖經陸續委員承築，一時未能普例完竣，并未經派委承築各工，如伏秋大汛，石上鑲柴，不無矬墊之處，關係緊要。隨遴委廳印效力等官三十一員，先行分修大石塘二千九百七十四丈一尺，其餘應修大石塘二千九百五十六丈一尺，容臣次第興舉，以垂久遠』。應如所奏，將先修大石塘二千七十四丈一尺上緊儹修[一七]，其餘應修大石塘二千九百五十六丈一尺，陸續次第興舉可也。

大學士嵇曾筠請建遶城條石坦水疏乾隆二年

海寧縣南門外一帶塘堤，保護城垣，攸關綦重。經臣奏請，建築魚鱗大石塘五百五丈二尺，委員領帑承辦，於本年五六月内陸續告竣。但遶城石塘，捍禦潮汐，全賴坦水相爲保護。查雍正十二年冬底，歲修磈石坦水，潮汐往來，易於潑卸，必須加築條石坦水，庶能捍禦海潮。兹據布政司張若震等詳估，除將坦水舊有條石抵用外，共需工料等銀一萬五千三百三十兩三錢零，已飭委原築石塘各員領銀承辦，理合具題。

撫臣盧焯請停止草塘歲修疏乾隆四年

臣自乍浦至杭州，相度江海情形，原估建石塘五千九百三十餘丈，已完工者一千餘丈，未完工者二千八百餘丈，未經派築者二千三十餘丈，臣親履各工逐細查勘，石塘高寬堅固，足以垂諸久遠。惟仁和、海寧二縣交接地方草塘一帶，通共四千二百一十八丈零，經大學士稽曾筠移駐通判一員，專管草塘工程。每年約費歲搶修銀一、二萬兩不等，所用夫工銀兩，通判支給。應需柴薪，派定仁和、錢塘、富陽、建德、桐廬、分水等縣分辦，歲以爲常。切思水勢之遷徙，隨時更易；工程之緩急，亦隨時變通。從前，潮水貼塘而來，自應築堤攔阻。今水勢日南，漲沙綿亘數十里，刮滷煎鹽，已成原野，每年猶事歲修，殊屬糜費，似應將草塘歲修暫行停止。

撫臣盧焯請建草盤頭疏乾隆四年

海寧縣濱臨大海，向係土塘，於潮汐頂冲之處，建築柴草盤頭，以挑大溜，暫爲抵禦，原非經久之圖，而水鹹草朽，修補所在不免。迨乾隆二年，改建石塘以資保障，萬年鞏固，民慶更生。其時潮水尚激，塘身猶藉草盤頭挑溜，是以水緩之地，皆改建石塘，其有草盤頭處所，仍是土塘，未在題估之内。今水勢南遷，漲沙日遠，塘根之外，皆成平陸，則無溜可挑，草盤頭已屬無用，而每年於旱地之上鑲填柴草，殊屬無謂。臣之愚見，草盤頭不必加鑲，其後身土塘，一律改建石塘。不但柴草工程停止，節省浮費，而東西兩塘大工，可以接連，愈加堅固，可以一勞永逸。查草盤頭原設十座，除陳文港一座已於查勘江海等事案内搶築石塘外，尚有浦兒兜、馬牧港、戴家石橋、秧田廟、賣魚橋、小墳前、鄭九臯門前、白墻門、念里亭等九座，通計塘身共一百六十八丈六尺。倘蒙俞允，飭令兵備道確估修築，則錢糧俱歸實用，大工始得一律完竣矣。

撫臣盧焯請續築尖山未堵工疏乾隆四年

尖山壩口，爲江海出入之處，有未竣工程數十丈，原因其險不能堵塞，故前大學士稽曾筠奏稱請暫行停止。第查尖、塔兩山之間，原有石壩爲前人拆壞，以致潮浪汹涌，直衝東西兩塘。今水勢南趨，經由父子山外，壩口僅通洄溜，已化險爲平矣。但水性何常，前之北走者，今可南趨，則今日南趨者，安知不仍北走。以今日觀之，堵塞尖山，在所可緩。以善後計之，實在所急也。大學士稽曾筠請暫停者[一八]，以溜勢日加湍激，合龍甚艱，所由塊石兩工不能兼顧[一九]，儘數運至東西兩塘儹修坦水，俟工竣之後，另行設法堵截，原未嘗以尖山壩工可以竟置不議。今湍激之勢已平，坦水工程已竣，一舉合龍似在此時。查尖、塔兩山，相去二百丈，已築壩工一百二十丈，未竣者僅有八十丈，從前原深九丈至一十二、三丈不等，今現中泓深一丈九尺[二〇]，近壩頭深一丈六尺，近塔山深一丈三尺，則寬處僅有三分之一，深處僅有十分之一，遵照原議，以塊石裝入竹簍，由淺至深，可免漂流之患[二一]，築高五丈，即足以資捍禦。臣謹繪圖恭奏。

撫臣盧焯請開濬備塘河疏乾隆四年

浙省魚鱗大石塘，現在建築，惟是築塘全資石料，向由海運直達工所。今漲沙一望無垠，石船不能攏塘，抬運艱難，人皆束手，不但工費浩繁，亦且耽延時日，不得不熟籌挽運之法，以濟鉅工。查尖山迤東海鹽縣境内三澗寨高矮石塘之外，海船可以抵塘，塘内舊有河形，計長一千五百三十六丈，可達海寧縣，而寧邑之東西土備塘内外，從前取土築塘，已挖成河形。自尖山以至天開河，計長一萬四千三百七十餘丈，即達仁和縣之范家木橋，又自范家木橋至殊勝橋，皆有舊河，計長六千五百六十丈，即達省城。若循故道一律深通，舟楫往來，風濤無阻，不特到工石料可免沙地扛抬，一應柴草木植皆可由内河轉運，誠屬至便。且在工官弁夫匠人等，需用米糧、食物甚多，水路易行，可以聚集商賈，四野田連阡陌，宣泄有地，灌溉有資，可以利益田疇，附近許村、西路等場，柴滷鹽艘遄行不滯，可以有裨鹽務。除東塘段内各工員捐濬一千七百一十三丈[三]，又現在深通二千七百四十五丈，西塘段内有原任大學士臣嵇曾筠動用塘工餘平銀兩，已經開濬二千八百六十七丈外，通計仁、寧、海三縣共應開一萬五千一百四十丈，築壩、車戽、挑濬夫工，需銀九千四百一十五兩零。議撥乾隆二年咨報節存鹽務引費一項，原係留充海塘工用，此河乃海塘所必需，實爲緊要工用，隨即派委弁員乘農隙之候，分股開濬，遴選大員，督催儹竣，將見大工物料挽運便益，商竈兵民永資利賴矣。

撫臣盧焯請築仁錢等縣江海塘埭疏 乾隆四年

仁、錢、山、蕭等縣江海塘埭，均爲民生捍衛。今仁、寧二縣海塘，水勢南趨，漲沙日遠，北塘一帶，已如磐石之安。現在嚴督催趲，以竣巨工，但海沙北漲，潮汐南趨，以致仁、錢等縣江海塘工，在在險要，惟在先事圖維，以期有備無患，業將飭行確估，分別緩急，次第修築，緣由具摺奏明。欽奉硃批『先事預防，正當及早圖維者也。欽此。』又經飭行勘估，仁和縣自總管廟起至化支廟等處江塘七段，共長七十六丈；錢塘縣自流芳嶺起至獅子口、張介凡等門首江塘二十一段，共長九百二十丈，坍矬脹裂，俱係險工，共估需工料銀五萬九千七百六十六兩九錢九分五釐零。又山陰縣大林村之大璉樹[三]、新城村等四段，湊長石塘六百一十五丈；小石橋等十六段，湊長土塘一千四百七十六丈；會稽縣蠷浦等五段，湊長石塘三百九十六丈；宋家漊等六段，湊長一千四百四十八丈；蕭山縣了义塘等三段，湊長石塘二百九十四丈；上虞縣潭村、吕家埠等十段，湊長土塘一千四百三十九丈；又貼建防風掃工二段，計長一百四十一丈；又蕭山、山陰二縣所轄之麻溪壩一座，矬裂坍卸，有關啓閉，俱屬險工。共估需工料銀七萬三十兩七錢四分八釐零，亟應乘時上緊興築，請於撥存乾隆四年地丁等款内動支，陸續給發各員辦料，趕築完固，以禦潮汛。

校勘記

[一]《敕修兩浙海塘通志》『目』作『日』。

[二]《敕修兩浙海塘通志》『需』作『須』。

[三]《敕修兩浙海塘通志》『沆』作『坑』。

[四]《敕修兩浙海塘通志》『汁』作『汗』。

[五]《敕修兩浙海塘通志》『一灌砌』作『一塘身石工，應擇險修砌也。查磈石壘塘，既無灰漿灌砌』。

[六]《敕修兩浙海塘通志》『販柴』作『柴販』。

[七]《敕修兩浙海塘通志》『銜』作『啣』。

[八]《敕修兩浙海塘通志》『逃』作『迯』。

[九]《敕修兩浙海塘通志》『舩』作『船』。

[一〇]《敕修兩浙海塘通志》『查訪』作『訪查』。

[一一]《敕修兩浙海塘通志》『督令常川力作』作『督令兵丁常川力作』。

[一二]《敕修兩浙海塘通志》無『恐』字。

[一三]《敕修兩浙海塘通志》『河工建築挑水大壩』作『查河工建築挑水大壩』。

[一四]《敕修兩浙海塘通志》『戧』作『創』。

[一五]《敕修兩浙海塘通志》『程』作『段』。

[一六]《敕修兩浙海塘通志》『二』作『六』。

[一七]《敕修兩浙海塘通志》『將先修大石塘二千七十四丈一尺上緊債修』作『將先修大石塘二千九百七十四丈一尺上緊債修』。

[一八]《敕修兩浙海塘通志》『大學士稽曾筠請暫停者』作『大學士稽曾筠議請暫停者』。

[一九]《敕修兩浙海塘通志》『由』作『用』。

[二〇]《敕修兩浙海塘通志》『今現中泓深一丈九尺』作『今現在中泓深一丈九尺』。

[二一]《敕修兩浙海塘通志》『漂』作『飄』。

[二二]《敕修兩浙海塘通志》『除東塘段内各工員捐濬一千七百一十三丈』作『除東塘段内各工員已捐濬一千七百一十三丈』。

[二三]《敕修兩浙海塘通志》『璉』作『槤』。

欽定四庫全書海塘録　卷十六　奏議四

工部覆撫臣盧焯請將緩修工改建石塘議乾隆五年

巡撫盧焯疏稱：『海寧縣一帶海塘，殘缺卑矮、難資捍禦者，通行改建魚鱗大石塘，先後委員承築。今查東塘緩修工內，有潘介山屋前舊塘三十九丈五尺，又洪文舍西舊塘三十丈，現在椿朽石卸，塘身矬墊，亟須一律建築魚鱗石塘，以垂永久。照例砌石一十八層，計高一丈八尺，共估需工料銀一萬三千九十一兩八錢三分零。查浙省海寧縣東西一帶塘工，先據前任總督稽曾筠分別緩急，先後興工，其塘身殘缺卑矮者，題請改建魚鱗大石塘五千九百餘丈，委員陸續派築。』

經臣部於乾隆二年八月內覆，令次第興舉，今東塘緩修案內有潘介山屋前并洪文舍西舊塘等共六十九丈五尺[二]，該撫既稱現在椿朽石卸，塘身矬墊，亟需建築魚鱗石塘，應如所題，准其動支工料銀兩，建築魚鱗石塘，以資捍禦可也。

工部覆督臣德沛請將柴塘改建石工議乾隆五年

閩浙總督、鎮國將軍、宗室德沛疏稱：『仁、寧二縣東西兩塘，既已改建魚鱗大石塘，而寧邑之老鹽倉以西至仁邑之章家庵止一帶，仍係柴塘，未經議改。蓋柴塘之設，因康熙五十六、七年間，潮水冲刷，外沙坍塌，報險頻仍，欲建石工，迫不及待，經原任撫臣朱軾用柴搶築一千餘丈，暫爲保護，原止堵禦一時，並非一勞永逸之計。是以雍正十年、十三年及乾隆元年，風潮大汛，易於坍蟄，分頭搶堵，始獲平安。今雖外沙復漲，竊恐海潮南北不常，浮沙去來無定，伏讀世宗憲皇帝諭旨：「海塘雖漲沙數百里，亦不足恃。惟堅築大石塘，始可經久。」聖明論定，誠爲不易之良規也。從前東西兩塘改建石工，而柴塘仍舊者，彼時潮勢洶涌，塘外水深，難以釘樁建石，是以未經議改。今則沿塘沙漲，人力易施，此誠時不可失，千載修築之良會也。臣等悉心相度，必得一律改建石塘，方可永久。又恐土性虛浮，難於釘樁甃石，未敢冒昧舉行，先於海龍洋等處最爲險要之地，遴員試築樣工二十丈，以覘地勢，完工數月，堅固特立，是柴塘之可改石，已有明驗。臣等細矚情形，公同集議，應自寧邑老鹽倉石塘至仁邑章家庵止，照依現在試塘式樣，改築石塘，計長四千二百餘丈，約需工料銀九十餘萬兩。此項工程自應趕竣，但各山所採石料，除浙江各工需用外，所餘無幾，應請分限五年内，庶得從容辦理。至應動庫項，查浙江鹽課、正課之外，有公費一項，每年徵解銀二十餘萬兩，請以此項銀兩撥充改築石塘之用。如蒙俞允，容臣等督率司道將一切物料價值，如有不敷，酌核加增，確估題報。其餘因時審勢以及經修管人員[三]，分隸兼轄，調遣委用之處，臣等另行奏聞。』

查浙省海塘工程，先於雍正十一年正月内，荷蒙世宗憲皇帝欽命，内大臣海望等前往浙江，會同總督程元章將海塘工程通盤相度形勢，籌畫事宜，應作何修築之處詳細查勘，悉心定議具奏，隨經内大臣海望等欽遵確勘，將應修、應築石土塘閘等工，共約估銀一百九十餘萬兩，經工部覆准，酌量工程緩急，先後興修。

續於乾隆四年正月，該撫盧焯奏稱：『仁和、海寧二縣交界地方草塘一帶，通計四千二百一十八丈，今水勢日南，漲沙綿亘數十里，刮滷煎鹽已成原野，每年猶事歲修，殊屬糜費。況塘在平陸，不用搶修，應將草塘歲修暫行停止。』

今該督德沛等勘得仁、寧二縣百里塘堤，修防盡善，惟老鹽倉以西至章家庵止一帶，仍係柴塘，一遇風潮，易於坍墊，勢難保固久遠，必得改建石塘四千二百餘丈，約需工料銀九十餘萬兩，以垂永久。臣等伏思，水勢之遷徙，原係隨時更易，而工程之緩急，亦宜隨時之變通[三]。今仁、寧二縣一帶柴塘，該督等奏請改建石工，固屬圖維經久之計，但查先經該撫盧焯以現在水勢日南，前項塘工漲沙，綿亘數十里，歲加修補，殊屬糜費，業經奏請停止，是柴塘之歲修，猶且可停，而石工之改建，尤非急務。且查内大臣海望勘估之石塘一萬餘丈，現在陸續興修，未據完工，所需各山石料，江浙兩省塘工購買，出産不能充裕，未獲剋期完竣。臣等再四酌議，沿塘沙漲，已成平陸，又有柴塘捍禦，工似可緩。應將該督等所奏老鹽倉以西一帶改建石塘之處，俟現今已估應建石塘各工修築完竣後，該督等再行詳勘形勢，相度機宜，應否改建具奏，到日再議可也。

工部覆督臣德沛請建石工不必俟魚鱗石塘完工後舉行議乾隆五年

閩浙總督、宗室德沛奏稱：『寧邑之老鹽倉迤西、仁邑之章家庵一帶塘堤[四]，前因被潮沖刷，異常危險，斯時欲建石工，緩不可待，隨經陞任撫臣朱軾用柴搶築，原爲保護一時，並非一勞永逸之計。年來仰荷皇上敬誠昭格，海不揚波，通塘漲沙，綿亘數千里[五]，石草各塘悉屬平穩，是以撫臣盧焯奏請暫停歲修草塘，蓋就目前情形而論也。但海潮南北不常，浮沙坍漲無定，臣悉心相度，必得一律改建石塘，方可垂諸永久，又慮土性虛浮，難於釘樁甃石，先將險要之地，遴員試築樣塘二十丈，完工數月，堅固特立。隨公同集議，應自老鹽倉起至章家庵止，改建石塘四千二百餘丈，約估工料銀九十餘萬兩，動支鹽務公費銀兩，分限五年從容辦理，會摺具奏。廷議以應俟現今估建石塘各工修築完竣，再行勘議。伏思浙省海塘，攸關七郡生民，東西兩塘俱經改建石工，不因漲沙停止，獨草塘仍循其舊，萬一風潮不測，衝去護沙，水勢由此直趨，浸灌內地，不但臨時搶堵不及，爲患匪淺，即使費盡周章，恐所費更無算矣。前此撫臣盧焯但請暫停歲修，乃一時之節省。臣請改建石工，實萬世之利賴。臣因目擊柴塘之歲修，固應暫停，石土之改建，斷不宜緩。今不支正項，而動鹽務公費，於國帑無損。現在東西兩塘魚鱗大工，漸次興築，陸續報竣，石料日見充裕。況原議分年辦理，已分別緩急，並行無礙。乘此沙漲，則人力易施；蚤爲經營，則事半功倍。』

查海塘綿亘百有餘里，原以抵禦潮汐、捍衛城社田廬，倘一處潮水灌入，則全塘工程俱屬虛設。應如所請，准其自老鹽倉以西一帶草塘，改建石工四千二百餘丈，分限五年完竣。其所需工料銀九十餘萬兩，亦准其在於鹽務公費銀內動支，給發辦理可也。

工部覆左都御史劉統勳會勘海塘情形議 乾隆七年

左都御史劉統勳奏稱：『搶修柴工，需柴正殷，柴價時值九分，部定則例止准六分。前大學士稽曾筠行令據實造報，每百斤給價九分，緣較部價不符，屢奉駁減，今次購辦柴薪，商民觀望不前，若不照時價給發，誠恐貽誤要工。請准照實價九分報銷，庶緊要工需辦運不致遲誤，於修防實有裨益。』

應如所請，浙省塘工所需柴薪准照每百斤給銀九分，但柴薪價值時有低昂，今因價昂貴每百斤加至九分，原不得著爲成例。嗣後，如遇柴薪充裕之年，即行嚴飭承辦之員減價購買，據實估銷，毋得以少報多，任意加增，致滋浮冒。

大學士高斌請於柴石塘後加築土堰疏乾隆十三年

錢塘江中、小亹引河，冲刷深通。臣等查勘海塘南岸情形，俱屬完整，實可不費修築。其北岸塘工，仁和、海寧二縣自章家庵至尖山脚止，新舊大石、磈石、柴草、土塘共長一萬九千數百餘丈，並皆鞏固整齊。塘外向日洪濤巨浪之區，今則遍成場竈。遥望新漲淤灘，綿亘四五十里，而中小亹引河導引江溜暢流直下，全塘得保無虞。臣等睹江海之安瀾，溯成功之匪易，善後之策誠宜審慎。恐偶遇大潮上灘，或值颶風涌起，潮頭濺水上塘，不可不慮，但得塘後土堰擋護周匝，則坡土不傷即無妨碍。除八仙石起至章家庵老土塘四千七百餘丈另有外護土堰，現議加高原塘無須加築土堰。今應自章家庵起至尖山脚下凡石、柴草塘頂上後邊，一律加築土堰，底寬一丈二尺，頂寬八尺，高四尺，共長一萬四千數百餘丈，將舊有存塘土牛抵用外，約估爲銀六千六百餘兩，係善後緩工，限以二年爲期，於農隙之時陸續築成，以資保衛。再自仁和縣江塘迤東，至章家庵民築土堰量長六千二百餘丈，原爲八仙石迤東老土塘之外護，惟是堰身原有高下厚薄不齊，不足禦異常潮患，必須統體加培高厚，與東西兩頭塘身平接，包裹老塘在内，庶爲有恃無恐。但若派民工作，力有難齊，約估需土方銀一萬二千八百餘兩，亦限二年完竣，連前項通塘加堰，約共估需銀一萬九千四百餘兩，毋庸動銷正帑，並請在於節省引費留備海塘工用項下動支。其間或有盈縮，工完核實另題。

撫臣顧琮奏明江潮直趨大溜疏乾隆十三年

中、小亹引河故道，於十一月初一日以後，江流直趨，大溜今歸，衝刷河身甚爲深寬，沙地居民有拆屋移徙者。經臣等酌照災賑坍房給修之例，按户給發銀兩，以資遷費，并飭加意撫恤寬裕，俾各得所。伏念中小亹暢流，則南北兩岸水遠沙長，塘堤鞏固，實可慶幸。惟是沙地居住之民，田驟被衝坍，雖已給與遷徙之費，而時届歲暮，不無因拆屋搬移致有拮据。臣等仰體皇上子惠元元至意，擬查無力之户，給與口糧，以資卒歲。現查明無力者六百五十户，每户酌給米五斗，如動穀碾米，未免羈遲，今以銀兩按照時價折給，約需銀五百兩，動支公項散給。除已飭行查實給發，俾無失所外，所有辦理緣由，臣謹會同閩浙總督喀爾吉善恭摺奏明。

大學士訥親海塘善後事宜疏乾隆十三年

臣同巡撫顧琮於本月初一日渡江，由白鶴浦登陸，前至新開引河，又回舟往紹興應宿閘至姚家埠、宋家漊一帶看閱海塘南岸，復由杭城起，查看北岸一應土石[六]。至海寧尖山等處，臣看得現在江水大溜，悉歸中、小亹，暢流直下，北大亹漲沙已成平陸。臣等從翁家埠下堤前往，相對葛嶴山北沿水之處，約計二十餘里皆係老嫩沙灘。老鹽倉堤外老嫩淤沙約二十里，直接蜀山北面，自葛嶴山至蜀山，約長二十餘里。其山北一帶，西通江水，東接海潮，雖非大溜經由，其水面尚寬八九里許，大汛水深五六尺，小汛水深二三尺不等，附近載滷、運柴小船可以乘汛往來。其海寧南門石塘外，亦漲有老嫩沙灘，約寬一十五里。大、小尖山脚老沙約寬一十三里至十五六里不等。以上老沙，多有生草者。較之乾隆九年，臣閱視北塘溜經蜀山之北沙護塘根之勢迥不相同。又勘得南大亹老沙，綿亘自塘至水，近者六七里，遠者至二十餘里，現在亦無險慮。至中小亹引河自上年十一月内冲開以來，初寬二十餘丈，今已至四百五十餘丈。是年至四五月内，已冲刷三里之寬。合之江海形勢，若至大汛，北岸仍不能無臨塘之水，南岸文堂山脚現已落水，其勢已向南趨。文堂、禪機山以南，應相機利導，使兩山全落水中，則中亹寬展，經臨大汛，庶可分北岸之潮水。至于錢江大溜，雖行葛嶴山以南，而逼近山脚之水仍復從山後一帶漫流，現在刷有堰溝，長五六里，深五六尺不等。江溜初向南行，當防其仍復故道，此處應設一竹簍碎石滚壩，以禦冲刷，使江水仍由壩漫流，不致奪流且可殺江海泛漲之水。其蜀山至尖山一帶，中有堰溝數道，尚有乘潮汛行舟往海寧者，亦不便任潮水冲刷深長，應酌看形勢，或於水口，或於中段溝尾，稍加堵禦，預防直抵塘根，以期潮退沙淤漸成灘地。又南岸會稽縣屬宋家漊地方，東有曹娥江，西有三江閘水，俱滙歸北流入海，而海潮汛發，阻遏江流，從前錢塘江走北亹相去尚遠，今江水改由中亹，較前已近，遇潮水長發遏仰〔七〕，曹娥、江水二水並長，難免堤岸不致漫溢，亦應加意防護。臣與顧琮俱詳悉指示海防道鄂敏，令其相機辦理。再查南岸一帶海塘，因安瀾已久，並未設有專司塘汛之員弁兵丁，今江水雖離塘遠近不等，然既向南趨，當派官兵駐宿，不時查勘全岸塘工。應移駐官弁，相度沙之坍漲有無裨益，並潮水長落情形，一一熟知，隨時調劑，可免興修大工，兩岸數部居民共受安瀾之益。應請敕交該撫於海防兩營内派撥官兵，於南岸塘工及附近臨河一帶駐宿，隨時查看，再分派兵弁於中亹北之河莊山居住，就近在葛嶴山、蜀山一帶上下巡視江海水勢，以便先事預防，俟今年六、七、八月大汛過後，水勢全局已定，於南塘工所酌量分建營房，以爲官兵駐宿之所。查前經大學士高斌奏准，將仁和縣江塘迤東至章家庵民築土堰，動支舊存塘工銀兩，加培高厚，此原係防禦異常潮患，所以分作二年修理，今奏請營造官兵房屋，應需工料即移此項先爲動用，其修築民堰銀兩，再展年限，陸續修理。

撫臣方觀承海塘善後事宜疏乾隆十三年

臣恪遵聖訓，覆查原奏，悉心辦理，謹將善後事宜各條詳加籌酌，並有應類及者，逐一開陳，恭呈聖鑒。一北塘大小潮溝，宜分別堵禦，以防冲刷也。查北塘外漲出老嫩沙塗，直接河莊、巖峰、蜀山，乃江海經由之北大亹舊道。今自五月以來，日漸淤墊，河莊山後有沙南北橫亘如脊，細看此處，因潮以爲長落，其江身正溜由引河直下，已深五尺有餘，似不至虞其改溜，但江海之冲刷靡定，若設竹簍碎石滚壩以殺汛勢，俾水退沙留，易於淤積，更屬有益。緣在秋汛水勢方盛，且新漲子沙未實，時有潮水淹浸，工力難施，應請俟冬月後，酌勘水勢及沙漲情形，再行相機辦理。又查北塘八仙石汛起至尖山一帶，共有堰溝六道，其在馬界塘、將軍殿二處，潮溝均隔扶基圩民堰，不能到塘，似可無庸築堵。其在曹將軍殿、小墳前等處潮溝，祇係小水漫流，未至冲刷深長，亦可暫緩堵禦。惟三里橋塘外潮溝一道，長二千二百丈，口門寬一百八十丈，迎引潮汐，應於口門進内阸要處所，設立竹簍碎石滚壩一道，長四十丈，以禦汛水冲刷，約估需銀五百五十一兩零。又掇轉廟塘外，潮溝一道，長二千一百丈，口門寬衍，遠出大尖山外，順迎潮汐，溝尾仍寬十五六丈，深二三尺不等，今於口門進内七百丈之小尖山潮神廟前，就其地勢坌起處所，建築竹簍碎石滚壩一道，以截内灌之水，並可爲尖山石壩之外護，壩外寬濶平衍，潮勢回轉甚順，壩長二百三十丈，内一百三十丈，應築土壩，兩面用柴鑲墊，上加頂土迎水簽樁，其横截溝身之一百丈，應先用柴墊高，再排築竹簍碎石滚壩，共約估需銀一千一百四十餘兩。又小尖山至大尖山，大尖山至石宕山二處，逼近海濱，各有民築土堤一道，保護田廬，共長一千一百五十六丈，每于秋潮、大汛，輒多漫溢。乾隆九年，曾經動帑修築，又復兩被潮灾，屢蒙賑恤，民力未敷，難以修竣。臣詳加看閲，非建石塘不足以資捍禦而垂永久。且現議於潮神廟前，截築竹簍滚壩，其不過壩之潮水回溜趨東，則大小山圩正當其衝。應請於二處各建碎石塘一道，與滚壩工程同時並舉，約估需工料銀二千八百二十餘兩。但此處原屬民工，應照民堤民埝，如民力實有不敷，應照給發半價之例，就近交尖山汛弁員稽查管理。如有殘缺，即令民竈各户，隨時修補，以資保障。一南塘石土各工，宜分別緩急，預籌防護也。查南塘地勢較高於北，數十年來水行北亹，是以均無險患。今江海全溜，政由中亹東南，掠近雷山，過三江口，會曹娥江，誠恐潮遏江流，致虞漫溢。其石土各工之在山陰、會稽境内者，自應一律加高培厚，以資防護，仍令相度平險，分別辦理。查山邑各工，自李玉如屋後起，至四十五都交界牌止，石塘五十六丈，眉土淋卸；又自趙爾達滷地起，至石塘頭止，土塘五十八丈，邊坡殘缺；又自夾竈起，至夾棚止，石塘五百四十八丈，塘頂面石歪斜，均應加工修整；又宋家漊亞出土塘，圍長三十五丈，適當潮汐之衝，將低缺處酌加培築，再於塘内取直添築堅厚土塘一道，計長十六丈，新舊二層，以爲重門保障；又會邑各工，自大團交接外圍竈塘起，至宣港樓底止，土塘六百九丈四尺，塘身高下不平，邊坡殘缺；又接前工至七都舊石塘止，計四段，共長三百九十七丈[八]，塘身俱甚單薄，應行加幫；又自章神殿起，至沈則民田止[九]，石塘四十五丈，塘身矬陷，應加石二層，俾成一律，並培尾土；又接前工三十八丈，塘身臌裂歪斜，應行折修；又接前工三十八丈，塘身低矮，應加石二層，並加面土；又接前工至塘灣止，二百三十四丈，塘身單薄應幫；又自徐家堰起，至青山止，土塘五百一十丈，內二百丈塘身單薄應幫。以上山、會二邑各工，通共約估需銀六千四百八十七兩零，內急工銀三千三百一十八兩零，緩工銀三千一百六十八兩零，應請分年辦理。一南塘應派駐防員弁兵丁，分汛巡防，隨時經理也。查南塘各工，因安瀾日久，並未設有專員。今議分派員弁兵丁，駐宿其地，專司巡防，實爲因時制宜之要務。應請即於北塘各緩工內，量行調撥。查海防兵備道管轄守備二員、千總四員、把總八員、外委十六名、兵丁一千名，列爲左右二營，分防十二汛。除左營之海鹽澉浦、平湖尖山、鎮海五汛，右營之老鹽倉、翁家埠二汛，或係要工，或當衝道，未便抽撥外，其餘左營之念里亭，右營之八仙石、章家庵、觀音堂、靖海五汛，現在塘外沙塗遠漲，工程穩固，應即將此五汛弁兵全行撤撥南塘，按汛分防。計撥八仙石汛把總一員、外委一名、兵丁五十名，章家庵汛千總一員、外委一名、兵丁八十一名，觀音堂汛把總一員、外委一名、兵丁七十八名，靖海汛把總一員、外委二名、兵丁六十八名，念里亭汛千總一員、外委一名、兵丁六十七名，令右營守備一員移駐管轄。設立專汛，五處分防，五處自蕭山縣西興關起，至航塢山西瓜壢，爲第一汛，派把總一員、外委一名；自航塢山西瓜壢至山陰縣夾棚，爲第二汛，派千總一員、外委一名；自夾棚至會稽縣宋家漊宣港，爲第三汛，派把總一員、外委二名；自宣港至小金，爲第四汛，派千總一員、外委一名；自小金至曹娥江文昌閣，爲第五汛，派把總一員、外委一名。通共實在兵丁三百名，其守備一員，應於會稽縣之三江城駐劄，東西兩路塘工，巡查俱便，其餘弁兵，各按本界巡防。又北塘各汛，除調撥外，念里亭汛尚餘外委把總一名，並養廉守餉一名，應請歸入尖山汛協防、差操。又餘各汛馬兵五名，應歸入鎮海汛內管轄。又餘戰兵五名、守兵一十名，共兵十五名，公糧守餉一名。查平湖汛工，長四十四里，在在險要，原設兵五十一名，不敷應用，請俱撥入該汛操防、力作。又議於河莊山分駐弁兵，巡視中小亹水勢情形，應即於對岸之翁家埠汛內，分派外委一名、帶兵一十五名，前往駐劄。將河莊、葛嶴、蜀山一帶上下水勢，按日摺報，如當夏秋大汛，水勢盛漲，仍即隨時摺報，海防道不時稽查、巡閲，至撤撥弁兵之北塘五汛，就近分歸各汛管理之處。查八仙石、章家庵二汛工程，應歸於翁家埠汛經管；觀音堂汛工程，應歸於老鹽倉汛經管；靖海汛工程，應歸於鎮海汛經管；念里亭汛工程，應歸於尖山汛經管。均令汛弁按工巡防，其右營守備既已調撥南塘，所有原管之北塘柴石工程，均應統歸左營守備管轄，以專責成。一調撥南塘官兵，應請建給衙署、營房，以便棲止也。查北塘弁兵，既議抽撥南塘，分汛防駐，自應就地建造衙署、營堡各房，分給棲止。守備衙署二十二間，千把、外委住房共五十二間，合共估需銀九百九十二兩零。又馬、步戰、守實兵三百名，共需營房五百一十六間。沿海堡房四十座，每座三間，共一百二十間。二共營堡房六百三十六間，共估需銀五千七十五兩二錢八分。其營堡各房，應令地方官查明建造，如無就近官基，即買民地建造。至守備衙署應需之項，查有北塘所遺衙署營房，應飭令據實估變充用，毋庸另請動項，或需移用舊料，核實開除。一移駐右營守備，請鑄給關防，以昭信守也。右營守備向駐北塘，一應支給錢糧，俱用左營關防。今既移駐南塘，專司防護蕭、會、山等縣工程，以及兵馬、錢糧俱爲該備專責，應請飭部鑄給浙江海防道標右營守備關防，以重職守。一南塘應照北塘之制，并歸廳員管轄，以昭畫一也。南岸紹屬江海塘工，因海防道駐劄海寧，懸隔大江，歷係各該縣經管經收，由布政司衙門查核請銷。今既議撥海防道標營弁防守，不可無專管之廳員互相稽查。查有紹興府水利通判，會稽、山陰、蕭山三縣皆其所屬，應即將紹屬南岸海塘、江塘各工，專令該通判管理。遇有一切應修工程，地方官報明，該倅會同營備確勘，報明海防道轉詳請修，工竣造册，由道核銷。所有紹興府水利通判關防，并請添海防字樣，敕部鑄給，以昭信守。以上堵塞潮溝二處，建築竹簍碎石滚壩。又南塘修築石土各工，又調撥備弁、兵丁添建衙署、營堡各房，又改建大小山圩、磈石塘工，通共需銀一萬六千六百五十餘兩，内除守備、千總、外委衙署住房銀九百九十二兩零，即以北塘所遺衙署、營房估變抵項外，實需銀一萬五千六百六十兩零，内竹簍滚壩、兵丁營堡各房、大小山圩、䃣石塘工，共估需銀九千一百七十餘兩，均須同時並舉。其南塘修築石土各工，共估需銀六千四百八十餘兩，應請按其平險分作二年次第興修。又部覆大學士高斌條奏，仁和縣江塘迤東，至章家庵民築土堤，加培高厚，並自章家庵起，至尖山脚下，石柴草塘，頂上加築子堰等工，共實需銀一萬三千餘兩。臣查藩庫舊存塘工引費銀八千一百八十餘兩，又現據鹽驛道詳解司庫共實存引費銀一萬八千六百五十餘兩，堪以動用。今將現在應辦兩案工程，揆度情形，酌分緩急。現在引費已敷動支，其以後分年各工應需錢糧，均於每年節省引費銀兩動支。所有兩案應修分年各工，統行造具估册，送部查核，仍按已竣之工分年題銷。如分二年、三年之工，届期水勢、堤工情形，或有改異，應行增修之處，容按年勘估確實，奏請。至各工除竹簍碎石滚壩，係于海内水沙之上施工，例無保固外，其石土塘工並營堡房間，仍按照工竣，分别年限，照例保固。再移駐官弁、兵丁分管事宜，俟覆准後，另行造册，送部查核。

校勘記

〔一〕《敕修兩浙海塘通志》『今東塘緩修案内有潘介山屋前并洪文舍西舊塘等共六十九丈五尺』作『今東塘緩修案内有潘介山屋前并洪文舍西舊塘等處共六十九丈五尺』。

〔二〕《敕修兩浙海塘通志》『其餘因時審勢以及經修管人員』作『其餘因時審勢以及經修、經管人員』。

〔三〕《敕修兩浙海塘通志》無『之』字。

〔四〕《敕修兩浙海塘通志》『寧邑之老鹽倉迤西、仁邑之章家庵一帶塘堤』作『寧邑之老鹽倉迤西至仁邑之章家庵一帶塘堤』。

〔五〕《敕修兩浙海塘通志》『千』作『十』。

〔六〕《敕修兩浙海塘通志》『查看北岸一應土石』作『查看北岸一應土石塘工』。

〔七〕《敕修兩浙海塘通志》『仰』作『抑』，《海塘録》誤。

［八］《敕修兩浙海塘通志》『共』作『二』。

［九］《敕修兩浙海塘通志》『民』作『明』。

欽定四庫全書海塘録　卷十七　奏議五

督臣楊應琚請酌復海塘官弁疏乾隆二十四年

浙省江海塘工，向設海防兵備道，統率官兵興修防護。嗣因尖山石壩告成，中小亹引河暢流之後，北岸塘工較前平穩，乾隆十九年間前督撫臣奏准將海防兵備道裁汰，南北兩岸塘工歸併杭嘉湖道與寧紹台道專管。其原設員弁，除改撥杭、乍二營外，尚餘千總二員、把總四員、外委八員，均行裁汰。原改設馬步兵二千名，亦改撥杭、乍二營三百名，又改爲堡夫四百名，内准三百名防守北岸，以一百名防守南岸，尚餘馬兵四十名、步戰兵七十名、守兵一百九十名，均行裁汰。各在案，惟是江海坍漲靡常，情形亦因時更易。按海寧縣屬之中小亹地面窄小，不及南北兩岸大亹三分之一，是以向來水勢不徙面南，即徙面北。我朝一百餘年以來，江溜多由北大亹東趨入海。自乾隆十二年，始由中、小亹而行，實爲百餘年中僅有之事。今中小亹之下口門，因雷、蜀二山漲沙連接，水勢仍致北趨。現在北大亹河庄山已衝開港道大港，由中、北二亹水半分流。誠慮再歷歲時，中小亹漲沙日漸高起，水勢竟由北大亹直達，則北岸海寧縣一帶又爲全塘第一緊要之區。惟管理北塘之杭嘉湖道，前於在京時已奏允移駐海寧，就近經理石塘、草塘，悉關緊要，搶修防護，在在需人。現今北岸除可緩工程外，其緊要塘工計設塘兵一百八十三名，伊等每因歲支工食無幾，又未若兵丁之得以考拔上進，是以材技優長，工程熟諳之人，往往不願充當。其現充之堡夫，率多軟弱無能，難供修防之用，臣思黄河、運河皆設弁兵，以備搶築險工，而海塘尤重於黄、運，豈可祇令無能堡夫防守？今北岸海塘現在既屬要工，則原裁弁兵自應酌量議復，以資臂指，謹與司道暨熟諳營員等悉心籌畫，應請於原裁海防營千總二員、把總四員、外委八員，兵丁三百名之内，酌復千總一員、把總二員、外委三員，併馬兵二十名、步戰兵六十名、守兵一百零三名，共兵一百八十三名。自海寧南門外分界起，迤東至尖山嶺止，應於尖山緊要處設立一汛。又自南門外迤西，至八仙石塘止，應於翁家埠緊要之地設立一汛。每汛派撥把總一員、專防外委一員協防，尚餘千總一員、外委一員駐扎寧城，稽查調度。至此項兵丁，應於海防營原撥杭、乍二營兵丁内，擇其熟諳修防之人撥回充伍，其不敷之數併杭、乍二營所出兵額，另募補充。所有北岸現設要工堡夫一百八十三名，應即裁汰，以抵酌復兵丁之數。其鹽、平二縣塘工堡夫一百十七名無庸改設，所需兵餉除以堡夫工食抵給外，其不敷餉米按數支給。惟此項酌復兵丁既止一百八十三名，其千總、外委應需養廉名粮併公費錢糧，若再於此内支食，勢致兵數無多不敷差遣，似應亦在原裁海防營官兵俸餉内，按照公費額數以及該千總、外委應支數目截留支領，如此庶在昔日因工程平穩暫請議裁，今因仍屬要工，量請議復，且仍在原裁官兵俸餉内通融辦理。既無增設之繁，而修防保護供臂指之用，是於要工大有裨益。

兵部覆督臣楊應琚酌復海塘官弁議乾隆二十四年

浙江海塘營，向設有守備二員、千總四員、把總八員、外委十六員、馬、步、守兵一千名，分守防護塘工，於乾隆十九年四月内經原任閩督喀爾吉善以中小亹引河暢流，塘工平穩，奏請裁改在案。今該督既稱：『江海坍漲靡常，情形因時更易。今中小亹之下口門，因雷、蜀二山漲沙連接，水勢仍致北趨。誠慮中小亹漲沙日漸高起，水勢竟由北大亹直達，則北岸海寧一帶爲全塘緊要之區，石塘、草塘悉關緊要，搶修防護，在在需人。應請酌復千總一員、把總二員、外委三員、馬兵二十名、步戰六十名、守兵一百零三名，共兵一百八十三名。自海寧縣分設二汛，每汛派撥把總一員、專防外委一員協防，尚餘千總一員、外委一員駐扎寧城，稽查調度。所有北岸現設堡夫一百八十三名，應即裁汰，以抵酌復兵丁之數。所需兵餉，除以堡夫工食撥給外，不敷餉米仍於原裁海防營餉米内支給。其千、把、外委應需養廉公費名糧，亦在原裁餉内支給』等語。應如該督所請，准其復設海塘千總一員、把總二員、外委三員、馬步守兵一百八十三名，於海寧縣分汛專防。此項兵丁，於原撥杭、乍二營兵丁内，擇其熟諳修防之人撥回充伍。至北岸現設堡夫一百八十三名，俱行裁汰，此内如有熟諳修防者，亦准其挑補，如不足數，另募充伍。其兵丁所需兵餉，除堡抵給外，不敷餉米及千、把、外委應需養廉公費各項，均於原裁海防營俸餉内支給可也。

撫臣莊有恭塘工預備事宜疏

臣仰蒙恩旨，以浙省海塘潮有改趨北大亹之勢，一切應辦之事，宜預籌妥辦。臣抵任後，即馳往查勘，業将江溜、海潮全趨北大亹情形，恭摺奏明在案。今臣復往親勘，究已往之成規，察目前之大勢，博稽輿論，廣集衆思。切見論塘工者，以石塘爲最固，爲海塘計者，至建石塘而已。極合東西海防同知兼管海寧，仁、錢二縣塘工，凡屬緊要處所，自康熙五十四年以後，聖聖相承，軫念民生，不惜數千百萬帑金，於舊有條磈石塘之外，又陸續改建石塘七千六百餘丈，屹若崇墉，似已無可復加之工。其西防同知所管，自老鹽倉以西至章家庵有柴塘四千三百二十八丈五尺，當年亦曾屢議改建石塘，始以活土浮沙，難施樁石而止。繼以塘外漲沙廣遠而止，亦非惜費而未竟之工，惟是江海坍漲靡常，斷難必者，天時宜盡者人事。臣與司道詳加籌議，審潮汐之往來，驗護沙之盈縮，今昔異形，有宜思患預防者，敬爲我皇上陳之。一老鹽倉一帶柴塘，宜酌備料物也。查老鹽倉迤西之華家衖、翁家埠等處，正在河庄、巖峰之緊對北岸，現在江溜、海潮俱從由北大亹，水面約寬七八百餘丈不等，雖塘外老沙尚未坍動，然水勢靡常，設遇江流汛發，秋潮盈滿，風力互相撞擊，不能保無横冲成堰、進臨塘脚之虞。溯柴塘停修越今已十四年，現多矬蟄，底柴自必霉朽，若議概加拆卸，一律加廂，現有老沙擁護，平險情形尚難預測，且工鉅料繁，亦須慎重辦理。若但將矬蟄處填築高平，則面寔底虚，更屬靡費無益。今與該司道等籌議，先酌發銀四千兩，循照往例給發産柴之富、建、桐、永四縣採辦，限一月内運至工程緊要之老鹽倉、華家衖一帶，堆藏備用。計每百斤給價銀九分，發價四千兩可購柴四百四十餘萬斤，每工折驤見方一丈，用柴六千斤，可敷七百餘丈工程之用。應用樁木、夫工、器具等項，均可臨期辦募，不致遲誤，仍俟秋汛後，水落潮平，審量沙勢有無坍逼、塘身應否拆修，另行分别緩急，奏聞辦理。一海寧城外附塘工堰，宜相度情形，幫築高厚也。查海寧石塘近城一帶，護沙日見冲刷坍卸，僅存九十餘丈至二三百丈不等，秋潮大汛，自必直逼塘脚。查南門外遶城石塘五百餘丈，向因逼近城垣，無地可建備塘，而止七里廟西至小荆埸，雖有備塘，但石塘之内田産鱗次，倘遇異常風汛，潑塘之水亦復可虞。今與該司道共籌議，該處起止共長二千三百十一丈九尺，應與現在矬蟄舊土之上，加高三尺五六尺爲準。又舊堰底原寬一丈二尺，面寬八尺，今於堰底幫寬二丈，上至堰頂仍寬八尺，共約需土九千四百七十方零。此項需工甚多，所有改復兵丁，分役巡防，大汛未能分身力作，應請僱夫挑築。查遶城土堰五百二十四丈二尺，取土甚遠，循照舊例，每方給銀一錢八分，東西各堰取土稍近，每方一錢五分，均連夯硪石内，共約需夫工銀一千四百八十三兩零，連前需用款項，統於節省引費款内給發，以資備辦，及時上緊趕築完工，可資捍禦。抑臣更有請者，新舊石塘全賴層石坦水保護塘根，前督臣稽曾筠於搶險搶築案内，修砌坦水八千餘丈，而續建之魚鱗大石塘六千丈。因改建之時，江海業已南趨，兩塘漲沙日積，未將坦水一并估建處所，亦應先事籌維。現在尚有護沙，未便遽行挖驗，應俟大汛過後，相度情形，如有逼溜頂冲處所，查若未建坦水，另行籌議添建。如係舊有坦水，或因年久樁朽石欹，亦即勘實補修，庶石塘根脚經久，可資堅固，合併陳明。

工部覆撫臣莊有恭塘工事宜議乾隆二十四年

議得巡撫莊有恭奏稱，『老鹽倉一帶，柴塘宜酌備料物也』等語，查江溜、海汛遷變靡常，若不預爲防維，恐一經風水相擊，塘堤不無有冲奪之虞，自宜先事綢繆，以期有備無患。今據浙撫莊有恭奏稱，『老鹽倉迤西之華家衖等處，現在江溜、海潮均行北大亹，水勢寬七八百餘丈不等。雖塘外老沙尚未坍動，然水勢靡常，設遇江溜泛發，秋潮盈滿，難保無横冲成堰、進臨塘脚之虞。溯柴塘停修越今已十四年，現多矬墊，底柴自必霉朽，應請先酌發銀四千兩給發産柴之富、建、桐、永四縣，限一月内運至工程緊要之老鹽倉、華家衖堆藏備用，俟秋汛過後，水落潮平，審量河勢有無坍逼、塘身應否拆修，另行分别緩急奏聞辦理』等語，應如所奏，准其酌發銀四千兩，給與富、建、桐、永四縣，儘數採辦柴斤運至老鹽倉、華家衖一帶，堆藏以備應用。仍行令該撫俟秋汛過後，水落潮平，親往該處詳細確查，如有應行奏聞辦理，務使工歸實用，帑不虚靡，以資裨益。一奏稱，『海寧縣附塘土堰，宜相度情形，幫築高厚也』等語，查寧邑附塘土堰，原爲江海水勢平險靡常，一遇異常風汛，潑塘之水漫溢堪虞，是以築作備塘，以抵汛水而衛田廬，最關緊要。前因海水南趨，塘外漲沙日漸積聚，即秋潮大汛亦不至逼臨塘脚，是以舊有土堰歷年未議修築。今該撫既稱，『海寧石塘近城一帶，護沙日見冲卸，石塘之内田廬鱗次，倘遇異常風汛，潑塘之水亦復堪虞。查該處起止共長二千三百一十一丈九尺，請於現存矮墊土堰之上，加高三尺，寬二尺，約估需工九千四百七十方零，夫工銀一千四百八十三兩零，連前需用款項統於節省引費款内給發，以資備辦，及時上緊趕築』等語，亦應如所奏，行令該撫將前項土堰共長二千三百一十一丈九尺，照估加幫寬厚，以資捍禦，所需銀兩連前應用款一併在於節省應費銀内動支，仍將工段丈尺及時應需土方、夫工銀兩，照例確估造册，報部查核。至新舊石塘之外，修砌層石坦水，原爲保護塘根而設。查雍正十三年原任督臣稽曾筠於擇險搶築案内奏請修砌仁、寧等縣石塘外坦水八千四百餘丈，經總理事務王大臣等議覆准行在案。今據該撫奏請，『現今水勢北趨，塘根護沙日被冲卸，有需添建坦水處所，亦應先事籌維，應俟大汛過後，相度情形，如有逼臨頂衝處所，查勘未建坦水，另行籌議添建，如係舊有坦水，或因年久樁朽石欹，亦即勘估補修，庶石塘根脚經久，可資鞏固』等語，應令該撫俟大汛後，即將前項新舊石塘親往逐一查驗，如有逼臨頂冲處所應行添建坦水併舊有坦水應行補修之處，確勘情形，據實奏明，及時辦理可也。

撫臣莊有恭請及時修建塘坦疏乾隆二十四年

海寧縣境内東西兩塘新建石工，全賴漲沙廣遠，足以護衛塘身。近因江溜、海潮全由北大亹出入，至閏六月望汛，潮水浩瀚，由南折北，以至海寧城東自九里橋起西至曹殿盤頭止，一帶漲沙盡刷，水逼塘根，舊坦呈露，殘缺甚多，七月大汛，潑卸愈甚。經臣赴塘查勘，將應行修建坦水處所，分别險緩，次第興修，以資保護，業經恭摺奏明辦理。兹據布政司明山等詳稱勘明，工員靳樹德、李徵熊經築，塘身情形最險，委員先築條石坦水四十一丈，其餘應修應建條石坦水一千四百四十餘丈，擇其地當險要、不可緩待處所工長四百三十五丈三尺，遴委東塘同知林文德等八員領銀價築。再八月望汛，潮水較大，遶城坦水前勘可緩之工，冲潑殘缺，且與前估急修坦水毗聯内除椿木整齊、缺石無多工長三百餘丈，督兵修砌，以節錢糧。惟張在浚、楊沛承築塘身舊存坦水工長六十五丈，殘缺甚多，急須一律修整。又曹殿盤頭迤西周岱、崔云龍承築塘身工長八十二丈，護沙盡刷，塘底椿木盡露，亦應同時並修，詳委平湖縣李納璧等四員領辦，務期鞏固，以禦來年春汛。以上原續兩估，共計修建條石坦水六百二十三丈三尺，估需工料銀一萬八千二百二十八兩二錢零，覆加察核，均與成例相符。至工料銀兩，在於留存司庫塘工經費項下裁剩等款内動支，照例給辦，工完核實請銷，合將估册并動支經費緣由具題等情前來，臣復核無異，除册送部外，理合具題。

撫臣莊有恭請修築韓家池等坦水疏乾隆二十五年

海寧縣南門外東西兩塘護沙被刷，水臨塘根，急應修建條石坦水保護塘身。又東塘韓家池柴塘，洄溜冲逼，亦應折底驤柴，以資捍禦。經臣勘明，將應行修築塘坦，分别緩急，恭摺會奏，仰奏俞允，遵即飭令，確估委員興修。去後，兹據布政司明山等詳稱：『東塘自吴宏曾經築緩修石塘起，至西塘倪琯經築魚鱗石塘止，共計最要坦水工長七百七十七丈九尺三寸，内除舊存椿石，并檢撈條石抵用外，共估需工料銀二萬三千六百六十二兩七錢零。又韓家池柴塘自石塘頭東至大盤頭西止，工長二百八十丈，拆底加驤，共估需工料銀一千八百十八兩零。除柴薪撥用協辦外，實需樁木雜料銀七百二十九兩零。』所估工料均與成例相符，委令護東同知事海寧縣劉純煒等十員分段承修，坦水工料在於題留乾隆二十四年地丁項下動支，柴塘工料在於存留海塘經費、潘尚智變産項下動支，照例先給六分銀兩，飭令上緊儹辦，以禦汛水。工竣核實請銷，詳請察核具題等情前來，臣復核無異，除册送部外，理合具題。

工部覆撫臣莊有恭請修築東西塘坦水及韓家池柴塘疏 乾隆二十五年

浙撫莊有恭疏稱：『海寧縣南門外東西兩塘護沙被刷，水臨塘根，急應修條石坦水保護塘身。又東塘韓家池柴塘，回溜冲逼，亦應拆底驤築，以資捍禦。經臣勘明，將應行修築坦塘，分別緩急，恭摺會奏，仰蒙俞允，遵即飭令確估委員興修。去後，兹據布政司等詳稱：「東西兩塘，共計最要坦水工長七百七十七丈七尺三寸，内除舊存樁石併撿撈條石抵用外，共估需工料銀二萬三千六百六十二兩七錢一釐零。又韓家池柴塘工長二百八十丈，拆底加驤，共估需工料銀一千八百十八兩三錢四分八釐。」除柴薪撥用協辦外，實需樁尖雜料銀七百二十九兩七錢八釐，委令護東塘同知海寧縣知縣劉純煒等十員分段承修，坦水工料在於題留乾隆二十四年分地丁項下動支，柴塘工料在於存留海塘經費、潘尚智變産項内動支，照例先給八分銀兩，飭令上緊趕辦，以禦汛水。工竣核實請銷，詳請具題』等語，臣覆核無異，除册送部外，理合具題等，因前來查海寧縣南門外東西兩塘，修建塘石坦水併東塘韓家池柴塘拆底驤築等工，先據該撫奏准興修，抄摺咨部。經臣部行令，轉飭據實確估造册具題，查核在案。今據浙撫將東西兩塘修建最要坦水，除舊存樁石併撿撈條石抵用外，共估需工料銀二萬三千六百六十二兩七錢一釐零。韓家池柴塘拆底加鑲，共估需工料銀一千八百十八兩三錢四分八釐，除柴薪撥用協辦外，實需椿夫雜料銀七百二十九兩七錢八釐，造册具題，應如所題辦理。所需工料銀兩，行令該撫在於題留乾隆二十四年分地丁及存留海塘經費、潘尚智變産各銀内分別動支酌給，委員上緊趲辦，俟工完之日，將修過工段，用過銀兩，照例核實，造具清册，題銷可也。

撫臣莊有恭請修胡家兜坦水疏 乾隆二十六年

海寧縣境内西塘胡家兜迤東一帶海身，内有前效力光禄寺署正陳琜等搶、緩二修及倪琯建築魚鱗石塘共計六段，前次分別估修最要坦水之時，該處尚有護沙，是以列入次要工内，經臣奏明暫緩估修在案。今據布政使明山等詳稱，『本年正月，潮水逼塘，護沙被刷，塘脚底石呈露，舊坦椿石殘缺，該處地當頂冲，勢難緩誤。内除兵力可修者計工長一百二十二丈三尺，督兵修整，以節錢糧，其餘工長一百二十三丈八尺，急須委員改建條石坦水，以抵潮溜。行據東西同知并海寧縣確估工料四千五百九十二兩零，造册詳送核查。工料與例相符，請照例在於司庫存藏塘工經費項下，先發六分銀兩，委令署杭州府總捕同知陳令儀等三員領辦。工完，委驗核銷，合將估册，詳送核題等情前來。』臣親往查勘無異，除册送部外，理合具題。

撫臣莊有恭請改築小墳前石塘及修坦水疏 乾隆二十六年

海寧縣東塘小墳前等處條磈石塘三段，從前改建大工之時，塘身鞏固，未議一律改建。該工自雍正八年建築以來，已歷年久，塘身日漸矮墊，先經該司道具詳請修，經臣親往查勘，批確勘估報。去後，兹據布政使明山等詳稱：『小墳前一段，外無護沙，塘根狹淺，應改建魚鱗石塘一十丈，塘身拆出舊石修建條石坦水一十丈。又白墻門東一段，地勢稍低，舊坦外卸，塘脚不正，應照本工做法修築條磈石塘四丈，拆出條磈石料添砌坦水一十丈。又廿里亭盤頭西側條磈石塘二十五丈，面土矬墊，應行一律加高平整，并修補隨塘坦水二十五丈。前項各工俱屬緊要，飭委平湖縣劉純煒領銀承辦。行據東同知并海寧縣估，需工料銀三千八十九兩零，悉與成例相符，請於司庫塘工經費項下照例給發，委員儹辦，以禦潮汐。工完，委驗請銷，合將估册詳送具題』等情，臣覆核無異，除册送部外，理合具題。

撫臣莊有恭請修馬牧港坦水疏乾隆二十六年

海寧縣境内西塘馬牧港迤西一帶塘身，自本年三月望汛將護沙刷洗，舊坦樁石多有殘缺，就經先後批飭勘報，復經臣赴工履勘。除馬牧港地方兩段石塘之中，舊有柴盤頭一座，就此舊基修築盤頭以分水勢，無需建築坦水外，其餘分别應修應緩，合將先後稟報坦水工程，彙案估辦。兹據布政使明山等詳稱應：『修坦水自六十四段吴宏曾緩理石塘起，間段至八十六段，效力縣丞楊謹經築魚鱗石工止，計一十一段，共工長一百五十一丈七尺，估需工料銀七千五百十一兩零，請於司庫塘工經費項下先發六分銀兩，委令蕭山縣梁世際、山陰縣萬以敦、平湖縣劉純煒三員分辦，俟工完，委驗詳銷，合將送到，估册詳覆具題。』等情前來，與臣前勘無異，除册送部外，理合具題。

撫臣莊有恭請修韓家池柴塘疏乾隆二十六年

海寧縣東塘韓家池柴塘二百二十丈，因本年秋汛潮水頂冲，外沙坍卸，兼遭風潮潑刷，致将柴埽矬陷五六尺不等。先據該司道詳請拆底加鑲，以資捍禦，經臣批飭確估興修。去後，茲據布政使明山等詳稱：『會核册開工料銀四千三百二十一兩二錢零，有省無浮，內應需柴薪銀二千九百六十三兩零，動項分發新、淳等縣辦運，解工濟用，應支夫工樁木等銀一千三百五十七兩零，照例動支塘工經費，委令平湖縣劉純煒領辦，以禦來年春汛。統俟工竣，驗實請銷，取造估册，詳送具題。』等情前來，臣覆核無異，除册送部外，理合具題。

撫臣莊有恭請修秧田廟塘坦疏乾隆二十六年

海寧縣西塘秧田廟迤西一帶，自春徂夏，護沙刷盡。經臣将奏明次要坦水一百二十三丈八尺，及另應修建坦水一百五十一丈七尺，先後題請，委員動項建築條石坦水，以禦秋汛。臣仍不時赴工察勘，見戴家石橋一帶，大汛已過，潮水仍復到塘，并有底樁呈露之處。內有原估次要坦水工內第三十五段，原任效力主簿田勲，第四十六段，前石門縣謝琯經築石塘共四十六丈七尺，塘外原未建有坦水，現已底沙刷盡，樁木呈露，急應建築條石坦水，以衛塘身。其餘殘缺呈露坦工，共計八百九十餘丈，可以兵力修理者，督率汛弁撥兵撈石理砌，以節錢糧。隨經飭令，分別估修。去後，茲據布政使明山等詳稱：『戴家石橋汛內，應建條石坦水四十六丈七尺，估需工料銀一千八百八十三兩零，核與成例相符，應於塘工經費項下照例動支，飭委署東同知高象震領銀儹築，以禦春汛，合將估册詳送具題。』等情前來，臣覆核無異，除册送部外，理合具題。

工部覆撫臣莊有恭請撥塘工經費議乾隆二十七年

浙江巡撫莊有恭疏稱：『浙省江海塘工，爲杭嘉湖民舍田疇之保障，攸關緊要。且潮汐靡常，變遷莫測，全在相機修守，以資保護。所需經費，向係預爲題請留藏司庫按季造册，送部備案。今據藩司索詳稱：「司庫現在經費餘留存廳，給歸補各案銀兩外，所存不過三萬餘兩。今老鹽倉等處，欽遵諭旨繕築柴塘，興舉坦水、竹簍等工，現在需銀六萬餘兩，况將來尚有應辦之工併歲修等項，均須儲備給發，乘時趕辦，現存之銀不敷支給。查司庫乾隆二十六年地丁錢糧，堪以撥留銀十萬兩，以應工需，詳請題報等情具題。」』等因前來。查浙省塘工經費銀兩，據該撫所稱司庫現存經費不過三萬餘兩，今老鹽倉等處欽遵諭旨，繕築柴塘興舉坦水、竹簍等工，現在需銀六萬餘兩，將來尚有應辦之工併歲修等項，均須儲備給發，乘時趕辦，現存之銀不敷動給。查司庫乾隆二十六年地丁錢糧，堪以撥留十萬兩，以應工需』等語，應如該撫所請，准其在於乾隆二十六年地丁銀内動撥銀十萬兩，留爲塘工支用，仍令該撫將前項銀兩造入該年塘工經費册内，報部查核。再此案係工部主稿，合併聲明，臣未敢擅便，爲此具題。

撫臣莊有恭奏明東西兩塘應行修建坦水疏乾隆二十七年

東西兩塘應修應建坦水工程一千六百六十餘丈，先於乾隆二十五年二月間，經臣會同督臣逐一勘明，分別緩急，奏請次第興修，欽奉俞允。內除最要坦工七百七十七丈、次要坦工一百七十丈五尺均於乾隆二十五、六等年先後趕辦完固，分案題銷，其餘百十餘丈，本年春間，臣節次赴工，逐一履勘。內有一百三十丈，或底沙增刷，塘身露高十五六層，或舊有樁石殘缺，兵力不能修砌。又迤西另有搶修石塘二十一丈五尺，塘身亦現在露高十五六層，舊存魂石不及二分，急應一併估辦。又廿里亭、白墻門兩處，舊有盤頭二座，積被汕刷，塘根將露，應行改建石坦三十一丈，以資堅久。所有現在辦理緣由，業經恭摺奏明，欽奉硃批在案。茲據布政使索琳等會詳，『前項應修應建坦水工程共長一百八十三丈二尺，估需銀八千三百四十五兩零，估用工料與例相符，除經詳奉派委東同知劉純煒等五員分段承辦，工完委驗請銷外，合將送到，估册詳覆核題。』等情前來，臣覆核無異，除册送部外，理合具題。

撫臣莊有恭題明估修塘工疏乾隆二十七年

本年七月初七日，海寧縣東西兩塘猝被風潮，將緩修石塘間段坍卸，并各工盤頭亦遭潑損。經臣馳赴查勘，先行督率搶護，謹將查勘情形同改建塘坦事宜、約估銀數，恭摺奏明。嗣於九月十二日，欽奉硃批，當經轉行，欽遵并將原奏敬録，咨部在案。茲據布政使索琳等會詳，『應行改建四里橋等處魚鱗石塘計五段，共工長一百四十三丈七寸，估需工料銀二萬五千九十七兩零。又華嶽廟東拆築條魂石塘五丈，估需工料銀二百六十七兩零。又陳文港東西盤頭并秧田廟盤頭三座改建坦水，共工長六十丈一尺，估需工料銀一千九百二十三兩零。又陳文港東緩修與搶修石塘兩不相接之處，添築裏頭一道，原報議築直長三丈五尺，緣該處搶修石塘在内，緩修石塘未免倍受潮冲，應斜向東南添築一丈三尺，以順潮流，共長四丈八尺，估需工料銀二百四十八兩零。以上各工，共估需工料銀二萬七千五百三十五兩零，均與准銷成例相符，擬合詳覆具題。再添築裏頭一道，丈尺加增，是以所估銀數與原奏稍有不符，合併聲明等情，並將堪以委辦之知府、同知等開列，請委分領趲辦。』前來，臣覆加查核，所估丈尺與臣歷次履勘相符，册開工料亦俱照准銷成例，並無浮溢。除經批委杭州府張鎮、嘉興府甘士瑞、寧波府瑪明阿、紹興府朱煦東、同知劉純煒等五員分段承辦，并嚴飭務須欽遵諭旨，工料堅固，毋任丁役浮冒，并將估册送部外，臣謹具題。

工部覆撫臣莊有恭廿里亭改建坦水議乾隆二十七年

浙撫莊有恭疏稱：『東西兩塘應修應建坦水工程一十六百餘丈，先經臣會同督臣逐一勘明，分别緩急，奏請次第興修，欽奉俞允。内除最要坦工七百七十丈、次要坦工一百七十丈五尺均於乾隆二十五、六等年，先後趲辦完固，分案題銷，其餘七百十餘丈，本年春間，臣節次赴工，逐一履勘。内有一百三十丈，或底沙增刷，塘身露高十五六層，並舊有樁石殘缺，兵力不能埋砌。又迤西另搶修石塘二十一丈五尺，塘身亦現在露高十六層，舊有石磈不及二分，急應一併估辦。又廿里亭、白墻門兩處舊有盤頭二座，積被汕刷，塘根將露，應行改建石坦三十一丈，以資堅久。所有臣等辦理緣由，業經奏明在案。兹據布政使索琳等，將前項應修應建坦水工程計長一百八十三丈，估需銀八千三百四十五兩二錢四分零，造册詳請核題，相應具題前來。』查海寧縣境内東西兩塘，現在應辦坦水及廿里亭等處盤頭改建石坦工程，先據該撫奏准，抄摺咨明臣部在案。今據該撫將前項修建坦水共工長一百八十三丈二尺，估需工料銀八千三百四十五兩二錢四分零，造册具題，應如所題辦理，以資捍禦。仍令該撫俟工完之日，將做過工段、用過銀兩，照例核實，造具清册題銷可也。

撫臣熊學鵬題請廿里亭坦水需用疏乾隆二十八年

海寧縣城東廿里亭地方魚鱗石塘一十六丈，其塘外原係舊廢盤頭，未建坦水，所有存留盤頭舊基，日逐被潮溜冲刷，以致塘身現露十六七層不等。前據海防道永德禀請修建坦水，以護塘根，經臣親往查勘，是段塘身之外，並無樁石，其塘身已露出十六七層，其在土内者僅有一二層，情形險要，委係應建之工，業經奏明，敬録硃批，抄摺咨部在案。兹據布政使索琳等確估，工料共需銀九百五十一兩一錢三分零，取具估册，會詳請題，并據聲明飭委海防營守備王李棻領辦購料興工等情前來，臣覆核無異，除册送部外，謹會同江蘇撫臣莊有恭合詞具題。

撫臣熊學鵬請續東塘魚鱗石塘疏乾隆二十八年

海寧縣境内東塘廿里亭汛内小墳前第六十八段西首綏修條魄石塘三十五丈五尺，東首綏修石塘一十三丈二尺，歷年久遠，底樁霉爛，底石臌凸，地當潮冲，難資捍禦。又西塘戴家石橋汛内第四十七段綏修條魄石塘二十九丈五尺，塘身臌凸，前因大汛暫用預備條石貼塘堆堵，均應秋汛後改建魚鱗石塘，以垂永久。經臣會同江蘇撫臣莊有恭，先後具摺奏明在案。今據布政使索琳等詳稱：『小墳前改建魚鱗塘四十八丈七尺，戴汛内改建鱗塘二十九丈五尺，并修補隨塘坦水，共估需工料銀一萬三千九百八十五兩一錢八分四釐零。查無浮溢，其塘身需用條石動支預備存石，先經發過銀七千四十八兩五錢五分五釐零，實該樁木夫匠等銀六千九百三十六兩六錢二分八釐零，請於司庫塘工經費錢糧内動支，飭委嘉興府張鎮、東同知赫名額、海寧縣黄簪世、歸安縣尤錫章等四員分段領辦，乘時儹築，以禦來年春汛。工竣勘報核銷，合將估册詳送，具題前來。臣覆核無異，除册送部外，謹會同江蘇撫臣莊有恭合詞具題。

工部覆撫臣熊學鵬請修翁汛柴塘議乾隆二十八年

浙撫熊學鵬疏稱：『海寧縣老鹽倉迤西至翁汛境内，廂築柴塘工長一千三百四十五丈，俱已完竣。惟翁汛境内柴工迤西，塘外護沙被潮冲激，舊柴塘樁木霉朽，應於新工之西照已竣柴塘高寬成式再行連接，拆築柴塘一百丈，以資捍衛。經臣會摺奏明，并取造估册詳題。茲據藩司索琳等會詳，「翁汛境内接築柴塘一百丈，估需工料銀一千八百三十六兩，動支各縣辦解存工柴斤外，應需樁木土方、工夫、雜料銀八百九十一兩八錢七分，已於司庫塘工經費款内照數動支移送，先給六分工料銀兩，飭令上緊趕辦完竣。所存估册擬合，詳請會題等」，因覆核無異，除册送部外，臣謹會題等因前來。』查海寧縣翁汛境内新築柴工迤西，該撫既稱塘外護沙被潮冲激，舊塘柴樁霉朽，奏明於新工之西照已竣柴塘高寬成式，再行拆築柴塘一百丈，估需工料銀二千七百二十七兩八錢二分，内除柴薪銀二千八百三十六兩，動支各縣辦解存工柴斤外，實估需樁木、土方、夫工、雜料銀八百九十一兩八錢七分，造册具題。應如所題辦理，仍行令該撫將作過工段用過銀兩，照例核實造册，具題核銷，臣等未敢擅便爲此，恭疏具題。

工部覆撫臣熊學鵬請於廿里亭戴家石橋改築魚鱗石塘議乾隆二十八年

浙撫熊學鵬疏稱：『海寧縣境内東塘廿里亭汛内小墳前第六十八段西首緩修條䂖石塘三十丈五尺，東首緩修石塘二十三丈二尺，歷年久遠，底樁霉爛，底石𢿱凸，地當潮冲，難資捍禦。又西塘戴家石橋汛内第四十七段緩修條䂖石塘二十九丈五尺，塘身𢿱凸，前因大汛暫用預備傑石貼塘堆堵，均應改建魚鱗石塘，以垂永久，經臣會摺奏明在案。今據藩司索琳等詳稱：「小墳前改建鱗塘四十八丈七尺，戴家石橋汛内改建鱗塘二十九丈五尺，拆修補隨塘坦水，共估需工料銀一萬三千九百八十五兩一錢八分零。查核無浮，其塘身需用條石動支預備條石，先經發過銀七千四十八兩五錢五分五釐零，實該樁木、夫匠等銀六千九百三十六兩六錢二分八釐零，請於司庫塘工經費錢糧内動支，委員分段領辦，乘時儹築，以禦來年春汛。合將估册，詳送具題。」等情，覆核無異，除册送部外，臣謹會題。』等因前來，查海寧縣境内東西兩塘、廿里亭、戴家石橋各汛内緩修條䂖石塘改建魚鱗石塘，併修補隨塘坦水工程，既據該撫先後奏明興建，所有估册工料銀一萬三千九百八十五兩一錢八分零，内除需用條石動支預備存石，發過銀七千四十八兩五錢五分五釐零，實估需樁木、夫匠等銀六千九百三十六兩六錢二分八釐零。應令該撫在於司庫塘工經費銀内動支給發，委員上緊趕辦。俟工完之日，將做過工段、用過銀兩，照例核實造册，具題核銷可也。

撫臣熊學鵬請定歲修疏乾隆二十九年

寧邑老鹽倉迤西一帶柴塘，經臣等請循例歲修，以資捍衛，准部議覆，遵奉在案。兹據布政司索琳等詳稱，『海寧兩塘老鹽倉石塘頭交界起至觀音堂止，柴塘工長九百四十五丈，前因水逼塘根，於二十六年間先行鑲修，已竣工長二百七十丈，其餘六百七十五丈，復奉陸續委員分段拆築，亦於乾隆二十七年九月初七日止，先後驤修，一律完竣在案。查築竣前項柴塘，自乾隆二十七年九月工完委驗收工結覆以來，乾隆二十八年已歷春霉、伏秋大汛，潮溜往來冲激，更兼雨雪淋漓，柴土蹲矬，應行加驤平整。今據西海防同知董世寧循例於霜降後，行據海寧縣册報歲修，估需銀五千五百八兩二錢六分零，内除撥給各縣協辦存柴銀四千一百七十三兩九釐外，其餘樁木、土方、夫工等銀一千三百三十五兩二錢五分零，請於司庫引費數内動支給發。該同知趕辦完，委驗詳銷。復查歲修前項柴塘工程久逾保固限期，所估工料與例相符擬合，詳覆察核，具題前來。』臣覆核無異，除册送部外，謹合具題。

撫臣熊學鵬請築廿里亭戴家石橋石塘外坦水疏乾隆二十九年

海寧縣境内東西兩塘廿里亭、戴家石橋二汛内，前東海防同知林緒光等經築魚鱗石塘，共工長一百七十七丈七尺，塘外從前原有護沙，未建坦水。近因護沙逐漸刷低，地當冲要，塘身已露高十五六層不等，亟應建築坦水，以護塘根。經臣等會勘具奏，荷蒙俞允，并抄摺咨部在案。兹據布政使索琳等詳稱，『遵經轉飭確估，應需工料銀五千九百六十七兩一錢五分八釐零，核開工料均與成例相符，除於塘工經費款内先行動支六分工料銀兩給發，委員東同知赫名額、西同知董世寧、念汛把總吴元海、寧縣黄簪世、海防道標中軍守備張鵬飛、戴汛把總裘應魁等分段領辦，俟辦有成數，另詳給領外，合將估册詳覆具題。』等情，臣覆核無異，除册送部外，謹會同江蘇撫臣莊合詞具題。

欽定四庫全書海塘録　卷十八　藝文一

賦

遊海賦　魏王粲

乘菌桂之芳舟，浮大江而遥逝。翼驚風而長驅，集會稽而一睨。登陰隅以東望，覽滄海之體勢。吐星出日，天與水際。其深不測，其廣無臯。尋之冥地，不見涯泄。章亥所不極，盧敖所不届。懷珍藏寶，神隱怪匿。或無氣而能行，或含血而不食。或有葉而無根，或能飛而無翼。鳥則爰居，孔鵠翡翠鸛鸛，繽紛往來，沉浮翱翔。魚則横尾，曲頭方目偃額，大者若山陵，小者重鈞石。乃有賁蛟大貝，明月夜光，蠵鼊瑇瑁，金質黑章。若夫長洲别島，棋布星峙，高或萬尋，近或千里。桂林叢乎其上，珊瑚周乎其趾。群犀伐角，巨象解齒，黄金碧玉，名不可紀。洪洪洋洋，誠不可度也。處嵎夷之正位兮，同色號於穹蒼。包納汙之弘量，正宗廟之紀綱。總衆流而臣下，爲百谷之君王。

觀濤賦　晉顧凱之

臨浙江以北眷，壯滄海之洪流。水無涯而合岸，山孤映而若浮。既藏珍而納景，且激波而揚濤。其中則有珊瑚明月，石帆瑶瑛，雕鱗采介，特種奇名。推巒填壑，傾堆漸隅。岑有積螺，嶺有懸魚。模茲濤之爲體，亦崇廣而宏峻。形無常而參神，期必來以知信。勢剛陵以周威，質柔弱以協順。

海門山賦 以峭立如門，終古無易爲韻　唐周鉞

大壑天接，雙山闕如。作鎮而巍峨對峙，象門而中外皆虚。坼萬仞於長宵，共持神秀；納八紘之積水，開閉靈居。合沓龍蟠，連延壁立。懸崖嶄崒而不動，駭水喧豗而自急。每使盈虧之月，向裏升沉；能令早暮之潮，由茲出入。故得周天柱，作海門，峻札空碧，高城混元。奔疊浪而若容車馬，拔跳巒而似列藩垣。當晴晝而纖霧豁開，大吞江漢；值陰霾而濃雲交翳，暗鎖乾坤。外布雄稜，内施巖嶠。波聲相切以澎湃，山狀並分而竦峭。呀吴呷越，總舟楫之堤防；發電轟雷，轄魚龍之衝要。岌岌崇崇，横西截東。風濤莫犯乎永固，天地將齊乎不終。况乎據是水德，鑿非禹功。海若抱關於其側，陽侯擊柝乎其中。彼岱輿因顓頊漂流，太行爲愚公遷易。一則屹要道而徒在，一則滔洪波而何適。未若是山也，專百靈捍禦，表群聖光宅。吐晴虹以爲楣，森古木以成戟。故能咽喉水府，掩映仙都。長鯨透而謂呈魚鑰，曉日照而疑啓金鋪。以嶽而言，巡八州而何有；以門而視，指三海而則無。異乎勢壓坤維，氣連淮浦。作巨浸含弘之閫，爲百谷委輸之户。所以知開闢之玄功，豈止亘億齡而窮

萬古。

海潮賦有序　唐盧肇

夫潮之生，因乎日也；其盈其虚，繫乎月也。古君子所未究之，将爲之辭。猶憚夫有所未通者，故先序以盡之。肇始窺《堯典》，見歷象日月以定四時，乃知聖人之心，蓋行乎渾天矣。渾天之法著，陰陽之運不差。陰陽之氣不差，萬物之理皆得。萬物之理皆得，其海潮之出入，欲不盡著，将安適乎？近代言潮者，皆驗其及時而絶，過朔乃興，月弦乃小贏，月望乃大至。以爲水爲陰類，牵於月而高下隨之也。遂爲濤志，定其朝夕，以爲萬古之式，莫之逾也。殊不知月之與海同物也。物之同，能相激乎？《易》曰：『天地暌而其事同也，男女暌而其志通也。』夫物之形相暌，而後震動焉，生植焉。譬猶烹飪，置水盈鼎，而不爨之，欲望饍羞之熟，成五味之美，其可得乎？潮亦然也。天之行健，晝夜復焉。日傅於天，天右旋入海，而日隨之。日之至也，水其可以附之乎？故因其灼激而退焉。退於彼，盈於此，則潮之往來，不足怪也。其小大之期，則制之於月。大小不常，必有遲有速。故盈虧之勢，與月同體。何以然？日月合朔之際，則潮殆微絶。以其至陰之物，邇於至陽，是以陽之威不得肆焉，陰之輝不得明焉。陰陽敵，故無進無退，無進無退，乃適平焉。是以月之與潮，皆隱乎晦，此潮生之實驗也。其朒其朓，則潮亦隨之。乃知日激水而潮生，月離日而潮大。斯不刊之理也。古之人或以日如平地執燭，遠則不見。何甚謬乎！夫日之入海，其必然之理乎。且自朔之後，月入不盡，晝常見焉，以至於望。自望之後，月出不盡，晝常見焉，以至於晦。見於晝者，未嘗有光，必待日入於海，隔以映之。受光多少，隨日遠近，近則光少，遠則光多，至近則甚虧，至遠則大滿。此理又足證夫日至於海，水退於潮，尤較然也。肇適得其旨，以潮之理，未始著於經籍間，以類言之，猶乾坤立，則易行乎其中，易行乎其中，則物有象焉，物有象而後有辭，此聖人之教也。肇觀乎日月之運，乃識海潮之道，識海潮之道，亦欲推潮之象，得其象亦欲爲之辭。非敢眩於學者，蓋欲請示千萬祀，知聖代有苦心之士如肇者焉。賦曰：

開圓靈於混沌，包四極以永貞。艴至陽之元精，作寒暑與晦明。截穹崇以高步，涉浩漾而下征。回龜鳥於兩至，曾不忒乎度程。其出也，天光來而氣曙；其入也，海水退而潮生。何古人之守惑，謂茲濤之不測。安有夫虞泉之鄉，沃焦之域。棲悲谷以成暝，浴濛汜而改色。巨鰌隱見以作規，介人呼吸而爲式。陽侯玩威於鬼工，伍胥泄怒乎忠力。是以納人於聾昧，遺羞乎後代。曾未知海潮之生兮自日，而太陰裁其小大也。今將考之以不惑之理，著之於不刊之辭。陳其本，則晝夜之運可見其影響；言其徵，則朔望之候不爽乎毫釐。豈不謂乎有耳目之疾，而燿將判乎神醫者也。粵若太極，分陰分陽。陽爲日，故節之以分至啓閉；陰爲水，故霏之以雨露雪霜。雖至賾而可見，雖至大而可量。豈謂居其中而不察乎渺漠，亡其外而不考其茫洋者哉！故水者陰之母，日者陽之祖；陽不下，而昏曉之望不得成，陰不升，而雲雨之施不得覩。因上下之交泰，識洪濤之所鼓。胡爲乎歷象取其枝葉而迷其根本也，策其涓滴而喪其泉源也。於是欲抉其所迷而論之，採其所長而存之。光乎廓乎，汩磅礴乎。差瀴溟之無際，曷鴻濛而可以盡度乎。乃知夫言潮之初，心遊六虛。索蜿蜒乎乾龍，駕轇轕乎坤輿。知六合之外，洪波無所泄；識四海之内，至精有所儲。不然，何以使百川赴之而不溢，萬古揆之而靡餘也。是乃察乎濤之所由生也。駭乎哉！彼其爲廣也，視之而盪盪矣；彼其爲壯也，歙乎其沉沉矣。其增其贏，其難爲狀矣。當夫巨浸所稽，視無顛倪。汹涌澒洞，窮東極西。浮厚地也體定，半圓天而勢齊。謂無物可以激其至大，故有識而皆迷。及其碧落右轉，陽精西入。抗雄威之獨燥，隙衆柔之繁濕。高浪瀑以旁飛，駭水洶而外集。霏細碎以霧散，屹奔騰以山立。巨泡邱浮而迭起，飛沫電㷀以驚急。且其日之爲體也，若熾堅金，圓徑千里。土石去之，稍邇而必焚；魚龍就之，雖遠而皆靡。何海水之能逼，而不澎濞沸渭以四起。故其所以凌鑠，其所以薄激者，莫不魄落焯爍，如爨巨鑊。絶兮不可探乎㠩㠩之内，呀焉若天地之有齟齬。其始也，漏光迸射，虹截寓縣。拂長庚而尚隱，帶餘霞而未殄。其漸没兮，若后羿之時，平林載馳。驅貙虎與兕象，懾千熊及萬羆。呀偃蹇而矍鑠，忽劃礫而矗齟。其少進也，若兆人繽紛，填城溢郭。蹄相蹂蹷，轂相摩錯。閧闉澶漫，凌强侮弱。倏皇輿之前蹕，孰不奔走而揮霍。及其勢之將極也，涾兮若牧野之師，昆陽之衆。定足不得，駭然來奔。騰千壓萬，蹴搏沸亂。雄稜後鬩，懦勢前判。懾仁兵而自僵，倏谷呀而巘斷。此者皆海濤遇日之形，聞者可以識其畔岸也。賦未畢，有知元先生諷之曰：『斯義也，古人未言，吾将輝乎文墨之場，以貽永久，爲天下稱揚。』爰有博聞之士，駭潮之義，始盱衡而抵掌，俄頩齗而愕眙。攬衣下席，蹈足掀臂，将欲致詰，領畫天地。久之而乃謂先生曰：『伊潮之源，先賢未言。枚乘循涯而止記其極，木華指近而未考其垠。焉有末學後塵，遽荒唐而敢論。』先生矍然而疑乃因其後，推車捧席執腒伺顔。言之少間，請見徵之所如。客乃曰：『人所不知而不言，不謂之訥，人所未識而不道，不謂之愚。彼亦何敢擅談天之美，斡究地之揄。指溢漭之難悟，欲蠱聽於群儒。今将盡索乎彼潮之至理，何得與日月而相符。且大章所步，東西有極。容成叩元，陰陽已測。陽秀受乎江政，玄冥佐乎水德。莫不窮海運，稽日域。及周公之爲政也，則土圭致晷，周髀作則。禆竈窮情乎天象，子雲賛數於幽默。張衡考動以鑄儀，淳風述時而建式。彼皆凝神於經緯之間，極思乎圓方之壼。胡不立一辭於茲潮，以明乎繫日之根本也？先生苟奇之，胡不思之？先生将賨之，胡不考之？苟由日升，當若準若繩，何春夏差小而秋冬勃興？其逾朔也當少進，何遽激而斗增？其過望也當少退，何積日而馮陵？晝何常微？夜何常大？何錢塘洶然以獨起，殊百川之進退？何仲秋忽爾而自興，異三時之霶霈？日之赫焉，猶火之烈，火至水中，其威乃絶。入洪溟以深漬，何日光而不滅？潮之往來，既云因日，日唯一沈，潮何再出？萬流之多，匪江匪河，發自畎澮，往成天波，終古不極，盍沈四國，何成彼潮，而小大一式？爲潮之外，水歸何域？又云水實浮地，在海之心，日漸其下，而逢彼太陰。且其土厚石重，山峻川深，投魂置水，靡有不沉。豈同其芥葉，而泛以蹄涔，繄坱圠之至大，何水力之能任？吾聞之，天地噫氣，有吸有呼，晝夜成候，潮乃不踰。豈由日月之所運，作誇誕以相誣者哉！』先生閱賦之初，深通厥旨。及聞客論，忻然啓齒。於是謂客徐坐，善聽厥辭。蓋聞南越無頒冰之禮，鄭人有市璞之嗤。常桎梏於獨見，終沉溺於群疑。既別白而不悟，爰提耳而告之。然事有至理，無争無勝。猶權衡之在懸，審錙銖而必應。稽海潮之奥旨，諒余心之足證。當爲子窮幽而洞冥，豈止於揆物而稱哉！夫日北而燠，陽生於復。離南斗而景長，邇中都而夜促。當是時也，氣蒸川源，潤歸草木。既作雲而泄雨，乃襄陵而溢谷。魚龍發坼於胎卵，鳥獸含滋於孕育。且水生之數一，而得土之數六。不測者雖能作於溟渤，苟窮之當無羡於升掬。其散也爲萬物之腴，其聚也歸四海之腹。歸則視之而有餘，散則察之而不足。春夏當散之時，故潮差而小也。及其日南而凉，陰生於姤。退東井而延夕，遠神州而減晝。當是時也，草木辭榮，風霜入候。水泉閉而上涸，滋液歸而下凑。瘁萬物以如燖，空大澤而若漏。縮於此者盈於彼，信吾理之非謬。秋冬當氣聚之時，故潮差而大也。兩曜之形，大小唯敵。既當朔以制威，陽雖盛而難迫。其離若争，其合若擊。始交綏而並鬭，終摩壘而先釋。日沮其雄，水凝其液。既冒威於一朝，信畜怒乎再夕。且潮之所恃者月，所畏者日。月違日以漸遥，水畏威而乃溢。亦猶群后納職，來篚王門。獲命以出，望宁而奔。引百寮而盡退，何一跡之敢存。此潮象之所以逾朔二日而斗增也。黄道所遵，遐邇已均。肆極陽而不礙，故積水而皆振。自朔而退，退爲順式；自望而進，進爲干德。

伊坎精之既全，將就晦而見逼。勢由望而積壯，故信宿而乃極。此潮之所以後望二日而方盛也。自曉至昏，潮終復始。陽光一潛，水復迸起。復來中州，逾八萬里。其勢涵澹，無物能弭。分晝於戌，作夜於子。子之前日下而陰滋，子之後日上而陽隨。滋於陰者，故鑠之於水而不能甚振；隨於陽者，故迫之爲潮而莫肯少衰。此潮所以夜大而晝稍微也。嘗信彼東遊，亦聞其揆。賦之者究物理，盡人謀。水無遠而不識，地無大而不搜。觀古者立名而可驗，何天之造物而難籌。且浙者折也，蓋取其潮出海屈折而倒流也。夫其地形也，則右蟠吴而大江覃其腹，左挾越而巨澤灌其喉。獨兹水也，夾群山而遠入，射一帶而中投。夫潮以平來，百川皆就。浙入既深，激而爲鬬。此一覽而可知，又何索於詳究。群陰既歸，水與天違。當宵分之際，避至烈之輝。因圓光之既對，引大海以群飛。夫秋之中而陰盛，亦猶春之半而陽肥。事苟稽於已著，理必辨於猶微。故濤生八月之望者，尤岌岌而巍巍也。萬物之中，分日之熱。叩琢鑽研，其火乃烈。吹烟得燄，傳薪就爇。附於堅則難銷，焚於槁則易絶。所依無定，遇水乃滅。太陽之精，火非其匹，至威無燄，至精無質。入四海而水不敢濡，照八紘而物莫能屈。就之者咸得其光輝，仰之者不知其何物。其體若是，豈比夫寒灰死炭，遇濕而同漂汨哉！方輿之下，陽祖所回，歷亥子而右盛，逾丑寅而左來。右激之遠兮遠爲朝，左激之遠兮遠爲夕。既因月而盈，隨日之經。界寒暑之二道，將無差於萬齡。故小大可法，而乾坤永寧也。若夫雲者雨者，風者霧者，爲雪爲霜者，爲雹爲露者，雷之所鼓者，龍之所赴者，群生之所賦者，萬物之所附者。彼皆與日而大小成，亦隨時而前後隔。此日之所以一沈，而潮之所以兩折也。天地一氣也，陰陽一致也。其虚其推移，所以就其衰而成其茂也。然後九圍無餘，而萬流爲之長輔。談未竟，客又剿而言曰："若乃寒暑定而風雨均也。吾聞之《洪範》云：豫常燠，急常寒。狂乃陰雨爲沴，僭則陽氣來干。苟日月之躔一定，又何遠於王政之大端？彼有後問，姑紓前言。夫三才者，其德之必同。天以陽爲主，地以陰爲宗。參二儀之道，在一人之躬。一人行之，三才皆協。德順時則雨霽均，行逾常則凶荒接。僭慢所以犯陽德也。故曝尫莫之哀。狂急所以犯陰德也，故離畢爲之灾。此則爲政之所致，非可以常度而剸裁也。客曰：『唯其餘如何？』復從而解之曰：『惟坤與乾轉，其激也，大則體甚而相疏；其作也，小則勢接而相踐。惟體勢之可準，故合沓而有羨。其何怪焉？』客乃跽軀斂色，交袂而辭。彼圓玄方蹟，古惑今疑。嘆載籍之不具，恨象數之尚遺。方盡述於閫域，非先生親得於學者，而孰肯論之。於是乎若卵判雛生，鼓擊聲隨。雷電至而幽蟄起，蛟龍升而雲雨滋。形開夢去，醒至酲離。既手之舞之，足之蹈之。乃避席而稱詩爲賀，演知元先生之辭。辭曰：『噫哉古人，迷潮源兮。刓編蠹翰，曾未言兮。羅虛列怪，無藩垣兮。名儒幽討，理可尊兮。高駕日域，窺天門兮。潮疑一釋，永立言兮。若和與扁，祛吾惛兮。昔之論者，何其繁兮。意摩心揣，祇爲譊兮。陰陽數定，水長存兮。進退與日，遊混元兮。一升一降兮寒暑成，下凝濁兮上浮清。隨盈任縮兮浮四溟，釜鬲蒸爨兮擬厥形。願揚此辭兮顯爲經，高誇百氏兮貽億齡。』先生曰：『彼能賦之，子能演之，非文鋒之破鏑，何以解乎群疑。』客乃酣然自得，油然而退也。

錢塘賦 節

宋葛澧

若夫疏通灌溉，則有衆流焉。溪則停辭、石鑒、頰口、上轉、無他、平渡、下阮。盤石曰苕、曰猷、曰松、曰葛。湖則御息、明聖、陽余、常究焉。清者浮於上，濁者積於淵。濁以載物爲德，清以不極爲玄。載物者，以積鹵負其大；不極者，以上規奠其圓。故知鹵不積，則其地不能載；玄不運，則其氣無以宣。夫如是山嶽雖大，地載之，而不知其重；華夷雖廣，鹵承之，而不知其然也。氣之輕者，其升乃高，故積雲如嶽，不駐鴻毛，輕而清也，而物莫能勞。及其干星勢，窮霏然，下墜隨坳壑而虛受，任畎澮之疏潰，著則重也，故舟檝可以浮寄。至夫離九天，堙九地，作重陰之膠，固自堅冰以馴致，固可以乘鴻溟以自安，受萬有而不圮者也。聽茲言，較茲道，定一陽之所宗，何衆理之難考。且合昏知暮，而翰音司晨，安有懷五常之美，預率土之濱。苟無諒乎此旨，亦何足齒於吾人。子以天地之中，元氣噫噦，爲夕爲朝，且登且没，泛辭波而甚雄，處童蒙而未發，孰觀地喙乎深泉之涯，孰指天吭乎巨海之窟？既無究於茲源，寧有因其呼吸而騰勃者哉！客謝曰：『辭既已矣，欲入壺粵，願申一問先生，幸以所聞教之。嘗居海裔，覩潮之勢，或久往而方來，或合沓而相際，曷舛互之若斯？今幸指乎所制。』先生撰屨旁眄，亦窮其變，吾因訊夫墨客，當大索其所見，彼亦告於余曰：『日往月來，氣回天陂，臨平南上，南下明星，建寧曰查、曰北、曰高、曰谷，渡則鹽橋、廟山、古渡、剡口，塘則武丞、捍海、沙河，其諸潭則浣沙、玉兒，浦則百尺、明珠，渠曰五福，濠曰中外。或始濬，或增治，或築以去害，或開以興利，或因事建名，或因名顯義。如停辭溪，始於范蠡，欲開鑿爲山，通浙江之水，因民弗願，辭訴而停焉。如南下湖，修於歸珧，既公私之大田，興利澤於無窮，因對上都以立名焉。在臨平湖，則開通壅塞以顯祥，得石湖邊以呈瑞。築捍海塘，則强弩射濤以弭衝決，詩什投海以回潮勢。茲惟神奇之殊迹，因以播傳於後世。言其經理開竇釃流，堤塍相軺，或遂之縱，或溝之横，或洫之廣，或澮之深，以列以舍，以寫以揚，以蓄以止，以蕩以均，潦則引出，俾免滔溢，暵則通入，以遂耕耘。噫嘻！水雖衆矣，莫若浙江爲大焉！自婺歙之深山，合二州而發源，潨流會派，東下淪奫，由建德注富春，而後入海。昔神禹行水，嘗躬臨其崖。厥後而守，横渡會稽，想其服乘之車馬、儀衛之旌麾，鐘鼓撞磕，原野生輝，應足以暢文宣武，普暨博施，若江流之浩蕩，盡日力而渺淼。沈沈潚潒，從潯，茲其深些；湯湉涾減，滮滮湫沠，茲其流些。貌也，浤浤淈淈，渳渳瀵潗；廣也，漭泱瀠澐，沺澥滓瀿。西顧則疑漨濛汜，東盼則恐近扶桑。歲時之潮，有信不妄，其大必於哉生明月，既望其微，必於上澣之休，下旬之半，當星虛之正中，巽三時之泛濫。涌激澎湃，浩漾滉瀁；浴日之波，浮天之浪；沸騰回復，其高數丈。眇覿若赴敵大兵，貫弓捧戟，攢刃列仗，争先挺出，猛奔急趨。而俯仰又如白練颺空，隨狂飆而舒卷，飛騰於波面，聽之則硲硲之聲，千車萬馬雜錯轟吼。而前鄉又如破山疾雷，悖神迅電，驚天震地而動蕩。西覩浮石之隨出時，玩曙樓之呈像，離婁注目而瞍瞍，陽侯傾耳而伎倦。眂無端倪，稽盧賦之鋪陳；狂抛猛過，發羅詩之咏賞。雄乎偉哉！岷山之江、桐柏之淮亦有潮，焉異若是也！逮其平時，則湛湛波光，彼蒼一色，乃有艅艎艒縮，艥艣䑺艴，艌艩艗䑔，舸艫艬舶，鷁首載浮，鼓棹艉艝，乘風破浪，以濟以涉。自西自東，或南或北，輕颿楗櫓，朝吴暮越。以言所產，則有若鯄鰼鮦鰶，鮍鮋鯦鮥，艛鮔鮍魩，鯇鰡鯷鱳，鯖鰡鯽鱨，鰅鰫鯱魹，隨波去來，逐流出没，梁笱交設，網罟互撒。其他水蟲、水草、水畜、水鳥，傳記鮮備，方言莫考，筆難覼縷而細道。

浙江觀潮賦

宋羅公升

羅子客於錢塘，適時仲秋，皓月初缺，長空闃寂，萬里清絶，乃江臯乎逍遥，想故國之餘烈。已而，金鏦鼙轟，轂戞蹄蹅，囂塵漲天，鬬艇彌澤。行雲低回而不飛，山川蒼茫而異色。羅子怪而問之。客曰：『子獨不聞錢塘之潮乎？天地之間，有高有深，有明有晦，有動有植，有常有怪，賦形而立者以億計，而海爲大。海之大，浮人間，其如空，與太虛而爲對。其變化，翕忽一日萬狀，而錢塘之潮爲最。錢塘之潮，捲海山，吞吴會，力拔寰中，聲出天外。其瑰偉傑特之觀，亘萬古，信四時，而八月既望爲快。方潮之未至也，乾坤爲爐，陰陽爲鞲。一元之氣，秋高而益盈；望舒之精，霸生而變態。倒河海於累空，納萬流於一噫。陽侯捲波其欲立，百神嚴駕兮有待。及潮之既至也，怒如驚霆，疾若飛雨，日車爲之掀簸，風師助其呼舞。峨峨兮，層冰之素，千里飛雪；汹汹兮，萬馬之奔，四合如堵。倏谷變以陵遷，恐山摧而嶽仆。見者膽落，聞者毛竪。於是，賁育之倫，虓虎之士，因茲水戲以習戰事，捩文舠，建彩標，砍驚湍，逐駭猋，駕蛟蜃，以爲車履，鯤鯨而成橋。大蕤搗靈鼉之革，修竿曳鮫人之綃。三山爲陸，暘谷爲徼，縱横南北，合散先後，鬼没神出，鱗甲相弔。或擁蓋以高驤，或援戈而疾剽，或觀若而分餘甘，或叩珠宫而逢一笑。歡聲達於淮壖，餘風騰乎越嶠。層瀾既平，鼓者未息，掔鰲首，耀鯤脊。洗月窟探地極，馮夷礱游龍郄。吕梁丈人涉降乎左右，蓬邱仙人逢迎於咫尺。此闔閭夫差之所以雄長百蠻，凴陵上國也。是日也，朝者休務，賈者輟市，贏糧而快覩者，纍屬乎八九百里。雞林日本，琉球闍婆，萬斛之舟，卯發而辰至。朝采夜光，珊瑚火齊，希世之珍，山積而雲委，茂先所不能識，宏羊所不能計。此真極天下之巨麗也。今子重跰百舍，來遊三吴，蓋将覽江山之偉奇，供筆墨於遊戲，亦有樂於此乎？』羅子遽然變色曰：『此固吾之所以弔也，而子所以樂乎。且方全吴之時，左滄海以爲池，右梁山以爲郭，内重湖以爲襟帶，外長淮以爲籬落，水犀萬艘，石城百仞。談笑舉六千里之楚，指揮壓四十縣之晋。宋子齊姜麇至於後宫，魯壺鄭縞雨集於主進。迨夫孽臣擅朝，艷妾供寢，酣歌忘中庭之呼，利口弛重關之禁。積薪已然，盲者安枕。爰有一老，身佩宗社，覩大厦之欹傾，忍寒蟬之瘖啞，乃逆鱗之屢批，竟屬鏤之不赦，鴟夷朝浮，越甲暮入，栖烏之曲未終，至德之廟已泣。於是忠魂上訴，帝閽朝啓，乃錫命書以長茲水。乘象載之輿，策玉虬之駟，魚須前驅，龍伯作使。凡排山倒海之威，皆鞭荆棲越之氣。且夫骨鯁之臣，生死一節，豈生不忍其故都，而死乃致憾於宗國。彼濤頭之所指，寧强弩之所能移？想乘波而東擊，猶遺恨於會稽。薦馨香而知痛，競簫鼓以爲嬉。雖千秋萬歲之來歸，恐滄海桑田之增悲也。』客乃太息，反顧落日，覺悲風之四起，忽洪濤之俱失。

浙江賦

元 沈幹

鴻濛分，鰲極立，五行生，水居一。藐東南之海隅，涌大川之洋溢。此浙江之所以氣象宏偉，不可得而具述也。一櫂遊覽，爰求其源，黄山屹然，其下爲泉，初焉渺渺，已爾緜緜。會東陽之別派，曁大永之清漣。合衆流而共趨，羌脉絡其聯延。歷延陵而爲七里之瀨，注錢塘而涵萬頃之天。浩蕩瀰漫，澎湃汩潏。接海氣兮浮乾坤，吐天光兮吞日月。薄霧朝歛，滄波鏡明。長風莫興，巨浪山立。魚龍或變而或化，蛟鼉乍出而乍没。千艘蚊聚，萬舶雲集。簇沙際之牙檣，舞潮頭之畫鷁。萃山海之群珍，致川陸之百物。使三吴之富甲於天下者，實此江之力也。朝焉而潮，夕焉而汐。海門喧萬鼓之聲，江面亘一綵之力。銀山嵯峨，雪屋突兀。見者目悸，聞者股栗。乃有輕儇之童，眩耀其術，蹙鯨浪以争趨，舞紅綃而特出，輕性命於毫毛，駭觀瞻於倏忽。此浙江之異景，而百川不能與爲儔匹也。奔流滔滔，如怒如號。胥也何勇，寄遺憤於驚濤；繆也何智，表一矢以著勞。英雄千古，陳迹寂寥，而此江之水，閲今昔猶一朝。話未竟，客有謂予曰：『美哉禹功，無往弗施，浙水何謂，《禹貢》則遺。《水經》所載，原委無疑。以漸爲浙，誰其易之？蓋書法所略者，由不費禹功疏鑿之致而名，水之有異者，庸詎非文字訛舛之所爲。吾黨之士見一物而必格，耻一事之不知。詎可不究夫此江事迹於往者，而使詑此江景物於一時也哉！』賦者於是作而謝，喜而歌曰：『越山杳藹兮吴山嵯峨，中有巨川兮與海通波。書固略之兮水志豈訛，考輿圖而稽故迹兮亘千古而不磨。』

浙江觀潮賦

明黃尊素

吴公子過武林，當八月十八日，油壁接軫，繡韅盈途，員冠峨如，大裙襜如，士女皆觀潮而出，城郭爲之空虚。主人謂公子曰：『此枚乘所謂怪異詭觀也，盍與子偕往乎？』至則錦帳翠幕，山韜路織，歌吹沸天，紅紫錯舄，波影山光，攪雜彩爲一色。其時，纖塵不起，水平如鏡，渡頭往來，漁歌答應。車馬方喘於轉轂，畫鷁初開而下矴。彼江干之士女，既不異鷗雁之翔沙，而衆口之喧囂，又何殊鶩鵝之亂聽。逮至審時定候，日影已高，遥傳屢起，中心摇摇，恐陽侯之爽信，萬目睽睽向海門而注視。不戒而孚，聲收息阻，向之喧囂不定者，忽然如含枚而楔齒。雖綷綷縩之微響，亦澄然其入耳。俄而，一綫横江，天風颯然，摩挲目精，指點雲烟，瞻言百里之外，已覺隱隱闐闐。豈鼙鼓之動地，或殷雷之在天。方潮之初發也，浩渺之區，浮天無岸，堨淡淡而東來，雖洶洶而弗叛。及其兩山迫脇，沙灘中岸，忽而受於拘束，無所容其浩汗，卒中怒而山立，庶太空之無絆。天蓋撼動而欲移，地輿震盪而似判。吴山越山爲之低昂不已，亦恐其流轉而互换。魚龍失勢，飛鳥驚竄，乃有狡童侲子，百十爲伍，絳幘單衣，馳騁波路，持彩旗兮悠颺，潮之神兮來何暮，呈傀儡之妙戲，羌堤能以相妒。耕父來，天吴赴，支祁按節，罔象負羽，孰不爲之膽掉心寒，彼且從容而沿泝。已而，潮上漁浦，波澄如故。主人曰：『廣陵之潮，枚乘以素車白馬比之，較之吾浙真不足齒矣。彼弄潮者，亦天下之能事哉！』公子曰：『吁！夫潮者，天地之怒氣也。天地方怒，而以供俳優之戲，是爲樂怒。樂怒與樂哀等也。昔蔡君謨有戒弄潮文，子不知之乎？而以風俗之陋者，誇於四方也。』主人曰：『否！否！夫論事者，考其原；觀今者，溯諸古。昔越之敗，吴習流二千人，戈船三百艘，浙江固習水戰之所也。降而錢王射潮以强弩，此較射於波濤，乃謂致師於水府。彼氣機之翕張，夫誰受其痛苦？投箭竿以三千，不過中流之東楚。逮有宋之南遷也，嘗以茲日水中講武，殿司、臨安、金山、澉浦，水軍萬人，巨舶千艣，西興、龍山兩岸如堵。天子大閲，簡別强弩，分爲五隊，中權是主，舞刀握槊，節以金鼓，炮聲滿江，五色齊舉，烟收焰息，其散如雨。凡今之弄潮者，賈勇售藝，兵家規矩，輕性命於鴻毛，故能馮河而暴虎，其餘伯國之餘風，非書生之陳腐。所謂安不忘危，而子乃以俳優侮之耶？』公子語塞而退。

國朝

錢塘觀潮賦

王錫

粵惟月臨於酉，日在於庚，金飈夕發，玉露晨清，疏蟬欲斷，旅雁長鳴，乾坤氣肅，江海潮生。於是，出南城，瞻東越，漁浦平，鱉門闢，驚濤乍至，匹練初裂，爾乃翱翔泛濫，紛如鷗戲。少焉，馳逐奔騰，疾如兔脱。既雷轟而雨驟，亦星流而電激。風回鯨穴兮瀾紫，浪捲黿宫兮雪白。駭水暴灑，長波飛薄，迅澓增澆，涌湍叠躍。其殆海若驕盈，陽侯怒作，以故號令波臣，指揮水伯，金鼓喧闐，車馬雜沓，壁壘頓開，組練齊出，擊破蜃樓，踼翻鮫室。於是乎鯤魚揚鬐而遥徙，鵬鳥奮翼以上搏。平地動懷山之警，臨流興望洋之嘆。恐坤維其震絶，憂天柱以摧殘。伍相孤忠，一囊迎怪；錢王偏霸，萬弩徒讙。彼觀之者，沙間並轡，樓上凭欄，士女畢集，老幼咸歡，莫不秋衣浹汗，晝日忘餐矣！又何慕乎吕梁之險，與夫渤澥之寬哉！至於海鰍之出入，未辨神龍之變化，堪疑盛衰。應月光之盈缺消長，視天運之高卑。每一朝其再擊，胡三日之不馳，豈理數之無定，抑造物之有私。若夫鼓浩氣於兩間，播大音於萬頃，使人覽之而欲興，覩之而欲振，斯亦宇内之詭觀，浙西之奇境也。況其往來不爽乎常期，則又誠爲天地之至信。

萬弩射春潮賦

章藻功

自昔中流勒柱，績用黿鼉；上漢浮梁，功歸烏鵲。伊物力之能勝，豈人功之不作？山陵定位，艮止坎行。江海安瀾，天清地廓。由東注之波瀾，訝西奔而搏躍，或盈或缺，候月往來，爲汐爲潮。當秋磅礴，原夫水氣一清，江雲四閣，日影生花，風聲捲籜，蛇連船尾，舟子扶篙，蟻聚輪蹄，牧人驅犢，吴兒跳擲。試片石於浮沉，賈客驚惶，逐破帆而飄泊，横拖大帶，出没長虹，斜轉圓沙，回翔彩鶴，始則五紋一綫，若斷若連。少焉，萬舸千艘，且前且却。沛驟雨於兩儀，漏洪波於百谷。東海走其蛟龍，北門失其鎖鑰。三江奔放，高在邱陵；千里吞吐，澗無沙漠。飛空疊疊，魚可躍舟；負重盈盈，燕真巢幕。惟秋氣之怒號，匪春光之酥酪。若乃桃花浪暖，竹簟紋開，山陰消雪，地轉驚雷。鳶跕水其掠尾，魚解凍而曝□。風正帆懸，攬牽荇葉，沙明岸濶，砌長莓苔。信帶雨之晚急，疑妒花而曉催。氣盈虚以不爽，弦上下以忽來。淑景泮冰，風波驚起於一瞬；陽和振蟄，龍蛇怒鬭於千回。爆竹齊喧，闢瓊宫而乍啓；屠蘇初醉，對玉山其將頹。碧浪横翻，一空地窟，青郊直視，百尺江臺，謂觀濤之足樂，詎力農之爲灾？然棄宫室爲洿池，民其魚鱉；瀉江湖於畎畝，地不蒿萊。秋以及春，時分消長，子猶兼午，勢且瀠洄。曾撼堤防，封丸泥其何益；頃同汨没，乾坏土而未能。壁壘陣堅，先聲可奪，金湯城固，下決而隤。古者英雄鼓氣，保障多方，選三千之士卒，當百萬之虎狼。叱咤則雷雲忽動，馳驟則風雨俱狂。器工括竹，技妙穿楊。疾呼而發，勁弩斯張。河伯心揺而膽落，陽侯精喪而魂亡。大來小往，爾弱我强，奠爲磐石，名姓錢塘。又况弩足萬餘，射當三倍，聚氣轟轟，成行隊隊，鋭執堅披，金鳴鼓擂，電迅雲集，風霾日晦，未絶一弦，未成一簣。善百發而百中，笑三戰而三北。龍宫振動，髯戟不張，鼉梁傾摧，鱗甲不解，非外强而中乾，竟鋭進而速退。盟刑白馬，界清溝水之分陣，破長沙流激囊沙之敗，有海可填，無山不拔。較鞭石而更奇，比射月而尤快。何負土之爲功，且縮版之是載。河清可俟，翳勇士之多，能海波不揚，識聖人之有，在阻潮信於陽春，平天滔於大魄。敢誇枚乘之才華，足小錢鏐之氣概。

欽定四庫全書海塘録　卷十九　藝文二

表

國朝

魚鱗石塘工成謝表　常安

海濱城社，全藉堤防，澤國田廬，恒資塘岸。惟杭城當江海交會，而寧邑尤潮汐頂衝。雪浪排山，民有沮洳之患；銀濤激頮，人多陷溺之虞。七郡徬徨，三吴震恐。蒙世宗憲皇帝痌瘝在抱，屢事興修[一]。我皇上繼述爲懷，發帑建築，特簡大臣以資區算，廣選群吏以效趨蹌，擇險搶修，隨宜補築。既竭一時之碩畫，復籌久遠之良圖。爰允廷議，創建石工，築塘六千餘丈，計里一百有奇。排樁若馬齒之毗連，疊石似鱗魚之櫛比。根基鞏固，儼若長城；表裏堅凝，真同峭壁[二]。大工全竣，遠近歡呼[三]；鉅績告成，兵民忭舞。此寔睿謨廣運，聿昭奠定之功；聖澤覃敷，丕著平成之績。從兹，閭閻康阜，永沐雨露洪仁，宜其兆庶歡歌，共切高深，頌戴深荷，一人有慶，願祈萬壽無疆。

石塘工成謝表

陳世倕

竊惟仁、寧、鹽、平四邑，大海汪洋，非築塘豈能捍禦；長堤綿遠，惟壘石庶固根基。前蒙世宗憲皇帝『念切民生，雖萬千帑金不惜』[四]，恭惟我皇上德隆繼述，至八年鉅工告成。一百里浪擊潮衝，盡荷金城之固；六千丈蟬聯櫛比，皆成鐵塹之堅。排樁若馬齒之齊，疊石似魚鱗之次。大僚持籌運算，帑不虚糜；執事竭力殫心，工多堅寔。衆夫應募，窮黎藉力役以贍其家；庶職投工，多士共馳驅而襄厥事。兹者興歌底定[五]，不煩挽弩以射潮；快覩成功，何用囊沙而壅水。萬姓頌安瀾之慶，聖德開天[六]；千秋懷已溺之恩，神功奠定。白馬息銀濤之浪，黄龍卧錦漲之波。世倕等世隸編氓，永戴皇圖，鞏固情殷，桑梓倍欣，閭澤覃敷。

狀

進海潮賦狀

唐盧肇

朝散大夫、持節歙州諸軍事、守歙州刺史、柱國、賜紫金魚袋臣盧肇謹進上《海潮賦》一首。

臣伏聞神農立極，先定乾坤；軒后統天，始治歷象。蓋以大聖有作而大法乃明，必自臣子之所爲，克成君父之至德。只如陳韶奏夏，允諧聖帝之音，而伐鼓鏗鏞，元在工人之手。業雖成於微賤，事乃表於皇王。臣今所陳，竊用此道，伏惟睿文明聖孝德皇帝陛下，德邁伊嬀，道包覆載，垂裳而九有，無外執器而萬國來庭，日月貞明，天地交泰。珍圖瑞物，允膺得一之符；伯益皋繇，共佐十年之聖。臣寔陋賤，亦忝方州，而微臣始自知書志在稽古，或觀天地之道，得於經史之間。既察置圭，亦聞測管。究黄鐘於玉律，窺碧落於璿樞。伏念司馬遷則書載《天官》，張平子則儀鈞地軸。臣仰遵前哲，輒揆圓虚，偶識海潮，深符易象，理皆摭實，事盡揣摩。既當鳳紀之朝，願陳蠡測之見。臣肇誠惶誠恐，頓首頓首。臣又聞天垂象而六合成，道生一而三才具，皆由日月運乎陰陽，是謂神明分乎晝夜。伏知此道盡在陛下睿鑒之中，故不俟微臣因此别白。然自古以來，莫不以地厚難測，日既入而人不見，其行海大無涯，潮潜生而人不知其候。上古聖人則之於八卦，學者演之成六家，而有講論未明，根本不究。天垂大法，假乎微臣，獲在聖朝，敢彰愚見。臣門地衰薄，生長江湖，志在爲儒，弱不好弄，研求近代，寒苦莫甚於斯。臣伏念爲業之初，家空四壁，夜無脂燭則爇薪蘇，曉恨頑冥亦嘗懸刺，在名場則最爲孤立，於多士則時賢獨知，累竊皇恩，遽變白屋。臣於會昌三年應進士舉，故山南節度使、同中書門下平章事王起擢臣爲進士狀頭。筮仕之初，故鄂岳節度使盧商自中書出鎮，辟臣爲從事。自後，故江陵節度使、贈太尉裴休，故太原節度使、贈左僕射盧簡求，皆將相重臣，知臣苦心，謂臣孑立，全無親黨，不自吹嘘，悉賞微才，奏署門吏。臣前年二月，蒙恩自漳關防禦判官，除秘書省著作郎。其年八月，又蒙恩除倉部員外郎、充集賢院直學士。去年五月，又蒙恩除歙州刺史。臣謹行陛下法令，常懼有違，理郡周星，未有政績，潛被百姓詣闕，以臣粗能緝理，求欲留臣。七月二十二日敕，又蒙聖恩，賜臣金紫。臣素無强近之援，不異草澤之人，忽荷寵光。及此叨忝，臣不以生平志業上奏於宸慈，實懼犬馬之微，忽先於溝壑，則臣積年無所闡揚，非唯自負片心，實亦上辜聖代，是敢竊以所撰前件《潮賦》并《圖》進上。臣爲此賦以二十餘年，前後詳參寔符象數，願以潢污之水，輒赴溟渤之流，而雕蟲所爲，刻鵠難肖，塵冒天聽，罪當鼎鑊。今差軍事押衙盧師洎隨狀奉進，上黷宸嚴，敢期睿覽。臣肇無任惶懼戰越，屏營之至，謹録奏以聞，伏俟誅責。

乞相度開石門河狀

宋蘇軾

謹按《史記》，秦始皇帝東游至錢塘[七]，臨浙江，水波惡，乃西百二十里從狹中渡。[八]以此知錢塘江天下之險[九]。

臣昔通守此邦，今又忝郡寄，二十年間，親見覆溺無數。自温、台、明、越往來者，皆由西興徑渡，不涉浮山之險，時有覆舟，然尚稀少。自衢、睦、處、婺、宣、歙、饒、信及福建路八州往來者，皆出入龍山，沿泝此江，水灘淺[一〇]，必乘潮而行。潮自海門東來，勢若雷霆，而浮山峙於江中，與漁浦諸山犬牙錯入[一一]，以亂潮水，洄洑激射，其怒自倍，沙磧轉移，狀如鬼神，往往於淵潭中，涌出陵阜十數里，旦夕之間，又復失去，雖舟師、漁人，不能前知其深淺。以故公私坐視覆溺，能自全者，〔……〕百無一二，性命之外，公私亡失，一歲凡幾千萬[一二]。而衢、睦等州，人衆地狹，所産五穀，不足於食，歲常漕蘇、秀米至桐廬，散入諸郡。錢塘億萬生齒，待上江薪炭而活。以浮山之險覆溺留礙之故，此數州薪米常貴。又衢、婺、睦、歙等州及杭之富陽、新城二邑，公私所食鹽，取足於杭、秀諸場，以浮山之險覆溺留礙之故，官給脚錢甚厚，其所亡失，與依託風水以侵盗者不可勝數。此最其大者。其餘公私利害，未可以一二遽數。

臣伏見宣德郎、前權知信州軍州事侯臨，〔……〕嘗往來江濱[一三]，相視地形，訪問父老[一四]，參之舟人，反覆講求，具得其實。建議：自浙江上流地名石門，並山而東，或因斥鹵棄地，鑿爲運河，以達石門。新河若出定山之南，則地皆斥鹵，不壞民田。及自新河以北[一五]，潮水不到，灌以河水，皆可化爲良田。然近江土薄，萬一數十年後，江水轉移，河不堅久。若自石門並山而東，出定山之北，則地堅土厚，久遠無虞。然度壞民田五六千畝，又失所謂良田之利。體問民田之良者，不過畝二千，以錢償之，亦萬餘緡而已。此二者，更乞令監司及所差官詳議其利害。又引浙江及溪谷諸水，凡二十二里有奇，以達於江。又並江爲岸，度潮水所向則用石，所不向則用竹木[一六]。凡八里有奇[一七]，以達於龍山之大慈浦。自大慈浦折北，抵小嶺下，鑿嶺六十五丈，以達於嶺東之古河。因古河稍加浚治，東南行四里有奇，以達於今龍山之運河，以避浮山之險。度用錢十五萬貫，用捍江兵及諸郡廂軍三千人，二年而成。〔……〕凡福建、兩浙士民，聞開此河[一八]，萬口同聲，以爲莫大無窮之利。今建此議，不知者必有二難。其一，不過謂浙江浮山之險，經歷古今賢哲多矣，若可平治，必不至今日。此乃巷議臆度[一九]，不足取信。只如龜山新河，易長淮爲安流，近日吕梁之險[二〇]，似聞亦已平治[二一]。豈可謂古人偶未經意，便謂今人不可復作？其一，不過謂並江作岸，爲潮衝嚙[二二]，必不堅久[二三]。今浙江石岸，亦有成規。自古本用木岸，轉運使張夏始易以石。自龍山以東，之江水益深[二四]，石岸立於漲沙之上，又潮頭爲西陵石磯所射，正戰於岸下，而四五十年，隱然不動。今自大慈浦以西[二五]，江水皆露出石脚，而潮頭自龍山轉向西南，則岸之易成而難壞，非張夏所建東堤之比也。

按：《海塘録》編纂者翟氏在轉引蘇軾《乞相度開石門河狀》時，依己意作了刪節及前後段落的上下移動，已非蘇文之原貌。今作點校時，爲便於閲讀，翟氏所作段落調動不作復原，僅將其文字差錯作了訂正。

書

答高起岩論潮書　元吴亨壽

至元十八年秋八月十有八日，足下觀潮浙江亭，明日書以遺予，若疑於逆流之水有可詰者。朱子註《騷》，爲潮以月加子午之時，一日而再至，則亦未嘗無説，敢爲足下誦所聞焉。蓋坎本月之體，月本水之精，月與水一而已矣。在天爲月，在地爲水。天有陰陽太少，而月爲太陰；地有剛柔太少，而水爲太柔。古人以方諸取水於月，其氣類固相感也。而况夫子午之位，乃陰陽之始，於其所始而月加焉，則陰與陽感而陰以升，陰與陰遇而陰以盛。水陰類也，當其所加之時，涌而逆上，從其類也。月一晝夜凡一加午，故潮一日再生。月一日退天十三度十九分度之七，故潮日遲於一日。所以初三之潮，晝遲而入十八之夜。十八之潮，夜遲而入初三之晝也。一月之間，生明生魄，潮亦再盛焉。生明之潮，則自前月二十六長水，謂之起信，歷晦朔至月初三[二六]，謂之大信。初四潮勢漸殺，謂之落信，歷上弦至月十日，謂之小信。生魄之潮，則自十一始長，歷望至十八而盛，自十九始殺，歷下弦二十五而衰。其起落大小之信，亦如之。天下之至信者，莫如潮，生落盛衰，各有時刻，故潮得以信言也。月於一月之間漸遲而縮，一日潮於兩信之内漸遲而縮。兩潮秋月最明，秋潮最盛，亦其理然也。又嘗即《易》考之，坎爲月魄，離爲月魂，震生明也，兑上弦也，乾望卦也，巽生魄也，艮下弦也，坤晦卦也。生明之盛，非無故而盛也。坤一索而得長男，故盛。過兑，少而往則衰矣。生魄之盛，亦非無故而盛也。乾一索而得長女，故盛。過艮，少而往則衰矣。驗之於月，參之於卦，潮之理其殆庶幾乎。或曰：『誠如是，則陽之盛莫如乾，陰之盛莫如坤。潮不於是焉大，而顧大於震明巽魄，何耶？』曰：『兹又先天、後天之説也。不本諸先天，無以見造化之全體；不參諸後天，無以見造化之妙用。先天之卦，體也。乾坤離坎，位於四正，震巽艮兑，位於四維，而月之周天實配之。後天之卦，用也。退乾於西北，退坤於西南，父母老而不用，而長男代父，長女代母，居東南生長之方。天地間，萬物萬事咸於此乎權輿，故其爲氣也，莫盛焉，而潮之大信，實配之。月配其體，則陽爲明，陰爲魄。而乾坤當望晦之位，乃陰陽之極也。潮配其用，則長爲盛，少爲衰，而震巽當大信之候，乃陰陽之長也。夫如是，則其不乾坤而震巽也，有由矣。』或又曰：『亦何以知其必取於卦耶？』曰：『以納甲家啓之。納甲者，如生明之月，昏出於庚，震則納庚。生魄之月，晨見於辛，巽則納辛之類是也。陰陽者流，用之率驗，則月與卦相爲用也，審矣！潮而有取於月也，不亦有取於卦乎哉？』或又曰：『月之説然耶，則潮之爲候亦宜。月半以前，由微漸大，月半以後，由大漸微，以象夫三五而盈，三五而虧，可也。今乃與明魄之生兩盛焉，何哉？』曰：『明魄之盛，固已如前所云。然月一月一周天，而一日之内，則一加子，一加午者也。潮於月加子午之時，一日再至，故亦於月生明魄之日，一月而再盛焉。月之一，潮之再，若不相似，而實相感召。非深於理者，未易以語此。』或又曰：『子所論浙江潮也，他江亦有潮，其遲速不同，何歟？』曰：『潮之生，必生於月出之海，浙江之去海爲近，故其至也如時。他江所去有遠近，故所至有遲速耳。』或又曰：『古今言潮者，必推浙江，亦謂銀山雪屋，有頭數丈，此爲異爾[二七]。他江之潮，第如涌水，復與此不同，何與？』曰：『浙江去潮生處近，掀天沃日之勢，方盛而不可遏，赭山、龕山横鎖江口，頓然斂寬就窄，其勢必至於衝激奔射也。他江去潮生處遠，遠則必殺，故但涌水而已，又何疑焉？』

覆耆民汪源論設塘長書　明任三宅

連年修西北二塘，責重塘長而空名，應役漫不經心，以致漸成大患，愈難捍禦。呈院乞将附塘殷實户丁，報充塘長十二名，每名於帶征七分之内，取給工食七兩二錢，量分塘岸，着令巡管，遇坍便修。如遇風潮叵測，縣照例分築。而宅以爲未盡善也。夫北塘之所禦者，海也。海沙旋漲輒十餘里，潮遠不及，而塘自不坍，往歷數十年可以無議修築。迨海潮對塘一衝，則沙泥蕩漾，而塘即潰壞，延袤幾千餘里[二八]。邇來，頻年修築，官費其一，民費其十，度支奚下萬金。即今名曰告成，方且役民增補。嗣今而後，不知作何底止。倘海沙仍漲，而塘果不坍，天之賜民之福也。雖不設塘長，不給工食，無害也。倘潮又對衝，而塘又决，天之灾民之禍也，必非十二名之塘長所能支吾以捍禦也。爲今之計，廿二都、廿三都附塘居民似不當概責以西塘之役，以待殷實。遠令其專力分管北塘[二九]，遇有綫隙，隨即修葺。猝遇風潮大患，自當通力合築，并移山、會協濟，不可專責管塘人户也。

議修築海寧縣海塘書　明張次仲

衆水皆滙而歸於海，海不見其盈，海一衝决，則大地皆被其害。如吾寧邑之海，不過大海之一支流耳，而潮衝沙嚙[三〇]，人民田廬立見湮没者，蓋右承宣、歙以下衆流之水，左納蘇、松外洋諸海之流，西則龕、赭二山南北對峙，夾爲海門，爲海入江之口，東又有石墩大、小尖山還立海隅，爲海入寧之口。潮自東起，歷乍、澉二浦而來，阨於近洋八山之内，江自浦陽西瀉，歷嚴灘，至錢江而出巖亹，阨於龕、赭海門之際，其進甚狹，勢迫東而相擊，其來既遠，勢汹涌而必怒，夫是以湍激淜湃，而有衝決之患也。邑治瀕海，適當交衝之會，城南百武即界爲海塘，塘起仁和至海鹽，相距百里。其近城數十里之間，以尖山東鎖、赭山西鍵，拱抱而突出於外，邑城在兩山中之北，三隅鼎立，邪衝注射，而城外爲海之隩隈，且潮奔入巖亹，扼於江流之逆注，則激而復北，不可遏禦。此數十里者，三面受敵，故塘之潰壞恒見於此也。予幼嘗閲邑乘，『宋寧宗嘉定十二年，潮衝平野二十餘里，蜀山淪於海。十五年，又城南陷地四十餘里。元仁宗延祐元年，海溢，陷地三十餘里。明成祖永樂六年，海決。至成化十三年，海決，前後陷地六七十里』，心竊異之，幅員雖廣，而可屢蹙於洪濤之陷割乎[三二]？及年逾弱冠，南望漲沙三十餘里，桑麻成林，去海遠甚。越十年，臨海僅百步矣。嗣是，或漲或決，屢屢改觀，始嘆桑滄遞變，亦勢之無可如何者。吾謂天下大患，有莫可如何者三，如邊患、河患、海患是也。自古治之，無有上策。蓋勢處於不可測，而患生於不及料，惟有來則禦之，去則備之，先事而堤防者，計畫之周耳！其計畫之最要者，莫先于儲餉。餉不預儲，一旦變生，東支西應，補苴無策，欲待給於朝廷，則緩不濟事，欲派費於編氓，則散而難紀，遂欲借支庫銀，以濟急需，徐用派徵田畝以償那移，而朝三暮四，中多乾没，而民受其病矣。海寧地形，踞嘉、湖、蘇、松、常、鎮六郡之上流，寧受海患，六郡亦不得安枕無憂也，故各郡皆有協濟之銀，輸以儲用。昔嘉靖時，邑尹嚴寬建議歲儲徭役銀三百兩[三三]，以此二者存藏不爲他用，幸邀天祐，十年無患，可積金萬有數千。一旦患作，不爲無備。當平居無患時，每遇潮汛，遣廉幹吏民巡視，遇有沙瀨涔浸小隙，即領銀室補，以杜其隙。千丈之堤，敗於蟻穴，若九河盈溢，非一魄所防，宜早爲之慮也。其次則在制度。昔之善於爲備者，慮海濤之衝激，爲盪浪木樁以砥之，慮潮勢之剥蝕，爲疊石斜階以順之，故所取之石不必盡大，斫木爲櫃，廣長尋丈，納石其中，則小石可化爲大，織竹爲筏，環筏爲囤，聯絡牽制[三四]，少亦可化爲多，此漢武帝伐竹爲楗，填實土石，以塞瓠子河之遺意也。繚組以投海中，斥鹵浸漬，糾交不解，外箝以盪浪木樁，而上鎮以博厚之石，如廉司楊瑄之制崇厚，以捍其勢，斜披以順其流。近視之，横亘如虹，遠望之，崇峙若墉，庶可弭灾而捍患乎。至於酌用民力，照十家牌循環更代，必人與薪米。節其勤苦而恤其寒暑，民亦樂爲效力矣。所慮任事之人，惜功愛財，苟且而不爲長久計，故弭患而患日生，必殫心萃力，使吏不作奸，民不偏苛，期於實濟而後已。如是，稍有潰決，隨時塗捻亦易事也。夫海之決也，有內河可開以殺之，庶不泛濫而多虞。今近北邑城，無內河可開，而備水土塘可堅築培高，以護其內地，疏通七里、三里、陳文、馬牧達下河諸支港，置閘遮減，以殺其横流，此亦因地制宜之法也。聞建議者有欲以新樁易舊樁，舊樁深固不拔，易之則撥其基矣。有欲以土石改修舊塘者，新加土石不若舊之堅固，改則有間可乘矣。此説之斷不可行者也。築塘以石，自吴越王始，石必培之以土，人貪近便，每剥附塘之土，加之使高，是猶剜肉醫瘡，瘡究無補，徒增潰爛耳。深濬運鹽河亦可殺潮勢，然河址與塘址相比，深濬則海滷滲入而易潰，此皆治塘者所當戒也。至於財用多寡，視主治之人。當巡撫徐栻時，海決塘傾，始議費三十萬，行海料度約十六萬，衆議駭譁。新尹蘇湖初至，廉敏有材，四閱月功成，止用十萬有奇。由是觀之，財用多寡，豈有定乎？視善爲謀者酌用之耳！夫海患雖多不測，人事修，足以勝之。昔吴越王錢鏐率衆董治，潮怒急湍，版築不就，採山陽之竹以爲箭，煉剛火之鐵以爲鏃，命强弩五百人射潮，潮乃退。雖其德不及成康，治不若文景，而割據自雄，帝制數郡，要非高義足以服人，何克致此？若耑恃其强武，即用五千人，海若其畏之哉？此事在省會，近而可徵者也。若夫神道之説，昔人不廢，惟在立誠以動之，無感不應。奉訓大夫、杭州路判官張仲儀，海寧潮溢，田畝、廬舍多遭陷没，仲儀憂之，以特牲禱於海神，曰：『民非田不食，非廬無以居。神忍化民爲魚鼈宫邪？即爲魚鼈宫，神將何依？吾恐神不自寧也。』禱畢，親沉石水中，健卒繼之。未幾，海復爲地。張真人裔孫與材朝覲，歸至寧，適潮患大作，沙岸百里蝕嚙殆盡，延及城下。與材投鐵符於海中，踴躍而出者三，雷電晦冥，殲一魚首龜身長丈餘者於水面，岸復故常。浙省右丞相脱驩因海岸衝决[三四]，民心甚恐，躬詣上天竺，祈禜于大士，仍請普福法師宏濟建水陸冥陽大會七日夜。宏濟冥心觀想，取海沙詛祝之，率徒衆徧擲其處，足跡所及，岸不爲决[三五]。此皆寧之已事也，要由精誠所格，神亦感通，理之固然，無足異者。蓋前事爲後事之師，弭患當預防其備，誠得明敏無私之人，實心經理而迪德省愆，以格天心，亦何海患之足慮哉？

國朝

與巡撫范承謨論修塘書　　柴紹炳

愚聞天下有三塘：河南有防河之塘，湖廣有防江之塘，浙江兼有防江海之塘。此皆大利大害所在也。而在浙言浙，又於今日之事，則海塘爲切。塘之遠者勿論，若圮而重修，則唐之開元、宋之淳熙、元之泰定、致和，其事徵諸郡乘。至明初及季，海變凡六。永樂辛巳、成化甲午、宏治壬子、嘉靖戊子、萬曆乙亥、崇正己巳，或溢或決，屢費修築。可得而紀者，乙亥之役爲詳焉。顧塘在沿海，惟鹽官賴之，而識者以塘大決裂，即嘉、湖而下不免波及者，何與？按志稱海寧於吴爲陲，於越爲首，地形最高，故境内麻涇、落塘、長水塘諸水皆從北流，一從東北由浙泖趨滬瀆江入海，一從正北過吴江趨白茅港入江，俗因指吴江塔巔與長安壩址相並，則海寧之地高於他郡邑甚明。故海寧之塘一決，不止水注彼諸處如建瓴然，將松、蘇猶恐被殃，而嘉、湖屬邑其剥膚之灾矣。然則障海昌者，即所以保列郡。塘之關於東南利害，豈不鉅哉！乃者仲秋之朔，颶風陡作，連數晝夜，海波由是怒生，堤塘横決，沿海土田、廬舍没爲巨浸，人民失業，誠斯土之一阨會也[三六]。執事憫然念之，亟圖修繕，以寧邦宇，而因詢及芻蕘[三七]，集思廣益。愚本杜門寡聞，且未嘗親履其地，不能指畫形便，聊據往牒揣近事，粗陳末議，以資博採之萬一可乎。一曰集貲。方今公帑不敷，民力更竭，故工役估費不可浮縮太過。過於浮，則爲胥吏冒破；過於縮，則其事難辦。苟且完工，未幾輒壞，必有任其咎者。至酌定所須若干奏支官銀外，不無量派民間，宜倣舊例，協濟勸輸，蘇、松隔屬姑置之，嘉、湖諸邑於此塘利害相關，自當檄令捐貲助役。大率海寧任十之七，諸邑共任十之三可耳。二曰聚財。蓋修築之用木石爲先，泥土可隨地而給，木石必預購轉運，不能猝備也。如盧海濤湍激，必須遏浪木樁以砥之。其樁宜松不宜杉，惟松入水經久也。故事，采石一䃂長五尺二寸、高闊各一尺八寸者，其工價水脚應照時估給發，使匠役樂趨。石採於近山，木購於上江，他物料俱應時取齊，則興工無乏矣。三曰任人。此一大役，雖執事躬督其上，猶藉廉幹有司相與協理，并就佐貳胥吏及邑之耆老解事者，選擇委之，俱以禮敦遣，厚畀廩糈。其夫匠使什伍相司，按籍有考，計工給值，勿容侵尅。總理者約塘若干里，每人各認丈尺以難易爲多寡，查照字號給銀，董役刻期齊作，以其勤怠堅瑕分别賞罰，庶事有責成，無築舍道旁之弊也。四曰鳩工。工有難易不等，如水勢方横，决口難塞，委以草土，辟諸精衛填東海，直無何有耳。舊用漢楗絙法不就，乃斷木爲大櫃，編竹爲長絡，中實以石，引而下之，泛濫有定。築塘之法，外當先植木樁，其疊石下則五縱六横，上則一縱二横，石齒鈎連，若絙貫然，即百計撼之，不摇也。又恐潮之直薄堤岸，則爲斜階以順其流，而於内復堅築土塘以爲護。如此，則海波雖壯且惡，有泛濫而無衝决，比於金城之固矣。雖然，此特遥度言之耳，若土著耆舊當有灼知事勢、詳悉便利者，執事能下車咨訪，得其説擇而行之，如宋尚書禮采老人之畫、徐武功有正依道者之規。是役也，可以萬全，豈不一勞永逸，爲吾浙世世賴哉！

與觀察熊雪巖免築備塘書

楊雍建

年來海波衝决，望洋生嘆，致煩清慮，拮据督修，厥工告竣，迄今民安其居，物樂其業者，皆老祖臺之深仁也。敢忘所自哉！近奉台檄，於外塘之内，興築備水土塘，鳩夫集衆，人情皇然，莫知所措。竊謂茲役也，固出自愛民無已之心，未雨綢繆之計，但據今士庶公論，合諸故老傳聞，海潮洶涌，資外塘以捍禦，若衝溢過塘，區區備堤，斷難砥柱。是故海水之迅激，不關備塘之有無也明甚。今日議築，必先將負塘居民廬舍盡行拆毁，此與遷徙何異？且取土之難，塘以外盡屬斥鹵，塘河之泥污濫而不可用，将壞桑麻之地以寔此塘乎？某不知其可也。台檄每里出夫百名，以通邑計之，每日用夫三萬六千餘矣！雖有動支站銀三百兩之諭，意可不擾民間，然備塘工程甚大，倍於外塘，不識動支錢糧可源源而繼乎？不繼，則無米之炊也；繼，則開銷原非易事。若以不繼而令民輸力培土，日無寧晷，似非仁者愛民無已之初意也。寧邑疊遭灾歉，十室九空，民力已竭，即連年修築外塘，出夫出料，尚苦不支，此老祖臺所目擊者。今以有盡之民力，築無益之備塘，徒使督工鄉耆乘機射利，波濤未至，而民命難堪。老祖臺必有惻然於中者。議者曰：『六十里塘河，所以納怒濤之泛溢，而遞减其勢，故欲濬塘河，以築備塘。』不知今所恃者，還藉外塘堅固，邀天之靈，海不揚波耳！若奔騰澎湃，越塘而瀉，則塘河必不能容，備堤必不可恃。與其勞民傷財，何如行所無事乎？道路之口，盡謂有一二奸商欲因公濟私，創爲此説，以誑清聽。伏願虚公熟計，弗惑於似是之説也。小民孰不自愛其身家，設使有益，自當竭力，恐後敢負盛心，乃今群然而以爲不必，則不妨與民休息矣！人情困阨呼天，疾痛呼父母。通邑士民合詞具懇，伏願俯察輿情，立諭免築，留未盡之民力，備外塘之葺補，則豐功盛德與海水俱長矣！

論

海潮論

宋燕肅

觀古今諸家海潮之説，亦多矣。或謂天河激涌，葛洪《潮説》亦云地機翕張。見《洞真正一經》盧肇以日激水而潮生，封演云月周天而潮應，挺空入漢，山涌而濤隨。施師謂僧隱之之言。析木大梁，月行而水大。見竇叔蒙《海濤志》源殊派異，無所適從，索隱探微，宜伸確論。大率元氣嘘翕，天隨氣而漲斂；溟渤往來，潮隨天而進退者也。以日者，重陽之母，陰生於陽，故潮附之於日也。月者，太陰之精，水乃陰類，故潮依之於月也。是故隨日而應月，依陰而附陽，盈於朔望，消於朏魄，虚於上下弦，息於輝朒，故潮有小大焉。今起月朔夜半子時，潮平於地之子位四刻一十六分半，月離於日，在地之辰次，日移三刻七十二分，對月到之位。以日臨之，次潮必應之。過月望復東行，潮附日而又西應之。至後朔子時四刻一十六分半，日月、潮水俱復會於子位。其小盡，則月離於日，在地之辰次，日移三刻七十三分半，對月到之位。以日臨之，次潮必應之。至後朔子時四刻一十六分半，日月、潮水亦俱復會於子位。是知潮常附日而右旋，以月臨子午潮必平矣。月在卯酉，汐必盡矣。或遲速消息之小異，而進退盈虚終不失其期也。或曰：『四海潮平，來皆有漸。惟浙江潮至，則亘如山岳，奮如雷霆，冰岸横飛，雪崖旁射，澎騰奔激，吁可畏也。其漲怒之理，可得聞乎？』曰：『或云夾岸有山，南曰龕，北曰赭，二山相對，謂之海門。岸狹勢逼，涌而爲濤耳。若言狹逼，則東溟自定海，吞餘姚、奉化二江，侔之浙江尤甚。

狹逼潮來，不聞濤有聲也。今觀浙江之口，起自纂風亭，北望嘉興大山，水闊二百餘里，故海商舶船畏避沙灘，不由大江，惟泛餘姚小江，易舟而浮運河，達於杭越矣。蓋以下有沙灘，南北亘連，隔礙洪波，蹙遏潮勢。夫月離震兑，他潮已生，惟浙江潮水不同。月經乾巽，潮來已半，濁浪堆滯，後水益來，於是溢於沙灘，猛怒頓涌，聲勢激射，故起而爲濤耳，非江山狹逼使之然也。』

見潮論

明 楊魁

余嘗登海寧城樓，見海潮薄岸，怒濤數十丈，若雪山駕鼇，雷奔電激。昔人謂龕、赭二山，峙爲海門，故激而爲濤。今觀汹溢之勢，却在海門之外，非龕、赭二山所爲明矣。《抱朴子》曰：『取物多者，其力盛；來遠者，其勢大。』潮水從東來，地廣道遠，乍入狹處，陵山觸岸，從直赴曲，其勢不泄，故隆崇涌起而爲濤，理或如此。未登海上，不知果爾否也？既數日，登虞山險山巔眺望，則見海在浙東西者，兩岸有際，水勢洄曲，旁多山峙，海中亦崒岦星列，彼自浩渺之區入於阻隘，安得不衝擊而爲濤乎？即此推之，定海、松江之裏，逶迤曲折，兩岸有際，元非溟渤望洋無際者，實大海之汊入於浙中者爾。故觸山薄岸，震撼擊撞，勢從内溢而無外泄，所以來遠勢大，愈進愈激，未抵海門，汹濤已甚矣。此理之常，無足怪者[三八]。或曰：『潮盛於八月十八日者，又何也？』余曰：『此邵子從月之論，可信也。日激水而潮生，月離水而潮大，是也。』或又曰：『地浮於水，天在水外，日入則晚潮激於左，日出則早潮激於右。日隨天旋，水因灼激於月，何與也？』余曰：『月者，水之精也。八月金盛於西，水之沐浴也於此，而水月從陰，其勢盛矣。月離水而潮大，亦氣使然也。』或者曰：『强弩射潮，水不近城，則又何也？』余曰：『此非其精誠之感，果能與神抗也？余嘗於捕魚者詢之。夫水激而上，水族從之上者，其勢然也。捕魚者於潮頭初過，不敢投網。待大魚三過之後，乃網其細者。又時至於割網，放其不能舉者。水族乘潮而上者，衆矣。水族在海中者，多歷年所强食弱肉，受精不少，則精靈有知，逢射知避者，物性之靈，則然也。』或又曰：『宋之末年，潮多不振。近日，浙江亦鮮怒濤，則又何也？』余曰：『氣有盈怯，息於彼，則消於此，古來由然。所以有自南而北，自北而南之説。杜鵑之鳴洛陽，邵子言之矣。嗟乎！吾浙中文勝而鮮實，人繁而物索，奸宄盛而正氣消，此潮勢之所以不振也。操造命之責，臨莅斯土者，盍反其本，以固元氣，庶幾其可救乎？』

寧邑海潮論

明 郭濬

寧邑海潮，必自東起，先阨於近洋八山之内，勢已洶涌。錢塘江濤，必自西來，阨於龕、赭海門而出，相值在寧邑之南。百餘里之内，勢益湍怒，安得無淜騰潰溢之患？幸江濤輕淡而剽疾，海潮鹹重而沉悍，江水朝宗之性，終不勝大海怒張之氣。由是海潮仍挾江濤過海門，更西抵巖灘而後退。故潮汐之大小有常期，寧潮自東而西有常道。至於江濤之緩急，鹹水淡水之相值，無常期亦無常處。若更挾以颶風之怒號，上流之添漲，不免駭浪横飛，怒濤旁射，吾寧實逼處，此不可謂横過之潮，可長恃以無恐也。

校勘記

〔一〕《敕修兩浙海塘通志》『事』作『敉』。

〔二〕《敕修兩浙海塘通志》『真』作『直』。

〔三〕《敕修兩浙海塘通志》『近』作『邇』。

［四］《敕修兩浙海塘通志》「萬千」作「千萬」。
［五］《敕修兩浙海塘通志》「興」作「欣」。
［六］《敕修兩浙海塘通志》「開」作「聞」。
［七］中華書局本《蘇軾文集》卷三十二《乞相度開石門河狀》「秦始皇帝東游至錢塘」作「秦始皇三十六年，東游至錢塘」。
［八］中華書局本《蘇軾文集》卷三十二《乞相度開石門河狀》下有「始皇帝以天下之力徇其意，意之所欲出，赭山橋海無難，而獨畏浙江水波惡，不敢徑渡」三十四字。
［九］中華書局本《蘇軾文集》卷三十二《乞相度開石門河狀》下有「無出其右者」五字。
［一〇］中華書局本《蘇軾文集》卷三十二《乞相度開石門河狀》「水灘淺」前有「江」字。
［一一］中華書局本《蘇軾文集》卷三十二《乞相度開石門河狀》「諸山」後有「相望」二字。
［一二］中華書局本《蘇軾文集》卷三十二《乞相度開石門河狀》「一歲」前有「不知」二字。
［一三］中華書局本《蘇軾文集》卷三十二《乞相度開石門河狀》無「嘗」字。
［一四］中華書局本《蘇軾文集》卷三十二《乞相度開石門河狀》「問」作「聞」。
［一五］中華書局本《蘇軾文集》卷三十二《乞相度開石門河狀》「及」作「又」。
［一六］中華書局本《蘇軾文集》卷三十二《乞相度開石門河狀》無「木」字。
［一七］中華書局本《蘇軾文集》卷三十二《乞相度開石門河狀》「凡」作「大凡」。
［一八］中華書局本《蘇軾文集》卷三十二《乞相度開石門河狀》「聞開此河」前有「臣與臨欲奏」五字。
［一九］中華書局本《蘇軾文集》卷三十二《乞相度開石門河狀》「此」作「如此」。
［二〇］中華書局本《蘇軾文集》卷三十二《乞相度開石門河狀》「近」作「今」。
［二一］中華書局本《蘇軾文集》卷三十二《乞相度開石門河狀》「私」作「竊」。
［二二］中華書局本《蘇軾文集》卷三十二《乞相度開石門河狀》「潮」作「潮水」。
［二三］中華書局本《蘇軾文集》卷三十二《乞相度開石門河狀》「不」作「不能」。
［二四］中華書局本《蘇軾文集》卷三十二《乞相度開石門河狀》無「之」字。
［二五］中華書局本《蘇軾文集》卷三十二《乞相度開石門河狀》無「大」字。

[二六]《敕修兩浙海塘通志》「初三」作「三日」。

[二七]《敕修兩浙海塘通志》「爾」作「耳」。

[二八]《敕修兩浙海塘通志》「里」作「丈」。

[二九]《敕修兩浙海塘通志》「遠令」作「遠年令」。

[三〇]《敕修兩浙海塘通志》「衝」作「崩」。

[三一]《敕修兩浙海塘通志》「陷」作「滔」。

[三二]《敕修兩浙海塘通志》「邑尹嚴寬建議歲儲徭役銀三百兩」作「邑尹嚴寬建議歲儲徭役銀以備修築，額設捍海塘夫百五十名，歲編儲役銀三百兩」。

[三三]《敕修兩浙海塘通志》「制」作「掣」。

[三四]《敕修兩浙海塘通志》「衝」作「崩」。

[三五]《敕修兩浙海塘通志》「決」作「崩」。

[三六]《敕修兩浙海塘通志》「阨」作「阸」。

[三七]《敕修兩浙海塘通志》「芻」作「蒭」。

[三八]《敕修兩浙海塘通志》「怪」作「恠」。

欽定四庫全書海塘録　卷二十　藝文三

議

海塘議

明　黄光昇

予築海塘[一]，悉塘利病也。最塘根浮淺病矣，夫磊石高之爲塘[二]，恃下數樁撑承耳。樁浮，即宣露，宣露敗易矣[三]。次病外疏中空，舊塘石大者，邪不必其合也；小者，腹不必其實也；海水射之，聲汩汩四通，浸所附之土，漱以入，滌以出，石如齒之疏豁，終拔爾。余修塘必内與外無異[四]，石先去沙塗之浮者四尺許，見實土乃入樁，入之必與土平，仍傍築焉令實[五]，乃置石爲層者二。是二層者，必縱横各五，令廣擁以土[六]，使沙塗出於上，令深皆以奠塘址也[七]。層之三若四，則縱五之横四之；層之五若六，縱四之横五之；層之七若八，縱横並四之[八]；層九、十[九]，縱三之横五之；層十一、十二，縱横又並三之[一〇]；層十三、十四，縱三之横二之；層十五，縱二横三；層十六，縱横並二[一一]；層十七，縱二横一；層十八，是爲塘面，以一縱一横終焉。石之長以六尺，廣厚以二尺，琢之方，砥之平，俾緊貼也。層表裏，必互縱横作丁字形，彌直罅之水也。層中，横必稍低昂[一二]，作幞頭形，彌横罅之水也。層相架，必跨縫而置，作品字形，以自相制，使無解散也。層必漸縮而上，作階級形，使順潮勢，無壁立之危也。如是，又堅築内土，培之若肉之附骨然[一三]，可免坍潰矣。

海寧縣海塘議

明趙維寰

鹽東面距海，塘自北而南，潮則自東而西，濤頭直衝塘肋，故塘易圮，而爲害劇。若寧則南面距海，塘自東西[一四]，潮亦自東而西，濤頭直衝龕、赭海門，寧特其經行處耳。當經過時，未免隙竇之引潮以入，此寧患之似小於鹽，而其爲力易於鹽者也[一五]。乃當事者重憂金錢不繼。夫寧自嚴尹寬建議，後額設海塘夫一百五十名，年儲役銀三百兩爲修築費，亦既著爲令矣。倘能以此三百金，隨時補葺，小有潰决，即圖堵塞，亦何至一潰不可支乎？乃今一議工役，非請給上司，則加派編户。蓋塘不修，而民以海病；塘修，而民又以塘病。此其故難言之矣。

國朝

海寧縣海塘議

范驤

海邑海患[一六]，每東北風漲，怒濤乘之，大概與海鹽同。而鹽塘止一面受敵，寧則三面受衝，其患與海鹽異。其潮患之在東南者，潮水朝夕至，怒若震雷，瀉若建瓴，木華所云『天輪膠戾而激轉，地軸挺拔而争回』者也。水患之在西南者，江水出三天子都，東北經建德，又北至新城，又東北至富陽，過錢塘，反濤奔軼，水勢折歸，故云浙江也。龕、赭巖門而外，江水與東南之水合，寧邑獨受其衝。枚乘所云『似神而非者三，疾雷聞百里，江水逆流，海水上潮，日夜不止』是也。故寧邑海塘受衝，其害倍急於鹽，不寧惟是鹽塘堤岸去城根半里而近，隨決隨築，譬如衣敗壞一以相補。寧故堤去城根五六十里而遠，當其無事，亭竈熬沙漉白，視爲沃壤，樵者茭芻彌望，漁者鯊鱣蠃蛤，人人得其所欲，如燕巢幕，如厝火坐積薪。平時築塘工費，積之五年十年者，那爲他費。一旦颶風，激射木石，茫無所措，不浹旬而五六十里浮沙潰決，驚濤直薄城下，浙西之田漸鹵，而東吴之地幾壑。乃始倉皇議採石蘇湖，議發里夫郡丁，議徵歲額，議加派田賦，議藩餉郵傳羸金，議七郡贖穀，議監築官，議倣瓠子宣房下淇園竹楗、倣王荆公鄞塘坡陀[七]、倣黄僉事幞頭品字，勢如救焚，議同築舍，計已晚矣！故鹽塘之患在眉睫，寧塘之患在五年、十年或二、三十年，所謂無形之痛，一發不相補救。當事者必未雨綢繆，徵塘工歲額於無事之時，藏木石銀糧爲緩急之用。海口大決，則用黄公縱横之法，不可惜小費而妨大工。小決，則用楊公陂陀之法，下石櫃以堤水勢。此全浙咽喉，東南門户，無漫視爲一方之利害，金錢、畚鍤，徒苦我父老爲也。

海寧縣築塘議

許三禮

築塘之法，有一世利之，或十世利之，百世利之。如石囤木櫃，隨坍修築，取石有術，用民不勤，此利在一世者也。其慎選幹吏，如徐撫臣栻者；塘式隨宜，如楊副使瑄、黄僉事光昇者；治連平江、嘉湖，議先修鹹塘、淡塘、袁花塘，以防盤越北向，如劉提舉亙者；作副堤十里，採石備用，斂不及民，如錢僉事山者；此十世之利也。夫先事之圖，如額設捍海塘夫，歲編銀三百兩，若嚴令寬者；城南抽分竹木，存留銀七分充工料者，徵九郡力，役三府工徒，如保定侯孟瑛者。豈非百世之利乎？與驅一方之民，爲不終日之計，以邀一時之功，相去蓋有間矣！

海寧縣海潮議一　陳訦

訦少時見城南海沙數十里，或十年一坍，或十五、六年一坍，潮雖直至塘下，然止一潮頭自東而西，繼以急水一股，如追奔逐北，全海震動，二、三年即漲，如是而已。庚子七月，蒙恩歸里，到家十餘日，即輿疾至城西五里。東望尖山，有兩潮頭，一在尖山之南，一在尖山之北，相距頗遠，似乎諸山隔斷其間。漸西一二十里，則見北潮有白浪迤邐而南，方及南潮，則南潮頭趨而與北相合仍爲一，潮頭奔騰，過西至城尚未分爲二也。其長水，則皆自南而北矣。八月初，於城外看潮，則但見兩潮頭南潮已西，北潮稍後，竟分爲二，不能復合。土人名爲二潮頭，竟不復見有所爲急水者，但北潮之勢甚於南潮，意即急水之變而爲潮者。九月間，又輿疾至尖山，觀潮起處，則南潮已去西南甚遠，而尖山復微起白浪，過西漸高，約至二十里亭，潮頭不復過西，竟自南而北直薄塘根，其後遠不能復見。十月初，乃復至二十里亭，則見南潮先行，至城東數里，忽又分一潮頭，奔騰至北，竟反而趨東，而北潮頭方自東來，至二十里亭兩潮相搏，勢若奔雷，樁木漂流，竟爲從未見聞之事矣。夫尖山在城巽地迤北，並無斷缺，七月中所見隔斷者，則中有淤沙之故也。然至城仍復爲一，則沙之東高西下可知。八月初兩潮不復合，而西沙亦高矣。然南沙尚狹，海身猶寬，尚足以容南潮。閱月餘，而沙愈濶，海愈狹，南潮之北邊行沙上者前不能去，則又分爲二，而反逆行。是潮之變遷，皆沙爲之，而不知沙之變遷，寔潮爲之也。蓋海沙性鬆以鹽爲質，遇水即冲，稍緩即漲。聞尖山、塔山之間，向有一堤擋水，故止一潮頭，後去此一堤，其中一百六十餘丈潮即捫入貼塘而行，有百六十丈之潮即刷百六十丈之沙，自城西至尖山，沿塘三五丈外，刷成深坎。七月間，使人測之，淺者二丈，深者三丈。或云尚是沿邊打探，中不可測。北洗百六十丈之沙，即南成百六十丈之漲，愈刷愈深，南高北下，潮頭不能復出，於是始冲老鹽倉，繼冲二十里亭，東西横决，反覆失常。譬如賊入門中，閉不能出，害必及人矣。施治之法，必使潮頭合而爲一。而欲合爲一，非導之使出[一八]，必攔之使不入。導之之法[一九]，莫如開中、小亹。而沙水變遷，朝疏夕壅，既不能效，則惟有攔之一法耳。夫攔之之法，其言似迂，其理實確，治病必求其原，彀弩必審其括，提綱挈領，用力少而成功多。如兵扼險，過險即莫能禦矣。今塘之潰，北潮頭不能出爲之也。北之有潮頭，小塔山之闕口爲之也。知小塔山之何以有闕口，即知所以禦之之道矣。謹陳其梗概如此，而更爲之繼述焉。

海寧縣海潮議二

陳訦

或曰：『寧邑海塘，延袤百里，朝潮夕汐，處處危險，豈築一塔山堤可禦？』曰：『知其要者，一言而終；不知其要者，流散無窮。昔者，黄河之未治也，高寶州縣患其陸沉釜底，清河口子患其淤塞不通，於是河臣開張福溝三，引河以濟運，旋通旋塞，歲歲興工，河身高墊，黄水灌入運河，河之高與淮城等。皇上於是大奮乾斷，命大臣十人督修高家堰，横截淮流，使淮刷黄，而張福溝三引河滙爲巨浸，淮水直逼黄水東行，重運無阻，又淮流隔斷不入白馬、寶應諸湖，七州縣水底田廬，盡爲沃壤。海口深通，黄河大治，故一築高堰而功已成矣！今海塘之患，由於塔山堤去大潮攔入一股，直衝塘身，此潮既入，外沙即漲，南潮行速，北潮行遲，沙水漲之，不能復出，潰裂冲突，終無去路，直至潮落方始東瀉。於是或分爲二，或分爲三，或北流，或東流，既冲老鹽倉[二〇]，復冲陳文港即二十里亭，反覆潰亂，失其常度。如人閩穢氣，不能透達，霍亂嘔逆，無所不至。欲行施治，豈可不究其源哉？築塔山堤，所以塞其源也。既塞其源，流自無不治矣！』或曰：『今尖山築堤未及六十丈，而水勢湍急，盤旋回薄，俱在堤邊，更爲洶涌，將若之何？』曰：『此尤不可不築堤之驗也。潮之起，由大尖山與馬鞍山相夾而成，既已起潮，又有小尖山與塔山束之西行約二里許，不使散漫，故潮頭向南，直衝赭山。譬如鉛丸在鎗炮中，火藥已發，空行炮中數尺，故能及遠。折去塔山壩，是火藥與炮口相齊，出口即散，安能前行。今築尖山堤，而堤邊之潮勢更甚，則此堤之爲要害可見矣！尖山堤既爲要害，則塔山堤更爲要害，益可見矣！禦敵者，必禦諸險要之外，縱敵入險，而欲禦諸險中，所謂延敵入寇，未見有能保境者也。』

或又曰：『塔山堤，固宜築矣。而其底甚深，恐非人所能爲，屢用人而屢不效。今何施而可？』曰：『以治河之人治海，是猶以山居之人操楫，以水居之人馭馬，其爲不善，何疑？今浙閩濱海郡縣甚多，寧波、漳泉之間，其地必有沿海石塘，築堤成法，良工自相傳襲。如鐵索橋、五鳳樓，非世所輕構，而欲造鐵索橋、五鳳樓，必有人焉。應之詩曰：「維鵜在梁，不濡其翼。」此用失其人之過，非無人之謂也。』

海寧縣海潮議三　陳訦

或曰：『塔山堤築，老鹽倉可無患矣。而中小亹不開，將如之何？』曰：『古來治河，唯疏、濬、塞三策。而三策之中，唯濬之説爲難。疏則分爲引河，塞則築爲金堤。至於濬，或作木鵝，或作木龍，則置爬其下，乘潮往來，上下疏刷，可僅通海口。若夫坯宿以上[二]，開歸以下，河身高填，非人力所施，則唯以水刷沙。如梁有滎、濟之水，徐有睢、湖諸水，宿、虹有泗、沂、淮、汴諸水，皆節節入河，清水愈多，則濁流愈迅，故河身不濬自深。今大尖山與赭山，東西相對，向時唯尖山一潮頭，故直沖中小亹[三]，或南大亹。今塔山内另一潮頭，則勢分力弱，故南沙漸淤，遂移南趨北，而中、小亹塞。中、小亹塞，則北大亹開，而老鹽倉坍矣。若塔山閉，則潮南。潮南，則尖山大潮正衝中小亹，日衝日刷，中、小亹不挑自通，而海底之沙亦徹底可去。夫以潮頭衝淤沙，較之人力不啻萬倍，而潮頭所向，其勢直而不斜，衝中、小亹必不又轉之北，故中、小亹開，則南北俱係旁流。旁流激雖泛濫，而不深入海底。故時南時北，而無累歲不漲之沙，所謂塔山塞而海無餘事者也。此以水治水之法，有確然不易者也。』

海寧縣海潮議四　陳詵

或曰：『塔山之堤，與城遠不相及。如果築成，能保城沙之必漲否？』曰：『沙之坍漲不常，豈人力可保？然塔山之東，隔十餘里爲新倉海，中有沙曰無名鎮，煎鹽刈草，聚居千家，其來已久，近俱灘去。夫聚居成鎮，非一日之積，千家非尺寸之地，有此在城之東，自可恃爲藩蔽。塔山去此不遠，築堤以擋，其前十里之間，其沙必聚，則此鎮似乎可復。又城東二十里亭，其先舊塘凸出里許，又爲近城左臂，曾於城西從老君堂東歸，適大潮西落，勢極奔涌[三]，東南大風相薄，白浪滿海，有伍公祠塘凸出數武，與老君堂相隔二里，二里之内，則平波恬軟，全無白浪。何數武之間，遂能作二里之障？蓋海面寬廣，稍有阻擋，水便南行，不似江河闊不過二十里，湍流所至，猝不能回，以此度之，有擋則水即遷，水遷則沙即壅，沙壅而此漲彼坍，勢所必至。故塔山塞，則無名鎮可復；無名鎮復，則廿里亭塘可拓；廿里亭塘拓出，則城不危；城不危，而中小亹可開，老鹽倉可復矣！』曰：『小塔山亦常漲矣。漲則應迤邐而西，何以時漲時决乎？』曰：『黄河决口，有一時不能塞者，作挑水壩以攔之，則掃可下，口可閉。今兩臺捐堤六十丈，在决口之南，此塔山之所以漲也。其決，則堤下於水，潮滿越堤，復冲漲處，嫩沙未老，是以又復決也。若堤高於潮，豈能又復進乎？』曰：『向尖山堤未築時，塔山口亦有漲者，此何以故？』曰：『大尖山，邑之天然大挑水壩也。稍過西北，又有小尖山，又一小挑水壩也。有此兩壩，塔山口退居其北，故其沙自凝。前人因其沙凝而築之，故新鹽倉至二十里亭皆在脇下，而不復築石塘，乃爲高必因邱陵之法。今小尖山又增築堤，則更爲重門之險，豈可以昔之漲疑今之堤哉？』曰：『然則小尖山壩，可久乎？』曰：『此壩東抵小尖山，而西邊無著，勢不可久。但藉以障塔山，則塔山堤可築，塔山堤築，則由近及遠，自北及南，漲一條沙，即去一條水，去一條水，則又漲一條沙。此日積月累之法也。若茫茫大海，欲雜然興工，前沙未漲，後沙復坍，誠不知從何著手處也。』

海寧縣海潮議五　陳詵

或曰：『築堤之法，向用木櫃，近用排樁，兼用草壩。乃排樁時築時傾，而草壩經年不動。豈石之堅，反不如草之柔與？』曰：『治水之法，河不同於湖，海又不同於河。湖之水停滀[二四]，無風時不動，有風時軟浪磅礴，勢緩而弱，故坦水石可禦。河之水湍急，挾沙而行，沙淤則流必遷，故時有潰決，然不過頂冲之處而已，餘皆平溜中行，故用柴即可無虞。若海，則朝潮夕汐，呼吸排蕩，非僅湖之波瀾、河之湍流已也。古人以木櫃治之，固不得已。蓋潮非隻木可枝，亦非拳石可抵。拳石之大，不過萬斤，萬斤之重，百夫可舉；隻木之長，不能十丈，十丈之深，人力可摇。若潮之勢，人力所能舉者，潮無不舉；人力所能摇者，潮無不摇。唯以木櫃鈎連，使十里、二十里連而爲一，則雖潮亦有不能移者矣。今以十木置土中，一人拔之，以次可舉。若中有横鎖[二五]，使十木爲一，則非十人不能舉矣。水之性，不唯海不同於河，抑且海不同於海。海鹽之塘直當大海，故須鉅石爲塘，以塘身當大海之潮。海寧之潮，自東而西，潮初來時，勢雖衝激，然沙低於塘，潮又低於沙，搜剔之患，在於沙底，及其既滿，雖至塘身，潮頭已去，水勢已平，自非春秋大汛，終在塘根之下，塘身不過關攔而已，非如海鹽之全恃塘身也。至於錢塘，則其勢已殺，有潮頭而無急水，唯江海相遇，時有衝嚙，故以石板側砌，亦可經久。石板之力，殺於木櫃，木櫃之力殺於海鹽石塘，然而足以抵禦者，以不恃一石一木之力也。今老鹽倉草壩，雖虞朽爛，然糾結纏束，合而爲一，鑲墊三層，厚有丈餘，大潮之來，不能分拆，故經年不壞。排樁雖入海底，樁根一搜，則壘石疊壓，愈壓愈重，樁身先摧，樁不壞於潮，而折於石，樁折而石亦隨之。然則石豈不能及草哉！孟子所謂一鈎金與一輿羽之謂也。』曰：『然則木櫃亦有倒卸者何？』曰：『木櫃倒卸，不過一櫃、兩櫃，孤而無輔，是以不能獨完。若五櫃一聯，大木亘之，則合五櫃爲一櫃矣。又以十櫃一聯，大木亘之，則以十櫃爲一櫃矣。由此而一里、十里，與夫數十里鈎連不斷，豈尚有潰摧之患哉[二六]！且木櫃禦潮，原非平列，自近而遠，自高而低，故曰陂陀塘，即湖堤之大坦水石也。湖之水静，故坦水石順之。使平潮之水動，非木櫃層疊不能禦也。且木櫃漸收，下濶上狹，則以櫃壓櫃，勢如累棋，即架空尚不能墜，況又可横木爲之底哉！成法具在，事非創設，擇其善者而從之可也。』

海寧縣海潮議六　陳詵

或曰：『從來東邊之沙，易坍易漲，西邊之沙，漲則不坍。故坍在潮來之時猶可，坍在落潮之時更甚。似乎險在西，而不在東。』曰：『此拘墟之見，非通人之論也。蓋鄉人各處一方，居東者以東爲險，居西者以西爲險。東當潮起之初，在尖山隘口，塔山稍偏在内，秋冬潮小，水竟西行，不復到北，則沙即漲。一遇潮大，旁溢至北沙，即復衝，故衝漲不一。老鹽倉迤西，去東八九十里，潮勢已弱，塔山衝時，勢或遠及老鹽倉。及其既漲，則老鹽倉自不復坍。老鹽倉人但見漲不復坍，以爲西沙甚於東沙，附會其説，謂落潮併江水而下，勢更汹涌，不知西沙漲時，東沙之漲已久。西沙不知東沙之漲在先，故詡西沙爲可久；東沙不知西沙之漲在後，故疑東沙爲難憑。東西不相往來，孰能馳騖於東西之間哉？若斯言果然，則五、六年來，聞東之漲有矣，何未聞有西之漲也？此即東西先後之大凡也。』

海寧縣海潮議七

陳詵

或曰：『潮之爲患，以一分爲二，又分爲三，且逆行也。潮之變幻如是，塞一塔山，何能盡之？』曰：『此扼要之策也。潮之變幻不常，猶兵之變詐無定，然而城有所不攻，地有所不取，何也？得其要，則敵自斃也。九月初，尖山之潮南者先去，北者後起。其時，塔山口漲二潮頭，在尖山貼南滚起，前去約二、三十里，自南趨北。其時塔山口尚無水，後乃東回，此即塔山塞而二十里無潮之明驗矣。其趨東者，前沙日漲之故，非潮之必欲趨北也。惜尖山之堤尚矮，潮大漫入，故塔山復冲耳。使塔山永塞，則二十里皆成實沙，漸淤漸遠，潮頭將併爲一，氣旺力盛，何患前沙之不開哉！夫静專動直，乾之性也，潮乃天之動氣，必無好曲惡直之理，曲者不得已而然也。知不得已而曲，則知直之之道，似亦無難。既塞其源，流自無不直矣。唯工料甚鉅，非他處可比，必如海鹽石塘方可抵禦而效，非手目可指，故人莫敢任。然觀古之成大功者，必有不易之策，灼於幾先，堅固守之，迄於有成，適如始之所言。故必須先有成算，然後乃可從事。築舍道傍，三年不成，長計遠慮，固非他人所能與謀者也。燭微見遠，於當道大人竊有厚望焉。』

寧鹽二邑修塘議 陳訏

竊惟杭屬之海寧、嘉屬之海鹽兩邑，地俱瀕海，縣治去海不及半里，又當蘇、松上流，一有衝决，患誠非細。然寧、鹽兩邑，雖均以海爲患，而潮有横衝、直衝之異，地有軟沙、硬沙之别。其横衝而沙軟者，患在脚根搜空[三七]，雖有極堅極固之塘，不能存立。法宜加意塘根之外堅固牢密，使沙土不虚，即塘身或少單薄，可以無慮其直衝。而沙硬者，塘根之沙不患其坍，止患直衝勢大，非極堅極厚之塘不能抵禦。法宜精講修砌塘身之法，而塘根以外加功稍次。則是潮患兩海雖同，而所以捍潮之法不同也。今以海寧言之，海寧之潮與杭城江干之潮無異，俱起有潮頭，俱横衝而過，其實皆爲浙江入海之尾閭。然而海寧之海沙，又與江干微别。江干地皆近山，其沙性硬，故江塘之沙坦而不陡，即有衝刷捍禦，猶易爲力。海寧近城無山，遠者江干之山，相去百里，近者袁化之山，亦五六十里，故沙土率皆性軟。且海塘以外之沙，從來此坍彼漲，其所漲之沙，又皆潮頭去遠，急水已過，而長水停蓄，日漸淤積，性浮體輕，衝刷甚易。故當平常沙漲之時，塘外不下三四十里之遠，及至沙坍，三數月即可到塘。蓋其積之也，由於潮過之長水性平氣緩，浮沙沉積，故所長之沙低於海塘者，不過三四尺。其坍之也，由於潮頭與急水之横刷，潮當初至之時，水尚未長，恒低舊沙丈許有餘，灌漱衝激，皆在沙底搜進，故不但沙岸陡峻，而沙面反凌空蓋出其外，俄頃之間，縫如毛髮轉瞬而坼裂傾頹如山之崩，蕩爲濁流杳無踪影矣。漸至塘脚日搜日進，雖使鞭石爲塘，豈能憑空穩立？故海寧之塘，必於塘脚之外沙土之中砌出十有餘丈，以固其根。舊法用木栅爲櫃，中積小石，層層排置塘外。蓋用木櫃，則化小石爲大石，而排置塘外土中，則可預防衝刷。立法誠善，但其置櫃也宜深，而不宜淺。蓋沙漲之後，潮來之所衝刷，必在舊沙根脚之下。置櫃若淺，則衝刷所及，反在櫃下之沙，而櫃之根脚亦虛，豈能自固。惟置櫃必深，或三櫃四櫃層疊而起，則衝刷之勢，櫃能抵之，而沙無潰塌之患[二八]。其排櫃也，宜遠而不宜近。蓋水之漱灌，無隙不入，若自塘根排出有十餘丈之遠，則水即善刷不能浸灌，以至塘根，而塘根之土常得乾堅牢固，不至根脚虛鬆，而塘身因之而傾。至於櫃外，則用長木樁密釘入地，鉗束其櫃。櫃外有樁，樁外復有櫃，層層密釘，即使潮衝，無一櫃隨流，他櫃因以欹倒之患。而櫃之自下疊上，自近及遠，俱用品字排置，兼如陂陀之坦，近塘稍高，漸遠漸深，既禦潮來之所衝刷并護塘根，可堅久矣！塘外之沙，既不坍及塘根，則潮頭既過之後，急水既緩之餘，即有長水浸及塘身，而勢緩力舒，無慮衝嚙，不必如海鹽之鉅石鱗疊、屹然如山而後無患。故海寧之塘，功力全在塘根以外。人但知塘之裂缺，而不知塘脚鬆而裂缺也[二九]。至於海鹽之海，則與海寧又異，南有秦駐山，北有乍浦山，相去止三十餘里，南北山趾角張，而海鹽邑治居中，獨以東面受大海潮汐之對衝，與海寧橫過不同。而海中之沙，又近山多硬，不坍不漲，故從來洋船不便泊塘，亦由潮來則水溢，而潮退則爲沙擱故也[三〇]。故塘外不患坍沙，惟是全海所衝，勢雄力猛，而潮汐之來，一衝一吸。其衝也，固有排山之勢，而其吸也，亦有拔山之力。故必極大、極厚之石，縱横鱗疊，内復幫以土塘，而後可以捍禦。若使疊砌之石稍不極其厚重，則水力排擊，輕如弄丸。且古云：『石之附土，如人骨之附肉。』海水之來，不但畏衝，實猶畏吸[三一]。蓋水既無隙不入，其吸而拔之也，塘土俱出。若土塘空洞，即石亦頑滑不固，故古人于海鹽之塘講之甚精，既須極大之厚石，而其取材也不可頭大頭小。其疊砌也，不用石磈墊襯，其程式也必方方相合，面面相同。白洋河向多棄石，皆昔之不合式者。其驗工也，不於已砌而於抬砌之時，先置平地，驗視其層疊也，頭頭向外，以攖潮之衝吸，而復制之以縱横之法，聯之以品字之形，務使潮水之來其入也，由石縫而曲折以進。

其吸也，亦由石縫而曲折以出，則潮之呼吸其力漸殺，而後石塘有盤石之安，土塘罕搜空之患。且頂石之樁，必長、必多、必掘深生土二尺，而後釘入。而塘外亦排置木櫃，以護其樁，略如海寧之法，不使樁根宣露易朽。頂衝之地，不遺餘力，次衝之地，工力少減，然亦百倍海寧。皆由海鹽之海，直當大洋之衝，且沙又鐵板，潮從沙上奔騰而至，并無海寧之軟沙少爲抵當，惟恃塘身直抵潮之正衝，非屹然如山必不能禦。昔時，用王荊公寧波陂陀塘法。元末明初，猶衝決屢告。至後，有疊砌之法，而後數百年無患，良不得已也。即今二十年前，上憲因塘石碎泐，委員修理，而承辦之員，不能仰體德意，反取塘身完整之石加於塘面，而以塘面碎泐之石委之塘中，如築墻之用墊堵，一時雖飾美觀，其實速之圮矣。若慮塘身延袤，不能一式，則原有頂衝、次衝之别，約共止十餘里，况今之坍側傾卸止敕海廟數十丈之頂衝，豈可惜一時之小費，而遺不數年後之大患乎？故海鹽之塘，全在塘身捍禦，異於海寧也。至於兩海之塘，雖極修砌得法，而大潮大汛，狂風駕浪，不能保無扇溢淹没横流，則兩海又天生有近塘之河消納海水，而不使淹入内地。蓋海水性鹹，若淹及腹内之田，則田秧浥爛，非兩三年雨水浸潤，不能復其淡性以便耕種。惟河身之水，日夜流動，數番大雨，即鹹性盡減，故可使之消納，以不波及於腹内之田。在海寧則爲六十里塘河，在海鹽則爲白洋河，皆天造地設，古之所謂備塘河是也。寧邑之六十里塘河，即杭城之上河，發源於江干諸山，與北關下河之發源天目者，兩水各自分消，下河由苕溪入於太湖，上河由海寧黄灣出閘，達於嘉興松江。今黄灣閘久廢，薛家壩久阻，臨平市河久淺，下流不通，而上河之水俱從半山之金家堰離杭城三十里入於下河，不但天旱之年海寧沿海涓滴不來，如火益熱，水澇之年，上河諸水涓滴不去，盡出金家堰而塘棲德清，上下河兩水齊到，昏墊愈甚，如水益深。即今海塘潰決，潮水直入内地，而六十里塘河毫無分泄之處。至於鹽邑之白洋河，起於秦駐山，由藍田廟而達於平潮河外，近海之地類多斥鹵，河内皆禾稻之鄉，今雖不甚全淤，然淺阻日久，河身已高，潮水屢溢，河不能容，便恐淹入田畝。及今開此二河，流通深廣，則即海塘修築運輸木石無虞艱阻，而日後大風駕浪，泛溢之患藉以分泄[三]。但此二河，勢居其僻，非仕宦商旅之所經由，地居其瘠，無富貴膏腴之所置産，膜視者多，然於堤防海溢，亦切要之務也。

辨

錢塘江潮辨證

明 夏時正

洪武《杭州府志》：『按《水經》載，浙江東經靈隱山。又云山下有錢塘故縣，浙江經其南，縣南江側有明聖湖。』詳此則江流至靈隱山下，而秦王繫攬石在今湖中亦無怪也。所謂明聖湖者，既在江側，蓋西湖之濫觴耳。厥後，江既隔於平陸，則武林諸水自四山而下者，皆合於明聖湖，遂爲今之西湖，亦無怪也。故靈隱尚有《武林截湖志》刻石云：『有寶達和尚會浙江大溢，潮至湖山，達持咒止之。自是，潮擊西興而錢塘沙漲成陸』云。又按世傳駱賓王《靈隱寺詩》有：『樓觀滄海日，門對浙江潮。』之句。楊巨源《送章孝標歸杭州》詩云：『曾過靈隱江邊寺，獨宿東樓看海門。潮色銀河鋪碧落，日光金柱出紅盆。』諸如此類，則靈隱山通江至唐尚然，其證明矣！

國朝

臨平湖通江辨　毛奇齡

《錢塘記》云：『臨平湖上通浦陽江，下注浙江。』而《水經注》亦云：『浙江又東合臨平湖，湖上通浦陽江，下注浙江，名曰東江。行旅所從以出浙江者也。』夫臨平湖去錢塘東北五十餘里，向使江水可合臨平，則江之委輸將無所底，不特錢塘無平土，即海寧一縣亦俱在波濤中矣！間嘗以其説思之，浦陽在浙江之東，臨平在浙江之北，中隔一江，而江傍相距地又不止百里。浦陽與臨平，真如天潢地派之不相及者。且湖有上下，即首尾也。首北耶，則尾可抵江，而首無所通；首南耶，則首亦裁可抵江，而尾則並無。所注乃居然曰『上通』，曰『下注』，一似目睹之而指畫之，何其鑿也！乃讀《越志》，然後知其又誤者。蓋浦陽江者，禹貢三江之一也，又名東江。其源促於浙，而與浙抗，流至山陰三江之口，然後入海。乃其中有臨浦焉，在蕭山南三十里，横亘於浦浙之間。東首接浦者曰磧堰，有小水相通，而不大達。西尾接浙者曰漁浦，則直注江水，與錢塘岸山名定山者東西相望，稱要津焉。是以《宋書》載：『會稽太守孔覬反時，將軍吴喜進軍柳浦，遣諸將先趣定山，斬其大帥孫會之，乃復由定山進向漁浦，且使壽寂之從漁浦邪趣永興亦蕭山名。』以爲漁浦者，正臨浦注江處也。又『南齊永明年，富陽人唐寓之反，錢塘令劉彪拒之不敵，寓之進柳浦，登岸，彪棄縣走會稽，太守沈文季發官民丁救之。賊犯浦陽江，郡丞張思祖遣峽口戍主峽口臨浦地湯休武拒戰，大敗之。』正以臨浦一水，尾可從漁浦以出浙江，首可經峽口以通浦陽者。則是江水所東合者，臨浦也。上通浦陽江，下注浙江者，臨浦也，名曰東江。行旅所從以出浙江者，謂浦陽，名東江，可取道以達浙江，亦臨浦也。不合漁浦上下多富陽跨江所轄之地，而富陽有臨湖，傍有臨湖村。臨湖里與臨浦名相亂，劉氏不察，誤以臨浦爲臨湖，又誤以臨湖爲臨平湖。展轉訛錯，致使東江一名全失所在。而漁浦相望之定山，西陵相望之柳浦，謂可以乘風舉帆，直達之桐扣山邊、臨平市畔，將錢塘西岸幾無尺土，而不知其誤也。

西湖不通江辨　毛先舒

按昔郡志云『西湖故與江通』誤也，田學使汝成嘗辨之，然未能了了。按《水經》云：『浙江水出三天子都，北過餘杭，東入於海。』原未嘗云與西湖通也。注云：『浙江至錢塘縣，又東逕靈隱山，山下有錢塘故縣，浙江經其南，縣南江側有明聖湖。』亦未嘗云與湖通也。今靈隱去江已遠，然山川之名，古今屢變。或當時靈隱山直抵江干，俱名靈隱，猶古吴中亦稱會稽，浙江亦稱廣陵耳。又《水經注》謂：『秦始皇將遊會稽，道餘杭之西津。』西津亦未必正是西湖。至駱賓王『樓觀滄海日，門對浙江潮』，靈隱之山至絶頂，何嘗不可觀日對潮，豈必湖與江通哉？且詩人寫景，嘗在虚實間，即此詩末云：『待入天台路，看余渡石橋。』豈可泥此，而謂天台、石梁，亦在靈隱哉！楊巨源詩『曾過靈隱江邊寺，獨宿東樓看海門』，義亦類此。今又相傳大佛頭爲秦皇攬船之石，或好事之附會，或始皇東來遊幸西湖，亦未可知，總與湖通江之説無與。西湖南面稍近江，而尚有慈雲、萬松二嶺大山隔之，他處去江更遠，古必無湖通江之理也。又舊傳西湖本通海，通江即通海矣，可無更辨。

説

浙江潮候圖説

元 裴伯宣

大江而東，凡水之入於海者，無不通潮，而浙江之潮獨爲天下奇觀，地勢然也。浙江之口，有兩山焉，其南曰龕山，其北曰赭山，並峙於江海之會，謂之海門。下有沙灘，跨江西東三百餘里，若伏檻，然潮之入於浙江也，發乎浩渺之區，而頓就斂束，逼礙沙灘，回薄激射，折而趨於兩山之間，拗怒不泄，則奮而上躋，如素蜺横空，奔雷殷地，觀者膽掉，涉者心悸，故爲東南之至險，非他江之可同也。原其消長之故者，曰天河激涌，曰地機翕張。揆其晨夕之候者，曰依陰而附陽，曰隨日而應月。《地志》、《濤經》言殊旨異，胡可得而一哉。蓋圓則之運，大氣舉之，方儀之静，大水承之，氣有升降，地有浮沉，而潮汐生焉。月有盈虚，潮有起伏，故盈於朔望，虚於兩弦，息於朓朒，消於朏魄，而大小準焉。月爲陰精，水之所生。日爲陽宗，水之所從。故晝潮之期，日常加子；夜潮之候，月必在午，而晷刻定焉。卯酉之月，陰陽之交，故潮大於餘月。大梁、析木、河漢之津也，朔望之後，天地之變，故潮大於餘日。寒暑之大，建丑未也。一晦一明，再潮再汐，一朔一望，再虚再盈，天一地二之道也。月經於上，水緯於下，進退消長，相爲生成，歷數可推，毫釐不爽，斯天地之至信，幽贊於神明，而古今不易者也。杭之爲郡，枕帶江海，遠引甌閩，近控吴越，商賈之所輻輳，舟航之所駢集，則浙江爲要津焉。而其行止之淹速，無不畢聽於潮汐者。或違其大小之信，爽其緩急之宜，則必至於傾墊底滯，故不可以不之謹也。某承乏兹郡，屬兵革未弭之秋，信使之往來、師旅之進退，雖期會紛紜，邊陲警急，必告之曰：『謹候潮汐，毋躁進以自危。』然而迹累肩摩，晨馳夕騖，有不能人喻而户説之者。考之郡志，得《四時潮候圖》，簡明可信，故爲之說，而刻石於浙江亭之壁間，使凡行李之過是者，皆得而觀之，以毋蹈夫觸險躁進之害，亦庶乎思患而預防之之意云。

春秋同

初一日	十六日	午末	夜子正	大
初二日	十七日	未初	夜子末	大
初三日	十八日	未正	夜丑初	大
初四日	十九日	未末	夜丑末	大
初五日	二十日	申正	夜寅初	下岸
初六日	廿一日	寅末	晚申末	漸小
初七日	廿二日	卯初	晚酉初	漸小
初八日	廿三日	卯末	晚酉正	漸小
初九日	廿四日	辰初	晚酉末	小
初十日	廿五日	辰末	晚戌正	交澤
十一日	廿六日	巳初	夜戌末	起水
十二日	廿七日	巳正	夜亥初	漸大
十三日	廿八日	巳末	夜亥正	漸大
十四日	廿九日	午初	夜亥末	漸大
十五日	三十日	午正	夜子初	極大

夏

初一日　十六日　午末　夜子正　大
初二日　十七日　未初　夜子末　大
初三日　十八日　未正　夜丑初　大
初四日　十九日　未末　夜丑正　大
初五日　二十日　申初　夜丑末　下岸
初六日　廿一日　寅初　晚申正　小
初七日　廿二日　寅末　晚申末　小
初八日　廿三日　卯初　晚酉初　小
初九日　廿四日　卯末　晚酉正　小
初十日　廿五日　辰初　晚酉末　交澤
十一日　廿六日　辰末　夜戌初　起水
十二日　廿七日　巳初　夜戌末　漸大
十三日　廿八日　巳末　夜亥初　漸大
十四日　廿九日　午初　夜亥末　漸大
十五日　三十日　午末　夜子初　大

冬

初一日　十六日　午末　夜子初　大
初二日　十七日　未正　夜子末　大

初三日	十八日	未末	夜丑初	大
初四日	十九日	申初	夜丑末	大
初五日	二十日	申正	夜寅初	下岸
初六日	廿一日	寅末	晚申末	漸小
初七日	廿二日	卯初	晚酉初	小
初八日	廿三日	卯末	晚酉正	小
初九日	廿四日	辰初	晚酉末	小
初十日	廿五日	辰末	夜戌初	交澤
十一日	廿六日	巳初	夜戌正	起水
十二日	廿七日	巳正	夜戌末	漸大
十三日	廿八日	巳末	夜亥初	漸大
十四日	廿九日	午初	夜亥正	漸大
十五日	三十日	午正	夜亥末	漸大

國朝

靈隱入海説　孫治

《漢書注》曰：『武靈山，武林水所出，行八百三十里，東入海。』今由臨平湖、天開河，以至海門，不過二百里而遥，安有所謂八百三十里者與？《錢塘記》曰：『防海大塘，在縣東一里許。』夫海塘不若是之近，而赴海不若是之遠。豈古今異宜與？要以錢塘所記者江塘，而非海塘也。武林之水，滙爲西湖，東入於河，由臨平湖以入於海，其道有經由，可約略而得也。

靈隱通江説　孫治

酈道元《水經注》云：『又東逕靈隱山，在四山之中，有高崖洞穴，左右有石室三所。又有孤石壁立，大三十圍。其下開散，狀似蓮花。』夫蓮花者，蓮花峰也。其爲靈隱無疑也。以今觀之，山隔於湖，湖隔數山，而曰江東逕靈隱山，吾不得其解也。要以是時，雖有明聖湖，而湖之與江尚未有分也。唐人楊巨源詩『曾過靈隱江邊寺，獨宿東樓看海門』，則唐人尚有此景久矣。又無怪於賓王之『門對浙江潮』也。一曰靈隱浦即今之進龍浦也。進龍浦可以稱靈隱，則靈隱之所表者遠矣，則猶之乎武林之可通稱也歟！

校勘記

〔一〕《敕修兩浙海塘通志》『予』作『余』。
〔二〕《敕修兩浙海塘通志》『磊』作『累』。
〔三〕《敕修兩浙海塘通志》『宣露敗易矣』作『宣露則敗易』。
〔四〕《敕修兩浙海塘通志》無『塘』字。
〔五〕《敕修兩浙海塘通志》『傍』作『旁』。
〔六〕《敕修兩浙海塘通志》『土』作『上』。

[七]《敕修兩浙海塘通志》「址」作「基」。
[八]《敕修兩浙海塘通志》「並」作「并」。
[九]《敕修兩浙海塘通志》「層九、十」作「層之九與十」。
[一〇]《敕修兩浙海塘通志》「並」作「并」。
[一一]《敕修兩浙海塘通志》「並」作「并」。
[一二]《敕修兩浙海塘通志》無「低」字。
[一三]《敕修兩浙海塘通志》「肉」作「肏」。
[一四]《敕修兩浙海塘通志》「塘自東西」作「塘自東而西」。
[一五]《敕修兩浙海塘通志》「而其爲力易於蘯者也」作「而其爲力又易於蘯者也」。
[一六]《敕修兩浙海塘通志》「海邑海患」作「寧邑海患」。
[一七]《敕修兩浙海塘通志》「坡」作「陂」。
[一八]《敕修兩浙海塘通志》「導」作「導」。
[一九]《敕修兩浙海塘通志》「導」作「導」。
[二〇]《敕修兩浙海塘通志》「冲」作「衝」。
[二一]《敕修兩浙海塘通志》「坯」作「祁」。
[二二]《敕修兩浙海塘通志》「冲」作「衝」。
[二三]《敕修兩浙海塘通志》「奔」作「崩」。
[二四]《敕修兩浙海塘通志》「停」作「渟」。
[二五]《敕修兩浙海塘通志》「鎖」作「銷」。
[二六]《敕修兩浙海塘通志》「潰」作「崩」。
[二七]《敕修兩浙海塘通志》「脚根」作「根脚」。
[二八]《敕修兩浙海塘通志》「潰」作「崩」。
[二九]《敕修兩浙海塘通志》「塘」作「根」。

〔三〇〕《敕修兩浙海塘通志》『沙』作『砂』。
〔三一〕《敕修兩浙海塘通志》『猶』作『尤』。
〔三二〕《敕修兩浙海塘通志》『溢』作『濫』。

欽定四庫全書海塘録　卷二十一　藝文四

考

三江考　宋潛説友

諸儒釋三江者，自漢孔氏而下，言人人殊，至坡公爲説始曉，然不畔於經。其説曰：『自豫章江入彭蠡，而東至海，爲南江；自岷山，至彭蠡江入海，爲中江；自嶓冢至大别入江，會彭蠡江入海，爲北江。』考古之士，往往是之。或者乃據韋昭所言，以錢塘、松江、浦陽爲三，而不知浦陽乃今富陽，即錢塘江也。一江而二之，是尚足據乎！錢塘江自古曰淛河，見於《莊子》，其爲東南巨浸昭昭也！或又以爲支流小水，故《禹貢》不載，殆亦未然。當禹舍杭登陸之時，固嘗經行，非遺之也。蓋淛江地勢窪下，距海猶近，既無事濬治，故不復書。程泰之侍講謂：『嘗經疏導，則有甚小而見録，漆沮、瀍澗是也。無所致力，則雖甚大而不書，浙江洞庭是也。』其論當矣！故今不敢强同韋氏，而著其説，俟覽者擇焉。

三江考

明張元汴

《嘉泰志》曰：『《禹貢》：「三江既入，震澤砥定。」韋昭云：「三江者，松江、錢塘江、浦陽江。」』蓋江之名尚矣！《越絶》云：『浦陽，越王勾踐兵敗衆潰於此，故曰浦陽。去山陰五十里，今土人以錢清爲古浦陽也。』酈道元《水經注》：『浦陽江，導源烏傷縣，東逕諸暨，與泄溪合，東回北轉，逕剡溪縣縣開東門向江，江廣一百餘步。』又云：『柯水東北逕永興，與浙江合，謂之浦陽江。』《漢書》：『潘江，即浦陽江別名，自外無水以應之。』又云：『浦陽江東北經始寧縣嶀山，其北即嶀浦。』又云：『東逕上虞縣，南至王莽之會稽地名虞賓。』又云：『餘暨之南，餘姚西北，浙江與浦陽江同歸海。』又引闞駰《十三州志》：『江水至會稽，與浙江合，自臨浦南通浦陽江，其水不一，自相抵捂。』謝惠連《西陵遇風》詩：『昨發浦陽汭，今宿浙江湄。』《韻譜》云：『水之相入爲汭。』又云：『水北口汭，自浦陽江北，流入浙江，二水參錯，其名曰汭宜矣！』始寧，今上虞縣，嶀浦、嶀山，皆屬嵊縣，虞賓屬上虞。又接餘姚臨江，平湖在浙江以西，其源殊別，餘暨即諸暨，距餘姚二百餘里。謂餘姚西北浙江入海非也，蓋此江東北流，自山陰、會稽，泝曹娥江，始至上虞、餘姚、嵊縣，謂東回北轉，入上虞嵊縣斯可矣。道元未嘗身履浙東，故其誤如此。後人遂認此江爲上虞江，其失浸邈。以地理考之，自浦陽江至曹娥百餘里，豈當時曹娥之名未著，亦名浦陽耶？或陵谷遷變，舊流不循其故道耶？《十道志》：『浦陽江有琵琶，沂岸有曹娥碑。』信此則曹娥江，即浦陽爾。《文選注》：『浦陽汭，經上虞。』謝康樂《山居賦》：『浦陽江，自嶀山東北逕太康湖。』其説皆誤。今山陰三十里有柯橋，其下爲柯水，然則浦陽江與柯水一源，由蕭山達於浙江，古今不易也。今按《上虞縣志》，曹娥江始實名浦陽，其源自東小江，亦由浦江來。《十道志》：婺州浦江，江之導源出此。』是知浦江一源，而分二派：一則由諸暨直下，至山陰、蕭山間，爲錢清江，酈所謂『逕諸暨，與泄溪合，餘暨之南，與浙江同歸海，至會稽與浙江合，』自臨浦南通者，皆是也；一則紆而東，至嵊縣，出始寧門，乃折而北至上虞、會稽間，爲曹娥江，酈所謂『東回北轉，逕剡縣、始寧、虞賓、餘姚西北』者皆是也。謝康樂山居目擊爲賦，又自爲注，不應有誤。惠連謂昨發今宿，若錢清似不須隔宿。餘暨乃蕭山舊名，非諸暨。曹娥之前江固當有名，且今曹娥廟當運河渡口，故其名特著。若稍南稍北，又自不以曹娥名。謂當時曹娥名未著，亦名浦江，似與酈説亦未甚抵捂，但身則實未至浙東，祇據籍櫽括，不免稍有淆錯耳。

捍江塘考

明陳善

杭地枕江負海，茫茫水國，而龕、赭兩山夾峙於江海之交，潮水自兹而入，由廣入隘，奔騰衝激，雷擊霆碎，有吞江沃日之勢[二]。晝夜再至，山摧地坼，塘易崩潰，乃築石堤以障洪流。沿江隸錢塘，瀕海則仁和、海寧之地。海寧縣治去海甚近，前者海失故道，衝决堤岸，爲患滋廣，甚則百餘里，少亦不下數十里。興役修築，工費浩穰，延引歲時，始克就緒。間值颶風陡作，洪濤西激，旋復没於巨浸，甚爲浙西民患。一勞永逸，上下數千年間不聞有長策焉[三]，即東南之患未已也。按前史，江挾海潮，爲杭人患，其來已久。唐大歷八年秋七月，大風海水翻潮，溺民居五千家，船千艘。白樂天刺杭日，江塘壞，嘗爲文禱於江神，然板鍤未興，無裨民患。至梁開平四年八月，錢武肅始築捍海塘，在候潮、通江門之外，潮水晝夜衝激，版築不就，因命强弩數千以射潮頭，又致禱於胥山祠，仍爲詩一章，函鑰置海門山。既而，潮水避錢塘，擊西陵，遂造竹絡，積巨石，植以大木。堤岸既成，久之，乃爲城邑聚落。凡今之平陸，皆當時江也，此吴越舊史所傳。予聞錢塘名縣，自有取義。由漢迄今，皆仍其舊。或以爲州人華信以私錢築塘捍海，故名錢塘。初以爲妄，頃閲杜氏《通典》引《錢塘記》云：『防海大塘，在縣一里。郡功曹華信議立此塘，以防海水。始，開募有能致土石一斛予錢一千，人貪厚值，皆擔土而至[三]，來者雲集。比至江上，詭云已不復用，皆棄土石江濱而去，塘以之遂成。』杜君卿素稱博雅，且自唐距漢時未甚遠，雖説近荒僻，當有所傳，信而筆之於書也。今《臨安志》乃謂自武肅始，且引强弩射潮之説，以爲信而神其事。豈舊嘗有塘，至錢氏時乃大壞，而更築之耶？《唐書・地理志》曰：『鹽官海塘長一百二十里，開元時重築。』則前此有塘可知。按海寧四境，東至嘉興府海鹽縣金牛山界八十三里，西至仁和縣上舍涇界四十七里，不應錢塘江塘獨無。矧錢塘江潮，湍湃汹涌，震撼衝突，比之鹽官勢尤危峻，又都會重地，防護更切，苟無塘岸以爲堤防，浸淫所至，杭城悉爲洪流，玆豈武肅時始築哉？又按江塘傾決不常[四]，在宋時特爲吾杭之患，錢氏所築之塘，至大中祥符間遂決。五年，轉運使陳堯佐築之。七年，詔江淮發運使李溥復依錢氏制專其事。九年，郡守馬亮禱於子胥祠下築之，明日，潮爲之却。景祐四年，轉運使張夏築堤十二里，因置捍江兵士，杭人德之，作廟堤上。慶歷初，再決，郡守楊偕築之，丁寶成爲記[五]。政和六年，前守杭州張閣奏言錢塘若失捍禦[六]，恐他日數十里膏腴平陸皆潰於江，詔命劉既濟更築之。淳熙元年四月間，大決，一歲再決。嘉熙戊戌之變，命知臨安趙與懽修治，乃就近江處所先築土塘，然後於内更築石塘。越三月，畢工，水復其故。嘉定十年，江潮大溢，不聞有築者[七]，豈塘岸固無恙乎？抑舊志所遺也？入國朝來，洪武十年，江水大溢，特命大臣來杭修築。自後，永樂元年一修，五年、九年再修，至十八年大修，塘始有成。及成化七年[八]，沿江堤岸傾圮特甚，乃命工部侍郎李顒來杭，祭告江神，修築堤岸，迄今百有餘年，不聞有修治之者。夫江濤之患，雖亞於海，然錢塘之潮直當海門者，湍激湍湃，山摧地摇。玆幸江塘之外，尚有淺沙數百丈可以捍截江流。故茲塘稍不爲患，一旦沙徙而直薄塘下，濱江桑田、廬舍，豈不岌岌乎危哉？今按六和塔之南，潮勢稍緩，塘可無虞，惟望江樓以北數十里，直當潮衝，此宜急事修築，而當事者幸其無患，苟安目前，失今不治，後將有百倍工力而無濟者矣。夫今築塘之患有二，曰估價太廉也，責成太急也。往者萬曆乙亥塘決六和塔之下數百丈，命人修築。予嘗一至其地，詢諸工匠，每石一磈止銀八分，每人一工止銀二分。夫官以廉，而覔工人以刻期而供役，故事圖苟完，不爲久計。所築之塘，惟用爛石草草疊成，不實以土，潮水一至，尋築尋圮，其何以善厥後哉？必也於近地淺沙之上[九]，立爲蕩浪木樁數百千以捍之[一〇]，而其疊砌之法，不恤工力，務爲遠圖，多委廉捍之吏[一一]，分役察視，或編立字號，各任其責。所任已完，更番代換，毋令其久役思歸，怠於將事。至於樁木，必須易杉以松，庶可永久，而又倣宋人捍江兵士之意，每歲編置巡江夫數十名，令其往來察視江塘，少有傾頹，即加修治。庶乎修理及時，而工力可省，顯患既弭，而隱憂可消，百世可久之策也。

捍海塘考

明　陳善

海寧縣治南瀕海，海之上即塘，塘之距城百武而近，東抵海鹽，西抵浙江，相距延袤百里。塘南數十里有赭山，其南有龕山相對峙，夾爲海門，潮自海趨江，從茲入焉。始由廣延進入隘口，橫流至此，東不得肆，輒怒而東返。東五十里有山名石墩，與赭相望而峙，若兩拳然。潮東返爲此山所障，復鼓怒而西，東西蕩擊數十里，間日再往來，狂瀾駕風，若萬馬馳驟，即金石爲塘不能保。其終古不敝，矧木石、蘆灰安所恃以能久耶？舊志塘外有沙場二十餘里，沙場内有陸地、草蕩、桑柘、棗園一百六十七頃有奇。夫塘外有護，則海潮不至衝嚙，石堤内固，可以經久。今沙場草蕩悉淪入海，直以數尺之塘力拒巨浸之彌天，脱更内蝕寧，無危哉？宋元以前，海塘廢興，遼莫能紀。逮洪武以至萬曆，海凡五變，塘五修。永樂九年，海決，民流移，田湮没，朝廷遣保定侯孟瑛等，盡役蘇、湖九郡之夫，費累巨萬，積十三年堤成，其患始息。嗣後，成化甲午、宏治壬子、嘉靖戊子，迄今萬曆乙亥，海或溢或決，塘隨築隨圮。雖勞費不至如永樂之甚，然公私困於兹役亦屢矣。夫海決海昌，患在一邑耳！往時，顧役及外郡者何哉？亦以地脉相因，其利害之所關大也！蓋寧邑於吴爲陲，於越爲首，地形最高，故塘内麻、涇、洛塘、長水塘諸水皆北流，一從東北由淞泖趨滬瀆入海，一從正北過吴江趨白茅入江。俗因指吴江塔巔與長安壩址相並，則海寧之地高於他郡邑明甚。故海寧之海決，注彼諸處如建瓴然。然則障海昌者，亦所以障列郡也。塘之修廢，其有關於東南利害甚切，而當事者往往失於後時。及工役既興，則又計工惜財，苟且完事，是以此塘未成，而彼堤又決。萬曆五年春，巡撫徐公拭顧瞻海塘傾圮廢決，大駭曰：『失今不修，他日盡壞。將聽民之爲魚乎？』因與巡視水利陳公詔僉謀修築，而以其役委縣尹薛胡，五閲月而塘成。波濤汨没之區，今已起昏墊、登衽席矣。顧余觀海寧之塘與海鹽異，鹽塘有大患，亦有大利，寧塘似無顯患，而實有隱憂。蓋鹽塘陂池相屬，有内河可開，故潮勢至此既爲分殺，而引其流更能使草蕩悉爲膏腴，是大患弭而大利興也。若寧塘逼近城郭，無内河可開，幸潮水緩於鹽耳！設一旦海嘯，直蕩邑治，其爲隱憂可勝道乎？聞寧邑額設捍海塘夫二百名，每歲編派役銀四百兩爲令。長者誠能加意海防，每遇潮汐之月，遣官就塘察視，一有傾圮，審取良民，佐以能吏，即日領銀修治，毋令後時，此亦未雨徹桑之計也。萬一天佑寧民，塘十年無患，則銀之積益富，即興大役亦不必派及平民矣。至於築塘之法，余竊有取於海鹽。乙亥之決，海鹽爲甚。其修築也，慮湍激爲患，有盪浪木樁以砥之；慮直蕩堤岸，有斜堦以順之。其累石，下則五縱五横，上則一縱一横，石齒鈞連，若絙貫然，即百計撼之不摇也。修寧塘者，誠一準海鹽新塘之式，則是一勞永逸之計耳！

安得實心任事之人，而與之計海塘哉？

國朝

海寧縣築塘考　陳之暹

凡海之臨大洋者，潮汐皆以漸長，鮮爲民害，惟海寧之海，南有上虞、餘姚逼處於前，東有大尖、鳳凰諸山，角張於左。海身既隘，海口復窄，乃潮由海鹽大洋騰涌而入，無異於帶水而納彌天之浸，此怒濤横奔高逾數十丈所由來也。乃西去不五十里，又有鼈子門爲錢塘江流入海之口，廣僅七八里。夫數百里之海面[一二]，復納於七八里之口中，而江流又逆遏於上，則受阻之回溜，其湍激更雄於潮矣。故陽侯稍不戒，洪潮即薄塘下。塘之土石，朝夕供其盪潄，未有不傾覆相繼者。爰考唐宋元明，海患相循不已，其鳩庀之費，動盈萬億計，其籌畫堵塞之方，皆當事爲之徬徨而籌度[一三]，載在史策，班班可考也。請得而臚陳之。一曰海塘潰决之烈。《宋史》：『嘉定十一年，海失故道，潮衝平野二十餘里，侵入鹵地，鹽課不登，蘆洲港瀆蕩爲巨壑。十二年，遂侵縣治，上下管、黄灣岡等鹽場皆圮，蜀山淪入海中，聚落田疇失其半，而禾稼之壞者凡四郡焉。十五年，縣南四十餘里盡淪於海[一四]，其捍海古塘東西纍石並就淪毁，海水侵入縣之兩旁各三四里，止存中面古塘十餘里。當時議者以爲，水勢衝激不已，不惟本縣不可復存，而向北地勢卑下，且慮鹹流入蘇、秀、湖三州，田畝不可復種，又縣西有二十五里塘，上徹臨平，若海水入塘，兩岸田畝必致决壞，并裹河堤岸亦有横裂之憂矣。十七年，海潮復壞縣地數十里，計六年而始平。』《元史》：『大德三年，塘岸潰决[一五]，虚沙復漲，不可修築。延祐六年、七年，海汛失度，屢壞居邑[一六]，陷地三十餘里。泰定元年二月，海水大溢，壞堤塹，侵城郭。三年八月，大風海溢，捍海堤決廣三十餘里[一七]、袤二十里，至徙居民千二百五十家以避之。四年正月，潮水大溢，捍海塘決二千餘步[一八]。二月，風潮復大作，衝捍海小塘，壞郭外地四里。四月，捍海塘復決十九里[一九]。』又《縣志》載：『縣西南，舊有鹹塘。元泰定間，海坍不存。先是，嘗築備塘以防衝激。塘之外有沙場二十餘里，塘内陸地、草蕩及桑棗園一百六十餘頃。至泰定四年，悉潰[二〇]。於是，建天妃大廟，命僧用秘法鑄深沙鐵神以厭勝之。至和元年三月，海堤復決[二一]。元主遣使禱祀，更命西僧造浮圖二百一十有六，實以七寶珠玉，半置海畔，半置水中，以鎮海灾，終不能止。』又《志》載：『寓公貢師泰詩序稱當時潮決南岸，州治將盡入於海，城隍漫無存者。迨至正十九年，而始克築城。』則知元時吾邑之海患更酷於宋矣。故明洪武初，海潮衝毁赭山巡司及宋置漏澤園。至二十三年，衝毁石墩巡司。永樂九年，海潮復決。有司不時治，民流移者六千七百餘户，淪田一千九百餘頃，毁許村鹽場。成化十年，海決至城下。十三年二月，潮水横濫，衝圮堤塘，逼蕩城邑，轉盼曳趾，一決數仞，祠廟、廬舍淪陷略盡，復治新堤。至弘治五年[二二]，新堤漸坍。嘉靖七年，新堤大坍，復至城下。九年，海復決，逼城。自是以來，屢有海患。崇正元年七月，其禍更甚。天下瀕海之地，晏然安堵者不乏，未有如吾寧之獨當險阨者。五代以前，無所考據[二三]，故斷自宋以來，海塘潰決之烈如此。一曰歷代工費之繁。《唐書》：『開元元年，重築捍海塘一百二十四里。』夫曰『重築』，則修築有前乎此者矣。其後先工役雖逸而不傳，但延袤如許，則勤民畚鍤，浩費當不下數十萬。當時司國計者，亦孔瘁矣。考之於宋，潮水横決，終宋世凡四罹其灾，不特縣治遍地傷殘，至併四郡之田並遭淹毁，而山淪於海，抑更異矣！當時下浙西諸司條具築捺之策，亦逸而不傳，懸計拮据，鉅費何可量哉！元《河渠志》：『泰定四年，風潮爲患。都水庸田司奏請速差丁夫，當水衝堵閉，其不敷工役，差倩於附近州縣。當時朝議擬比浙江立石塘，爲久遠計，興役者數月，發丁夫二萬餘人，用鈔七十九萬四千餘錠，糧四萬六千三百餘石。致和元年，省臣奏修築海塘合用軍夫除戍守州縣關津外，酌量差撥，從便添支口糧。』又誌載貢師泰所爲《序》云：『潮決南岸，民吏驚懼，捍以數郡之力，而決猶不止。』觀此，則元季之頻舉大役，其費更不訾矣！明禮垣張寧著《障海塘記》云：『永樂中，海決。供力役者，蘇、湖等九郡。費累鉅萬，積十有三載始弭其患。成化中，以舊塘衝圮，分巡錢公修築障海塘。其役徒以三府萬二千人，七越月而告成。』又載：『嘉靖中，邑令嚴寬撰《水利圖志序》云：「考石塘之築，自唐宋以來，皆舉數郡財力，始克有濟。蓋以地據蘇、常之上流，爲嘉、湖之鎖鑰，各與有責，故均任其勞。若驅一方之民以治之，則東興西廢，財竭力疲矣。其自嘉靖以後，修築頻仍，工費無算。」』茲以邑乘闕如，未敢傅疑。而前此之九郡力役三府工徒，十三載之奏功，七閱月之報竣，其所縻公帑並彰彰可據也。合唐宋元明而計之，金錢等河沙矣！歷代工費之繁如此。一曰命官經理之重。宋嘉定十二年，臣僚言：『鹽官潮勢深入，萬一春水驟漲，海風佐之，則百里之民俱葬魚腹。』遂下浙西諸司條具捍堤堅壯之策。十五年，都省以海塘衝決上聞，命浙西提舉劉垕專任其事。垕言：『縣治境連平江、嘉興、湖州，大爲利害。議修縣東六十里鹹塘，縣西淡塘及袁花塘，以防大潮盤越流注北向之患。』從之。元大德三年，塘岸決[二四]。都省委禮部郎中游中順洎本省官相視焉。泰定四年二月，風潮大作衝塘，壞郭外地，杭州路言：『與都水庸田司議，於北境築塘，莫若先修鹹塘。』江浙省準下本路修治。工部議：『海岸衝決[二五]，重事也。宜移文江浙行省，督催庸田使司、鹽運司及有司發丁夫治之。』五月，平章圖們岱爾等奏江浙省四月内潮水衝破鹽官州海岸[二六]，令庸田司徵夫修堵，遂命都水少監張仲仁往治其役。本省左丞相脱歡等議置石囤以抵禦之。至和元年三月，省臣奏：『江浙省并庸田司官修築海塘，倘得堅久之策，移文具報。』臣等集議本年差户部尚書李嘉努[二七]、工部尚書李嘉賓、樞密院屬衛指揮青山、副使洪灝、宣政僉院納木喀巴勒與行省左丞相脱歡及行臺[二八]、行宣政院、庸田使司諸臣會議修治之方，合行事務，提調官移文稟奏施行。』《縣志》：『故明永樂九年，海決，事聞，遣保定侯孟瑛往治。十六年十一月，明主親製祭文，遣禮部侍郎易英同保定侯孟瑛致祭海神，力役十三載始告成事。成化十年，大潮衝決堤岸，用崇德即今石門縣沈丞惜逸其名築法，堤始成。十三年十二月，潮勢益横，縣上其事於府，府守陳讓上其事於巡按御史，隨檄布政使杜謙、按察使楊瑄、參政李嗣、副使端宏、參議盧雍、僉事梁昉咸集寧邑，周視協謀，區畫會計，悉以託分巡僉事錢山耑董其役，乃命杭、嘉、湖三府官轉輓木石物用[二九]，舟楫蔽河而至。分命指揮李昭、通判何某兼總其工。自是以後，每遇興築，必上勤府憲[三〇]，下萃群司，衹以載籍無聞，未容臆贅。』而自南宋迄於明初，炳著汗册者，或以牧伯莅事，或以公輔宣猷，或聚藩臬而僉謀，或簡通侯而底績，慰其咨而安昏墊，即下吏在所必甄，凡以重民命也。命官經理之重如此。一曰採辦修築之宜。《宋志》：『嘉定十五年，浙西提舉劉垕專任修築海塘[三一]，首以鹹潮泛溢，有盤越流注之患，建議：「袁花塘及淡塘基趾近裹，未至與潮爲敵，施功較易，宜先就二塘修築以禦縣東鹹潮，其縣東近南六十里鹹塘亦應取次修築，萬一又爲海潮衝損，則當用椿木修築袁花塘以捍之。其縣南去海一里餘，幸存古塘，縣治、民居盡在其中，未可棄之度外，合將見管椿石就古塘加工疊砌里許，爲防護縣治之計。」報曰：「可」。』《元志》：『鹽官州，去海岸三十里，舊有捍海塘二，後又添築鹹塘。仁宗延祐間，潮壞民居，陷地三十里。其時省憲官共議：宜於州後北門添築土塘，然後築石塘，東西長四十三里，後以沙漲而止。泰定元年二月，海水大溢。有司以石囤木櫃捍之，不止。四年二月，風潮衝捍海小塘，壞州郭四里。杭州路言：「與都水庸田司議，欲於北地築塘四十餘里，而工費浩大，莫若先修鹹塘，增其高濶，填塞溝港，濬深近北備塘濠塹，用椿密釘，庶可護禦。」至八月，水勢愈大，本省左丞相脱歡等議安置石囤四千九百六十，抵禦鏤嚙，以救其急，於是簡用都水少監張仲仁總理工役，於沿海三十餘里復下石囤四十四萬三千三百有奇，木櫃四百七十餘。致和元年三月，省臣奏江浙省并庸田司官修築海塘，作竹籧篨，内實以石，鱗次壘疊，以禦潮勢，淪陷入海。四月，奏，委户部尚書李嘉努等洎行省臺院及庸田司等官議[三二]。大德延祐間，欲建石塘，未就。泰定四年春，潮水異常，增築土塘不能抵禦，議置板塘，以水涌難以施工，遂作竹籧篨、木櫃，間有漂沉，欲踵前議，置石塘以圖久遠，爲地脉虚浮，比定海、浙江、海鹽地形水勢不同，由是造石囤於其壞處，疊之以救目前之急。所置石囤二十九里餘，不曾坍陷[三三]，略見成效。庸田司與各路官同議東西更壘石囤十里，其六十里塘下舊河就之取土築塘，鑿東山之石，以備潰損[三四]。至明年，爲文宗天曆元年，水勢漸平。二年，海患息。於是，改鹽官州爲海寧州。《縣志》：『故明成化十二年二月，僉事錢山重築障海塘。公策騎行邑，斂不及民，量材度宜，因時立法，採石於臨平、安吉諸山，備物用於浙西三府，舟楫輸輓，銜尾相屬。乃斷爲大櫃[三五]，編竹爲長絡，引而下之，中實以石，此小石爲大石法也[三六]。泛濫稍定，時盛暑，公念邑民蕩析未寧，農稼方急，饑勞野聚必有疾疫，由是作治雖嚴，間輒拊循勞來失次者，徙寓空舍，惠以薪米，大集醫藥以療病者。復作副堤十里，以防泄鹵之害。至八月塘成。』此後，修築都無所考，得於父老傳聞，及覩坍出椿櫃，宛然石囤舊制，良法不可更歟[三七]？抑區畫猶有未盡也？至宋元治塘雖有效，有不效，而其法屢變，亦既殫厥心而弭厥患矣。採辨修築之宜如此。

三江考

毛奇齡

三江之爲名久矣！其在經傳，則雜見之《禹貢》、《周禮職方氏》、《爾雅》、《國語》、《水經注》、《史記》、《吴都賦》、《吴越春秋》諸書，而特其所爲註，言人人殊，卒莫得而指定之。夫讀書通大義，自昔已然，況古今山川陵谷遷變，耳目蹤跡未必悉合。泥古者，無所於通，而揣摩臆度之見，又未可爲據，然而大概可覩也。考《禹貢》，有曰：『三江既入。』而孔氏爲傳，則曰：『自彭蠡江分爲三江，而入震澤。』夫彭蠡未嘗分爲三也，且彭蠡未嘗入震澤也。《周禮》有曰：『其川三江。』而賈公彦爲疏，則曰：『大江至尋陽而合爲一，至揚州入彭蠡而復分爲三，而後入於海。』夫公彦雖不以三江之入爲入震澤，然而彭蠡在尋陽之南，幾見江漢之分至尋陽始合，而大江之合至彭蠡又分。且聞彭蠡入江矣，未聞彭蠡能入海也。至若《禹貢》導水則復有東爲中江，東爲北江之文，而漢《地理志》附會其説，遂以吴縣南一水東入海者爲南江，蕪湖西一水東至陽羨入海者爲中江，毗陵北一水東入海者爲北江。夫毗陵北一水，即大江也。夫仍以大江爲三江之一，既已不倫，而又其所謂南江者，則經無明文，徒以北江、中江而推類言之。且經之所謂中江、北江，無非大江，今但以北江爲大江，而中江不然，則又何也？乃若郭璞註《爾雅》，則以岷江、浙江、松江當之。夫浙江、松江固矣，岷江即大江。按《周禮・職方氏》，其在荆州則曰『其川江漢』，而於揚州則曰『其川三江』。夫猶之岷江、江漢一江，而既以表荆，復以之表揚，不其紊乎？乃若《吴都賦》註則以爲松江、婁江、東江，而宋儒註《禹貢》因之夫松江似矣。而東江則自昔迄今必無其地，且《史記正義》但云婁江入海已耳，又未聞入海之江有三也。不善讀書者，泥於《禹貢》之文曰：『三江既入，震澤底定』，則必震澤之定，有藉于三江之入而後可。夫文無定形，或對舉而分標，或連稱而轉見，彼我參合，亦各有義。如必以既入爲泥，則《禹貢》兖州有曰『雷夏既澤，澭沮會同』，青州有曰『嵎夷既略，濰淄其道』，將必雷夏澤而後澭沮同，嵎夷略而後濰淄道乎？抑非乎？夫事不証今，仍當考古夫三江之説，於今已不合矣！請即以古較之。夫揚州之域，其地甚廣，其爲州、爲浸、爲澤、爲藪亦甚不少。如必拘既入之文，而限於一地，則《職方氏》云其澤藪曰『具區其川，三江其浸五湖』，假使具區爲五湖之始，而三江即五湖之終，則猶之五湖也。五湖太湖也，揚州何地？《職方氏》何掌、《周禮》何書，而問其澤曰太湖也、問其藪曰太湖也、問其川曰太湖也、問其浸曰太湖也，不幾小揚州而笑《職方》陋哉？然則如何曰韋昭曰『松江、浙江、浦陽江』也？夫揚州之水，亦有大江，其言彭蠡則已該大江之勝矣！而於是南及松江，則震澤之下流也。而於是又南及浙江，浙江即錢塘也，即《水經注》所爲漸江者也。而於是又東及浙東之水曰浦陽江。浦陽江者，與錢塘異源而殊流者也。其後雖同流，然其殊者自在也。蓋浙之入海，力大身雄，其爲水長亘千餘里，湯湯下渫，歸於尾閭，此易曉也。松之入海，則吴淞支流分而爲婁，雖其入海處蹤跡未明，渺不及浙江之萬之一，然猶易曉也。惟浦陽入海，則酈〔道〕元《水經注》南國頗略，遂訛爲入江。不知浦陽者，發源於烏傷，而東逕諸暨，又東逕山陰，然後返永興之東，而北入於海。其在入海之上流，即今之錢清江也。其接錢清之下流，即今之三江口也。故明世紹興知府戴君湯君導郡水利，則上遏浦陽之入山陰者而使之注江，下濬浦陽之入海者而使之注海。其在錢清相接之口名三江口，其在海口之城名三江城，置衛名三江衛，建閘於其上，以司啓閉，名三江閘，其尚名三江。則自古相仍，幾徵不斷，餼羊名存，夫亦可以爲據矣！至若《水經注》記臨平湖則又曰『湖水上通浦陽江』，下注浙江名曰東江，則疑庾仲初作《吴都賦》註所稱松江、婁江、東江者，未必不即指松、婁與浦陽，而後人誤釋之，而求之吴松之左右，毋怪乎求之千餘年而終不得其地也。要之，浦陽本獨入海，而逕諸暨，而山陰，而蕭山，其中經流雖多，沿革而入海之道依然如故，此可驗耳。若非浦陽，則岷江、松江、婁江皆吴地也。《國語》曰：『夫吴之與越，仇讎戰伐之國也。』三江環之，夫松、婁則焉能環越哉！且《國語》又曰：『與我争三江之利者，非吴耶？』若非浦陽，則盡屬吴地，而反曰『吴將與我争吴地之利』是妄語也。且不聞范蠡之去越乎？《吴越春秋》曰：『范蠡去越，出三江之口，入五湖之中。』夫惟浦陽三江之口，則蠡之去越，將必出浦陽而入海，由海而入松，由松而入湖，《國語》所謂『遂乘輕舟而入五湖者』

是也。如以爲松江、婁江，則松婁者，五湖之下流也，豈有出松、婁而反入湖者？古文具在，而學者貿貿，究至堅持其説，必欲執三吴水利以註古經，夫水利焉能註古經矣！

文

禱江神文[三八]

唐白居易

滔滔失江[三九]，南國之紀。安波則爲利，洚流則爲害。故我上帝，命神司之。今屢潮濤失道[四〇]，奔激西北，水無知也。如有憑焉，浸淫郊鄽，壞敗廬舍，人墜墊溺，籲天無辜。居易祗奉璽書，興利除害，守土守水，職與神同。是用備物致誠，躬事虔禱，庶俾水反歸壑，谷遷爲陵，土不騫摧[四一]，人無蕩析。敢以醴幣羊豕，沉奠於江，惟神裁之，無忝祀典[四二]。

戒弄潮文

宋蔡襄

斗牛之分，吴越之中，惟江濤爲最雄，乘秋風而益怒。乃其俗習於此觀游，厥有善泅之徒，競作弄潮之獻，以父母所生之遺體，投魚龍不測之深淵，自爲矜誇，時或沈溺。精魄永淪於泉下，妻孥望哭於水濱。生也有涯，盍終於天命，死而不弔，重棄於人倫。推予不忍之心，伸爾無窮之戒。所有今年觀潮並依常例，其軍人百姓輒敢弄潮，必行科罰。

〔遣□□□〕祭東海神文　元闕名

兩儀判位，幽明有秩。各執厥司，以效天職。潮失故道，逼於鹽官。有司□防，民力既□。神職或□，孽邪爲害。浙郡多水，恐就淪敗。民實何辜，不德在予。相臣亦言，交修用孚。□敕中外，悉智展力。相爾有神，聿厎寧一。我土既同，民生奠安。六府修治，報祀萬年。

按：此爲元朝皇帝遣使者祭東海神之祭文，失年。

遣孟瑛祭東海神文　永樂十六年明成祖

皇帝遣保定侯孟瑛、禮部侍郎易英諭祭於東海之神曰：『比者，浙江屢奏潮水瀰漫，衝突堤岸，決裂土田，蕩毁廬舍，彼民父母妻子惶惶，無棲仰止，歲築堤防，辛勤勞瘁，不獲休息。朕軫念民艱，夙夜匪寧，維神受上帝命，職司東海。浙之民，皆上帝所育，上帝好生而惡死，福善而禍淫。神宜體上帝好生之心，陰垂休庇，俾水患消弭，民得以安生樂業，歲獲豐稔，永享太平之福，斯朕不負上帝所託，而神亦不失彼民父母妻子之望。惟神其勉之！』

國朝

祀海文

許三禮

東南之區,有大海焉。厥名歸墟,實維神靈奠安是職,而百川于焉效順,萬灶藉以寧居。有杭之郡,邑著海寧,義取鰲極永恬、鯨波不興也。而捍患禦灾,歷世有人。或則先勞以爲崇障,或則呼號以竭精誠。某躬不敏,忝宰是邑。當兹夏應林鍾,洪濤入灘,沙衝土坼,皇皇四境,卧不貼蓆。洛爾陽侯,民亦勞止,曷震怒之是息耶?豈爾民之幸,民則何知?抑司牧者之責耶?静言思之,曷勝踧踖。或曰潮大逼塘,文運之亨,然而得時則駕,以惠我人。伊文瀾之呈祥,曷既和而且平。爰潔牲醪,敢告尊神,捍沙無頽,司潮不驚。俾我民兮,爰居爰處。惠無疆兮,乃安乃貞。

告潮神文

章藻功

惟神一則志存覆楚,一則術在謀吴,幸爾成功,同焉賜死,有若忠誠所激,視以如歸,宜其讎怨相哀,持之而去。前麾浪涌,後逐潮奔。怒號則山嶽俱摧,聲震則風雲立變。抒兩間之積忿,泄萬古之沈冤。誰云千里驚濤,我見一腔熱血。獨是天河之所激涌,地機之所翕張。至卯酉之月,而陰陽交;過朔望之日,而陰陽變。往來自有定期,出入可無至信。今則春秋冬夏,不辨四時;滿損盛衰,不分一月。而車還是素,濤却如銀,矗海水於半空,倒江波於三折。傾頽塘岸,居民廑魚鱉之憂;漂落田廬,農父乞蜉蝣之命。問鐵幢之已廢,訝木石之難堪。仰惟神所憑依,豈必天之降罰也。或者謂百川之血脉使然，非二公之精靈是主。何以曹娥、揚子曾無屹立千尋，而浙水、錢塘偏是横飛十丈？或者謂左龕右赭夾以成潮，非前伍後文怒而作勢。何以兩山具在平時之出没有常，而一載以來此處之沸騰不歇？嗚呼！威靈丕振，即教地仄天回；憤恨難平，漫説水乾海老。偶而呼吸，儼若懷襄，但長不消，自朝又夕。人以神兮攸賴，神於人也何尤。伊昔錢鏐，挽强有力；比來竇達，密咒多慈。如藻功者，請申四六之文辭，不比尋常之祈禱。衡雲開處，端爲韓公；海市見時，厥由蘇子。恃高深之陵谷，水可能飛；得光燄之文章，川何難障。伏惟明察，少靖餘威，知世機原等於逝波，而民事相安於樂土。俾由公而遂及，爰有我私假。使天之可貪，敢爲己力。非然者，後潮重水，實自傳聞。怒雪狂雷，何關主宰。則聰明正直，既經享祀千秋；水旱灾荒，那不痌瘝百姓。或達之於天事，或訴之於海神。嗚呼！諒不至犯大王以逆心，聽諛臣而抉眼者也。

校勘記

[一]《敕修兩浙海塘通志》「江」作「天」。

[二]《敕修兩浙海塘通志》「年」作「載」。

[三]《敕修兩浙海塘通志》「土」作「負」。

[四]《敕修兩浙海塘通志》「按」作「案」。

[五]《敕修兩浙海塘通志》「成」作「臣」。

[六]《敕修兩浙海塘通志》「錢塘」作「錢塘江塘」。

[七]《敕修兩浙海塘通志》「不聞有築者」作「不聞有築之者」。

[八]《敕修兩浙海塘通志》「七」作「八」。

[九]《敕修兩浙海塘通志》「地」作「堤」。

[一〇]《敕修兩浙海塘通志》無「爲」字。

〔一一〕《敕修兩浙海塘通志》「捍」作「幹」。
〔一二〕《敕修兩浙海塘通志》「夫數百里之海面」作「夫以數百里之海面」。
〔一三〕《敕修兩浙海塘通志》「皆當事爲之徬徨而籌度」作「皆當事爲之徬徨而籌度者」。
〔一四〕《敕修兩浙海塘通志》「於」作「爲」。
〔一五〕《敕修兩浙海塘通志》「潰決」作「崩潰」。
〔一六〕《敕修兩浙海塘通志》「居邑」作「民居」。
〔一七〕《敕修兩浙海塘通志》「決」作「崩」。
〔一八〕《敕修兩浙海塘通志》「決」作「崩」。
〔一九〕《敕修兩浙海塘通志》「決」作「崩」。
〔二〇〕《敕修兩浙海塘通志》「潰」作「崩」。
〔二一〕《敕修兩浙海塘通志》「決」作「崩」。
〔二二〕《敕修兩浙海塘通志》「弘」作「宏」。
〔二三〕《敕修兩浙海塘通志》「所」作「可」。
〔二四〕《敕修兩浙海塘通志》「決」作「崩」。
〔二五〕《敕修兩浙海塘通志》「衝決」作「崩摧」。
〔二六〕《敕修兩浙海塘通志》「圖們岱爾」作「禿滿迭兒」。
〔二七〕《敕修兩浙海塘通志》「李嘉努」作「李家那」。
〔二八〕《敕修兩浙海塘通志》「納木喀巴勒」作「南哥班」。
〔二九〕《敕修兩浙海塘通志》「乃命杭、嘉、湖三府官轉輓木石物用」作「乃命杭、嘉、湖三府官屬轉輓木石物用」。
〔三〇〕《敕修兩浙海塘通志》「府憲」作「憲府」。
〔三一〕《敕修兩浙海塘通志》「專」作「耑」。
〔三二〕《敕修兩浙海塘通志》「李嘉努」作「李家那」。
〔三三〕《敕修兩浙海塘通志》「坍」作「崩」。

[三四]《敕修兩浙海塘通志》「潰」作「崩」。

[三五]《敕修兩浙海塘通志》「乃斷爲大櫃」作「乃斷木爲大櫃」。

[三六]《敕修兩浙海塘通志》「此小石爲大石法也」作「此化小石爲大石法也」。

[三七]《敕修兩浙海塘通志》「良法不可更歟」作「果良法不可更歟」。

[三八]中華書局本《白居易集》卷四十題作《祭浙江文》。

[三九]中華書局本《白居易集》卷四十《祭浙江文》「夫」作「大」。

[四〇]中華書局本《白居易集》卷四十《祭浙江文》「屢」作「屬」。

[四一]中華書局本《白居易集》卷四十《祭浙江文》「摧」作「崩」。

[四二]中華書局本《白居易集》卷四十《祭浙江文》後有「尚饗」二字。

欽定四庫全書海塘録　卷二十二　藝文五

序

海潮賦後序

唐盧肇

夫以濬樞顯視，周四七而成文；玉琯潛聆，載十二而分統。肇有憑翼，生乎象先。雖迷放屬之源，終識踆躔之數。是以迎推洞乎三合，分至貞乎四禽。既測洪荒，瞭分清濁。於是九圍所沓，必揆於靈臺；萬古無差，可徵於幽贊。且彤車白馬，先命羲和；紫極黄龍，次分甘石。雖東流不溢，天問猶疑，而北户承陽，地維何隱。稽夫孺氏之業也。莫不咸思蟻轉，盡愧雞如。安可命曰三靈，或迷其二大。愚以始聞方數，則揆玄黄。亦嘗以大寶酬嘲，敢云早惠。既不用蛉膠習戲，自鄙童心。及竊譽思中，拘塵長者。執經堂奥，避席嚴師。自悟牖間，媿非胡廣；頻依廡下，虚感伯通。而日月居諸，榆槐屢改。管窺之心妄切，瞽史之學難修。而又爛額焦頭，方思馬褐；捉襟見肘，久困牛衣。颯垂領以若驚，顧生髀而增嘆。信天人之際，難可究思；考經緯之文，固有宗旨。竊以海潮之事，代或迷之。今於賦中，盡抉疑滯。輒依洛下閎、張平子、何承天等以渾天爲法，水與地居其半，日月繞乎其下，以證夫激而成潮之理。并納華夷郡國，環以二十八宿，黄道所交及。立北極爲上規，南極爲下規。

以正乎日月之所由升降，其理昭然可辨，謂之潮圖。施諸粉繢，庶將無闕。緬螢囊之已久，撫魚網而多慚。敢避識者之譏，固受不知之罪云耳。

海潮圖序

宋 俞安道

古之言潮者多矣！或言如槖籥翕張，或言如人氣呼吸，或言海鰌出處，皆無經據。唐世盧肇著《海潮賦》，以爲日入海而潮生，月離日而潮大，自謂『極天人之倫，世莫敢非』。予嘗東至海門，南至武山，旦夕候潮之進退，弦望視潮之消息，乃知盧氏之談，出於胸臆，所謂蓋有不知而作者也。夫陽燧取火於日，陰鑑取水於月，從其類也。潮之漲退，海非增減，蓋月之所臨，則水往從之。日月右轉，而天左旋，一日一周，臨於四極，故月臨卯酉則水漲乎東西，月臨子午則潮平乎南北。彼竭此盈，從來不絕，皆繫于月，不繫于日。何以知其然乎？夫晝夜之運，日東行一度，月行十三度有奇，故太陰西没之期，常緩於日三刻有奇。潮之日緩其期，率亦如是。自朔至望，亦緩一夜。潮自望至晦，復緩一晝。潮若因日之入海激而爲潮，則何故緩不及期常三刻有奇乎？肇又謂：『月去日遠，其潮乃大。合朔之際，潮始微絶。』此固不知潮之準也。夫朔望前後，月行差疾，故晦前三日，潮勢稍長，朔後三日，潮勢極大。望亦如之，非謂遠於日也。月弦之際，其行差遲，故潮之去來亦合沓不盡，非謂近於日也。盈虛消息，一視於月，陰陽之所以分也。春夏晝潮常大，秋冬夜潮常大，蓋春爲陽，中秋爲陰，中歲之有春秋，猶月之有朔望也。故潮之極漲，常在春秋之中；濤之極大，常在朔望之後。此又天地之常數也。昔竇氏爲記，以爲潮虛于午，此候於東海者也。近燕公著論，以爲潮生于子，此測於南海者也。又嘗聞于海賈云『潮生東南』，此乘舟候潮而進退者耳。古今之説，以爲地缺東南，水歸之，海賈云潮生東南亦近之矣。今通二海之盈縮以誌其期，西北二海所未嘗見，故闕而不紀。云候於海門月加卯而潮平者，日月合朔，則旦而平緩三刻有奇，上弦則午而平。望已前爲晝潮，望已後爲夜潮。此皆臨海之候也。遠海之處，則各有遠近之期。月加酉而潮平者，日月合朔則日入而潮平，上弦則半夜而平，望則明日之旦而平。望已前爲夜潮，望已後爲晝潮。此東海之潮候也。又嘗候於武山廣州月加午而潮平者，日月合朔則午而潮平，上弦則日入而平，望則夜半而平。上弦已前爲晝潮，上弦已後爲夜潮。月加子而潮平者，日月合朔則夜半而潮平。上弦則日出而平，望則午而平。上弦已前爲夜潮，上弦已後爲晝潮。此南海之潮候也。

送鄭景望赴國子丞詩序

宋薛季宣

淛之江，灘而委長，有山焉截乎江之口。其潮也，尾閭盈而濆瀑，海水溢而群飛。回江之波，倒流而反觸於山。其濤怒衝乎灘，其波激委之至也遠，其爲憤也滀。奔騰汹汹，洄潏藏昂，驟蹙而軒，乍旋而入，佇盈淵谷，前無高岸，一川矗立，突如來如，屹如銀山，奔如陳馬，轟如雷鼓，激如搏鵬。子胥奔躍于濤頭，文種昌揚其暗浪。雖共工氏折不周之柱，左伯母彈恒山之目，拔山如項羽，驅石若始皇，未足以擬其壯。天河裂，龍門發，吕梁泄，分防決，淮堤撤，猶不得形模其彷彿也。操舟者，逆而取之，順而方之，呼吸之中，恬然已無事矣。濤之力也有既，故吴兒可狎而弄；其去也有時，故行人可厲而涉走。嘗聞諸濱江之老叟曰：『江之産有煩苛，其涉有陷沙。煩苛，豸也，蠔蟹比也，形如飄瓦。呀呻衆多，狎者遭焉，則著身而不寘。沙之雜也，多淖，則人之履踐不實涉者，俄而陷溺則僵爲汐之濫。』君子者曰：『操舟者子，其神乎？憑乎虚舟，凌乎巨浪，逆而取之，不害其爲正，順而方之，不害吾之止。故雖潮水掀天，而吾不爲之蕩；横流溢壑，而吾不爲之撓。持危涉險，亶默而成之，其視涉者，吴兒爲有全安之數矣。』子鄭子，一鄉之望，其赴國子丞也，固當爲時世用，鄉人又將儀之。夫國子清官，子鄭子和而不流者也。既清且和，利用安身而崇德矣。其行也，必將問津於浙，走期之以舟檝之利，琢詩爲贈且序。陷沙煩苛之説，所聞於父老者而冠諸篇端。

城海寧州詩序

元貢師泰

海寧，故鹽官縣，入國朝以户衆陞爲州。其後，又以潮决南岸，州將盡入於海，民吏驚懼，捍以數郡之力，而决猶不止。朝廷遣使投璧沈馬而祝祭之，幸得寧，遂改今名。大抵境内地下漳沮洳高者，又皆沙土，故城址漫無存者。至正十九年，江浙分有檄左右司都事陳君元龍相其地勢，而興築焉。君至，則下令聽民自定其力之上下，以均其徭，有不實輒治之，并以坐吏。於是，奸豪慴服，貧懦感德，小大相勸，萬手並作，不數月而堅壁高壘，屹然爲東南保障矣。

海寧水利圖志序

明嚴寛

惟王建國，設官凡以爲民焉耳矣。民事曷重？曰有本。曷先？曰有要。本者何？田里樹藝之謂也。要者何？水泉灌溉之謂也。是故蒸民乃粒，稷德惟懋，而地平天成，禹功實開之，此固當務之急也。三代而下，罔知貴本親要，疏鑿之説，雖幸有存焉，或失則誣，或失則陋，或失則勞，或失則逸。噫！弊也久矣！又何異乎治之不古若耶。惟我藩臬朱公，欽若明命，總諸水政於南甸、於浙之東西，爰檄郡縣，有司百執事，各繪山川形勢上之，將以講求水利之源流，與凡興修之利害，勒爲成書，以嘉惠萬世。甚盛心也，下吏寬竊禄海寧，愧初政罔若有知，惴惴焉，惟無以仰承，是懼於時，延訪於時，探索於時，履歷考詳，數越月亦既得其概矣。敢不綴聞輯見以獻。竊惟海寧，古鹽官縣也。按《志》，海逼縣南，由鎮海門出里許，以石堤捍潮曰海塘。北自拱辰門，達於仁和，曰上塘。東至宣德門，達於運河，曰下塘。其流旁通四境，中間爲湖、爲蕩、爲瀦、爲溝洫、爲遂、爲渠、爲川、爲涇、爲漊、爲浜，未易悉數，皆蓄泄之支流耳。關於一縣之利害者，三河其選也。第其緩急，則又不能無頡頏之差焉。是故海塘爲要，上塘次之，下塘又次之。蓋緣地勢高阜，俯視蘇、湖，使海水捍禦不嚴，則東南膏腴之地盡爲斥鹵。昔人築堤以捍之，其慮周餙有如此者。邇來，怒濤衝激，歲益以甚，相去城河近不百步耳。此利害之關於數郡者，故曰爲要。上塘之水，發源于杭之西山，北由吴家堰，東抵長安壩，以泄于運河。近來，西湖占塞，而水之來也有限矣；家堰坍損，而水之去也無節。矧自許場達於縣治，幾七十里許，地高河窄，容畜無幾。舊《志》垻筒十有三處，澇則泄，旱則固，所以節宣之也。今則傾圮殆盡，無復存者。此利害之關於一方者，故曰次之。下塘河其支有二，東由袁花，歷海鹽，抵白茆港，以入於海，北由郭店，浮於蘇、常，由孟子河、京口閘以入於江，源遠流長，非大旱澇可以無慮。惟近城十里，地名曰轉塘者，河淺不足以爲容，塘小不足以爲衛，涸舟没路之患，間亦不免焉耳。此利害之關於一時者，故曰又次之。議者謂浚河之土，以加于塘，則河深而水聚，塘高而行便矣。此固《周禮》因地勢、水勢之説，在因時處分而已矣。固不敢重遺當道者憂也。惟上塘之役，工力頗繁，使驗丁出力，則富豪者或以計免，而荷畚興嗟者，類皆無田之民。今欲通力于兩岸食利之家，庶合逸道使民之旨，而垻筒之制，要當易以石閘，信非捐費公帑不可耳。矧西湖曲防于富家吴家堰，屬藉於鄰縣，尤非下吏寬卑劣所得專焉者，幸惟我公率作興事，計處之下，奉以周旋，則亦奚爲不可。至於海水潮汐，世爲邑患，則又有甚焉者矣。考之石堤之築，創於唐，添設於宋元，增修於我國朝，皆以數郡財力始克有濟。正以據蘇、常之上流，爲嘉、湖之鎖鑰，各與有責，故均任其勞耳。邇者，海勢南奔，乃悉一方之民以治之，東興西廢，財竭力疲，惟明公處助，始克底績。迄今，海沙潮長，雖天幸亦人力也。但潮汐潰決無常，而一邑財力有限。每遇興修，則上下移文動以旬月計，卒之損者決，決者廢，計定而後行，所損亦已多矣。識者欲準海鹽事例，歲儲均徭役銀若干，以備修築，則百姓免興作之勞，而官府省文移之廢，未爲無見也。明公存心天下，加志窮民，况通融處分，具又在我果采而行之乎！苟行之，一舉手一投足之勞耳。明公何吝焉？寬也學不足以識古，才不足以通今，按圖或乖于時宜，道謀或主于偏見。若夫通其志不違其欲，齊其政不易其宜，立言立功，以垂永久，顧明公酌處何如耳。若曰『下吏之言，爲必可行也』，則寬豈敢。

海塘工竣序

明　沈懋孝

浙西屬邑，在海壖者二十餘城，獨鹽官之城去海甚近。海外秦駐諸山，箕列囊束，吞納巨洋之水，地勢窄而湍回急，潮汐遂上，其勢獨險，異於他處。夏秋間，時有颶風，先數十夜有聲，潮乘風沸蕩排擊[二]，不一瞬間，室廬、物産、人畜立盡，此捍海石塘所由設。而塘在鹽官，屢築屢潰，常先爲東南患所從來矣。萬曆三年五月晦，鹽官海溢，中夜風雨挾潮以上，勢高於城，幸而返風乃定。於是，捍海之塘盡破，塘石漂入海者無算。始議修築，謂歷十餘稔，費數百萬緡，未有已也。會中丞徐公始至，經度工事，藩伯舒公素以才望視河徐、沛間，膺簡任守浙之西，遂相中丞經兹大役。凡石塘之創建、修築幾三千丈，内爲土塘，以附石塘，又疏内河以防衝決。始於萬曆四年七月，至五年九月訖工，其費僅踰十萬。於是，嘉興太守黄君率其僚與其屬，紀公之功，屬言於余。予惟天下有三大防：疆圉之吏，在守邊防[二]；轉漕之吏，在守河防[三]；東南守土之吏，守在海防。此三防者，天子之守也。河之防疏塞，非若海之不可以負薪捧土而下之楗也。邊陲飄忽，震撼鋒鋭固甚，然其來有候，其去有形。乃海之患，豈人力禁禦之者哉？故塘之捍海，其備甚於邊墻，急於河堤。萬一塘未及成，成不若是速，東南數十郡漂没淹蕪之患，豈可勝道！故稱禹之明德遠矣。吾與爾正冠、整袵，弁而哦日夕者，誰之賜哉？嘗推公之功，不在防河、防邊下者，非諛也！公敏達精練，年力方剛，剔歷内外久，嘗一爲典屬國，具知邊瑣，再爲治河使者，有績河漕，今又施之捍海，天下有三大防，公策之審矣。日者登樞，鉉參大政，亦以治河、治海之道施之籌邊，何異垣之於牛，臯之於馬也。不佞揚吐，而樂言之。

國朝

海塘節略總序

朱定元

郭璞所註《山海經》云：『水出歙縣玉山，過建德，合婺溪，至富春爲浙江，入於海。』盧肇曰：『浙者，折也，潮出海，屈折而倒流也。總之，四海皆有潮，獨浙江潮與江水鬭激，亘若山嶽[四]，奮如雷霆，雪浪横飛，銀濤旁射，縱無風雨，潮頭震撼，塘多潰卸。再加海風助虐，時雨添威，人其爲魚，田將爲壑。』宋唐迄今，代廑宸慮，然則浙江潮患[五]，又以海寧爲最。蓋以寧城南門不數武即濱大海，全賴塘堤保障，而寧塘又居杭、嘉、湖、蘇、常等府上游，測水平者謂長安壩底與吴江塔頂相平，保海寧即所以保嘉、湖七府，此所以浙省以海塘爲首務也。塘長百餘里，皆係活土浮沙，東自尖山，西至仁和界翁家埠，綿聯曲折。塘之外爲北大亹，約濶三十餘里，有河莊山爲界。河莊之南，爲中小亹，約濶八里，有赭山爲界。赭山之南，爲南大亹，約濶三十餘里，有紹郡之龕山爲界。水若由中小亹爲出入[六]，當適中之地，杭、紹兩府皆慶安瀾。第中亹地面窄小，難以容納江潮，且山根餘氣，似隱相聯絡，偶通旋塞，所以不徙而南，即徙而北，徙南尚有龕、常等山捍衛，爲患猶輕，徙北僅借塘堤一綫，倘有潰溢，爲害甚鉅。康熙三十六年以前，水出中小亹，杭紹相安無事。迨至康熙四十二年，水勢北趨，寧城迤南之桑田漸成滄海。康熙五十四年，潮汐直逼塘根，寧邑南門之外，最爲受險，遂依舊式，捐措添修磈雜石塘三十丈[七]，此本朝興工修築之始也。康熙五十七、八兩年以後，寧城迤西之秧田廟、普兒兜及迤東之陳文港、念里亭，在在坍塌報險。時巡撫朱軾相度老鹽倉一帶，建築大石塘五百丈，過此迤西，土性虛浮，不能安石，又築草塘一千餘丈。此建築石草塘之原委也。嗣後，設立海防同知，歲加修治，殆無虛日。雍正六年，塘脚護沙冲刷殆盡，移至海中，堆起沙洲，挑溜直注，寧塘爲害愈烈，經督臣李衛題明，將已坍之工改建條石塘坦，復於險要處圈築草盤頭，以殺潮勢。此建築條石坦及草盤頭之原委也。雍正十年五月内，上游水發，又將西塘、觀音堂、翁家埠等處老沙洗盡，潮勢直逼内地。署撫臣王國棟題明，接築草塘二千餘丈，其地半屬海寧，半屬仁和。此又沿及仁邑修築工程之原委也。江潮日涌，工程愈急。雍正十一年，世宗憲皇帝特命内大臣海望同直督李衛赴浙相度機宜，添設海防兵備道，增置官兵，築土備塘一萬四千二百二十餘丈，加培附石土塘一萬餘丈，又因舊塘易於坍塌，年年修補，終非長策，議於尖山起至萬家閘止，改建大石塘一萬丈，永垂利賴，誠爲保固海疆至計。適值當事者專事開濬引河，堵塞尖山，遂將議建大工因循怠忽，並將舊有工程不加修理，以致雍正十三年六月初三日猝遇風潮，全塘潰決殆盡。經督撫大臣親率文武，疊石鑲柴，暫爲粘補，而塘身之單薄如故，坦水之潑卸如故，塘之裏身又係坑漊，一線殘堤，内外受險。是年九月二十三日，大學士嵇曾筠到浙總理塘工，凛遵世宗憲皇帝聖諭，循照歲修之例，先保舊塘以禦大汛，後修鉅工以垂永久。如幫築通塘土戧，擇險修砌塘身以及修補坦水，加鑲草塘，並建遶城石塘等工，於本年十月内奏陳，奉旨允行。即鳩工集料，分段興修，將舊存魂石危塘改建，修石塘一千一十餘丈，修整坦水八千四百四十餘丈，幫築土戧一萬三千九百餘丈，塘内坑漊，酌量填補，俱於雍正十三年冬開工，乾隆元年五月告竣。伏秋大汛，賴此無虞。元年冬，又將仁邑境内李家村、沈家盤頭，寧邑境内九里橋等處未幫土塘四千三百三十餘丈再行加築，俱於乾隆二年六月内完工。其海寧繞城石工五百五丈[八]，亦於元年八月内分委承築，於乾隆二年季夏報竣。至續估魚鱗石塘，稽曾筠抵工之始，見江海全勢，直逼北岸，實難臨水興工，議於舊塘後另度基址建築，業經奏允，惟是舊塘之後，綿亘一萬四千餘丈，需帑浩繁，爲日遲久。自上年春夏以來，仰賴我皇上福德隆盛，江海形勢漸向南趨，自李家村至尖山，中沙突起，聯成外障。至乾隆二年五、六月間，東西兩塘日夕漲沙，較比昔年形勢，不啻逕庭。稽曾筠審度水勢，因時制宜，議將舊塘基址圈築，越壩開槽釘樁，改建大工，謹遵世宗憲皇帝『不可那移寸步』之諭旨，以成一勞永逸之鉅工。元自元年八月初一日奉命，由分巡淮揚，調補海防兵備道，不辭勞瘁，奔走襄事，親受督臣指示石土工程並坦水作法，表裏完固，高堅足恃，外以障滄海之狂瀾，内以保桑田之物産，近以拯一邑之墊危，遠以捍三吴之沮洳，上以裕國家之經賦，下以蕃生民之稼穡。塘工一成，朝野交賴。元雖衰經奔馳，奔喪旋里，亦與吴越人民共慶平成也矣。

杭志三詰三誤辨序

毛奇齡

杭州繁麗甲闔宇，祇嫌其地陿，袤而不廣，僅可以舒足，而不能横肱。每求其故，則以江湖夾束之無如何也。乃杭人士自言曰：『杭幾曾有地？』蹋其足而曰：『此曩時皆水也。』予怪之，詰之曰：『何？』曰：『子不聞劉道真《錢塘記》乎？其言曰：「錢塘故西部都尉治武林山。」武林山即靈隱山也。而酈道元《水經注》即曰：「浙江又東，逕靈隱山，山下有錢塘故縣，江水逕其南。」是自靈隱山以至江口，皆浙江水也。其中雖有金牛湖今名西湖，而與是江相混沌，合而不隔。然且《史記》亦云：「秦始皇東游至錢塘，臨浙江，水波惡，乃西百二十里，從狹中渡。」徐廣註曰：「蓋餘杭也。」而酈道元《水經注》即云：「秦始皇三十七年，將遊會稽，至錢塘，臨浙江所不能渡，故道餘杭之西津也。」則是江水汪洋無所托足，至紆道餘杭以渡會稽。其無尺寸土亦已明矣！又且《錢塘記》曰：「臨平湖上通浦陽江，下注浙江，名曰東江。」而《水經注》即云：「浙江又東，合臨平湖，湖上通浦陽江，下注浙江，名曰東江，行旅所從以出浙江者也。」夫臨平湖，在錢塘東北五十餘里，而江水合之，然且上通浙江之浦陽，而下注江水，則撞塘湔湃，一望百餘里，連爲巨浸，安能有地？此不知在隋唐以後，延至何時，始得藉人力銲錮畚臿，始有此土。故舊志皆云錢塘故城在靈隱山下。今之平陸，昔時皆江。此實録非虚語也。信然，則杭直無地矣！』予往不喜聞此言。夫人力有限，隋唐男女定無能斷鼇足，唧西山木石，奪巨浸爲平地之理。且即此《錢塘記》其載錢塘立名，始於漢議曹華信出私錢，以謾致土石，實創爲此塘。雖錢塘立名不在乎此，然其事則固有之也。夫祇築尋丈之塘，而漢晋及今即已相傳爲必不可再之盛事，豈有靈隱山下延至江口二三十里皆汪洋大水，而可以人力畚臿之者？且此議曹築塘者，爲捍地也。無地而有水，將以何捍？豈欲捍此緣江山耶？又前此趙宋《咸淳志》載杭所得名，謂：『夏禹治水，將會諸侯于會稽，至此地，舍航而登陸，故名禹航，杭即航也。』又《淳祐臨安志》謂：『《釋文》云：「唐者，途也。」所以取途達浙江者，其地有籛氏居之。籛，古錢字，因以爲名。』雖其説俱不可信，然在大禹時亦云有陸有途矣。且西湖名金牛湖，在漢時有之。舊志海寧有金牛山、金牛洞，與此湖皆以見金牛之瑞得名。而山名所始，《寰宇記》以爲在吴楚之間，則其來舊矣。向使江與湖合，則一江浦耳，安能漢初到今專以湖名。凡此皆蓄疑有年，鬱不得泄。夫酈〔道〕元北魏人，其作《水經注》自大江以南，一往訛錯，世能言之，而劉道真在劉宋文帝時，曾令此鄉，豈有漫無所考據，而憑虚作是言者？此中之誤，當必有故焉，而不能發也。康熙三十年，予以醫痹僦杭州。客有持《神州》一書相諮詢者，予乃發其誤，并翻漢魏六代諸史志，作三日課。因自拓其冠曰：『快矣哉！天下書之不足信，盡如是矣。』乃稍據舊志，抉前人致誤所由，作三詰三誤辨，以佐閲志者拓冠之助。

跋

李嵩觀潮圖跋

明 張寧

四海惟浙江潮最險，雖勇悍强厲如秦始皇，猶畏從峽中渡。宋自慶曆以來，杭海屢溢。嘉定中，潮冲鹽官，平野二十餘里，外論皆以畿甸切近爲憂。當時，每遇潮盛，候傾宫出觀，顧反以爲太平樂事。張思廉與二揚所題，皆謂李嵩之畫。嵩本錢唐人，歷光、寧、理三朝，畫院待詔，出於目擊，丹青藻繪，宜有浮於世景者。今所畫，略無内家人物、儀衛、供帳，與吴俗文身戲水之流，唯空垣虚樹，烟樹凄迷，平波遠山，上下與帆檣相映而已。披閲中欲使人心目遲回，有感慨弔惜之懷，無追攀壯浪之想。嵩意匠經營，情留象外，豈亦逆見將來預存後鑒耶？杜子美詩曰：『江頭宫殿鎖千門，細柳新蒲爲誰緑。』殆爲此圖題咏也！

記

石堤記　宋丁寶臣

江介吴越間，杭據其右，而地勢下。生聚數十萬，廬舍隱鄰，號天下最盛，而歲苦海潮爲患。於夏秋尤暴，常與堤平，城中望堤不數百步，其勢反在高仰處，不幸一壅而潰[九]，其猶決山而注於井，沛然其可禦哉？故其病於民也，數矣！初景祐中，轉運使張公伯起善爲捍禦之策，謂故堤率薪土雜治，不一、二歲輒壞，雖勤繕構，卒不足恃而重勞吾民。乃作石堤袤一十二里，民賴以安。後七年夏六月，大風驅潮，晝夜不落，勢益湍怒，堤之土石嚙去殆半。時知府翰林楊公偕轉運使田公瑜急議構築，條上方略，約工四十萬計。及籍吏之可使者以驛聞，詔以堤事付，兼命通判、屯田錢君尚、余君貫，兵馬都監、閤門祗候杜君正平，分董其役，發江、淮南、二浙、福建之兵，調十縣丁壯合五千人，輂石於山，畚土於邱，持鍤節杵之役，相屬於數十里之外，方苦盛寒，無一告勞者。是歲冬十二月，新堤成。用人之力三十萬，減元調度一十萬，費又乘其羨盈[一〇]，並畜護治之[一一]。備堤長二千二百丈，崇五仞，廣四丈。自龍山距官浦二千丈，修舊而成，增石五版，爲三十級。自御香亭下創爲二百丈，石堅土厚，相爲膠固，殺上而方下，外强而内實，形勢遂安，可恃而無恐矣。最堅悍激處，更爲竹絡實以小石，布其下及圓折其岸勢，務以分殺水怒，大率究前之謀所未盡者，益以新意而爲之也。是堤也，由伯起開厥初，二公克厥終，合而成績，以爲萬世利。後之爲政者，其念前人之勤，俾勿壞，則斯民無窮之賜也。《春秋》之義有濟於民者志之，某預見本末，不敢無紀云。

錢塘觀潮記

宋吳儆

錢塘江潮視天下爲獨大，然至八月既望，觀者特盛。弄潮之人，率常先一月立幟通衢，書其名氏以自表。市井之人，相與裒金帛張飲。其至觀潮日，會江上視登潮之高下者，次第給與之。潮至海門，與山争勢，其聲震地，弄潮之人，解衣露體，各執其物，搴旗張蓋，吹笛鳴鉦，若無所挾持，徒手而群附者，以次成列。潮益近，聲益震，前駈如山，絶江而上，觀者震掉不自禁。弄潮之人方且賈勇争進者，有一躍而登出乎衆人之上者，有隨波逐流與之上下者。潮退，策勳一躍而登出乎衆人之上者，率常醉飽自得，且厚持金帛以歸，志氣揚揚，市井之人甚寵羡之。其隨波上下者，亦以次受金帛飲食之賞。有士人者雅善士，一旦移於習俗之所寵，心顧樂之，然畏其徒議己。且一躍而上與隨波上下者，有時而沈溺也，隱其身於衆人之後，一能出其首於平波之間，則急隱而退，亦預金帛飲食之賞，而終無沈溺不測之患。其鄉人號爲最善弄潮者。久之，海神若怒曰：『錢塘之潮，天下之至大而不可犯者。顧今嗜利之徒，娛弄以徼利，獨不污我潮乎？』乃下令水府懲治禁絶。之前以弄潮致厚利者頗溺死，自是始無敢有弄潮者。

重築障海塘記

明張寧

海寧，古鹽官，瀕海，南上可百里有山名赭，赭南有遠山對峙如門[二]，是爲浙江受潮之口。歲久，泝洄渟滀，赭涘出灘，若賭則口隘潮束[三]，仄擊於鹽官隈岸[四]。宋嘉定中，潮汐衝鹽官平野二十餘里。史謂『海失故道』，有由也。成化十三年二月，海寧縣潮水横濫，衝圮堤塘，逼盪城邑，轉盼曳趾，頃一決數仞，祠廟、廬舍、器物淪陷略盡，郛不及半里，軍民翹惴奔竄，皆重足以待。縣上其事於府，府守陳讓上其事於欽差鎮守太監李義[一五]、巡按監察禦史侶鐘，二公以所上事詢諸三司。布政使杜謙、按察使楊暄又以二公命，各詢其佐，參政李嗣、副使端宏、參議盧雍、僉事梁昉咸集厥地，周視翕謀，區畫會計，相與祭於神，具以成業託分巡僉事錢山曰：『君宜任重，有所給乏從革，惟君自處。』公乃躬履原隰，量材度宜，命杭、嘉、湖興官屬[一六]，因地順民，採石於臨平、安吉諸山，物用林積，舟楫轉挽，蔽河而至。分命把總指揮李昭、通判何某兼總工役。初用漢楗組，不就，乃斲木爲大櫃，編竹爲長絡，引而下之，泛濫稍定。人知有成勢，皆奮力趨事。又作副堤十里衛灌河，以防泄鹵之害。義聲倡道，富人爭自賑施[一七]。歲八月，塘成。適沙塗壅漲其外，公因增高培厚，覆實擣虛，使腹抗背負，屹成巨防，而海復故道矣。邑父老徵予文刻石。予念風濤漲溢[一八]，凡際海之區，無不間遇。至於衝決激射，惟浙江地勢爲常。自延祐及今，才百五十年，海已三變。雖曰氣數消長，未嘗不以人力定勝，但恐赭山之灘復出，沙塗之壅再去，後之繼任非人，文獻無考，則父老前日之憂，將或在其子孫也。文章非紀實不足以傳信，請詳述本末，凡有事者皆刻之碑陰。

重修海塘記

明 陳祖訓

寧邑歲不稔三年矣。今年有秋，士民相與誦乃粒功，則海波不揚，捍禦惟力，聖天子之軫恤、三台之謀猷、少府之拮据，俱不朽也。僉謀立石海上，以示永久。督撫陸公別有記，直指劉公屬訓記其事。邑城逼海，衝決不時，爲東南大患。宋元來，本朝築圮凡七見。其最大者，永樂中，役軍民夫十萬，騷動三年，費帑金十餘萬兩，遣保定侯孟、禮部侍郎易、本省南北參副各一員，董成之。神廟甲午[一九]，復大潰。直指彭公、邑令王公，費金錢巨萬，兩閲歲乃罷役。按邑西南，龕赭夾峙，南闕僅三里，北闕十有八里，潮從東方來，北闕直上，折入錢塘江。邇年沙漲，以千頃之濤，束而内之三里之口，扼咽不達，轉而噴薄。戊辰秋，狂颶乘之，怒波撼天，淼城籠屋，濱海億萬姓從樹杪浮木覓生活。此宋元以來，未經見之變，向來堤防，多滅没矣。當事者目擊心傷，屢經題請，特遴少府劉公莅其事。夫東南歲苦邊儲，公庾鮮贏羡，傾一邑之物力，百計捍之，隨成隨圮。蓋此塘東接海鹽，而鹽以石，此以土；鹽以四十里，此以百里；鹽以鹽場加額，資用不匱，而此爲無米之炊。用是玄圭難錫，誠有如督撫公奏議者。己巳秋，直指劉公夙駕臨之，檄下郡邑，額設協濟塘費銀，七萬歲得七百金[二〇]。三十年中乾没者凡幾，一旦聚而注之吾寧。且檄嘉湖兩府輔其不足，更不足則捐鍰金副之。寧邑億萬生命，衽席安之矣。公復輾然曰：『蠹不剔，則用不省。任不專，則事不立。』更殫心汰冗漁，而專倚任時，宣明旨以示策勵云。季春載功，役不及期，費不滿萬，而窞填痹峻，窄廣脆堅，一望百里之堤，坦蕩如砥，而胥溺之氓，咸登場圃而服菑畬。清晏之功[二一]，伊誰之力？是役也，計時則八閲月，計費則七千餘金。總理，則劉少府元瀚。協贊，則蔣邑令之焕。分任，則蔡把總國延、倪主薄維寬。工費自司道府協詳，撫、鹽、按三臺主之，是以民不勞而海患以息。訓不文，因桑梓之情，而具述之云爾。

國朝

重築捍海塘碑記　沈珩

今天子康熙甲辰秋八月，海寧捍海塘潰，勢浸淫無所砥，下流迄嘉、湖、常、蘇咸震危。總督趙公、巡撫朱公惻然爲民命國計憂，親巡閱，坐鄉之士大夫於堂，進其耆老於庭，諮詢周密，畫籌乃定，爰簡備兵熊公來督修，十一月堤垂成。是時，巡撫蔣公甫莅浙，輒復重軫厥灾，降檄敦勵，方略載新，於是植頹築虚，增卑補狹，堅者矻矻，隆者翼翼，度越於舊。觀備兵公之始來視海也，民老幼數萬環車泣，且曰：『是役也，費難工鉅任勞，可奈何？』公則慷慨誓曰：『吾奉天子命堅兹土[二二]，民溺則誰溺也？況督撫兩臺，至仁極德，廑爾民憂，設吾弛然畏難[二三]，辭鉅避勞，上貽兩臺之勤閔，而下諉咎於僚吏。縱得以具文報塞，詎吾志哉？』爰駐節躬畫，率興敏築，沉算潛計，殫精焦髮[二四]，始治役，覩浩浩湯湯[二五]，曰：『匪神曷佑，且必陳牲醴。』禱郭門而南，且呼且恫，果遏怒汛，乃利版築。僉曰：『神鑒格矣！』曰：『匪人曷集功？』即決口判列爲號，若散屬，若庶耆，分曹置監，靡長勿褒。其材若石楢、囤櫝、欂櫨、竹落[二六]，其工若礪鍜、畚鍤、防丁樁户各懋乃司，戊夜猶手降，教相諭答問，日命厨傳慰勞[二七]，罔弗激弗勵。僉曰：『人功修矣。』曰：『民勞勿恤，曷勸哉？』諸卒夫乏者賙，寒者絮，孱者餔糜，瘵疾者急鍼餌，人人忘勞死。僉曰：『民氣優且勸矣。』而公每念必惕然，勿忍瀆民力，捐橐金萬，司計必親，蠹蝕盡絶。故鳩庀罔漏，堤廣厚什半加舊。按寧塘歷唐宋元明，一罹厥灾，至乃淪山陷城，決地數十里[二八]，漂禾稼數郡。今當寧徬徨[二九]，公卿胼胝，費金錢幾百萬，徭役連十餘郡，歷歲時且十年或二十年猶未盡底績，甚不得已，而或徙民居以避之，或令方士用秘法鑄深沙鐵神、造浮圖，實以七寶珠玉爲厭勝之具，然訖不效，不亦計窮而術踈哉！所謂難與鉅與勞，今且什九倍昔，而上不靡帑[三〇]，下無困氓，千載之功，不日告成，然則常變會乎勢，安危係乎人，彼難與鉅與勞之倍昔勢也，其事半功倍，則人也。是魚腹之遺黎，得安堵而康食，俾之生全者，誰德也？陸沈之疆土，得井耕而土貢，予之奠麗者，誰力也？邑之人曰：『勿可忘。』士民乃請記之，以勒諸石，兹塘長鞏，功且不朽云。

修江塘記

張泰交

杭州，東南大都會也。而錢塘一江，世爲之患。蓋其流勢迅疾，異於他水，而海水上潮，經龕、赭二山，自廣入狹，逆江而西，與江水相激射，江不勝海，爲潮所却，怒號搏擊，山摧地拆，聲息燀赫，而仁、錢適當其衝，雖有神禹疏瀹，無所施功，故修塘以捍。漢以前無可考。按《武林志》，郡議曹華信議立塘以防海水，始募有能致土一斛者，予錢一千。人貪厚值，皆擔負而至，來者雲集。比至江上，詭云已不復用，皆棄土江濱而去，塘以之成。至梁開平間，再修于錢氏。宋大中祥符間，錢氏塘壞，轉運使陳堯佐築。然自武肅以來，率用薪土，屢築屢圮。景祐三年，俞獻卿知杭州，始鑿西山石作堤數十里，民用便之，下詔褒諭。四年，轉運使張夏作石堤十二里，因置捍江兵士五指揮採石修塘，隨損隨治，杭人德之，作廟堤上。此石塘之所由始也。然由元而明，捍江兵士不復設，事無專責，往往因循推委，至於坍塌而莫之惜，不得已而修之，大都苟且報完而已。故常有公私費財不止十萬，而潮患如故。今康熙三十八年，仁、錢二縣所修江塘，不踰年而潰。前撫趙公申喬時爲藩伯，請於前撫張公志棟，集浙之僚屬謀所以治之者。温州郡丞甘國奎議曰：『自宋景祐間築石塘，今將七百年，雖幾經斷續，而終賴石土以足恃。但荒石薄小，不耐衝突，且砌法亦未盡善。今欲圖久遠，必購巨石、選良工，每塘一丈用石一縱一横，嵌以油灰，鎔以鐵錠，深根堅杵，加築子塘以爲重障。俟其沙漲，可恃永久。』因繪圖以進。張公與前制府郭公世隆合疏以聞。下部即以甘丞領之。未幾，張公調江右，趙公撫浙，而郎方伯廷極適來，相與益勵其事，倡義首捐，士商繼之。期年而工已半，時予方視學江左。明年，趙公移撫南楚，而以予承乏兹土。予下車，亟至江上，觀所經營，則自六和塔迤西工程尚鉅。於是努力捐貲，期有成功，復自六和塔修至善龍嶺，開山路三百餘丈。又自嶺脚砌塘六十二丈至華光樓止。又善利院龍潭上有各郡山溪之水，奔滙於江掃望江門一帶而入海，海潮怒激，挾江流而上，捲刷徽塘，素稱險要。特築石磯，狀如偃月，使海濤噴薄而來者與磯相觸，不得直逼徽塘。即上流山溪之水，瀑瀉而下，遇磯回環，勢遂涣散，無復疾驅席捲之力。徽塘及望江門沿江一帶，烟火萬家，雉堞千尋，恃爲磐石砥柱矣！工既竣，客有謂予曰：『自明府下車以來，潮勢日減，此政尚寬和之所致也。使如曩者，驚濤泊天，晝夜再至，雖欲此塘觀成，其可得乎？明府之德，與此塘俱長矣！』予曰：『是何言哉！古云：「中國有聖人，則海不揚波。」方今治際隆平，幽明感格，百靈效順，必有陰相其成者，焉可誣也？』乃作廟江干，以祀潮神，使凡職司水府及生而有功江塘、没著靈異者，俱得憑爽於斯，享血食以捍民社，爲萬世無疆之休。是則予之志也。夫是役也，始於康熙辛巳初秋，竣於丙戌春月。共築石塘六百六十七丈，子塘八百九十五丈，共費銀五萬二千六百三兩有奇，皆出官斯土者及士商之所捐，未嘗派民間一錢一夫，故勒諸石，使後之君子得以考其終始，有所踵事焉。

雜著

七發節　漢枚乘

客曰：『將以八月之望，與諸侯遠方交游兄弟，並往觀濤乎廣陵之曲江。至則未見濤之形也，徒觀水力之所到，則恤然足以駭矣。觀其所駕軼者，所擢拔者，所揚汩者，所温汾者，所滌汔者，雖有心略辭給，固未能縷形其所由然也。怳兮忽兮，聊兮慓兮，混汩汩兮，忽兮慌兮，俶兮儻兮，浩瀇瀁兮，慌曠曠兮。秉意乎南山，通望乎東海。澒洞兮蒼天，極慮乎崖涘。流攬無窮，歸神日母。汩乘流而下降兮，或不知其所止。或紛紜其流折兮，忽繆往而不來。臨朱汜而遠逝兮，中虚煩而益怠。莫離散而發曙兮，内存心而自持。於是，澡概胸中，灑練五藏，澹澉手足，沫濯髮齒。揄棄恬怠，輸寫淟濁，分決狐疑，發皇耳目。當是之時，雖有淹病滯疾，猶將伸傴起躄，發瞽披聾而觀望之也，況直渺小煩懣，酲醲病酒之徒哉！故曰：發蒙解惑，不足以言也。』太子曰：『善，然則濤何氣哉？』客曰：『不記也，然聞於師曰，似神而非者三：疾雷聞百里；江水逆流，海水上潮；山出内雲，日夜不止。衍溢漂疾，波涌而濤起。其始起也，洪淋淋焉，若白鷺之下翔。其少進也，浩浩溰溰，如素車白馬帷蓋之張。其波涌而雲亂，擾擾焉如三軍之騰裝。其旁作而奔起也，飄飄焉如輕車之勒兵。六駕蛟龍，附從太白，純馳浩蜺，前後絡驛。顒顒卬卬，椐椐强强，莘莘將將。壁壘重堅，沓雜似軍行。訇隱匈磕，札盤涌裔，原不可當。觀其兩旁，則滂渤怫鬱，闇漠感突，上擊下律，有似勇壯之卒，突怒而無畏。蹈壁衝津，窮曲隨隈，踰岸出追。遇者死，當者壞。初發乎或圍之津涯，荄軫谷分。回翔青篾，銜枚檀桓。弭節伍子之山，通厲胥母之場。凌赤岸，彗扶桑，橫奔似雷行。誠奮厥武，如振如怒。沌沌渾渾，狀如奔馬。混混庵庵，聲如雷鼓。發怒屋沓，清升踰跇，侯波奮振，合戰於藉藉之口。鳥不及飛，魚不及回，獸不及走。紛紛翼翼，波涌雲亂，蕩取南山，背擊北岸，覆虧邱陵，平夷西畔。險險戲戲，沖壞陂池，決勝乃罷。瀄汩潺湲，披揚流灑。橫暴之極，魚鼈失勢，巔倒偃側，沈沈湲湲，蒲伏連延。神物怪疑，不可勝言，直使人踣焉，洄闇悽愴焉。此天下怪異詭觀也，太子能强起觀之乎？』太子曰：『僕病，未能也。』

書虛篇節　漢王充

傳言[三二]：吳王夫差殺伍子胥，煮之於鑊，乃以鴟夷橐投之於江。子胥恚恨，驅水爲濤，以溺殺人。今時會稽、丹徒大江、錢塘浙江，皆立子胥之廟，蓋欲慰其恨心，止其猛濤也。夫言吳王殺子胥，投之於江，實也；言其恨恚，驅水爲濤者，虛也。屈原懷恨自投湘江，湘江不爲濤；申徒狄蹈河而死，河水不爲濤。世人必曰：『屈原、申徒狄，不能勇猛，力怒不如子胥。』夫衛葅子路，而漢烹彭越，子胥勇猛不過子路、彭越，然二士不能發怒于鼎鑊之中，以烹湯葅汁瀋縱旁人，子胥亦自先入鑊，乃入江。在鑊中之時，其神安居，豈怯於鑊湯，勇於江水哉？何其怒氣前后不相副也？且投於江中，何江也？有丹徒大江，有錢塘浙江，有吳通陵江。或言投於丹徒大江，無濤。欲言投於錢塘浙江，浙江、山陰江、上虞江皆有濤，三江有濤，豈分橐中之體，散置三江中乎？人若恨恚也，仇讎未沒[三三]，子孫遺在，可也。今吳國已滅，夫差無類，吳爲會稽，立置太守，子胥之神，復何怨苦？爲濤不止，欲何求索？吳、越在時，分會稽郡，越治山陰，吳都今吳。餘暨以南，屬越；錢塘以北，屬吳。錢塘之江，兩國界也。山陰、上虞，在越界中。子胥入吳之江，爲濤當自上吳界中[三四]，何爲入越之地？怨恚吳王，發怒越江，違失道理。無神之驗也。且夫水難驅，而人易從也。生用筋力[三五]，没用精魂[三六]。子胥之生，不能從生人營衛其身，自令身死，斤力消絶，精魂飛散，安能爲濤？使子胥之類數百千人，乘船渡江，不能越水。一子胥之身，煮湯鑊之中，骨肉糜爛，成爲羹菹，何能有害也？俗語不實，成爲丹青；丹青之文，賢聖惑焉。天地之有百川也，猶人之有血脉也。血脉流行，泛揚動静，自有節度。百川亦然，其朝夕往來，猶人之呼吸氣出入也。天地之性，上古有之，經曰：『江、漢朝宗於海。』唐、虞之前也，其發海中之時，漾馳而已；入三江之中，殆小淺狹，水激沸起，故騰爲濤。廣陵曲江有濤，文人賦之。大江浩洋，曲江有濤，竟以隘狹也。吴殺其身，爲濤廣陵，子胥之神，竟無知也。溪谷之深，流者安洋，淺多沙石，激揚爲瀨。夫濤、瀨，一也。謂子胥爲濤，誰居溪谷爲瀨者乎？案濤入三江，岸灌沸涌[三七]，中央無聲。必以子胥爲濤，子胥之身，聚岸灌也[三八]？濤之起也，隨月盛衰，小大滿損不齊同。如子胥爲濤，子胥之怒，以月爲節也？三江時風，揚疾之波亦溺殺人。子胥之神，復爲風也？秦始皇渡湘水，遭風，問湘山何祠。左右對曰：『堯之女也。』始皇大怒，使刑徒三千人，伐湘山之樹而履之。夫謂子胥之神爲濤，猶謂二女之精爲風也。

七述節　宋晁補之

先生曰：江源所起，濫觴之墟，泓泓汪汪，不漏不虚，放而行之，冒於川渠，繚繞縈行，左挾越，右截吴，以散以敷，然後淫爲大江，以東合乎尾閭，而潮生焉。古今所論潮者，日月伏見之所爲也。嘗讀沌天之説曰：『地浮水中，天在水外。水之消息，坱圠無際。一闔一闢，若開天地。一呼一吸，若出元氣。』其始來也，若毛若綫，若帶若練，堂堂沓沓，合聚離散，須臾之間，千化萬變。其少進也，敲磕礰砿，石號木鳴，越岸包陵，在谷滿谷，在坑滿坑。其爲氣也，或呴或呀，或噫或嚱，瀰茫淼漫，澎濞沸渭，澒洞滉漾，渤潏滂沛，涵澹淋滲，潗濈淫泄，跳珠涌沫，百里紛會，沃焦蕩胸，汩母陵背，縱横絡繹，飄忽争逝，徐則按行，緩則就隊，連氛累祲，陽景朝昧，周天而旋，踰八萬里不知其所憩。於時，元冥收威，海若振吼，千溪萃立，萬浦却走，絶維摧軸，神母不守，左驅天吴，右拂九首，淵客拒扉，水夷潛牖，江神海豨，絶脰傷肘，陽侯馬銜，顛蹶前後。其爲象也，則紛紜參差，萬頃一迹，禹不能知，契不能識，承光露怪，不復潛匿，或駃而蹄，或森而戟，或美而旜，或張而翼。洶涌而奔，以沃海門，若土囊風怒驅屯雲，辟易而征，以擊西陵；如井陘戰酣出奇兵，宛兮改容若蓐收，素服駕白龍；忽兮當前如歸墟，泛溢浮五山，一北一追，一僨一起，突然而逝，餘勇未已。於時，吴兒獠工，引檣掛席，鐃鳴鼓動，去若飛鷁，風止雨息，江清海碧，此潮之大凡也。傳曰：『上善若水。』又曰：『水幾於道。』故古之人見大水必觀，善利萬物似仁，不畏强似勇，能方能圓似智，萬折必東似信。若是者，孺子欲聞乎？孺子曰：幾矣，先生之所陳，五事之上也。

潮蹟　朱中有

或問：『燕龍圖《潮論》，是耶？非乎？』答曰：『試與子於一溝之内觀之。引水滿溝，則其水必平。進於溝之半，累碎石爲齟齬，從上流傾水，勢必經齟齬而斗瀉於下，水之激涌，無怪也。燕公所謂灘者，水中沙也。錢塘海門之灘，亘二百里。夫水盈科而後進，潮水未及灘，則錢塘之江尚空空也。及既長，而冒之，自灘斗瀉入江。又江沙之漲，或東或西，無常地，潮爲沙岸所排，助其激涌，震天動地，峨峨而來。水之理也，曷足怪乎！愚所謂齟齬者，猶之灘耳。故錢塘潮候，率遲於定海者，定海平進，而錢塘必俟登灘而後至於江。其初來也，從浙江亭望之，僅若一綫，非潮小也，目力遠，所見微耳。漸近則漸大，非潮大也，所見漸近則漸大，固宜。及夫潮退，則或由灘中低處、或從灘兩尾，滔滔以至於海。蓋灘中高而兩頭漸低，高處適當錢塘之衝，其東稍低處，乃當錢青、曹娥二江所入之口。錢清江口灘最低，潮頭甚小，曹娥江口灘稍高於錢清，故潮頭差大。是説也，習于海道者莫不知之。』

或又問：『子之説，何如？』答曰：『欲知潮之物，必先識天地之間有元氣，有陰陽。元氣，猶太極也，絪緼兩間，希微而不可見。陰與陽，則生乎元氣者也。本之而生，亦能爲之病焉。何者爲病？常暘常雨是也。當陰陽二氣之極，則元氣不能勝。』又問答曰：『夫水，天地之血也。元氣有升降，氣之升降，血亦隨之，故一日之間潮汛再至，一月之間爲大汛者亦再，一歲之間爲大汛者二十四。元氣一歲間升降，爲節氣者亦二十四潮二十四汛隨之。此不易之理也。』又問答曰：『察於吾身而知之。一身之中，有元氣，有陰陽。元氣蓋所受以生者。既生矣，則血爲榮，氣爲衛，血爲陰，氣爲陽。周一生而不可見者，元氣之運，周流乎脉絡，而血乃隨之。一日之潮，凡再進退。一身之血，隨氣而進，晝夜未嘗息也。考之《素問難經脉候》，人一日一夜，凡一萬三千五百脉，行五十度爲一。一周漏水下百刻，榮衛行陽二十五度，行陰亦二十五度，故五十度復會於太陰寸口。人氣一晝夜之間，行陰行陽各二十五度。潮一晝夜隨元氣升降者，審矣！』又問答曰：『元氣一晝夜小升降，故一日之間潮凡再至。一月之間大升降，故十五日而易一。節以律管，候氣驗之，管之長短不同，某氣至，某管應。元氣升降有大小，審矣！天地之數奇而不齊者也。故月有小盡大盡，歲有一閏再閏，潮之爲大汛也，隨大小盡與閏亦未嘗差焉。驗潮之大小，莫若錢塘西興也。雖以朔望爲大汛之候，然晦前二三日，望前一二日，潮蓋有登閘者，或朔日、二日、三日、四日不登閘，至五日而始大；或自十五至二十不登閘，至二十一而始大。西興之閘，稍低於錢塘，或至二十三日潮亦登。此無差，節氣參差不齊，則潮亦爲之進退。如前所云，或攙前或落後，其大概固如是也。』又問曰：『或有非時而潮忽大，當汛而潮忽小者，何也？』答曰：『愚測之，審矣！非朔望正汛而大，或當汛而反小。蓋適遇巨風之順，則推之而來，後浪擁前，故忽大而且久不退。風逆則抑之而退，前浪遏後，故驟小而且久不進耳。』又問曰：『今夏之日，晝潮小，夜潮大。冬之日，晝潮大，夜潮小。俗所謂潮畏熱畏寒，是耶？非乎？』答曰：『潮畏熱畏寒，雖出俗説，實確論也。陰陽生乎元氣，至其極也，元氣有不勝焉。夏爲極陽，日昱乎晝，陽氣特甚。元氣雖升而爲至陽，所迫氣不得伸，故潮亦不得而遂。格之於物，以火爨鼎，水半於鼎，火氣既升，水從而涌，此元氣升而潮進之象也。於鼎之上，置鐵炙床，熾炭其上，則涌水爲火所熇而復下。此潮當進，而元氣爲至陽所迫而不遂也。冬爲極陰，日既西没，陰氣特甚。元氣爲至陰所薄，而潮不遂，正與夏同。亦猶鼎水方涌，以疏箔覆鼎，置巨冰其上，冰氣嚴沍，涌水復下，均一理耳。畏熱畏寒，俗説是矣。』又曰：『敢問夏夜冬晝，潮能大者，何也？』答曰：『夏晝陽極，元氣爲陽所勝，冬夜陰極，元氣爲陰所勝，故潮小。夏夜日既没，陽氣少衰，冬晝日既出，陰氣稍斂，元氣得伸，故潮得遂而稍大。此甚易見驗之於身。夏之日，陽特甚，榮血得行，故面與身多紅而澤。氣則喘促咽塞，呵之而無所覩。氣，陽也，爲至陽所勝，故不能自伸，猶潮之畏熱而小也。日既入，陽漸殺，人氣少舒，猶潮至夏夜而能大也。冬之夜，陰特盛，榮血消縮，故指面皺而肌革燥。人呵氣，則油然而出，皆可以見。血，陰也，爲至陰所勝，其不能伸，猶潮之畏寒而小也。日既出，人血少舒，猶潮之至冬晝而能大者，皆一理耳。』又問曰：『夏晝，潮當小而能大，夜當大而反小。冬晝，潮當大而反小，夜當小而反大。何也？』答曰：『此乃陰陽之氣錯繆顛倒。夏當南風，以陽方助至陽，故元氣爲至陽所迫而潮小。或者北風起，以陰方氣從所勝而來，陽爲之辟易，故潮遂能稍大。夏夜潮宜大也。乃與晝日同其微者，三伏中，或陽氣酷烈，融而不收，陰不足以禦之，故潮亦從而小。冬或冰雪不解，因陰沍寒，故晝日宜大而反小，冬夜宜小而反大者。冬當北風，以陰方助至陰，元氣爲至陰所薄而潮小。或者風從南至，以陽方氣從所勝而來，陰爲之辟易，故潮亦能稍大。此乃陰陽之變，元氣之病耳。』又問曰：『元氣升降，四時則均。八月潮特大，何也？』答曰：『何獨八月，二月之潮亦甚大也。何者極陰極陽，故冬之潮有小有大。二月八月，朔望前後，陰陽之氣適中，元氣得伸，潮得遂其大也固宜。』

國朝

答潮問

毛先舒

問：『浙江何以有潮也？』答曰：『地勢爲之也。天下之水，皆有潮，然多暗長水或涌水而已，惟錢塘之水[三九]，澎湃奔騰，如爐鼓釜沸，以自海入江，與他水絶殊。蓋地勢使然也。』『何以晝夜至再，且以漸遲也[四〇]？』曰：『應月候也。月行較日以漸遲，一日常不及日十二度，故潮至亦以漸遲也。其晝夜再至，則應月之中也，月一晝夜，則再中，或中於天，或中於地之下。月中，則潮至。月以朔之午正刻中於天，以子末刻中於地。初二日，則以午末刻中於天，以丑初刻中於地。其後中期，以次漸遲，至望則以子正刻中於天，午初刻則中於地。至十六日[四一]，則復如朔，朔日潮至，以午正子末。初二日，潮至，以午末丑初。望日潮至，以子正午初。十六日，則復如朔，其漸遲之期，無不如月之中天、中地也。』『秋則壯，何也？』『亦應月也。月華至秋則益壯。』『所謂地勢者，可詳與？』曰：『其勢有三：錢塘之江將入海處，有龕、赭二山焉，屹相峙如門，下有沙檻，江流至此則一束，故海潮至此亦一束，海水長欲入江，束於山不得駛則怒，譬人之欲入門也，人多門狹，則喧動抨擊以争門，唯水亦然。

此山勢也。北水捍[四二]，南水緩，而錢塘之水發丹陽，經睦、杭、紹興諸州，逶迤曲折以入於海，故曰浙江。浙者，折也，則水尤緩。他江捍[四三]，到口與海力敵，敵則潮至不敢逞，故爲暗潮[四四]。浙江緩，到口不能與海力敵，如是則海壓江而陵出其上[四五]，潮至敢逞，則爲怒潮。此水勢也。浙之方爲巽，象曰：「剛巽乎？中正而志行柔，皆順乎剛。」江柔巽海，讓潮逞怒。此方勢也。此三者，浙江之所以有潮，與他水殊不足怪也。紛説無當，徒益滋惑。』安客曰：『潮，何以名爲潮也[四六]？』曰：『潮者，朝也，朝月也。』曰：『海，百谷王矣，而何以朝爲？』曰：『月者，萬水之天子也，故海臣水，而君月。月中於天，中於地，猶天子之莅於明堂也。故海朝之。或曰：「朝江也。」《書》曰：「江、漢朝宗於海。」江朝海也。潮者，海潮江也[四七]，故窮歸宿，則海大江小，溯原本[四八]，則江高海卑，可以互爲尊，則亦可以互爲朝也。』『然則名潮，復名汐者，何故？得無潮取其朝至[四九]，而汐取其夕至耶？』曰：『配以汐名，或主此，然潮之意不繫焉。審以其朝至，而名潮也，則十二時皆有潮，奚此潮汐[五〇]？且夕至者，亦未嘗不名潮，故曰曉潮[五一]、曰暮潮、曰夜潮，故潮者統辭也，汐加之辭也，而實非可以配潮，故統潮與汐皆名潮。是朝會之義，非朝晨之義也。此其所以名潮者也。』

校勘記

[一]《敕修兩浙海塘通志》「排」作「崩」。

[二]《敕修兩浙海塘通志》「在守邊防」作「守在邊防」。

[三]《敕修兩浙海塘通志》「在守河防」作「守在河防」。

[四]《敕修兩浙海塘通志》「亘若山嶽」作「即亘若山嶽」。

[五]《敕修兩浙海塘通志》無「則」字。

[六]《敕修兩浙海塘通志》無「爲」字。

[七]《敕修兩浙海塘通志》「十」作「千」。

[八]《敕修兩浙海塘通志》「繞」作「遶」。

[九]《敕修兩浙海塘通志》「潰」作「隤」。

[一〇]《敕修兩浙海塘通志》「盈」作「贏」。

[一一]《敕修兩浙海塘通志》「並」作「益」。

[一二]《敕修兩浙海塘通志》無「赭」字。

[一三]《敕修兩浙海塘通志》「陼」作「堵」。

[一四]《敕修兩浙海塘通志》「仄」作「反」。

[一五]《敕修兩浙海塘通志》無「鎮守」兩字。

[一六]《敕修兩浙海塘通志》「命杭、嘉、湖興官屬」作「命杭、湖、嘉興官屬」。

[一七]《敕修兩浙海塘通志》下有「民至是始忘死徙之念」九字。

[一八]《敕修兩浙海塘通志》「念」作「惟」。

[一九]《敕修兩浙海塘通志》「神廟甲午」作「甲午年」。

[二〇]《敕修兩浙海塘通志》「萬」作「縣」，《海塘録》誤。

[二一]《敕修兩浙海塘通志》「晏」作「宴」。

[二二]《敕修兩浙海塘通志》「堅」作「監」。

[二三]《敕修兩浙海塘通志》「弛」作「苶」。

[二四]《敕修兩浙海塘通志》「殚」作「覃」。

[二五]《敕修兩浙海塘通志》「覩」作「觀」。

[二六]《敕修兩浙海塘通志》「落」作「絡」。

[二七]《敕修兩浙海塘通志》「厨」作「廚」。

[二八]《敕修兩浙海塘通志》「决」作「崩」。

[二九]《敕修兩浙海塘通志》無「今」字。

[三〇]《敕修兩浙海塘通志》「靡」作「糜」。
[三一]《敕修兩浙海塘通志》「患」作「忘」。
[三二]中華書局本《論語註釋·書虛篇》「傳言」作「傳書言」。
[三三]中華書局本《論語註釋·書虛篇》「没」作「死」。
[三四]中華書局本《論語註釋·書虛篇》「上」作「止」。
[三五]中華書局本《論語註釋·書虛篇》「用」作「任」。
[三六]中華書局本《論語註釋·書虛篇》「没」作「死」。
[三七]中華書局本《論語註釋·書虛篇》「灌」作「涯」。
[三八]中華書局本《論語註釋·書虛篇》「灌」作「涯」。
[三九]《敕修兩浙海塘通志》「水」作「潮」。
[四〇]《敕修兩浙海塘通志》「至再」作「再至」。
[四一]《敕修兩浙海塘通志》無「至」字。
[四二]《敕修兩浙海塘通志》「捍」作「悍」。
[四三]《敕修兩浙海塘通志》「捍」作「悍」。
[四四]《敕修兩浙海塘通志》無「故」字。
[四五]《敕修兩浙海塘通志》無「如」字。
[四六]《敕修兩浙海塘通志》無「安」字。
[四七]《敕修兩浙海塘通志》「海潮江也」作「海朝江也」。
[四八]《敕修兩浙海塘通志》「原」作「源」。
[四九]《敕修兩浙海塘通志》「無」作「毋」。
[五〇]《敕修兩浙海塘通志》「奚此潮汐」作「奚止朝夕」。
[五一]《敕修兩浙海塘通志》「曉」作「晚」。

欽定四庫全書海塘録　卷二十三　藝文六

五言古詩

賦得觀濤　梁任昉

雲容雜浪起，楚水漫吴流。朝看遥樹没，稍見遠天浮。漁人迷舊浦，海鳥失前洲。不測滄溟曠，輕鱗幸自游。

濟浙江　梁任昉

昧旦乘輕風，江潮忽來往。或與歸波送，乍逐翻流上。近岸無暇目，遠岸更興想。緑樹懸宿根，丹崖頽久壤。

還渡浙江　梁劉孝綽

季秋弦望後，輕寒朝夕殊。商人泣紈扇，客子夢羅社襦。憂方自難遣，況復阻川隅。日暮愁雲合，繞樹噪寒烏。濛漠江烟上，蒼茫沙嶼蕪。解攬遲東越，接舳騖西徂。懸帆似馳驥，飛棹若驚鳧。言歸遊俠窟，方從冠蓋衢。

乘潮至漁浦作　唐陶翰

艤舟乘早潮，潮來如風雨。樟亭忽已隱，界峰莫及覩。喧騰心爲失，浩蕩目無主。豗㠥浪始聞，漾漾入漁浦。雲景共澄霽，江山相吞吐。偉哉造化工，此事已終古。流沫誠足誡，高歌調易苦。頗因忠信全，客心猶栩栩。

西陵口觀海　唐薛據

長江漫湯湯，近海勢彌廣。在昔胚渾凝，融爲百川泱。地形失端倪，天色潛滉漾。東南際萬里，極目遠無象。山影乍浮沈，潮波忽來往。孤帆或不見，櫂歌猶想像。日暮長風起，客心空振蕩。浦口霞未收，潭心月初上。林嶼幾邅回，亭皋時偃仰。歲晏訪蓬瀛，真遊非外獎。

月夜江行　唐權德輿

扣船不得寐，浩露清衣襟。彌傷孤舟夜，遠結萬里心。幽興惜瑶草，素懷寄鳴琴。三奏月初上，寂寞寒江深。

題海圖屏風　唐白居易

海水無風時，波濤安悠悠。鱗介無小大，遂性各沈浮。突兀海底鼇，首冠三神邱。釣網不能制，其來非一秋。或者不量力，謂兹鼇可求。贔屭牽不動，綸絶沈其鈎。一鼇既頓頷，諸鼇齊掉頭。白濤與黑浪，呼吸繞咽喉。噴風激飛廉，鼓波怒陽侯。鯨鯢得其便，張口欲吞舟。萬里無活鱗，百川多倒流。遂使江漢水，朝宗意亦休。蒼然屏風上，此畫良有由。

郡亭　唐白居易

平旦起視事，亭午卧掩關。除親簿領外，多在琴書前。况有虚白亭，坐見海門山。潮來一凭檻，賓至一開顔。終朝對雲水，有時聽管絃。持此聊過日，非忙亦非閑。山林太寂寞，朝闕空喧煩。惟兹郡閣内，囂静得中間。

泛海　唐　戴良

仲夏發會稽，乍秋別勾章。擬抗黑水海，首渡青龍洋。南條山已斷，北界水何長。遠近浪何國，周圍天作疆。川后偶安恬，天吴亦屏藏。蕩槳乘月疾，掛席逐風揚。零露拂幡木，旭日耀扶桑。我行無休隙，此去何渺茫。東海踏仲連，西溟遁伯陽。輕名冀道勝，重已企時康。孰謂情可陳，旅念坐自傷。

望海　宋　祖珽

登高臨巨壑，不知千萬里。雲島相接連，風潮無極已。時看遠鴻度，乍見驚鷗起。無待送將歸，自然蕩客子。

歲暮自桐廬歸錢唐　宋　潘閬

久客見華髮，孤櫂桐廬歸。新月無朗照，落日有餘輝。漁浦風水急，龍山烟火微。時聞沙上雁，一一皆南飛。

子集弟寄江蟹　宋張九成

吾鄉十月間，海錯賤如土。尤思鹽白蟹，滿殼紅初吐。薦酒欹空尊，侑飯饞如虎。别來九年矣，食物那可睹。蠻烟瘴雨中，滋味更荼苦。池魚腥徹骨，江魚骨無數。每食輒嘔噦，無辭知罪罟。新年庚運通，此物登盤俎。先以供祖先，次以宴賓侶。其餘及妻孥，咀嚼話江浦。骨滓不敢擲，念帶烟江雨。手足義可量，封寄無辭屢。

觀海　宋陸游

我不如列子，神游御天風。尚應似安石，悠然雲海中。卧看十幅蒲，灣灣若長弓。潮來涌銀山，忽復磨青銅。飢鶻掠船舷，大魚舞虛空。流落何作道，豪氣蕩肺胸。歌罷海動色，詩成天改容。行矣跨鵬背，弭節蓬萊宫。

觀潮　宋周紫芝

人生如微塵，同一霄壤間。可笑蟭螟眼，但窺甕中天。錢塘附滄海，八月壯潮瀾。始疑一練白，倏作萬馬翻。海門屹中開，方喜忽當前。不知何巨鼇，爲我戴三山。銀光射傑閣，玉筍垂朱闌。須臾擊飛雷，噴薄上簾顔。相看如驚顧，日暮殊未還。那知在空螟，但怪毛髮寒。平生雲夢胷，始信宇宙寬。安得淩雲手，大筆如修椽。盡挽沃天浪，參差入毫端。

海雲　宋胡帛

氣蒸一片雲，影浮萬里海。從來海與雲，鴻濛元不改。忘言坐兩間，細閲心自在。蕩蕩無停機，虛虛無掛碍。識破消息真，海雲不奇怪。

觀海　宋易履

晨登江上臺，海色揚潮時。茫茫坤軸中，天水何淋漓。東踰扶桑國，西接王母池。朝宗此萬國，百粤來珍奇。峨峨蓬萊山，飛仙渺難期。我欲往從之，蛟鼉浩紛披。寥寥乘槎意，日暮徒興悲。大化不可期，崇卑分濁清。滄溟會東南，有滯亦有盈。周流始一氣，蕩蕩漪難名。秦嬴獨何愚，駕石希仙靈。豈不念玆水，而與天齊傾。彼哉精衛銜，何如白鷗鳴。鯨波期弗沸，中國有聖明。

初三日水長二丈早行　宋方回

夜聞舟人呼，江水溢二丈。岸薪隨波流，救者何擾攘。亥子十月交，地氣不當上。十日柱礎汗，蠅蚊閧帷幌。此時肯爲雪，豈不兆豐穰。積熱化滂沱，傾空瀉盆盎。前夕適醉卧，不省船背響。濤聲撼醒枕，于玆發孤想。炎方節候乖，病叟體膚癢。遑遑欲何之，曷日中園仰。星斗猶粲然，曉征發雙槳。起視所泊處，餘燈煜莽蒼。

秋江　宋朱德潤

堤邊古木風，江上飛鴻影。秋江待潮人，立到前山暝。

春江晚渡圖　元盧琦

風微杜若香，潮滿江聲寂。扁舟古渡前，推起篷窗白。山外日未高，波底雲先赤。隱見杏花村，依稀烟雨隔。人間行路難，羨此丹青跡。焉得并州刀，剪取澄江碧。

觀錢塘江潮，時平章大讌江上　元王逢

蒼蒼吴越山，對峙東江腹。江開白銀甕，一浪天四蹴。金晶王高秋，風露氣轉肅。當年駭壯觀，委巷雷擊轂。今年官增威，旌麾被山陸。羅衣綉龍鳳，玉帶緣鼊粟。牙床錦屏帷，𧄍毯隨步蹙。温温香卷陣，婉婉眉鬭緑。微聞伊梁音，渌酒光動縠。鮮醲片晌盡，萬姓空側目。懼成庾郎哀，竊效杜陵哭。冥頑鱗魚彙，屢覆舟萬斛。梟雄扈將軍，竟作机上肉。大浸交烽火，血瘠腥草木。地媪爲之愁，兼恐河源縮。熟聞靈胥廟，歲祭莫敢黷。三叫三酹觴，願與水赤族。錢王射强弩，至今有遺鏃。何當起英魂，少助八州督。中原日無事，海宇蒙景福。尚虞多戕殘，洒淚逃亡屋。

夜泊六和塔下

元陳孚

碧天如幕垂，露濕星磊磊。漁燈射寒沙，萬點亂光彩。壯哉大江水，浩浩東北滙。西風卷潮來，鐵馬擁萬鎧。木落烟嶂横，鴟夷魂安在。卧聞黄帽郎，一曲歌款乃。扣舷起和之，逸興渺雲海。

夜抵江上候船至曉始行

明高啓

夜辭西陵館，霜谷叫猨欷。津卒未具舟，天險不可越。漁商雜候渡，寒立沙上月。蒼烟隱遠汀，益覺潮漲濶。開橈散驚鳧，海色曙初發。朧朧前山來，稍稍後嶺没。中流聞櫂歌，隔岸見城闕。客路得奇觀，臨風悶俱豁。

宿湯氏江樓夜起觀潮

明高啓

舟師夜驚呼，隔浦亂燈集。潮聲若萬騎，怒奪海門入。初來聽猶遠，忽過睇無及。震摇高山動，噴洒明月濕。霜風助翻江，蛟龍苦難蟄。應知陰陽氣，來往此呼吸。登樓覺神壯，凴險方迥立。何處望靈旗，烟中去波急。

登海昌城樓望海

明高啓

百川浩皆東，元氣流不息。混茫自太古，於此見容德。積陰漲玄濤，萬里失空色。鴻鵠去不窮，魚龍變莫測。朝登兹樓望，動蕩豁胸臆。始知滄溟大，外絡九州域。日出水底宫，烟生島中國。寬疑浸天爛，怒欲吹地仄。常時烈風興，海若不受職。長堤此宵潰，頻勞負薪塞。况今艱危際，民苦在墊溺。有地不可居，澒洞風塵黑。安得擊水游，圖南附鵬翼。

登盤塘

明李敏

朝發盤塘坳，夕望平陽郭。江空雨冥冥，無風客帆落。

同張元洲、胡圖洲、王曉山、張元洲、項芳溪江樓觀潮，分韻

明高應冕

江聲秋益壯，江草秋還歇。夫差自亡吴，子胥何怒越。盤盤江上山，盈盈江頭月。此景亘千古，不逐浮雲没。

國朝

育皇山望江上諸峰　張丹

侵曉索幽異，育山聊登躡。拭目一展眺，群峰邈以接。早見古渡口，行人争利涉。汩汩江水駛，藐藐雲樹疊。連崖既左紆，飛沙亦右挾。古翠相映媚，新烟恣吐納。方峪徑委迤，卦田草踐踏。眷念宫闕頽，攬涕蘿蔓匝。漫漫抱空意，寂寞何所愜。

暮秋同汪魏美、王仲昭諸子泛錢塘江　張丹

夕景泛澄江，波光蕩寥廓。寥廓無端倪，放舟任飄泊。岸危灘互轉，浦委陘參錯。寒洲蘆已乾，暖崖楓未落。綺樹既炫村，絳林亦燦壑。五雲還竦峻，横洋此浩豁。遠想富春瀨，近指蕭山郭。擊汰動輕瀾，轉帆隱長薄。左傾聞單雁，右屬聆雙鶴。異音感緬邈，殊響答寂寞。明霞陰澗生，碎雲回沙作。千尺瀉苕嶺，百丈倒菌閣。徜徉偕數子，溯洄俱言樂。願以終垂綸，芳醑且酧酢。

登鳳山頂望錢塘江　繆沅

江濤如雷硠，春擊寒天西。老黿作長吟，東縮如兒啼。絶頂凌蒼旻，象外淒以迷。俯視浮海蜃，滅没如白霓。盤蹦據飛崖，百丈窮鈎梯。元精羅心胸，蕩譎雲霧齊。風力吼貙虤，鴻濛歡相携。一髮

杳莫窺，弱水通合黎。

渡錢塘江 劉正誼

揚舲渡錢江，江流何浩渺。旭日浴秋濤，輕雲逐飛鳥。水濶碧天低，岸遠青山小。隱隱遠樹林，冪冪寒烟繞。嗟我何來斯，豈爲恣吟眺。泠然凌秋風，孤帆飛縹緲。諒哉行役人，難免離憂擾。

江行曉望 厲鶚

膠角遠村雞，江行俄已旦。推篷貪清景，凉露半天散。遠洲信逶迤，盡處如決斷。連山聳蒼翠，緣流競秀粲。水際烟輕明，忽抹山之半。徐引青楓端，漫靡不知岸。阿那幾幅帆，日華相凌亂。漁商互通語，來去乘泛瀾。微微遞遥鐘，隱隱見樾館。悟此趨向岐，層波媚獨翫。

七言古詩

夜宿浙江 唐孫逖

扁舟夜入江潭泊，露白風高氣蕭索。富春渚上潮未還，天姥岑邊月初落。烟水茫茫多苦辛，更聞江上越人吟。洛陽城闕何時見，西北浮雲朝暝深。

去杭州送王師範　唐元稹

房杜王魏之子孫，雖及百代爲清門。駿骨鳳毛真可貴，岡頭澤底何足論。去年江上識君面，愛君風貌情已敦。與君言語見君性，靈府坦蕩消塵煩。自兹心洽跡亦洽，居常並榻遊並軒。柳陰覆岸鄭監水，李花壓樹韋公園。每出新詩共聯綴，閑因醉舞相牽援。時尋沙尾楓林夕，夜摘蘭叢衣露繁。今君別我欲何去，自言遠結迢迢婚。簡書五府已再至，波濤萬里酬一言。爲君再拜贈君語，願君靜聽君勿喧。君名師範欲何範，君之烈祖遺範存。永寧昔在掄鑒表，沙汰沈濁澄浚源。君今取友由取士，得不別白清與渾。昔公事主盡忠讜，雖及死諫誓不諼。今君佐藩如佐主，得不陳露酬所恩。昔公爲善日不足，假寐待旦朝至昏。今君三十朝未與，得不寸晷倍璵璠。昔公令子尚貴主，公執舅禮婦執笲。返拜之儀自此絕，關雎之化皎不婚。君今遠娉奉明祀，得不齊勵親蘋蘩。斯言皆爲書佩帶，然後別袂乃可捫。別袂可捫不可解，解袂開帆悽別魂。魂摇江樹鳥飛没，帆掛檣竿鳥尾翻。翻風駕浪泊何處，直指杭州由上元。上元蕭寺基址在，杭州潮水霜雪屯。潮户迎潮擊潮鼓，潮平潮退有潮痕。得得爲題羅刹石，古來非獨伍員冤。

錢塘曲　唐温庭筠

錢塘岸上春如織，淼淼寒潮帶晴色。淮南遊客馬連嘶，碧草迷人歸不得。風飄客意如吹烟，纖指殷勤傷雁弦。一曲堂堂紅燭筵，長鯨瀉酒如飛泉。

錢塘對酒曲　唐陳陶

風天雁悲西陵愁，使君紅旗弄濤頭。東海神魚騎未得，江天大笑閑悠悠。嵯峨吴山莫誇碧，河陽經年一宵白。南州彩鳳爲君生，古獄愁蛇待恩澤。三清羽童來何遲，十二玉樓蝴蝶飛。炎荒翡翠九門去，遼東白鶴無歸期。鴟夷公子休悲悄，六鼇如鏡天始老。尊前事去月團圓，琥珀無情憶蘇小。

觀李瓊處士畫海濤　唐釋齊已

巨鼇轉側長鰌翻，狂濤顛浪高漫漫。李瓊奪得造化本，都盧縮在秋毫端。一揮一畫皆筋骨，滉漾奔騰大鯨臬。葉樸仙槎擺欲沈，下頭應是驪龍窟。昔年曾要涉蓬瀛，唯聞撼動珊瑚聲。今年正嘆陸沈久，見君此畫思前程。千尋萬派功難測，海門山小濤頭白。令人錯認錢塘城，羅刹石底奔雷霆。

秋夜舟中　宋孔平仲

昨夜强風萬弩過，舟中側聽披衣坐。秋來已覺陰氣緊，晨興更見波濤大。哀梧弱柳不足數，修篁摧折幾百箇。飛廉鬱然方用事，一威能令萬物挫。人言風怒未渠央，我觀暴怒勢不長。會見平川净如鏡，刀魚鳴櫓過錢塘。

過錢江迎潮　宋楊時

銀漢翻空際天白，鯤怒鵬騫海波擊。涌雲噫氣聲怒號，萬里馳車隨霹靂。低昂上下如桔槔，頃刻性命輕鴻毛。賫囊負笈有夷路，一日何事常千艘。因思羊腸盤九坂，攀援蜀道愁狖猱。人生觸處有萬險，豈必此地多風濤。願言夷險不須問，莫負對酒持霜螯。

錢塘賦水母　宋沈遘

疾風吹雨回江城，櫓牙嘔呀潮欲平。客居喜無人事攖，相與環坐臨前楹。眼中水怪狀莫名，出没沙嘴如浮罌。復如緇笠絶兩纓，渾沌七竅俱未形。魂然背負群蝦行，嗟其巧以怪自呈。凝目注視相將迎，老漁旁睨笑發聲。曰此水母官何驚，江流如奔絶滄瀛。潮汐往來月爲程，藏納衆污無滿盈。浮涘沈滓溷九清，結成此物宜昏盲。使蝦導迷作雙睛，乃能接迹蚌與蟶。亦猶巨蛩二體并，離則無目爲光精。江天八月霜葉鳴，䆊師得蝦供水征。水母弃擲羅縱横，試令收拾輸庖丁。絳礬收涎體紆縈，飛刀鏤切武火烹。花甆飣餖粲白英，不殊冰盤堆水晶。稻醖甕寒芼香橙，入齒巳復能解酲。遣漁止矣勿復評，嗟哉此性愚不更。定矜故態招三彭，且摩枵腹甘藜羹。

海岸沙行　宋楊萬里

海濱半程沙上路，海風吹起成烟霧。行人合眼不敢覷，一行一步愁一步。步步沙痕没芒屨，不是不行行不去。若爲行到無沙處，將逢石頭嚙足拇。寧踏黄泥濺袍袴，海濱沙路莫再度。

題趙千里夜潮圖　宋周假庵

烟蒼蒼，江茫茫，明月夜挂天中央。奔潮不盡當日恨，金波怒，捲虯龍。長浦口，秋飛揚，鷗雁不眠聲周章。風高沙漲望難到，羽翰但逐潮低昂。窗間簾炷香，開卷有素商。何須八月上錢塘，對此秋濤生錦囊。

浙江　宋毛珝

白鷗舊事隨波去，太極陰陽自吞吐。長虹夜貫黑頭船，四紀沙迎相公路。馮夷作劇真等閑，五都有客雄其間。上林三官浪憂國，千年海底生銅山。

秋晚看潮

宋徐集孫

八月西風噓沆瀣，長江協候勢澎湃。錢塘旺氣天所鍾，非爲子胥逞靈怪。海門三山縹緲青，雙練夾岸震雷霆。蛟龍鼉鼉匿影形，銀濤雪浪翻滄溟。踏浪群兒慣行險，出没波心旗閃閃。須臾瀲灔潮信平，蕩漾漁舟千萬點。天低暮靄襲人衣，遊子興盡各云歸。獨有騷翁看不足，吟到夜月揚清輝。

題趙千里夜潮圖

宋適安散人

寂寞江頭夜風急，怒濤捲起千堆雪。一輪兔魄騰巨光，激使金虬高萬尺。沙頭宿雁理羽衣，忽聞潮聲不知歸。縱横亂影向天末，一一點破秋光飛。誰人輕用造化筆，寫出此景不遺一。眼明絹素見天巧，長江大海來小室。静對真成聽潮聲，我亦詩腸如雷鳴。捲卷不知身所在，猶覺眼底風濤生。

題趙千里夜潮圖

宋名山樵子

八月錢塘江上水，風静波平清澈底。夜半潮聲帶月來，沙頭眠雁還驚起。何人一幅鵝溪絹，畫出長江千萬里。莫道波聲静不聞，請君默坐聊傾耳。

浙江待潮

元葛長庚

秋空無塵雁可數，蘆花蓼花滿江渚。夕陽影至高掀篷，落葉聲中交鳴櫓。六角扇起解熱風，三杯酒爲澆詩雨。船頭拔劍叫飛廉，浪花捲雪魚龍舞。

浙江亭觀潮

金任詢

海門東嚮滄溟濶，潮來怒捲千尋雪。浙江亭下擊飛霆，蛟蜃争馳奮髯鬣。鉅鹿之戰百萬集，呼聲響震坤軸立。昆陽夜出雨懸河，劍戟奔衝潰尋邑。吴儂稚時學弄潮，形色沮濡心膽豪。青旗出没波濤裡，一擲性命輕鴻毛。須臾風送潮頭息，亂山稠叠傷心碧。西興浦口又斜暉，相望會稽雲半赤。詩家誰有坡仙筆，稱與江山作勁敵。援毫三叫句不成，但覺雲濤滿胸臆。

浙江觀潮圖

元劉因

山人懶絶夢亦然，鼎如萬牛不可遷。誰信畫工筆頭有神力，扁舟一夜江聲寒。覺來千里雪漫漫，中有數點青螺閑。人間天門壯觀已如此，豈知大魄喘息四海如鼻端。海中仙人冰雪顔，吸風御氣非人寰，試問濤頭何當還。爲我寄聲三神仙，我欲乘興遊其間。

秋江釣月圖歌

元袁桷

南山舞空趨翔鸞，北山人立如啼猿。長流東來貫其腹，謂是浙水屈曲萬丈之上源。大魚奔騰鰭鬣焦，小魚委靡隨江潮。中有白玉蟾，落落五采凝不消。人言此蟾在天主陰魄，淪没何爲水中宅。篧篧千尺綸，蟾永不受吞。廣寒高居凌紫清，日逐烏御不得停。愛此江水碧，倒空浴影潛金精。感君纏綿如有素，瞬息還須上天去。君不聞任公子，東海投竿非小智。又不聞嚴先生，羊裘古瀨成高名。君家慈母占畢逋，百尺樓觀端可居。黄金之鈎不復理，明月年年在秋水。

杭州送兒姪歸里

元黄溍

空江月滿潮聲怒，二兒勇踏潮頭去。故園天末渺予懷，夢中識汝歸時路。起向江樓遥望汝，江上青楓正霜露。凉風颯颯吹汝急，櫓摇背指龍山渡。翩然一葉舞中流，嗟汝童心得無懼。自我西遊歷三紀，舉目交朋半新故。下車相揖何紛紛，白頭朝士猶徒步。元都觀裏舊桃花，見我重來能幾度。緬思疇昔仍念汝，徙倚闌干日將暮。前潮將斷後潮續，層波複浪無重數。魚龍出没相後先，疾雷槌山雨如注。隔岸峰巒空復多，沙際冥茫但烟霧。計程知汝已登陸，息肩弛擔今何處。明朝過我三釜山，能勿徘徊起哀慕。近聞旱魃肆爲虐，殺吾手植千株樹。且須爲我語比鄰，莫遣牛羊上邱墓。

舟行阻潮　元周權

江流浩浩吞長天，打篷巨浪翻銀山。篙師維舟不敢發，東海微茫盡溟海。荒村古渡生客愁，丹楓落葉秋颼颼。夜半西風卷江雨，咿札數聲聞過櫓。風收雨霽晨氣清，金波蕩漾波間明。舟人歡呼指歸路，十幅蒲帆順風去。

浙江觀潮

錢塘江上風颼颼，誰驅逆水回西流。海門山色暗蛾緑，翕忽澒洞驚吴艘。飛廉賈勇咄神變，倒掀滄溟躍天半。闐闐霹靂駕群龍，高擊瓊崖卷冰岸。初疑大鯨噓浪來，瀛洲銀山雪屋爛不收。又疑當時捍築射强弩，至今水戰酣貔貅。溪盈壑滿留不住，怒無泄處潛回去。乘除消長無停機，斷送人間幾朝暮。吴儂何事觀不休，落日滄波萬古愁。汀蘋沙雁年年秋，海雲一抹天盡頭。

春雨晚潮圖　元吴師道

昔年曾看錢塘潮，龍山山下乘春濤。中流回首洲渚變，孤塔不動青崖高。雲昏水暗雨陣黑，雪噴雷轉潮頭白。浙江亭遠亂帆飛，西興渡暝千花濕。

空江茫茫魂欲斷，歸來十年驚復見。浩蕩春風滿畫圖，淋漓海氣入人面。春深故國芳草生，鴟夷遺恨何年平。重遊弔古惜未得，掩卷歌罷空含情。

海潮吟

元周霆震

嚴風激天送高梢，西江浪起如海潮。千艘平城箭飛雨，城潰曾不煩兵交。馮夷啓扉衆争赴，萬棟烟氛畢方怒。司徒籌盡換州營，國公匹馬杉關去。泝流西上旌旗紅，列城樓櫓轉盼空。倥偬七載編宇内，朝野狼顧無英雄。悲哉心計工牟利，國維弛頓爲符蔽。夏來却憶賈長沙，痛哭當年繼流涕。豫章逝水通錢塘，漢川北度趨洛陽。洗日咸池佳氣王，鬬雞矯首向扶桑。

浙江潮

元葉顒

浙江潮從海門起，濺沫飛流幾千里。老龍奮拔滄海波，六丁怒抉天河水。萬馬奔馳人盡驚，千夫賈勇衆莫禦。滔天濁浪排空來，翻江倒海山爲摧。固知人物善幻善變化，不然胡爲若此之壯哉！狂風澒洞響天籟，長空隱約轟春雷。冲堤激岸勢雄偉，春崖嚙石聲喧豗。更秦歷漢遞唐宋，潮生潮落往來幾時回。上浮銀漢蕩瑶浦，漂泊危瀾鋪練組。江神河伯盡出游，素車白馬尤雄武。海若載鸞旌，馮夷擊鼉鼓。鼂蛟跳躍長鯨舞，人言子胥怒未消。怒氣突兀干青霄，吁烟吐霜如山高。咆哮呼叱聲愈囂，震驚渤澥鳴泬漻。直添吴楚志氣驕，吁嗟三綱五常自古有，至今禮法千載之下明如日月之昭昭，君實有臣而殺奚怨號。員兮忠義非兒曹，豈不知此無君之罪焉能逃。少焉風定洪濤静，似聞予言發深省。水天上下玉無瑕，月白江空銀萬頃。

江聲得五字　元錢惟善

小海歌闌渺平楚，中流日暮猶鳴艣。怪疑鐵笛和龍吟，清應冰弦出魚舞。響入蘆花暗長潮，寒吞樹影晴飛雨。溯源欲聽巫峽秋，夢繞蛾眉月三五。

題春江送别圖　元鄭洪

西陵渡口山日出，蘆芽青青柳枝碧。龕山赭山潮東來，黄郎刺船水如席。勸君勸君遲渡江，柳條貫魚赬尾雙。治魚沽酒待明月，人生莫作輕離别。

題夜潮圖　元謝應芳

昔予夜醉錢塘酒，看潮八月中秋後。銀山涌出海門來，潮聲殷若雷霆吼。此圖之作知幾年，當時景物皆依然。雲山兩岸淡籠月，雪岸一江高拍天。一觀頓覺毛髮立，再觀祇恐人衣濕。扁舟漁子任掀舞，别渚鷗鳧自翔集。奔騰澎湃無足驚，人間平地風波生。乘桴尼父果浮海，從遊我欲跨長鯨。

六和塔前放舟歌　元王逢

六和塔前江水流，天清無雲江始秋。夕陽半路風萬頃，着我一浦發扁舟。行行緑水鶯花供，吴山越水作騶從。百壺美酒艫十頭，只少桓伊笛三弄。

題趙千里夜潮圖　元王冕

去年夜渡西陵關，待渡兀立江上灘。灘頭潮來倒雪屋，海曲月出行金盤。冰花着人如散霰，過耳斜風快如箭。叫霜鴻雁零亂飛，正似今年畫中見。寒烟漠漠天冥冥，展卷陡覺心神清。便欲吹簫騎大鯨，去看海上三山青。

爲詹同文題浙江月夜觀潮圖　明劉基

君不見四時平分成歲功，以秋繼夏獨不同。炎官挾長握天炳，七月赤日熾元穹。蓐收抱鉞蹲白水，野氣赫赫攄頳虹。陽侯喘汗河伯喝，少昊上訴愁天公。會須萬物長養遂，期以仲月虛宵中。此夜姮娥魄正滿，命駕四蟾驂兩駥。指揮禺强出元渚，蕩滌歊熇清霾蒙。河漢發源牛斗下，曲江上與天津通。初看一髮起溟徼，如曳組練來于東。漸聞殷轔鼉鼓發，倏忽萬雷聲撼風。天吴掉尾出溟涬，馬銜揚鬐招海童。霓旌縞帳鷺羽幬，瑶臺十二浮空濛。蕊珠仙人乘玉輅，騰駕鶴鵠飛氄氃。長庚欻霍掞光耀，雷母扶龍嗥戛銅。宓妃起舞素女從，瓊珮綷縩雲帡幪。冰銷霧縠紛颯纚，霜旂雪旛高翳空。鯨魚呀呷鮫鰐遁，蒲牢咆哮馮夷宫。瞿塘巫峽起平地，灔澦若象鏖回潨。先驅已過赤亭嶂，後從始發龕山洪。商聲爽淅合群籟，澤國凛慄寒欲凍。先生玩月在樓上，夜氣澄寂神和冲。憑欄快覩煩暑退，呼兒命酒澆咽嚨。自舞自歌歌自作，月照白髮三千總。歌聲迤颺林壑應，竹樹戛擊絲與桐。淵魚躍波棲鳥作，紫桂繞屋清香融。君歌曲終響未終，我欲激烈留征鴻。瞠眸相視俱老矣，况有聚病來交攻。聖明天子御宇宙，威惠與天相比隆。首邱倘許謝羈絆，猶有古月光朣朧。行當唱和三百首，永與潮汐流無窮。

錢塘江潮圖爲喬少卿希大作

明 李東陽

錢塘江頭江倒流，中有潮聲號萬牛。堆銀如山雪如屋，遠影滅没當沈浮。千峰將頹樹欲禿，海若股栗天吴愁。來船歡欣勢自下，瞬息千里無淹留。去船乘危貴得正，力盡一過且復休。躋攀分寸偶失手，頃刻下飽黿與鰌。由來咫尺不自覺，遠望不敢凝雙眸。客來未到膽已落，借問同行還見不。何人嬉笑欲起舞，越老東翁搔白頭。群兒招呼或助叫，倏忽過耳風颼飀。達士遐觀得奇賞，七澤五湖同一漚。天道虚疑月盈缺，世情妄假人恩讎。復將險巧作戲劇，鄉里少年誇善泅。潮來潮去亦何意，人間萬事良悠悠。我時渡江不相值，空對燕客談杭州。壯懷高興兩莫遂，三十五年秋復秋。誰將妙思入畫本，似與造化争雕鎪。酒酣月落不知處，夢醒尚作江南遊。

觀潮歌　明屠隆

羅刹江深萬波集，兩峰横束海門急。八月銀山雪屋來，陽侯辟易天吴泣。高城欲捲大地浮，餘沫直濺青冥濕。鴟夷白馬夜濤中，鼇身倒翻列巨虹。却如疾雷砰轟破山嶽，五丁六甲雲旗獵獵火滿空。又如水犀强弩大戰乎江上，萬回叠鼓聲逢逢。吴兒弄潮凌不測，出没往來若梭織。豈是神人鞭石足踏黿鼉梁，天地浮生輕一擲。萬家丹竈帶西陵，白骨寒沙勾踐營。昔日雄圖悵何在，隔江斜月斷霞横。無恙布帆白如雪，行人送盡暮潮聲。淘洗千古英雄氣，濁酒漁歌一葦輕。

海上夜泊　明李宗渭

朝發蘆花灘，海山面面青螺盤。暮泊滄海上，萬頃烟波恣飄蕩。客行一葉孤舟横，扣舷發聲歌不成。星光萬點霜花明，浩然長嘯龍夜驚。千樹萬樹松風聲，茫茫回顧叫欲絶，我欲乘風凌紫京。山頭雲樹忽已暝，指顧新月東南生。琉璃碾破光精瑩，臨流濯足滄浪清。雲帆萬里儻可掛，直上三山頂上行。

南城樓望海　明許相卿

坐瞰重溟八千尺，恨望蓬邱桃已核。飄飄直欲凌紫烟，何物虚名論赫奕。指揮如意按悲歌，徙倚女墻扶瘦腋。咄哉時事覆更翻，老矣夕郎元尚白。習池峴首今蒿萊，轉眼兹遊雪鴻迹。林缺長虹浙水暝，鳥外殘陽越山夕。童冠薰風笑咏歸，三年病懷聊一適。掀髯清嘯動海壖，豪宕從來會此客。

國朝

觀潮　吴廷楨

閶闔長風吹海立，馮夷怒挾天吴入。層層駕浪薄秋旻，凉波如沸魚龍泣。海門匹練遥飛來，龕山赭山青崔巍。罔象横冲兩崖束，巨靈直擘中流開。劃然分奔吼餘怒，霆擊雷轟碎天鼓。日車傾昃羲和愁，疾掩陽烏避吞吐。倏忽奔騰萬馬獰，鴟夷蹴踏來窈冥。雪山推翻鼇脊瘦，冰柱迸裂蛟涎腥。俄聞舂岸喧雲灘，旋見跳波散珠珮。驚濤蕩潏天低昂，亂石匌訇山破碎。潮頭一落百尺强，追潮之子凌蒼茫。干挽乍隱鷗起没，一葉忽浮鳧拍張。目睛眩轉毛洒淅，我生江鄉情未識。吁嗟一晌適然驚，倒瀉長江盪胸臆。水犀强弩千百翎，欲尋斷鏃揚遺靈。釣臺西峙灘漲急，海天澒洞孤烟青。

浙江觀潮歌　沈堡

錢塘八月江潮生，渾茫一氣彌太清。消息陰陽與出入，蕩摩日月爲虚盈。冰地既涵焦釜泄，川后欲發天吴行。或盛或衰各有極，乾坤之氣常代更。初生峽口白一綫，霧鬱雲蒸隱還見。沙蹟颯颯鳴颶風，蛟門曜曜掣雷電。嘲嘈遠聽鯨鰐呼，烱爍方疑鬼神戰。飛落龕赭勢莫當，沛然一瀉遂千變。洪濤轟起逆浪催，薄漢沸天聲喧豗。乍合乍離玉穴錯，忽斷忽連銀巒開。斜搏古岸没遥樹，直捲野塘鳴震雷。胥靈憑怒逞雄武，白馬素車如鬬虎。爲使馮夷舞翠旌，更驅象罔擊鼉鼓。又如龍宫突出錢塘君，金鎖頓裂馳玉鱗。一戰洞庭食魚鱉，飛高洒血何紛綸。或如巨鼇戴山徙南土，萬族偕征百靈聚。奔騰潛鵠揚迅波，磅礴老蛟泣神雨。不愁大鵾初運滄溟中，擊水蕩雲淩太空。煦沫已聞地軸震，揚響更覺天輪冲。我臨江閣縱遐睇，目眩神遥心膽悸。况見陽侯羽葆馳，祗虞海若恣吞噬。吴兒解水真善泅，奮臂掇身投奔流。横蹴飛湍且踊躍，潛探深窟還沈浮。榜人漁子亦自警，群駕艅艎理舴艋。掇棹高從潮内掀，岸橈忽向潮頭騁。弄潮更唱迎潮歌，觀者如堵肩相摩。壁上烟嵐正慘淡，江中帷蓋紛徑過。俄而一瞬走百里，波沓浪漶去益駛。雪嶠崱移青嶂間，水崖倏下芳洲裏。聲回浦溆猶湯湯，流合澗溪河瀰瀰。潮退江空昏靄消，蕩滌山川浩無滓。九埏之奇此大觀，光怪離奇雄兩間。經乾麗震自噓噏，隨時應候來淼漫。紛紛衆論各奇詭，探隱索幽緲誰記。抱樸未能撥厥端，符莊何足審此理。我將御景乘流飇，桂楫疾馳雲旂飄。滄嶼從登紫貝闕，碧津更渡黄金橋。爲招混沌播元氣，即遺諄芒清沃焦。四海安瀾萬國定，瑶光燦燦横丹霄。

錢塘曲效温飛卿

劉正誼

春風吹花如剪綺，淺碧深紅低照水。草香蛺蝶去還來，沙暖鴛鴦眠不起。落日滿江潮正平，畫樓倚岸調銀箏。餘杭酒好莫辭醉，燭艷樽濃無限情。

秋夜聽潮歌寄吴尺凫　厲鶚

城東夜月懸群木，汹汹濤聲欲摧屋。披衣起坐心茫然，秋來此聲年復年。壮心一和小海唱，二毛不覺盈吾顛。胸中雲夢呑八九，要挽天河斢北斗。倏忽晴空風雨來，杳冥水府神靈走。時哉會見滄溟兀，自是乾坤有呼吸。軒轅張樂萬耳聾，洞庭天遠魚龍泣。須臾聲從静裏消，一蛩獨語星蕭蕭。天明作歌寄吴子，想子中宵亦聽潮。

吴江望雨從隔江來　章撫功

吴山越山幾山别，一山雲暗一山白。隔江雨脚來空虚，波浪接天翻江黑。雷聲隱隱光如射，雨在高峰不得下。窟宅蛟龍起怒號，挾水回身向天瀉。登臨未極高山巔，斜風吹雨過眼前。拂衣大笑下山去，白鷺背人飛遠天。

欽定四庫全書海塘録　卷二十四　藝文七

五言律詩

與顔錢塘登樟樓一作樟亭望潮作　唐孟浩然

百里聞雷震，鳴弦暫輟彈。府中連騎出，江上待潮觀。照日秋雲回，浮天渤澥寬。驚濤來似雪，一望凛生寒。

與白明府遊江　唐孟浩然

故人來自遠，邑宰復初臨。執手恨爲别，同舟無異心。沿洄洲渚趣，演漾弦歌音。誰識躬耕者，年年梁甫吟。

秋登張明府海亭　唐孟浩然

海亭秋日望，委曲見江山。染翰聊題壁，傾壺一解顔。歌逢彭澤令，歸賞故園間。予亦將琴史，棲遲共取閑。

送金昌宗歸錢塘　唐劉長卿

新家浙江上，獨泛落潮歸。秋水照華髮，涼風生褐衣。柴門嘶馬少，藜杖拜人稀。惟有陶潛柳，蕭條對掩扉。

酬張夏別後道中見寄　唐劉長卿

離群方歲晏，謫宦在天涯。暮雪同行少，寒潮欲上遲。海鷗知更傲，沙鶴見人衰。只畏生秋草，西歸亦未期。

賦得海邊樹　唐皇甫冉

歷歷緣荒岸，溟溟入遠天。每同沙草發，長共水雲連。摇落潮風早，離披海雨偏。故傷遊子意，多在客舟前。

酬王侍御西陵渡見寄　唐嚴維

前年萬里別，昨日一封書。郢曲西陵渡，秦官使者車。柳塘薰晝日，花水溢春渠。若不嫌雞黍，先令掃敝廬。

富陽南樓望浙江風起　唐張南史

南樓渚風起，樹杪見滄波。稍覺征帆上，蕭蕭暮雨多。沙洲殊未極，雲水更相和。欲問任公子，垂綸意若何。

江城夜泊寄所思　唐權德輿

客程殊未極，艤櫂泊回塘。水宿知寒早，愁眠覺夜長。遠鐘和暗杵，曙月照晴霜。此夕相思意，摇摇不暫忘。

經杭州　唐顧非熊

郡郭遶江濆，人家近白雲。晚濤臨檻看，夜櫓隔城聞。浦轉山初盡，虹斜雨未分。有誰知我意，心緒逐鷗群。

送杭州姚員外　唐顧非熊

浙江江上郡，楊柳到時春。塹起背城雁，帆分向海人。嶠雲侵寺吐，汀月隔樓新。静裏更何事，還應咏白蘋。

晚秋江上作　唐張祐

萬里窮秋客，蕭條對落暉。烟霞山鳥散，風雨廟神歸。地遠蛩聲切，天長雁影稀。那堪正枯杵，幽思想寒衣。

江城晚眺　唐張祜

重檻構雲端，江城四鬱盤。河流出郭静，山色對樓寒。浪草侵天白，霜林映日丹。悠然此江思，樹杪幾檣竿。

看潮　唐朱慶餘

不知來遠近，但見白峨峨。風雨驅寒玉，魚龍迸上波。聲長勢未盡，曉去夕還過。要路横天塹，其如造化何。

送姚合郎中任杭州　唐許渾

水陸中分程，看花一月行。會稽山隔浪，天竺樹連城。候吏賫魚印，迎船載旆旌。渡江春始半，列嶼草初生。

送姚杭州　唐賈島

白雲峰下城，日夕白雲生。人老江波釣，田侵海樹耕。吴山鐘入越，蓮葉吹摇旌。詩異石門思，濤來向越迎。

送顧陶校書歸錢塘　唐儲嗣宗

清苦月偏知，南歸瘦馬遲。橐輕緣换酒，髮白爲吟詩。水色西陵渡，松聲伍相祠。聖朝思直諫，不是掛冠時。

發浙江　唐喻坦之

島嶼遍含烟，烟中濟大川。山城猶轉漏，沙浦已摇船。海曙霞浮日，江遥水合天。此時空濶思，翻想涉窮邊。

渡浙江　唐陳王匋

適越一輕艘，凌兢截鷺濤。曙光金海近，晴雪玉峰高。静寇思投筆，傷時欲釣鼇。壯心殊未展，登涉漫勞勞。

秋過錢塘江　唐僧貫休

巨浸東隅極，山吞大野平。因知吴相恨，不盡海濤聲。黑氣騰蛟窟，秋雲入戰城。遊人千萬里，過此白髭生。

秋日錢塘作　唐僧齊已

秋光臨水國，遊子倚長亭。海浸全吴白，山澄百越青。英雄貴黎庶，封土絶精靈。勾踐魂如在，應懸戰血腥。

浙江晚渡　唐僧齊已

去年曾到此，久立滯前程。岐路時難處，風濤晚未平。汀蟬含老韻，岸荻簇枯聲。莫泥關河險，多遊自遠行。

酬皇甫冉西陵渡見寄　唐釋靈一

西陵潮信滿，島嶼入中流。越客依風水，相思南渡頭。寒光生極浦，暮雨映滄洲。何事揚帆去，空驚江上鷗。

江樓晴望　宋魯交

江干一雨收，霽色染新愁。遠水碧千里，夕陽紅半樓。笛寒漁浦晚，山翠海門秋。更待牛津月，袁宏欲泛舟。

錢塘江上　宋楊蟠

一氣連江色，寥寥萬古清。客心兼浪涌，時事與潮生。路轉青山出，沙空白鳥行。幾年滄海夢，吟罷獨含情。

三月晦城門晚景　宋張九成

雨漲春江浪，沄沄日夜奔。群山落雲裏，萬壑吼巖根。沙際人呼渡，烟中牧入村。蕭然何處士，終日掩柴門。

三月二十四日出城　宋張九成

數日雨不止，今晨晴已還。江頭看濁浪，窗外見青山。白鷺投前浦，輕舟漾遠灘。罇中有餘酒，一酌注頹顏。

浙江十六夜對月　宋鄭克己

急槳寒天濶，長江得月遲。最憐新缺後，全勝未圓時。夜雪潮千丈，秋風桂一枝。潛蛟易翻動，怨笛莫驚吹。

江上　宋王庭珪

倚杖江風起，呼船水面開。人從洲嘴渡，帆破浪頭來。月色共千里，天恩遍九垓。當年送客處，待看客車回。

登浙江樓　宋趙興滂

兩岸共明月，闌干霄漢間。風波浙江水，砥柱海門山。晝夜潮消長，利名人往還。不如沙上鷺，玉立一身閑。

錢塘江　宋朱繼芳

極浦無高樹，滄茫只遠空。潮來江水黑，日出海門紅。兩岸東西浙，千帆來去風。中原山色外，殘夢逐歸鴻。

渡錢塘　宋高九萬

山立晴江上，潮生落照邊。晚花低映水，春草暗迷烟。燕子飛官驛，鷗群引客船。關情南浦别，相對獨依然。

秋日錢塘紀事　元方瀾

吴越南去遠，萬峰青照杭。江流拍岸濶，海氣入城凉。落日菰蒲暗，行人禾黍香。天開地闢後，知歷幾興亡。

觀潮　元張志道

山從天目下，潮到富陽回。此地扁舟去，吾生幾度來。林紅晚日落，江白曉雲開。明日須停棹，呼兒看釣臺。

鎮海亭　元仇遠

海塘三十里，此屋獨巍然。有浪方知水，無雲總是天。苔痕封户柱，帆影下樓船。閑憶童男女，悠悠去幾年。

浙江曉渡　元金涓

片帆風力飽，凉氣碧颼颼。江濶欲沉雁，天空惟見秋。漁歌聞四起，人影在中流。隔望秦峰出，東南第一洲。

早發錢塘　元趙志皋

曉霧兼天白，秋風一葦輕。湖呑漁浦濶，沙涌固陵平。隔座吴山送，揚帆越嶠迎。蒼茫思無限，天外忽鐘聲。

還浙夜泊江口　明陳東

越嶂宜春望，江舠入夜乘。潮移諸島出，雲卷數峰層。近郭翻多戀，還家獨未能。北堂今夕夢，先已渡西陵。

錢塘雨泊　明郭第

一片迎潮雨，錢塘拍岸逢。烟明六和塔，雲暗兩高峰。茶熟篷窗火，香殘野寺鐘。湖頭舊遊路，濕翠想高松。

江村晚眺　明高應冕

荒村沈夕照，烟樹幾人家。野渡迎潮急，寒山帶月斜。漁歸無遠市，雁下有平沙。寂寂秋江晚，芙蓉自落花。

江上別黎惟敬　明卓明卿

執手河橋上，遥天起片雲。仙帆千里發，客路一江分。桂嶺先秋色，樟亭半夕曛。家山到何日，兩地惜離群。

晚霽與客登浩然樓眺錢塘江　明戎玠

晴色開村樹，危樓俯大江。潮聲翻絶岸，帆影落虚窗。水與遥天合，人同夕鳥雙。茫茫百端集，形影若爲降。

同朱文寧庶常觀海　明潘大復

烟波杳無極，縱目喜同君。雲外千峰出，潮平各浦分。競探蝴蝶窟，驚起鷺鴛群。浮白宜玆地，蕭蕭日就曛。

十五夜至江上作　明胡介

夜是中秋夜，船隨估客船。塔凌青漢迥，月涌大江圓。節序消行旅，關山入暮年。故園猶在望，獨立轉茫然。

初過錢塘　明張宇

越上曾遊地，年深感寂寥。山光隨浦盡，海色共天遥。古刹藏秋樹，寒江送暮潮。故人渾不見，愁緒酒難消。

題鎮海樓　明釋德祥

斯樓屢易名，一上一傷情。白屋多爲戍，青山半作城。雨中春樹出，風裏晚潮生。亦有歸鴉早，閑啼四五聲。

錢塘江遇雨　明劉理順

微雨來江上，濛濛曉未收。故園千里隔，客夢一身浮。烏桕家家樹，魚榔岸岸舟。觀濤無不可，須上幾重樓。

江潮　明張瀚

江盡遥連海，東來白浪生。雪移天際色，雷撼地中聲。射弩功非偶，浮鴟恨未平。風波一過眼，徒有濟川情。

鹽官望海　明黄巖

出自東門望，茫茫渤澥空。三山盡縹緲，一氣總鴻濛。潮影連雲白，波光射日紅。獨憐浮海客，吾道豈終窮。

錢塘樓宴坐觀濤　明鄭善夫

錢王此開濟，旋入宋山河。潮汐秋來壯，雷霆水上多。尚傳江有怒，翻恨海無波。颯颯攢陵樹，悲風日夜過。

國朝

西陵夜渡　何維楨

日落潮聲遠，微明兩岸燈。陰雲迷北極，風雨渡西陵。緑水漁舟泛，青山蠟屐登。惠連詩句好，今日更誰能。

江雨　沈寧

一望知何處，茫茫咫尺愁。烟深迷遠樹，波細浴輕鷗。孤嶼連雲濕，長天接水浮。明朝風日好，酬酒别江頭。

錢塘江行雜詩　周茂源

塵夢空江净，天風不厭喧。櫓柔輕白浪，山妙領黄昏。多難扁舟得，當心畫角屯。倦飛真一笑，歸鳥遍遥村。霸業消烟水，潮荒萬弩風。片颿殘照下，孤月亂流中。歸馬方嘶北，征鴻日向東。喜聞金革定，丹壑縱衰翁。客路逢霜降，離愁入夜紛。人還吴苑雪，夢駐越溪雲。燈火衣香見，江山戍柝聞。何時操作罷，同釣五湖濆。

江上咏　李炳

錢塘風色好，迢遞縱登臨。潮怒蛟龍起，峰高烏雀深。青山隨客路，碧水照人心。莫爲悲行役，詩懷自不禁。

題宋人江泊圖　李肇亨

愛見江邊樹，蕭疏落照前。遠峰分霽色，小塢共寒烟。雁跡留沙渚，猿聲到客船。十年湖海夢，今日倍依然。

江行　龔翰

江上舟偏小，山隨左右看。樹根棲怒石，帆影壓危灘。水勢天逾濶，風聲人未寒。可知篙櫓外，今古一波瀾。

舟發錢塘看嚴陵一帶山水　楊思聖

泛泛嚴陵棹，無山不水源。行人聽石瀨，舟子報潮痕。岸斷深藏路，峰回遠認村。挂檣風正利，漁唱不聞喧。

雨發江干　查慎行

皛皛江光去，昏昏海氣連。雲沈離岸樹，風漲落潮天。熟路便孤客，輕裝稱小船。十年遊跡在，重檢舊詩篇。

錢江晚望　王錫

我愛錢塘晚，遊行興未闌。雲帆歸浦外，海月吐林端。木落蟬聲苦，江空雁陣寒。采菱何處女，唱出荻花灘。

觀潮　王錫

風激滄溟立，驚濤拍翠巒。朝昏存大信，天地豁奇觀。皦日雷頻作，秋江雪早寒。賈帆收欲盡，千里水瀰漫。

錢塘觀潮　王錫

江皋雨初霽，遥見海門開。乍喜群鷗泛，俄驚萬馬來。秋聲連遠樹，雪片灑層臺。願遣狂瀾息，長懷砥柱才。

渡錢塘　劉正誼

遊子辭鄉邑，晴江穩放舟。布帆雙櫓健，落日大江浮。雲樹牽新恨，波濤壯古愁。回頭莫漫看，吴越判中流。

登吴山望錢塘江　宋至

不淺登臨興，春烟喜乍收。山川總佳麗，竹樹亦清幽。紅寺隨風轉，青尊盡日留。只今吴越恨，同作一江流。

海門望海　劉廷璣

極目浩無際，風潮頻往回。乾坤何處盡，日月此中來。美玉文魮孕，明珠老蚌胎。太平傳盛事，重譯到天台。

晚發江干　厲鶚

落日挂帆去，背人飛鸖鵝。風烟秋半凈，江水晚來波。漁浦山争出，樟亭樹忽過。尋源意飄蕩，一聽越鄉歌。

江皋夜宿　張芳

夜宿江皋寺，天寒尚有霜。林空生海日，高枕夢羲皇。有恨花重發，無人草獨芳。不如漁父好，終老在滄浪。

登吴山伍公臺望江　張芳

空翠渺無際，潮聲下百川。樓臺分井邑，鐘磬出諸天。雉堞層巒迴，江雲斷岸連。丁仙遺跡在，相與説桑田。

七言律詩

九日宴浙江西亭　唐錢起

詩人九日憐芳菊，延客高齋宴浙江。漁浦浪花摇素壁，西陵樹色入秋窗。木奴向熟懸金實，桑落新開瀉玉缸。四子醉時争講習，笑論黄霸舊爲邦。

送章孝標校書歸杭州因寄白舍人　唐楊巨源

曾過靈隱江邊寺，獨宿東樓看海門。潮色銀河鋪碧落，日光金柱出紅盆。不妨公事資高卧，無限詩情要細論。若訪郡人徐孺子，應須騎馬到沙邨。

重夸州宅旦暮景色兼酬前篇末句　唐元稹

仙都難畫亦難書，暫合登臨不合居。繞郭烟嵐新雨後，滿山樓閣上燈初。人聲曉動山門闢[三]，湖色宵涵萬象虚。爲問西州羅刹岸，濤頭衝突近何如？

微之重夸州居，其落句有西州羅刹之誚，因嘲兹石，聊以寄懷　唐白居易

君問西州城下事，醉中叠紙爲君書。嵌空石面標羅刹，壓捺潮頭敵子胥。神鬼曾鞭猶不動，波濤雖打欲何如。誰知太守心相似，抵滯堅頑兩有餘。

杭州春望　唐白居易

望海樓明照曙霞城東名樓望海樓，護江堤白蹋晴沙。濤聲夜入伍員廟，柳色春藏蘇小家。紅袖織

綾誇柿蔕，青旗沽酒趁梨花。誰開湖市西南路？草緑裙腰一道斜。

江樓夕望招客

唐白居易

海天東望夕茫茫，山勢川形濶復長。燈火萬家城四畔，星河一道水中央。風吹古木晴天雨，月照平沙夏夜霜。能就江樓銷暑否，比君茆舍較清凉。

江樓晚眺，景物鮮奇，吟翫成篇，寄水部張員外

唐白居易

澹烟疏雨間斜陽，江色澄鮮海氣凉。蜃散雲收破樓閣，虹殘水照斷橋梁。風翻白浪花千片，雁點青天字一行。好著丹青圖畫取，題詩寄與水曹郎。

元微之除浙東觀察使，喜得杭、越鄰州，先贈長句

唐白居易

稽山鏡水歡遊地，犀帶金章榮貴身。官職比君雖校小，封疆與我且爲鄰。郡樓對翫千峰月，江界平分兩岸春。杭越風光詩酒主，相看更合與何人。

欲到西陵寄王行周　唐李紳

西陵沙岸回流急，西陵渡在蕭山縣西二十里，錢王以陵非吉語，改曰西興。船底黏沙去岸遥。驛吏遞呼催下攬，掉郎閑立道齊橈。猶瞻伍相青山廟，盧大輔伍子胥祠名曰漢史胥山，今名青山謬也。未見雙童白鶴橋。欲責舟人無次第，自知貪酒過春潮。

觀潮　唐朱慶餘

木落霜飛天地清，空江百里見潮生。鮮飇出海魚龍氣，晴雪噴山雷鼓聲。雲日半陰川漸滿，客帆皆過浪難平。高樓曉望無窮意，丹葉黄花繞郡城。

贈杭州嚴使君　唐章孝標

州青縣白浙河濆，飽向蒼龍闕下聞。鼓角自嚴寒海月，旌旗不動濕江雲。風騷處處文章主，井邑家家父母君。長恐抱轅留不住，九天鴛鷺待成群。

送劉郎中牧杭州　唐薛逢

一州横制浙江灣，臺榭參差積翠間。樓下潮回滄海浪，枕邊雲起剡溪山。吴江水色連堤濶，越俗春聲隔岸還。聖代牧人無遠近，好將能事濟清閑。

贈所知　唐許渾

因釣鱸魚住浙河，挂帆千里亦相過。茆檐夜醉平階月，蘭棹春歸拍岸波。湖日似陰鼉鼓響，海雲纔起蜃樓多。明時又作閑居賦，誰薦東門策四科。

浙江晚渡懷古　唐劉滄

蟬噪秋風滿古堤，荻花寒渡思萋萋。潮聲歸海鳥初下，草色連江人自迷。碧落晴分平楚外，青山晚出穆陵西。此來一見垂綸者，却憶舊居明月溪。

錢塘江潮　唐羅隱

怒聲洶洶勢悠悠，羅剎江邊地欲浮。漫道往來存大信，也知反覆向平流。狂抛巨浸疑傾底，猛過西陵只有頭。畢竟朝昏誰主掌，好騎赬鯉問陽侯。

武林即事寄程給事　宋趙抃

七十隨緣豈有由，樂天曾不厭杭州。青山未隱如千里，白首重來又九秋。月窟仙人遺桂子，海門神物助潮頭。自慚老守無心力，坐鎮吾民静即休。

送人遊杭　宋石延年

激激霜風吹黑貂，男兒醉別氣飃飃。五湖載酒期吴客，六代詩成倍楚橋。水樹漸青含晚意，江雲初白向春嬌。前秋亦擬錢塘去，共看龍山八月潮。

錢塘江潮　宋徐積

獨派豈從天漢墜，千濤争趁海波還。齊聲怒過轟雷鼓，亂沫噴來碎玉山。塵土拓開心目外，冰霜留在骨毛間。君看江上潮平候，恰似魚龍戰鬬閑。

滄溟幾道入江淮，此獨奇哉復怪哉。風雨初隨霜練起，雷霆俄送雪山來。豈無海物齊驅過，亦似神兵合陣回。君向西湖亭上看，杭州不信有塵埃。

和浙江觀潮　宋蔡襄

地卷天回出海東，人間何事可争雄。千年浪説鴟夷怒，一信全疑渤海空。寂静最宜聞夜枕，峥嶸須待駕秋風。尋思物理真難測，隨月虧圓亦未通。

紹聖二年八月十八日觀潮浙江亭　宋米芾

怒勢豪聲迸海門，州人傳是子胥魂。天排雲陣千雷震，地卷銀山萬馬奔。高與月輪參朔望，信如壺漏報朝昏。吴争越戰成何事，一曲漁歌過遠村。

觀潮　宋齊唐

何意滔天苦作威，狂驅海若走馮夷。因看平地波翻起，知是滄浪鼎沸時。初似長平萬瓦震，怒如員嶠六鼇移。直應待得澄如練，會有安流往濟時。

浙江有感　宋王回

候潮門外浙江西，曾憶浮舟自此歸。萬古波濤今日是，一身蹤跡昔人非。愁侵壯齒頭先白，淚入秋風眼易眵。日暮徬徨不能去，連堤疏柳更依依。

次韻天官韓尚書《七月十八日風雨中觀潮》，予内直不赴

宋周必大

禁直惟聞漏鼓催，潮聲遥聽訝蚊雷。忽傳傑句天邊得，如對洪濤海上來。大筆直能扶急雨，小才何敢助涓埃。古今奇觀須秋半，好句重銜伯雅杯。

海潮圖

宋樓鑰

錢塘佳月照青霄，壯觀仍看半夜潮。每恨形容無健筆，誰知收拾在生綃。蕩摇直恐三山没，咫尺真成萬里遥。金闕岧嶤天尺五，海王自合日來朝。

錢塘懷古

宋汪斗建

江上城低烟樹紅，江潮西去幾時東。吴宫花草隨春暮，禹會樓臺入夢空。萬里孤雲留夕照，千年遺恨訴秋風。鳳凰飛去無消息，漠漠遥岑烟雨中。

海潮　宋賀方回

高岸如陵累石頑，一枝横海亘中間。九軍雷鼓震玉壘，萬里黑雲驅雪山。秦政維舟羞膽怯，史遷舐筆恨才慳。錢郎幾許英雄氣，强弩三千擬射還。

過六和塔前江亭小憩　宋陸游

斷岸孤亭日暮時，欄邊聊試葛巾攲。偶觀挂席乘潮快，便覺懸車納禄遲。痛飲相如無奈渴，清言叔寶不能羸。年來親友凋零盡，惟有江山是舊知。

浙江晚眺　元馬臻

昔年吴越事并吞，留得青山只斷魂。落日正明漁浦渡，歸鴉遥點范家村。雲分雨脚回沙溆，帆趁潮頭出海門。欲問凄凉千古意，鴟夷何處有兒孫。

次韻孟天暐郎中看潮四首　元陳基

千古英雄恨未銷，海風吹上浙江潮。怒驅貔虎誰能敵，雄壓鯤鯢不敢驕。踏浪掀旂空遠迓，臨流投袂若爲招。扁舟浩蕩身先進，輸與陶漁共採樵。

雪涌潮頭萬叠多，秋風贔屭吼靈鼉。真疑碧海金鼇擲，復恐陰山鉄騎過。勾踐功名今寂寞，麻姑消息近如何。憑君更闡神明力，翻却蓬萊弱水波。

千古東南説海潮，摩挲强弩未全消。氣乘日月分盈縮，聲振山河欲動摇。擊楫中流歌慷慨，倚闌斜日鬢飀蕭。錢塘官酒秋仍緑，更與靈胥酹一瓢。

風起城南思慘悽，獨携長劍倚長堤。未談秋水驚河伯，先跨江濤掣海鯢。力障狂瀾扶砥柱，手揮妖祲豁坤倪。東流不盡憑欄倚，長笑歸來日已西。

次韻魯參政觀潮　元柳貫

怒濤捲雪過樟亭，人立秋風酒旆青。日轂行天淪左界，地機激水出東溟。倒排山嶽窮千變，闔闢雷雲竦百靈。望海梅頭追勝賞，坐中賓客弁如星。

風陣先驅入坐間，雪濤千叠涌如山。太陰成魄清秋正，元氣流行大信還。絳額青綃方戰罷，素車白馬自神閑。歸墟咫尺蓬萊島，斜日將西認髻鬟。

杭州風雨中簡子昂　元戴表元

五月錢塘風雨秋，懷人頻倚面山樓。雲收樹色遥成海，水學江聲暗入溝。一斗盡輸無事飲，千金不買解寒裘。自憐寂寞無元學，車馬門前過似流。

觀潮　元楊載

潮頭初起壯何如，如阜如岡乍有無。高浪驚天龍出没，疾風吹樹鳥讙呼。陰陽莫測機先札，朝夕初生信不渝。海若向來誇水德，已應傾倒盡歸墟。

望海　元楊載

海門東望浩漫漫，風颶無時縱惡湍。黑霧漲天陰氣盛，滄波銜日曉光寒。豈無方士求靈藥，亦有幽人把釣竿。摇蕩星槎如可馭，别離塵土亦何難。

送戴尊師入越　元楊載

躍馬年年塞北道，春風此日送歸舟。山中樹老飛玄鶴，江上莎長卧白鷗。欲與謝公同隱逸，肯容賀老獨風流。山陰道士如相見，沽取郫醪醉未休。

次韻方子踐觀潮　元黄溍

潮生潮落有時休，朝莫吴兒幾白頭。被髪祇誇迎駭浪，側身寧解障奔流。江吹碧瓦人聲曉，雲閃朱旗海氣秋。後夜月明天在水，有誰能此試登樓。

題觀海圖　元黄溍

昔年解攬岑江上，初日團團水底紅。鼍吼忽摇千尺浪，鷁飛仍挾半帆風。遥看島嶼如星散，祇謂神仙有路通。及此棲身萬人海，舊遊却在畫圖中。

和顧仁甫觀潮　元朱德潤

候潮翻雪響瀧瀧，砥柱中流勢激撞。豈有明璫遺洛浦，欲投圓璧誓長江。雲濤雜沓蜃樓起，海嶠微茫雁字雙。莫訝伍胥遺恨在，越山南去未成降。

客杭九日别柳道傳、黄晋卿，出飲江頭陳氏樓，客雜甚　元吴師道

黄菊開時酒價廉，晚聲沙市簇青帘。不堪衣袂猶爲客，偶上樓頭試卷簾。良友相逢還易别，老兵對飲且無嫌。西風放棹龍山去，何必踈狂脱帽簷。

錢塘懷古率堵無傲同賦 元楊維楨

天山乳鳳飛來小，南渡衣冠又六朝。劫火自焚楊璉塔，箭鋒猶抵伍胥潮。燐光夜附山精出，龍氣秋隨海霧消。惟有宫人斜畔月，多情還自照吹簫。

發舟錢塘 元李孝光

五年羈客留荆楚，今日江頭把繡衣。鴻雁夜飛天氣白，蛟龍晝蟄水妖微。彈冠終坐王陽起，敝褐何年季子歸。一舸南遊真勝事，幽期未與故人違。

次韻段推官觀潮 元張雨

雲濤捲入白螺杯，雲夢吞將灧澦堆。陳馬直從天漢落，颶風先自海門來。青山一向開銀壁，黄傘中央立露臺。好在畫圖留壯觀，江頭白首不堪回。

錢塘潮 元馬祖常

石橋西畔竹棚斜，閑日浮舟閲歲華。金鏊懸崖開佛國，玉分飛瀑過人家。風枝鸖下春鳴垤，雨樹猿啼暝躅花。欲賃茭田來此住，東南更望赤城霞。

渡錢塘江　元周棐

日出長江烟霧開，越山吴樹抱江回。霸圖縱跡空今古，天塹東南有劫灰。山郭雨昏雲似墨，海門潮急浪如雷。舟師省柁須看客，不數瞿塘灔澦堆。

錢塘觀潮　元仇遠

一痕初見海門生，頃刻長驅作怒聲。萬馬突圍天鼓碎，六鼇翻背雪山傾。遠朝魏闕心猶在，直上嚴灘勢始平。寄語吴兒休踏浪，天吴象罔正縱横。

己卯冬書江頭段家樓　元何景福

問酒江頭解黑貂，朔風吹面冷蕭蕭。雲黏海樹天浮雨，土屑鹽花水不潮。錢氏箭埋金鏃壯，張侯祠鎮石塘遥。吟邊多少興亡事，猛拍闌干恨未消。

登子胥廟因觀錢塘江潮 元方行

吴越中分兩岸開，怒濤千古響奔雷。子胥不作忠臣死，勾踐終非霸主才。歲月消磨人自老，江山壯麗我重來。鴟夷鉄箭俱安在，目斷洪波萬里回。

東海朝暾 元凌雲翰

紺霧彤霞爛不收，海門東望浪花浮。超騰渤澥三千里，照耀閻浮四百州。暘谷飛烏看翕赩，高岡鳴鳳自優遊。近來誰作賓王句，試與重吟鷲嶺樓。

八月望日登樓觀潮 元錢惟善

白馬濤頭駕素車，至今猶是詫靈胥。千年元氣淋漓後，八月長風震盪初。顧兔盈虚端不爽，神龍變化竟如何。須臾落日明江練，東逝滔滔泄尾閭。

錢塘懷古次高則誠韻 元張天英

錢塘潮上海門深，千古靈胥恨未平。北斗文星常黯黯，内園宫樹尚陰陰。承華殿冷西人語，太乙壇空上帝臨。月黑鄂王祠下路，風吹青火出山林。

吴山觀濤次劉本中韻　元釋守仁

誰扶砥柱障狂瀾，謾向江亭酹酒看。風力拔山鼉鼓振，雨聲揺海蜃樓寒。尋常鷗鳥知何在，多少龍魚不自安。獨愛劉乂詞賦好，伍王祠下更凭欄。

觀潮次貝廷琚韻　元張昱

世代銷沈在此聲，幾回東下復西傾。翻騰日月迷朝夕，簸蕩魚龍定死生。銜石每憐精衛小，投膠未見濁河清。眼前波浪猶如此，莫説蓬萊頂上行。

晚泊海寧州　明劉基

春霧今朝氣稍清，空江一舸客心驚。東流濁浪衝山動，西望長庚似月明。不有龔黄爲郡縣，空教耒耜化戈兵。普天何處非王土，無地安身懷此生。

送李使君鎮海寧　明高啓

海風千里卷雙旌，按轡初聞屬部清。民雜島夷争午市，潮隨山雨入秋城。鳴狐不近睢陽廟，突騎猶屯廣利營。肯掃帳中容我醉，夜深燃燭卧談兵。

舟過錢塘有感　明陳汝言

錢塘江上水悠悠，落日扁舟送客愁。雲氣欲含千嶂雨，潮聲遠帶大江流。征帆且復停洲渚，晚飯應須上柁樓。見説西湖載歌舞，春風不似舊時遊。

送王景方歸杭州　明顧潤

闔閭城外送歸航，流水何如客思長。已遣停杯傾别酒，還教携手上河梁。白蘋漁浦迷秋色，紅樹官亭帶夕陽。最是不堪凝望處，青山無數隔錢塘。

浙江亭觀潮　明貝瓊

山推岸坼晝暝暝，劾地西風帶蜃腥。滄海倒流吞日月，青天中立走雷霆。欲招白馬今無跡，莫信神魚尚有靈。一氣虛空自升降，乾坤與我亦浮萍。

望海　明俞安期

積氣茫茫九水都，望來空濶盡東隅。雲霞午夜浮光動，雷雨中流片影孤。日有靈烏棲析木，時無遊馬繫秦蒲。島夷向識滄波道，烽燧防春亦遠圖。

同汪魯二將軍登寶山看海　明錢允治

地軸東虧接混茫，空明何處是扶桑。青山一點孤城黑，碧月半輪殘照黃。横海樓船天漠漠，隔沙烟樹水蒼蒼。野夫却喜狼烽息，醉飲將軍寶纛旁。

錢塘懷古　明徐繼思

胥邱西郭水連天，慶忌孤墳落照偏。夜夜海潮飛白馬，年年江月度烏鳶。越王臺榭愁荒草，吴苑笙歌泣斷烟。七十二峰零亂後，只今依舊采蓮船。

晚渡錢塘　明陳子龍

吴山越岫隔中流，簫鼓平明青翰舟。萬里晴江開曉郭，千帆春草送芳洲。桃花欲落潮先至，鶯語初聞露未收。何事西陵常問渡，不堪獨上望京樓。

錢塘東望有感　明陳子龍

清溪東下大江回，立馬層涯極望哀。曉日四明霞氣重，春潮三浙浪花開。禹陵風雨思王會，越國山川出霸才。依舊謝公攜屐處，紅泉碧樹待人來。

觀潮　明李宗表

江上秋風八月潮，浪花吹雪過山椒。雄吞越徼聲喧䃮，高蹴吴天影動揺。鐵箭事聞今尚在，鴟夷魂遠有誰招。滔滔無限朝宗意，夜久魚龍漫寂寥。

浙江秋濤　明高得暘

秋滿湖天八月中，潮頭萬丈駕西風。雲驅蛟蜃雷霆鬭，水激鵾鵬渤澥空。自古江山誇壯麗，至今父老説英雄。諸溪近海徒相應，氣勢安能與此同。

浙江秋濤　明無名氏

怒挾西風勢未休，滔滔何處覓安流。青山隔岸分吴越，白浪排空過斗牛。鐵箭有靈來昨日，素車遺恨已千秋。晚來試倚樟亭立，楓葉蘆花一望愁。

錢塘　明柳雲霄

天隨望落低低鳥，海欲潮生細細風。裘戀客邊春夜冷，夢依天末翠微空。雲深碧樹渾經濕，日落清江半染紅。愁倚西樓芳草合，吴山越水暮烟中。

望潮　明孫一元

獨倚危岑岸接羅，晚潮初上練痕齊。亂撾鼉鼓妖蛟舞，倒捲銀山海日低。弓弩千年人去後，帆檣萬里望中迷。憑誰唤起眉山老，爲誦錢王廟裏題。

錢塘夜泊　明王穉登

孤舟三日雨淙淙，夜泊錢家舊建邦。桑過石門青拂枕，水經檇李黛含窗。六橋花盡休携酒，五月潮平好渡江。此去報恩慚烈士，匣中龍劍氣難降。

國朝

錢塘觀潮　沈謙

開襟遥睇大江皋，八月秋風正怒號。蜃氣南生漁浦暗，潮聲西上釣臺高。猶憐古塹沈飛弩，誰向寒沙洒濁醪。浪泊迢迢銅柱起，烟塵此日愧吾曹。

夜泊錢塘　周茂源

津亭極望海門遥，水國輕寒夜泬寥。隔岸青山神禹廟，中流白浪伍胥潮。春星萬點連漁火，宿雨兼旬變柳條。咫只桐江圖畫裏，牽舟無奈石尤驕。

江潮　丁文焕

羅刹江頭八月潮，吞山挾海勢雄豪。六鼇倒捲銀河濶，萬里横奔雪嶂高。自是乾坤通氣脉，無非神物作波濤。吴兒弄險須臾事，坐看平流濟萬艘。

吴山望浙江　朱彝尊

一峰高出萬松寒，磴道虚疑十八盤。近海魚龍吹宿霧，中天日月轉浮瀾。風帆岸壓明珠舶，仙樹花濃白石壇。舊是錦衣行樂地，江山真作霸圖看。

自漁浦挂席至富陽同初白聯句　朱彝尊

艑郎唱櫓雨初消查慎行，突起東風送客舠。百里晴山低似屋彝尊，一江新水健於潮。得携老伴無拘束慎行，縱是貪遊未寂寥。况有月波春甕在彝尊，隔船不乏酒人招慎行。江山小舡急浪衝彝尊，疾若鷙鳥凌霜寒慎行。灣環忽轉赤亭岸彝尊，俄頃不見南高峰慎行。鮹魚出網白尾尾彝尊，烏桕夾路青茸茸慎行。井西道人畫不得彝尊，暖翠浮嵐如此濃慎行。

雪後從西興晚渡錢塘江　查慎行

牛車没轂水何渾，暗長春潮二尺痕。萬竈鋪烟沈海戍，兩山銜雪束江亹。船開渡口愁將晚，月到圓時過上元。莫負承平好風景，河塘燈火鬧黄昏。宋時，沙河塘燈火最盛，東坡詩：『繁星鬧河塘』。

海塘告成，次中丞屠艾山原韻　查嗣瑮

重將斥鹵作陂田，敷土神工豈偶然。黑水無波疑縮地，黄星不騁竟回天。明經特借經臣力，砥柱應資柱石賢。可但海隅歌衽席，百年四郡慶安全。

傳將佳句叶州閭，凋轍何須顧鮒魚。賦就馬銜先避地，圖成海若已潛軀。回潮不用三千弩，灑浚虚傳十二渠。永與東南紀成績，朝宗絡繹走舟車。

日月浮天互吐吞，紛紛鮫鰐起遊魂。心慚負石功難補，目駭囊沙蹟尚存。永爲坤輿窮沃汜，重教元化返胚渾。夕雲宿霧俱收斂，龕赭依然舊海亹。

手障狂瀾直欲東，嵬然碕岸與天通。憑將當代濟川楫，幻作虚空駕海虹。澤國千年成息土，晴天萬里見仙篷。漉沙增灶人無恙，笑指平成百世功。

春江　毛奇齡

湛湛春江覆綠波，夕陽江上奈愁何。人家菰菜新晴少，浦口楊花薄暮多。野霧行舟迷遠渡，晚寒歸鳥聚高柯。到來三載隨漁父，不道還爲澤畔歌。

登吳山蘭若同張孝廉　毛奇齡

岧嶤紺闕快同登，直上吳山第一層。柑杪寒濤翻北郭，帆來古渡是西陵。中天化雨迷香象，落日秋風對季鷹。我欲遠尋蓬島去，何年東望海雲蒸。

西陵渡即事　毛奇齡

望京門外舊樟亭，驛路臨江蔽遠坰。風轉一帆沙嶼白，天低兩岸海潮青。通關賈舶摇旌旆，下瀨軍書綴羽翎。叢笛幾行相望隔，有人垂釣在滄溟。

錢塘西路固陵舠，十里平沙官渡遥。鎮海舊樓飛紫□，教兵新堞散紅椒。希轉曰：《越絶書》有敕兵城，今又名教兵，有新壘。平原兔暖看馳獵，曲港鰍高欲上潮。白馬素車長在望，哀魂千載竟誰招。

登江上樓　王錫

書劍頻年事遠遊，聊扶殘醉上危樓。飄零季子裘空敝，慷慨班生筆未收。日色遥含千樹晚，濤聲近薄一江秋。此身去就渾無定，每向登臨動旅愁。

西陵返棹　劉正誼

高低市火映寒流，入夜西陵獨放舟。復見芳烟迷客路，曾聽疏雨卧僧樓。水連樹碧砧聲寂，霜染林紅鳥夢幽。明月河梁回望處，隔江雲物尚勾留。

輕風簇浪細如花，百里清江夜色賒。心惜峰巒偏易别，身耽鷗鷺喜還家。山鐘野寺參差吼，譙鼓嚴城歷亂撾。認得村西賣酒店，紅闌杆曲小旗乂。

秋渡錢塘　陸舜

越絶山川半似吴，錢塘東渡片帆孤。滿空雲物弄秋色，兩岸江城入畫圖。水落萬峰看樹小，風高九月聽潮無。追思吴越當年事，故壘西邊叫□鴣國朝。

八月十八日觀潮　厲鶚

西風吹客出重城，乘興聊爲江上行。買酒旗亭望山遠，焚香野廟拜潮生。喧呼兒女秋誇雪，浩蕩黿魚晚弄晴。欲學盧郎無賦筆，老夫胷次尚峥嶸。

校勘記

［二］中華書局本《元稹集》卷二十二《重夸州宅旦暮景色兼酬前篇末句》「山」作「千」。

欽定四庫全書海塘録　卷二十五　藝文八

五言排律

樟亭觀潮　唐宋昱

濤來勢轉雄，獵獵駕長風。雷震雲霓裏，山飛霜雪中。激流高失岸，吹澇上侵空。翕闢乾坤異，盈虚日月同。艅艎從陸起，洲浦隔阡通。跳沫噴巖翠，翻波帶景紅。怒湍初抵北，却浪復歸東。寂聽堪增勇，晴看自發蒙。伍生傳或謬，枚叟説難工。來信應無已，申威亦匪窮。衝騰如決勝，回合似相攻。委質任平視，誰能測始終。

越江秋曙　唐蕭穎士

扁舟東路遠，曉月下江濆。瀲灩信潮上，蒼茫孤嶼分。林聲寒動葉，水氣曙連雲。暾日浪中出，榜歌天際聞。伯鸞常去國，安道惜離群。延首剡溪近，咏言懷數君。

東樓南望八韻　唐白居易

不厭東南望，江樓對海門。風濤生有信，天水合無痕。鷁帶雲帆動，鷗和雪浪翻。魚鹽聚爲市，烟火起成村。日脚金波碎，峰頭鈿點繁。送秋千里雁，報暝一聲猿。已豁煩襟悶，仍開病眼昏。郡中登眺處，無勝此東軒。

渡西陵十六韻并序　唐李紳

七年冬十有三日，早渡浙江，寒雨方霖，軍吏悉在江次，越人年穀未成，霪雨不止，田畝浸溢，水不及穗者數寸。余至驛，命押衙裴行宗先賫，祝辭東望拜大禹廟，且以百姓請命。雨收雲息，日朗者三旬有五日。刈穫皆畢，有以見神之不欺也。

雨送奔濤遠，風收駭浪平。截流張旆影，分岸走鼙聲。獸逐銜波涌，龜艨噴棹輕。海門凝霧暗，江渚濕雲横。雁翼看舟子，魚鱗辨水營。騎交遮戍合，戈簇擁沙明。謬履千夫長，將詢百吏情。下車占黍稷，冬雨害粢盛。望禱依前聖，垂休冀厚生。半江猶慘澹，全野已澄清。愛景三辰朗，祥農萬庾盈。浦程通曲嶼，海色媚重城。弓日鞬櫜動，旗風虎豹争。及郊揮白羽，入里卷紅旌。愷悌思陳力，端莊冀表誠。臨人與安俗，非止奉師貞。

杭州觀潮

唐姚合

樓有樟亭號，濤來自古今。勢連滄海濶，色比白雲深。怒雪驅寒氣，狂雷散大音。浪高風更起，波急石難沈。鳥懼多遥過，龍驚不敢吟。坳如開玉穴，危似走瓊岑。但褫千人魄，那知伍相心。岸摧連古道，洲漲踣叢林。跳沫山皆濕，當江日半陰。天然與禹鑿，此理遣誰尋。

和運使舍人觀潮次韻

宋范仲淹

何處潮偏盛，錢塘無與儔。誰能問天意，獨此見濤頭。海浦吞來盡，江城打欲浮。勢雄驅島嶼，聲怒戰貔貅。萬疊雲纔起，千尋練不收。長風方破浪，一氣自横秋。高岸驚先裂，群源怯倒流。騰凌大鵾化，浩蕩六鰲遊。北客觀猶懼，吴兒弄弗憂。子胥忠義者，無覆巨川舟。

把酒問東溟，潮從何代生。寧非天吐納，長逐月虧盈。暴怒中秋勢，雄豪半夜聲。堂堂雲陣合，屹屹雪中行。海面雷霆聚，江心瀑布横。巨防連地震，群檝望風迎。踊若蛟龍鬭，奔如雨雹驚。来知千古信，回見百川平。破浪功難敵，驅山力可并。伍胥神不泯，憑此發威名。

國朝

錢塘晚渡　王錫

兩岸芙蓉醉，秋江入畫圖。風多歸鳥亂，日落片帆孤。漁子波心釣，舟人渡口呼。荻花飛雪盡，楊柳着霜枯。雲物方辭越，關津忽到吴。水寒烟不起，山遠樹全無。緑綺琴猶在，紅亭酒用沽。名心輕早歲，世味識窮途。異國疏狂客，鄉鄰笑竪儒。還家莫惆悵，蘿月弄西湖。

五言截句

初下浙江舟中口號　唐孟浩然

八月觀潮罷，三江越海潯。回瞻魏闕路，空復子牟心。

杭州祝濤頭二首　唐徐凝

不道沙堤盡，猶欺石棧頑。寄言能白雪，休去打青山。

送薛二十三郎中赴婺州 唐姚合

我住浙江西，君去浙江東。日日心來往，不畏浙江風。

别杭州 唐姚合

醉與江濤别，江濤惜我遊。他年婚嫁了，終老此江頭。

晚望 宋度宗

鷗鷺歸烟渚，秋江挾晚晴。老漁閑檥艇，坐待月華生。

宴玉津園江樓 宋任希夷

風静潮痕减，江空夕照多。星星波上艇，隱隱岸邊莎。
風光連北闕，景物傍西湖。禁籞濤江上，兹樓天下無。
虚齋留御榻，小逕近層崖。再拜觀奎畫，渾疑侍玉堦。
參天宫柏翠，布地禁花紅。臺沼如文囿，規摹有汴風。

江上　宋釋永頤

江頭雲閣雨，柳色與春深。艒發春風阻，誰知客子心。

秋江曉渡圖　元楊維禎

船泊大江口，行人與馬争。不如漁艇子，高卧待潮平。

東歸次錢塘先寄弟　元范欽

月落天將曙，風高浪欲層。夜來春草夢，先已度西陵。

春夜錢塘江行　元吴宗儒

小艇發江干，入夜東風起。帶雨掛輕帆，西行三百里。

潮　元孫承宗

休嫁弄潮兒，潮今已失信。乘我油壁車，去向錢塘問。

江邨　法聚

殘陽在木末，遠鳥没孤嶼。漁舟歸未歸，吹笛芙蓉渚。

國朝

浙江秋濤　張丹

萬里西風吹，洪濤撼江閣。掛帆白塔下，瞥眼富春郭。

閑亭候潮　張丹

極目秋江濶，空亭獨倚攔。早潮猶未上，落月如金盤。

浙江秋濤

諸壬發

倏忽大風發，群龍若昂首。青天無片雲，夾岸雷霆走。

閑亭候潮

諸壬發

近水白平野，遠山紅入天。早潮倏已至，江路亂流烟。

偕李孝廉入閩初發江干

朱彝尊

清江自西來，海水逆流合。我帆掛東風，遥指富春塔。

初發江干

查慎行

江路羊腸回，江風羊角合。漸近漁浦潭，忽失六和塔。

錢塘江行雜詩　曹溶

春水浴文石，諸花夾相送。行窮兩岸山，未覺輕舟動。
采緑人何在，霜林數十家。屋前看越嶺，終日漾清沙。
月愛回溪暖，叢篁十月新。臨流時濯足，驚起踏歌人。

六言截句

浙江　元吴師道

兩山噴雪眩轉，三道奔波淼漫。白塔故宫高殿，行人來倚闌干。

江邊　元李孝光

江邊孤樹猶碧，天際白雲自流。七十二灘浩蕩，夕陽照見歸舟。

國朝

江行雜詩　查慎行

人家泥浦漁浦，驛路樟亭赤亭。黄犢鳴邊草緑，畫眉啼處峰青。
船頭載餘杭酒，枕上看富春圖。老伴不離鵝鴨，浮踪又落江湖。

雨中江上　厲鶚

樹外雨隨風至，塘邊水入田流。帆底廟子沙口，人語龍山渡頭。
橘蠹化雙飛蝶，桑芽飼再熟蠶。隔岸雲屯黑白，近城岫洗青藍。
村娃向井提瓮，田父銜烟曳柴。老我三家竹墅，宜人一緉棕鞵。
梅候不便北客，波官多賽南朝。江平觀漲小艇，雨歇迎神洞簫。

七言截句

渡浙江問舟中人　唐孟浩然

潮落江平未有風，扁舟共濟與君同。時時引領望天末，何處青山是越中。

送陶十赴杭州攝掾　唐劉長卿

莫嗟江城一掾卑，滄州未是阻心期。浙中山色千萬狀，門外潮聲朝暮時。

渡浙江　唐盧綸

前船後船未相及，五兩頭平北風急。飛沙卷地日色昏，一半征帆浪花濕。

答微之泊西陵驛見寄　唐白居易

烟波静處一點白，應是西陵古驛臺。知在臺邊望不見，暮潮空送渡江回。

潮　唐白居易

早潮纔落晚潮來，一月周流十六回。不獨光陰朝復暮，杭州老去被潮催。

浪淘沙詞　唐白居易

一泊沙來一泊去，一重浪滅一重生。相攪相淘無歇日，會教山海一時平。
白浪茫茫與海連，平沙浩浩四無邊。朝來暮去淘不住，遂令東海變桑田。
青草湖中萬里程，黄梅雨裏一人行。愁見灘頭夜泊處，風翻暗浪打船聲。
借問江潮與海水，何似君情與妾心。相恨不如潮有信，相思始覺海非深。
海底飛塵終有日，山頭化石豈無時。誰道小郎抛少婦，船頭一去没回期。
隨波逐浪到天涯，遷客生還有幾家。却到帝鄉重富貴，請君莫忘浪淘沙。

應舉題錢塘公館　唐陳去疾

萬里茫茫天塹遥，秦皇底事不安橋。錢塘江口無錢過，又阻西陵兩信潮。

觀潮　唐劉禹錫

八月濤聲吼地來，頭高數丈觸山回。須臾却入海門去，卷起沙堆似雪堆。

觀浙江濤　唐徐凝

浙江悠悠海西緑，驚濤日夜兩翻覆。錢塘郭裏看潮人，直至白頭看不足。

觀海　宋趙抃

巨海澄瀾勢自平，停車冉冉看潮生。豈同八月吴江會，共駭潮頭萬鼓鳴。

海船　宋朱名世

輕裝方解盡無遺，風挾雙篷水面飛。却被沙頭漁父笑，滿船空載月明歸。

海味　宋朱名世

海味新來數得餐，梢人收拾日登盤。錢塘江上親曾見，賣得風流别一般。

海鷗　宋朱名世

群飛獨宿水中央，逐浪隨波羽半傷。莫去西湖花裏睡，芰荷翻雨打鴛鴦。

海魚　宋朱名世

劍鬣如山海面浮，巨腮嘘浪勢吞舟。丁寧大客尋竿餌，稚子敲針作釣鈎。

憶錢塘江　宋李覯

當年乘醉舉歸帆，隱隱前山日半銜。好是滿天涵返照，水仙齊著淡紅衫。

十七日觀潮　宋陳師道

潮頭初出海門山，千里平沙轉面間。猶有江神憐北客，欲將奇觀破衰顔。

江水悠悠自在流，向人無恨一作限不應愁。相逢不覺渾相似，誰使清波早白頭。

十八日觀潮 宋陳師道

一年壯潮盡今朝，水伯何知故晚潮。海浪肯隨山俯仰，風帆常共客飄飄。

八月十五日看潮 宋蘇軾

定知玉兔十分圓，已作霜風九月寒。寄語重門休上鑰，夜潮留向月中看。
萬人鼓噪慴吴儂，猶似浮江老阿童。欲識潮頭高幾許，越山渾在浪花中。
江邊身世兩悠悠，久與滄波共白頭。造物亦知人易老，故教江水向西流。
吴兒生長狎濤淵，冒利輕生不自憐。東海若知明主意，應教斥鹵變桑田。
江神河伯兩醯雞，海若東來氣吐蜺。安得夫差水犀手，三千强弩射潮低。自注：王嘗以弓弩射潮頭，與神戰，自爾水不近城。

題潮出海門圖 宋陳造

絶島平岡捲欲空，兩崖相對屹穹崇。即今畫手兼詩筆，更與江山角長雄。
卷裹波濤快一披，蒼山擁起雪山馳。浮天沃日無窮意，到我春窗病酒時。

錢塘江　宋陳淵

潮頭駕月銜殘夢，水色浮空送峭寒。十幅輕蒲連夜發，不知身到海門山。

六曹長貳觀潮，予以入直不預，晡時大雷雨，走筆戲蔡子平　宋周必大

雷轟萬鼓勒潮回，無復庭前雪作堆。應爲尚書慳且澁，盲風怪雨一時來。

浙江小磯春日　宋范成大

客裏無人共一杯，故園桃李爲誰開。春潮不管天涯恨，更捲西興暮雨來。

晚潮　宋范成大

東風吹雨晚潮生，疊鼓催船鏡裏行。底事今年春漲小，去年曾與畫橋平。

次韻寶應叔觀海　宋王十朋

戴地浮天浩莫窮，氣營樓閣聳虚空。道人妙得觀瀾術，萬里滄溟碧眼中。

題童壽卿潮出海門圖　宋王炎

潮來濺雪欲浮天，潮去奔雷又寂然。海上兩山原不動，更添此意畫圖傳。

題俞槿畫浙江觀潮册　宋曹勛

吴越山高紫翠重，浙江東下竦雙峰。峰前忽涌東西白，飛舞潮頭萬玉龍。

渡浙江　宋葉適

晚霞鋪畫月明鈎，萬里無風一水浮。長怕舟師深擊楫，自今洄洑起中流。

大雪趙振文寄詩言乘月泛舟清甚次韻　宋樓鑰

舊聞老具擅詩聲，夜泛錢塘向鳳城。今日清遊更豪逸，雪花和月帶潮生。法具，字圓復，紹興初詩僧也。有《月夜遊錢塘江詩》云：『小舟爲我載明月，白沙翠竹光相射。自從李白下金陵，四百年無此豪逸。』

還自錢塘道中　宋潘檉

江上青山落照邊，江頭歸客木蘭船。春鷗自共潮回去，一點飛來是柳綿。

錢塘晚望　宋謝翱

錢塘江上夜潮過，秋静寒烟白露多。吴越青山明月裏，舟人齊唱異鄉歌。

錢塘渡　宋蘇泂

百年鬢髮春風晚，十二欄干落照微。多事錢塘江水上，送人離别送人歸。

夜宿浙江亭　宋曹既明

夜半潮聲撼客床，卧聽柔櫓鬧空江。驚回倦枕鄉關夢，海日烘山上曉窗。

重到錢塘　宋鮑輗

惟有寒潮不世情，朝朝暮暮過空城。百年車馬闤門外，獨見春風草又生。

泛浙江　宋方回

海門山到富春山，礙石衝沙水幾灣。不是此江故盤屈，雪濤何得記吴巒。

觀潮　宋王琮中

旂綵斜飛一命輕，舟人却立萬舟迎。不應當日將軍事，猶到如今氣未平。

江頭　宋俞桂

漁浦山邊白鷺飛，西興渡口夕陽微。等閑更上層樓望，貪看江潮不肯歸。

江上　宋俞桂

小雨纔收日漸斜，酒旂插處兩三家。江頭粧點秋來景，半是蘆花半蓼花。

秋江　宋釋道潛

赤葉楓林落酒旗，白沙洲渚夕陽微。數聲柔櫓蒼茫外，何處江村人夜歸。

江上秋夜　宋釋道潛

雨暗蒼江晚未晴，井梧翻葉動秋聲。樓頭夜半風吹斷，月在浮雲淺處明。

月夜遊錢塘江 宋釋德興

小舟爲我載月色，白沙翠竹光相射。自從李白下金陵，四百年無此豪逸。

弄潮詩 宋錢塘軍人

弄罷江潮曉入城，紅旗颭颭白旗輕。不因會喫翻頭浪，争得天街鼓樂迎。

觀浙江沙漲十里有感 元張志道

重到錢塘異昔時，潮頭東擊遠洲移。人間莫住三千歲，滄海桑田幾許悲。

江邨 元黄庚

極目江天一望賒，寒烟漠漠日西斜。十分秋色無人管，半屬蘆花半蓼花。

江邨即事　元黄庚

江邨暝色漸凄迷，數點殘鴉雜雁飛。雁宿蘆花鴉宿樹，各分一半夕陽歸。

題江干初雪圖　元戴表元

斷樹寒雲古岸隈，漁翁初撥小船開。看渠風雪忙如許，還有魚兒上釣來。

夏夜江上　元吴師道

繞屋青江竹萬竿，水風蕭瑟竹光寒。夜深月上門不掩，卧聽釣歸船過灘。

錢塘懷友　元黄清老

舟泊楓林一雁聲，白蘋紅蓼共思君。月明江水多於海，雨後秋山碧似雲。

題春江小景圖　元黄清老

小艇無人載緑陰，白鷗門外笋成林。不知多少山中雨，染得一江春水深。

題趙千里夜潮圖　元偰哲篤

風濤汹涌千堆雪，拍岸翻空倒銀闕。雁聲驚起一江秋，萬里無雲掛明月。

懷馬教授

水生白石渡頭灣，念子携書共往還。今日相思不相見，越南殘照海門山。

泛海　元張可大

到處啼鶯倚棹歌，客懷偏向布帆多。黄雲飛盡天如洗，鰲背山前萬頃波。

杭州歌　明張以寧

西陵渡口潮水平，十十五五放舟行。樓中燕子慣見客，不怕渡頭津鼓聲。

越水圖　明沈周

記別錢塘二十年，夕陽山色曉潮邊。隔江千里美人遠，夢落西興舊渡船。

自新安江至錢塘舟行　明李流芳

富春天豁一江明，江上青山縱復横。早晚隨潮下三折，六橋寒樹遠含情。

徐邨遇潮　明李流芳

千帆影裏練光開，白玉城摧動地雷。故傍淺沙鞭馬去，却驚飛沫濺衣回。

晚發錢塘　明顧文淵

潮平小櫂發錢塘，俄頃帆飛過富陽。兩岸好山看不盡，數聲漁笛起滄浪。

江上夜泊　明朱國祚

江上扁舟一葉輕，夜深燈火滅還明。枕函未作寒山夢，卧聽潮聲帶雨生。

江潮十首録四　明趙應元

橫空白浪駕邱山，颷逐嚴灘未肯還。共説鴟夷千古憤，至今遺怒滿人間。風潮

殘星的歷曙光微，水長平沙失釣磯。瀑布横舟冲霧起，浪花迎檝帶霞飛。早潮

滄茫萬里此停舟，潮到山城勢欲浮。如許風波且休息，雨微烟暝正宜秋。晚潮

平平沙淵未潮生，理檝楊帆共欲迎。自是往來存大信，莫疑翻覆似人情。候潮

浙江詞　明田藝衡

秋風捲入海門關，白浪高于龕赭山。直向富春祠下過，寒流常帶月明還。

海上天吳駕六鰲，祖龍鞭石不成橋。沙中鐵箭三千尺，聞説錢王曾射潮。
素車白馬送潮來，伍子山前起怒雷。幾度停樽歌七發，千年枚叔總奇才。

國朝

江樓送别　張遂辰

片帆才掛海門秋，落木寒山黯對愁。莫惜殘樽人遽别，夕陽猶喜半江樓。

渡錢塘　朱彝尊

渡口乘潮漾北風，輕舟如馬溯江東。明朝又是山陰道，身在千巖萬壑中。

江行　朱彝尊

潮落江平宿富陽，船頭新月下微霜。曉看烏臼紅千樹，樹杪半山鴨脚黄。
絶壁苔紋鼠尾皴，灘光晝静白鎔銀。分明江上孤篷客，黄鶴山樵畫裏人。
環溪亭下水流東，野碓飛輪到面風。返景松巖紅未斂，隔江人語漆林中。

歸舟雜咏　查慎行

青山漸遠漸模糊，散入雲烟澹欲無。畫手稀逢黄子久，詩家别寫富春圖。
滚滚秋濤浩浩風，烟茫茫處雨濛濛。不知誰割東西界，半幅江山展越中。

贈戴山人　毛奇齡

錢塘高士剡中才，日暮銜杯江上臺。萬叠寒濤通夜白，依然雪後見君來。

送季偉歸錢塘　尤侗

楚尾吴頭路幾遥，蟬鳴堤柳影蕭蕭。君歸湖上西泠口，已過錢塘八月潮。
歸去南屏自結廬，不須長盼楚江書。青莎碧荇蓴絲菜，紫蠏紅蝦箬葉魚。

弄潮詞　王錫

狂瀾乍涌海門高，崷崒銀山駕六鼇。七發應嗤枚叔陋，詭觀但説廣陵濤。
吴兒重利每輕生，踏浪争持採幟行。技勇若能驅敵愾，應教萬里破龍城。

綿亘錦幕照江潯，那管神洲已陸沉。眼底水嬉雖百變，憎兒可抱濟川心。
朱旗畫傘鬧江干，騰跳迎潮萬姓歡。童子善泅多似織，懸知百倍吕梁觀。
傾城士女集如雲，羅刹江邊演水軍。家給民原知自愛，不煩作戒弄潮文。
繡胸文脛競沿洄，金鼓連天震似雷。海若縱横誰砥柱，直須萬弩射潮回。

錢塘觀濤　劉廷璣

滚滚長江去復回，蛟龍飛處響如雷。萬千人盡回頭望，一片銀山駕海來。

越遊雜詩　金志章

潮落樟亭漾淺沙，晴江渺渺片帆斜。臨流欲唤西陵渡，一笑先登觳觫車。
一艇横江信午風，青山兩岸列西東。井西圖畫何人會，暖翠浮嵐在眼中。

江漲口號　金志章

皎皎雨晴明月光，一夜水添三尺强。朝來大艑忽鱗集，不是魚船是米艎。

勘中小亹　高斌

葛嶴山前江溜行，中亹直下候潮迎。南崖賴有文堂峙，喜慶錢塘奏績成。江溜由葛嶴山前中小亹直下，通潮入海，北亹舊江潮退流停。更可喜者，南崖偏西大堂山挑溜入中亹，其南亹安穩無虞，全塘永慶成功矣！

龕山北望赭山紅，遍地桑麻樂永豐。舊日南亹三十里，幸今無碍海潮攻。赭山以南三十里，乃舊時南大亹，今已成樂土，幸無妨碍。

次錢塘詩　沈仕

千里江流十日行，淒風急雨鬬江聲。到來掛席紅雲上，笑指扶桑海日生。

笑指扶桑海日生，望中佳氣擁春城。鶯花萬户珊瑚色，烟水六橋歌吹聲。

海上　戴敏

萬頃鯨波朝日赤，滄洲四望無窮極。海山何處是蓬萊，遍問漁翁都不識。

詞

憶江南 杭州　唐白居易

江南憶，最憶是杭州。山寺月中尋桂子，郡亭枕上看潮頭。何日更重遊？

漁父歌　唐李珣

棹警鷗飛水濺袍，影侵潭面柳垂條。終日醉，絶塵勞，曾見錢塘八月潮。

望海潮　宋柳永

東南形勝，三吴都會，錢塘自古繁華。烟柳畫橋，風簾翠幕，參差十萬人家。雲樹繞堤沙，怒濤捲霜雪，天塹無涯。市列珠璣，户盈羅綺，競豪奢。　重湖叠巘清佳，有三秋桂子，十里荷花。羌笛弄晴，菱歌泛夜，嬉嬉釣叟蓮娃。千騎擁高牙，乘醉聽歌鼓，吟賞烟霞。異日圖將好景，歸去鳳池誇。

河滿子 陪杭守泛潮夜歸　宋張先

溪女送花隨處，沙鷗避槳分行。遊舸已如圖障裏，小屏猶畫瀟湘。人面新生酒艷，日痕更欲春湖塘。

長。衣上交枝鬭色，釵頭比翼相雙。片段落霞明水底，風紋時動粧光。賓從夜歸無月，千燈萬丈

瑞鷓鴣 觀濤　宋蘇軾

碧紗影裏小紅旗，儂是江南踏雪兒。拍手欲嘲山簡醉，齊聲争唱浪婆詞。西興渡口帆初落，漁浦山頭日未移。儂欲送潮歌底曲，樽前還唱使君詩。

江神子 錢塘江上　宋蘇軾

鳳凰山下雨初晴。水風清，晚霞明。一朵芙蓉，開遍尚盈盈。何處飛來雙白鷺，如有意，慕娉婷。忽聞江上弄哀筝。苦含情，遣誰聽。烟斂雲收，依約是湘靈。欲待曲終尋問取，人不見，數峰青。

南歌子 錢塘晚眺　宋蘇軾

山雨蕭蕭過，溪橋瀏瀏清。小園幽榭枕蘋汀。門外月華如水、綵舟横。苕岸霜花盡，江潮雪陣平。兩山遥指海門青。回首水雲何處、覓孤城。

摸漁兒　觀潮上葉丞相　宋辛棄疾

望飛來、半空鷗鷺。須臾動地鼙鼓。截江組練驅山去，鏖戰未收貔虎。朝又暮。誚慣得、吴兒不怕蛟龍怒。風波平步。看紅旆驚飛，跳魚直上，蹙踏浪花舞。　憑誰問，萬里長鯨吞吐。人間兒戲千弩。滔天力倦知何事，白馬素車東去。堪恨處。人道是、屬鏤怨憤足千古。功名自誤。謾教得陶朱，五湖西子，一舸弄烟雨。

念奴嬌　觀潮　宋陸凝之

遠山一帶，溯晴空、極目天涯浮白。楓落鴉翻談笑處，不覺雲濤横席。酒病方蘇，睡魔猶殢，一掃無留迹。吴帆越調，恍然飛上空碧。　長記草賦梁園，凌雲筆勢，倒三江秋色。對此驚心空悵望，老作紅塵閑客。別浦烟平，小樓人散，回首烟波寂。西風掃露，爲君重噴霜笛。

酹江月　浙江亭觀濤應制　宋吴琚

玉虹遥掛，望青山隱隱，細如一抹。忽覺天風吹海立，好似春霆始發。白馬凌空，瓊鼇駕水，日夜朝天闕。飛龍舞鳳，鬱葱環拱吴越。　此景天下應無。東南形勝，偉觀真奇絶。好是吴兒飛綵幟，蹙起一江秋雪。黄屋天臨，水崖雲擁，看擊中流楫。晚來波静，海門飛上明月。

水龍吟錢塘作　宋陳以莊

晚來江潤潮平，越舷吴榜催人去。稽山滴翠，胥濤濺恨，一襟離緒。訪柳章臺，問桃仙浦，物華如故。向秋娘渡口，泰娘橋畔，依稀是、相逢處。　窈窕青門紫陌，蒨羅新、衣翻金縷。舊音恍記，輕擺慢撚，哀絃老柱。金屋難成，阿嬌已遠，不堪春暮。聽一聲杜宇，紅殷緑老，雨花風絮。

謁金門吴山觀濤　宋周密

天水碧。染就一江秋色。鼇戴雪山龍起蟄。快風吹海立。　數點烟鬟青滴。一幅霞綃紅濕。白鳥明邊帆影直。隔江聞夜笛。

虞美人浙江舟中作　元趙孟頫

潮生潮落何時了。斷送行人老。消沈萬古意無窮。盡在長空、澹澹鳥飛中。　海門幾點青山小。望極烟波渺。何當駕我以長風。便欲乘槎，浮到日華東。

國朝

滿江紅錢塘觀潮　曹溶

浪涌蓬萊，高飛撼、宋家宫闕。誰盪激，靈胥一怒，惹冠衝髪。點點征帆都卸了，海門急鼓聲初發。似萬群風馬驟銀鞍，争超越。江妃哭，堆成雪。鮫人舞，圓如月。正危樓湍轉，晚來愁絶。城上吴山遮不住，亂濤穿到嚴灘歇。是英雄、未死報讎心，秋時節。

滿江紅錢塘觀潮和曹侍郎韻　朱彝尊

曹侍郎《錢塘觀潮》一闋最爲崛奇，今見雕本改竄可惜。康熙丙子秋涉江，追和其韻，并附原詞於後，不作三舍退避者，欲存其真也。

羅刹江空，設險有、海門雙闕。日未午，樟亭一望，樹多於髮。乍見雲濤銀屋涌，俄驚地軸轟雷發。算陰陽呼吸本天然，分吴越。遺廟古，餘霜雪。殘碑在，無年月。訝揚波重水，後先奇絶。齊向屬鏤鋒下死，英魂毅魄難消歇。趁高秋、白馬素車來，同弭節。

蝶戀花錢塘觀潮　朱彝尊

楓浦客來烟未散許渾。如許如言羅隱，漸落分行雁李嶼。解道澄江净如練李白。風翻白浪花千片白居易。細雨濕衣看不見劉長卿。浩汗連緜張希浚，地濶平沙岸杜甫。信宿漁人還泛泛杜甫。富陽山底樟亭畔白居易。

一半兒 浙江　朱彝尊

鯉魚風起鳳山根，白鷺潮來鱉子門，黄雀雨晴魚浦村。亂帆分，一半兒天斜一半兒穩。

欽定四庫全書海塘録　卷二十六　雜志

《抱樸子》：潮汐者，一月之中，天再東再西，故潮水再大再小。又夏時，日居南宿，陰消陽盛，而天高一萬五千里，故夏潮大。冬時，日居北宿，陰盛陽消，而天卑一萬五千里，故冬潮小。春，日居東宿，天高一萬五千里，故春潮漸起也。秋，日居西宿，天卑一萬五千里，故秋潮漸減也。

《西溪殘語》：或問：『四海潮皆平，惟浙江濤至，則亘如山岳，奮如雷霆，冰岸横飛，雪崖傍射，澎騰奔激。其故何也？』或云：『夾岸有山，南曰龕，北曰赭，二山相對，謂之海門，岸狹勢逼，涌而爲濤耳。若言狹逼，則東溟自定海，吞餘姚、奉化二江，侔之浙江，尤甚狹逼，潮來不聞濤有聲也。今觀浙江之口，起自纂風亭，北望嘉興大山，水闊二百餘里，故海商舶船怖于上灘，惟泛餘姚小江，易舟而浮運河，達于杭越矣。蓋以下有沙灘，南北亘之，隔礙洪波，蹙遏潮勢。夫月離震兑，他潮已生，惟浙江潮水未至。洎月經乾巽，潮來已半，濁浪堆滯，後水益來，于是溢于沙灘，猛怒頓涌，聲勢激射，故起而爲濤耳。非江山淺逼使之然也。』

《西溪殘語》：舊於會稽得一石碑，論海潮依陰陽時刻，極有理。大率元氣噓翕，天隨氣而漲斂，溟渤往來，潮隨天而進退者也。以日者，衆陽之母，陰生于陽，故潮附之于日也。月者，太陰之精，水者，陰類，故潮依之于月也。是故隨日而應，月依陰而附陽，盈于朔望，消于朏魄，虚于上下弦，息于朓朒，故潮有大小焉。今起月朔夜半子時潮平于地之子位四刻一十六分半，月離于日，在地之辰次，日移三刻七十二分，對月到之位，以日臨之，次潮必應之。過月望，復東行，潮附日而又西應之。至後朔子時四刻一十六分半，日、月、潮水俱復會于子位。其小盡，則月離于日，在地之辰次，日移三刻七十三分半，復對月到之位，以日臨之，次潮必應之。至後朔子時四刻一十六分半，日、月、潮水亦俱復會于子位。是知潮常附日而左旋，以月臨在午，潮必平矣。月在卯酉，汐必盡矣。或遲速消息之小異，而進退盈虚終不失於時期矣。

《唐文粹・盧肇〈日至海成潮入圖法〉》：八月之望，日在翼軫之間，此時潮最大。今立此望之夕，日入初于時在戌，見潮初生之候。

《番禺記》：早潮上，晚潮下，兩水相合，謂之沓潮。

《寰宇記》：《瓊管志》云：『江、浙、欽、廉之潮，皆有定候。瓊海之潮，半日東流，半日西流，潮之大小隨長短星，不繫月之盛衰。』

《輟耕録》：浙江晝夜二潮甚信，土人以詩記之曰：『午未未未申，申卯卯辰辰。巳巳巳午午，朔望一般輪。』此候潮也。初一日午末、初二日未初、十五日如初一。夜候則六時對衝子午、丑未之類。

《錢塘候潮圖》：潮至每月二十四、五漸減，二十六、七漸生，至初三漸大，不差頃刻，惟八月十五獨大常潮。遠觀數百里若素練横江，稍近見潮頭高數丈，卷雲擁雪，混混庉庉，聲如雷鼓，猶不足以形容之。每年是日，遠近士女來觀，舟人漁子泝濤觸浪，謂之迎潮。

《朱子語類》：潮之遲速大小，自有常。舊見明州人説月加子午，則潮長，自有此理，沈存中《筆談》説亦如此，謂月在地子午之方，初一卯，十五酉。

《性理大全》：問晦翁：『謂月加子午，則潮長，未識其説。』潛室陳氏曰：『此説不可曉。今海居者，但云月上潮長，月落潮退。誠驗其言，是乃日加卯酉方位，非子午也。朔日之潮可驗，朔日，月與日會，日才出卯方，即潮長，入酉方，即潮又長。是月與日相隨出没。』

《就日録》：東海漁翁《海潮論》云：『地浮於大海，隨氣出入上下，地下則滄海之水入于江，謂之潮，地上則江河之水歸于滄海，謂之汐。浙江發源最近，江水少，海水多，其潮特大。』

《高麗圖經》：潮汐往來，應期不爽，爲天地之至信，古今嘗論之。在《風俗記》，以爲海鰌出入之度。浮屠書以爲神龍之變化。竇叔蒙《海濤志》，以爲水隨月之盈虧。盧肇《海潮賦》，以爲日出於海，衝擊而成。王充《論衡》，以爲水者，地之血脉，隨氣進退，率未之盡。大抵天包水，水承地，而一元之氣升降於太空之中，地乘水力以自持，且與元氣升降互爲抑揚，而人不覺。亦猶坐於船中，而不知船之自運也。方其氣升而地沈，則海水溢上而爲潮。及其氣降而地浮，則海水縮下而爲汐。計日十二辰，由子至巳，其氣爲陽，而陽之氣又自有升降以運乎晝；由午至亥，其氣爲陰，而陰之氣又自有升降以運乎夜。一晝一夜，合陰陽之氣凡再升再降，故一日之間，潮汐皆再焉。然晝夜之攻擊，乘日升降如應乎月。日臨於子，則陽氣始升，月臨於午，則陰氣始升。故也，汐潮之期日，皆臨子；晝潮之期月，皆臨午焉。又日行遲，月行速，以速應遲，每二十九度過半，而月行及之，日月之會，謂之合朔。故月朔之夜潮，日亦臨子；月朔之晝潮，日亦臨午焉。且晝即天上而言之，天體西轉，日月東行，自朔而往，月速漸東至於漸遲，而潮亦應之，以遲於晝。故晝潮自朔後迭差，而入於夜。此所以一日午時，二日午末，三日未時，四日未末，五日申時，六日申末，七日酉時，八日酉末也。至夜即海下而言之，天體東轉，日月西行，自朔而往，月速漸西至於漸遲，而潮亦應之，以遲於夜，故夜潮自朔後迭復，而入於晝。此所以一日子時，二日子末，三日丑時，四日丑末，五日寅時，六日寅末，七日卯時，八日卯未也。以時有交變，氣有盛衰，而海潮之所至，亦因之爲大小。當卯酉之月，則陰陽之交也。氣以交而盛，故潮之大也，獨異於餘月。當朔望之后，則天地之變也，氣以變而盛，故潮之大也，獨異於餘日。今海中有魚獸，殺取皮而乾之，至潮時，則毛皆起，豈非氣感而類，應之自然歟？

《管窺外編》：是篇所論，既以爲氣有升降，又以爲地有沈浮。既以爲乘日升降，又以爲如應乎月。初無的見，但務臆度。正醫家所譏，譬猶獵不知兔，而廣絡原野，冀一朝之獲。術之疏也，甚矣！況皆以升降屬之氣，又以升降屬之日，所謂升降一與二與？且地之與水，俱爲有形之物，則氣有運動，形皆隨之，可也。今乃氣之一升一降，獨地爲之一沈一浮，而水則皆與氣不相干，惟因地之浮沉而有溢有縮焉，豈理也哉？況形隨氣動，則氣升而地浮，氣降而地沈，可也。今乃氣升而地反沈，氣降而地反浮，是地與氣亦不相干矣，不但水也。凡此又皆病之小者，獨地有浮沈之説，其病最大。浮沈，則動上動下，無寧静時矣。吾聞天動地静矣，未聞地亦動也。意者地本不動，持論者無以爲潮汐之説[一]，故强之使動耳。又何足辨乎？唯篇末時有交變，氣有盛衰之言，似有可取，當存之以備一説。

《養生雜書》：東海神名阿明，南海祝融，西海巨乘，北海禺彊。

《龍魚河圖》：東海君，姓馮名修，夫人姓朱名隱娥。南海君，姓祝名赤，夫人姓翳名逸寥。西海君，姓勾太名邱，夫人姓靈名素簡。北海君，姓是名禹張里，夫人姓結名連翹。

《咸淳臨安志》：淛河之水[二]，每日晝夜潮再上，常以月十日、二十五日最小，月三日、十七日最大[三]。小則水漸漲，不過數尺，大則濤山浪屋，雷擊霆碎，有吞天沃日之勢。《吴越春秋・夫差内傳》載：『吴王賜伍子胥死，乃取其屍，盛以鴟夷之革，浮之江中。子胥因隨流揚波，依潮來往，蕩激堤岸。』又《越王外傳》：『越王賜大夫種死，葬於西山之下，一年，伍子胥從海上穿山脇而持種去，與之俱浮于海。故前潮水潘侯者[四]，伍子胥也；後重水者，大夫種也。』其説荒誕無稽。聞諸家所論，惟姚寬《西溪殘語》及徐明叔傳《高麗録》有可載者。

《越絶書》：胥死之後，吴王聞以爲妖言，甚咎子胥。王使人捐於大江口，勇士執之。乃有遺響發憤馳騰，氣若奔馬，威凌萬物，歸神大海，仿佛之間，音兆常在。後世稱述，蓋子胥水仙也。

《萬曆錢塘縣志》：舊傳子胥爲濤神。自宋以前，有禱輒應。大中祥符五年，令本州每歲春秋建道場，三晝夜罷，日設醮。其青詞，學士院前一月降付。觀此，則其時香火之盛可想矣。

《太平廣記》：海潮朝暮再來，其聲震怒，雷奔電走百餘里，時有見子胥乘素車白馬，在潮頭之中，因立廟以祀。廬州城内淝河岸，亦有子胥廟。時淝河之水亦鼓怒而起，俗云與錢塘潮水相應焉。

《神州古史考》：三江稱子胥之濤，猶夫七里著嚴陵之瀨耳。謂子胥不爲濤，將母嚴陵不爲瀨乎？且濤瀨居前，胥陵在後，山川之靈神或憑焉。枚叔有云『似神而非』，斯言得之。且夫石雞清響以應濤，牛魚懸驅以奮旄，據朝而至，旁魄而生，亦未必狀彼鮮門，同兹鯤穴者也。若云必在吴都，不登越境，則子胥不當恚越鼓鬣於胥山之傍，文種不必怒吴帶甲於重山之下。嘆故國之狐祥，學江神之牛鬬。此亦盡有三江之地，而云伍相居前，南陽附後，惟其似之無分疆界耳。且祀神以弭江濤之害，非假神以鼓水波之惡。列山周棄，配食三朝，祝融句龍，見稱二紀。鮑君桑李，猶或有靈；天吴海童，不肆其虐。感乎人心，通乎帝聽，而謂江潮之神不爲子胥也乎？

《夢粱録》：臨安風俗，四時奢侈賞玩，殆無虚日。西有湖光可愛，東有江潮堪觀，皆絶景也。每歲八月内，潮怒勝于常時。都人自十一日起，便有觀者。至十六、十八，傾城而出，車馬紛紛。十八日最爲繁盛，二十日則稍稀矣。十八日，蓋因帥座出郊，教習節制水軍，自廟子頭直至六和塔，家家樓屋盡爲貴戚内侍等僱賃作觀潮會。

《夢粱録》：杭人有一等無賴不惜性命之徒，以大綵旗或小清凉傘、紅緑小傘兒，各繫色繡緞子滿竿[五]。伺潮出海門，百十爲群，執旗泅水上，以迓子胥弄潮之戲。或有手脚執五小旗，浮潮頭而戲弄。向於治平年間，郡守蔡端明内翰見其往往有沈没者，作《戒約弄潮文》，然亦不能遏也。

《西湖志餘》：郡人觀濤，自八月十一日至十八日，士女雲集，僦倩幕次，羅綺塞塗，上下十餘里間，地無寸隙。伺潮上海門，則泅兒數十執綵旗，樹畫傘，踏浪翻濤，騰躍百變，以誇技能。豪民富客争賞財物。其時，優人百戲，擊毬關撲，魚鼓彈詞，聲音鼎沸。蓋人但藉看潮爲名，往往隨意酣樂爾。

《武林舊事》：浙江之潮，天下偉觀也。自八月既望，以至十八日爲最盛。方其遠出海門，僅如銀線。既而漸近，則玉城雪嶺際天而來，大聲如雷霆震撼，激射吞天沃日，勢極雄豪。楊誠齋詩云：『海濶銀爲郭，江横玉繫腰』者是也。每歲，京尹出浙江亭教閲水軍，艨艟數百，分列兩岸，盡奔騰分合五陣之勢。手持十幅大綵旗，出没於鯨波萬仞中，騰身百變而旗尾界不沾濕，以此誇能。豪民貴宦争賞銀綵。江干上下十餘里間，珠翠羅綺溢目，車馬塞途，而僦賃看幕，雖席地不容間也。

《夢粱録》：帥府節制水軍，教閲水陣，統制部押。于潮未來時，下水打陣展旗，百端呈拽。又于水中動鼓吹，前面導引，後抬將官于水，而舟楫分布左右，旗幟滿船，上等舞鎗飛箭，分列交戰試炮、放烟，捷追敵舟，火箭群下，燒毁成功，鳴鑼放炮，賜犒等差。緣車駕幸禁中，觀潮殿庭，下視江中，但見軍儀于江中整肅部伍，望闕奏喏，聲如雷震。余扣及内侍，方曉其尊君之禮也。其日，帥司備牲禮、草履、沙木板于潮來之際，俱祭于江中。士庶多以經文投于江内。是時，正當金風薦爽，丹桂飄香，尚復身安體健，如之何不對時行樂乎？

《咸淳臨安志》：錢塘江潮八月十八日最大，天下偉觀也。臨安民俗，大半出觀。紹興十年秋前二夕，江上居民或聞空中語曰：『今年當厄于橋者數百，皆凶淫不孝之人。』其間有名而未至者，當分遣促之，不預此籍則斥去。又聞應者甚衆，民怪駭不敢言。次夜，跨浦橋畔人夢有戒來者云：『來日勿登橋，橋且折。』旦而告其隣數家，所夢皆略同，相與危懼。比潮將至，橋上人已滿，得夢者從旁伺之，遇親識立于上者，密勸之使下，咸以爲妖妄，不聽。須臾，潮至，奔汹異常，驚濤激岸，橋震壞，入水壓溺數百人。乃知神明罰惡，假手致誅，非偶然耳。

《成化杭州府志》：崇寧萬壽寺，即浙江接待寺，在江之濱蕭公橋東。始建於宋淳熙間。元大德九年，改爲十方禪寺。延祐四年，宣慰使楊某置義渡，歲給舟人以粮，事具無受傳公《義渡記》。至正末，毁。

《咸淳臨安志》：嘉熙間，江潮衝突，臨江太平、金浦、安仁、西安仁、東上五鄉，趙安撫與懽申請于朝，蠲苗稅。後水仍故道，耕鑿漸復，趙安撫與懽申請撥稅額入修江所，爲修築塘岸之費。凡爲錢二萬四千四百五十八貫四百三十七文，絹三百三十二匹，綿二千二十六兩苗，米二千四百七十石八斗二升。每歲本所經行催納。

《夢粱録》：浙江乃通江渡海之津道，且如海商之船，大小不等，大者五千料，可載五六百人；中等二千料至一千料，亦可載二三百人；餘者謂之『鑽風』，大小八櫓或六櫓，每船可載百餘人。網魚買賣[六]，亦有名三板[七]。〔不論此〕等船[八]，且論海商之船[九]，自入海門，便是海洋，茫無畔岸，其勢誠險。蓋神龍怪蜃之所窟，風雨晦暝時，惟憑針盤而行，乃火長掌之，毫釐不敢差誤，蓋一舟人命所繫也。愚屢見大商賈人，言此甚詳悉。若欲船泛外國買賣，則自泉州便可出洋，迤邐過七洲洋，船中測水，約有七十餘丈。若經崑崙、沙漠、蛇龍、烏猪等洋，神物多于此中行雨，上略起朵雲，便見龍現全身，目光如電，爪角宛然，獨不見尾耳。頃刻天雨如注，風浪掀天，可畏尤甚。但海洋近出礁則水淺[一〇]，撞礁必壞船。全憑南針，或有少差，即葬魚腹。自古舟人云：『去怕七洲，回怕崑崙。』亦深五十餘丈。又論舟師觀海洋中日出日入，則知陰陽；驗雲氣則知風色逆順，毫髮無差。遠見浪花，則知風自彼來；見巨濤拍岸，則知次日當起南風；見電光則云夏風對閃。如此之類，略無少差。相水之清渾，便知山之近遠。大洋之水，碧黑如澱；有山之水，碧而緑；傍山之水，渾而白。有魚所聚，必多礁石，蓋石中多藻苔，則魚所依耳。每月十四、二十八日，謂之『大等日[一二]』，此兩日若風雨不當，則知一旬之内，多有風雨。凡測水之時，必視其底，知是何等沙泥，所以知近山有港。若商賈出到台[一三]、温、泉、福買賣，未嘗過七洲、崑崙等大洋。若有出洋，即從泉州港口至岱山門[一三]，便可放洋過海，泛往他國也。至浙江船隻[一四]，雖海艦多有往來，則嚴、婺、衢、徽等船，多嘗通津來往[一五]，謂之『長船等隻』，如杭城柴炭、木植、柑橘、乾濕果子等物，多産如此數州耳。明、越、温、台海鮮魚蟹鯗腊等貨，亦上灘通於江、浙。但往來嚴、婺、衢、徽諸船，下則易，上則難，蓋灘高水逆故也。江岸之船甚夥，初非一色，海船、大艦、網艇、大小船隻、公私浙江漁浦等渡船、買賣客船，皆泊于江岸。蓋杭城衆貨之區[一六]，客販聚多，兼仕宦往來，皆聚于此耳。

《西湖志餘》：杭人最重江魚，魚首有白石二枚，故又名白石魚。每歲孟夏，來自海洋，綿亘數里，其聲如雷。漁人以竹筒沈水底，聞其聲乃下網，截流取之，有一網而舉千頭者。潑以淡水，則魚皆圉圉無力。或魚多而力不能舉，懼覆舟者則截網使去，頭水取者甚佳，二水、三水則魚漸小而味漸減矣。瞿宗吉《竹枝詞》云：『荻芽抽笋楝花開，不見河豚石首來。早起腥風滿城市，即從海口販鮮回。』

《仁和縣圖經》：橐籥沙出縣東四里，海際之人採用鼓鑄銅錫之模，諸州皆來採，亦猶邢沙可以碾玉也。

《仁和縣圖經》：鹽消出縣東十里，煉成朴消，又有冬月自地中涌起，消通透光瑩者名霜花。

《咸淳臨安志》：謹東美秋夜待潮于錢塘江沙上露坐，設大酒樽及一杯對月獨飲，意象傲逸，吟嘯自若。顧臨適遇之，亦懷一杯就其樽。對面東美不問，臨亦不與之語，酒盡始散去。

《東坡居士集》：予前後守倅餘杭，凡五年。秋夏之間，蒸熱不可過，獨中和堂東南頰，下瞰海門，洞視萬里，三伏常蕭然也。紹聖元年六月，舟行赴嶺外，熱甚，忽憶此處，而作詩曰：『忠孝王家千桂宫，東坡作吏五年中。中和堂上東南頰，獨有人間萬里風。』

《皇朝類苑》：好事者以潘閬遨遊浙江，咏潮著名，以輕綃稍寫其形容，謂之《潘閬咏潮圖》。宋尚書贈詩曰：『宋朝歸聖主，潘閬是詩人。』王元之亦贈詩曰：『江城賣藥常將鶴，古寺看碑不下驢。』其爲名公所激賞如此。

《西湖志》：李嵩《錢江望潮圖》、夏珪《錢江望潮圖》，並見《珊瑚網》。錢選《江潮圖》，見江寧《方洲集》。童壽卿《潮出海門圖》，見王炎吾《汶稿》。趙伯駒《夜潮圖》，見王冕《元章集》。

《咸淳臨安志》：東坡在杭州作有美堂，會客詩額聯云：『天外黑風吹海立，浙東飛雨過江來。』讀者疑海不能立。黄魯直曰：『蓋自爲老杜所誤』。因舉三大禮賦《朝獻大清宫》云『九天之雲下垂，四海之水皆立』以告之。二者句皆雄俊，前無古人。坡和陶《停雲詩》有云『雲屯九河，雪立三江』之句，亦用此也。

《齊書》：張融作《海賦》，文詞詭激，以示鎮軍將軍徐凱之，曰：『此賦實超《木賦》，但恨不道鹽耳。』融即求筆，註曰：『流沙構白，熬波出素，積雪中春，飛霜暑路。』

郝元敬《詩話》：錢思復赴江浙鄉試時，出《浙江潮賦》，人皆不知錢塘江爲曲江。思復獨據《七發》用之。考官得其卷，置前列，思復乃搆曲江草堂。暮年，自稱曲江老人。

《西湖志餘》：錢思復惟善，錢塘人，博學能文章，以《浙潮賦》起名。其首句云：『維羅刹之巨江兮，實發源於太末。』試官嘉之，遂中選。蓋其時滿場無知羅刹爲浙江者。

《咸淳臨安志》：吴仁璧，關右人，中第入浙，謁錢武肅，殊禮之，累召璧入幕，堅辭不就，以詩謝云：『東門上相好知音，數盡臺前郭隗金。累重雖然容食椹，力微無計報樊林。敝貂不稱芙蓉幕，衰朽仍慚玳瑁簪。十里溪光一山月，可堪從此負歸心。』武肅復遣人請撰《羅城記》，仁璧堅不從，武肅怒沈于江，吴人惜之。

《咸淳臨安志》：八月十五日觀潮，東坡作詩曰：『吴兒生長狎濤淵，冒利忘生不自憐。東海若知明主意，應教斥鹵變桑田。』時新有旨禁弄潮故云。『吴兒生長狎濤淵，冒利輕生不自憐』，蓋言弄潮之人爲貪官中利物，致其間有溺死者，故朝旨禁斷。某爲主上好興水利，因作此詩言。『東海若知明主意，應教斥鹵變桑田』，意言東海若知此意，當令斥鹵地盡變桑田。此事之必不可成者，以譏興水利之難知也。

《吴越備史》：武肅王以開平四年八月，築捍海塘，怒潮急湍，晝夜衝激，板築不就。表告於天，云：『願退一兩月之怒濤，以建數百年之厚業。』禱胥山祠，云：『願息忠憤之氣，暫收洶涌之潮。』函詩一章，置海門云：『傳語龍王并水府，錢塘借與築錢城。』因採山陽之竹，令矢人造爲箭三千隻，羽以鴻鷺之羽，飾以丹硃，鍊剛火之鐵爲鏃。既成，用葦敷地，分箭六處，幣用東方青九十丈、南方赤三十丈、西方白七十丈、北方黑五十丈、中央黄二十丈，鹿脯煎餅，時菓清酒，棗脯茅香，净水各六，分香爐布置。以丙夜三更子時，属丁日，上酒三行，禱云：『六丁神君，玉女陰神，從官兵六千萬人，鏐以此丹羽之矢射蛟滅怪，渴海枯淵，千精百鬼，勿使妄干。唯願神君佐我助我，令我功行早就。』禱訖，明日，募强弩五百人，以射濤頭。人用六矢，每潮一至，射以一矢。射至五矢，潮乃退。

《錢塘縣志》：錢王命强弩五百人以射濤頭，潮乃退，東趨南陵，餘箭埋於候潮通江門浦濱，鎮以鐵幢，誓云：『鐵壞此箭出。』又以大竹破之爲籠，長數十丈，中實巨石，取羅山大木長數丈，植之横爲塘。依匠人爲防之制，又以木立於水際，去岸二丈九尺，立九木作六重，象易既濟、未濟卦。由是，潮不能攻，沙土漸積，岸益固也。

《吴越備史》：錢武肅王命强弩數百以射濤頭，又祝胥山祠，仍爲詩一章，函置海門。既而濤頭遂趨西，乃運巨石，盛以竹籠，植巨材捍之。城基始定，其重濠壘塹，通渠廣陌，亦由是而成焉。

《成化杭州府志》：慧炬字照庵，越之諸暨人，出家于杭之寶石山崇壽院，明天台性真之旨。洪武初，海潮衝壞堤岸，室師禱潮神，説三皈戒，净水洒處即止。吴越人稱菩薩云。

《錢塘勝迹記》：寶逵晦迹靈隱山，號刹利法師，有刹利院，院中有印沙床、照佛鑑，善持秘咒。時浙江潮水大溢，以至于激射湖上諸山，寶逵誦咒止之。一夜，有偉人黑冠朱衣，謂逵曰：『吴伍員復求雪耻耳！師慈心爲物，員聞命矣。』言訖而滅。自後，潮水擊西興，而杭州漲沙數里。

《孫宇台集》：駱丞之咏靈隱，而及淛江潮也，人咸疑之，而余以爲無可疑也。乃治潮者出於靈隱僧，又何奇也！錢王時，以萬弩射潮，而潮不能郤也。僧都統贊寧與知覺禪師延壽，建塔創寺于江干以鎮之，而潮循故道焉。是其一也。前南齊時，驚濤爲害，寶逵誦秘咒累日，吴行人形見于夢，而潮擊西興，東岸以平。又其一也。洪武初，海潮衝岸，壞民廬舍，照庵慧炬時居理公岩，爲潮神説三皈戒，楊枝洒處，即止不决。又其一也。然則靈隱之有關于浙江潮，而靈隱僧能治潮也，所從來矣。而又有異者，往者六和塔灾，火出于北高峰而焚之。夫北高峰爲火山，而能飛火于六和塔者何也？吾是以知靈隱之有關于浙江潮也。

《成化杭州府志》：余良肱知杭州，錢塘江潮善溢，漂官民廬舍，良肱累石堤障之，潮不爲害。

《咸淳臨安志》：風篁嶺有顯應廟，神姓胡名則，婺之永康人。宋天聖丙寅、明道癸酉，嘗再守杭，有惠政，在郡時獨無潮患，以兵部侍郎致仕謝承。

《後漢書》：吴郡王閎渡錢塘江，遭風，船欲覆，閎拔劍斫水，罵伍子胥，水息得濟。

《成化杭州府志》：秦王攬船石，在錢塘門外，相傳秦始皇東遊泛海艤舟于此。陸羽《武林山記》云：『自錢塘門，至秦王攬船石，俗呼西石頭北關，僧思净刻大石佛于此。舊傳西湖本通海，東至沙河塘，南向一岸皆大江也。故始皇攬舟于此。

《西湖志餘》：潘同《浙江論》云：『胥山西北，舊皆鑿石以爲棧道。唐景龍四年，沙岸北漲，地漸平理，桑麻植焉。州司馬李珣始開沙河胥山者，今吴山也，而俗訛爲青山。其時，沙河去胥山未甚遠，故李紳詩曰：『猶瞻伍相青山廟』。又曰伍相廟前多白浪，景龍沙漲之後，至於錢氏，隨沙移，岸漸至鐵幢。今新岸去胥山已逾三里，皆爲通衢。至宋紹興間，紅亭沙漲，其沙已遠在胥山西南矣。

《神州古史考》云：杭州郡城，乃古江水所逕，耆舊所傳，内築海洋之填，外有江漲之橋，猶前志也。今城中猶存漾沙坑、洋壩頭、前洋街、通江橋等名。武林門外，有江漲橋、潮王廟，舊與江通可知。宋許彦國《晚宿江漲橋》詩云：『鳥徑青山外，人家苦竹邊。江城懸夜鎖，魚市散空船。岸静涵秋月，林昏宿水烟。又尋僧榻卧，夜冷欲無眠。』

《仁和縣志》：秦以前，杭城内外皆海之溢流所及，是以衆安橋西北垸進路、澄清坊，即古之前洋街。稍北往西，純禮坊即古之後洋街。其西湖昔通海，故秦始皇嘗繫攬于湖濱之巨石，即今之大佛頭也。今之小北門，即宋之天宗水門。其門外大河，古謂之泛洋湖。正德年間，其居民啓土掘出一大船，乃是泛海之舟，規制甚異。艮山門外，其地謂之沙田，蓋以海沙之所漲也。武林門外，亦是海水所及，故一則曰江漲務，一則曰江漲橋。北新橋往北，近曰三里洋，遠曰十里洋。由是觀之，乃知杭城悉是海水所溢，井水味鹹，不堪汲飲。自李鄴侯鑿六井，以引西湖之水，民始便焉，故杭人至今祠之。

《春渚紀聞》：蘇軾元祐四年[一七]，出典餘杭[一八]。時水官侯臨亦繼出守上饒，過郡，以嘗渡江敗舟於浮山，遂畫回江之利以獻[九]，公相視其宜[一〇]。一自富陽新橋港至小嶺開鑿，以通閑林港，或費用不給，則置山不鑿，而令往來之舟搬運度嶺，由餘橋女兒橋港至郡北關江漲橋[一一]，以通運河。一自龍山閘而出，循江道過六和寺，由南蕩朱橋港開石門平田，至廟山，然後復出江道二十里云[一二]。

校勘記

[一]《敕修兩浙海塘通志》「持」作「特」。

[二] 中華書局《宋元方志叢刊》第四册《咸淳臨安志》卷三十一《江・浙江》前有「莊周亦曰」四字。

[三] 中華書局《宋元方志叢刊》第四册《咸淳臨安志》卷三十一《江・浙江》「十七」後有「日」字。

[四] 中華書局《宋元方志叢刊》第四册《咸淳臨安志》卷三十一《江・浙江》「潘」作「審」。

[五] 學津討原本《夢粱録》「各繫色繡緞子滿竿」作「各繡色緞子滿竿」。

[六] 學津討原本《夢粱録》「網魚買賣」前有「此」字。

[七] 學津討原本《夢粱録》「三板」後有「船」字。

[八] 據學津討原本《夢粱録》補入「不論此」三字，原書闕。

[九] 學津討原本《夢粱録》「海」作「舶」。

[一〇] 學津討原本《夢粱録》「出」作「山」。

[一一] 學津討原本《夢粱録》「日」後有「分」字。

[一二] 學津討原本《夢粱録》「出」作「止」。

[一三] 學津討原本《夢粱録》「山」作「嶼」。

[一四] 學津討原本《夢粱録》「至」作「其」。

[一五] 學津討原本《夢粱録》「多嘗通津來往」作「多嘗通津買賣往來」。

[一六] 學津討原本《夢粱録》「貨」作「大」。

[一七] 中華書局本《春渚紀聞》卷六《東坡事實》「蘇軾」作「先生」。

〔一八〕中華書局本《春渚紀聞》卷六《東坡事實》「出典餘杭」前有「以内相」三字。

〔一九〕中華書局本《春渚紀聞》卷六《東坡事實》「遂」後有「陰」字。

〔二〇〕中華書局本《春渚紀聞》卷六《東坡事實》「公」前有「從」字。

〔二一〕中華書局本《春渚紀聞》卷六《東坡事實》「餘橋」作「餘杭」。

〔二二〕中華書局本《春渚紀聞》卷六《東坡事實》「云」作「至富陽」。